JN441147

englishcode™

영어문형 학습법

이 상 도

2진법영어사

영어문형 학습법

2026년 2월 10일 초판

지은이 | 이상도
펴낸이 | 이상도
펴낸곳 | 2진법영어사
신고 | 2003.6.16. 제16-3050호
주소 | 서울특별시 강남구 역삼동 831 혜천빌딩 708호
전화 | 02-568-5675
팩스 | 02-568-5541
이메일 | johnsdl@hanmail.net

ISBN 978-89-92835-17-6 03740

머리말

영어는 무작정 많이 하는 것 외는 방법이 없다고 한다.
나도 처음에는 그 말을 믿었다. 그러나 내가 중고등학교, 육사, 서울상대, 미국 문과대학원 및 로스쿨을 거치면서 영어에 많은 시간을 쏟았음에도 불구하고 원어민과의 격차가 쉽사리 좁혀들지 않았다. 진작 원어민의 수준에 도달했을 텐데, '왜 그렇지 않을까'라는 것이 나의 소박한 의문이었다.

2001년 나는 영어어순이 2진법으로 되어있다는 놀라운 사실을 발견하였다. 하나의 가설로 시작하였으나 그후 그것이 완벽한 법칙임을 확인하자 이를 세상에 알리고 싶은 마음으로 출판사 등록을 하고 2003년, 2004년에 '저절로 외워지는 영어 1, 2권'을 발간하였다. 그 과정에서 많은 문장이 저절로 외워지는 기적을 체험하고 영어에 대한 신뢰와 감동이 생겨났다. 이에 바쁜 변호사 일과 중에서도 시간을 쪼개어 2007년에는 '영어코드의 비밀' 증보판을 발간하였고(2008년 일본에서 '英語のコードを解く'이란 책명으로 출간), 그후 '50키워드영어 시리즈 I(키워드) 증보판), II(키워드구), III(복합키워드구), ON, IN, 기본동사 Get, Come'를 발간하였으며. 2012년에는 '영어문형코드'를, 2016년에 '영어구문론'을 발간하였다.

2023년 '저절로 외워지는 영어'를 1권으로 합본, 출간하고 2024년 '우리말과 영어의 만남', '영어구문론 5판', 2025년 '성경으로 배우는 영어 (1),(2)를 각각 출간하였다. 이번에는 초중고생들도 2진법영어문형을 더 쉽고 재미있게 배우도록 하는 '영어문형 학습법' 를 출간하게 되었다. 이 책도 앞선 책들과 마찬가지로 문장패턴 즉 문형을 통하여 각 문장들이 저절로 외워지는 방법을 소개한다. 문형이라고 하면 대개 5형식문형을 생각하게 되지만, 5형식으로 10년 이상 공부한 우리나라 사람이, 5형식을 모르는 10살배기 미국 초등학생보다 영어 대화가 잘 되지 않는 것을 보면 분명히 문제가 있다. 이에 비해 2진법영어는 디지털개념의 문형 code를 제시한다. 종래의 문장요소인 S, V, O, C 4개 요소와 필수부사어 A를 N, P의 2개 요소로 단순화하여 기본형(①)을 비롯하여 확장형인 홀수형(③,⑤,⑦), 짝수형(②,④,⑥) code가 성립되고 이들은 서로 규칙적으로 연관된다. 이 code에 따라 particle key word 50개의 용법에만 숙달하더라도 영어는 쉽게 정복할 수 있다. 2진법문형 code 개념은 간단하므로 설명할 것이 거의 없다. 이 책의 순서대로 예문을 읽으면 2진법문형은 자동적으로 습득된다.

이 책은 영어구문론 체제를 근간으로 하되 각주들은 본문에 편입하고 설명을 더욱 단순화하며 Nate the Great(**NG**) 1~26 및 Junie B. Jone(**JB**)1~27)((비문제외)의 예문을 대폭 추가하거나 기존의 표현들과 교체하였다. 이 책을 읽을 때 특히 **NG**예문을 접하면서 해당 페이지로 찾아가 이야기의 전후를 파악하면 더 재미있고 완전한 학습효과를 거둘 수 있다. (자세한 것은 네이버카페 '영어문형학습법' 기본원리의 적용 1, 2를 활용하기 바란다) 이 외에도 다른 책들의 표현들도 많이 추가하였다, 미시문법으로는 Grammar in Use(**G**) 1~3권의 설명을 주로 인용히였다. 영어문형 7개 중 홀수형은 문장파생능력이 탁월하므로 이를 먼저 습득하면 짝수형과 복문형은 자연스럽게 터득된다. 먼저 1형을 숙지한 다음 파생문형을 차츰 익혀간다면 1석7조의 효과를 거둘 수 있다.

나는 15년 간 네이버 지식인 영문법/영어 분야에서 1위를 유지해 왔고 12만건의 답변에 대한 채택을 받을 할 정도의 실력은 쌓아 2진법영어학습법의 최대 수혜자가 되었다. 독자 여러분도 영어문형학습법을 통해 영어에 완전히 숙달되어 찬란한 인생의 앞날을 준비하기 바란다.

2026. 1. 20.
이상도

목차

4편 품사

5편 문체

[요약]

Less is more.

Nature loves simplicity and unity.-Kepler

다음에 열거하는 2진법영어의 기본원리는 극히 간명하고 논리적입니다.

2진법영어는 영어공부의 첩경이고 전부입니다.

----

1. 문장의 주성분은 이름말(체언; N: Nominal)과 풀이말(술언;P: Predicate)으로 구성된다.

- N은 P의 서술을 받는 말: 주어(Subject), 부가어(Adjunct)를 말한다. 부가어는 협의의 부가어와 목적어(Object)을 포함한다.

- P는 N 즉 주어/부가어(목적어)를 서술하는 말: 단순술어(Simple Predicate), 주격술어(Subject Predicative), 목적격술어(Object Predicative)로 나눈다. 술어는 종래의 보어(Complement)를 포함

2. 기본형 '주어(N)+술어(P)'뒤에 다른 N과 P를 추가하여 확장형을 만들 수 있다.

- N은 본래 이름말(Nominal)을 의미하지만 P가 아닌 경우를 망라하기 위해 잔여개념(remainder)인 협의의 부가어(Adjunct)를 포함한다.

- NP 다음 추가될 말이 없을 경우는 기본형이다.

① His father | is an engineer. NP 더 나눌 수 없는 기본형임

- NP 다음에 어떤 말이 추가될 경우 P를 be로 치환하여, 문장이 성립하면 추가된 말은 P', 그렇지 않으면 N'이다.

② I | can speak ‖ English. [NPN'] 왜냐하면 I | am English.는 불성립하므로

③ Our school | stands | on a hill. [NPP'] Our school | is on a hill.가 성립

- NPN' 다음 어떤 말이 추가될 경우 N'과 추가된 말 사이에 be를 보충하여 문장이 성립되면 추가된 말은 P', 안되면 N" 이다.

④ I | gave ‖ her ‖ a watch. [NPN'N"].왜냐하면 She | was a watch. 불성립하므로

⑤ We | called ‖ him | John. [NPN'P'] He | is John.가 성립하므로

- NPP' 다음 어떤 말이 추가될 경우 N과 추가된 말 사이에 be를 보충하여 문장이 성립되면 추가된 말은 P", 안되면 N'이다.

⑥ The truth | became | known ‖ to us all.[NPP'N'] The truth | was us all. 불성립

⑦ He | returned | home | a different person.[NPP'P"] He | was a different person.는 성립

3. N과 P의 어순은 2진법(원내 숫자는 10진법)에 따른다.

- ①=01, ②=010, ③=011, ④=0100, ⑤=0101, ⑥=0110, ⑦=0111

- 2진법과 10진법의 관계는 다음과 같다.

NP= 01 → ① NPN'= 010→ ②

NPP'=011→ ③ NPN'N" '= 0100→ ④

NPN'P'=0101→⑤ NPP'N'=0110→ ⑥

NPP'P" =0111→⑦

- N이 P에 비해 긴 경우 등에는 양자 간에 도치가 가능하다.

⑤ I | took ‖ my jacket | off. →⑤ I | took 「off ‖ my jacket.

- 위치상 주성분은 주어를 기준으로 가까운 것이 먼저 오고 먼 것이 뒤에 온다.

⑤) I (주어)→put (동작; 가장 가깝다)→a watch (동작의 객체;중간)→on the desk (동작의 장소; 가장 멀다).

- 홀수형은 홀수형끼리, 짝수형은 짝수형끼리 어울린다.

예) 홀수형의 수동태는 홀수형, 짝수형의 수동태는 짝수형

④ I | gave ‖ her ‖ a watch. NPN'N"→② She | was given ‖ a watch. NPN'

⑤) I | put ‖ a watch | on the desk. NPN'P'

→③ A watch | was put | on the desk. NPP'

5형식문형 v. 2진법문형: 1형식→1형; 2형식 중 be+보어→1형, 나머지는 3형;
3형식→2형; 4형식→4형; 5형식→5형

4. 문장의 부속성분에는 한정어, 형용어, 보조어, 부사어, 연결어가 있다.

- 한정어/형용어는 명사의 부속성분, 보조어/부사어는 형용어를 제외한 부속성분이다.

연결어는 성분들을 연결한다.

- 부속성분인 부사어는 주성분에 부속되거나, 주성분으로부터 분리된 것을 말한다. 콤마로 분리되거나 의미상 주성분에 대한 부속여부에 따라 부가어와 구별할 수 있다.

5. 수식어 중 단어는 주로 피수식어 앞, 구/절은 피수식어 뒤에 온다.

- 수식어 중 단어는 주로 피수식어 앞에, 구와 절(예, 관계절)은 피수식어의 뒤에 온다,
- 시간부사어는 문장의 맨 앞이나 중간에 올 수 있다.

다만, 맨 뒤에 오는 시간어는 주성분인 부가어이다.

- 삽입어 | 독립어는 위치이동이 비교적 자유롭다.

6. 문장성분의 재료인 단어를 의미와 용법에 따라 분류한 것을 품사라고 부른다.

- 영어사전에서 품사는 명사(noun), 대명사(pronoun), 동사(verb), 형용사(adjective), 전치사(preposition), 부사(adverb), 접속사(conjunction), 감탄사(exclamation)로 나타난다. 다만, 사전에서 부사는 전치사와 같은 형태이지만 목적어 없이 사용되는 것을 포함하지만 여기서는 부사에서 독립시켜 소사(particle)로 다룬다.
- 품사의 분류는 영어사전을 참조하라. 본래용법(주된 용법)과 전성용법이 있다.

7. 문장성분의 재료는 단어(품사),구(전치사구, 동사구),절(정형절,비정형절)이다.

- 품사는 단독으로 또는 품사끼리 결합한 구로 문장성분이 된다.
- 절에는 비정형술어에 다른 주성분이 추가된 비정형절(-ing절, -ed절, to~절, ~절, wh+to~절, 비동사술어절)과 주술관계를 갖춘 정형절(that절, wh절, whether절, if절, 인용절. 동격절)이 있다.

절은 주절에 내포되거나(주성분) 주성분에 부속되어(부속성분) 문장성분이 된다.

- 소사는 독립적으로나 전치사구(preposition phrase)의 부속어로서 문장성분이 된다.
- 부사는 부사어(주성분/부속성분), 감탄사는 독립어로, 접속사는 연결어로 사용된다.

정형절은 that절, wh-절, if절, 인용절 등, 비정형절은 ~ed절, ~ing절, to~절이다.
전치사는 단어나 구 뿐 아니라 절과도 결합할 수 있다.

위 7대 원리만 이해하면 영어공부가 무척 쉬워짐은 물론 완벽한 영어실력을 갖출 수 있게 합니다. 영어학습법의 대혁명입니다. N과 P만 알면 영어공부는 끝입니다. 이 방법으로 얻는 성과는 독자 여러분의 특권이고 저 자신에게도 크나큰 보람과 영광이 될 것입니다.
이러한 사실을 실증하기 위해 이 책에서는 세계적으로 가장 널리 쓰이는 교재인 Grammar in Use 1~3권의 주요 예문을 2진법영어문형코드로 해설하고자 합니다.
이 책에서 사용된 예문은 고립된 것이 없고, 다른 형의 예문들과 서로 유기적으로 짝들을 이루고 있으므로 그 관계를 이해하고 읽으면 이 책의 묘미를 즐길 수 있을 것입니다.

[약어/기호]

〈약어표〉

S(Subject:주어), P(Predicate:술어), C(Complement:보어), O(Object:목적어), A(Adjunct:부가어),
v:verb(동사) n: noun(명사)/pr: pronoun(대명사) a: adjective(형용사) ad:adverb(부사)
p:particle(소사) pr~:preposition phrase(전치사구) conj: conjunction(접속사):
Interj: interjection(감탄사) fc: finite clause(정형절), nfc: non-finite clause(비정형절)
sb: somebody, sth: something

〈문형 및 그 구성부분을 나타내는 기호〉

NP	Code 1 ①	NPN	Code 2 ②
NPP	Code 3 ③	NPNN	Code 4 ④
NPNP	Code 5 ⑤	NPPN	Code 6 ⑥
NPPP	Code 7 ⑦		

| P 앞에 표시한다. 단, 의미상 N과 P의 위치가 통상적인 어순과 다른 경우는 「 또는 」 로 표시한다. 예) I | am **working**. — **So** am」I.

‖ N 앞에 표시한다. 단, 문두의 주어 N 앞에는 표시 생략. 의미상 N과 P의 위치가 통상적인 어순과 다른 경우는 『 또는 』로 표시한다.

예) Your brother | paints ‖ **well**. — **So**』 he | does.

문장의 마지막에 오는 P나 N은 굵은체로 나타내고 전치사는 밑줄을 추가.

예) **So** is」 every Tom, Dick, and Harry. P」N (P=be+Predicate)

I | took ‖ the child ‖ **to the park**. NPNN (N=Object Adjunct)

It | will bring「 **about** ‖ a good result. NP「PN (P=Object Predicative)

She | is reading ‖ a book 「 **in the room**. NPN「P (P=Subject Predicative)

(‖) 전치사구의 목적어가 수동문의 주어가 되는 경우에 분리된 전치사 앞에 표시하여 그 뒷부분이 문형 번호에 영향을 주지 않도록 한다.

예) **I** | am waited (‖) **on**. 및 **It** | is easy (‖) **to** [**understand** her].

[ ] 주성분(주어, 술어, 부가어(안긴 절 포함), 목적어)을 표시한다.

< > 부속성분인 한정어. 형용어(안긴 절 포함)를 표시한다.

{ } 부속성분인 보조어, 부사어(이어진 절 포함)를 표시한다.

단, 위 세 가지 기호는 주로 절에 사용하고 단어/구에도 종종 사용한다.

[[ ]], [<>] << >> 등은 절이 단어/구/절을 안은 경우(embedding)를 표시한다

· 2개 이상의 단어가 결합하여 한 단어처럼 쓰이는 결합어의 구성부분 사이에 표시.

∨ 문장 앞으로 도치된 요소가 본래 있어야 할 자리를 나타낸다

예) **What** do you | know ‖ ∨ ‖ about him? ∨= What

∩ 문장 중에서 공유되는 요소를 가리킨다.

예) [He] | is hard [**to understand** ∩].

0편 기본원리
Basic Principles

0.1 영어코드의 비밀(Break the English Code!)

A. 영어문형의 비밀

아래 문장 속에 포함된 공통 문장을 찾아보라.

He | became | **happy.**
He | was made | **happy.**
She | made ‖ **him** | **happy.**

이를 알려면 위 문장들을 다음과 같이 두 개로 쪼개 보면 된다.

He | became | **happy.** = He | became + **He** | was **happy.**
He | was made | **happy.** = He | was made + **He** | was **happy.**
She | made ‖ **him** | **happy.** = She | made ‖ him + **He** | was **happy.**

위에서 오른 쪽을 보면 공통 문장은 **He** | was **happy.**임을 알 수 있다.
마찬가지로 다음에 연이은 각 문장 set 속에 포함된 공통문장을 찾아보라.

He | became | **a doctor.**
He | was made | **a doctor.**
She | made ‖ **him** | **a doctor.**

He | went | **on his way.**
He | was sent | **on his way.**
She | sent ‖ **him** | **on his way.**

He | kept | **going.**
He | was seen | **going.**
They | saw ‖ **him** | **going.**

He | wanted | **to go.**
He | was asked | **to go.**
I | asked ‖ **him** | **to go.**

위 요령대로 분석해 보면 각 문장 세트에 공통적인 문장은 다음과 같다.

He | was **a doctor. He** | was **on his way. He** | was **going. He** | was **to go.**

나아가 다음의 문장 세트에 공통된 문장을 찾아보라.

The light | came | **on.**
The light | was turned | **on.**
He | turned ‖ **the light** | **on.**
He | turned 「**on** ‖ **the light.**

여기서는 앞의 예들과 달리 He | turned 「**on** ‖ **the light.**이라는 문장이 추가되었으나 on과 the light가 도치되었을 뿐 바로 앞의 문장과 같음을 알 수 있다. 따라서 공통문장은 여전히 **The light** | was **on.**이라는 점에는 의문이 없다.

이상의 분석과정에서 어떤 법칙이 보이지 않은가? 아래에서 이 놀라운 영어문형의 비밀을 소개하려 한다.

B. 영어는 문형이다

수 십 년간 미국에서 살아왔고 어려운 단어도 꽤 많이 알고 있는 교포 1세가 초등학생 자녀인 교포 2세보다 영어를 못하는 이유는 무엇인가?

대답은 간단하다. 교포 1세는 영어의 문형을 알지 못하기 때문이다. 즉 영어어순은 2진법이고, 국어어순은 2분법인데 이 차이를 이해하거나 극복할 수 없었기 때문이다. 이 문제를 해결할 방법은 2진법영어문형밖에 없다.

■ **우리는 문장을 통해 의사전달을 한다.**

문장은 아무렇게나 단어가 열거되는 것이 아니다. 일정한 규칙에 따라 단어를 배열하여 문장을 만들어야 한다. 간단한 대화의 경우 단어 몇 마디를 적당히 나열하여 불완전하게나마 의사표시를 할 수도 있으나 그것으로 충분하지 않다. 의사전달내용이 복잡해질수록 이러한 간단한 방식은 통하지 않는다. 그러므로 제대로 된 말을 하려거나 복잡한 내용의 의사전달을 하려면 복잡한 문장을 이해하고 만들 수 있는 능력을 길러가야 한다.

■ **문형을 모르면 영어를 제대로 할 수 없다.**

원어민 어린이들은 주위 환경 속에서 무의식적으로 문형을 익혀 나간다.

그들은 어떻게 단어를 배열하면 자연스러운 문형이 되는지를 경험으로 터득하고 있다. 그들은 쉬운 단어 몇 가지만으로도 훌륭한 문장을 만드는 재주가 있다. 그들은 처음부터 어른들처럼 복잡한 문형은 쓰지 않는다. 다만 장성하고 학교에 다니면서 점차로 다양한 문형에 숙달되어 간다. 우리는 외국인이므로 의식적으로라도 문형을 배우고 숙달해야 한다.

영어교육의 문제점은 올바른 문형교육이 이루어지지 않고 있다는 것이다.

우리나라 학교 교육은 오류가 심각한 5형식을 아직도 고집함으로써 영어를 유아수준으로 고정시키는데 결정적 역할을 하였다. 이러한 문형으로 공부한 사람이 영어를 잘 한다는 것이 오히려 이상할 정도이다.

■ **문형의 이해는 영어학습의 필요조건이다.**

문형을 모르면 결코 영어를 마스터할 수 없다. 종래 우리의 문법교육은 품사에 치중하였을 뿐 문형은 소홀히 하고 있다. 5형식문형의 결함이 너무 심각하기 때문에 제대로 문형을 가르칠 수 없었기 때문이다. 품사이론이 미시(micro)문법이라면 문형이론은 거시(macro) 문법이라고 할 수 있다. 중요한 것은 후자이다.

문형학습법은 영어를 크게 보는 차원에서 학습하는 방법이다. 문형학습을 통해 청해, 독해, 작문 모든 분야에서 학습효과를 극대화할 수 있다. 적용면에서도 그 효과가 현저히 나타난다. 원어민과 대화를 할 경우에도 문형에 제대로 맞추어 말하기만 하면 된다. 문법의 세부규칙에 대해서는 다소 서툴더라도 문형만 맞으면 상대방은 당신이 고급스러운 영어를 말한다고 칭찬할 것이다. 발음, 억양은 사람마다 다를 수 있더라도 문형은 다를 수 없으므로 문형구사능력에 의해 그 사람의 교양을 엿볼 수 있기 때문이다.

문형을 알면 품사는 자연히 알게 되어 있다. 품사는 문형을 이루는 재료이기 때문이다. 지금까지 문법을 어렵고 성가시게 생각한 이유는 왜 문법을 공부해야 하는지에 대한 목표가 확실하지 않았기 때문이다. 문법교육은 문형을 제대로 구사할 수 있도록 이루어져야 한다. 이러한 문형교육은 재미가 있어야 한다.

■ **문형의 숙달은 영어학습의 충분조건이다.**

문형을 이해한 후에는 문형의 숙달을 통해 생동하는 영어를 할 수 있다. 문화적 배경 차이로 인해 문형이론에 용납되는 표현이라도 실생활영어에서는 용납되지 않는 것이 있다. 실생활에 쓰이는 의미 있는 문장을 숙달하려면 원어민의 문화에 자주 접근하여야 한다.
문형은 독서, 오디오, 비디오를 통해 숙달할 수 있다. 한 편의 영화를 선택하여 그 대사를 2진법 문형으로 분석한 다음 수차례 반복하여 읽고 보고 듣는 것도 하나의 방법이다.

C. 2진법문형은 영어의 CODE(비밀)이다

2진법문형은 **문장의 요소를 N과 P로 나누고 모든 문장을 NP, NPN, NPP, NPNN, NPNP, NPPN, NPPP의 7개형으로 Code화**한 것이다.
N의 재료는 일반적으로 명사 | 명사상당어를 가리킨다. 사람, 모든 유형물이나 무형물이나 관념 또는 활동, 장소, 시간 등을 가리킨다, 그 재료는 noun, pronoun, preposition+ noun/pronoun, verbal, clause(finite/non-finite)이다. 주로 P의 서술을 받으나 그렇지 않은 것도 있다.
P의 재료는 verb/verbal, adjective, particle이 중요하다. noun, pronoun, preposition+ noun/pronoun, clause도 P로 쓰일 수 있다. 동사는 독자적으로 P가 될 수 있으나 나머지 재료는 be와 결합하여 사용되는 경우가 많다. P는 N에 종속된다.(이 장 끝에 있는 N과 P의 관계를 참조하라)
N을 0으로, P를 1로 대입하면 각 문형은 (01), (010), (011), (0100), (0101), (0110), (0111)로 순차로 전개되는데 이를 십진법으로 환산하면 ①, ②, ③, ④, ⑤, ⑥, ⑦이 된다. 이 중에서 ①은 기본형이고 나머지는 확장형이다.
오늘날 정보사회를 리드하는 컴퓨터는 0과 1의 2진법의 원리로 되어있다. 2진법원리는 영어문형에도 정확히 들어맞는다, 영어가 세계어로서 통용되는 것은 결코 우연이 아니다. 영어어순이 과학적이고 능률적인 2진법이기 때문이다.

■ **영어는 왜 2진법어순을 취하는가?**

영어가 2진법어순을 취하는 이유는 최초에 영국인들이 주어를 중심으로 바깥으로 대상을 확장해 가는 어순을 취하는 점진적 사고방식에 말미암은 것이다. 주어 즉 기준이 되는 주체로부터 물리적, 공간적으로 '가까운 것에서 먼 것으로' 배열되는 어순을 취하는 것이다.
먼저 N인 주어 다음에 P인 술어가 오는데 '주어+술어'의 구조가 기본형이 된다.

① She | **gave**... NP
① She | **put**... NP
① The book | was **put**... NP
① The book | was **<u>on</u> the desk**. NP

술어 다음에는 부가어 N이나 술어 P가 와서 '주어+술어+부가어' 또는 '주어+술어+술어'의 어순이 된다.

② She | gave ‖ **the book**... NPN
② She | put ‖ **the book**... NPN
③ The book | was put | **<u>on</u> the desk**. NPP

다음으로 위 문장의 부가어 뒤에 다른 부가어 N 또는 술어 P가 와서 '주어+술어+부가어+부가어' 또는 '주어+술어+부가어+술어'의 어순이 된다.

④ She | gave ‖ the book ‖ **<u>to</u> him**. NPNN
⑤ She | put ‖ the book | **<u>on</u> the desk**. NPNP

영어와 달리 우리말은 '가까운 것에서 먼 것으로'에 구애받지 않고 N은 N끼리, P는 P끼리 모이는 2분법어순을 취한다. 즉 문장의 앞부분은 N의 집합(ΣN), 뒷부분은 P의 집합(ΣP)인 구조를 취한다.

그녀는 | 놓았다. 그 책이 | 놓여졌다. 그 책이 ‖ 책상 위에 | 있다. NP
그녀는 ‖ 그 책을 | 놓았다. 그 책이 ‖ 책상 위에 | 놓여졌다. NNP

그녀는 ‖ 그 책을 ‖ 책상 위에 | 놓았다. NNNP
그러므로 2분법어순에 숙달된 우리는 2진법어순이라는 새로운 어순구조를 따로 숙달해야 할 필요가 있다. 그렇지만 이 둘에 모두 숙달할 수 있다면 우리는 원어민의 수준을 뛰어넘는 창조적인 언어활동을 할 수 있다.

■ **2진법문형은 주로 7개 문형과 그 복문형으로 되어있다.**

5형식문형의 요소는 S, V, O, A의 5개인데 비해 2진법문형은 이들을 묶어 N(S, O, A) P(V, C)의 2개로 단순화한다. 즉 5형식문형의 5진법을 2진법으로 단순화하였다. 특히 종래 5형식문형에서 제외한 전치사구, 소사(부사), 비정형절(부정사, 분사, 동명사)를 요소로 독립시켰다.
5형식문형에서 문장의 요소에서 배제된 소사와 전치사구가 실제 문장에서 차지하는 비율이 70%이다. 2진법문형은 이들을 문장의 독립요소로 편입함으로써 모든 문장을 망라하는 Code를 제공한다. 2진법문형은 1형부터 7형까지의 문형이 거의 모든 문장을 망라한다. 그 밖에 다섯 자리 문형도 있기는 하지만 사용 빈도는 극히 미미하다(부록).

• **2진법문형은 모든 문장을 Code화한다.**

모든 문장에 빠짐없이 문형번호를 부여하여 Code화할 수 있다. 모든 문장은 기본형으로 쪼개어 질뿐 아니라 역으로 기본문형을 기초로 하여 확장형을 창출해 낼 수 있다.
7개 문형은 각각 짝을 이룬다. ①형은 기본형이다. 홀수형끼리(①형, ③형, ⑤형) 또는 짝수형끼리(⓪, ②형, ④형) 서로 짝을 이룬다. ⑤형의 수동형은 ③형, ④형의 수동형은 ②형이 된다. ③형, ⑤형은 2개의 ①형, ⑦형은 3개의 ①형으로 분해된다.
모든 문형은 ①을 중심으로 연관되고 높은 문형은 낮은 문형으로 수렴한다. 이를 그림으로 보면 다음과 같다.

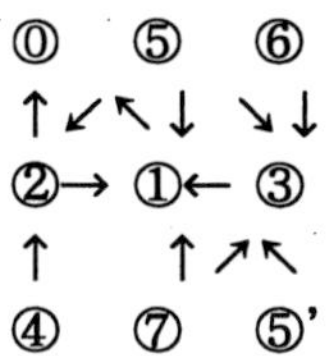

■ **기본형 알기**

먼저 기본형 1형에 대해 보기로 하자.
예문 N 앞에는 | 표시(문장 맨 처음 나오는 것은 원칙적으로 N이므로 | 표시를 생략한다)를, P 앞에는 | 표시를 한다. n은 noun, a는 adjective, pr는 preposition, p는 particle, v는 verb를 가리킨다. P는 이탤릭체로 나타내고 pr나 p에는 밑선을 그었다. 핵심 단어는 굵은체로 표시한다.

NP(a)　She | is **happy**. | Couldn't be **better**!
NP(p)　Is John | **in**? He | is **out**.
NP(n)　This | is my **book**. It | 's **me**.
NP(pr~)　A vase | is on the **table**. I | 'm out of a **job**.
NP(v)　Birds | **fly**. The food | is **cooked**.
　Seeing | is **believing**. To see | is to **believe**.
NP(nfc)　I | am [**to meet** him here].
NP(fc)　This | is [**where** I work].

1형의 특징은 P에 대체로 be가 포함된다는 점이다. 그러므로 기본형의 P는 대체로 'be+predicative' 의 형식을 취한다. NP(v)의 경우에도 능동태의 기본시제형에만 be가 없을 뿐

수동태와 진행형에는 모두 be가 포함된다. 구어체에는 be가 생략되는 경우도 많다. 예) "This elevator | up(or down)." "The doors | opening(or closing)."(전철방송) "Bottom | up."(건배) "Shame | on you!" "You | looking somebody?" she asked.(14JG44)

D. N과 P의 구별

2진법문형분석의 핵심은 주성분 N과 P의 구별이다.
방법은 간단하다. 다음 단계에 따라 먼저 주성분이 P인지 여부를 확인하고 P가 아니면 N이다.
기능적으로 본다면 하나의 문장에서 N이나 P가 중복되어 접할 경우 서로 서술적(predicative) 관계에 있으면 P이고 대립적(accusative) 관계 등 서술적 관계가 아닌 경우는 N이다. 즉 N은 P가 아닌 잔여개념(remainder)이다. 예컨대, 대체로 전치사구가 위치, 장소를 나타내면 P이고 방향, 방법, 시간을 나타내면 N이다.

[단계 1] 먼저 NP 다음에 추가될 말이 없을 경우는 기본형이다.
① His father | is an engineer. NP 더 나눌 수 없는 기본형임
예문 ①은 더 이상 쪼갤 수 없는 기본형이지만 아래에서 볼 예문 ②~⑦은 낮는 문형으로 쪼갤 수 있는 확장형이다.
[단계 2] NP 다음에 어떤 말이 추가될 경우 P를 be로 치환하여, 의미있는 문장이 성립되지 못하면 추가된 말은N', 성립되면 P'이다.
② He | speaks ‖ English. NPN' → He | is English.(×)
③ He | became | a teacher. NPP' → He | was a teacher.(O)
예문 ②의 경우 추가된 말은 앞의 N과 대립관계에 있는 부가어(목적어)이고, ③의 경우 추가된 말은 앞의 P과 보완관계, 앞의 N과는 서술관계에 있는 술어이다.
[단계 3] NPN' 다음에 어떤 말이 추가될 경우 N'과 추가된 말 사이에 be를 보충하여 의미있는 문장이 성립되지 못하면 추가된 말은 N", 성립되면 P'이다.
④ I | gave ‖ her ‖ a watch. NPN'N"→ She | was a watch.(×)
⑤ We | call ‖ him | John. NPN'P'→ He | is John.(O)
예문 ④의 경우 추가된 말은 앞의 N과 대립관계에 있는 부가어(목적어)이고, ⑤의 경우 추가된 말은 앞의 P와 보완관계, 앞의 N과는 서술관계에 있는 술어이다.
[단계 4] NPP' 다음에 어떤 말이 추가될 경우 N과 추가된 말 사이에 be를 보충하여 문장이 성립되지 못하면 추가된 말은 N', 성립되면 P"이다.
⑥ The truth | became | known ‖ <u>to</u> us all.→NPP'N'
→The truth | was us all.(×)
⑦ He | returned | home | a different person.→NPP'P"
→He | was a different person.(O)
예문 ⑥의 경우 추가된 말은 앞의 N과 대립관계에 있는 부가어(목적어)이고, ⑦의 경우 추가된 말은 앞의 P와 보완관계, 앞의 N과는 서술관계에 있는 술어이다.

E. 영어의 키워드(Key Words)

우리나라 사람은 단어를 많이 알면서도 회화를 잘 못한다.
문형을 잘 모르기 때문이다. "구슬이 서 말이라도 꿰어야 보배가 된다." 문형에 숙달한 원어민들은 몇 백 개 단어만으로도 회화를 할 수 있다.
우리나라 사람은 particle(소사)의 용법을 잘 모른다. 소사는 주로 방향이나 위치 등을 나타내는 짧은 형태의 단어를 말한다. 모습이 단순하고 비교급 등의 변화를 하지 않는 불가변사를 말한다.

소사는 단독으로 사용되는 협의의 소사와 목적어를 수반하는 소사 즉 전치사로 나누어진다. 즉 전치사(preposition)는 소사(particle)의 형태를 가진 것으로 그 뒤에 자신의 목적어를 가지는 것을 말한다.
이들은 50여개에 불과하나 그 용도는 매우 다양하므로 가히 영어의 키워드라고 할 수 있다.

(a) particle로만 쓰이는 것(6)
ahead, apart, aside, away, backward(s), together
(b) preposition으로만 쓰이는 것(10)
against, among, as, at, beside, for, from, into, of, with
(c) preposition과 particle에 함께 쓰이는 것(34)
about, above, after, across, along, (a)round, back, before, behind, below, beneath, between, beyond, by, down, forth, forward(s), in, inside, like, off, on, out, outside, over, past, through, to, toward(s), under, up, upon, within, without

그러므로 particle로 사용되는 것은 40개, preposition으로 사용되는 것은 44개이다. 나아가 particle과 preposition이 결합하여 on about, ahead of, away from, out of, in on, off to. on to(onto), up to, from within 등 200여 개의 complex preposition이 만들어지고 particle, preposition, complex preposition를 합하면 300여개가 된다. 그런데 자주 사용되는 동사의 숫자만 해도 5천 개가 넘는데 이들과 300여개의 소사 | 전치사구와 결합되면 이론상 15만 개의 조합이 이루어지고 이 중에서 실제로 사용되는 것만도 수만 개가 된다.
종래에는 이 수 만개의 조합을 숙어로 간주하여 무조건 외우도록 했다. 그러나 2진법영어원리에 의하면 50개의 키워드의 의미를 통해 이들을 외우지 않고 자연스럽게 습득할 수 있다. 결국 영어공부의 첩경은 2진법영어 Code와 키워드의 숙달로 귀결된다.
☆ 50키워드가 영어구문에서 차지하는 비중은 70%에 달한다, 그럼에도 불구하고 5형식은 이들은 부사로 다루므로 많은 문제가 제기되고 이를 위해 필수부사어나 수식어(M)과 구별되는 부가어(A) 개념을 도입하는 시도(천일문) 등이 있지만 이러한 단편적인 방법으로는 근본적인 해결이 불가능하고 2진법영어문형만이 이를 완전히 해결할 수 있다.

위 50키워드 외에도 중요한 것들이 있다.
먼저 wh-어 및 접속사이다. wh어는 what, when, where which, who(whose, whom 포함), why, how 7개이다. 이들은 단어용법 외에도 주성분이나 부속성분을 구성하는 절 즉 wh-절을 이끄는 역할을 한다. 그밖에 that절, if/whether을 포함한 접속사는 20여개에 불과하다..
다음으로 보조어이다. 이에는 be, do, have와 서법조동사 will | would, shall/should, might/may, can/could, must이 있다. 한정어로 쓰이는 a/an, the, any/some 등도 중요하다. 대명사 I/we/you/he/she/it/they/there도 중요하다. 이들을 위 50키워드와 구별하기 위해 0키워드라고 부르기로 한다. 이들은 모두 합하더라도 50개를 넘지 않는다.

이상 100개 키워드와 동사, 형용사, 명사 등을 결합하여 2진법문형공식에 대입하면 저절로 문장이 만들어지게 된다. 이하 본문에서는 실제 활용되는 예문들을 통해 이 공식이 과연 맞는지 여부를 검증하게 될 것이다.

0.2 문장의 성분과 재료(Parts of Sentences and Speech)

A. 주성분(Main Parts)

(1) N과 P

문장의 주성분(elements)은 이름말(N;Nominal)과 풀이말P; Predicate)이다.
N은 주어(S: Subject), 부가어(A: Adjunct), 목적어(O: Object)를 포함한다.
주어는 문장의 주체가 되는 말로 그 재료는 명사, 대명사와 명사상당어이다. 명사상당어는 비정형동사/절, 명사절, 전치사구를 포함한다,
술어는 주어를 서술하거나(협의의 술어 또는 단순술어라고도 함) 술어를 보충하여 주어나 목적어를 서술하는 말(주격술어, 목적격 술어)로 그 재료는 동사, 형용사, 명사, 전치사구, 소사, 비정형절, 정형절을 포함한다, 동사는 비정형동사인 분사, 부정사를 포함한다, 정형은 시제ㅣ격이 정해진 것, 비정형은 정해지지 않는 것을 말한다.
부가어는 술어에 부가되는 말로 협의의 부가어(필수부사어라고도 함)와 목적어를 포함하며 그 재료는 명사상당어이다. 목적어는 동사의 동작대상이나 전치사구에서 전치사를 제외한 구성부분을 말한다.

(2) 문장의 유형

(a) 기본형

1형[01]은 '주어(0)+술어(1)'의 구조로 문장의 기본형이다. 주어는 문장의 주체가 되는 말이다. 술어는 주어를 서술하는 말로 단순술어(Simple Predicate)라고도 하여 (i) 정형동사(finite verb): (ii) be+비정형동사(non-finite verb), (iii) be+비동사술어(non-verb predicative)의 형태를 취한다.

(b) 홀수형

3형[011]은 1형 즉 '주어(0)+술어(1)'에 '술어(1)'를 보충하여 만든다. 3형술어는 1형술어를 보완하여 주어를 서술하며 주격술어(Subject Predicative)라고 한다.
5형[0101]은 2형 즉 '주어(0)+술어(1)+부가어(0)'에 술어(1)'를 보충하여 만든다. 5형술어는 술어를 보완하여 목적어를 서술하며 목적격술어(Object Predicative)라고 한다.
7형[0111]은 3형 즉 '주어(0)+술어(1)+술어(1)'에 술어(1)를 추가하여 만든다. 7형은 3형과 1형의 조합, 또는 세 개의 1형으로 나눌 수 있다. 7형술어는 주격술어(subject predicative)이다.

(b) 짝수형

2형[010]은 '주어(0)+술어(1)'에 목적어/부가어(0)를 부가하여 만든다. 2형 목적어는 수동문의 주어가 될 수 있으나 2형 부가어(협의)는 그러하지 아니하다
4형[0100]은 2형 '주어(0)+술어(1)+목적어/부가어(0)'에 목적어/부가어(0)를 부가하여 만든다. 목적어는 간접목적어(Direct Object)와 직접목적어(Indirect Object)로 나누어진다.
6형[0110]은 3형 '주어(0)+술어(1)+술어(1)'에 부가어(0)'를 부가하여 만든다. .

(3) 문장의 재료

N이나 P에 사용되는 재료에는 단어, 구(phrase), 절(clause)이 있다.
절에는 정형절(finite clause)과 비정형절(non-finite clause)이 있다.
비정형절은 비정형동사(non-finite verb)에 다른 문장의 요소가 추가된 것을 말한다. 비정형절은 ' 주어+be '를 비정형동사 앞에 보충하여 정형절로 만들 수 있다. 다만, 비정형동사가 상태동사인 경우에는 be 없이 ' 주어+정형동사'를 보충해야 한다.
품사(parts of speech)는 문장성분에 사용되는 재료를 의미상, 용법상 분류한 단어이다.
명사(noun), 대명사(pronoun), 동사(verb), 형용사(adjective), 전치사(preposition, particle 포함), 부사(adverb, particle 제외), 접속사(conjunction), 감탄사(interjection)가 있다.
품사의 대부분은 문장의 재료로 사용될 수 있으나 단어의 성질상 그렇지 못한 경우가 있는데

이 경우에는 그럴만한 이유가 있다.
특히 소사는 독립하여 또는 전치사구(prepositional phrase)를 이루어 문장성분으로 사용된다. 다만, 부사는 부사어로, 감탄사는 독립어로, 접속사는 연결어로 사용된다.

B. **부속성분**(Auxiliary Parts)

(1) 종류

부속성분에는 한정어, 형용어, 보조어, 부사어, 연결어가 있다.
이들은 주성분에 부속하여 문장의 성분이 된다.

(2) 용도

(a) 한정어: 명사 앞(a/an, the, this 등)

(b) 보조어:

- be: 형용사, 명사, 전치사구, 소사, 동사(-ed, -ing, to~/~), 비정형절(-ed, -ing, to~/~), 정형절(wh-절, 비wh-절)의 앞
- 조동사: 원형동사, be의 앞

(c) 형용어: 명사의 앞뒤

(d) 부사어:

- 단어 | 구: 동사, 형용사, 명사, 전치사구, 소사의 앞, 뒤
- 절; 주절의 앞뒤

(e) 연결어:

- 전치사: 명사 및 명사상당어(비정형절, 정형절)의 앞
- 접속사: 단어, 구, 절의 앞 또는 중간

(3) 결합형식

부속성분의 결합형식에는 필수결합(essential combinations)과 임의결합(non-essential combinations)이 있다. 한정어와 보조어는 전자, 형용어와 부사어는 후자에 속한다.

C. **단편문장**: **0형(Code 0)**

N 단독으로 이루어지는 말도 문형에 포함시킬 수 있다. 그 형식은 0형이다. 이를 문장의 부분(sentence fragment) 또는 절 아닌 재료(non-clausal material)라고 부른다.

(a) 명사/대명사

(명사)

⓪ ‖ **Pancakes** ‖ **juice**, ‖ **pancakes**, ‖ **milk**, and ‖ **pancakes**.(1NG7)

⓪ Annie said. "‖ **No trapdoors** or **secret passages**?"(1NG16)

⓪ Then the LORD said to him, "What is that in your hand?" "‖ **A staff**," he replied.(Ex4:2)

⓪ ‖ **Success**, success <u>to</u> you, and success to those who help you,(1Ch12:18)

(대명사)

⓪ "How are you?" "I'm very well, thank you. And ‖ **you**?"(1G84D)

⓪ "Which book are yours?" "‖ **The one** on the table."(1G73B)

⓪ "Who did you meet?" ‖"**No one**." or ‖"**Nobody**."(1G75C)

⓪ "How many cars are there in the parking lot?" "‖ **None**."(1G75C)

⓪ "What' did you say?" ‖ "**Nothing**."(1G73C)

⓪ "Do you know those people?" "‖ **Most** of them, but ‖ not **all** of them."(1G79C)

⓪ "How many books have you read?" "‖ **None** of them."(1G79C)

⓪ "Would you like tea or coffee?""‖ **Either**. or **Neither**.(1G80A)

⓪ Do you have any stamps? — Yes, ‖ **a few**. Do you want one?(1G82B)

⓪ Can you speak Spanish?— ‖ **A little.**(1G82B)

(b) wh-어

⓪ ‖ **What** ‖ **about** **it**?(**What** do you like(or think) **about** **it**)?(ECD78,OHS57)

⓪ ‖ **What** ‖ **about** [**coming** with us](**What** do you like(or think) **about** **coming** with us)?

⓪ "What would you like to do today?"‖ "**Whatever.**"(PEU625)

⓪ We're off to Chicago. – ‖ **When**?(LEG263)

⓪ "When shall we start?" "‖ **Whenever** (you like)"(PEU625)

⓪ ‖ **How** ‖ **about** **another drink**?(**How** do you think **about** **another drink**?)(HaM72)

⓪ ‖ **How** ‖ **about** [**meeting** for lunch tomorrow]?(**How** do you think **about** [...]?(2G58A)

⓪ ‖ **How** ‖ **about** [**we go** out and find out a cafe]?(BSA135)

⓪ ‖ **How long** ‖ [**before** you order your men to stop pursuing their brothers]?(2Sa2:26)

☆ what about ~ v. how about~: 구체적인 어떤 답변을 원하는 질문은 what, 제안, 혹은 긍정이나 부정의 의견을 묻는 질문은 how 사용 ex) I like dancing, what about you? (난 춤추는 거 좋아해, 넌 뭐/어떤거 좋아해?) I like dancing, how about you?(난 춤추는 거 좋아해, 넌 어때?) | (넌 춤추는거 좋아해?)

(c) 전치사구

⓪ "When did you find your job?" "‖ **About three weeks ago.**" (TOEIC)

⓪ "I'm writing a book." "You are? ‖ **What about**?(about what)(1G39A)

⓪ "Come here at once and look at this!" "‖ **At what**?"(James14)

⓪ I want to leave these parcel? —‖ **Who for**?(=for whom)(LEG263)

⓪ He buries well. He could bury other things. ‖ **Like a picture.**(1NG28)

⓪ "When are you coming back?" "‖ **On Monday.**"(1G102B)

⓪ How long have you been in Brazil? —‖ **Since Monday**.(1G17A)

⓪ "Are you going to the bank?" "No, ‖ **to the post office.**"(1G69B)

⓪ We're off on holiday tomorrow.— ‖ **Where to**?(To where?)(LEG263,PEU610)

⓪ "Hello ‖ **to you**, too!" I shouted back.(11JB33)

⓪ "How long will you be away?" ‖ **Until Monday**.(1G102B)

⓪ "‖ **Upon my word**!" he said to himself.(CN48)

⓪ Will you beat these eggs for me? —‖ **What with**?(=With what)(LEG263)

⓪ ‖ **With what money**?(What money with)(PEU434) ‖ To hell **with him**^!(2FD610)

⓪ He | was under my chair. ‖ **Except for his chair**.(1NG42)

⓪[②] **Except** [**whoever** ripped a page an took a page].(26NG28) ☆ 전치사+명사절 목적어

(d) 소사

⓪ ‖ **Around.** ‖ **Around.**(7NG14)

(e) 부사

⓪ "Should we go now?" "No, ‖ **not yet**. I'd rather wait until later.(1G33A)

⓪ "Has Michelle ever been to Australia?" "Yes, ‖ **once**(=one time),"(1G16C)

⓪ "Tom will be here soon, won't he?" "Yes, ‖ **probably.**"(1G39B)

⓪ "Nicole got married last week." "She did? ‖ **Really**?"(1G42A)

⓪ "‖ **Well**, who took it?" Oliver asked.(2NG21)

(f) 감탄사 ☞4.6B

⓪ "‖ **Hmm**," I said.(1NG27) ⓪ "‖ **Hello** to you, too!" I shouted back.(11JB33)

⓪ "‖ **No**," Annie said. ☆ No의 품사는 감탄사, 역할은 독립어

⓪ "Have some candy." "‖ **Oh**, ‖ **thanks.**"(1G34A)

⓪ "I'll call you tomorrow, ‖ **OK**?" "‖ **OK**, ‖ **bye.**"(1G26C)

⓪ "‖ **Yes**," Claude said..(3NG19)

D. 보어

기본형 '주어+술어' 뒤에 부가어나 술어를 추가하여 확장형을 만들 수 있다. 이처럼 추가된 부가어(목적어 포함)나 술어 중 필수적인 것을 넓은 의미의 보어(complement)라고 한다.

(1) N(이름말: Nominal)

(a) 목적어(Object)

(i) 명사/대명사

- 자동사/타동사 공용인 경우에는 주어 또는 목적어에 초점을 맞출 수 있다.(3G28A)

② She | **closed** ‖ the door.(타동사) v. ① The door | **closed**.(자동사)

② I | **'ve ripped** ‖ my shirt.(타동사) v. ① My shirt | **has ripped**.(자동사)

begin, bend, break, burn, change, decrease, drop, finish, increase, move, open, shut, start, vary, wake 등으로 주로 변화를 표현하는 동사들이다.

- 내용상 의미가 확실한 경우에 목적어를 생략하는 타동사도 있다.(3G28B)

③ I | often **sing** (songs) | in the shower.

① She | **plays** (the saxophone) ‖ beautifully.

answer, ask, change, cook, dance, drink, drive, eat, fail, park, phone, read, sing, study, wash, wash up, wave, win, write 등

(ii) 전치사구

- 목적어 앞에 특정의 전치사를 사용하는 동사도 있다.(3G28D,E) ☞2.3.A.

② We | had to **deal** ‖ with hundreds of complaints.(we had to deal 만으로는 부족)

④ I | always **associate** ‖ pizza ‖ with Italy.(associate pizza만으로는 부족)

(b) 협의의 부가어(Adjunct)

'전치사+명사/대명사'를 사용한 구조3G28D,E) ☞2.3.B.

② The disease | **originated** ‖ in Britain.(The disease originated.만으로는 부족)

② I'm sure [that blue car | **belongs** ‖ to Matthew.(that blue car belongs는 부족):

adhere to, aspire to, belong at/in/to, consist of, culminate in/with, deal with, depend on/upon, detract from, differentiate between, dispose of, incline to. participate in, refer to, reside at, result from /in specialize in 등

일반적으로 보어(필수부가어)가 필요한 동사 중에는 보어를 사용하지 않는 경우도 있다.

② He | **paused** ‖ for a few moments. v. ① He | **paused**.

'전치사+ 비정형동사/절을 사용한 구조.(3G244)

② I | don't **approve** ‖ of smoking. He | **insisted** ‖ on [paying for the meal].

(2) P(풀이말: Predicate)

(a) 주격술어(Subject Predicative)

단순술어(Predicate)에 추가하여 주어를 서술하는 필수성분이다. ☞ 4편 3장 B.(4)(c) 참조

(b) 목적격술어(Object Predicative)

단순술어(Predicate)에 추가하여 목적어를 서술하는 필수성분이다.

(i) 형용사/명사

형용사/명사를 사용한 구조(3G28F)

⑤ She | 's **driving** ‖ us | crazy. | Don't **call** ‖ me | a liar.(PEU598)

⑤ The people of this country | will **hold** ‖ the government | responsible.

⑤[②] Conti | **pronounced** ‖ herself | [fit for the match].

☆ assume, believe, consider, declare, find, judge, prove, report, think 등. declare, find, pronounce, prove 등은 주로 재귀대명사(himself 등)를 목적어로 사용.

'object + adjective' 구조의 문장은 격식체, to be 또는 that-clause은 비격식체.

⑤ Dr. Adams argues that house prices will fall, but other economists | **believe** ‖ the opposite

| true.(3G28F))(비격식체: believe the opposite to be true, believe that the opposite is true.)

(ii) 전치사구/소사

- 전치사구를 사용한 구조(3G28E)

⑤ She | **put** ‖ the report | on the floor.(She put the report만으로는 부족)

⑤ She | **found** ‖ herself | in an embracing situation. (She found herself만으로는 부족)

base...on, inflict...on, mistake...for, regard...as | with 등.(3G28E)

- 소사를 사용한 (object +complement(predicative) 구조

⑤ She | left ‖ him | **behind**.(She | left ‖ him만으로는 부족)

(iii) 비정형동사/절

- 명사, 비정형동사/절, 정형절 술어를 사용한 구조.(3G28E,3G244)

⑤ We | **waited** ‖ for the storm | to pass ‖ [before we continued].

⑤[②] We | **invited** ‖ Lisa | [to come to the party].

⑤[④] I | **overheard** ‖ her | [tell(or telling) Jack that she was seriously ill].

E. 상태형 문장 v. 동작형 문장

- 준동사가 문장의 마지막 재료인 경우를 제외하면 대체로 홀수형(①,③,⑤,⑦) 문장은 상태를 나타내고 짝수형(②,④.⑥) 문장은 동작을 나타낸다. 즉 문장의 마지막 술어가 형용사, 명사, 소사, 전치사구인 경우는 상태를 나타내고, 마지막 부가어가 부사, 명사, 소사, 전치사구인 경우는 동작을 나타낸다.

- 준동사(verbal)는 시제(tense)/격(case)의 변화를 하지 않는 동사를 말한다. -ed형(과거분사), -ing형(현재분사), to~형(부정사)/~(원형)을 비정형동사(non- finite verb)라고 하고 시제 | 격변화를 하는 동사를 정형동사(finite verb)라고도 한다. -ed형은 상태형, -ing는 실현형, to~는 미연형에 해당한다. 실현형은 과거/현재 지향적 행위 즉 완료 행위와 진행 중인 행위를 나타내고, 미연형은 미래지향적/잠재걱 행위 즉 아직 일어나지 않는 행위를 나타낸다. 원형은 동시제 행위(동사술어의 시제와 주격/목적격술어가 같은 경우), 가정법/명령문의 경우, 서법조동사 뒤에 사용한다. 따라서 -ed형이 마지막 재료인 경우는 상태형 문장, -ing형이 마지막 재료인 경우는 동작형 문장이다. -ed형이 being을 수반하면 동작형 문장, to~형(부정사형)/~(원형)은 동작형 문장을 이룬다.

1편 술어
Predicate

1.1 형용사 술어(adjective)

A. 본래형용사 술어

■ **1형술어**

다음은 '본래형용사' 술어로 이루어진 ①형 즉 NP(a)이다.

① He ∣ was **alone**.

예문은 ①형 NP(a)이다. P는 'be+형용사 alive/free'이다.
여기서 형용사는 be에 연결되어 쓰였다. 이를 형용사의 서술용법(predicative use)이라 한다.
be를 연결동사(linking verb) 또는 계사(copula)라고도 부른다.

☆ 명사나 동사 앞에 접두어 'a-'를 붙여 만든 형용사: afraid, alike, alive, alone, ashamed, asleep, available., awake, aware 및 content, unable, worth 등은 서술용법만 가능하고 수식용법은 불가하다.

• **본래형용사**

① The animal ∣ was **alive**.(3G66B) / ① We ∣ 're now **alone**.(1CD626)
① Super Hex ∣ was **asleep**.(15NG11)
① It ∣ was **big**.(1NG18) ① He ∣ was **big**, all right..(1NG26)
① She ∣ was **asleep**. She ∣ may have been **sick**.(2G28B)
① Flowers ∣ are **beautiful**.(1G70B,3G66C)
① The room ∣ was meticulously **clean**.(MJL257)
① (Is) Dane ∣ **dead**?(CMc644) / ① "That ∣ 's **easy**," I said.(2NG12)
① The bottle ∣ 's nearly **empty**.(OED)
① We ∣ were totally **free**..(2G25C) / ① NP(a) We ∣ were **free**.(12NG28)
① I ∣ 'll be **good**, Daddy!(10JB19) / ① "Oh, (It's) ∣ **good**," Annie said.(1NG10)
① Listen to the music. It ∣ 's **great**.(1G114A) / ① Our house ∣ is **green**.(SBE84)
① Sue's job ∣ is very **hard**.(1G87C)
① I ∣ 'm **happy**. I ∣ 'm **happy**, too."(1G40A) ① I ∣ can be **happy**.(O'B265)
① I ∣ am **hungry**.(1NG32) ① I ∣ 'm **hungry**. Can I have something to eat?(1G83B)
① She ∣ is very **honest** and considerate.(NED)
① She ∣ 's always **late**.(1G92A,2B,34B,1G84C)
① Turn and about, same as before, while he ∣ is **loose**.(2LR255)
① Our new neighbours ∣ are very **nice**.(OED) ∣ Be **nice**, (Be friendly. Be kind.)
① These flowers ∣ are **nice**, and they aren't expensive.(1G2B)
① Sue ∣ is very **quiet**.(1G84B,34A)
① You ∣ 're probably **right**.(ECD945) That ∣ 's **right**.(LSW515)
① The work ∣ is **satisfactory** but not outstanding.(OED)
① His remark ∣ was **short** and to the point.(OED)
① She ∣ is **sick**. She ∣ must be **sick**,(1G29A)
① It ∣ is **strange**?(7NG21) Is it ∣ **strange**? Am I ∣ **strange**?(Weverse)
① He'll manage—he ∣ isn't **stupid**.(OED)
① "I ∣ 'm **sure**. I will find the picture of Fang," I said.(1NG16)
① It is **true**. It ∣ may ∣ might be **true**.(2G28A)
① I ∣ 'm very **well**, thank you. And you?(=in good health)(1G84D)

① I, Nate Great, | was all **wet.**(9NG25)
① I | was **wrong,**" she said.(Fr'n111) Your answer | is totally **wrong.**(ECD83)
① "My picture of Fang | is **yellow.**(1NG22)
① I | 'm **American**. I'm from Chicago.(1G1A)
(open)
① There is a room next to mine. The door | was **open.**(24NG18)

- **'being/to be' + 형용사**

① You | are being very **clever.**(=behaving at the moment)(1MiC190)(진행)
① I can't understand [why he | 's being **selfish**].(")(2G4C)(진행)
① They were in a dangerous situation. They | had to be **careful.**(1G32B)
① We | are to be **late.**(NED)(예상)
① If I | am to be **honest**, it's the impression I had.(BSA39)(가정)

■ 3형술어

다음은 '본래형용사' 주격술어로 이루어진 ③형 즉 NPP'(a)이다.
다음과 같이 분석된다. 즉 NPP'=NP+NP'의 관계에 있다.

③ He | felt | **alone** ① He | felt... +① He | was **alone.**

- **능동사의 주격술어**

(연결동사)
☆ 자동사 중에서 주격술어를 주어에 연결하는 동사를 연결동사(linking verb)라고도 한다. (i) 'being' 의 의미로 사용하는 continue, lie, keep, remain, stay, (ii) 'becoming' 의 의미로 사용하는 become, come, end (up), fall, get, go, grow, run, turn,(out) (iii) 'seeming' 의 의미로 사용하는 appear, guess, prove, seem 및 감각동사 ☞4.3A.(5) 감각동사는 seeming류에 속한다, ache, feel, look, smell, sound, taste
(i) being류(계속/유지)
③ He | never stays | **angry** (for long).(OED)
③ Keep | **clean.**(YBM) / ③ The weather | continued | **fine.**(ZEG105)
③ You | remained | **quiet.**(KsS134)
③ The land | no longer lies | **waste.**(ZEG105)
③ We | 're all keeping | **well.**(OED)
(ii) becoming류(변화과정)
③ Gracey | fell | **asleep** [while she was reading].(1G14B)
③ The weather | has turned | **cold.**(OED)
③ He | fell | **dead.**(4LR64) / ③ All the pools | have run | **dry.**(ZEG108)
③ | Go | **easy**, my dear man,(2JJ325)
③ The traffic lights | went(or turned) | **green.**(*not* become/got)(3G21D)
③ This | came | very **hard** indeed.(8TC95)
③ If you don't eat, you | get | **hungry.**(1G54B) /
③ I | often go | **hungry** (before 12 o'clock).(ZEG108)
③ His dog | became | **ill.**(ZEG105)
③ The man tried [| to get | **loose**], but Wilhelm held him fast.(JB310)
③ Her face | turned | **red.**(ZEG108)
③ My heart | grew | **sick** and I couldn't eat.(LSW436)

③ Rosamond's note | just got | **stranger**..(13NG12) / ③ They | will get | **well**.(Mk16:18)
③ My computer | is going | **wrong** (again).(3G21D) /
③ Perhaps I | have been thinking | **wrong**.(5NG34)
(iii) seeming류(간주)
③ Ann | doesn't seem | very **happy**.(2G4A) / ③ Your friend | seems | very **nice**.(2G97C)
③ The plan | proved | **practical**.(ZEG105)
③ The boss | appears | **rich**.(ZEG105) / ③ You | have guessed | **right**.(AnF59)
(감각동사)
③ President Ryan | felt | very **alone**.(2CD1179)
③ That music | sounds | **beautiful**.(LEG114) / ③ You | look | **clean**.(MJL256)
③ The soup | looks | **good**.(1G83) / ③ The vegetables | didn't tasted | **good**.(2G41C)
③ I'm not going to eat this fish. It | doesn't smell | **good**.(1G83C.2G97C)
③ Suddenly I, Nate | felt | **great**.(5NG4) / ③ I think [you | would look | **great**].(YBM)
③ I | feel | **happy**.(2G98) / ③ They | look | **happy**.(1G86C) / ③ You | sound | **happy**.(1G83C)
③ Rosamond | did not look | **hungry** or **sleepy**.(2NG14)
③ Oliver | looked | **proud**.(21NG25)
③ Those apples | look | **nice**. Can I have one?(1G72B) ③ It | sounds | **nice**.(3G21A)
③ She | looked | **sad**.(6NG40) / ③ He | felt | numb and **stupid**.(2Mic202)
③ Rosamond | looked | **strange**. ③ But she | always looks | **strange**.(4NG15)
③ Forgetting my notes made me [| look | **stupid**].(OED)
③ I | don't feel | very **well**.(1G90C) / ③ You | don't look | **well**.(1G52X)
(일반동사)
③ Does Gabriela | live | **alone**?(1G22D)
③ Then the fish | came | **alive**, with his death in him.(1EH120)
③ "Rosamond | thinks | **big**," I said, "as well as **strange**."(9NG11)
③ | Came | **empty**, | return | **empty**.(SBE282)
③ You | won't go | **hungry**.(HA261, Pr10:3,13:25, 1Co4:11)
③ He | certainly acts | **hostile**.(2MiC221)
③ He | arrived | **late**.(4JG302) / ③ We | bent | **low**.(6NG36)
③ North Korea | makes | **nice** (again).(NW02)(to behave in a kind, friendly, or polite way)
③ Many famous poets | died | **young**.(LEG114)
③ Perhaps I | had been thinking | **wrong**.(5NG34)
(open)
③ The door of the room | flung | wide **open**.(4HP18)
③ The door of the compartment | slid | **open**.(1HP98)
③ The front doors | stood | **open**.(4HP370,3HP88,387)
③ The staff room door | banged | **open** again.(2HP293)
③ The murder was not solved and the case remains | **open**.(LEG114)

- **수동사의 주격술어**

③ I | was left | **alone**.(7JG392)
③ I | was let | **alone**.(Yahoo) / ③ You | will be let | **alone**.(3LR295)
③ And so Androclus | was set | **free**.(JB86,308)
③ We won't believe his promise until it | is made | **good**.(2TC474)
③ Our house | is painted | **green**.(SBE84)

③ I | was made | **happy**.(Web)
③ Her words | were cut | **short**.(2HP84) / ③ She | was worried | **sick**.(4JG302)
(open)
③ The windows | had been forced | **open**.(1LR201)
③ The door | was pushed(or slid, wrenched) | **open**.(1HP98;3LR128)

- **비동사술어의 주격술어**

③ Alex is a bus driver, but now he | is <u>in</u> bed | **asleep**.(2G2A)
③ He | 's home(or out) | **sick**.

- **'being'+형용사**

③ I | feel | being **sick**.(=behaving at the moment)(GG)(진행)

- **'to be'+형용사**

③ The room | was found | to be **empty**.(BEG(308)(결과)
③ You | 're lucky | to be **alive**.(LSW717.2MIC203)(결과)
③ "Nobody | wants | to be **alone**," Anna said.(Fr'n77,2DB464 (소망)
③ I didn't go in because she | appeared | to be **asleep**.(3G21B)(추측)
③ I | don't aim | to be **disagreeable**.(TO207)(의도)
③ You're right, boss. I | want | to be **happy**.(CRL21)(소망)
③ He | seems | (to be) **honest**.(EJD)(추측)
③ But I don't think [he | intends | to be **hostile**].(2MiC221)(의도)
③ Oh, no! It's 9:00, and I'm not ready. I | 'm going | to be **late**.(1G27C)(예상)
③ We | are bound | to be **late** if we don't hurry.(예상)
③ I | promised | not to be **late**.(2G52A,1JWG110)(의도)
③ We | expected | to be **late**.(2G53A)(예상)
③ | Please try | to be **quiet** when you come home.(2G55A,ASEc9)(의도)
③ I | don't wish | to be **rude**, but could you be a little quieter?(OED)(소망)
③ I | expect | to be **sick**.(KK79)(예상)
③ You | need | to be **sociable**.(ET-house)(필요)
③ He | is only pretending | to be **stupid**.(2MiC186,TO252)(가정)
③ The story | proved | (to be) **true**.(ECD168,1ACD212)(판단)
☆ alive, alone, asleep, awake 등의 형용사 또는 -ing형과 함께 사용하는 경우 to be 를 생략하지 않는다.(3G21B)

■ 5형술어

(1) 목적격술어

다음은 '형용사' 목적격술어로 이루어진 ⑤형 NPN'P'(a)이다.
다음과 같이 분석된다. 즉 NPN'P'=NPN'+N'P'의 관계에 있다.

⑤ She | left ‖ him | **alone**.
② She | left ‖ him. + ① He | was **alone**.

☆ to be+형용사 ' 목적격술어나 that절 목적어를 취할 수 있는 동사: assume, believe, consider, declare, feel find, judge, hold, pronounce, prove, report, think 등 (declare, find, pronounce, prove의 목적어는 주로 재귀대명사를 취함). 격식체는 to be가 없는 형용사를 목적격술어로 취한다.(3G28F)

- **본래형용사**

(사역동사)
⑤ | Please let ‖ me | (be) **alone**.(NEI)
⑤ I | would not have ‖ him | **dead**.(OED)

⑤ She | 's never had ‖ it | so **good**.(=things are very good)(EID577)
1편 술어
⑤ The boat tried gallantly [| to make ‖ his promise | **good**].(OHS88)
⑤ We were in no position < | to make 「**good** ‖ the damage>.(1FK186)
⑤ And the subtleties of his acting | made ‖ him | **great**.(타임즈코어)
⑤ | Don't make ‖ it | so **hard**!(CMc628) / ⑤ He | made ‖ her | **happy**.(PEG34)
⑤ He would give them names and homes. That | would make ‖ everybody | **happy**.(9NG47)
⑤ You | make 「**light** ‖ of the obligation.(3CD199)
⑤ I'll bring her back and | make ‖ this | **right**.(Fr'n46)
⑤ She worked {so} hard {that she | made ‖ herself | **sick**}.(2G97X2)
(지각동사)
⑤ They | found ‖ him | **alone**(or **naked**),(9JG1)
⑤ I | felt ‖ it | **advisable** [to do nothing].(OED)
⑤ Morris | found ‖ his house | **empty**.(5TC438)
⑤ I hope [| see ‖ you | **well**].(ZEG100)
(인식동사)
⑤ He himself | didn't think ‖ it(=the house) | **beautiful**.(2SK90)생각하다)
⑤ You | might deem ‖ me | **cold**.(NH172) I | deem ‖ it | **good** [to do so].(DED)(")
⑤ I'm soaking wet and you | call ‖ it | **nice**.(LSW387)(")
⑤ | Consider ‖ yourself | **lucky** (you weren't fired).(OED)(생각/간주하다)
⑤ Alekseyev | thought ‖ him | **right**.(5TC435)(")
⑤ She | called ‖ him | **stupid**.(EB558)(부르다)
⑤ I | would, finally, prove ‖ his trust | **wrong**.(CRL99)(증명하다)
⑤ The argument | proves ‖ him | **wrong**.(Plato273)(")
(상태동사)
⑤ I | got(or had) ‖ it | **right**, didn't I?(LSW515)(되게 하다)
⑤ I | like ‖ my coffee | **strong**.(ZEG100)(선호하다)
⑤ "He(=the minister) | just turned ‖ us | **loose**," I said.(7JG300)(하다)
⑤ I | want ‖ him | **dead**.(Jungle Book)(원하다)
⑤ Marie shouted [that Raymond | wished ‖ me | **well**].(Camus118)(원하다)
(동작동사)
⑤ She | boiled ‖ the egg | **hard**.(ZEG100) / ⑤ We | better cut ‖ it | **short**.(ECD672, PEU599)
⑤ I | shall hold ‖ you | **responsible**.(ZEG100,3G28F) / ⑤ You | got ‖ my feet | **wet**.(9NG25)
⑤ | He | keeps ‖ himself | **well**.(YHD) Keep ‖ it | **clean**.(UrDic)
⑤ Do you think it'll take long?－I | 'll try to keep | it | **short**.(ECD690)
⑤ He will bring down your high fortified walls and | lay ‖ them | **low**;(Isa25:13)
⑤ She | left ‖ him | **alone**.(Pop) / ⑤ We | must not leave ‖ him | **asleep**.(EB471)
⑤ We | have painted ‖ our house | **green**.(SBE84)
⑤ They | took ‖ him | **alive**.(1Maccabees8:7)
⑤ | Take ‖ it | **easy**! Don't panic.(OED) / ⑤ But she | 'll worry ‖ herself | **sick**.(4JG468)
(open)
⑤ Esmeralda | always has ‖ her mouth | **open**.(2NG18)
⑤ You | have to break ‖ the door | **open**.(or 「**open** ‖ the door)(ZEG100)
⑤ He | flung ‖ the door | **open**.(or 「**open** ‖ the door)(2HP260)
⑤ They | could get ‖ the door | **open**.(or 「**open** ‖ the door)(4LR230)

⑤ Can we | have ‖ the window | **open**?(1HP232)
⑤ I | heard ‖ the front door | **open**.(21NG46))
⑤ Oh, I | left ‖ the door | **open**. I'll go and shut it.(2G20A,3HP132)
⑤ He | pulled ‖ the door | **open**.(or ⌈**open** ‖ the door)(3HP21)
⑤ He | pushed ‖ the door | **open**.(or ⌈**open** ‖ the door)(2HP216)
⑤ He | slid ‖ the door | **open**.(or ⌈**open** ‖ the door).(11JG56)
⑤ | Please keep ‖ next Monday | **open**.(ECD476)

- **'beinge'+형용사**

⑤ I saw ‖ her | being so **rude** (to Mme. d'Houdetot).(JJR416)(진행)

- **'being/to be'+형용사**

☆ to be를 생략할 수 있는 동사: believe, declare, find, prove, think
to be를 생략할 수 없는 동사: know, discover, feel, imagine, report, suppose
☆ as/to be+ 목적격술어' 가능동사 appoint. choose, consider, deem: 불가동사: call, make, name, nickname:
⑤ | Let ‖ him | (be) **alone**.(DED)
⑤ I | told ‖ you | to be **careful**(or **good**).(1G51B,ML138)(요구)
⑤ He | showed ‖ himself | to be **competitive**.(간주).
⑤ Please God, | don't let ‖ him | be **dead**.(OED)(소망)
⑤ Why the rest? | Let ‖ me | (be) **free**.
⑤ God | intended ‖ for us | to be **free**.(Ronald Reagan))(의도)
⑤ I | have found ‖ him | to be **friendly**.(ZEG197)(판단)(")
⑤ I | want ‖ you | (to be) **happy**.(1G51A,5JG36,CRL21)(소망)
⑤ We | believe ‖ him | (to be) **honest**.(SBE26,DED)(판단)
⑤ We | know ‖ her | to be **honest**.(or (to be) **stupid**).(OAD,ZEG99)(판단)
⑤ I | think ‖ him | (to be) **honest**.(YBM)(간주)
⑤ We | presume ‖ him | (to be) **innocent**.(Weblio)(추측)
⑤ They | declared ‖ the vote | to be **invalid**.(3G33B)(선언)
⑤ We | expected ‖ Dan | to be **late**.(2G53A)(예상)
⑤ I | want ‖ it | to be **perfect**.(O'B266)(소망)
⑤ He | ordered ‖ us | to be **quiet**.(3G36X1)((명령)
⑤ Who do you | consider ‖ (to be) **responsible** (for the accident).(DED)(")
⑤ She | had supposed ‖ him | (to be) very **rich**.(OED)(추측)
⑤ I | felt ‖ the results | to be **satisfactory**.(3G33B)(판단)(지각동사)
⑤ Other economists | believe ‖ the opposite | (to be) **true**.(3G28F)(판단)
⑤ They tried [| to prove ‖ the scientist | (to be) **wrong**].(ZEG99)(판단)
⑤ He | fancied ‖ himself | (to be) still **young**..(DED((간주)
⑤ I | took ‖ him | to be **Jewish**.(3SLT284)(판단)
☆ object + adjective 구조의 문장은 격식체이다. to be 또는 that-clause를 사용해서 비격식체로 만들 수 있다.

(2) 주격술어

다음은 '본래형용사' 주격술어로 이루어진 ⑤'형 NPN' ⌈P'(a)이다.
다음과 같이 분석된다. NPN' ⌈P'=NP+NP'의 관계에 있다. 즉 P'는 N을 서술한다.

⑤' He | left ‖ home ⌈**alone**.
② He | left ‖ home. + ① He | was **alone**.

- **본래형용사**

⑤' He | went ‖ to the school ┌**alone**. ⑤' He | left ‖ home ┌**alone**.(Home Alone)
⑤' He | left ‖ for London ┌**alone**. / ⑤' Anna | spent ‖ most of the time ┌**alone**.(Fr'n15)
⑤' No one | left ‖ his house ┌**alive**.(Theseus)
⑤' He | spent ‖ the night ┌**awake**.(GGM129)
⑤' Every thing <he says> | strikes ‖ me ┌**funny**.(EJD)
⑤' I | left ‖ him ┌**happy**.(2OH164,1ACD783)
⑤' He | left ‖ the bar ┌**hungry**.(8JG90,226)
⑤' He | always keep | me ┌very **late**.(5ST161)
⑤' You | can't talk ‖ to the police ┌half **naked**.(2DB39)
⑤' I | called ‖ in ┌**sick**.(나 전화로 병가 냈어)

■ 7형술어

다음은 '본래형용사' 주격술어로 이루어진 ⑦형 NPP'P"(a)이다.
다음과 같이 분석된다. NPP'P"=NPP'+NP"의 관계에 있다.

⑦ He | came | home | **alone**. ③ He | came | home.+ ① He | was **alone**.

• **본래형용사**

⑦ He | came | home | **alone**.(PEG132)
⑦ She | rode | away | **alone**.(KA11)
⑦ Sir Bedivere | stood | there | **alone**.(KA37)
⑦ I wouldn't like [| to go | on vacation | **alone**].(2G56B)
⑦ Nobody | 's ever come | out of this | **alive**.(AD55)
⑦ Am I | going to come | back | **alive**?(4LR22)
⑦ The British is were lucky [they | 'd got | out of it | **alive**].(JLC86)
⑦ Perhaps the child | might even be set | free | **alive**.(2TC881)
⑦ Naaman | went | away | **angry**.(2Ki5:11)
⑦ I | lay | in bed | **awake**.(Cuckoo's184)
⑦ I | came | away | **empty**.(5TC563)
⑦ The shop | took | off | **empty**.(2Mic78)
⑦ The pictures we took | turned | out | **great**.(NEI)
⑦ The buds | come | out | all **green**.(ECD1060)
⑦ Everything | will work | out | **fine**.(1DB143)
⑦ The disabled members of our party | were let | in | **free**.(PEG40)
⑦ He | came | back | **hungry**.(Freedom's Forge 38)
⑦ You | got | there | **late**.(2G14X1) / ⑦ I | woke | up | **late**.(17NG7)
⑦ I | sat | at the table | very **nice**.(17JB9)
⑦ The weather | turned | out | **nice** (later).(2G135C)
⑦ The door | got | pushed | **open**.(Jeremy Levi 24)
⑦ A lot of guests | arrived | at the party | **poor**, but left rich.(Plu 'chR421)
⑦ The marriage | will | turn | out | all **right**.(LSW446,ECD731)
⑦ He | came | home | **sick**.(HL244)
⑦ She didn't have time <| to lie | in bed | **sick**>.(KsS145, 2CD455)

⑦ The story | came | out | **true** (next morning).(OES34)
⑦ Things | didn't work | out | **well**.(2G135B,ECD749)
⑦ I guess [that | came | out | **wrong**].(4JG7)
⑦ A lot of times they | turn | out | **wrong**.(LSW446)

- **'to be+형용사'**

⑦ Nobody believed Matt at first, but he | turned | out | to be **right**.(2G136C)(결과)
⑦ The rumor | turned | out | to be **true**.(EJD)(결과)

B. 전성형용사

분사형 중에서 성질과 상태를 나타내는 것을 진행형이나 수동형과 구별하여 분사(分詞)형용사 (participle adjective) 또는 전성형용사라고 한다.

☆ 감정유발동사 중 진행형이나 수동태가 될 수 없는 -ed/-ing형을 전성형용사라고 한다. adore, amaze, amuse, annoy, bore, confuse, convince, disappoint, embarrass, excite, exhaust, frighten, horrify, interest, please, satisfy, scare, shock, surprise, tire 등 (CEG77) 예외) Business prospects are discouraging.(전성형용사) v. You're discouraging me. (진행형). 왕래발착동사(come, go 등)의 분사형도 전성형용사에 해당한다.

■ 1형술어

다음은 '전성형용사' 술어로 이루어진 ①형 즉 NP(a)이다.

① She	was **bored**.

- **전성형용사**

(-ing형)
① The movie wasn't very good. It | was **boring**.
① "This | is very **encouraging**," he said.(Timescore)
① My job | is **interesting** (or **depressing**, **tiring**, **satisfying**).(2G96B)
① Sludge | is **missing**. Lost. Gone.(23NG7)
① The outcome of the project |was very **pleasing**. ☆만족스럽다
(-ed형)
① Nicole | is **bored** because her job is boring.(2G96A,1G86B,58A)
① Local people | are gravely **concerned**.(=worried, troubled, anxious)(OED)
① Helen | is **depressed**. What can we do to cheer her up?(2G141B,JDS184)
① Are you | **done**? ☆ 다 드셨어요 | 끝났어요?
① 'Is Tom here?' 'No, he | was **gone** (before I arrived).'(OED) /
① Then it | was **gone**.(1NG15)
① I | am **tired**. He | is **tired**.((1G10A,83B)

■ 3형술어

다음은 '전성형용사' 주격술어로 이루어진 ③형 즉 NPP'(a)이다.
다음과 같이 분석된다. 즉 NPP'=NP+NP'의 관계에 있다.

③ She | got | **bored**.
① She | got...+ ① She | was **bored**.

- **전성형용사**

(-ing형)

③ Some stories are old, | yet never become | **boring**.(Timescore)
③ Taken at face value, the figures | look | very **encouraging**.(OED)
③ I had to leave just as the conversation | was getting | **interesting**.(2G113A)
③ You | look | **tired**. — Yes, I | feel | **tired**.(1G83C,2G115A)
③ It | does not seem | very **encouraging**.
③ Your invitation | sounds | quite **interesting**.(ECD827)
(-ed형)
③ The children | quickly got | **bored** (with staying indoors).(OED)
③ Captain Rhallon | looked | **concerned**.(=troubled)(O'B180)
③ I | was feeling so damn **depressed** and lonesome.(JDS153)
③ Baits | are always found | **gone** when lines are pulled up!(NED)
③ We didn't get a map, so we | got | **lost**.(1G53B)
③ Fang | looked | **surprised**.(20NG20) / ③ Fang | looked | **surprised**.(20NG20)
③ I | get | very **tired** (doing my job).(2G96B)
③ She | looked | **worried**..(1MiC89)

- **'to be'+형용사**

③ She | wanted | to be **shocking**.(1MiC170)(의도)
③ He | pretended | to be **surprised**.(1MiC39)(가장)
③ She | is going | to be **worried**.(1MiC37)(추측)

■ 5형술어

(1) 목적격술어

다음은 '전성형용사' 목적격술어로 이루어진 ⑤형 NPN'P'(a)이다.
다음과 같이 분석된다. 즉 NPN'P'=NPN'+N'P'의 관계에 있다.

⑤ He | made ‖ her | **bored**.
② He | made ‖ her... ① She | was **bored**.

☆ to be+형용사' 목적격술어나 that절 목적어를 취할 수 있는 동사: assume, believe, consider, declare, find, judge, hold, pronounce, prove, report, think 등 (declare, find, pronounce, prove의 목적어는 주로 재귀대명사를 취함). 격식체는 to be가 없는 형용사를 목적격술어로 취한다.(3G28F)

- **전성형용사**

(-ing형)
⑤ What did Mr. Winnick | find ‖ ∨ | **encouraging**?(YBM)
⑤ My | teacher made ‖ geography | **interesting**.(CSS202)
⑤ He | always made ‖ them(=the lessons) | very **interesting**.(NED)
(-ed형)
⑤ If a person is boring, this means they | make ‖ other people | **bored**.(2G96A)
⑤ Sundays | make ‖ you | **concerned**.(=worried, troubled)(VLIVE)
⑤ My job | makes ‖ me | **depressed**.(2G96B.JDS118)
⑤ When I arrived I | found ‖ Mme de Warens | **gone**.(JJR130)
⑤ Worcester, | get ‖ it | **gone**.(=get out)(4WS28) | Get ‖ thee | **gone**.(OW148)
⑤ I picked it up. And | drank ‖ it | all **gone**.(6JB3)
⑤ I | find ‖ this book | very **interesting**.(ECD1074)
⑤ I | got ‖ myself | **lost**.(High Winds 329)

• 'to be'+형용사

⑤ The Swiss school | teaches ‖ you | to be **bored**.(1MiC262)(가능)

⑤ He | professed ‖ himself | (to be) quite **contented**.(DED)(간주)(만족해하는)

(2) 주격술어

다음은 '형용사' 주격술어로 이루어진 ⑤'형 NPN' ΓP'(a)이다.
다음과 같이 분석된다. NPN' ΓP'=NP+NP'의 관계에 있다. 즉 P'는 N을 서술한다.

⑤' I | covered ‖ my mouth Γreal **shocked**.
② I | covered ‖ my mouth. ① I | was real **shocked**.

• 전성형용사

⑤' They | looked ‖ <u>at</u> me Γ**confused**.(CRL11)

⑤' I | jumped ‖ up and down Γvery **excited**.(6JB60)

⑤' I | covered ‖ my mouth Γreal **shocked**.(26JB51)

⑤' I | looked ‖ <u>at</u> him Γreal **surprised**.(18JB39,17JB63)

■ 7형술어

다음은 '전성형용사' 주격술어로 이루어진 ⑦형 NPP'P"(a)이다.
다음과 같이 분석된다. NPP'P"=NPP'+NP"의 관계에 있다.

⑦ I | jumped | out of bed | very **excited**.
③ I | jumped | out of bed. ① I | was very **excited**.

• 전성형용사

⑦ He | came | home | quite **changed**.

⑦ He | was carried | home | **drunk**.(OED)

⑦ He | passed | out | **drunk**.(Blackstone Gate333)

⑦ On Saturday morning, I | jumped | out of bed | very **excited**.(27JB26)

⑦ He | came | home | **exhausted**.(MK194)

C. '전치사+형용사' 술어

간주전치사 as, for, like는 형용사와 결합하여 술어가 될 수 있다.

☆ 이 3개의 전치사는 대체로 자격, 대신, 유사, 간주, 의제 등의 공통적인 의미로 사용되며 그 목적어로 형용사/명사/동사/비정형절/정형절을 취할 수 있다.

■ 1형술어

(as~)

① The money | is <u>as</u> **gone**.(NED)

① It | is still just <u>as</u> **important**.(Hansard)

① The cells | are <u>as</u> **real**.(MEP214)

(for~)

① This | can't be <u>for</u> **real**.(4JG470)

(like)

① He would not listen to me. He | was <u>like</u> **mad**.(OED)

■ **3형술어**

(as~)

③ This | doesn't feel | <u>as</u> **important**, though.

③ When the car was first built, the design | was viewed | <u>as</u> highly **original**.(OED)

(for~)

③ It | would happen | <u>for</u> **real**.(6TC692) / She | sounded | <u>for</u> **real**.(2JP23)

③ He | was left | <u>for</u> **dead** (on the battlefield).(EPL180)

(like~)

③ The audience | applauded | <u>like</u> **mad**..(JDS137)

③ He | drove | <u>like</u> **mad**.(MED) They | fought | <u>like</u> **mad**.(4LR38)

■ **5형술어**

(1) 목적격술어

(as)

⑤ I | take ‖ it | <u>as</u> **encouraging** when students attends all my lectures.(3G97C)

⑤ We | regarded ‖ the money | <u>as</u> **gone**.(EJD,DED)

⑤ What I am saying is [that I | see ‖ it | <u>as</u> **important**].(Hansard)

⑤ They |. looked ‖ <u>upon</u> the crying child | <u>as</u> **heart-wrenching**.

⑤ I | thought ‖ of it | <u>as</u> **impossible**.

⑤ They | dismissed ‖ him | <u>as</u> **mad**.(BSa96)

⑤ He | regarded ‖ it | <u>as</u> **old fashioned**.

⑤ He sought out Gandhi and | spoke ‖ of him | <u>as</u> "**pure** and **elevated**".(Web)

⑤ The general | accepted ‖ the news | <u>as</u> **true**.(ZEG99)

⑤ | Don't treat ‖ this | <u>as</u> **unimportant**.(NED)

⑤ I | consider ‖ activities such as jogging and weight-lifting | <u>as</u> **unnatural**.(CED)

⑤ The people | looked ‖ <u>upon</u> him | <u>as</u> **wonderful**.(The Pawnee Mythology394)

(for~)

⑤ I | left(or took) ‖ her | <u>for</u> **dead**.(2CD426)

⑤ I | 've got to see ‖ that | <u>for</u> **real**.(Bookstore109) / ⑤ I | thought ‖ it | <u>for</u> **real**.

(2) 주격술어

(as~)

⑤ His reaction | struck ‖ me ┌<u>as</u> **odd**.(DED)

⑤' A couple of issues | struck ‖ me ┌<u>as</u> **important**.(Hansard)

(like~)

⑤' He | is chasing ‖ her ┌<u>like</u> **mad**.(NEI)

⑤' When he works, he | does ‖ it ┌<u>like</u> **mad**.(NEI,5JG237)

1.2 명사 술어(noun)

A. 동격명사 술어

■ 1형술어

다음은 '동격명사(대명사 포함)' 술어로 이루어진 ①형 NP(n)이다.
여기서 명사 king은 주어와 동격관계를 서술한다.

① He I was **king**.

- **명사**(~이다)

① I Don't be such **a fool**!(OED)
① Anna and I I are **good friends**.(1G1B) /① And we | were **friends**.(1NG27)
① Come on, now — I be **a man**.(=a strong, brave person)(OED)
① Silver I was **a changed man**, once he was out there.(RLS166,GGM343)
① You I are **a different person**.(=a changed man)(2FD441) / ① She I is **a nice person**.(1G64C)
① Jane I isn't **a teacher**. He is **a student**.(1G1B)
① My son, Arthur I will be **king**.(KA1) / ① Will you I be **my wife**?(Richard Lam)
① Right or not, it I is **a fact**.(DED)
① He I was **a failure** <as a king>.(OED) / ① It I was **a total failure**.(")(3G66C,OAD).
① " | **Good thinking**," I said.(3NG9,5NG12) ☆ (it is) a good thing.에서 '주어+be' 생략
① It I 's a top **secret**.(ECD1218)
① His life I is **an open book**.(EID629)
① "Maybe he didn't like it." I said "Maybe it | wasn't **a good picture** of him.(1NG29)
① Three years I is **a long time** <to be without a job>.(2G77B)
① My name I is **Anna**.(1G1A)
① "Is this | **it**?" I asked.(1NG22)

- **'being/to be'+명사**

① I I was being **Jessie Owens**.(=behaving at the moment)(MZ58))
① His Sunday walk I was not being **a success**.(=a state at the moment)(BP46)
① In the sixth grade, my dream I was to be **a teacher**.(NED)(소망)

■ 3형술어

다음은 '동격명사' 주격술어로 이루어진 3형 NPP'(n)이다.
다음과 같이 분석된다. 즉 NPP'=NP+NP'의 관계에 있다.

③ He I became I **king**. ① He I became....+ ① He I was **king**. ③ He I was made I **king**. ① He I was made....+ ① He I was **king**.

- **능동사의 주격술어**

(연결동사)

☆ 자동사 중에서 주격술어를 주어에 연결하는 동사를 연결동사(linking verb)라고도 한다. (i) 'being 의 의미로 사용하는 continue, lie, keep, remain, stay, (ii) 'becoming' 의 의미로 사용하는 become, come, end (up), fall, get, go, grow, make, run, turn(out) (iii) 'seeming' 의 의미로 사용하는 appear, guess, prove, seem. 감각동사는 seeming류에

속한다, ache, feel, look, smell, sound, taste

(i) being류; 계속/유지

③ We | remained | **friends** but the relationship changed.(HH134)

③ I | 'll stand | **her friend** and counselor to the last.(EB464)

③ They | still stay | **friends**.(2TC735)

(ii) becoming류; 변화과정

③ In the end we | became | **good friends**.(2G119B,ECD11)

③ Arthur | became | **king**(or **a man**).(KA3,2)

③ Since Mr Dodson | became | **president**, unemployment has increased.(3G3B)

③ Short hair really | becomes | **you**..(OED)(어울리다/보기 좋다)((수동태/진행형불가,의인화주어).

③ Such behaviour | did not become | **her**.(OED)(알맞다 | 적절하다(")

③ He | also became | **a failure** <as a king>.(GG)

③ The hoped-for diplomat | never became | **a reality**.(BSA9)

③ I | am growing | **an old man**.(ZEG106)

③ He | will make | **a good husband**.(DED)

(iii) seeming류; 간주

③ He | may appear | **a fool** but actually he's quite clever.

③ She | looked | **an old woman**, but was young,(3C112)

③ The experiment | proved | **a failure**.(ZEG106)

③ Three hours | seems | **a long time** <to take on the homework>.(3G42D)

(감각동사)

③ I | felt | **a complete fool**.(3G66C, OAL498)

③ She | felt | **a different person**.(Hob156)

③ I | didn't | look | **that way** (at all).(JDS195)

③ That | looks | (like) **an interesting book**.(OED)

③ It | sounds | **a nice place**.(3G21A)

(동작동사)

③ We | parted | good **friends**.(OES36) /

③ I went an enemy and | returned | **a friend**.(OES28)

- **수동사/비동사술어의 주격술어**

③ He | was appointed | **chairman**.(LEG9)

③ The evening | was deemed | **a great success**.(OED)(여겨지다)

③ She | was elected | **president**.(3G22B)

③ He | was made | **king**.(KA32)

③ I felt [that I | had been made | **a fool** (‖) of].(WSM47)

- **'being/to be'+명사**

(능동사의 주격술어)

③ So being a friend | means | being **a jerk**?(NED)(현실)

③ My father | appeared | to be **the most vital of men**.(CRL135)(판단)

③ I | don't claim | to be **an expert**].(OED)(주장)

③ He | decided | to be **a good person**.(Rules153)(의도)

③ I | happened | to be **his wife**.(WSM24,3CD67)(결과)

③ I | wouldn't like | to be **an actor**.(1G41A,66C,2G69B)(소망)

③ He | lived | to be **an old man**.(OES436,BEG300)(결과)

③ He | looked | to be **their form teacher**.(BSA5)(추측)
③ Jerry is really an emotional creature and | not pretending | to be **one**.(2MiC197)(가정)
③ She | proved | (to be) **an extremely enthusiastic teacher**.(3G21B,1ACD214)(단정/추측)
③ The promotion | proved | [to be **a turning point** in his career].(OED)(추측)
③ He | seems | (to be) **a very efficient salesperson**.(3G21B)(추측)
③ I | try | to be **a good wife**, Jerry.(3CD의도)
③ I | want | to be **a teacher**.(소망)
③ One of us three must go and I | wish | to be **one**.(1JWG113)(소망)
(수동사/비동사술어의 주격술어)
③ We | are allowed | to be **friends**.(10TC400)(허락)
③ This award | is considered | (to be) **a great honour**.(OED)(판단)
③ We | were invited | to be **members of wedding parties**.(CSS71)(간주)
③ The tour | was judged | (to have been) **a great success**.(OED)(판단)
③ He | was known | to be **a perfectionist**.(1THr292)
③ Her new film | is set | to be **a great success**.(ready)(3G13A)(예상)
⑤ We | 're not supposed | to be **man and wife**.(MJL273)(의무)
③ The plan | was supposed | to be **a secret**.(=intended)(2G43B,1MiC300,)(추측)
③ For a long time he | was thought | to be **a spy**.(PEU601)(판단)
③ I | 'm anxious | to be **a lawyer**.(소망)
③ They | are very proud | to be **French**.(NEI)(원인)
③ This match | was never likely | to be **a classic**.(OED)(추측)

■ 5형술어

(1) 목적격술어

다음은 '동격명사' 목적격술어로 이루어진 5형 NPN'P'(n) 또는 NP ΓP'(n)N(pr~)이다.
다음과 같이 분석된다. 즉 NPN'P'=NPN'+N'P'의 관계에 있다.
NP ΓP'(n)N'(pr+n)은 king과 me의 위치가 바뀐 것이다. Γ 표시는 P'가 N'을 서술함을 나타낸다.
즉 NP ΓP'N'⇒ NPN'P'⇒NPN'+N'P'의 관계에 있다. 이 때 출처표시 전치사 of가 추가된다.

⑤ They	made ‖ him	**king**. =⑤ They	made Γ**king** ‖ <u>of</u> him. ② They	made ‖ him...+ ① He	was **king**.

• **명사**
⑤ They | appointed ‖ him | **chairmen**.(LEG9)
⑤ | Call ‖ me | **Fred** if you want (to).(3G65C) They | called ‖ him | **a fool**.
⑤ He | counted ‖ himself | **a happy man**.(OES79)(")
⑤ He | considers ‖ himself | **an expert**.(OED)(간주).
⑤ | Do not consider ‖ five or ten years | **a long time** (to master a life lesson).(To Life30)(")
⑤ I | deem ‖ you | **a man** <sore sick>(NH135,142)(간주)여기다)
⑤ They | elected ‖ her | **president**.(3G22B,OED)
⑤ I | found ‖ her | **a fine woman**.(CB364)(인지)
⑤ The simultaneous death of her father and mother | left ‖ her | **an orphan**.(2ML6)
⑤ The Archbishop | made ‖ Arthur | **King** of Britain.(KA3)

⑤ A single speech ㅣ will not make ‖ him ㅣ **a different man.**(NED)
⑤ She ㅣ had made ┌**a man** ‖ of him.(GGM208)
⑤ You ㅣ shall not make ┌**a fool** ‖ of me.(SBE330)
⑤ They vowed to listeners [ㅣ to make ‖ medical past ㅣ **an open book**].
⑤ He ㅣ showed ‖ himself ㅣ **a fine man.**(MM855)
⑤ They ㅣ tagged ‖ her ㅣ **a failure.**
⑤ The honoured guest ㅣ took ‖ his host ㅣ **prisoner.**(YNH329)
⑤ We ㅣ thought ‖ him ㅣ **a fool.**(=subjective impression)(PEU582)(간주)
⑤ I ㅣ 'll keep ‖ it ㅣ **a secret.**(ECD1218)
⑤ Another lesson is [that institutions ㅣ must keep ‖ the past ㅣ **an open book**].

- **'being/to be'+명사**

⑤ I ㅣ consider ‖ my hobby ㅣ being **film watching.**(현실)
⑤ They ㅣ believe ‖ him ㅣ to be **one of their own.**(NEI,5ST557)(판단)
⑤ We ㅣ chose ‖ Paul Stubbs ㅣ to be **chairperson.**(OED)(의도)
⑤ I ㅣ consider(or think) ‖ him ㅣ (to be) **a good friend.**(DED)(판단)
⑤ They ㅣ expected ‖ all their children ㅣ to be **high achievers.**(OED)(소망)
⑤ I ㅣ 've always found ‖ Jonathan ㅣ (to be) **a good friend.**(OED)(판단)
⑤ Mary ㅣ holds ‖ his brother ㅣ to be **a fool.**(판단)
⑤ Fate ㅣ never intended ‖ you ㅣ to be **a failure.**(OES275)(의도)
⑤ I ㅣ judged ‖ him ㅣ to be **a very honest man.**.(ECD503)(판단)
⑤ I ㅣ know ‖ it ㅣ to be **a fact.**(판단)(BEG303)
⑤ ㅣ Let ‖ us ㅣ be **friends.**(ECD568, JB284, 1CD27)(요구) ☆ let뒤는 be+noun
⑤ I ㅣ perceived ‖ him ㅣ (to be) **an honest man.**(DED)(추측)
⑤ Sunja ㅣ prepared ‖ herself ㅣ to be **his wife.**(MJL75)(의도)
⑤ True thinking ㅣ requires ‖ you ㅣ to be **articulate speaker** and **careful, judicious listener**, at the same time.(Rules241)(요구)
⑤ His new book ㅣ shows ‖ him ㅣ to be **a first-rate storyteller.**(증명)
⑤ I ㅣ never supposed ‖ him ㅣ (to be) **a novelist.**(DED)(추측)
⑤ All of us ㅣ take ‖ you ㅣ to be **an honest man.**(ZEG99)(판단)
⑤ Another voice ㅣ told ‖ him ㅣ not to be **a fool.**(WG165)(지시)
⑤ They ㅣ thought ‖ him ㅣ to be **a spy.**(=objective judgement)(PEU580)(판단)
⑤ I ㅣ want ‖ you ㅣ to be **my friend.**(PEU605)(소망)
⑤ I ㅣ want ‖ Sludge ㅣ to be **a clean winner.**(8NG8)(")

(2) 주격술어

다음은 '동격명사' 주격술어로 이루어진 5형 NPN' ┌P'(n)이다.
다음과 같이 분석된다. 즉 NPN' ┌P'=NP+NP'의 관계에 있다. P'는 N을 서술한다.

⑤' He ㅣ had left ‖ his office ┌**a broken man.** ② He ㅣ had left ‖ his office.+① He ㅣ was **a broken man.**

- **명사**

⑤' She ㅣ came ‖ to their marriage bed ┌**a virgin.**(4SK287)
⑤' She ㅣ went ‖ to her room ┌**an unhappy woman.**(OES599)

⑤' He | had left ‖ his office ┌a **broken man**.(Mansfield245)
⑤' A month later she | left ‖ her room ┌**a listless woman**.(1LT154)
⑤' She | will make ‖ him ┌**a very proper wife**.(2JA218,OES349)
⑤' He | returned ‖ to his abode ┌**a substantial man**.(1AN409)
⑤' He | seems ‖ to me ┌**a man** of desperate and fierce charater.(2CD343)

- **'to be'+명사**

⑤ I | 'll do ‖ my best ┌to be **a good wife**.(MJL79)(의도)
⑤' Anna | spent ‖ most of the time ┌to be **the next ruler**.(목적)(Fr'n14)

■ 7형술어

다음은 '동격명사' 주격술어로 이루어진 7형 즉 NPP'P"(n)이다.
다음과 같이 분석된다. 즉 NPP'P"=NPP'+NP"의 관계에 있다.

⑦ He | returned | home | **a different person**. ③ He | returned | home.+① He | was **a different person**.

- **명사**

⑦ He | came | home | **a free man**.
⑦ Did he | came | back | **a gentleman**?(EB193)
⑦ He | died | home | **a failure**.
⑦ He | eventually died | in Persia | **a very wealthy man**.(Herod360)
⑦ He | got | made | **king**.(Doctor Dolittle)
⑦ He then | has gone | on his way | **a wiser man**.(2Hom147)
⑦ I | went | away | **a girl** and | have come | back | **a women**.(OES36)
⑦ The war | goes | on | **just the same**.(Anne138)
⑦ He | returned | home | **a different person**(or a changed man).(11JG433)
⑦ She | would be returning | home | **a failure**.(Rage of Angels45)
⑦ He | stayed | home | **a happy person**.
⑦ The beggar | turned | out | **a thief**.(OES34)
⑦ Eva | walked | out of the detention center | **a free woman**.(9JG307)

- **'to be'+명사**

⑦ He | had turned | out | to be **a sexual deviant**.(or **a crook**).(결과)(3DB32,MJL285))
⑦ I | feel | very proud | to be **a part of the team**.(OED)(원인)

B. 서술명사 술어

■ 1형술어

다음은 '서술대명사' 술어로 이루어진 1형 즉 NP(n)이다.
여기서 대명사 here는 주어의 위치를 서술한다.

① He | was **here**.

- **명사/대명사**(~있다)

(장소/위치)
① "I | 'm **home**." she shouted.(19NG35) / ① Are your parents | **home**?(1G2A,2G27A,PEG22)
① I rang the bell, but no one | was **home**.(6NG17)

① Tom | isn't **here.**(1G1B,10A,38B,41A) / ① The meeting | is **here.**(LEG6)
① Jane is on vacation in Brazil. She | is **there** (now).(1G17A).
① I opened the door. Rosamond and her cats | were **there.**(19NG34,(3NG18)
① Your drink | 's **there.**(LSW799)
① Upstairs. - You | were **upstairs**?(VLIVE)
(관념/시간)
① The case is solved and you | were **a big help.**(7NG34)
① You | 're too **much.**(2JP12)
① He | 's been **this way** (since last week).(=manner)(NED)
① Well, it | was **this way**, Scarlett.(MM689)
① It | had always been **this way.**(I2DB512) /① That | 's just **his way.**(HL215)
① Every house on the street is | **the same.**(1G78A,2G71C)
① How tall are you? — I | 'm **five feet 10.**(1G45D)
① I | am **first.**(HL49) I | was **first.**(ECD1178)
① Actually you | are **the second** or **the third.**(25NG31)
① I | am **fifty**. Give or take a few years.(EXD365)
① I'm 32 years old. My sister | is **29.**(1G1B,1A,10B)
① The meeting | is **Thursday.**(CED) The exam | is next **Monday.**(CES45)
① The concert | is (on) **November 20.**(1G101B,ECD773).
☆ 구어체에서는 day나 date 앞의 전치사 on을 생략한다.
- **'to be' +명사**

① Your first meeting | was to be **tonight**?(예정)(3DB23).

■ 3형술어

다음은 '서술대명사' 주격술어로 이루어진 3형 NPP'(n)이다.
다음과 같이 분석된다. 즉 NPP'=NP+NP'의 관계에 있다.

③ He | stayed | **here.** ① He | stayed | + ① He | was **here.** ③ He | was put | **here.** ① He | was put...+ ① He | was **here.**

- **능동술어의 주격술어**

(장소/위치)
③ He | went(or has gone) | **home.**(PEG22,1G69A)(결과)
③ I | got(or arrived, ran, headed) | **home.**(1G106C,PEG22,4NG9.18NG41)(결과)
③ Sludge and I | went | **home.**(15NG48)) / ③ Sludge and I | walked | **home.**(15NG48)(결과)
③ Did you go out last night? —No. I | stayed | **home.**(1G19C,69A)(위치)
③ | Come | **here!**(LSW799)(위치)
③ (How) did you | get | **here**? By bus?(1G54C)(결과)
③ | Wait | **here** until(or till) I come back.(1G102B)(위치)
③ You | gonna stay | **there** (until it rots).(LSW799)(위치)
③ Oliver | lives | **next door.**(2NG9)(위치)
③ "Enjoy yourself," I said. Then I | went ‖ **upstairs.**(19NG41)

③ They | live | **upstairs.**(3G74E) / ③ She | remained | **upstairs.**(TH56)(위치)
(관념/시간)
③ It | acted(or happened) | **that way.**(방법)
③ I | feel | **the same way.**(=manner)(ECD946, Fr'n37)(양태)
③ She | looked | **the same.**(14JG389)(")
③ His feeling toward her | had remained | **the same.**(GO225)(")
③ They | alway arrived | **first.**(6JG239) / ③ I | 'll go | **first.**(3SK210)(")
③ He | is coming | **twenty years.**(연령)
③ She's only 30 but | looks | **40.**(EXD365)(") / ③ She | 's pushing | **60.**(ECD992)(")
③ My daughter | recently turned | **15.**(EXD365)(")
③ It | 's turned | **midnight.** (OED)(시간)

- **수동/비동사술어의 주격술어**

③ He | was put | (in) **here.**
③ You | 're not wanted | **here.**(CN427)
③ It | was done | **my way.**(태도/방법)
③ That's my seat, I | was there | **first.**(Lewis3)

- **'to be'+명사**

③ He | proved | to be **ninety.**(결과)
③ No one | seemed | to be **home.**(MJL445)추측)

■ 5형술어

다음은 '서술대명사' 목적격술어로 이루어진 5형, NPN'P'(n)이다.
다음과 같이 분석된다. 즉 NPN'P'=NPN'+N'P'의 관계에 있다.

(1) 목적격술어

⑤ They | put ‖ him | **here.** ③ They | put ‖ him...+ ① He | was **here.**

- **명사/대명사**

(장소/위치)
⑤ They | had to carry ‖ him | **home.**(MiC424)
⑤ They | never let ‖ you | **home.**(AIS141)(위치)
⑤ I | will see ‖ you | **home.**(SBE301)(") ⑤ I | sent ‖ him | **home.**(PEG22)(결과)
⑤ So I went to the library and founs a big book about seeds. I | took ‖ it | **home.**(9NG12)
⑤ I | had taken ‖ the can | **home** (without knowing it),(8NG42)
⑤ Fang | had taken 「**home** ‖ some paint on his tail,(8NG40)
⑤ What | brings ‖ you | **here?**—I have to run some errands.(TEPS)
⑤ He | put ‖ us | **here.**(KA8)(결과) / ⑤ | Just leave | it | **there.**(ECD436)(위치)
⑤ Sludge and I went to the kitchen. My mother | kept ‖ her recipe | **there.**(20NG11)(위치)
⑤ I | want ‖ you | all **upstairs.**(5HP168)(")
[관념/시간]
⑤ I | did ‖ it | **my way.**(Sinatra, OES344) / ⑤ | Have ‖ it | **your way.**(ECD157)
⑤ Though you | put ‖ it | **that way,** I | 'd rather put ‖ it | **this way.**(ECD80)

⑤ And twins ㅣ have to do ‖ everything ㅣ just **the same.**(6JB50)
⑤ Though I never met him, I ㅣ knew ‖ him ㅣ just **the same.**(6JB50)
⑤ I ㅣ felt ‖ the fire ㅣ rather too **much.**(1JA129)(정도)
⑤ Until that moment I ㅣ had always considered ㅣ myself ㅣ **first.**(CMc437)
⑤ You ㅣ gotta make ‖ me ㅣ **first.**(HL14) / ⑤ I ㅣ 've thought ㅣ of myself ㅣ **first.**(CMc510)
⑤ Jean Marie was only sixteen, but you ㅣ would have thought ‖ her ㅣ **twenty.**
⑤ I ㅣ can't make ‖ it ㅣ (on) **Saturday,** but I'm free on Sunday night.(ECD472)
⑤ Let's [ㅣ make ‖ it ㅣ **five o'clock**].(or at five)(ECD475)

- **'be/to be' +명사**

⑤ ㅣ Let ‖ me ㅣ be **the first.**(25NG31)
⑤ I ㅣ didn't expect ‖ him ㅣ to be **here.**(1G51B)(예상)

(2) 주격술어

다음은 '서술대명사' 주격술어로 이루어진 5형 NPN' ΓP'(n)이다.
다음과 같이 분석된다. 즉 NPN' ΓP'=NP+NP'의 관계에 있다. P'는 N을 서술한다.

⑤' l ㅣ Wait ‖ a second Γ**here.**
② ㅣ Wait ‖ a second.+ ① ㅣ Be **here.**

- **명사/대명사**

⑤' l ㅣ am running ‖ a business Γ**here.** / ⑤' ㅣ Wait ‖ a second Γ**here.**(12JB10)
⑤' Little Hex ㅣ followed ‖ me Γ**there.**(12NG12)
⑤' He ㅣ follows ‖ me Γ**everywhere.**(10NG33)
⑤' But Sludge l ㅣ solved ‖ it Γ**first.**(8NG44) / ⑤' I think [you ㅣ saw ‖ it Γ**last**].(11NG21)

■ 7형술어

다음은 '서술대명사' 주격술어로 이루어진 7형 NPP'P"(n)이다.
다음과 같이 분석된다. 즉 NPP'P"=NP+NP'+NP"의 관계에 있다.

⑦ ㅣ Come ㅣ back ㅣ **here.**
③ ㅣ Come ㅣ back ㅣ **here.** + ① ㅣ Be **here.**

- **명사/대명사**

⑦ Most tourists ㅣ come ㅣ shopping ㅣ **here.**(SAT)
⑦ My father and mother ㅣ were left ㅣ alone ㅣ **there.**(1ST38)
⑦ I ㅣ can't agree ㅣ with you ㅣ **there.**(ECD950)
⑦ ㅣ Hang ㅣ in ㅣ **there.** ☆ 조금만 참아.
⑦ We ㅣ had better get ㅣ along ㅣ **home** before it rains.
⑦ What ㅣ 's going ㅣ on ㅣ **here?**(OED)
⑦ (Why) should you ㅣ shove ㅣ in ㅣ **first?**(GN3)

1.3 전치사구 술어(preposition phrase)

A. 단순전치사구 술어

■ 1형술어

다음은 '단순전치사구' 술어로 이루어진 ①형, NP(pr~)이다.

① She ｜ is **in** **trouble.** ① The book ｜ was **in** **the box.**

• **단순전치사구** ☞ 단순전치사구 ①형의 목록은 4.5B(2)(a) 참조

[~사람]

(about~/around)

① Only his own people ｜ were **about** **him.**(근처,근방,가까이)

① His team-mates ｜ were **around** **him.**(Star Wars III)(주위, 주변)

(after~/before~/behind~)

① The police ｜ are **after** **him.**(OED)(뒤에 있기, 추적하기)

① He ｜ was **before** **the king.**(The White Cat)(앞)

① He ｜ is **behind** **us.**(뒤)(Ge32:18KJV, 7JG364)

(against~/for~/from~)

① Everybody ｜ was **against** **him.**(JH22,195)(반대)

① This evidence) ｜ is **against** **you.**(OED)(비호의적,불리)

① I ｜ 'm **for** **the Red Skins.**(5JG248)(호의적)

① He ｜ was **for** **her.**(=on behalf of her)(대변하다)

① This letter ｜ 's not **for** **me.** It ｜ 's **for** **you.**(1G60C,39A,75A)(호의적 지향)

① The letter ｜ was **from** **my uncle.**(the source)(Croydon Quakers)

(among~/between)

① They ｜ are **among** **the best hockey players** in the world.(3G89B)

① Bob ｜ is **between** **Alice and Carla.**(1G110A)(둘사이)

① This ｜ is just **between** **you and me.**(OED, HaM608)

(at~/on~)

① Everyone ｜ was **at** **him** now.(=attack)(CN181,1DB98)

① In a moment Gollum ｜ was **on** **him.**(7JG88)

① All eyes ｜ were **on** **him.**(12JG314, 3HP345)(집중하다)

① I can't do anything while the dress ｜ is **on** **you!**(The Red Dress)(착용)

① The joke ｜ was **on** **me.**(EJD)(적용,해당)

① This drinks ｜ are **on** **me.**(=be paid for by)(OED)(내가 낸다)

(behind~/beside~/by~)

① Oliver ｜ always **behind** **me.** Oliver is a pest.(10NG8)

① Alice is next to Bob or Alice ｜ is **beside** **Bob.**(=next to)(1G107A)(옆)

① Gollum ｜ was **by** **him.**(")(2LR267)(가까이,옆)

(over~/past~)

① What ｜ 's **over** **you?**(=what happened to you)(2JoS584)

① She ｜ was **past** **them.**(Nanny)(지나다)

(to~/toward(s)~)

① His back | was to (or toward) us.(HL238,3HP165,EJD)(향하다)
(with~/without~)
① ① He | was with Oliver.(10NG28)(동반) / Was she | with her friends?(1G64B)
① You | are now with child..(=pregnant)(ECD629)(임신)
① We | have been without an interpreter.(SW156).(없음)
[~조직/집단]
① My brother is a soldier. He | is in the army.(1G71C)
① He | was off the team.(=out of the team)(Vinne's Head)
① He | is on the team.(=belong to)(1HP153)
[~신체/정신]
① Her arms | were about (or around) his neck.(River's End70,MM829)
① The metallic prod of the pistol | was against his chest.(6TC404)
① Her arm | was around his shoulder.(4JG196)
① The pipe | was still between his lips.(BSH169)
① My destiny | is in your hands.
① He | was on his feet.(stood) He | was on his knees.(=knelt)(TOEIC)
① And his hand | was over his mouth.(24JB32)
① That way it | 'll be off my mind.(AM246)
① Let me see. 'What | 's on your mind?(ECD804)
[~관념/활동]
① He | was already about his business.(NPV32)(종사)
① I | 'm against violence.(Ben Hur31, ECD949)(반대,부동의)
① Where's your sister? Is she home?— No, she | 's at school.(1G108C)(수업)
① Tom isn't here. He | 's at work.(1G1B)
① What | 's for lunch?(용도)(ECD424)
① I | am not in a good mood.(TEPS) / ① The case | is in good shape.(14NG40)
① Does your sister have job? No, she | 's in school.(1G105C)(재학)
① My father | was in prison [until I was eight].(NEI)
① They | were in dangerous situation.(1G32B)(상황,처지) / ① You | were in a hurry.(15NG24)
① I | was in big trouble.(12NG1)(곤경) / ① I, Nate the Great, | was in luck.(4NG18)(행운)
① He | is into sports.((EJD917,12JG111)(=be enthusiastic about)
① Tengo | wasn't into Karaoke.(=not enthusiastic about)(Ham819,4TC666)
① He | isn't usually like that.(2G4C)(Fr'n81)(동일) / ① It | 's not like that.(=not that way)(NEI)(")
① The matter | is of little importance.(DED)
① I | am on a case. I said. I | am on a big case.(1NG36) / ① He | is on the job.(ECD1114)
① I knew [we | were on the right track].(13NG15)
① One morning I | was not busy. I | was on my vacation.(3NG7)
① Megan isn't at work this week. She | is on vacation.(1G109A,14B)
① I | 'm on my way <there> too..(TEPS) He | was on his way.(NEI)(진행)
① They | had been over this (before).(2SK43)(리허설)
① At last we | were over our difficulties.(LEG147,OAD)(극복)
① He | was through this (before).(9JG4)(통과,경험)
① He | was under guard.(5TC217)(감시/보호하에 있기)
[~장소/~물건]

(above~/below~)
① The pictures | are **above the shelves.**(1G107E)(보다 높이)
① The shelves | is **below the pictures.**(1G107E)(보다 낮게)
(across~/along~/around~)
① She | was **across the floor.**(MM787)(한쪽에서 다른 쪽으로)
① A barrier | was **across the road.**(3G95X)(")
① They | were **along the street.**(MED)(한끝에서 다른 끝으로)
① His office | is **along the corridor.**(PEU36)(길다란 것의 특정의 점)
① He | is still **around here.**(ECD111)(주변, 주위)
① The bus stop | is just **around the corner.**(1G108,OAD)(")
(among~/between~)
① There were several broken pieces | **among the cargo.**
① Oliver's weed! It | was **between two pages.**(9NG38)
(at~/in~/on~/out~)
① The bus | is **at the airport.**(1G106A)(중심점에 근접)
① Is your mother | **at home**? No, she's out.(1G2A,28B)(")
① She | is **in her car**(or **on the bus**).(2G1A;ECD226)(in소형차, on대형차)
① The election results | are **in the paper** (this morning).(ECD1196)(게재)
① "Tom's father | is **in the hospital.**" "Which hospital is he in?"(1G44A)
① Then the only place <he could bury the picture> | is **in the yard.**(1NG3)
① The seashell | was **in my beach bag.**(10NG9)
① My office | is **on the first floor.**(1G68A,105D)(부착)
① The clocks | are **on the wall.**(TOEIC)(") / ① Your keys | are **on the table.**(1G1B)
① I | was **on page 33** (when I heard a knock).(5NG8)
① Does Fang ever leave this yard?" | Only (he is) **on a leash.**" Annie said.(1NG20)
① Ashley | is **on the left.** Cathy | is **on the right.**(1G107A,ECD105)
① And she | was **out the door.**(25NG29)
(back~/beside~/beyond~/by~/to~)
① By the time we receive this postcard, I | 'll be **back home.**(2G117A)(귀가)
① "Yes, it | was **beside a beach ball,**" Annie said.(10NG26)
① The town | is **beyond the river.**(EJD)
① She | was **by the door.**(CEG296).(옆, 가까이)
① Canada | is **to the north** of the United States.(EJD1979)(지향)
(beneath~/under~)
① The boy | was **beneath the window.**(바로 밑) / ① He | was **under my chair.**(1NG42)
① 'Cause he (=a monster) | is still **under my bed.**(8JB34,1G110D)(")
(down~/up~)
① Our house | is **down the street.**(EPL153)(아래)
① She | is **up the stairs.**(2JA368)(위)
① The village | is further **up the valley.**(OED)(")
(for~/from~/of~)
① The milk | was **for Rosamond's four cats.**(7NG33)
① Butter | is **from milk.**(과정/형체변화/화학적변화)
① I'm American, I | 'm **from Chicago.**(the origin of sb | sth)(1G1A)(출신)

① This passage | is from the Bible.(EJD693)(출처)
① The table | was of wood.(MiC874)(재료/형체유지/물리적변화).
(in~/off~/on~)
① Everybody | was in their pajamas.(2HP339,5HP476,2UE452)(착용)
① Has your phone | been off the hook?(EXD485)(단절)
① I took the plate off the table and now it | is off the table.(LEG148)(")
① She | was on the phone.(3G46C)(작동)
① The president's speech | is on television (tonight).(1G27X,ECD1070)(")
(inside~/outside~)
① The car is | inside a garage.(TOEIC)(안쪽)
① Their car | isn't outside the house.(2G27A)(바깥쪽)
(out~/over~/past~/through~
① And she | was out the door.(25NG27,RaA169)
① Junie B.! | Over here, honey. Daddy and I | are over here.(2JB65)(너머)
① They | were over the bridge and into Arkansa.(4JG462,3G88A)(건너)
① My house | is just over the hill.(EJD1247)(위)
① Tom | was over the fence and gone.(1MT17)(넘기)
① We | 're way past the roadblocks.(2SK282,7JG23)(지남)
① It(=The library) | 's past the post office.(ECD103)(")
① Wally | was through the door and gone.(4JG373)(통과)
(without~)
① Some | were without shoes.(2SK157)(불수반)
[~시간]
① The meeting | is at 2.30.(LEG6, ECD207,827)(근접)
① I | 'm just in time.(ECD240,770)(넉넉한 시간)
① Am I late?—No, you | 're on time.(1G2A) / ① The bus | isn't always on time.(2G29A)(정시)
① That | was on a Friday.(CSS192)(그 일은 한 금요일에 있었다).
① It | is now past eleven o'clock.(3NG46)(지남)
• **'to be+단순전치사구**
① He | was to be about 50.
① Her final wish | was to be at this seminar.(CSS55)
① Her wedding | was to be in july.(A'G61) .
① She | is to be on time.(=at the time that was planned)

■ 3형술어
다음은 '단순전치사구' 주격술어로 이루어진 ③형 즉 NPP'(pr~)이다.
다음과 같이 분석된다. 즉 NPP'=NP+NP'의 관계에 있다.

③ She | gets | in trouble. ① She | gets... + ① She | is in trouble. ③ The book | was put | in the box. ① The book | was put ...+ ① The book | was in the box.

• **단순전치사구**

[~사람]

(about~/around~)

③ They | crowded | **about the prince.**(3MT20)(근방) /
③ The men | gathered | **about him.**(2JoS600)(")
③ Don Louis's servants | got | **about him.**(MiC406)(")
③ A kind of greatness | hung | **about him.**(CN399)
③ They | gathered | **around him.**(Mt13:1)(주위)

(after~/before~/behind~/~/beside~/by~)

③ "Elsa!" Anna | called | **after her!**(Fr'n44)
③ Sludge | went | **after me.** Fang | went | **after Sludge...**(3NG27)
(3NG27)
③ She must be stopped! You | must go | **after her!**(Fr'n45)
③ My son. Arthur, | will be king | **after me.**(KA1)
③ He | knelt | **before the king.**(3MT90) / ③ Food | was set | **before him.**(1CP126)
③ Prince Hans | stood | just **behind her.**(Fr'n127) / ③ The door | shut | **behind us.**(12NG22)
③ Come and | sit | **beside/by me.**(2G125D)

(against~/for~/from~)

③ I was shocked when the judgement | went | **against me.**(EPV176)
③ Zimri | had plotted | **against the king.**(EPV176)
③ I | am acting | **for him.**(1ACD194) / ③ Will you | fight | **for me?**(KA8)
③ ABH | stands | **for** Annie's brother Harry.(16NG38)
③ The letter | came | **from my uncle.**(NEI)(출처)

(among~/between)

③ You | count | **among my best friends.**
③ She | stood | **among all his friends** in the room.(3G89A)
③ It | lies | **between the two of us.**(NEI) /
③ Calpurina | walked | **between Jem and me.**(HL158)

(at~/on~)

③ Just let me [| come | **at you].**(=attack)(ECD152,CRL300)
③ | Have | **at him!** Drag him down! (")(EB86,2LR374,2UE78,2ML20)
③ He | made | **at me,** so I knocked him down.(")(YBM)
③ They | ran(or lunged, rushed) | **at him.**(")(KA5;1CP426)
③ The expense | falls | **on me.**(ECD1162)
③ His eyes | fell | **on a huddle of these weirdos.**(1HP3)
③ We heard something behind us. It | was gaining | **on us.**(=approach)(9NG29)
③ | Don't hang | **on me.**(EPN35)(매달리다/아양떨다)
③ You | must not jump | **on the child.**(=attack)(EPL289)
③ The joke | was played | **on me.**(ECD971)
③ Clean, fresh, warmed clothes | were put | **on Jill.**(CN601)

(over~/past~)

③ What | has come | **over me?**(=affect)(BP46)(LEG155)
③ We | ran | **past Annie and Fang.**(4NG46,8)
③ They | walked | **past me** (without speaking).(1G108,2G27B)

(to~/toward(s)~)

③ His back | was turned | <u>to</u> (or <u>toward</u>) **us.**(KM48;EJD)
(with~/without)
③ We're going out. You | can come | <u>with</u> **us.**(1G57X4,2G20X)
③ I | will stay(or go, walk) | <u>with</u> **you.**(ECD70,1G112D,3NG13)
③) Claude said, "I | will walk | <u>with</u> **you.**"(3NG13)
③ The street | was crowded | <u>with</u> **tourists.**(2G128A)
③ Linda | is married | <u>with</u> **three children.**(2G128C)
③ And many of us | are not happy | <u>with</u> **him.**(1MiC112)
③ Have you | ever been <u>in</u> love | <u>with</u> **anybody?**(2G124A,ECD556)
③ Wait for me. | Please don't go | <u>without</u> **me.**(1G112C)
[~조직/집단]
③ He | served | <u>in</u> **the army.**(1LT408)
③ He | got | <u>off</u> **the team.**(Telegraph) /③ He | was kept | <u>off</u> **the team.**(Holland's)
③ He | plays | <u>on</u> **the team.** / ③ He | is wanted | <u>on</u> **the team.**
③ Ken | is a good player, but he | isn't the best | <u>on</u> **the team.**(1G91D)
[~신체/정신]
③ Her arms | were thrown | <u>about</u> **his neck.**(OW140)
③ An automatic pistol's silencer | pressed | <u>against</u> **his nose.**(6TC404)
③ The child | clung | (a)<u>round</u> **her neck.**(HS18) / ③ Her maid | kept | <u>at</u> **her side.**(Iliad393)
③ The knife | went | right <u>between</u> **his ribs.**(1CP391)
③ A good idea | came | <u>in</u> **my head.**(24JB3)
③ He | stood | <u>on</u> **his feet.** He | fell | <u>on</u> **his knees.**(OED)
③ His old lips | tightened | <u>over</u> **his mouth.**(2JoS225)
③ Her hands | were put | <u>over</u> **her face.**
③ He said [he could not see it but he knew [it | was <u>in</u> there | just <u>under</u> **our noses].**(9NG41)
③ A great weight | was taken | <u>off</u> **mind** (by this promise).(1CD121)
③ The contents of the first letter | remained | <u>on</u> **her mind.**
[~관념/활동]
③ He | went | <u>about</u> **his business.**(5JG38)
③ I | 've spoken | <u>against</u> **it**(-violence).(Ben Hur31)
③ | Feel | <u>at</u> **home,** please.(=Please relax)(ECD807,1MiC90)
③ She | was not present | <u>at</u> **the meeting.**
③ The people | are dancing | <u>at</u> **a party.**(TOEIC)
③ I | 'll probably go | <u>back</u> **home** (on Sunday).(2G24A)
③ My name is Junie B. Jones. The B | stands | <u>for</u> **Beatrice.**(10JB1)
③ She | comes | <u>from</u> **London.**(OED)(출신)
③ This poem | comes | <u>from</u> **his new book.**(OED)(출처)
③ A lot of English words | come(or are derived) | <u>from</u> **Latin.**(1G108,EPL198)(")
③ I | got | <u>in</u> **big trouble.**(13JB33,9JG112)
③ She | looked | <u>in</u> **a better mood.**(5HP168)
③ I | could be talked | <u>into</u> **it.**(=like)(8JG238)
③ The letter | is becoming | <u>of</u> **more and more importance** (everyday).(EAP290)
③ I | 'll get | <u>on</u> **her case** (right away). I | am here | <u>on</u> **a case.**(17NG23)
③ Don't look out the window. | Concentrate | <u>on</u> **your work.**(2G133E)

③ Kate | is going | **on vacation.**(1G53A,2G20B,124,ECD889)
③ I | am leaving | **on vacation** (next Saturday).(2G20B)
③ We | 're here | **on vacation.** We're staying at a hotel on the beach.(1G3X5)
③ We | have just started | **on our rounds.**(12G17) / ③ He | went | **on his way.**(진행)
③ They | have to get | **over the difficulty.**(EPL34,EJD)
③ We | won't have to go | **through that** again.(EJD)
③ He | travelled | **under guard.**(Brigham215) / ③ He | was kept | **under guard.**(Lk8:29)
③ The ticket | is good | **for a lunch.**(EPL186)
[~장소/~물건]
(above/below~)
③ The moon | has risen | **above the hill.**(EJD)
③ The sun | went | **below the horizon.**(EJD)
(across~/along~/around~)
③ The group | hurried | **across a small open space.**(2DB516)
③ He | jumped | **across the stream.**(3G88A)
③ She | lives | **across the river.** (NEI)
③ The dog | swam | **across the river**(1G108)
③ | Go | **along this road,** then turn left at the store.(1G108?C)
③ Oliver and I | walked | **along the beach/the street,**(10NG13,3G88B)
③ Houses | had been built | **along both sides** of the river.(OED)
③ The bus | came | **around the bend.**(OED)
③ The paper | went | **around the corner.**(3NG28)
③ The new road | goes | **around the town.**(1G108)
③ NPP(pr~) We | sat | **around the birthday table.**(6NG48)
③ The ribbon | was tied | **around the tree.**
(at~/for~/in~/on~)
③ We | arrived | **at** (or **in**) **Chicago.**(SED167)
③ | Call | **at my room** (this evening),(Baldwin102)
③ I | 'm staying | **(at) home.**(1G106B)
③ Dan doesn't go to an office. He | works | **at home.**(1G109B)
③ The car | is waiting | **at the traffic light.**(1G104B)
③ Anna | is working | **at her desk.**(1G104B)
③ They | arrived | **in this country** last week.(1G107C)
③ Just then May | came | **in the door.**(19JB63)
③ They | didn't come | **in their car.** / ③ They | came | **in a taxi.**(2G125B)
③ We | will dig | **in the yard.**"(1NG30) ☆ 동작의 장소
③ Kate | got | **in her car**(or **on the bus**).(1G54D;1G108)(in소형차, on대형차)
③ We | sat | **in the kitchen.**(1NG32) / ③ Then she | went | **in there.**(2JB55)
③ You | 're sitting | **in my place**(or my seat).—No, I'm not.(2G49A)
③ We | stayed | **in** (or **at**) **a nice hotel.**(1G108B)
③ Is this | advertised | **in the newspaper?**(ECD335)
③ Perhaps your list | will blow | **in the same direction.**(3NG15)
③ Sludge | isn't allowed | **in stores.**(23NG7)
③ A beautiful lady | came | **on a black horse.**(KA12)

③ He | is lying | **on the floor**.(1G3X)
③ But Is an owl | allowed | **on a train**?(24NG15)
③ Then grumbling, they | continued | **on their way**.(1DB304)
③ | Please go | straight **on this way**.(EPN31)
③ He | hurried | **on his way**.(1JJ113) / ③ They | met | **on their way** <back>.
③ He | sped | **on his way**.(1CP102) / ③ I | started | **on the way** <back>>.(JMV56)
(back~/beside~/beyond~/by~/to~)
③ But you | can't get | **back there**.(14NG20)
③ They | went | **beyond the sea**.(EJD159)
③ If you feel cold, why don't you | sit | **by the fire**?(1G107C)
③ Fang and I | ran | **by it**, just as Oliver ran off.(10NG26)
③ She | waited | **by the door**.(1MiC92)
③ Canada | lies | **to the north** of the United States.(EJD)(방향)
(beneath~/under~)
③ The group | arrived | **beneath a towering pillar**.(1DB333)
③ And he(=a monster) | will get | **under my bed** again.(8JB55,8JB8)
③ Sludge | ducked | **under the table**,.(9NG24,14JB54)
③ The girl | is standing | **under a tree**.(1G110D,3G88C)
③ I | was sitting | **under a blanket** and reading a detective book.(5NG7)
③ Some people say it is unlucky [| to walk | **under a ladder**].(1G108)
③ The money | was eventually found | **under the floorboards**.(3G76A)
(down~/up~)
③ Be careful! | Don't fall | **down the stairs**.(1G108)
③ He | went | **down the walk**..(12NG6) / ③ Annie | lives | **down the street**..(1NG9)
③ The women | were great | **down there**, Avery said more than once.(5JG149)
③ They | hurried(ran | walked | went) | **up the hill**(or the road).(LEG154,EJD)
② They | 're very anxious(or nervous) | **up there**.(5JG75,77)
(from~/of~)
③ Butter | is made | **from milk**.(=a completely different form)(1G20B)
③ Paper | is made | **from wood**.(")(PEG336)
③ Our furniture | is made | **of wood**.(of particular material)(PEG336,ECD77)
(in~/off~/on~)
③ I | sat | **in my pajamas**.(WSM141) / ③ I | am sleeping | **in my clothes**.(1MiC90)(착용)
③ The phone | has been taken | **off the hook**.(TOEIC)(단절)
③ We | spoke | **on the phone**.(14NG37) / ③ Oliver | was talking | **on the phone**.(14NG37)
③ You | are wanted | **on the phone**.(2G255) / ③ He | appears | **on television**.(2TC339)
(inside~/outside~/out~)
③ He | climbed | **inside the submarine**.(2MiC341)
③ He | is waiting | **inside the tent**.(EJD) / ③ I | waited | **outside the store**.(1G112)
③ Perhaps it | went | **out the window**.(8NG23) / ③ I | ran | **out the back door**.(19JB35)
(out~/over~/past~/through~)
③ He | headed | **out the door**.(1TC302)
③ She | climbed | **over the wall**.(OED,EJD)(~넘어)
③ The plane | flew | **over the mountain**.(above)(1G108,3G8A)~위)

③ | Sit | **over there.**(LEG122)(~너머) / ③ We | walked | **over the road.**(EJD)(~건너)
③ Did you | drive | **past her house** (every day)?(3G4B)(지남)
③ I | had to go | **past the station** (anyway).(3G49F,1G108)(")
③ They | had run | **past Oliver's beach bag and ball.**(10NG38)(")
③ We | walked | **past** Rosamond's restaurant.(10NG41)(")
③ The old highway | goes | **through the town.**(1G108)(통과)
③ Annie, Fang, Sludge and I | walked | **through the snow.**(18NG8)(")
③ The man | hurried | **through the door.**(4DB170,ECD922)(")
(without~)
③ I | have often gone | **without food.**(불수반)

[~시간]

③ My flight | leaves | **at 7:30.**(2G30A) The concert | starts | **at 7:30.**(1G24C)
③ I've sent Jill a birthday present. I hope [it | arrives | **in time**].(2G119A)
③ You | came | just **in time.**(ECD757)
③ He | arrived(or got) | **on time.**(=at the time that was planned)(OED)
③ The bus | doesn't always come | **on time.**(2G29A)
③ The 11:45 train | left | **on time.**(")(2G119A)

- **'be/to be' +단순전치사구**

③ | Come | (and) be **with us** as soon as you behave properly.(Rules141)
③ He | only looked | to be **about ten years old.**(3G21X1)
③ Let's take a train, Since we | happen | to be **at the station.**(BSA135)
③ We | need | to be **at the airport** (by 8:00).(2G106C)
③ Aren't you | supposed | to be **at work** (now)?(YBM)
③ A note | appears | to be **from the man** <who killed those people in Atlanta>.(1THr130)
③ He | longed | to be **in bed.**(2JJ53) /③ I | am proud | to be **in your country.**(CSS70)
③ He | didn't seem | to be **in a communicative mood.**(2DK270)
③ She | appeared | to be **in her late thirties.**(OED)
③ This lists | could not be proved | to be **in the prisoner's hand writing.**(3CD64)
③ He | is said | to be still **in the servcice of Sortinid.**(1FK194)
③ Harvard | meant | to be **on time.**(26NG23) / ③ They | promised | to be **on time.**
③ I | want | to be **on the kickball team.**(22J44)
③ They | are believed | to be **on their way** <to Moscow>,(REG258)
③ You | don't need | to be **over 18** [to get into a disco],(3G19B)
③ If that bloody wall comes crashing down, we | don't want | to be **under it.**(Atomic blonde)

■ 5형술어

(1) 목적격술어

다음은 '단순전치사구' 목적격술어로 이루어진 ⑤형, NPN'P'(pr~)이다.
다음과 같이 두 문장으로 분석된다. 즉 NPN'P'=NPN'+N'P'의 관계에 있다.

⑤ You	get ‖ her	**in trouble.**
② You	get ‖ her... + ① She	is **in trouble.**
⑤ He	put ‖ the book	**in the box.**
② He	put ‖ the book...+ ① The book	was **in the box.**

• **단순전치사구**

[~사람]

(about~/around~)

⑤ I | want ‖ my children | **about me.**(8ESL53)

⑤ He | had ‖ a nasty look | **about him.**(4HP8)

⑤ He | gathered ‖ men | **about | around him.**((8ESL53)

⑤ I | 'll not have ‖ you | **around him.**(HL301,MM193)

⑤ He | wrapped ‖ his outer garment | **around him.**(5TC347)

(after~/before~/behind~)

⑤ Henry | modeled ‖ himself | **after his hero** (in every particulars).(CH19)

⑤ They | set(or placed) ‖ the food | **before him** and left.(EPL116,7JG40)

⑤ I | laid ‖ my proposal | **before the manager**, but he ignored it.(EPV314)

⑤ She held my hand and | pulled ‖ me | **behind her.**(6JB68)

⑤ Gandalf | took ‖ Mery | **behind him.**(2LR213)

(against~/for~/from~)

⑤ It was you [who | set ‖ my sons | **against me**].(EPV176)

⑤ She | made ‖ the doll | **for her daughter.**(her daughter the doll((NED)

⑤ I | bought ‖ this book | **for him.**(or him this book)(EPL187)

⑤ I | left ‖ a note | **for my mother.**(1NG12)

⑤ I | always leave ‖ a note | **for my mother** (‖ [when I am on a case).(1NG12)

⑤ I | received ‖ the letter | **from my uncle.**(NED)

(among~/between~)

⑤ We | do not count(or number) ‖ Bill | **among our friends.**(EPV528)

⑤ I | number ‖ her | **among my closest friends.**(OED)

⑤ Draco | settled ‖ himself | **between his mother and father.**(4HP92)

⑤ | Just keep ‖ it | **between the two of us.**(HaM878)

(at~/on~)

⑤ I | didn't chase ‖ it(the snake) | **at him.**(=attack)(2HP200)

⑤ | Let ‖ me | **at him.**(")(2HP267)(한판 붙게 해라)

⑤ The enemy | threw ‖ themselves | **on us.**(=attack)(EPV180)

⑤ He | turned ‖ their eyes | **on Frodo.**(1LR277)

⑤ He | played ‖ the joke(or a trick) | **on me.**(=tease)(ECD161,1131)

⑤ | Have ‖ a drink | **on me.**(7TC)

(beside~/by~)

⑤ The young men | buried ‖ her | **beside her husband.**.

⑤ I | felt ‖ her | **by me.**(EB517)

⑤ I | want ‖ you | always **by me.**(OED)

(over~/past~)

⑤ They | held ‖ a large umbrella | **over her.**(OED)

⑤ He | put ‖ a blanket | **over the sleeping child.**(OED)

⑤ He can go back in and | get ‖ Sludge | **past that lady.**(23NG18)

⑤ Dobby | led ‖ Harry | **past them.**(4HP328)

(to~/toward(s)~)

⑤ He | had(or turned) ‖ his back | **to** (or **towards**) **them.**(5HP69;OAD)

(with~)
⑤ He | felt ‖ himself | **with child.**(=pregnant)(3JJ266)
⑤ Do you | have ‖ money | **with** (or about, on) **you?**(ECD60,OAD)(소지)
⑤ | Take ‖ an umbrella | **with you.** It might rain later(“)(2G29A)
⑤ | Leave ‖ it | **with me.**(위탁)(DED)
[~조직/집단]
⑤ I | have ‖ four sons | **in the army.**(1LT66)
⑤ I | didn't want ‖ my little brother | **in the army.**(1JG348)
⑤ They | kept ‖ him | **off the team.**
⑤ I | 'm taking ‖ myself | **off the team.**(6HP291)
⑤ Glad [| to have ‖ you | **on the team**].(4TC288)
⑤ They | want ‖ him | **on the team.**
[~신체/정신]
⑤ She | put ‖ her arms(or hands) | **about his neck.**(CEG2;EB151)
⑤ He | saw ‖ a pistol | **against his face.**(6TC505)
⑤ She | drew(or put) ‖ an arm | **around my neck.**(2CD239)
⑤ He | kept ‖ a small sled | **at his side.**(Frozen3)
⑤ She | held ‖ the diamond | **between her thumb and forefinger.**(3G89A)
⑤ What do you | have ‖ ∨ | **in your hand?**(=have you got)(2G120A,74X3)
⑤ I | got/had ‖ a funny/a good idea | **in my head.**(24JB53/,5NG29)
⑤ She | has got ‖ something | **in her mouth.**(1G77A)
⑤ They | got ‖ him | **on his feet**(or knees).(raise)
⑤ She | clapped(or had) ‖ her hands | **over her mouth.**(2HP293;3HP75)
⑤ I | feel ‖ a load | **off my mind** now that the exam is over.(ECD861)
⑤ I | have ‖ a lot of things | **on my mind.**(ECD177)
⑤ Kristoff | crossed ‖ her arms | **over her mouth.**(19JB23)
[~관념/활동]
⑤ They | let ‖ him | **about his business.**(CN239)
⑤ I | strongly advise ‖ you | **against it.**(Kafka, DHL23)
⑤ I | met ‖ a lot of people | **at the party.**(1G106A,77C)
⑤ His boss | needed ‖ him | **at work.**(NED)
⑤ I'll come so long as you | take ‖ me | **back home** again.
⑤ I | 'll go ‖ fifty dollars | **for a ticket.**(DED)(go 타동사용법=bet)
⑤ Sometimes I | have(=eat) | a sandwich | **for lunch.**(2G16C)
⑤ English | has borrowed ‖ words | **from many languages.**(TOEIC)
⑤ I | thought ‖ him | **from NYC.**(출신)
⑤ The unexpected delay | put ‖ me | **in a bad mood.**(LED)
⑤ She | found ‖ herself | **in embarrassing situation.**(3G28G)
⑤ The sales clerk | talked ‖ me | **into it.**(=like)(EXD202)
⑤ His rash actions | landed ‖ him | **in prison.**(EPV139)
⑤ The Ministry | does not consider ‖ it | **of any importance.**(4HP523)
⑤ He | has personally placed ‖ Wellington | **on this case.**(4TC386)
⑤ I | didn't do ‖ it | **on purpose.** It was an accident.(2G125A,ECD38)
⑤ She | sent ‖ him | **on his way.**(12NG12)

⑤ That | will eventually get ‖ me | **over the shock.**
⑤ I | saw | him | **through this.**(=give support)(ECD69)
⑤ They | kept ‖ him | **under guard.**(Nu15:34NIRV, GB233)

[~장소/~물건]

(above~/below~)
⑤ We | saw ‖ the moon | **above horizon.**(DED)
⑤ We | keep ‖ our wine | **below the ground.**(EPL124)

(across~/along~)
⑤ The commander | got ‖ the army | **across the river.**
⑤ He | suddenly saw ‖ Elva | **across the room.**(3G88A)
⑤ He | led ‖ them | **along the street.**
⑤ You | 'll find ‖ hjs office | just **along the corridor.**(OAD33)

(at~/in~)
⑤ | Please make ‖ yourself | **at home.**(=comfortable)(ECD807)
⑤ I | 'll meet ‖ you | **at the entrance to the hotel.**(2G120D)
⑤ I | saw ‖ your brother | **at the post office** (today).(1G108B)
⑤ When you leave the hotel, | leave ‖your keys | **at the front desk.**(2G120B)
⑤ She | dressed ‖ me | **in a fine cloak and tunic.**(2Hom122)
⑤ I | got ‖ him | **in my car**(or on **the bus**).(in소형차, on대형차)
⑤ I | 'll meet ‖ you | **in the hotel lobby.**(2G120D)
⑤ He | put ‖ the car | **in the garage.**(LEG122)
⑤ I | put ‖ new batteries | **in the radio.**(1G108, ECD351)
⑤ I | read ‖ about the accident | **in the newspaper.**(1G108A,OAD)
⑤ I | saw ‖ that | **in the newspaper.**(ECD973)

(beneath~/under~)
⑤ They | lay ‖ me | **beneath the green grass** of home.(Lyric)
⑤ Everybody | has ‖ a monster | **under their bed.**(8JB8,26)
⑤ She | hid(or left) ‖ the presents | **under a blanket.**(3G88C,2G299)
⑤ I | 'm wearing ‖ a jacket | **under my coat.**(1G107D)

(beyond~/by~/to~)
⑤ Saruman | shall not set ‖ foot | **beyond the rock.**(2LR212)
⑤ He | left ‖ her | **by the door.**
⑤ | Place ‖ the cursor | **to the left** of the first word.(OED)
⑤ The attendant | showed ‖ us ‖ **to our seats.**)(안내[인도]하다)(OED)

(down~/up~)
⑤ Her brother | had walked ‖ Katherine | **down this corridor.**(4DB42)
⑤ Come, Kitty, I | want ‖ you | **up the stairs.**(2JA151)
⑤ Can you | put ‖ your baggage | **up here?**(ECD901)

(from~/of~)
⑤ We | make ‖ a cake | **from flour.**(TBP145)(과정/형체변화/화학적)
⑤ My mother | built ‖ this house | **of mud.**(PPV144)(재료/형체유지/물리적)
⑤ We | make ‖ bottles | **of glass.**(SV196)(")

(inside~/outside~/out~)
⑤ He | won't let ‖ them | **inside the castle ground.**(3HP203)

⑤ You | can park ‖ your car | **outside our house.**(OED)

(off~)

⑤ | Don't leave ‖ the phone | **off the hook.**(ECD693)

⑤ | Take ‖ this book | **off the shelf.**(EJD)

⑤ | Please take ‖ your feet | **off the table.**(1G108)

(on~)

⑤ I | 'm going to hang ‖ some pictures | **on the wall.**(1G108)

⑤ I | met ‖ John | **on the street.**(EJD,TBP193)

⑤ I | did not leave ‖ a note | **on your doorstep.**(4NG15)

⑤ Sir Palamides | put ‖ her | **on his horse.**(KA25)

⑤ As you get off the escalator you | 'll see ‖ it | **on your right.**(ECD329)

⑤ She | put ‖ the report | **on the floor.**(3G28E)

⑤ | Don't put ‖ your feet | **on the table.**(1G108,3G28A)

⑤ | Call ‖ me | **on my cell phone.**(TEPS)

⑤ Somebody | wants ‖ you | **on the phone.**

⑤ We | listened ‖ to the news | **on the radio.**(1G109A)

⑤ I | want ‖ you | **on my TV show.**(CSS210)

⑤ We | watched ‖ the news | **on television.**(1G109A)(")

⑤ I | might destroy ‖ you | **on the way.**(Ex33:3)

⑤ Go and | lead ‖ them | **on the way.**(Dt10:11)

⑤ Annie finished dressing up Fang. She | sent ‖ him | **on his way.**(12NG12)

(out/over~/past~/through~)

⑤ Sludge | led ‖ Claude | **out the door.**(25NG16)(밖에)

⑤ Could you | bring ‖ it | **over here**, please?(The Champ)(너머)

⑤ We managed [| to get ‖ the children safely | **over the bridge**].(TBP86)(건너)

⑤ Dorothy | helped | him | **over the fence.**(넘어)(FB25,1G31X)

⑤ The chief | led ‖ them | **past the front door.**(11JG523)(통과)

⑤ She | herded ‖ them | **through the door.**(EB617)(")

⑤ Fernando | would not let ‖ het | **through the door.**(GGM369)(")

⑤ She | pulled ‖ me | **through**(or **past**) **the store.**(6JB68)(통과/지나)

(within~/without~)

⑤ He | took ‖ him | **within the tent.**

⑤ He | left ‖ you | completely **without a cover.**(5HP20)

[~시간]

⑤ I | arranged ‖ the meeting | **at 2 o'clock.**(TOEIC)

⑤ We | are having ‖ the meeting | **at 10:00 tomorrow.**(ECD740)

⑤ Jane | starts ‖ work | **at 7:00**, so she has to get up at 6:00.(1G34A)

- **'be/to be' +단순전치사구**

⑤ | Let ‖ him | be **on time.**

⑤ I | judged ‖ him | to be **about 50.**(OED)

⑤ I | supposed ‖ him | to be **about fifty.**(REG254)

⑤ Joan Rivers | called ‖ Tommy | to be **on her syndicated television show.**(CSS210)

⑤ | Encourage ‖ her | to be **on time.**(=at the time that was planned)

⑤ You | should force ‖ staff | to be **on time.**

(2) 주격술어

다음은 '단순전치사구' 주격술어로 이루어진 5형, NPN'「P'(pr~)이다.
NPN'「P'=NPN'+NP'의 관계에 있다. P'은 N을 서술한다.

⑤' He	's reading ‖ a book 「**<u>in</u> the room.**
② He	's reading ‖ a book. + ① He	is **<u>in</u> the room.**

• **단순전치사구**

(at~)
⑤' We | discussed ‖ a lot of things 「**<u>at</u> the meeting.**(2G130A)
⑤' They | had ‖ dinner 「**<u>at</u> the restaurant.**(EPH10)
⑤' Tracy | left ‖ home 「**<u>at</u> 16.**(=at the age of 16).(2G124B,OAD64)
(for~)
⑤' Daddy | unlocked ‖ the door 「**<u>for</u> me.**(5JB66)
(in~)
⑤' They | 're playing ‖ tennis 「**<u>in</u> the park.**(1G24A)
⑤' I | spent ‖ most of the day 「**<u>in</u> bed.**(2G86B,2G120A)
⑤' He | would not say ‖ anything 「**<u>in</u> a hurry.**(2LR192)
⑤' We | got ‖ <u>to</u> the station 「just **<u>in</u> time** for our train.(2G119A)
⑤ ' Big Hex | spent ‖ the morning 「**<u>in</u> her favorite tree.**(4NG17).
⑤' I | couldn't turn ‖ around 「**<u>in</u> the narrow street.**(2G140D)
(on~)
⑤' Maybe someone | took ‖ the can 「**<u>on</u> purpose.**(8NG24)
⑤' Jane | passed ‖ me 「**<u>on</u> her bike.**(2G122E)
⑤' I | met ‖ Linda 「**<u>on</u> my way** <home>.(2G123D)
⑤' I | spoke(or talked) ‖ <u>to</u> Rachel 「**<u>on</u> the phone.**(1G109A,2G124D)
⑤' Steve | is talking ‖ <u>to</u> a friend 「**<u>on</u> the phone.**(2G1B)
⑤' He | beckoned ‖ to Eragon 「**<u>on</u> the way** <out>.(1CP81)
⑤' Do I | have to change ‖for New york 「**<u>on</u> the way?**.(ECD224)
⑤' | Get ‖ it 「**<u>on</u> your way** <out>.(BI) I | 'll get ‖ it 「**<u>on</u> my way** <back>.(KA8)
⑤' Harry | passed ‖ him 「**<u>on</u> his way** <out of the portrait hole>.(4HP358).
⑤' I | saw ‖ it 「**<u>on</u> the way** <here>.(KA2)
⑤' I | got ‖ <u>to</u> the office 「**<u>on</u> time.**(TEPS)
(through~)
⑤' A bird | flew ‖ <u>into</u> the room 「**<u>through</u> the window.**(1G108,2G123E)
(with~/without~)
⑤' OLivia | had(or didn't have) ‖ dinner 「**<u>with</u> us.**(1G41B)
⑤' She | 'd be spending ‖ time 「**<u>with</u> everyone else!**(Fr'n23)
⑤' We | went ‖ <u>to</u> the station 「**<u>with</u> her** (to see her off).(2G137D)
⑤' Go ahead and | start ‖ the meeting 「**<u>without</u> me.**(TOEIC)
⑤' They | hated ‖ me 「**<u>without</u> reason.**

■ 7형술어

다음은 '단순전치사구' 주격술어로 이루어진 7형 NPP'P"(pr~)이다.

다음과 같이 분석된다. 즉 NPP'P"=NP+NP'+NP"의 관계에 있다.

⑦ They | came | together | in **Galilee.**
③ They | came | together. + ① They | were in **Galilee.**

• **단순전치사구**

[~사람]

(after~/before~)

⑦ One of the children | came | running | **after him.**(LSW748)

⑦ He | was named | 'George' | **after his uncle.**(EJD)

(against~/for~)

⑦ They | speak | out | **against the Lord.**(2Isa3:8NLT)

⑦ He | works | as a staff writer | **for the New York Times.**

⑦ Another bed | was set | beside him | **for his servant.**(2LR327)

(among~/between~)

⑦ Pip | sat | down | **between Annie and Fang.** He is brave.(13NG20)

⑦ The disease | had now broken | out | **among the hill tribes.**(3G89B)

⑦ What | 's going | on | **between you two?**(ECD151,975)

(beside~/past~)

⑦ The spider | lay | dead | **beside him.**(Ho156)

⑦ He | swam | up | **beside me.**(10NG8)

⑦ She | walked | in | **past them.**(Mystery Woman)

(on~)

⑦ The dress | really looks | good | **on you.**(ECD1013)(대상)

(with~/without~)

⑦ You | belong | here | **with me.**(Truman Show)(동반)

⑦ Please, don't go. | Stay | here | **with me.**(1G37B, Ru2:8)(")

⑦ I | fell | in love | **with you.**(ECD556)(대상)

⑦ All | may go | well | **with you,**(3Jn1:2)(수반)

⑦ You | go | on | **without me.**(2HP218)(부대상황)

[~신체/정신]

⑦ A lot of stories | are going | around | **behind her back.**(ECD975)

⑦ The sand | felt | scratchy | **between my toes.**(10NG19)

⑦ She found him [| sitting | clutched | **in Prissy's arms**].(MM374)

⑦ I | 'll get | there | **on foot.**(TOEIC)

⑦ The sun | felt | hot | **on my head.**(10NG18)

⑦ The problems | weigh | heavy | **on my mind.**(CED)

[~물건]

(in~)

⑦ She | looked | good | **in that jumpsuit.**.(2MiC296)

⑦ You | look | very nice | **in your new coat.**(ECD1014)

⑦ You | look | sad | **in this photograph.**(1G105A,PEU431↔1형;2G121X,315)

⑦ Did you | come | here | **in your car**(or **on the bus**)?(1G105A;1G105D)

⑦ I saw this when I | drove | past | **in my car.**(2G65C)

⑦ | Just come | over | **in your casual clothes.**(ECD829)

⑦ Your names | comes | after mine | **in the list**.(OED)

(on~)

⑦ He | looked | impressive | **on television**.(CRL23)

⑦ He | was even now sitting | beside her | **on the sofa**.(LSW764)

(with~/~without~)

⑦ I | was walking | along the road | **with my dog**.(1G111)(수반)

⑦ He | went | out | **without any money**.(2G83A,138A)(부대상황)

⑦ That's it! Wow, you | look | a lot younger | **without it**.(TOEIC)(")

[~관념/활동]

⑦ He | always arrives | late | **at work**. (YBM)

⑦ Everybody | feels | nervous | **before a test**.(1G106A)

⑦ He | appeared | as a pinch hitter | **in the game**.(EJD)

⑦ He | wandered | back | **in a heartbroken daze**.(JH287)

⑦ The bravest warriors of Moab | will cry | out | **in utter terror**.(Isa15:4NLT)

⑦ Some interesting issues | came | up | **in our discussion** yesterday.(2G141A)

⑦ Did you | go | anywhere interesting | **on vacation**?(1G77B)

⑦ We | stopped | at a small town | **on the way** to Atlanta.(2G121B,122D)

⑦ I | got | lost | **on my way**.(I've lost my way)(1G105D)

[~장소/위치]

⑦ Gophers | ran | back and forth | **across the road**.(8ESL162)

⑦ Let's [| go | for a walk | **along the river**].(1G108)

⑦ We invited her [| to stay | with us | **at our house**].(1G60B)

⑦ We | have to get | off | **at the next stop**.(2G120B)

⑦ She | stood | alone | **by the door.**

⑦ My sister | had been standing | silent | **in the yard**.(2CD114)

⑦ Jack | was sitting | by himself | **in a corner of the cafe**.(2G81D)

⑦ They | are playing | with their friend | **in the park**.(1G60B)

⑦ Sludge and I | walked | forward | **in the snow**.(7NG14)

⑦ They | came | together | **in Galilee**.(Mt17:22)

⑦ We | ran | out of gas | **on the freeway**.(1G105D?)

⑦ I | got | knocked | **on the floor**.(11JB7)

⑦ The girl | got | hurt | **on her way** 〈home from work〉.

⑦ I | got | lost | **on my way** 〈back or here〉.(ECD103)

⑦ All morning they | sat | waiting | **in the sun**.(LSW748)

⑦ We | got | on the bus | **outside the hotel**.(1G54D)

⑦ He | came | riding | **through the forest**.(KA25)

[~시간]

⑦ Lisa | got | married | **at 21**(or at the age of 21).(1G112B)

⑦ Kristoff | ran | at him | just **in time**.(Fr'n129)

- **'to be' +단순전치사구**

⑦ Some of the other kids | turned | out | to be **in my class**, too.(1JB21)

B. 간주전치사구 (as/for/like~)

전치사 as/for/like는 대체로 자격, 대신, 유사, 간주, 의제 등의 공통적인 의미로 사용된다.

■ **1형술어**

다음은 '간주전치사구' 술어로 이루어진 ①형 즉 NP(pr~)이다.

① He ∣ was **like** a **child**.

• **간주전치사구**

(as~)

① Her hair ∣ was **as** a **wet fleece of gold**.(OW118)

① The stroke of death ∣ is **as** a **lover's pinch**.(")(7WS139)

(for~)

① It ∣ 's **for** a **fact**.(=It's true)(Free Dictionary)

(like~)

① He ∣ is very **like his father**.(=similar to sb/sth)(OED) / ① You ∣ are **like** a **genius**.(")

■ **3형술어**

다음은 능동사 술어와 '간주전치사구' 주격술어로 이루어진 3형 즉 NPP'(pr~)이다.
다음과 같이 분석된다. 즉 NPP'=NP+NP'의 관계에 있다.

③ He ∣ acted ∣ **like** a **child**.
① He ∣ acted... + ① He ∣ was **like** a **child**.

• **간주전치사구**

(as~)

☆ 간주동사:acknowledge, describe, define, look upon, rank, regard, refer to, strike, talk of, think of, treat, view. 다만, 이외 consider, find, hold, intend, judge, know, perceive, suppose, think는 to be를 취함

③ The news of the tragedy ∣ came ∣ **as** a **great shock**.(")(2G114E)

③ Here you are. This box ∣ will do ∣ **as** a **table**.(")(EPV529)

③ Jesus Christ ∣ will also enter ∣ **as our Lord and Master**.(")(Stott124)

③ Mme de Mirepoix ∣ passed ∣ **as her friend**.(JJR274)

③ We ∣ separated ∣ **as best friends** in the world.(JR127)

③ And he ∣ stood ∣ **as one** <in a dream>.(OW204JJR274)

③ A few years ago, I ∣ worked ∣ **as** a **taxi driver**.(=a profession)(2G114E,93B)

(for~)

③ He ∣ acted ∣ **for/as the chairman** in the negotiation.(=a particular job or function)(EJD,EPL177)

③ We know [it ∣ happens ∣ **for** a **fact**].(Delimiter)

③ I ∣ passed ∣ **for** a **good teacher**.(JJR181,1JG336,2ACD136)

③ This cup ∣ serves ∣ **for**(or **as**) **an ashtray**.(EPV529)

(like~)

③ He ∣ drinks ∣ **like** a **fish**, but he's always sober at trial.(12JG228)

③ It ∣ feels ∣ **like something** new.— Does it?(VLIVE)

③ He ∣ looks ∣ just **like his father**.(YBM)

③ Most of the time he ∣ seems ∣ **like such** a **normal guy**.(LSW447)

③ That ∣ sounds ∣ **like** a **good idea**.(ECD494)

다음은 수동사 술어와 '간주전치사구' 주격술어로 이루어진 3형 즉 NPP'(pr~)이다.
다음과 같이 분석된다. 즉 NPP'=NP+NP'의 관계에 있다.

③ He | was regarded | as a genius. ① He | was regarded.... + ① He | was like a genius..

• **간주전치사구**

(as~)

③ They | were all dressed | as **clowns.**(=appearing to be sb/sth)(OED)

③ They | were both dressed | **as Little Red Riding Hood.**(12NG6)

③ They | wil not be treated | as **enemies.**(")(ZEG99)

③ He | is known(or regarded) | as **a great man**(or a genius),(")(SBE266)

③ She | is thought (‖) of | as **a possible future director.**(OED)

③ Hawaii | is often referred (‖) to | as **the Paradise of the Pacific.**(DED,EJD)

③ Huang Hao | was looked (‖) upon | as **a danger,**(RTK17:40)

③ It | is looked (‖) forward to | as **a part of the future**).(YBM)

(for~)

③ Some of them | might have been mistaken | for **hers.**(JJR83)

③ I | 've never been taken | for/as **a murderer** (before).(1AC96)

③ Though I am not a fool, I | am very often taken | for/as **one.**(JJR115)

(like~)

③ Land | cannot be treated | like **any other commercial commodity.**

■ 5형술어

(1) 목적격술어

다음은 '간주전치사구' 목적격술어로 이루어진 5형 즉 NPN'P'(pr~)이다.
다음과 같이 분석된다. 즉 NPN'P'=NPN'+N'P'의 관계에 있다.

⑤ She | treated ‖ him | like a child. ② She | treated ‖ him... + ① He | was like a child.

• **간주전치사구**

☆ appoint, call, choose, define describe, elect, regard. respect, see, view, conceive of, think of, refer to, look upon

(as~)

⑤ The manager | appoints ‖ me | as **his assistant.**(ZEG99)

⑤ Most of people | would like to call ‖ him | as **"dwarf."** (YBM)

⑤ We | chose ‖ Paul Stubbs | as/for **chairperson.**(OAD,DED)

⑤ He | had never conceived ‖ himself | as **a man of action.**

⑤ I | 'd consider ‖ him ‖ as **a front runner.**(VLIVE,DED)

⑤ Many people | define ‖ a sport | as **an activity** involving human muscle.(NEI)

⑤ They | elected ‖ him | (as) **chairman.**(=a particular function)(SED)

⑤ She | fancies ‖ herself | (as) **a serious actress.**(OED)

⑤ We | won't have ‖ him | as **our friend.**(ZEG99)

⑤ The girl | imagines ‖ him | as **a big tall man.**(ZEG99)

⑤ You | will need ‖ me | as **a guide.**(=a particular function)(O'B55)

⑤ I | regarded(or respected) ‖ him | as **a doctor.**(EJD,OAD)

⑤ You | see ‖ me | <u>as</u> a **cruel and heartless beast.**(1MiC312)
⑤ | Treat(or Regard) ‖ me | <u>as</u> a **friend.**(=appearing to be sb)(OAD,GB389)
⑤ We don't have a car, so we | use ‖ the garage | <u>as</u> a **workshop.**(2G114E)
(for~)
⑤ You | 've certainly deserved ‖ him | <u>for</u> **your husband.**(GB333)
⑤ Will you | have ‖ me | <u>for</u> **your husband?**(2AN333)
⑤ I | know(or take) ‖ it | <u>for/as</u> a **fact.**(YBM, Marco221)
⑤ They | mistook ‖ you | <u>for</u> **someone else.**(BP249)
⑤ You | play(or take) ‖ me | <u>for</u> a **fool.**(YBM,6TC181)
⑤ Will you | take ‖ this man | <u>for/as</u> **your husband?**(YHD)
⑤ I | took ‖ him | <u>for/as</u> **my husband.**(GB374,419)
⑤ I | am using ‖ it | <u>for</u> a **bookmark.**(19NG25)
(like~)
⑤ He | carries ‖ himself | <u>like</u> a **soldier.**(=similar to sb/sth)(OAD,NPI)
⑤ You | should have done ‖ it | <u>like</u> **this.**(")(1G111C)
⑤ I | know(or read) ‖ him | <u>like</u> a **book.**(")(ECD955)
⑤ She | treated ‖ me | <u>like/as</u> a **member** of the family.(")(OED)

다음은 '간주전치사구' 목적격술어의 목적어가 전치사구인 경우이다.
다음과 같이 분석된다. 즉 NPN'P'⇒NPN'+N'P'의 관계에 있다.

⑤ I | looked ‖ <u>on</u> **him** | <u>as</u> a **genius.**
② I | looked ‖ <u>on</u> **him**... + ① He | was <u>as/like</u> a **genius..**

• **간주전치사구**
⑤ I | looked ‖ <u>on</u> him | <u>as</u> a **genius.** .
⑤ Those <who knew> him | spoke ‖ <u>of</u> him | <u>as</u> a **giant of a man.**(Hansard)
⑤ I | think ‖ <u>of</u> this place | <u>as</u> **my home.**(OED)
⑤ People | should think ‖ <u>of</u> it | <u>as</u> an **investment.**(NEI)
⑤ I | looked ‖ <u>on</u>(or <u>upon</u>) him | <u>as</u> a **genius.**(OES60,SBE266)
⑤ All Israel | looked ‖ <u>to</u> me | <u>as</u> **their king.**
⑤ He | had referred ‖ <u>to</u> her | <u>as</u> a **dear friend.**

다음은 '간주전치사구' 목적격술어가 목적어 앞에 도치된 5형 즉 NP「P'N'이다.
다음과 같이 분석된다. 즉 NP「P'N'⇒ NPN'P'⇒NPN'+N'P'의 관계에 있다.

⑤ | Take 「<u>as</u> **your king** ‖ the youngest of these three knights.
② | Take ‖ the youngest of these three knights. ...+
① The youngest of these three knights | is **your king.**

• **간주전치사구**
⑤ The Dive Bomber ride | used 「<u>as</u> **its symbol** ‖ the German Ju-87 Stuka.
⑤ I | took 「<u>for</u> **my belief** ‖ the advice of my father.

(2) 주격술어

다음은 '간주전치사구' 주격술어로 이루어진 5형 즉 NPN'「P'(pr~)이다.
다음과 같이 분석된다. NPN'「P'=NP+NP'의 관계에 있다. 즉 P'는 N을 서술한다.

⑤' I ｜ ate ‖ pizza 「**like** **a pig.**(NEI)
② I ｜ ate ‖ pizza. + ① I ｜ was **like** **a pig.**

• 간주전치사구

(as~)

⑤' Kim ｜ replaces ‖ Johnson 「**as pitcher.**

⑤' Elizabeth ｜ succeeded ‖ Mary 「**as Queen.**(DED)(계승하다)

⑤' She ｜ strikes ‖ me 「**as a very efficient person.**(OED)(생각들다/나다)

⑤' She ｜ was looked (‖) upon ‖ by others 「**as an intruder** and **a nuisance.**(NH32)

⑤' He ｜ is made ‖ fun (‖) of 「**as a bad tempered misanthrope.**(P/R418)

(for~)

⑤ Cultivated Romans ｜ looked ‖ to the Greeks 「**for models of art and literature.**(SAT)

(like~)

⑤' They ｜ shook ‖ hands 「**like lost friends.**(5JG18)

⑤' I ｜ read(or know) ‖ him 「**like a book.** *속까지 알다

■ 7형술어

다음은 '간주전치사구' 주격술어로 이루어진 7형 즉 NPP'P"(pr~)이다.
다음과 같이 분석된다. NPP'P"=NP+NP'+NP"의 관계에 있다.

⑦ Cal Lee ｜ walked ｜ through his front door ｜ **like** **a free man.**(12JG360)
③ Cal Lee ｜ walked ｜ through his front door. + ① Cal Lee ｜ was **like** **a free man.**

• 간주전치사구

(as~)

⑦ Willie ｜ sure made ｜ good ｜ **as a hero.**(OHS330)

⑦ Kerry ｜ came ｜ home ｜ **as an angry vet.**(=veteran)(NW)

⑦ Did you ｜ ever run ｜ away from home ｜ **as a chilld.**(2CPV46)

⑦ All people of the world ｜ shall live ｜ together ｜ **as brothers.**(3G13D)

⑦ He ｜ became ｜ recognized ｜ **as an expert.**(3G21C)

⑦ He(=Timon) ｜ is made ｜ fun (‖) of ｜ **as a bad tempered misanthrope.**(P/R418)

(like~)

⑦ They ｜ just broke ｜ free ｜ **like the water.**(BP238)

⑦ Merry ｜ crawled ｜ on all fours ｜ **like a dazed beast.**(1LR115)

⑦ Cal Lee ｜ walked ｜ through his front door ｜ **like a free man.**(12JG360)

⑦ Questions ｜ exploded ｜ inside Harry's head ｜ **like fireworks.**(1HP52)

⑦ My days are like the evening shadow; I ｜ wither ｜ away ｜ **like grass.**(Ps102:11)

C. 복합전치사구 술어

■ 1형술어

다음은 '복합전치사구' 술어로 이루어진 1형, NP(pr~)이다.

① He ∣ was <u>out of</u> house.

• 복합전치사구

(~about~)

① Everybody ∣ is <u>off about</u> **something**.(=angry)

① The boy ∣ was <u>on about</u> **the homework**.=(keep talking in a boring way)

① I ∣ was <u>up about</u> **it**.(=excited or anxious about something))(Cobrayama)

(~against~)

① They ∣ were <u>up against</u> **a killer**.(=confront)(OPV26)

(~behind~)

① He ∣ was <u>up behind</u> **me**..

(~as~)

① He ∣ was <u>down as</u> **a great president**.(=have his name recorded as)(OPV18)

(~at~)

① Next week I∣'ll <u>back at</u> **work**.(=return to work)(2G134X)

① The fishing boats ∣ were <u>out at</u> **sea**.(DBE10)

(~for~)

① Mary ∣ is <u>in for</u> **Peggy** tonight.(=on behalf of)

① I∣'m <u>in for</u> **trouble**.(=likely to experience, be destined for something)(2LR348)

① I∣'m just <u>off for</u> **a swim**.(=out to go swimming)(LEG151)

① We ∣ were <u>out for</u> **lunch**.(=out to have lunch)(1G56C)

① The house ∣ has been <u>up for</u> **sale** (for two months).(ECD581)

(~from~)

① She∣'s been <u>away from</u> **work** (for quite a few weeks).(3G52A)

① He ∣ isn't <u>back from</u> **work** (yet).(PEG22,23JB31,ECD649)

① She ∣ was <u>off from</u> **me**.(=away from me)

① If only O-lan ∣ had been <u>up from</u> **her bed** it would have been a merry day.(1PB283)

(~in~)

① The letters ∣are <u>away in</u> **the box**.(=left in the box)(OPV16)

① Suddenly I ∣ was <u>back in</u> **usiness**.(25NG25

① Snape ∣ was now <u>back in</u> **his office**.(=return)(3HP277)

① He ∣ was terribly <u>behind in</u> **his work**.(OAD100, ECD715)

① What are you doing here? You ∣should be <u>down in</u> **the shelter**.(Independence Day)

① We ∣are <u>down in</u> **the dumps**.(11NG34) / ① I ∣ was <u>out in</u> **the cold**.(=excluded)(2UE50)

① I ∣ was <u>up in</u> **the air**.(25NG27) / ① Everything ∣ is still <u>up in</u> **the air**.(=uncertain)(EID439)

(~of~)

① Three boys ∣ were <u>ahead of</u> **us**.(=in front of sb/sth)(OAD,ECD854)

① I∣'m <u>off of</u> **you** (for life).(=away from you)(Nobody's Fool)

① Now hands ∣ <u>off of</u> **me**.(=Take hands off me)

① I∣'m just <u>out of</u> **myself**.(=제 정신이 아니다)

① This book∣'s <u>out of</u> **print**.(=not available)(ECD877)

① Next moment my home ∣ was <u>out of</u> **sight**.(RLS40)

① We ran out of the building and now we∣ were <u>out</u> **of the building**.(LEG149)

① I∣'m <u>out of</u> **here**.(여기서 빠진다). ∣ <u>Out of</u> **there**!(거기서 비켜!)

① Alice | is in back of Bob.(1G110A) / ① Don | is in front of Bob.(1G110A)
(~on~/~upon~)
① Now I | am back on my feet.(ECD322) / He | was back on the phone.(MK22)
① They | are down on the beach.(Papillon)
① I | wasn't in on his plan.(=be informed of, have a share in)(19JB38,OAD)
① Sludge and Claude | was off on a case.(=indulged in)(25NG26)
① She | is out on her eight o'clock case.(22NG8)
① A man was sitting with [his boots | up on his desk].(5HP131)
① In a flash, everybody | was up on top.(James & the Giant Peach71)
(~to~)
① I | will be back to you.(=return)(6TC7)
① Soon Henry | was down to his T-shirt, leaking sweat.(CH26)(티셔츠바람이 되다)
① It | is down to money.(=attribute, accredit)
① We are down to two issues.(14JG431)(두 가지 논점에 압축되다)
① I | 'm off to the store.(2G137D) Tomorrow I | 'm off to Paris.(2G137D)
① I | am on to you.(=stuck on you)(ECD140)
① Everybody | is on to that.(SED) / I' | m on to his plot.(=know)(EPN170)
① The feds | must be onto me.(=know about what I have done wrong)(SED)
① Well, I don't know, it | 's up to you.(=your responsibility | duty)(LSW1006)
① His work simply | isn't up to scratch.(DED)
(~with~)
① He | was about with six kids.(=accompanied 동반, acquaint with 사귀다)
① I | am along with him.(=accompanied ~와 동반하다)
① He | was away with the kid.(~와 함께 사라지다)
① | Away with him(or it)ˆ !(EB193;ECD757)((그(또는 그것)를 없애!)
① I' | ll be right back with it.(ECD433)(그걸 갖고 곧 돌아올 게)
① He | 's still down with fever.(=weak with fever)(Out of Africa124.,RLS188)(열병으로 쇠약)
① | Down with himˆ.(=Get him)(6WS22)그를 잡아라) / ① | Down with itˆ.(EPN163)(그걸 내려놔)
① So | down with your breechesˆ . And | out with your bumˆ.(2JJ95)
① I | 'm in with him.(=friendly, favored by someone)(EPN42,ECD834,1ACD230)
① | In with youˆ. (=You come in)(너 들어와)
① She | was a bit off with me this morning.(=not friendly)(OED)(불친절하다)
① She | is off with herˆ now.(=finished, not in good terms)(ECD540)(끝장이다)
① | Be off with youˆ!(=go away)(BP168,KM135.JPS190(너 꺼져. 너 가라)
① | Off with herˆ!(=take her away!)(EB570)
① | Off with his headˆ!(=Head off!)(LC58)
① | Off | On with your hatˆ.(=put | take your hat on | off)(SED)(모자 벗어/써!)
① | On with youˆ!(=You go on!)(너 계속해!)
①) "(Now) | on with the case," I said.(1NG32)(이야기 계속해!)
① | On with | your storyˆ.(=start, continue)(;EJD)(이야기 계속해!)
① I | am out with herˆ.(=not in good terms)(ECD539,SED)(그녀와 사이가 나빠)
① | (Be) Out with itˆ.(=Get it off your chest.)(OPV25,OAD,3HP419)(그걸 털어놔)
① Don't worry. The operation | will be over with ∩ˆ before you know it.(MED)
① I | 'm through with herˆ.(=finished)(ECD540,EPN175)(그녀와 끝장이다)

① Are you | **<u>through with</u> your work**ˆ?(EJD,1MT5)(네 일 끝냈니)
① We | shall be **<u>up with</u> her** (in a very few minuets).(1ACD203)(접근하다/따라잡다)
① Provincials | are always **<u>up with</u> everything**ˆ.(SLT12)
① He | is **<u>up with</u> forwards** (half the time).(2JJ252)(전위와 함께 경기하다)
① | **<u>Up with</u> you**(or **the flag**)ˆ!(YHD)(너 올라가 또는 그 깃발 올려!)
① He | is **<u>up with</u> latest information**ˆ.(=familiar with)(2ST12)(최신정보에 능통하다)

■ 3형술어

다음은 '복합전치사구' 주격술어로 이루어진 3형 즉 NPP'(pr~)이다.
다음과 같이 분석된다. 즉 NPP'=NP+NP'의 관계에 있다.

③ He | walked | <u>out of</u> house. ① He | walked. + ① He | was <u>out of</u> house.

• 복합전치사구

(~about~)
③ She | is always popping | **<u>off about</u> something**.(=angry)(NPV531)
③ He | 's really ticked | **<u>off about</u> something**!(")(EID901)
③ He | is always carrying | **<u>on about</u> his colleagues**.(=keep talking)(YHD)
③ They | were going | **<u>on about</u> yesterday's lessons**.(")(3HP244)
③ They | kept | **<u>on about</u> the money**.(")(9JG106)
③ She | was cut | **<u>up about</u> the defeat**.(=angry).(NPV44)
③ I | 'm keyed | **<u>up about</u> the job interview** next week.(=excited, nervous)(ECD175)
③ We | are still very heat | **<u>up about</u> it**.(=angry)(NPV353)
(~against~)
③ I | 've come | **<u>up against</u> someone** I can't quite handle.(=confront)(EPQ387)
(~as~)
③ He | won't go | **<u>down as</u> a great president**.(=written in history)(EPV529)
(~at~)
③ She | got | **<u>back at</u> work** (immediately).(5World Englishes97)
③ We got on the bus outside hotel and | got | **<u>off at</u> Church Street**.(1G57D)
③ Rachel | works | **<u>out at</u> the gym** (three times a week).(=excercise)(2G136B,X)
(~behind~/~beside~)
③ Then Fang | walked | **<u>in behind</u> us**.(20NG43, 21JB52)
③ He | swam | **<u>up beside</u> me**.(10NG8)
(~for~)
③ Her work | came | **<u>in for</u> criticism**.(=destined for something)(ECD162)
③ Mary | is filling | **<u>in for</u> Peggy** tonight.(=work on behalf of)(TEPS,EPV531)
③ The two Germans | played | **<u>off for</u> a place** in the final.(EPV372)
③ We | went (or stepped) | **<u>out for</u> dinner**.(1G111,1G56C, ECD646)
③ A Picasso like that | seldom comes | **<u>up for</u> sale**.(EPV280)
(~from~)
③ Anne | is sitting | **<u>across from</u> Chris**.(1G110B,2G70A)
③ He | stood | **<u>apart from</u> us**.(=separated from sb/sth)(EJD)

③ (Why) did you | run | **away from** me?(2G134B,Fr'n43)
③ | ·Keep | **away from** the edge of pool. You might fall in.(2G142B)
③ He didn't have the sense [| to move | **away from** the puddle of water].(3G93C)
③ I | 've just come | **back from** vacation, but I feel very tired.(2G115A)!
③ | Stand | **off from** me.(=apart from me)(4CD70)
③ Finally, Daddy | got | **up from** the table.(11JB5)
(~in~)
③ I dropped the ticket and it | blew | **away in** the wind.(2G142B)
③ I | settled | **back in** my seat.(25NG72)
③ The toys | had all been put | **back in** the cupboard.(CN334)
③ I don't want [| to drop | **behind in** my work].(NPV217)
③ They | settled | **down in** the boat.(=take seats)(1HP674)
③ I | was left | **out in** the cold.(=excluded)(ECD552)
③ Piles of useless trash | had been piling | **up in** corners.(GGM383)
(~of~)
③ He | walked | **ahead of** me.(=in front of sb/sth)(SED)
③ | Get | **off of** me.(=get away from me)
③ He | became | **out of** himself at the end of his life.(정신이 나가다)
③ | Get | **out of** my sight!(Ex10:28)
③ A car stopped, and a woman | got | **out of** the car.(1G112,57D,2G135)
③ I | 'm going | **out of** the town (tomorrow).(1G39C)
③ He | came | **out of** there.(거기서 나오다)
③ | Get | **out of** here.(여기서 나가! (속어) 설마! 입 닥쳐!)
③ | Move | **out of** here.(여기서 탈출해라)
③ I | was sitting | **in the back of** the car when we crashed.(2G121A)
③ John | was standing | **in back of** the crowd.(2G121A)
③ Anne | is sitting | **in front of** Bruce.(1G110B)
③ Parking | isn't allowed | **in front of** the building.(9JG192)
(~on~/~upon~)
③ Willy | got | **back on** his feet when he found a good job.(EID274)
③ After the typhoon, we | were thrown | **back on** our resources.(EPV414)
③ I | fell | **down** on the grass.(11NG23) / ③ | Lie | **down on** the floor.(1G112)
③ Tom | sat | **down on** a chair.(2G70B,72C) / ③ We | sat | **down on** the sand.(10NG10)
③ Let me [| get | **in on** the secret].(=informed of)(ECD279)
③ They | had not been briefed | **in on** the project's objectives.(")(Six843)
③ Let's hope [the Red Army man | isn't listening | **in on** us].(MK212)
③ He | gets | **off on** golf.(=indulge in)(EPV517).
③ You | 're always wandering | **off on** a side issue.(")(2MT235)
③ The work | is piling | **up on** my desk.(=pilled up)(ECD715)
③ Steadily we | drew | **in upon** them, yard by yard.(1ACD203)(바짝 다가가다)
(~to~)
③ I sent him an e-mail, but he | never got | **back to** me.(=reply)(2G142C)
③ We went out for dinner and | then went | **back to** our hotel.(1G112,2G92C)
③ The accident | was put | **down to** bad luck.(=attribute)(3G22D)(내리다)

③ Mark left home at the age of 18 and | went | off to Canada.(2G137D)
③ Harry | was led | off to their underground vaults.(2HP57)
③ The longer we stay in one spot, the sooner it | will get | on to us.(=catch)(2LR358)
③ I | got | onto the new job.(=know, accustomed to the new job)
③ Let's [| move | on to the economy].(2G138B)
③ It | depends | up to you [to accept it or not].(=your responsibility or duty)
③ The team has failed [| to live | up to earlier expectations].(3G94A)
(~with~)
③ I | always go | about with my friends.(=acquaint with~)(NPV315,IG113)
③ Each pony | was slung | about with all kinds of baggagesˆ.(4LR30)
③ | Go | ahead with the operationˆ.(=continue)(EJD)
③ I | will go(or walk) | along with you.(=together)(SED, HH141)
③ Do you | get | along with your boss?(=together without problems)(2G134B,318)
③ Meg | has been going | around with Tom lately.(=date with Tom)(OED)
③ Who | 's been messing | around with my papersˆ?They're all over the place.(3G6B)
③ Will you | come | away with me?(=accompany)(OW, 2HP281)
③ I parked in a no-parking zone, but I | got | away with itˆ.(=settle)(2G142B)
③ She | came | down with the a cold.(=became weak with a cold)(ECD286)
③ | Put | down with your weaponsˆ!(=put weapons down)
③ | Come | in with me.(=accompany)(KA16)
③ He | will get | in with that teacher.(=friendly with the teacher)
③ | Cut | off with his headˆ! (=cut his head off!) /
③ | Get | off with youˆ! (=get away!)(EB557)
③ | Get | off/on with your hatˆ!(=get your hat off/on!)(EB557)
③ | Carry | on with your singingˆ.(=continue your song!)(NPV103)
③ Sludge | ran | off with the note.(10NG12)
③ Now May I | get | on with my announcementˆ?((15NG7,ECD453)
③ | Go | on with youˆ!(=you go on)(NPV321)
③ The ladies | were helped | on with their coatsˆ!(=wear)(OPV179)
③ Do you want [| to come(or go) | out with me]?(1G114C,3G7C,EJD)
③ | Come(or Get) | out with itˆ.(=reveal)(그걸 말해라!)
③ You | 'll be let | out with a full apologyˆ.(")(2HP261)
③ I promise [that it | will get | over with ∩ˆ].(Weverse,WS6)
③ Do you think he's really likely [| to go | through with his threat].(3G94A,ECD507)
③ He | always catches | up with us. Oliver is a pest.)(2NG9)(따라다니다)
③ You go on. I | 'll catch | up with you.(=reach you)(2G140A)(따라잡다)
③ She | 's always coming | up with new ideasˆ.(=produce an idea)(2G141A)
③ You're walking too fast. I | can't keep | up with you.(=follow)(2G134B,140A)
③ (Why) don't you | make | up with him?(=to end an argument)(EJD)
③ I | can put ‖ up with minor inconveniences.(OED)(참다)

- **'to be' +복합전치사구**

③ It | does seem | to be a little out of the common.(1ACD21)
③ Most staff | want | to be in on the new pension scheme.(OPV)

■ 5형술어

(1) 목적격술어

다음은 '복합전치사구' 목적격술어로 이루어진 ⑤형, NPN'P'(pr~)이다.

다음과 같이 두 문장으로 분석된다. 즉 NPN'P'=NPN'+N'P'의 관계에 있다.

⑤ She | threw ‖ him | | out of house.
② She | | threw ‖ him. + ① He | was out of house.

● **복합전치사구**

(~about~)

⑤ They | really pissed ‖ me | **off about something**.(=be angry)

⑤ You stuck to your guns and | kept ‖ me | **on about this**.(=keep talking)

⑤ Stop [| working ‖ yourself | **up about something** so unimportant].(=excited)(EPV290)

(~against~)

⑤ You | set ‖ yourself | **up against the Party**.(=confront)(GO225)

(~as~)

⑤ The teachers | soon marked ‖ me | **down as a troublemaker**.(EPV259)

(~at~)

⑤ I | expect ‖ you | **back at work** (Monday).(4HP395)

⑤ Sue | drops ‖ her children | **off at school** (everyday).(2G138B)

(~for~)

⑤ Ted | sent ‖ Bill | **in for Wally**.(=replace)(NPV649)

⑤ He | let ‖ her | **in for trouble**.(=confront)(EPL225)

⑤ I | 'll take ‖ her | **out for dinner**.(LSW934)

⑤ We | have put ‖ our house | **up for sale**.(ECD581)

(~from~)

⑤ They'll | take ‖ you | **away from me**.(MM89)

⑤ His wife was grateful [| to have ‖ him | **back from the war**].

⑤ The company | separated ‖ our department | **off from the rest**.(EPV502)

⑤ Mother | pulled ‖ me | **up from there**.(6JB30)

(~in~)

⑤ She | put ‖ it(the shadow) | **away in a drawer**.(Peter Pan)

⑤ I | picked up the tortoise and | put ‖ him | **back in the box**.(17N21)

⑤ I read the letter and | then put ‖ it | **back in the envelope**.(1G116B,2G123A)

⑤ Principal | sat ‖ me | **down in the chair**.(6JB60)

⑤ Sir Bedivere | took ‖ the king | **down in the ship**.(K A37)

⑤ | Don't leave ‖ him | **out in the cold**.(=excluded)(EID502,8TC715)

⑤ He had even made plans [| to set ‖ him | **up in a business**].(GGM381)

(~of~)

⑤ I | saw ‖ two pirates(or a ship) | **ahead of us**.(=in front of sb/sth)(12NG16,SED)

⑤ | Get(or Take) ‖ your hands | **off of me**.

⑤ The music | took ‖ me | **out of myself**.(자신을 잊다)

⑤ How passion | hurrieth ‖ him | **out of himself**?.(자신을 털어놓다)

⑤ The publisher | declared ‖ the book | **out of print**.(EJD)

⑤ | Keep ‖ yourself | out of his sight.(ECD1134)
⑤ I | took ‖ old batteries | out of the radio.(1G108)
⑤ He | will have ‖ you | out of there (in a couple of days).(빼내주다).
⑤ | Let ‖ me | out of here. (여기서 나가게 해줘).
⑤ They | found ‖ him | in front of the Grail.(KA38)
⑤ | Write ‖ you name | at the top of the page.(1G107B)
(~on~/~upon~)
⑤ Harry | set ‖ her | back on her feet.(5HP688)
⑤ Can you | put ‖ it(=that book) | back on the shelf?(2G142A)
⑤ They | put their bags | down on the ground.(2G139X)
⑤ Can you | fill(or brief)‖ me | in on (or in upon) this?(=informed of)(1SCE53)
⑤ I | 'm gonna let ‖ you | in on a secret.(")(1HP257,3G94X)
⑤ They | don't want ‖ me | in on that.(")(7TC313)
⑤ I | have to start ‖ Jeff | off on this task.(=indulge in)(NPV726)
⑤ He | 's alway puting (or puts) ‖ his feet | up on the chairs.(3G240)
⑤ I | put ‖ some pictures | up on the wall.(2G239A)
(~to~)
⑤ I have Rachel's keys. I | have to give(or bring) ‖ it | back to her.(1G113B)
⑤ I | took ‖ my new sweater | back to the store.(1G113B)
⑤ They | put ‖ the accident | down to bad luck.(=attribute)(3G22D)
⑤ The oven is too hot. | Turn ‖ it | down to 325 degrees.(2G139A)(~로 내리다)
⑤ He | put ‖ me | on to his private secretary.(OPV277)
⑤ I'll visit her and | put ‖ her | onto the job.(=accustomed, concentrate)
⑤ I | am simply leaving ‖ it | up to you.(=your responsibility or duty)(EPL420)
⑤ I | brought ‖ the lab | up to state standards in less than a year.(NPV81)
(~with~)
⑤ He | took ‖ her | about with him wherever the regiment went.(1LT691)
⑤ His political belief | pushed ‖ him | ahead with the visits ˆ.
⑤ | Please take ‖ me | along with you.(in addition to sb/sth)(SED)
⑤ Karkaroff | swept ‖ his students | away with himˆ.(4HP228)
⑤ The exposure to the frigid water | brought ‖ him | down with a cold.
⑤ He | helped ‖ her | down/up with a heavy boxˆ.
⑤ (It) | Gets ‖ him | in with the right people.(=friendly)(5HP155)
⑤ She | helped ‖ him | off/on with his coatˆ].(DHL228,1JJ249,ACv10,12,EJD,3G94F,2FK136)
⑤ Let me [| try ‖ the new idea | on with youˆ].(NPV813)
⑤ They | still urged ‖ the lingering singer | out with itˆ.(3JJ352)
⑤ Please cue the music. I want [| to get ‖ this | over with ∩ˆ].(JPS134,148)
⑤ She | helped ‖ him | through with his workˆ.

- **'to be'+복합전치사구**

⑤ I | 'd like ‖ Daddy | to be in on this, too.(=have a share in)(19JB38)

(2) 주격술어

다음은 '복합전치사구' 주격술어로 이루어진 5형, NPN' ┌P'(pr~)이다.
NPN' ┌P'=NPN'+NP'의 관계에 있다. P'은 N을 서술한다.

⑤ Young children ∣ spend ‖ time ┌around with their mothers.
② Young children ∣ spend ‖ time...+
① Young children ∣ are around with their mothers.

• **복합전치사구**

⑤ Young children ∣ spend ‖ time ┌around with their mothers.

■ **7형술어**

다음은 '복합전치사구' 주격술어로 이루어진 ⑦형 NPP'P"(pr~)이다.
다음과 같이 분석된다. 즉 NPP'P"=NP+NP'+NP"의 관계에 있다.

⑦ He ∣ 'll get ∣ thrown ∣ out of the house,
③ He ∣ 'll get ∣ thrown. + ① He ∣ 'll be out of the house.

• **복합전치사구**

(~about~)

⑦ I ∣ mustn't keep ∣ maundering ∣ on about my silly problems.(=talking)(OED)

⑦ He ∣ just went ∣ ranting ∣ on about some geographical cataclysm.(")(2FD62)

⑦ She ∣ gets ∣ too worked ∣ up about work.(=nervous)(5HP289)

(~against~)

⑦ The tower ∣ was seen ∣ standing ∣ up against the sky.

(~behind~)

⑦ Hermoine ∣ came ∣ running ∣ up behind them.(5HP718)

(~of~)

⑦ Jim ∣ ran ∣ in ∣ ahead of his rival in the race.(EPL224)

⑦ He ∣ goes ∣ on ∣ ahead of them.(Jn10:4)

⑦ Terry ∣ got ∣ booted ∣ out of another bar for starting a fight.(EID100)

⑦ He ∣ 'll get ∣ thrown ∣ out of the court if he comes down here by himself.(12JG196)

⑦ She ∣ climbed ∣ down the ladder ∣ out of sight.(3HP299)

(~on~)

⑦ The case ∣ came ∣ crashing ∣ down on him.(ImL252)

⑦ We ∣ 've got ∣ close ∣ in on it.(=become involved)(1HP280)

⑦ I think it's time [you ∣ got ∣ briefed ∣ in on this].(SAF644)

(~to~)

⑦ I ∣ swam ∣ as a dog ∣ back to the mainland.(3HP372)

⑦ I ∣ just got ∣ wised ∣ up to something funny last few days.

(~with~)

⑦ Horses ∣ came ∣ trotting ∣ along with them.(CN408)

⑦ The Mistress told me [∣ not to stay ∣ fooling ∣ around with anyone].(1MT40)

⑦ I'm sorry [I ∣ got ∣ a little carried ∣ away with my job].(EXD404)

⑦ I ∣ got ∣ pissed ∣ off with everyone and left the party.(=angry)(EPV518)

1.4 소사 술어(particle)

A. 단순소사 술어

■ **1형술어**

다음은 '단순소사' 술어로 이루어진 1형 NP(p)이다.

① He ❘ was **out**.

• **단순소사** ☞ 단순소사 ①형의 목록은 4.5C.(2) 참조

[사람 주어]

(about/around)

① Estella ❘ was always **about**.(2CD95,3LR302)(근처, 근방)

① Nobody ❘ was **around**.(2G25X4,CRL21)(주위, 주변)

(above/below)

① There is God ❘ **above**.(YHD)

① The crew ❘ is **below**, preparing the ship to sea.(3TC492)

(across/along/over)

① He ❘ 'll soon be **across**.(EJD,2JS327)(한쪽에서 다른 쪽으로 가로질러 이동

① My sister ❘ was not **along**.(SED,MED)((한쪽에서 다른 쪽으로 따라 이동)

① I ❘ 'll be right **over**.(=come/go)(DED,EJD)(열린 공간에서 이동)

(ahead/behind)

① They ❘ were **ahead**.(ErS36)(전방에 위치, 이동)

① We ❘ 're **behind**, Mitch.(5JG225)(뒤에 있다, 늦다)

(apart/together)

① We ❘ will be never **apart**.(HaM1135,WG237)(이격/헤어지다)

① The happiness meant: we ❘ are **together**.(MK313)(동반)

① I don't know, but they ❘ were **together**.(7JG287,Fr'n14)(동반,동행)

(aside/away)

① ❘ **Aside**!(한 옆으로, 길 비키기)(OED)

① Rachel is going to stay in our apartment while we ❘ are **away**.(1G96B)

(back/backward)

① Tim is away. He ❘ 'll be **back** (on Monday).(=return(1G112),10NG13,13NG39)

① He(or His mind) ❘ was **backward**.(뒤에 처지기)(5AC95)

(by)

① Nobody ❘ was **by**.(=close at hand, near; beside)(SED,1JA9)

① Is my pair of tens still high?— ❘ **By me**.(=past me)(OED)

(down)

① Mary ❘ is not **down** (yet).(=in a lower place)(OAD,ECD763)

① He ❘ was very **down** after failing the test.(EJD,2JS606)

(forth/forward)

① They ❘ are all **forth** ❘ **forward**.(1WS91;3TC492,5WS68)

(in)

① Nobody ❘ was **in** [when we called].(OED)

(inside/outside)

① He | was **inside**.(=in, indoors)(5JG364) / ① A man and a woman | were **inside**.(24NG18)

① She | is **outside**.(=on or to the outside; outdoors)

(off)

① I | must be **off** (soon).=(leave, away)(OED)

① "We | 're **off**," Rosamond said. They left in a hurry.(20NG33)

① Nino | is **off**, growling at some poor suckers.(=angry)(8JG99)

① Well, you get your boy friend to sleep?—He | 's **off**.(=asleep)(2EH178)

(on)

① | **On**, on!(=Be close! Attack!) | **On**, lad! On!(=continue)(3LR311)

① There is a party tomorrow night. Are you | **on**?—I | 'm **on**!(=agree)(EPN34)

① He | was now slightly **on**.(=drunk)(SED)

① He | 's been **on** (for five years here).(=on duty)(SED,OED)

① The bus driver waited until everybody | was **on** (the bus).(OED)

(out)

① Is your mother at home?—No. she | 's **out**.(1G2A)

① I've always known I was gay, but I | 've only been **out** (for two years).(=reveal)(OED)

① He | is **out** because he is ill.(=quit)(SED)

① Two drinks and he | 's usually **out**.(=unconscious)(SED)

(over/past/through)

① I | 'll be right **over**.(=come/go, across an open space, etc)(DED,1NG11)

① The Bloody Baron | 's been **past** (twice already).(통과,지나기)(1HP157)

① Are you | **through**?(=finished. pass)(EJD, ECD98)(내부통과/끝내기)

(up)

① Everybody | **up**, please!(=ascend, rise)(Die Hard164)

① The citizens | are **up**.(=approach)(1WS)

① Mark | isn't **up** yet. He's still in bed.(=awake, be out of bed)(2G121A)

(within/without)

① Where is my mother! why, she | is **within**.(=in, inside)(1WS61)

[신체 주어]

① Head | **down**.(1HP112) Ma's head | was **down**.(2JS320,482)

① "Are their heads | **off**?," inquired the Queen.(=detached)(LC65)

① My back | was **out**.(=dislocated)(EJD) My tooth | was **out**.(20JB27)

① His hands | were **together**.(=clasped, joined his hands)

① His hand | was **up**.(=be raised)(5HP243)

[물건 주어]

① Nasty things | were **about**.(=present here and there)(2LR254)

① The car | will be **around**.(=near or return)

① Will the bus for the airport | will be **along** (soon)?(=come)(EJD)

① Is it | **above**, or **below**?(=at or to higher/lower place)(DED)

① When the cat | is **away**, the mice will play.(ECD1241)

① The hammer | was **back** and the safety off.(=behind)

① The car | was **back** (all in one piece).(=return)

① Our washing machine | is **down**.(=out of work)(ECD579)

① The blind | was **down/up**.(1AC198)(내려/올려)

① Your bags | will be **down/up**.(in a few minutes).
① Is the cat | **in**?(EPL219)
① Is the train | **in** (yet)?(EJD)
① His jacket(or shirt) | was **off**.(=removed)(6JG234,7JG106)
① The light(or switch, TV) | was **off**.(=disconnected)(3TC406,4JG286,OAD)
① The rest of his clothing | was still **on**.(=being worn)(4JG227)
① The light(or radio, TV) | is **on**.(=operating)(2G137A,OAD,EPH114,25NG12)
① The computer | has been **on** (all day).(")(TOEIC)
① His pistol | was **out** (again).(=outside)(Exe1239)
① The book | is now **out**.(=published)(EJD,ECD1076)
① The candle(or fire) | was most **out**.(2MT271,EJD)
① Our ambulance | will be right **over**.)(ECD630)(오다)
① The balloon | is directly **over** (his head)(YBM)(위))
① The shoe | is **over**.(=turn))(DED,OAD,EPH14)(뒤집어져있다)

[관념/활동 주어]

① Their message | was **across** (already).(전달/이해)
① A lot of work | is **ahead**.(=in advance of)(OED)
① Money worries | **aside**, things are going well.(OED)
① His name | 's been **down** ever since he was born.(=written)(1HP58)
① Mission performance | was **down**.(=failed)(5TC662)
① The application | must be **in** (by April 30).(=submitted)(OED)
① The meeting(or wedding) | was **off**.(=cancele, postponed)(OED)
① The war(or party, race) | was **on**.GO51;SED)(시작/계속)
① Word | was **out**—the new batch had arrived(=reveal)(7JG17,8TC551)
① Do you understand now?— | Not **over** well.(YBM)(전달/이해)
① The job/The party/My work | was **over**.(=ended, finished)(1NG60,Fr'n40,11NG46)
① Food prices | were **up**.(=rise, increase)
① Something | was **up**.(=happen)(7JG321,1LT349)
① It | 's all **up**. I'm lost.(=come to an end)(1LT358)
① Beauty | is **within**.(=inside)

[장소/위치 주어]

① Her room | is just **above**. / ① The house | was **down**.(=destroyed)
① Is the door | **to**?(=closed)(EPN122)(닫히다)

[시간 주어]

① Some six or seven years | are **by** and gone since then.(=passed)
① Today is a travel day and then tomorrow | is **off**.(휴무)
① My day off | is now **on**.(시작)(20NG40)
① My time | is almost **over**.(=ended) / ① Our vacation | was **over**.(3NG11)
① The time for discussion | is **past**.(=pass)(OED)
① Time | is **up**.(=ended, over)(OAD,OPV26)

■ 3형술어

다음은 '단순소사' 주격술어로 이루어진 3형 즉 NPP'(p)이다.
다음과 같이 분석된다. 즉 NPP'= NP+NP'의 관계에 있다.

③ He | went | **out.**
① He | went. + ① He | was **out.**
③ He | was taken | **out.**
① He | was taken. + ① He | was **out.**

• **단순소사**
[사람 주어]
(about/around)
③ The security people | stood | **about.**(=around)(2TC841)
③ You | should come | **around.**(Amy)
③ I | 'm moving | **around.**(9JG196)
③ He | can't be talked | **around** [once he made up his mind].(=persuade)(Hitler)
(above/below)
③ A student | lives | **above** and he is very noisy.(EPL42)
③ I | went | **below**, and did what I could for my wound;(RLS144)
③ The passengers who felt seasick | stayed | **below.**(OAD,2JA8)
(across/along/over)
③ He | came | **across.**(=cross some place)(7TC688)
③ She | walked | **across.**(")(JB44)
③ Raymond | came | **along.**(=move from one place to another)(7NG1)
③ He pointed out various landmarks as we | drove | **along.**(=forward)(OED)
③ We're going for a swim. (Why) don't you | come | **along?**(=with sb)(OED)
③ I | 'd been invited | **along.**(")(2FD534)
③ Oliver | came | **over.** Oliver | always comes | **over.** Oliver is a pest.(2NG20)
③ Can you | come | **over?**—I will be over in five minutes.(1NG11,5NG20)
③ Landon and the others | hurried | **over.**(2DB516)
③ There was an empty seat, so he | moved | **over.**(=farther)(1G112)
③ I was tired of driving and | pulled | **over.**(=to the curb)(1G112)
③ I | fell | **over** because my shoes were big for me.(=fall to ground)(1G236)
(ahead/behind)
③ " | Go | **ahead,**" Anna said.(=in front)(Fr'n79, EJD)
③ Nate | hurried | **ahead.**(")(9JG529)
③ I | 'll run | **ahead** and warn them.(")(OED)
③ Once you | fall | **behind** (the others), catching up is tough.(EPV161)
③ They | remained | **behind.**(2LR180)
(apart/together)
③ Why should we <who love each other> | remain | **apart?**(AF212)
③ They | sat | **apart.**(1HP271)
③ The two | can scarcely be thought (‖) of | **apart.**(SBE154)
③ Can we | all get(or go) | **together?**(TOEIC)
③ "Did everybody | come | **together?**" I asked. "No," said Claude.(5NG18)
③ "Did everybody | leave | **together?**" I asked. "Yes," said Claude.(5NG18)
(aside/away)

③ | Stand | **aside**!(=to one side, out of the way)(OAD,2HP247)
③ Emma got into the car and | drove | **away**.(1G112)
③ We tried to catch the thief, but he managed [| to get | **away**].(2G142B)
③ I don't want to talk to you. | Go | **away**!(1G34A,115,2G315,PEG54)
③ The thief | ran | **away**.(1G112,20NG13)
③ She grabbed Sludge. But he | slipped | **away**.(23NG16)
③ Esmeralda | swam | **away**.(2NG17) / ③ I | walked | **away**.(2NG17)
(back/backward)
③ Then he | came | **back**.(25NG60) / ③ Go away and | don't come | **back**.(1G112)
③ I'll call you when I | get | **back**.(")(2G45B)
③ After an hour, we turned around and | went | **back**.(")(1G112)
③ " | Stay | **back**!" Anna warned.(=away from the front; behind)(Fr'n97)
③ I | 'll call | **back** (later).(=return call)(3G94B)(1MiC230)
③ Fang growled at her. She screamed and | stepped | **back**.(23NG17)
③ Was I missing a big clue? I | thought | **back**.(11NG31)
③ I | stepped | **backward**.(16NG44,3HP33)
③ Sven heaved and | walked | **backward**, lifting Kristoff to safety.(Fr'n65)
(by)
③ The waiter | came | **by**.(=near)(22NG20)(결과)
③ Excuse me. May I | get | **by**, please.(=past)(ECD74,865)
③ He | hurried | **by** (without speaking to me).(=past)(OED)
(down)
③ I | bent | **down** (to tie my shoes).(2G139A,X)
③ Can you | climb | **down**?(=in a lower position)(OED)
③ We | can't get | **down**.(")(2LR232)
③ | Lie | **down**.(LEG71) / ③ We | sat | **down**.(1NG39)
③ There was a free seat, so she | sat | **down**.(")(1G112)
③ You're driving too fast. | Slow | **down**.(=go more slowly)(1G206,2G139C)
③ They | started | **down**.(")(2Mic48)
③ You | seem | rather **down**.("=in a lower condition)(SED, ECD1106)
③ | Calm | **down**. There's no point in getting mad.(")(2G139C)
(forth/forward)
③ | Come(or go, make) | **forth**!(2LR201;5WS113;51)
③ Anna | marched(or stepped, ventured) | **forward**.(Fr'n75,46,129)
③ You | shall set | **forth**(or **forward**)!(4WS160)
③ In the accident he | was thrown | **forwards**, violently.(3G74D)
(in)
③ As soon as I got to the airport, I | checked | **in**.(2G135A)
③ I asked Sludge if I could share his dog house. I | crawled | **in**.(2NG26)
③ Sally walked up to the edge of the pool and | dived | **in**.(2G135A)
③ Keep away from the edge of pool. You | might fall | **in**.(2G142B) (2G317)
③ Pat feels different from other kids at her school. She doesn't think [she | fits | **in**].
③ Kate opened the door of the car and | got | **in**.(1G112)
③ I waited outside the street the store. I | didn't go | **in**.(1G112)
③ We're playing a game. (Why) don't you | join | **in**?(2G135B)

③ I've got a new apartment. I | 'm moving | **in** (on Friday).(2G135A)
③ We | walked | **in**. Rosamond's four black catswere there. (3NG18)
③ He | wasn't allowed | **in**. because he was too young.(3G239)
③ At the command of Festus, Paul | was brought | **in**.(Ac25:23)
(inside/outside)
③ We | got/stepped | **inside**.(22NG9,6NG8,13NG35,25NG27)
③ I | went | **inside**. I looked for empty boxes.(11NG26)
③ I | went(or got, hurried, walked) | **inside** (or **outside**).(5NG48,23NG34;18NG6,,18NG24)
③ I went to the garbage can. I | stepped | **inside**.(2NG42)
③ When I | got | **outside**, it was just getting light out.(JDS194,181)
③ So Little Hex | probably escaped | **outside**.(12NG14)
③ We | went/rushed | **outside**.(2NG13,8NG23)
③ It's a nice day. I think [I | 'll sit | **outside**].(1G26C)
(off)
③ A woman got into the car and | drove | **off**.(=leave)(2G134A,1G112)
③ The bus stopped, and she | got | **off**.(")(1G112X1)
③ Tina collected her papers and hurried **off**.(")(2MiC198)
③ He | flew(or popped) | **off**.(=got angry)(EB255,EID679)
③ She got on her bike and | rode | **off**.(")(1G112X1,2G137D)
③ I called him but he | ran | **off**.(")(20NG20)
③ I | was cheesed/pissed/teed/ticked) | **off**.(")(EPV518,EID143)
③ Gates | was also put | **off** (by Job's attitude).(")(Steve Jobs174)
③ I was tired and | dozed/dropped/nodded) | **off**.(=fell asleep)(2G318)
③ My brother | was laid | **off** (two months ago).(=fired)(2G137C,ECD1039)
(on)
③ | Come | **on**!(=be quick, hurry)(1G206,LGSW407)
③ Daddy, will you | come | **on** and finish the story?(=near)(Kramer79)
③ The Prime Minister | has just come | **on** (the line).(EPV364)
③ The bus came, and I | got | **on** (the bus).(1G112,2G134A)
③ " | Grab | **on**!" she yelled.(Fr'n65)(붙음)
③ I'm sorry I interrupted. | Go | **on**.(=continue)(1G236)
③ Can you | hold | **on** (a minute)?(=continue to wait)(1G236,2G138B.LSW407)
③ Rosamond | kept | **on**.(=continue)(13NG27)
③ I | walked | **on**.(2NG15) / ③ NPP(p) Sludge and I | walked | **on**.(21NG23)(계속)
③ I don't think [anybody | has been taken | **on** (in the last three years)].(5HP662)(고용)
③ I | 'm not turned | **on**.(=in good mood, interested)(ECD542,EID929)
(out)
③ No one—least of all Dr. Litchfield— | came | right **out**.(=reveal)I(5SK11))
③ Norman | climbed | **out**.(2MiC77) / ③ Sludge | crawled | **out**.(2NG26)
③ A car stopped, and a woman | got | **out**.(1G112,54D)
③ Sally isn't here. She | has gone | **out**.(2G8C)
③ Sludge and I | ran | **out**.(=outside)(9NG29,27) / ③ I | rushed | **out**.(25NG42)
③ Norman | set | **out**.(2MiC238)(밖으로 출발하다)
③ They smiled at each other, and Seeger | started | **out**.(Irvin Shaw 20)

③ Norman | was locked | **out.**(2MiC327)
③ Gary went to college but | dropped | **out** after a year.(=quit)(2G135D,317)
③ She | eventually came | **out** and told us the entire story.(=reveal)(EID157,5SK11)
③ You won the lottery last night? | Get(or Speak) | **out!**(")(EID287,ECD965)(들어내 말해라)
③ Yellow man | speaks | **out.**(=reveal)(CRL274)
③ As soon as I | find | **out,** I will let you know.(")(A'G116)
③ He <who takes crooked paths> | will be found | **out.**
③ I | blacked | **out.**(=unconscious) / ③ He | crashed | **out** (").(=unconscious)(EPV519)
③ You | really went | all **out?**(=unconscious) / ③ You | passed | **out.**(")
③ I | really feel | **out.**(=exhausted)(1HP216) / ③ He | was tired | **out.**(")(1HP216)
③ We don't have any more milk. We | ran | **out.**(=short)(2G134A)
(over/past/through)
③ Can you | come | **over?**—I will be over in five minutes.(1NG11,5NG20)
③ A waiter | came | **over.**(24NG32)
③ Landon and the others | hurried | **over.**(2DB516) / ③ Annie | moved | **over.**(13NG20)
③ I called out to him as he | ran | **past.**(OAD926)
③ She | rustled | **past.**(=passed rustling)(3HP297)
③ Mr. Chen waved [as she | walked(or went) | **past**].(3G63A;93C)
③ May I | get | **through?**(=pass)(ECD906)
③ The group | stepped | **through?**(")(2DB517)
(up)
③ Congratulations! - We | climbed | **up.**(=rise)(VLIVE)
③ Sludge and I | got | **up.**(3NG13)
③ I | usually get | **up** (early).(=awake)(1G112)
③ (At last) I | stood | **up.**(1NG32,26NG31) / ③ She | stood | **up** and left the room.(1G112)
③ You | 're walking too fast. I | can't keep | **up.**(=be close)(2G140A)
③ Oliver | swam | **up.**(=be close)((10NG34)
③ It is now past eleven-thirty. Claude | has not showed | **up.**(=arrive)(3NG46)
③ George | finally turned(or showed) | **up** (an hour later).(=arrive)(2G318)
③ I | sat | **up** (late into the night to study).(")(EB183) /
③ I | stayed | **up** (all night).(")(9JG461)
③ You look so sad! | Cheer | **up!**(=be happier)(2G141B)
③ Let's talk when you | sober | **up.**(")(ECD457)
③ I know it's difficult. But | don't give | **up.**(=stop)(1G236)
③ Only ministers | are allowed | **up.**(CRL259) / ③ She | was helped | **up.**
③ I | was woken | **up** (by a loud noise).(")(2G201)
(within)
③ But no one came outside or | stirred | **within.**(MJL445)
[신체 주어]
③ King Charles I had his head [| chopped | **off**].(=detached)(OED)
③ My back | went(or was thrown) | **out.**(=dislocated)(ECD304)
③ My tooth | came(or knocked) | **out.**(20JB26,20JB51;20JB27)
③ His hands | came(or were put) | **together.**(=hands joined)
③ His hand | went(or shot) | **up.**(=rise)(5HP243) / ③ Sludge's ears | perked | **up.**(25NG64)
[물건 주어]

③ The things | lay | **about**.(=here and there)(2JS619)
③ The things | are scattered | **about**.(")(OED)
③ The car | will be brought | **around**.(=about, near)
③ The food | was passed | **around**.(=about)(7JG107)
③ The bird | soared | **above**.(EJD)
③ The car | glided slowly | **along**.(=from one place to another)(JMV171)
③ Perhaps it | blew | **away**." I said.(3NG15) / ③ The bee | buzzed | **away**.(13NG32)
③ I tried to take a picture of the bird, but it | flew | **away**.(2G142A)
③ The snow | has melted | **away**.(EJD111)
③ The airplane | flew | **back**.(=return)
③ But won't the printing | look | **backward**?(4NG32)
③ The picture | fell | **down**.(=in a lower place)(1G112)
③ Sorry I'm late, The car | broke | **down**.(=stop working)(2G134A,1G236)
③ The mail | hasn't come | **in** (yet).(EPL219,2JA351)
③ They(reports) | should've been handed | **in** (already).(Ivan131)
③ "But how could | he fit | **inside**," Rosamond asked.(12NG37)
③ The cover | came | **off**. We looked inside the can.(6NG36)
③ But as he did, his shirt | came | **off**.(Ge39:12NLT)
③ "It | {must} have been fallen | off," I said.(5NG15)
③ Would he(=the dog) | ever run | **off**?(20NG36)
③ As she tugged at her to stay, Elsa's globe | slipped | **off**.(")(Fr'n40))
③ A light | was turned | **off**.(4JG209)
③ The suit jacket | slid | **on** (neatly).(=being worn)(3TC)
③ That | aptly is put | **on**.(")(2WS3:4)
③ The light | came | **on**.(=connected or operating)(9JG63)
③ If you don't switch on the monitor, the computer | won't come | **on**.(")(3G9E)
③ The tap | was left | **on**.(=connected or operating)(EPH115)
③ Ryan flinched [as the pistol | came | **out**].(2TC1238)
③ (When) does her new book | come | **out**?(=published)(ECD877)
③ A box | is sticking | **out**, and I could see a big R.(11NG34)
③ I started to look through the pages. An envelpoe | fell | **out**.(18NG13)
③ Two of the shots | didn't come | **out**.(ECD202)
③ The tickets(or seats) | are sold | **out**.(ECD210)
③ The engine | cut | **out** and the car stopped.(3G94B)
③ Suddenly all the lights in the building | went | **out**.(2G136A,X)
③ The fire | was put | **out**.(=extinguished)(3G22D)
③ I go in and Sludge | waits | **outside**.(23NG8)
③ A plane | flew | **over**.(=above)(EJD)
③ A telex | was passed | **over** and read.(2TC1065)(건네지다)
③ NPP(p~) That's [why the piles of cans | was tripped | **over**.(11NG23)
③ The paper | was turned | **over**.(21NG43)(뒤집어지다)
③ Some birds | flew | **up**.(=towards or in a higher position)(EJD)
③ (What time) does the curtain | go | **up**?(")(ECD207)

[관념/활동 주어]

③ The speaker's ideas | didn't come(or get) | **across**.((전달/이해)(EPV418)
③ A lot of work | lay | **ahead**.(=forward)(OED)
③ Word | was passed | **along**.(=move from one to another)
③ All our protest | were brushed | **aside**.(=ignored)(OED)
③ The prices of the good | are stated | **below**.(REG323)
③ They have their own stories. They | 're just not written | **down**.(Out of Africa132)
③ Talks between two groups | broke | **down**.(=failed)(2G139B)
③ The open air concert | had to be called | **off** because of the weather.(2G137B)
③ The wedding | has been put | **off** (until January)(2G137B).(취소/연기)
③ The party | went | **on** (until 4 o'clock in the morning).(=continued)(2G330)
③ Let's make a decision now. I don't want this problem [| to drag | **on**].(")
③ What's all that noise? What | 's going | **on**?(=what's happening?)(2G1B,137B)
③ But no words | would come | **out**.(26JB102,OAD)
③ Word | always get | **out**.(OAD,1)TC1050) / ③ The plot | leaked | **out**.(RTK1:4,13:173)
③ An investigation into the accident | will be carried | **out**.(2G136C)
③ Things | didn't work | **out**.(=things didn't work out well)(2G135B)
③ The message | came | **over** (clearly).(EPL352)(전달/이해)
③ The funeral | hurried | **over**.(=ended)(EB508)
③ The company's debts | were mounting | **up**.(=rose)(3G94A)
③ Some interesting issues | came | **up**.(=raised)(2G141A,7JG41)
③ Plans to build a new factory | have been held | **up**.(=stop)(2G141D)
③ Happiness | begins | **within**.(YNH436)
③ Salvation | lies | **within**.(Shawshank)

[장소/위치 주어]

③ There used to be a shop on this street; it | closed | **down** (a few years ago).(TOEIC)
③ They were able to put out the fire before the house | burned | **down**.(2G139B,C)
③ The fence | has fallen | **down**.(=destroyed)(TOEIC)
③ Our tent | was blown | **down** (by a gust of wind)(LEG242)
③ Some old building | were torn | **down**.(")(2G139B)
③ Suddenly the trapdoor | fell | **to** (with a boom).(=Closed)(4LR184)
③ The door behind them | was pulled | nearly **to**.(")(4LR217)
③ The door | slammed | **to**.(")(2MT69)
③ The door | was slapped | **to**.(")(CB63)(")

[시간 주어]

③ Thus, today | was taken | **off** and spent on the front lawn.
③ The night | came | **on**.(Frankenstein120)
③ The time | is getting | **on**.(SED)
③ The summer | went | **over**.(=ended)
③ A week | went | **past** and nothing had changed.(=pass)(OED)
③ Time | is running | **up**.(=over)
③ His time | is so filled | **up**.(=ended)

['to be' +소사]

③ The principal | didn't seem | to be **around**.(JDS201)(추측/판단)
③ I don't know [when the work | is going | to be **over**].(NEI)(예정)
③ Our honeymoon phase | is supposed | to be **over**,(다락원)(추측)

■ 5형술어

(1) 목적격술어

다음은 '단순소사' 목적격술어로 이루어진 5형 즉 NPN'P'(p)이다.
다음과 같이 분석된다. 즉 NPN'P'=NP+N'P'의 관계에 있다.

⑤ She │ took ‖ him │ **out**.
① She │ took ‖ him... + ① He │ was **out**.

● **단순소사**

[사람 목적어]

(about/around)

⑤ The drivers slow down when they │ see ‖ children │ **about**.(EPL32)
⑤ We visited a factory last week. The manager │ showed ‖ us │ **around**.(ECD784)
⑤ We │ don't want ‖ her │ **around**.(2JG295,1MiC172)
⑤ I managed [│ to talk ‖ them ‖ **round** (to the idea)].(=persuade)(OED)

(above/below)

⑤ I │ found ‖ Mr. Heathcliff │ **below**.(EB587)

(across/along/over)

⑤ I │ took ‖ him │ **across**.(=from one side to the other side)(7TC687)
⑤ I │ helped ‖ the old woman │ **across**.(")(OAD,EPL47)
⑤ He │ led ‖ her │ **along**.(=from one place to another)(TH491)
⑤ He │ was helping(or carrying) ‖ her │ **along**.(")(2SK198,235)
⑤ Nurse Carstairs │ sent ‖ her │ **along**.(")(1AC44)
⑤ I │ took(or bring) ‖ my sister │ **along**.(with sb)(EXD536)
⑤ Lorenza │ wanted ‖ me │ **along**.(")(2UE248)
⑤ Let's [│ ask ‖ some friends │ **over**].(OED)
⑤ They │ beckoned(or waved) ‖ me │ **over**.(2HP188;5JG18)
⑤ We were wondering about [│ inviting ‖ Kay │ **over** (tomorrow)].(3G4D)

(ahead/behind)

⑤ We │ will send ‖ a scout │ **ahead**.(EPL69)
⑤ She │ left ‖ him │ **behind**.(5HP215)

(apart/together)

⑤ He │ pulled ‖ one of them │ **apart**.(1HP101)
⑤ I │ just couldn't tell ‖ the twins │ **apart**.(2G142B,GGM187)
⑤ Jehu │ brought ‖ all the people │ **together**.
⑤ I │ will now gather‖ them │ **together**.(Hos8:10)

(aside/away)

⑤ He │ took ‖ me │ **aside**..(OED)
⑤ She │ had given ‖ her │ **away**.(GGM296)(포기하다)
⑤ They │ led ‖ her │ **away**.(Desire64) │ Let‖'s │ **away**.(5WS50)
⑤ He │ sent ‖ him │ **away**.(PEG54) He │ took ‖ Arthur │ **away**.(KA1)

(back/backward)

⑤ I │ 'll bring ‖ her │ **back** and make this right.(=return)(Fr'n46)
⑤ She │ pulled ‖ me │ **back**.(=away from the front; behind)(6JB44)

⑤ She | doesn't want(or expect) ‖ him | **back**.(“)(PEU605,ECD1074)
⑤ She | had dragged ‖ him | **backward**.(5HP741)
⑤ They | considered ‖ the invention | **backward**.(GGM231)(후진적)
(by)
⑤ He | brought ‖ me | **by**.(=beside)
(down)
⑤ The teacher | sat ‖ us | **down**.(=in a lower position)(EPV115)
⑤ “Hey! Stop it!“ Kristoff shouted. “ | Put ‖ me | **down**.“(“)((Fr'n119)
⑤ The rainy season | is getting ‖ me | **down**.(=in a lower condition, gloomy)(ECD1060)
⑤ You can always rely on Pete. He | 'll never let ‖ you | **down**.(=disappointed)(2G139D)
(forth/forward)
⑤ At last Joe | dragged ‖ him | sadly **forth**.(1MT61)
⑤ Someone | pushed ‖ me | **forward**.(EPV130,RLS157)
(in)
⑤ “ | Bring ‖ him | **in**,“ the king ordered.(Est6:5, RTK32:134)
⑤ He | carried ‖ her | **in**.(EB126)
⑤ She | wouldn't let ‖ me | **in**.(=allow)(PEU35,2G135X,19NG32)
⑤ Somebody | pushed ‖ me | **in**.(EJD880)
⑤ He was homeless, so we | took ‖ him | **in**.(2G135A)
(inside/outside)
⑤ After that, Mother | carried ‖ me | **inside**.(22JB)
⑤ | Get ‖ her | **outside**.(4AC58)
⑤ He | took ‖ her | **outside**.(Ge15:5,23NG18,3TC477)
(off)
⑤ We went to the station with her [| to see ‖ her | **off**].(=to say goodbye)(2G137D)
⑤ You sure know [| how to cheese ‖ Laurel | **off**].(=angry)(NPV115)
⑤ He | really pissed ‖ a few Catholic bishop | **off**.(“)(4TC169,EID669)
⑤ Jonathan | put ‖ Jamie | **off** (by insisting on sex).(“)(EID698)
⑤ Don't mention politics around Sandra or you | 'll set ‖ her | **off**!(“)
⑤ Shelia | ticked ‖ me | **off**.(“)(EID902)
⑤ Don't tell him that. It | 'll only touch ‖ him | **off**.(“)(EID914)
⑤ She | got ‖the baby | **off** (to sleep) by rocking it.(=asleep)(OED)
(on)
⑤ A pale light | was leading ‖ them | **on**.(=to continue, go forward)(Ho64)
⑤ Music like that | turns ‖ a lot of people | **on**.(=excited)(EPV518)
⑤ | Let ‖ us | **on**.(=Let's continue)(4WS310)
⑤ He | urged ‖ William | **on**.(=to continue)(Rose570)
⑤ Jim wanted to bet on the ball game, and I | took ‖ him | **on**.(=agree)(EID864)
⑤ She | turns ‖ me | **on**.(=interested in, attracted to)(ECD1126, NPV518)
⑤ Professor Dumbledore | took ‖ us | **on**.(=employed)(4HP330)
⑤ | Don't let ‖ him | **on** (the bus)!(Speed52)
(out)
⑤ I | let ‖ him | **out**.(=outside)(19NG21)
⑤ Smith | showed ‖ me | **out**.(“)(ZEG100)
⑤ She | took ‖ him | **out**.(“)(TOEIC)

⑤ | Hear ‖ me | **out**.(=reveal)(OAD,2Hom80)
⑤ Why did Erica do that? I | can't figure ‖ her | **out**.(=understand))(2G136C)
⑤ | Count ‖ me | **out**.(=quit, exclude)(ECD831, 3G94C)
⑤ No one | is shutting ‖ you | **out**!(-excluded)(Fr'n21)
⑤ This stuff | will put ‖ you | **out** (in no time).(=unconscious)(LEG153)
⑤ They | tired ‖ him | **out**.(=exhausted, unconscious)(Salesman72)
(over/past/through)
⑤ Let's [| ask ‖ some friends | **over**].(OED)
⑤ They | beckoned(or waved) ‖ me | **over**.(2HP188;5JG18)
⑤ He | led ‖ her | **past**.(=pass)(OED)
⑤ | Please let ‖ me | **past**.(=pass)
⑤ | Please hear ‖ me | **through**.(=finish)(EJD1863)
⑤ | Let ‖ us | **through**.(=finish, pass)(EJD)
(up)
⑤ Will you | back ‖ me | **up** if I tell the police what happened?(2G140D)
⑤ He | helped ‖ her | **up**.(=rise, stand)(Fr'n123)
⑤ The man | took ‖ Cathy | **up**.(=upward)(EB126)
⑤ Can you | get(or wake)‖ me | **up** (at 6:30)?(=awake)(1G237)
⑤ Maybe your mom | wouldn't let ‖ you | **up** this late.(")
⑤ Suddenly the telephom rang. It | woke ‖ me | **up**.(")(15NG7)
⑤ | Don't wake ‖ the baby | **up**.(")(2G134C)
⑤ A bucket of cold water | will soon sober ‖ her | **up**.(")(EPV523)
⑤ Here's some good news. It | will cheer ‖ you | **up**?(=be happier)(2G317)
⑤ Don't wait for me. I don't want [| to hold ‖ you | **up**].(=delay)(2G141D)
⑤ The government | has set ┌**up** ‖ a committee to investigate the problem.(2G140B)
(within)
⑤ And I do anything to get you into my world and | hold ‖ you | **within**.(Woman in Love)
[신체 목적어]
⑤ She | drew ‖ her head | **back**.(=drew back her head)(NH117)
⑤ | Keep ‖ your head | **down** when going through this low doorway.(EPV115)
⑤ | Just take ‖ his head | **off**!(=detached)(LC91)
⑤ I | threw ‖ my back | **out**.(=dislocated).
⑤ I | had ‖ my tooth | **out**.(LEG248) / ⑤ My Grampa | knocked ‖ my tooth | **out**.(20JB26)
⑤ He | put(or folded) ‖ his hands | **together**.(4HP164,7JG34, ECD1105)
⑤ He | put(or held) ‖ his hand(or arm) | **up**.(5HP243, ECD283)
⑤ Sludge | kept ‖ his eyes | **up**.(11NG38).
⑤ But I | must keep ┌**up** ‖ my strength.(1NG32)
[물건 목적어]
⑤ Denisov | furiously scattered ‖ his things | **about**.(2FD527)
⑤ I'll | bring ‖ the car | **around**.(=near)
⑤ Maybe you | should leave ‖ your bag | **above**.(4DB45)
⑤ | Bring(or take) ‖ your suit | **along**.(=with sb)(SED)
⑤ He | led ‖ his horse | **along** (the street).(=from one place to another)
⑤ Did you sell your old computer?—No, I | gave ‖ it | **away**.(2G142B)

⑤ After they finished playing, they | put ‖ their toys | **away**.(2G142B)
⑤ | Don't throw ‖ this postcard | **away**.(2G134C)
⑤ I | pushed ‖ the bookcase | **back**.(=away from the front; behind)(14NG29)
⑤ You can take my umbrella, but | please bring ‖ it | **back**.(=return)1G113B)
⑤ Well, Claude | can have(or get) ‖ his paper | **back**.(")(3NG44, ECD73)
⑤ They | gave ‖ the key | **back**.(")(1G113X2)
⑤ I | pushed ‖ the bookcase | **back**.(14NG47)
⑤ I | left ‖ my pack | **behind** and took only a water bottle.(CEG165)
⑤ A thin young girl | brought ‖ it(=the letter) | **by**.(HaM902)
⑤ I | put ‖ the book | **by**.(2CD353)
⑤ I stopped reading and | put ‖ the book | **down**.(1G113B)
⑤ I didn't like the picture, so I | took ‖ it | **down**.(2G139A,X)
⑤ We | broke ‖ the car | **down**.(=out of work)
⑤ Do you | want ‖ the blind | **down/up**?(3JJ74)
⑤ Sludge(=The dog) was at the door with his bone. I | let ‖ him | **in**.(=allowed)(19NG32)
⑤ | Pull ‖ your car | **in**, please.(ECD264)
⑤ I | 've already put ‖ the milk | **in** (the glass).(EPV254,MM777)
⑤ Your report is due this week. | Please hand ‖ it | **in** (by Friday at 3 p.m.)(2G135B)
⑤ He | dragged ‖ my jacket | **off**.(=remove)(7HP477)
⑤ You | mustn't leave ‖ your jacket | **off** when visitors come.(")(EPV226)
⑤ Toland | slipped ‖ his jacket | **off**.(")(5TC75)
⑤ I | took ‖ my jacket | **off**.(")(2G137C,1G113A,X)
⑤ I | took ┌**off** ‖ my shoes and wiggled my toes. it felt good.(25NG70)
⑤ She | left ‖ the light | **off**.(=stop operating)(Desire146)
⑤ Is the heat on?—No, I | shut ‖ it | **off**.(")(2G137A)
⑤ She | turned ‖ the light | **off**.(2G137A,1G113X2,19JB43)
⑤ I took out my notebook and | tore ┌ **off** ‖ a piece of paper.(11NG16)
⑤ I don't want to watch this program. You | can turn ‖ it | **off**.(1G113B)
⑤ | Get ‖ your coat | **on**.(=being worn)(1HP102;OAD)
⑤ He | has ‖ a blue coat | **on**.(")(Hunt314,;3G233)
⑤ It was cold, so I | put ‖ my coat | **on**.(")(1G113A
⑤ I | put ┌**on** ‖ my detective suit.(1NG12)
⑤ (Where) can I | try ‖ these pants | **on**?(")(1G237,2G137C)
⑤ I | slip ‖ it(the dress) | **on** (sometimes).(")(Great Gatsby44)
⑤ They | always have ‖ the television | **on**.(=being operated)(2G315)
⑤ She | left ‖ the light | **on**.(")EXD20) / ⑤ Who | left ‖ the computer | **on**?(")(2G137A)
⑤ What's this CD like? It's great, Should I | put ‖ it | **on**?(")(2G137A)
⑤ It was dark, so I | turned ‖ the light | **on**.(")(1G113B)
⑤ He | pulled ‖ the pistol | **out**.(2TC1268)
⑤ He | took ‖ the book | **out**.(=place outside or publish)(EJD)
⑤ I | cut ‖ the picture | **out** and kept it.(3G94B,2G135C)
⑤ I | spread ‖ it | **out**. I tried to open it upand kept it.(15NG33)
⑤ We don't need the candle. You | can blow ‖ it | **out**.(2G136A)
⑤ The fire department arrived and | put ‖ the fire | **out**.(1G237,3G22D)
⑤ I | turned ‖ the lights | **out** before leaving.(2G136A)

⑤ I, Nate the Great, went back to the library and ｜took ｢**out** ‖ a good. clean book.(9NG48)
⑤ I ｜ took ‖ Fang｜ **outside**.(23NG18)
⑤ Harry ｜ handed ‖ the flute ｜ **over**.(1HP276)(건네다)
⑤ He fell. He ｜kicked ｢**over** ‖ the can.(11NG43)(뒤집다)
⑤ Be careful. ｜ Don't knock ‖ your cup ｜ **over**.(3G9E)(")
⑤ I ｜ turned ‖ the paper ｜ **over**.(")(21NG43)
⑤ I ｜ just mix ‖ some of everything｜ **together**.(3NG37)
⑤ Now I had two pieces. I ｜ put ‖ them ｜ **together**.(4NG20)
⑤ Teach each one individually, ｜then put ‖ those two ｜ **together**.(LSW563)
⑤ I ｜ held ｢**up** ‖ Rosamond's note.(13NG17)
⑤ There was a letter on the floor. I ｜ picked ‖ it ｜ **up** and looked at it.(2G139A)

[관념/활동 목적어]

⑤ She ｜ gave ‖ all her possessions ｜ **away**.(LEG8.28.2)
⑤ I tried and tried, but ｜ couldn't put ‖ my ideas ｜ **across**.(EPV418)(전달/이해)
⑤ We｜'ve got ‖ a lot of work ｜ **ahead**.(OAD,5TC556)
⑤ ｜ Please pass ‖ my message ｜ **along**.(8TC559) / ⑤ ｜ Put ‖ your care ｜ **aside**.(SED)
⑤ We {each} ｜ demanded ‖ our money ｜ **back**.(AES21)
⑤ I ｜ haven't heard ‖ anything <positive> ｜ **back**.(BSA34,35)
⑤ Although I was on the third floor, I ｜ heard ‖ the noise ｜ **below**.(REG323)
⑤. I ｜ wrote ‖ the names ｜ **down**.(2NG22,2G139D)
⑤ I think [you ｜ should turn ‖ it(=the offer) ｜ **down**].(=reject)(2G318)
⑤ And as for fortune, and as for fame, I ｜ never invited ‖ them ｜ **in**.(DCMA)
⑤ They ｜ called ‖ the meeting ｜ **off**.(=cancel)(2G320)
⑤ We ｜ can't put ‖ it(the decision) ｜ **off** (any longer).(=delay)(2G320)
⑤ They ｜ brought ‖ the war ｜ **on**.(The Power of Words)
⑤ Do you ｜ have ‖ anything ｜ **on** (this evening)?(EJD)
⑤ Why did Erica do that? I ｜ can't figure ‖ it ｜**out**.(=understand)(2G136C)
⑤ And she ｜ did found ‖ themt ｜ **out**.(=reveal)(6AC135)
⑤ How did you ｜ find ‖ the mistake?- Kate ｜ pointed ‖ it ｜ **out**?(2G318)
⑤ He ｜ could not get ‖ some words ｜ **out**.(2TC637, SM119)
⑤ I｜'ll bring(or have, let) ‖ it ｜ **out**.(ECD969)
⑤ Ten minutes is enough [｜ to get ‖ the main points ｜ **over**].(EPV442)((전달/이해)
⑤ ｜ Get ‖ it ｜ **over**.(=ended)(2LR239)(종료)
⑤ I ｜ just mix ‖ some of everything ｜ **together**.(3NG37)
⑤ I ｜ put ‖ ideas｜ **together**. ⑤ I｜ took ‖ them｜ **apart**.(3NG34)
⑤ ｜ Please don't bring ‖ it(=the issue) ｜ **up** again.(raise)(2G141A)
⑤ You're doing well. ｜ Keep ‖ it ｜ **up**.(=continue at the same level)(2G140A)
⑤ I got my dictionary. I ｜ looked ｢**up** ‖ "vita."(4NG10)
⑤ What Kevin told you about himself wasn't true. He ｜ made ‖ it ｜ all **up**.(2G141A)
⑤ Yet I ｜ had ‖ no more peace ｜ **within**.(DD153)

[장소/위치 목적어]

⑤ A gust of wind ｜ blew ‖ the tent ｜ **down**.(LEG242, EPV270)
⑤ He ｜ burned ‖ the house ｜ **down**.
⑤ We ｜ had to shut ‖ her(=the plant) ｜ **down**.(Truman Show98)

⑤ They | tore ‖ a lot of houses | **down** when they built the new road(1G113X4)
⑤ Okay, | put ‖ him | **on** (the phone).(Exe822, ECD658)
⑤ He | banged ‖ the door | **to.**(=closed)(3JJ163)
⑤ The inflexible servant | clapped ‖ the door | **to.**(")(CB397)
⑤ He | pushed(or pulled) ‖ the door | **to.**(")(OAD,3G94X)
⑤ She | put ‖ the door | gently **to.**(")(EB445)
⑤ | Shut ‖ the door | **to.**(")(2MT19) / ⑤ He | slammed ‖ the door | **to.**(")

[시간 목적어]

⑤ You never know until you get blood work done or | let ‖ time | **by.**
⑤ I | will have ‖ this afternoon | **off.**(SBE301,1HP135,GO96)
⑤ He | is going to take ‖ a few months | **off.**(2G22X, ECD770)
⑤ Not for one hour can you hold it back, nor can you | hurry ‖ it | **on.**(Koran302)
⑤ I | will let ‖ the winter | **past.**(=pass, end)
⑤ Time passed, | giving ‖ it | **up** (by inches).

['to be'+소사]

⑤ Pen | longed ‖ for the three years | to be **over.**(=end)(4EG331,2JJ53)
⑤ I | just want ‖ it | to be **over.**(=ended)(12JG506)
⑤ They | announced ‖ the immediate danger | to be **past**(=ended).

[참고]

① Sludge and I looked, sniffed, ③ climbed | **up,** | bent | **down.** ⑤ | knocked ‖ things | **over,** | pulled ‖ things | **out,** pushed ‖ things | **around.**(21NG17)

(2) 주격술어

다음은 '단순소사' 주격술어로 이루어진 5형 NPN' ┌P'(p)이다.
다음과 같이 분석된다. NPN' ┌P'=NPN'+NP'의 관계에 있다. P'은 N을 서술한다.

> ⑤' They | went ‖ to school ┌**together.**
> ⑤' They | went ‖ to school. ① They | were **together.**

- **단순소사**

⑤' She wants [| to spend ‖ a little time ┌**away**].(5JG368)
⑤' I can't talk to you now, I | 'll call ‖ you ┌**back.**(2G142C,3G94B)
⑤ "Daniel called while you were out." "OK. I | 'll call ‖ him | **back.**(2G'22A)
⑤' He sniffed me. I | sniffed ‖ him ┌**back.**(1NG26)
⑤' In the accident she | was thrown ‖ violently ┌**forwards.**(3G74D)
⑤' I | followed ‖ him ┌**in/out.**(LCR183, KsS111)(OHS257)
⑤' She | followed ‖ him ┌**inside.**(HK139)
⑤' I | will wait ‖ for you ┌**outside.**(ECD97)
⑤' They | spent ‖ the rest of the time ┌**together.**(Fr'n37,O'B228,MK6)
⑤' Annie and Fang | got ‖ everywherel ┌**together.**(25NG35)
⑤' Jessica and Megan | went ‖ to school ┌**together.**(1G6X4,ECD998)

■ 7형술어

다음은 '단순소사' 주격술어로 이루어진 7형 즉 NPP'P"(p)이다.

다음과 같이 분석된다. 즉 NPP'P"=NPP'+NP"의 관계에 있다.

⑦ He | came | running | **in**.
③ He | came | running. + ① He | was **in**.

• **단순소사**

[사람주어]

(after/forth)

⑦ A little dog | came | following | **after**.(EJD30)

⑦ He | walked | grumbling | **forth**.(EB180)

(along)

⑦ A party of half dozen | came | toiling | **along**.(2SK282)

⑦ She | came | tripping | **along** (the garden path).(OED)

⑦ As soon as he was alone Shift | went | shambling | **along**.(CN672)

⑦ The troop | went | swinging | **along**(or past, by).(YHD)

(away)

⑦ He | 'll probably be sent | packing | **away**.(5HP260)

⑦ He | got | carried | **away**.(TOEIC)

(below/by)

⑦ The men | were lying | drunk | **below**.(DD129)

⑦ I | sit | lazy | **by**.(Pops)

(down/up)

⑦ We | shall speaking | sitting | **down**.

⑦ I asked for a raise but | got | turned | **down**.(ECD769)

⑦ They | came | running | **up**.(=near)(Queen of Queens 54)

(in)

⑦ He | came | running(or bursting) | **in**.(2CD339)

⑦ I | came | hurrying | **in**.(4AC72)

(off/on)

⑦ She | gets | cheesed | **off** (easily).(=become angry)(EID143)

⑦ And people | got | pissed | **off**, don't they?(")(LSW444)

⑦ Or else their heads | might get | chewed | **off**.(8JB11)

⑦ He | got | taken | **on**.(=employed)

(out)

⑦ He | gets | chucked | **out**.(=excluded)(5HP701).

⑦ I | felt | quite put | **out**.(=annoyed)(LEG153)

⑦ He | looks | tired((or worn, wiped) | **out**.(=exhausted)(EJD1241)

⑦ She | looks | washed | **out**.(=tired, pale and ill)(3CPV90)

(over/past)

⑦ Lucille and Grace | came | rushing | **over**.(17JB55)

⑦ She | came | clattering | **past**.(=passed)

(together)

⑦ They | seemed | very happy | **together** (the last time I saw them).(2G141D)

⑦ We | worked | on another case | **together**.(24NG11)

⑦ The soldiers | stood | bunched | **together**.(12JG507)
⑦ You told me [that you and Annie | started | out | **together**].(12NG39)

[물건 주어]

⑦ Straw and rugs | lay | scattered | **about**.(HA258,HaM904)
⑦ A car | came | belting | **along** (the road).(YHD)
⑦ Then Sludge | went | out | **back**.(22NG27)
⑦ The panes | fell | crushing | **down**.(=broken)(YBM)
⑦ That outfit | looked | very beautiful | **together**.(=combined)(9JB3)

[관념/활동 주어]

⑦ Some gossip | got | passed | **along**.(9NG199)(=spread)
⑦ Then the tearful words | came | hastening | **out**.(2Hom203)
⑦ When he realized we knew the truth, the whole story | came | pouring | **out**.(OED)

B. 복합소사 술어

■ 1형술어

다음은 '복합소사' 술어로 이루어진 1형, NP(p)이다.

① The light	was **back on**.

• 복합소사

① She | was **out and about**.(=doing the things you usually do)(YBM,GB451)
① Every good and perfect gift | is **from above**.(Jas1:17)
① I | was **on ahead** (at the time).(JHP)
① He | must be **up ahead**.(NED)
① I | was **along behind**.(NED)
① It(=shooting) | was always **from behind**.(GO231)
① I | was **down below**.(LEG127)
① He | was **back down**.(NED)
① He | was always **up and down**.(17JG304)
① " | **Up and down**! | **Up and down**! | **Up and down**!" I said.(26JB37)
① This slide | is **upside down**.(EXD514)
① Everything in this rotten country | is **upside down**.(Shogun44)
① I | was **back and forth**, **back and forth** all day.(NED)
① I | was **to and fro**.(RLS129)
① He | was **back in**(or **back inside**).(4SK213)
① Their earmuffs | was **back on**..(2HP94)
① The pain | is **off and on**(or **on and off**).(=happens sometimes)(CED)
① I | 'm **in and out** (in five minutes).(5YK63,5JG470)
① My umbrella | is **inside out**.(ECD1015)
① They | were **back together**.(NED)

■ 3형술어

다음은 '복합소사' 주격술어로 이루어진 3형 NPP'(p)이다.
다음과 같이 분석된다. 즉 NPP'=NP+NP'의 관계에 있다.

③ The light | came | **back on.**
① The light | came... + ① The light | was **back on.**

• **복합소사**

③ At least you've been able [| to get | **out and about**].(5HP82)
③ | Seen | **from above**, the fields looked like a geometrical pattern.(OED)
③ Go | **on ahead** and say I'll be late.
③ So the presents | were sent | **on ahead.**
③ You men | go | **up ahead.**(NED)
③ Alex led, and I | followed | **along behind.**(2MT107)
③ The light from the living room | fell | **from behind.**
③ She | disappeared | **down below.**(1LT604)
③ He | lay | **back down** again.(=down again)(4SK221)
③ And she | sat | **back down** again.(")(26JB11,HL26)
③ I | go | **up and down** constantly, like a yo-yo.(YHD)
③ I | jumped | **up and down.**(13JB23,(17JB54)
③ Big Hex | was pacing | **up and down.**(15NG12)
③ Vladimir | walks | **up and down.**(Godot142)
③ The picture | is hung | **upside down.**(=reversed)(AF)
③ Everything here | happens | **upside down.**(")(YHD)
③ Waiters | scurried | **back and forth** (with gallons of rum punch).(5JG154)
③ The game | see-sawed | **back and forth.**(OED)
③ The agreements | were faxed | **back and forth** (by the lawyers).(9JG149)
③ We(The guard) | walked | (benignly) **back and forth.**(8NG23,5JG390)
③ The narrative | moves | **backward and forward** (in time).(MED)
③ He | stepped | **backward and forward.**(13NG32)
③ Anatole | walked | **to and fro.**(1LT620)
③ An empty bottle | tumbled | **to and fro.**(RLS13)
③ He | came | **back in.**(=in again)(JH206;SsK183,2TC121,2MiC217)
③ He can go | **back in** and get Sludge past that lady.(23NG18)
③ She | went(or ran) | **back inside.**(=inside again)(5NG34, 8NG24, AC12:14NLT))
③ That's the problem. I turned it off, but now it | won't come | **back on.**(TOEIC)
③ The sound | goes | **on and off.**(ECD676)
③ It | is raining | **on and off.**(ECD1048)
③ The seizure | continued | **off and on** (for twenty four-hours).(1JG469)
③ It | rained | **off and on.**(EJD)
③ The stars | went | **in and out.**(2LR219)
③ The current | cuts | **in and out.**(Disclosure84)
③ My umbrella | has blown | **inside out.**(OED)
③ Mom and Dad | got | **back together.**(=together again)
③ Big snowy mountains | are all heaped | **up together.**(CN84)
③ They | have been shacking | **up together** (for three years).(EID765)
③ They | walked | **back together.**(")(CN682)

③ He | never came | **back up**.(=up again)(5TC2)
③ Reilly | stood | **back up**..(=up again)(1TC317)

■ 5형술어

(1) 목적격술어

다음은 '복합소사' 목적격술어로 이루어진 5형 즉 NPN'P'(p)이다.
다음과 같이 분석된다. 즉 NPN'P'=NP+N'P'의 관계에 있다.

⑤ He | turned ‖ the light | **back on**.
③ He | turned ‖ the light... + ① The light | was **back on**.

• **복합소사**

⑤ It's good [| to see ‖ old Mr Jenkins | **out and about** again].(OED)
⑤ He told his servants [| to lead | them | **on ahead**].
⑤ I | saw ‖ Rosamond | **up ahead**.(10NG20)
⑤ We | 've still got ‖ some great music | **up ahead**.(Truman60)
⑤ I thought [| to find ‖ you | **down below**].(2DC215)
⑤ Mr. Antolini | pulled ‖ me | **back down**.(=down again)(JDS185)
⑤ He | put ‖ the receiver | **back down**.(")(1HP4)
⑤ He | shook ‖ his head | **up and down**.(5NG26,6JB64)
⑤ Vladimir | walks ‖ him | **up and down**.(Godot142)
⑤ | Never display ‖ the flag | **upside down**.(EXD514)
⑤ I | 'll turn ‖ the rotten world | **upside down**..(EID939)
⑤ He | mechanically shot ‖ his arms | **back and forth**.(GO30)
⑤ Tom | swept ‖ daintily his brush | **back and forth**.(1MT14)
⑤ Granpa | waved ‖ his hand | **back and forth**.(11JG191)
⑤ Ralph | rocked ‖ himself | **to and fro**.(Flies209)
⑤ Block | led ‖ his friend | **back in**.(=in again)(4TC555)
⑤ We | pulled ‖ her | **back in**.(=in again)(2MiC217)
⑤ He | pulled ‖ his sweater | **back on**.(=or | pulled ┌**back on** ‖ his sweater)(2HP73,1IN106)
⑤ I | turned ‖ the television set(or the light) | **back on**.(25NG75)
⑤ A hand was trying [| to pull ‖ her | **back inside**].(4DB189)
⑤ I practiced [| to fold ‖ it(=a tray) | **in and out**].(26JB40)
⑤ The strong wind | blew ‖ my umbrella | **inside out**.(EXD66)
⑤ We've been tryin' [| to put ‖ her | **back together**].(Independence Day)
⑤ Langdon | snapped ‖ his head | **back up**.(1DBs339)
⑤ He | turned ‖ the sound | **back up**..(=up again)(2TC380)
⑤ She | shook ‖ her | **backwards and forwards**.(LC209)

(2) 주격술어

다음은 '복합소사' 주격술어로 이루어진 5형 NPN' ┌P'(p))이다..다음과 같이 분석된다. 즉 NPN' ┌P'=NPN'+NP'의 관계에 있다. P'은 N을 서술한다.

⑤' They | attacked ‖ him ┌**from behind**.
⑤' They | attacked ‖ him. ① They | were **from behind**.

• **복합소사**

⑤' A brilliant white light | blinded ‖ him ⌈**from above.**(4DB455)

⑤' A voice | called ‖ down to us ⌈**from above.**(OED)

⑤' They | attacked ‖ him ⌈**from behind.**

⑤' Hands | grabbed ‖ him ⌈**from behind.**(4SK113)

⑤' A truck | hit | my car ⌈**from behind** and left the scene.(NED)

⑤' The pain | attacks ‖ me ⌈**off and on.**(=on and off)(ECD281)

⑤' Pilot | was following ‖ him ⌈**backwards and forwards.**(CB317)

■ 7형술어

다음은 '복합소사' 주격술어로 이루어진 7형 NPP'P"(p)이다.
다음과 같이 분석된다. 즉 NPP'P"=NPP'+NP"의 관계에 있다.

⑦ He | came | tolling | **along behind.** ③ He | came | tolling. +① He | was **along behind.**

• **복합소사**

⑦ Tom | came | tolling | **along behind.**(2SK312)

⑦ Fragments of glass | rained | on them | **from above.**(OED)

⑦ The enemy | came | down on them | **from behind.**(NED)

⑦ I | came | upon her | **from behind.**(2CD426)

⑦ She | kept | walking | **up and down** (outside the house).(OED)

⑦ The ravine | kept | flying | **back and forth.**

1.5 동사 술어(verbal)

동사 중에서 준동사(verbal) 즉 시제(tense)/격(case)의 변화를 하지 않는 동사가 술어로 사용되는 문형이다. -ed형(과거분사), -ing형(현재분사), to~형(부정사)/~(원형)을 비정형동사(non- finite verb)라고 한다. 시제/격변화를 하는 동사를 정형동사(finite verb)라며 모든 형식의 기본 술어로 사용되므로 여기서는 따로 다루지 않는다. 현재형과 과거형이 있으며 3인칭단수주어 현재형만 '원형+(e)s'이고, 그외 인칭은 원형을 쓴다. 과거형은 모든 인칭이 같은 형태이다.☞ 4.3. 4,5

☆ 비정형동사를 준동사, 정형동사를 정동사라고도 부른다. -ed형은 상태형 -ing는 실현형, to~는 미연형에 해당한다. 실현형은 과거/현재 지향적 행위 즉 완료 행위와 진행 중인 행위를 나타내고, 미연형은미래지향적/잠재적 행위 즉 아직 일어나지 않는 행위를 나타낸다. 원형은 동시제 행위 즉 동사술어의 시제와 주격/목적격술어가 같은 시제임을 나타내거나 가정법이나 명령법을 나타내거나 조동사 뒤에 사용한다.

A. -ed형 술어

■ 1형술어

다음은 '-ed형' 술어로 이루어진 수동문 1형 NP(-ed)이다.

뒷 예문은 능동문 The thief | broke ‖ into our car.에서 전치사의 목적어가 수동문의 주어가 되면서 전치사가 분리되어 잔류된 것을 나타낸다.

① The door | was **shut**. ① Out car | was **broken** (‖) into.

• 단순 수동형 술어

(단순 -ed형)

① Has your flight | ever been **canceled**?(2G44D)

① His views | are **known** and in the open.(The Guardian)

① There was a fight at the game, but nobody | was **hurt**.(2G42D)

① The list | is still **lost**.(3NG31) / ① But he might be really **lost**.(12NG10

① The bridge | was **opened** (by the Queen).(OED)

① The soldier | was **shot**.(YBM,BP460) / ① The door | was **shut**.

① His passport | was **stolen**.(2G44D)

① Has this shirt | been **washed**?(1G21B)

① It | can't be **helped**; It | must be **done**.(2JJ95)

('being/to be'+'-ed'형)

① I | am being **fooled** I see that.(O'B175)(진행)

① "May I help you?" "No, thanks. I | 'm being **helped**.(2G34B)(")

① My car is at the garage. It | is being **repaired**.(1G21A)(")

① What | is to be **done**?(2CD342)(예정)

① This house | is to be **let**.(=will be)(EJD)(의도)

① Rules | are to be **observed**.=(must be)(의무)

① Nothing | was to be **seen**.(=could be)(SBE14)(가능)

① You | weren't to have been **paid**.(KM88)(")

① Her last wish | was to be **burned**.(CRL81)동격)

• 분리전치사 수반 수동형 술어 ☞더 많은 분리전치사 ①형은 4.5.B.(2)(b) 참조

(단순전치사)

① In my family, money | was never **spoken** (‖) about.(PEU436)

① It | was **talked** (‖) <u>about</u>.(1MT212)
① He | was **looked** (‖) <u>after</u> (by Ella).(=taken care of)(3G22D,3TC22)
① His opinions | were eagerly **sought** (‖) <u>after</u>.(5SLT181)
① Mr. Dicey | is not to be **laughed** (‖) <u>at</u>.(2JA89, 15JB59)
① That | is being **looked** (‖) <u>at</u>.(3TC76)
① (Have) You | ever been **shot** (‖) <u>at</u>, Judge?(12JG428)
① It | was **looked** (‖) <u>for</u> (again).(1CD209,MBE114)
① Your meal | has been **paid** (‖) <u>for</u>.(PEU390,12JG110,3ST159)
① He | would be well **provided** (‖) <u>for</u>.(GE278,RTK30:95)
① I | am **waited** (‖) <u>for</u> (<u>in</u> Egypt).(OW12)
① Our house | was **broken** (‖) <u>into</u> (a few days ago).(2G133B)
① His disappearance | is being **looked** (‖) <u>into</u> (by the police).(OED)
① Demetrius | is well **spoken** (‖) <u>of</u> (<u>by</u> everyone).(3Jn18)
① Mr Perry | was **talked** (‖) <u>of</u>.(1JA84,2JA145,14)
① The expense | shall not be **thought** (‖) <u>of</u>.(1JA122,2JA9,SBE300)
① I | was **called** (‖) <u>on</u> (<u>by</u> the teacher).(2FD212)
① I haven't hurt so bad since I | was **stepped** (‖) <u>on</u>.(Thom L. Nichols)
① Have you | been **waited** (‖) <u>on</u>?(ECD423)
① A dog | was **run** (‖) <u>over</u> (by the van).(SBE84)
① All her needs | were **attended** (‖) <u>to</u>.(GB121)
① It | shall be **seen** (‖) <u>to</u> (without fail).(GB663)
① Always answer when you | 're **spoken** (‖) <u>to</u>!(LEG185,3HP361)
① Data | was handled, plotted, and **acted** (‖) <u>upon</u> (in seconds).(5TC218)
① After long haggling, a price | was **agreed** (‖) <u>upon</u>.(한국사전연구사)
① The problem | was seriously **dealt** (‖) <u>with</u>.(RTK32:74,59:118)
① A year and a half and it(=the marriage) | was **done** (‖) <u>with</u>.(6AC111)
(복합전치사)
① He | is **looked** (‖) <u>up to</u> (as their benefactor).(=respected)(DED)
① All the old regulations | were **done** (‖) <u>away with</u>.(=abolished)(LEG242)
① "At least wait till Cao Cao | is **done** (‖) <u>with</u>," said Lu Su.(=finished)(RTK49:77)
① ...so he | was **put** (‖) <u>up with</u>—respected.(Rian Malan)

■ 3형술어

다음은 '-ed형' 주격술어로 이루어진 3형 NPP'(-ed)이다.
다음과 같이 분석된다. 즉 NPP'=NP+NP'의 관계에 있다.

③ The door | remained | **shut**.
① The door | remained ...+ ① The door | was **shut**.
③ Out car | got | **broken** (‖) <u>into</u>.
① Out car | got... + ① Out car | was **broken** (‖) <u>into</u>..

• 단순수동형 주격술어

(능동술어)
③ After his story | became | **known**, he became famous.(NEI)

③ Sludge and I | came | **prepared**.(24NG47)
③ My flight | gets | **cancelled**. I take a taxi home.(NED) / ③ I | got | **dressed**.(17NG6)
③ There was a fight at the game, but nobody | got | **hurt**.(2G42D)
③ Nicole and Frank | are getting | **married**.(1G54B, Fr'n39)
③ I | could not remain | **seated**.(1JWG69)
③ He | seemed | instantly **recovered**.(CRL59)
(수동술어)
③ All our seats | were found | **occupied**.(BE249)
③ The door | was kept(or slammed) | **shut**.
('being/to be' + -ed형)
③ I | feel | being **loved**.(GG)(진행)
③ The town | appeared | to have been **abandoned**.(2DK232)(완료)
③ I | am beginning | to be **appreciated**.(OW20)(예상)(인정받다)
③ She | was engaged | to be **married**.(PEG291)(의도)
③ Then we both | asked | to be **moved**.(JDS109)(요구)
③ He | expects | to be **invited**.(REG254)(예상)
③ Changes to the taxation system | are expected | to be **proposed**.(3G23D)(예상)
③ My pants | need | to be **washed**?(2G55B)(필요)
☆필요동사(need, require, want, etc)는 to be -ed형 술어 또는 -ing형 부가어를 취할 수 있다.
③ That | remains | to be **seen**.(SBE304,3G86D,1MiC41)(예정)(그것은 두고 봐야지)
③ There were some problems at first, but they | seem | to have been **solved**.(2G41B)(추측)
③ He | was told | to be **seated**.(O'B236)(요구)
③ She | won't want | to be **disturbed**.(3G9B,1MiC352)(의도)

• 분리 전치사 수반 수동형 주격술어

(단순전치사)
③ "That | surely needs | to be **spoken** (‖) about," he said.(Plato199)
③ I | don't need | to be **looked** (‖) after.(NED)
③ The poor boy | requires | to be **looked** (‖) after.(NED)
③ Anyone <who excels in something> | is always sure | to **sought** (‖) after.(JJR271)
③ 'Cause I didn't want [| to get | **laughed** (‖) at], remember?(20JB57)
③ I | shall not stand | to be **laughed** (‖) at.(EM33)
③ The implications of the new law | will need | to be **looked** (‖) at.
③ He was lying in a trench [shooting and | getting | **shot** (‖) at].(7JG64)
③ Now I | got | **snapped** (‖) at.(2JB28) / ③ I | 'm gonna get | **yelled** (‖) at.(4JB53)
③ And he | really looked | **done** (‖) for.(DHL160)
③ I | am to blame | to be thus **waited** (‖) for.(WS8160)
③ No day could be wasted and precious few hours | left | **unaccounted** (‖) for.(14JC92)
③ His affair | came | to be **looked** (‖) into.(OHS308)
③ The night's adventure | began | to be **talked** (‖) of.(2CD432)
③ Lucille didn't wait [| to get | **called** (‖) on].(21JB63)
③ I | got | **stepped** (‖) on and so now I'm soiled.(1JB19,LB88)
③ It | got | **run** (‖) over (by the ice cream truck).(4JB21,1JB64)
③ A few cases are disposed of, future dates | **agreed** (‖) upon.(10JG237)
(복합전치사)
③ That discrepancy | will need | to be **done** (‖) away with.(NED)

■ 5형술어

(1) 목적격술어

다음은 '-ed형' 목적격술어로 이루어진 5형 NPN'P'(-ed)이다.
다음과 같이 분석된다. 즉 NPN'P'=NPN'+N'P'의 관계에 있다.

⑤ He | kept ‖ the door | **shut.**
② He | kept ‖ the door...+ ① The door | was **shut.**
⑤ We | had ‖ our car | **broken** (‖) <u>into</u>.
② We | had ‖ our car... + ① Out car | was **broken** (‖) <u>into</u>.

- **단순 수동형 목적격술어**

(사역동사)
⑤ Have you | ever had ‖ your flight | **canceled?**(2G44D)(당하다)
⑤ | Have ‖ it | **fixed**, I said.(1NG17)
⑤ She | had ‖ her bag | **stolen.**(OED)(")
⑤ Did you | make ‖ your views | **known?**(Hansard)(되게 하다)
(지각동사)
⑤ I | felt ‖ myself | **watched.**
⑤ We | found ‖ all our seats | **occupied.**(BE249)
⑤ I | heard ‖ my name | **called.**(EJD)
⑤ Do you want [| to taste ‖ this water | **bewitched**]?
(동작동사)
⑤ I | got ‖ my car | **washed.**(시키다) James | got ‖ his passport | **stolen.**(2G44D)(당하다)
⑤ | Leave ‖ the window | **opened.** (상태로 놔두다)
☆ leave the door open. (형용사; 상태) leave the door opened.(수동시; 행위자에 의한 동작의 결과를 암시)
⑤ She | slammed ‖ the door | **shut.**(EJD2155)
('being/be/to be+-ed형)
⑤ I | saw ‖ him ‖ being **scolded.**(GG) / ⑤ I | saw ‖ newspapers‖ being **delivered.**(15NG34)(진행)
⑤ The customs officer | allowed ‖ the goods | to be **discharged.**(REG251)(허용)
⑤ He | asked ‖ them | to be **seated.**(O'B170)(요구)
⑤ I expected ‖ the goods | to be **packed** and (to be) **loaded.**(REG251)(소망)
⑤ I don't like gay people, so I | let ‖ it | be **known.**(허용)
⑤ | Let not ‖ the gates of Jerusalem | be **opened** until the sun be hot;
⑤ I | 'd like ‖ it | (to be) **cleaned** (or **repaired**).(LEG243)(소망)
⑤ The captain | ordered ‖ the flag | to be **hoisted.**(BEG310)(명령)
⑤ I | understand ‖ him | to be **satisfied.**(DED).(판단)
⑤ They | applied ‖ <u>for</u> the court appearance | to be **postponed.**(3G31B)(목적)

- **분리전치사 수반 수동형 목적격술어**

(단순전치사)
⑤ I | don't wish ‖ it | professionally **spoken** (‖) <u>about</u>.(2CD208)
⑤ Oh, one | hear ‖ her | **talked** (‖) <u>about</u> (sometimes).(6AC196)
⑤ I didn't have enough money < | to have ‖ mother | **looked** (‖) <u>after</u>>.(Camus76)
⑤ | Let ‖ his mother and family ‖ be **looked** (‖) <u>after</u>.(RTK19:174)
⑤ The reputation | caused ‖ him | to be **sought** (‖) <u>after</u>.(JJR345)
⑤ His liaison with Rachel | made ‖ him | less **sought** (‖) <u>after</u>.(3ST159)

⑤ The boy | allowed ‖ himself | to be **looked** (‖) <u>at</u> (for a while).(JPS44)
⑤ "Traddles," said my friend, | finding ‖ himself | **looked** (‖) <u>at</u>.(1CD489)
⑤ Suddenly she | should find ‖ her picture | **looked** (‖) <u>at</u>.(VW40)
⑤ " | Get ‖ them | **looked** (‖) <u>at</u>." Morris ordered.(5TC388)
⑤ The fridge isn't working properly. I | 'm having ‖ it | **looked** (‖) <u>at</u>.(LEG247)
⑤ Mr. Marshall | called ‖ for a secondary runaway | to be **built** (‖) <u>for</u>.(OPVS397)
⑤ Urique has spent thousands of dollar [| having ‖ him | **looked** (‖) <u>for</u>].(OHS397)
⑤ I will give you fifty cents until I | have ‖ him | **paid** (‖) <u>for</u>].(Canfield183)
⑤ It'd be a great comfort [| to see ‖ her | well **provided** (‖) <u>for</u>].(GE293)
⑤ We | had ‖ our car | **broken** (‖) <u>into</u> (last week).(OAD142,ASH207)
⑤ I | 've never heard ‖ him | badly **spoken** (‖) <u>of</u>.(SBE34,1UE450,3ST89,1CD610,3CD126,UTC47)
⑤ He | wants ‖ everything | to be **spoken** (‖) <u>of</u>.(1UE583)
⑤ He | would not have ‖ himself | meanly **thought** (‖) <u>of</u>.(Aug108)
⑤ Pericone | had ‖ the lady | **waited** (‖) <u>on</u>.(GB115)
⑤ He | had let ‖ himself | be **tripped** (‖) <u>over</u>].(13NG45) ☞2.3A 2형목적어
⑤ And she doesn't relax a hair till she | gets ‖ the nuisance | **attended** (‖) <u>to</u>.
⑤ | Let ‖ him | be **attended** (‖) <u>to</u>.(Versailles)
⑤ That electric fire isn't safe. You | should have ‖ it | **seen** (‖) <u>to</u>.(PEG345)
⑤ "All right, John, all right," returned the old man, | seeing ‖ himself | **spoken** (‖) <u>to</u>. (2DC297)
⑤ He | could see ‖ it(=the warrant) | **acted** (‖) <u>upon</u>.(2ACD,TC218)
⑤ Yet | let ‖ this point | be **agreed** (‖) <u>upon</u>.(Calvin381)
⑤ She | gets ‖ thre nuisance | **attended** (‖) <u>to</u>.(KK25)
⑤ He | felt ‖ himself | **called** (‖) <u>upon</u>, for her sake, to assert his authority.(GE298)
⑤ I would not have had poor James [| think ‖ himself | **slighted** (‖) <u>upon</u>].(1JA8)
⑤ You | may consider ‖ yourself | to have been very leniently **dealt** (‖) <u>with</u>.
(복합전치사)
⑤ You | want ‖ the honest and the good | to be **looked** (‖) <u>up to</u>.(6AC171)
⑤ They | had ‖ the piece of legislation | **done** (‖) <u>away with</u>.

(2) 주격술어

다음은 '-ed형' 주격술어로 이루어진 5형 NPN' ΓP'(-ed)이다.
다음과 같이 분석된다. 즉 NPN Γ'P'=NPN'+NP'의 관계에 있다. P'는 N을 서술한다.

⑤ He | left ‖ the hospital Γcompletely **cured**.
② He | left ‖ the hospital. + ① He | was completely **cured**.

■ 7형술어

다음은 '-ed형' 주격술어로 이루어진 7형 NPP'P"(-ed)이다.
다음과 같이 분석된다. 즉 NPP'P"=NPP'+NP"의 관계에 있다.

⑦ This man | stands | <u>before</u> you | **healed**.
③ This man | stands | <u>before</u> you. + ① He | is **healed**.

(수동형 주격술어)
⑦ This man | stands | <u>before</u> you | **healed**.

⑦ I | 've just been standing | by lettuces | being **talked** (‖) to.(6AC196)

⑦ He | went | there | *only* to be **killed**.(OES165)(결과)

B. -ing형 술어

■ 1형술어

다음은 '-ing형' 술어로 이루어진 1형, NP(-ing)이다.

앞 예문의 -ing형은 진행형술어이고 뒷 예문의 -ing형은 동격술어이다.

be는 -ing형에 격을 부여하는 보조어(auxiliary)이다.

① I	was **waiting**.
① Seeing	is **believing**.

• 진행형 술어

☆ 능동술어로 쓰이는 -ing형은 현재진행형 즉 현재 또는 현재를 전후한 일시적 기간의 동작의 진행/지속을 나타낼 때 사용되므로 시간어로 right now, now, these days, this month, this week이 주로 수반된다.

① Something | was **burning**.(YBM)

① It | 's **raining**. The sun | isn't **shining**.(1G3A,17B,1G13B)

① They | 're **running**. / ① ① They | aren't **walking**.(1G3A)

① The sun | was **shining**, and the birds | were **singing**.(1G13B,17NG2)

① "I | 'm **shopping**," she said.(23NG22) /① They | 've been **shopping**.(2G10E))

① Rosamond | was {still} **talking**.(2NG16)

① He | was **swimming**).(1G13A) / ① Hurry up. I | 'm **waiting**.(2G10C)

① I | 'm **working**. I'm not watching TV.(1G3A) Were you | **working**?(1G13B)

① She | is **crying**(**laughing**, **shouting**, **sleeping**, **talking**).(YBM)

• 동격 술어

① Publicity | is **communicating**.(LSW659)

① Seeing | is **believing**.(PEG228) cf. To see | is **to believe**.

('to be+-ing'형 술어)

① To live | is to be **living**, lived and will live.(Nhu Tran)

■ 3형술어

다음은 '-ing형 ' 주격술어로 이루어진 3형 즉 NPP'(-ing)이다.

다음과 같이 분석된다. 즉 NPP'=NP+NP'의 관계에 있다.

③ I	stood	**waiting**.
① I	stood. + ① I	was **waiting**.
③ I	was kept	**waiting**.
① I	was kept... + ① I	was **waiting**.

• 진행형 주격술어

(능동술어)

③ I | began | **working**.(or to work).(PEG234)

③ He | came | **crying**.(SBE34,2Sa22:46) | Come | **dancing**.(LEG315.3G10A)

③ She looked up for a moment, | then continued | **drawing**.(CED)(잠시 중단 후 계속)

③ Gloria | continued | **talking**.(JMV202)(to talk, 새로운 화제 계속)
③ One of my cousins | died | **choking**.(6AC48)
③ One | can at least die | **walking**.(1PB84) / ③ He | would die | **standing**.(VW63)
③ The family | ate | **standing**.(2JS329) / ③ She | entered | **running**.(PEU601)
③ I | 'd better get | **going**.(시작)(나는 그만 가봐야겠어)
③ When these women | get | **talking**, they go on for hours.(시작)
③ You | keep | **interrupting**!(2G51B) | Keep | **trying**.(2G140E)
③ | Keep | **smiling**!(OED). ☆ ③ | Keep | **smiling**! ~ (on) doing sth (OED) ③[②] You | keep | (on) [**working** those steps].에서 on을 전치사의 생략으로 보는 견해와 소사로 보는 견해가 있다.
③ It | started(or has started) | **raining** (or to rain).(1G50C,LEG316;(2G54C)
③ Her husband | remained | **standing**.(CEG50) / ③ Rosamond | kept | **talking**.(2NG15)
③ He | stood | **talking**(or **trembling**, **waiting**).(NED)
③ He | started | **swimming**(or **laughing**, **walking**).(1G13A,25NG31)
(수동/비동사 술어)
③ Mama | was born | **working**.(JMV29)(태어나면서 일만하다)
③ One person | was left | **standing**.(5SK264)
③ I | was kept | **waiting**. / ③ They | were seen | **smiling**.
③ On the other hand, fathers | were busy | **working**.(=while working)(NEI)
③ You | should be home | **resting**.(The Vow 229)
③ He | had been away | **hunting**.(3ST501)
③ His mother | was in the room | **sewing**.(MJL309)
③ Mother | is out | **shopping** (or **working**).(EJD,2G77X1)
③ He | was out | **fishing**.(=trying to get something for himself)(O'B210)
('to be+-ing'형 술어)
③ The weather | appears | to be **improving**.(REG3593)(판단)
③ Everyone | seemed | to be **talking**.(SM18,1UE585,BSA145((추측)
③ The photocopier | doesn't seem | to be **working**.(2G53A,2DB142)(판단)

■ 5형술어

(1) 목적격술어

다음은 '-ing형' 목적격술어로 이루어진 5형, NPN'P'(-ing))이다.
다음과 같이 분석된다. 즉 NPN'P'=NPN'+N'P'의 관계에 있다.

⑤ He	kept ‖ me	**waiting**.
② He	kept ‖ me... + ① I	was **waiting**.

• 진행형 목적격술어

(사역동사)
⑤ We | have ‖ salesmen | **calling**.(LEG303)(통제범위 외의 결과)
⑤ Don' shout! You | have ‖ the neighbours | **complaining**.(LEG303)(비의도결과)
(지각동사)
⑤ We | could feel(or smell) ‖ something | **burning**.(2G25C,2G65B)
⑤ | Listen ‖ to the birds | **singing**.(2G65B)
⑤ I | hear ‖ him | **coming**.(2WS94) I | could hear ‖ it | **raining**.(2G65B)

⑤ I | 've never seen ‖ her | **dancing**.(or dance)(2G65B)
(일반동사)
⑤ Her cries | brought ‖ the neighbours | **running**.(OED)
⑤ Go ahead, Unload. I | got ‖ it | **coming**.(=expect)
⑤ It | 's typical of him [| to keep ‖ everybody | **waiting**].(2G128B)
⑤ You | must not leave ‖ the baby | **crying**.(MBE192)(상태로 놔두다: 동작의 진행 강조)
⑤ The punch | sent ‖ him | **flying**.(OED)
⑤ His comments | set ‖ me | **thinking**.(OED)
⑤ This news | started ‖ me | **thinking**.(OAD, LEG316, DED)
⑤ This news | started ‖ the ball | **rolling**.(ACv106)(일을 벌이다)
('(to) be+-ing'형 술어)
⑤ Get up, | let ‖ us | be **going**.(Mt6:42)

(2) 주격술어

다음은 '-ing형' 주격술어로 이루어진 5형, NPN' ｢P'(-ing)이다.
다음과 같이 분석된다. 즉 NPN' ｢P=NPN'+NP'의 관계에 있다. P'는 N을 서술한다.

⑤' He	cut ‖ himself ｢**shaving**.
② He	cut ‖ himself. + ① He	was **shaving**.

(진행형 주격술어)
⑤' Did you | cut ‖ yourself ｢**shaving**?(=while shaving)(2G66B)
⑤' He took the cup and | drank | it ｢**standing**.(1AN393)
⑤' He | spent ‖ the evening ｢**dancing**.(NED)

■ 7형술어

다음은 '-ing' 주격술어로 이루어진 7형 즉 NPP'P"(-ing)이다.
다음과 같이 분석된다. 즉 NPP'P"=NP+NP'+NP"의 관계에 있다.

⑦ She	stood	there	**laughing**.
③ She	stood	there. + ① She	was **laughing**.

(진행형 주격술어)
⑦ You | both now look | foolish | **complaining**.(12JG496)
⑦ So the man went and washed, and | came | home | **seeing**.(Jn9:7)
⑦ Until I reached the next station I | sat | there | **crying**.(ACv150)
⑦ She | stood | there | **laughing**.(Delilah)
⑦ She | sat | at the table | **thinking**.(REG276)
⑦ Kyunghee | stood | by his door | **crying**.(MJL273)
⑦ I | was sitting | in my bathtub | **singing**.(13NG7)
⑦ Stepahnie | was sitting | in an armchair | **resting**.(2G15D,5ST374)
⑦ A man | ran | out of the house | **shouting**.(2G66B)
⑦ We | went | along | **singing and selling**.(JMS91)
⑦ She | came | in | **running**.(PEU601)
⑦ The guard | went | on | **sleeping**.(=continue doing the same thing)(LSW746)

⑦ (Why) does the sun | go | on | **shining**? (Why) do the birds | go | on **singing**?(lyrics)
⑦ You | keep | on | **interrupting** when I am talking.(=keep interrupting)(2G51B)
⑦ I | would go | out | **shopping**.(CSS194)
⑦ He | got | up | **trembling** (in every limb).(Idiot)
⑦ "You | woke | up | **shouting**." the woman said.(2DB14)

C. to~/~형 술어

■ 1형술어

(a) to~형 술어

다음은 'to~ | ~형' 동사술어로 이루어진 1형, NP(to~)이다.
to~형은 미연형이라고 하며 will | shall 및 서법조동사(modal)과 유사한 의미를 가진다.
☆ to~형은 '예상/예정/계획' 이나 '소망/의도/목적' 은 will | would, '명령/의무/필요' 는 must. shall | should, '가능/허가/능력' 은 can | could, '추측/판단/가정' 은 may | might의 용법과 유사하다.

① He	was **to wait**.

(예상/예정/계획)
① He | is yet **to come**.(SSE59B)(현재미래)
① It was a done thing; Mr Elton | was **to go**.(1JA86)(과거미래)
① It rained and it | was **to rain** (later).(Rococo97)(")
(의도/목적/소망)
① If you | are **to succeed**, you must work hard.
① This house | is **to let**.(=for lease)(EJD)
(명령/의무/필요)
① You | are **to start** (at once).(SBE14)
① What | is {there} **to say**?(CrL338)
(가능/허가/능력)
① You | are not **to smoke**.(LEG2159)
(추측/판단/가정)
① He | is **to blame**.(=is to be blamed)(SBE14,OED,1FK196)
① If he | were **to come**, say that I am absent.(OES406)
(결과)
① We | were **to meet** (again).(=things hidden in the future)(PEU80)
① Byron left his native land, and he | was never **to return**.(=be destined to)

(b) ~형 술어

다음은 '~형' 술어로 이루어진 1형, NP(~)이다.
~형은 원형이라고 하며 명령문/기원문 술어, 서법조동사의 본동사, 그밖에 현재시점에서 일어나지 않은 일을 나타내기 위해 사용한다.

① (You) **go**. / You	'll **go**.

(명령문)
① Freely you have received, | freely **give**.(Mt10:90)
① | **Look**! | *Don't* **fall**.(1G34B)

(특정 주어)

① All 〈I could do〉 | is **cry**.

① All 〈I did yesterday〉 | was **sleep**.(ECD1065)

① The next thing 〈we do〉 | is **write**.

■ 3형술어

(a) to~형 주격술어

다음은 'to~형' 주격술어로 이루어진 3형 NPP'(to~)이다.

다음과 같이 분석된다. 즉 NPP'=NP+NP'의 관계에 있다.

③ He	agreed	**to wait**.
① He	agreed... + ① He	was **to wait**.
③ He	was told	**to wait**.
① He	was told... + ① He	was **to wait**.'

• 능동술어의 주격술어

(예상/예정/계획)

③ He | hadn't arranged | **to meet**. We met by chance.(2G125A)

③ I | began | **to work**.(PEG234) Gloria | continued | **to talk**.(JMV202)

③ We invited them to out party, but they | decided | not **to come**.(2G5A)

③ All the same we | set | **to work**.(1FK187)

③ Rain | started | **to fall**.(1NG62) ③ It | started | **to rain**.(1G50C,LEG316)

(의도/목적/소망)

③ He | agreed(or promised) | **to wait**.(PEG215)

③ Many people | choose | not **to marry**.(OED)

③ She | consented | **to remain**.(2ACD637)

③ He | doesn't dare | **to interrupt**.(PEG111)

③ I | wouldn't like | **to move**.(=want)(1G50D)

③ Salgar | promised | **to come**.(1JWG117)

③ I | was preparing | **to leave**.(OAD4)

③ They | don't want(or wish) | **to go**.(2G135C,2G53A;LEG311)

③ Are you | willing | **to travel**?(2G48B)

(요구/의무/필요)

③ She | asked(or demanded) | **to go**.(LEG287)

③ They | didn't deserve | **to win**.(OAD,2G54X1,2MiC351)

③ I | needed | **to know**.(2JP235) They | didn't need | **to wait**.(PEG111)

(가능/허가/능력)

③ My brother | is learning | **to drive**.(1G50A,2G52A)

③ He | managed | **to escape**.(OED)

(추측/판단/가정)

③ He | appeared | **to wait**.: would I greet him(HH90)

③ I | feel | **to blame**.(Amy)

③ This | seems | **to work**.(LSW448)

③ He | tends | **to deceive**.(SSE528)

(결과/운명)

③ The good old days | have gone | never **to return**.(SBE19)

● **수동/비동사 술어의 주격술어**

(예상/예정/계획)

③ Aresne Lupin | was bound | **to escape**.(NL46)

③ I | am bound | **to hear**.(2WS44)

③ I | am ready | **to die**.(MJL456)

(의도/목적/소망)

③ She | was determined | **to come**.(25NG18)

③ He | was encouraged | **to write**.

③ No one else | was inclined | **to go**.

③ He | was firmly resolved | **to go**.(2FK24)

③ He | is ambitious | **to succeed**.

③ He | is eager(or anxious) | **to please**.

(요구/의무/필요)

③ He | was made | **to go**. ③ He | was told | **to wait**.

③ A man of my age | won't be called (‖) upon | **to dance**.(5ST246)

③ He | was prevailed (‖) on | **to stay**.((2JA403)

(가능/허가/능력)

③ His lips | could be seen | **to move**.(BSA49)

③ I | am not allowed | **to jump**.(10JB54,2MiC288)

③ They | were free | **to go**.

③ Peter | has been taught | **to sing**.(3G23D)

③ In the United States, you | must be 18 | **to vote**.(1G29B)

(추측/판단/가정)

③ You | were advised | **to leave**.(LEG306)

③ The fees | were reasonably | **to have improved**.(HK139)

③ It | is likely | **to rain**.(SSE361,1FK94)

③ He | is sure(or certain) | **to come**.(SBE18))

(결과/운명)

③ Man | is doomed | **to die**.

(b) ~형 주격술어

다음은 '~형' 주격술어로 이루어진 3형 NPP'(~)이다.

다음과 같이 분석된다. 즉 NPP'=NP+NP'의 관계에 있다.

③ | Go | **get**.
① | Go. + ① | **Get**.
③ You | 'll be let | **go**.
① You | 'll be let... + ① You | 'll **go**.

(~형 주격술어)

③ I | 'll come | **visit** (soon).(5JG389)(동시)

③ Bruce! | Go | **get**!(LSW391).(동시)

③ We | were let | (to) **go.**(PEG268, Marco Polo 338, ZEG151)(사역)
③ You | have to make | **do**, don't you?(LSW427)(사역)

■ 5형술어
(1) 목적격술어
(a) to~형 목적격술어
다음은 'to~형' 목적격술어로 이루어진 5형 NPN'P'(to~/~)이다.
다음과 같이 분석된다. 즉 NPN'P'=NPN'+NP'의 관계에 있다.

⑤ I | told ‖ him | **to wait**..
② I | told ‖ him... + ① He | was **to wait.**

• to~형 목적격술어
(예상/예정/계획)
⑤ I | wasn't expecting ‖ them | **to come.**(2G82A)
⑤ I can't leave yet. I | 'm waiting ‖ for John | **to call.**(1G52C)
(의도/목적/소망)
⑤ I | hoped ‖ for him | **to come.**(SSE368C)
⑤ I | mean ‖ for you | **to eat.**(BEG306)
⑤ He | motioned ‖ for Langdon | **to enter.**(3DB2).
⑤ I | shouted ‖ at her | **to stop.**(2DK422)
⑤ I | shouted ‖ to me | **to come.**(BEG306)
⑤ He | wants(or wish) ‖ her | **to stay.**(1G51A,OAD)
(요구/의무/필요)
⑤ She | asked(or told) ‖ me | **to go.**(LEG287;3DB401)
⑤ "I | need ‖ you | **to think,**" Sienna said.(2DB55)
⑤ The officer | ordered(or commanded) ‖ them ‖ **to fire.**(OED)
⑤ They | require ‖ me | **to appear.**(=that I should appear).(PED)
(가능/허가/능력)
⑤ I | couldn't bring ‖ myself | **to leave.**(BSA43)
⑤ We | couldn't get ‖ the car | **to start.**
⑤ I | 'm teaching ‖ my brother | **to swim.**(1G51B,2G53B)
(추측/판단/가정)
⑤ She | 's only got(or have) ‖ herself | **to blame.**(OAD,2JJ77,6WK117)
(결과)
⑤ He | left ‖ her | **to die.**(1HP298) | Leave ‖ him | **to stew.**(OED)(마음을 졸이게 내 버려 둬)
⑤ They | have preferred ‖ our relationship | *never* **to have begun.**(2ST65)

(b) ~형 목적격술어
다음은 '~형' 목적격술어로 이루어진 5형 NPN'P'(~)이다.
다음과 같이 분석된다. 즉 NPN'P'=NPN'+N'P'의 관계에 있다.

⑤ I | will let ‖ you | **go.**
=⑤ I | will let ｢**go** ‖ of you.
② I | 'll let ‖ you... + ① (You) | **go.**

- **~형 목적격술어**

☆ 사역/지각동사의 목적격술어에서는 주어와 목적어의 동작시점이 같으므로(동시성) 미연형 to~는 탈락된다. 다만, 수동문에서는 능동문의 주어가 'by+행위자'로 나타나거나 생략되어 동시성의 문제가 없으므로 to는 유지된다.
(사역동사)
☆ 문장의 주체가 자기 스스로 행하지 않고 남에게 그 행동이나 동작을 하게 함을 나타내는 동사 중 원형 목보를 취하는 동사 bid, make, have, let를 말함
⑤ I | bade ‖ him | (to) **go**.(DED226)(준사역동사)
⑤ I cannot endure [| to have ‖ you | go].(사전연구사)
⑤ Come on! | Let‖'s | **dance**.(1G51D)
⑤ I | had to let ‖ it | **happen**, I had to change.(DCMA)
⑤ ' | Let ┌**go** ‖ <u>of</u> me,' she said fiercely.(OED)
⑤ | Let ┌**go** ‖ <u>of</u> that man, ma'am.(GGM121)
⑤ She took him by the sleeve and | would not let ┌**go** ‖ of it.(YBM)
⑤ Without | letting ┌**go** ‖ of his hand, she stood staring into the mirror,(MK85)
⑤ He's very funny. He | makes ‖ me | **laugh**.(1G51D)
⑤ I | helped ‖ him | **(to) pack**.(3G30E,KA14)(준사역동사)
⑤ | Leave(=Let) ‖ us | **go**.(준사역동사)(미구어체)
(지각동사)
⑤ We | felt ‖ the house | **shake**.(OED)
⑤ She | heard ‖ the door | **open**.(3HP196,21NG46)
⑤ They | listened ‖ <u>to</u> me | **speak**.(SBE22)
⑤ I | 've never seen ‖ her | **dance**.(2G65C)
⑤ Can you | smell ‖ something | **burning**?
⑤ I | watched ‖ Fang | **run**.(1NG27) / ⑤ I | watched ‖ him | **eat**.(1NG27,8NG26)

(2) 주격술어

다음은 'to~형' 주격술어로 이루어진 5형, NPN ┌'P'(to~)이다.
다음과 같이 분석된다. 즉 NPN' ┌P=NPN'+NP'의 관계에 있다. P'는 N을 서술한다.

⑤' I | promised ‖ him ┌**to come**. ⑤' I | promised ‖ him... + ① I | was **to come**.

(to~형 주격술어)
⑤' He | went ‖ to the church ┌**to pray**.(목적)
⑤' He | left ‖ home ┌never **to return**.(SBE18,BEG300)(결과)
⑤' I | promised ‖ him ┌**to come**.(SED)(의도)
⑤' He | worked ‖ hard ┌only **to fail**.(=but he failed)(OES165)(결과)

■ 7형술어

다음은 'to~형' 주격술어로 이루어진 7형 즉 NPP'P"(to~)이다.
다음과 같이 분석된다. 즉 NPP'P"=NPP'+NP"의 관계에 있다.

⑦ He | made | ready | **to fight**. ③ He | made | ready... + ① He | was **to fight**.

- **~형 주격술어**

(예상/예정/계획),
⑦ It | came | on | **to rain**.(OED)
⑦ The linguist | stood | by | **to translate**.(YHD)
(의도/목적/소망)
⑦ He | went | there | **to drink**.(12JG105)
⑦ I | walked | forward | **to see**.(2NG34)
⑦ This morning I | went | out | **to shop**.(23NG7,3SLT17;JB14)
⑦ The sun shone hot, and he | stopped | under a tree | **to rest**.(JB182)
⑦ Every day a hundred noble men | sat | down with him | **to dine**.(JB182)
(추측/판단/가정)
⑦ He | felt | inclined | **to speak**.(ML125)
(가능/허가/능력)
⑦ He | made | ready | **to joust**.(KA 9,,17)

D. '전치사+비정형동사' 술어

■ 1형술어

다음은 '전치사+비정형동사' 술어로 이루어진 1형 NP(pr+nfv)이다.

① I	am **like vomiting**.

• '전치사+비정형동사' 술어
① The work | is **about finished**.(EPL30,GO180)
① The water | is **about boiling**.(EPL31)
① We | 're **about to eat**. Do you want to join us?(3G12C)
① He | is **above lying**.(SSE829)(=거짓말할 사람이 아니다)
① Tonight temperatures everywhere | will be well **below freezing**.
① The proof of the pudding | is **in eating**.(Lewis208,ECD1228)
③ Tim | is getting | **into baking**.(=be enthusiastic about)(EID280)
• 'as/for/like+비정형동사' 술어
① Is the price | **as marked**?(ECD338)
① It | was **for granted** [you were good friends].
① Moses | was rather **for dying**.(feel like dying)(Pilgrim175)
① Anyone | **for jogging**?(=who wants jogging?)
① I | was **like vomiting**.(=throwing up)(Twitter)

■ 3형술어

다음은 '전치사+비정형동사' 술어로 이루어진 1형 NP(pr+nfv)이다.
다음과 같이 분석된다. 즉 NPP'=NP+NP'의 관계에 있다.

③ I | feel | **like vomiting**.
① I | feel... +① I am **like vomiting**.

• '전치사+비정형동사' 주격술어
③ This ten | look | **about done**.(=almost done)(Deer Hunter)

③ I | set | <u>about</u> **working**.=(start working) He | set | <u>about</u> **writing**.(FK96)
③ The temperatures | remained | <u>below</u> **freezing** (all day).(OED)
③ The money | was spent | <u>on</u> **advertising** and **marketing**.(Make Money Online12)
③ She | looked | <u>past</u> **caring**. .

- **'as/for/like+비정형동사' 주격술어**

③ Things(or It) | did not go | <u>as</u> **planned**.(GB100, ECD1143)
③ The operation | is proceeding | <u>as</u> **scheduled**.(Exe1214)
③ I | won't be taken | <u>for</u> **granted**.(=not valued just because I'm always there)(Desire192)
③ All the Jewish background | would be taken | <u>for</u> **granted**.(EJ265,YNH178)
③ "What's it used for?" It | is used | <u>for</u> **cutting**.(ECD77)
③ I | didn't feel | <u>like</u> **being lectured** (‖) <u>to</u>.(JDS10)
③ I | feel | <u>like</u> **vomiting**.(ECD910) ③ Which team | looks | <u>like</u> **winning**?

■ 5형술어

다음은 '전치사+비정형동사' 술어로 이루어진 5형 NPN'P'(pr+nfv)이다.
다음과 같이 분석된다. 즉 NPN'P'=NPN'+N'P'의 관계에 있다.

⑤ The smell	makes ‖ me	<u>like</u> **vomiting**.
② The smell	makes ‖ me... + ① I	am <u>like</u> **vomiting**.

- **'단순전치사+비정형동사' 목적격술어**

⑤ He | saw ‖ Peter and John | <u>about</u> **to enter**.
⑤ This afternoon's sunshine | could nudge ‖ the temperature | <u>above</u> **freezing**.(OED)
⑤ They | spent ‖ a lot of money | <u>on</u> **advertising**.(Capitalism326)

- **'as/for/like+비정형동사' 목적격술어**

⑤ Everyone | counted ‖ the boy | <u>as/for</u> **lost**.
⑤ Let's [| do ‖ it | <u>as</u> **planned**].
⑤ My boss | takes ‖ me | <u>for</u> **granted**.(=not valued just because I'm always there)(OED)
⑤ He | took ‖ his father's absence | <u>for</u> **granted**.(BP5)
⑤ We | use ‖ the basement | <u>for</u> **archiving**.(EJD)
⑤ The smell | makes ‖ me | <u>like</u> **vomiting**.

1.6 비정형절 술어(non-finite clause)

비정형절이 술어로 사용되는 문형이다.
비정형술어에 다른 주성분이 추가된 것을 비정형절(non-finite clause)이라고 한다.
비정형절에는 -ed절, -ing절, to~/~절, 비동사절 등이 있다.
아래 [비정형동사+다른 주성분]' 구조에서 [ ] 부분 전체를 비정형절로 다룬다.

A. -ed절 술어

■ 1형술어

다음은 '-ed절' 술어로 이루어진 1형, NP[-ed절]이다.

①[②] Your view | was [**known** to us].

(단순 -ed절)
①[②] Our house | was [**broken** into a few days ago].
①[③] This wallet | was [**found** in the street].(LEG242)
①[②] The telephone | was [**invented** by Alexander Graham Bell in 1876].(1G22D)
①[②] I | am [never **invited** to parties].(1G22B)
①[②] Many people | were [**killed** in the car accident].(NED)
①[②] Your view | was [**known** to the world].(NED)
①[③] He | was [**left** alone].(YBM)
①[②] A dog | was [**run** over by the van].
①[②] A: Was anybody | [**injured** in the accident].(1G22B)
B: Yes, two people | were [**taken** to the hospital].(1G22B)
①[②] You | will be [**taken** care of].(4LRC)
(being + -ed절)
①[③] Some new houses | are [being **built** across from the park].(1G21A)(진행)
①[②] His disappearance | is [being **looked** into by the police)].(진행)
①[①] Because he himself suffered when he was tempted, he is able to help those <who |
are being **tempted**>.(Heb2:18)(진행)
(to be + -ed절)
①[④] What | is [to be **done** here now]?(OES406, HS255, RTK36:46)(필요)
①[③] I | wasn't [to be **found** anywhere near industrial sites)(CRL6)(의무)
①[②] Were the election | [to be **held** today],the liberals would win easily.(3G85B)(가정)
①[③] He | was [to be **killed** in the war].(YBM)(결과)
①[⑦] Children | are [not to be **left** unsupervised in the museum].(3G12A)(허가)
①[②] She | is [to be **married** next month].(PEG117,3G12A)(계획)
①[③] Not a soul | was [to be **seen** at the station].(SBE254)(가능)
①[②] The main Rome to Naples railway line | is [to be **reopened** today].(3G12A)(예정)

■ 3형 술어

다음은 '-ed절' 주격술어로 이루어진 3형 즉 NPP'[-ed절] 이다.
다음과 같이 분석된다. 즉 NPP'=NP+NP'의 관계에 있다.

③[②] Your view ｜ got ｜ [**known** to us].
① Your view ｜ got...+ ① Your view ｜ was [**known** to us].
③[②] Your view ｜ was made ｜ [**known** to the world].
① Your view ｜ was made... + ① ① Your view ｜ was [**known** to us].

• **능동술어의 수동형 술어**

(단순+ ed절)

③[③] He ｜ became ｜ [**recognized** as an expert].(3G21C)

③[③] He ｜ felt ｜ [**torn** between his family and his friends].(3G89B)

③[②] I got up and ｜ got ｜ [**dressed** quickly].(1G54B,17NG8)

③[②] I don't often get ｜ [**invited** to parties].(2G42D)

③[②] Your view ｜ got ｜ [**known** to us].

③[②] His name ｜ got ｜ [**written** in his place].(KA3)

③[②] It ｜ got ｜ [**run** over by the ice cream truck].

③[②] | Please remain ｜ [**seated** until the bus stops].(OED)

③[③] He ｜ sat ｜ [**lost** in thought].(2ACD649HaM505)

③[②] He ｜ woke ｜ [**covered** in sweat].(HaM505)

(being + -ed절)

③[③] He ｜ felt ｜ [being **taken** away from his habitat].(진행)

③[②] Your view ｜ got ｜ [being **known** to us].(진행)

(to be + -ed절)

③[②] He ｜ begged ｜ [to be **told** the truth].(OED)(요구)

③[③] She ｜ has come ｜ [to be **regarded** as the leading violinist of her generation].(3G23E)↴ (결과)

③[②] He ｜ demanded ｜ [to be **shown** the authentic documents].(BEG297)(요구)

③[②] I ｜ expect ｜ [to be **consulted** about major issues].(OED)(기대)

③[②] It ｜ was going ｜ [to be **finished** today].(1MC346)(예정)

③[②] I ｜ should like ｜ [to be **invited** to the party].(REG252)(소망)

③[②] These clothes are too long. They ｜ need ｜ [to be **taken** up].(5EN63)(필요)

③[⑥] He ｜ has returned ｜ [only to be **sent** away again].(BEG310)(결과)

③[③] I ｜ want ｜ [to be **left** alone].(2G29A,3G23E.1JWG129)(소망)

③[③] They ｜ wanted ｜ [to be **put** across].(1JWG219)(소망)

③[②] The plants ｜ want ｜ [to be **watered** daily].(=need)(OED)(필요)

③[②] He ｜ wished [to be **called** at nine].(1ACD55)(소망)

• **수동술어의 수동형 술어**

③[②] This opera ｜ was heard ｜ [**sung** in Italian].

③[②] Your view ｜ was made ｜ [**known** to the world]

③[③] The books ｜ are not allowed ｜ [to be **taken** out of the room].(BEG312)(가능),

③[②] The job ｜ is wanted ｜ [to be **finished** by Tuesday].

■ 5형 술어

(1) 목적격술어

다음은 '-ed절' 목적격술어' 로 이루어진 5형 NPN'P'[-ed절]이다.

다음과 같이 분석된다. 즉 NPN'P'=NPN'+N'P'의 관계에 있다.

⑤[②] You ❘ made ‖ your view ❘ [**known** to us].
② Your ❘ made ‖ your view... + ① Your view ❘ was [**known** to us].

[사역동사)
⑤[②] I ❘ 'll have ‖ it ❘ [**taken** care of].(4LR)
⑤[⑥] Eric ❘ had(or got) ‖ his license ❘ [**taken** away for driving too fast].(2G44C)
⑤[③] He ❘ had ‖ his name ❘ [**written** in his place].(KA)
⑤[②] We ❘ had ‖ our car ❘ [**broken** into last week].
⑤[②] I ❘ could not make ‖ myself ❘ [**understood** in English].(ECD705)
⑤[②] You ❘ must make ‖ your views ❘ [**known** to us].(NED)
⑤[③] She ❘ helped ‖ him ❘ [**seated** in car] and drove carefully.(Painful Love::현실적 동작)
(지각동사)
☆ 지각동사 catch(발견하다), detect, feel, find, hear, listen, look. notice, observe, perceive, see. smell, taste. watch, witness
⑤[②] I ❘ felt ‖ myself ❘ [**watched** the whole time].(SBE34)
⑤[③] I ❘ found ‖ a bomb ❘ [**wrapped** in a flier].(2UE265)
⑤[③] I ❘ heard ‖ this opera ❘ [**sung** in Italian].(EAD)
⑤[③] I ❘ can't see ‖ my knights ❘ [**killed** before my eyes].(KA17)
⑤[②] I'd like [❘ to see ‖ them ❘ [**taken** care of].(14JC111)
⑤[②] We ❘ see ‖ this [**acted** <u>on</u> by farmers and gardeners]
(일반동사)
⑤[③] We ❘ bring ‖ things ❘ [**put** back together].(NED)
⑤[③] I ❘ got ‖ the baggage ❘ [**carried** by him].(SBE22,2G44D)
⑤[③] I think [you ❘ should get ‖ your hair ❘ [**cut** really short].(2G44C)
⑤[③] Very well, ❘ keep ‖ me ❘ [**posted** on where you are].(5TC351)
⑤[②] We ❘ don't want ‖ Mamma ❘ [**taken** advantage of].(10JG337)
(being + -ed절)
⑤[⑥] I ❘ saw ‖ him ❘ [(being) **taken** away by the police].(LEG302)(being진행수동)
⑤[③] I ❘ saw ‖ the net ❘ [(being) **hauled** in].(BEG354)(being진행수동)
⑤[②] I ❘ thought ‖ <u>about</u> the can ❘ [being **knocked** <u>to</u> outside].(8NG39)(being진행수동)
(be/to be + -ed절)
⑤[③] You ❘ allowed ‖ heavy, oppressive burdens ❘ [to be **laid** on my back].(Ps66:11)(허가)
⑤[②] He ❘ asked ‖ for the cases ❘ to be **loaded** at once].(REG255)(요구)
⑤[②] She asked him [❘ to help ‖ her ❘ [(to be) **reunited** with her husband]].(NED)(요구)
⑤[②] We ❘ want ‖ the job ❘ [(to be) **finished** by Tuesday].(소망)
⑤[②] ❘ Let ‖ your moderation ❘ [be **known** unto all men].(Phi4:5)(허가)

(2) 주격술어

다음은 '-ed절' 주격술어로 이루어진 5형, NPN' 「P'[-ed절]이다.
다음과 같이 분석된다. 즉 NPN' 「P'=NP+NP'의 관계에 있다. P'는 N을 서술한다.

⑤'[③] We ❘ passed ‖ that summer 「[**lost** in love].
② We ❘ passed ‖ that summer. + ① We ❘ were [**lost** in love].

(주격술어)
⑤'[③] We | passed ‖ that summer ┌[**lost** in love].(Lemon Tree)
⑤'[②] He | spent ‖ his days ┌[**bent** over a map of the Compeigne forest].(1ST297)
⑤'[③] He | would spend ‖ whole days ┌[[**curled** inside himself].(O'B163)
⑤'[③] Volcanoes | needn't erupt ‖ constantly ┌[[to be **classified** as 'active'].(3G19D)(가능)

■ **7형술어**
다음은 '-ed절' 주격술어로 이루어진 7형 즉 NPP'P"[-ed절]이다.
다음과 같이 분석된다. 즉 NPP'P"=NPP'+NP"의 관계에 있다.

⑦③ He | goes | about | [**dressed** in very simple clothes]. ③ He | goes | about. + ①[③] He | is | [**dressed** in very simple clothes].

(주격술어)
⑦③ He | goes | about | [**dressed** in very simple clothes].(1ST127)

B. -ing절 술어
■ **1형술어**
다음은 '-ing절' 술어로 이루어진 1형, NP[-ing절]이다.

①[②] He | was [**watching** television]

(진행형)
①[②] Everyone | was [**behaving** quite naturally].(LGSW132)
①[②] The children | are [**doing** their home work].(1G3A)
①[②] He | is [**getting** the promotion].(1G110)
①[③] "Where are the children?" "They | are [**playing** in the park]."(1G3B)
①[②] Somebody | is [**painting** the door].(1G21A)(진행)
①[③] She | 's [probably **shopping** somewhere].(NED)
①[③] Mary is [**sitting** next to Sam].(SAT)
①[④] Tom | is [**taking** a shower at the moment].(1G8B)
①[③] He | was [**swimming** in the pool].(1G13A)
①[②] He | was [**talking** about his children].(OED)
①[④] I | 'm [**thinking** of changing my car for a bigger one].
①[②] [Who] are you | [**waiting** for]? Are you | [**waiting** for Sue]?(1G4B)
①[②] He | was [**watching** television]
①[②] I | was [**working** at 10:30 last night].(1G13C)
(동격)
①[②] My hobby | is [**playing** computer games].(SBE46)
①[②] It | will be [the Spirit of your Father **speaking** through you].(Mt10:20)
①[③] This | is [Monkey's own **giving** out].(6WS202)
(to be + -ing절)
①[⑥] All <I wanted> was [to be **going** on with life as I know it.(Karole Cozzo Quote)

■ **3형술어**

다음은 '-ing절' 주격술어로 이루어진 3형 즉 NPP'[-ing절]이다.
다음과 같이 분석된다. 즉 NPP'=NP+NP'의 관계에 있다.

③[②] He ｜ sat ｜ [**watching** television].
① He ｜ sat. + ①[②] He ｜ was [**watching** television].
③[②] He ｜ was seen ｜ [**watching** television].
① He ｜ was seen. + ①[②] He ｜ was [**watching** television].

(능동)
③[②] He ｜ began ｜ [**talking** (or to talk) about his children].(OED)
☆ begin/start to ~는 처음 시작: She started to cry.(2MiC348)
begin/start -ing는 다시 시작: And she began crying again(2MiC348)
③[②] He ｜ came ｜ [**looking** for me].(OED)(~하러)j
③[⑥] ｜ Come ｜ [**swimming** with us tomorrow].(PEG241)(")
③[②] ｜ Don't come ｜ [**picking** a fight].(JMV186)
③[②] He ｜ continued ｜ [**living** (or to live) above the shop].(PEG234,Ac2:46)
③[②] Those five agents ｜ died ｜ [**doing** their jobs].(2TC947)(~하면서)
③[③] He ｜ would not die ｜ [**lying** down].(VW63)
③[②] I ｜ got ｜ [**talking** to her].(OED)(~하기 시작하다) ☆ get -ing/to~ : 시작하다/기회를 갖다.
③[③] I ｜ am going ｜ [**shopping** this afternoon].(PEG241)
③[③] The ball ｜ went ｜ [**flying** over the roof].(OES188)
③[②] My memory is getting worse. I ｜ keep ｜ [**forgetting** things].(2G51X)
③[②] ｜ Just keep ｜ [**doing** your job] and don't be frustrated.(YBM)
③[④] ｜ Don't keep ｜ [**asking** me what to do], use your loaf(=head)!(OED)
③[②] He ｜ would keep ｜ [**telling** those dreadful stories].(OED)
③[②] He ｜ looked ｜ [**admiring** of me].(18JB73)
③[②] Mr. Braddock ｜ remained ｜ [**standing** with his back to his son].(Graduate)
③[②] He ｜ sat ｜ [**taking** notes of everything that was said].(OED)
③[②] She ｜ stood ｜ [**looking** into the distance].(OED)
③[④] I ｜ started ｜ [**drinking** (or to drink) coffee recently].(2G17B)
(수동/비동사)
③[②] Everyone ｜ was brought ｜ [**running** into the room by her screams].(3G23A)
③[③] He ｜ was found ｜ [**lying** on the floor].(BE249)
③[②] Willy ｜ is heard ｜ [**talking** to himself].(Salesman22)
③[③] The missing children ｜ were last seen ｜ [**playing** near the bank].(2G65D)
③[⑤] She ｜ was seen ｜ [**having** lunch with him one day].(OED)
③[②] Kate ｜ is <u>in</u> the kitchen ｜ [**making** coffee].(2G66B,19NG22)
③[②] I ｜ was <u>at</u> the supermarket ｜ [**buying** dog shampoo for my dog, Sludge].(8NG7)
③[②] I ｜ was inside ｜ [**drinking** chocolate].(7NG22)(while 생략)
(동격)
③[⑤] This ｜ is called ｜ [**turning** things upside down].(BEG318)
③[②] This new order ｜ will mean ｜ [**working** overtime].(=have as result)(OAD,Rule26)
(to be + -ing절 술어)
③[②] I ｜ happened ｜ [to be **looking** out of the window when they arrived].(PEF216)
③[②] Spain ｜ looks ｜ [to be **heading** to victory].(3G21X1,HK154)

③[②] He | looked | [to have been **bringing** ships in and out of Boston for years].(5TC431)
③[②] I | pretended | [to be **reading** the new papers].(1G50B,G52B)
③[②] Joe | seems | [to be **enjoying** his new job].(2G52B,3G21B,PEF216,CRL147)
③[②] The road | seems | [to be **getting** icy], so drive carefully].(3G21B)
③[②] She | is believed | [to be **going** to the USA].(LEG306)
③[⑥] He | is known | [to have been **working** on the problem for many years],(REG244)
③[②] Today he | was supposed | [to be **working** quietly at home].(CRL132)

■ 5형술어

(1) 목적격술어

다음은 '-ing절' 목적격술어로 이루어진 5형, NPN'P'[-ing절]이다.
다음과 같이 분석된다. 즉 NPN'P'=NPN'+N'P'의 관계에 있다.

⑤[②] I | saw ‖ him | [**watching** television].
② I | saw ‖ him. + ①[②] He | was [**watching** television]

(사역동사)
⑤[④] I | 'll have ‖ you | [**speaking** English in six months].(LEG302,PEG239)(의도결과)
⑤[④] I | won't have ‖ you | [**speaking** like that about your father].(")(비의도결과)
(지각동사)
☆ 지각동사 catch, detect, feel, find, hear, listen, look. notice, observe, perceive, see. smell, taste. watch, witness
⑤[③] The police | caught ‖ him | [**driving** without a license].(3G229,LEG316)
⑤[②] I | felt ‖ someone | [**touching** my back].(SBE34)
⑤[②] She | felt ‖ the mosquito | [**biting** her].(3G229)
⑤[③] When I came downstairs again, I | found ‖ Mrs Mercer | [**sitting** at the fire].(4EG313)
⑤[③] I | found ‖ Tom | [**working** at his desk].(OAD.MBE192,12JG297)(준지각)
⑤[⑤] I | could hear ‖ them | [**having** words in the next room].(OED)
⑤[③] I | heard ‖ people | [**talking** at the ferry-landing].(2MT35)
⑤[③] Did you | notice ‖ anyone | [**standing** at the gate]?(OED)
⑤[②] They | observed ‖ him | [**entering** the bank].(OED)
⑤[②] I | saw ‖ Kate | [**waiting** for a bus].(2G65B,D,3G23A)
⑤[③] They | saw ‖ the monkey | [**climbing** over the fence].(3G23A)
⑤[③] I | saw ‖ a white cloth | [**sticking** out of his back pocket].(15NG30)
⑤[②] I | watched ‖ him | [**crossing** the street].(OED)
(일반동사)
⑤[②] What about my copier? Can you | get ‖ it | [**going** again]?(CED)
⑤[②] He | kept ‖ me | [**working** all day].(OED)
⑤[②] They | kept ‖ him | [**telling** those dreadful stories].
⑤[③] I | left ‖ her | [**standing** on her own].(4EG316)
⑤[③] They | left ‖ me | [**waiting** outside].(OED)
⑤[②] The injury | could mean ‖ him | [**missing** next week's game].(OED)
⑤[③] Every step <he took> | sent ‖ the pain | [**shooting** up his leg].(OED)
⑤[② He stopped him, turned him, | started ‖ him | [**going** again].
(동격)
⑤[⑤] I | call ‖ this | [**robbing** Peter to pay Paul].(BEG318)

⑤[⑤] If you want, you | can call ‖ it | [**living** out your faith for others].(it=our calling)(Bruce39)
⑤[⑤] You | may consider ‖ my hobby | [**doing** all I can to keep my money out of the hands of relatives].(The Maiden of Mayfair)
(to be+ -ing절)
⑤[⑤] He | fancies ‖ himself | [to be) **doing** it well].(DED)
⑤[②] I | found ‖ his hobby | [(to be) **collecting** stamps].
⑤[② Since he is an anti-Hero, Camus | portrays ‖ him | [to be **living** without appeal].

(2) 주격술어
다음은 '-ing절' 주격술어로 이루어진 5형, NPN' ΓP'[-ing절]이다.
다음과 같이 분석된다. 즉 NPN' ΓP=NP+NP'의 관계에 있다. P'는 N을 서술한다.

⑤'[②] He	had ‖ a rest Γ[**watching** television]. ② He	had ‖ a rest]. + ①[②] He	was [**watching** television].

(진행형)
⑤'[③] You | will catch ‖ cold Γ[**standing** in the rain].(OES199)(조건)
⑤'[②] Mrs Riordan, | don't excite ‖ yourself Γ[**answering** them].(2JJ87)(동시동작)
⑤'[②] He | went ‖ from door to door Γ[**looking** for the suspect].(NED)(목적)
⑤'[②] He | had ‖ a rest Γ[**watching** television].(부대상황)
⑤'[②] Joe | hurt ‖ his knees Γ[**playing** football].(2G66A)(동시동작)
⑤'[③] He | spent ‖ the summer Γ[**working** with his father].(O'B201)(부대상황)
⑤'[④] We | will take ‖ turns Γ[**reading** it out loud].(=하면서)(26NG20)(")
⑤'[③] He | turned ‖ to her Γ[**trying** to speak].(4DB438)(")

■ 7형술어
다음은 '-ing절' 주격술어로 이루어진 7형 즉 NPP'P"[-ing절]이다.
다음과 같이 분석된다. 즉 NPP'P"=NPP'+NP"의 관계에 있다.

⑦[②] He	was lying	in bed	[**watching** television]. ③ He	was lying	in bed.+ ①[②] He	was [**watching** television].

(진행형)
⑦[④] She | felt | awful | [**leaving** him with all the clearing up].(3G70A)(원인)
⑦[⑦] She | looked | very forlorn | [**standing** there in the pouring rain].(OED)
⑦[③] I | was caught | red-handed | [**cheating** on the test].(Best Evidence93)
⑦[③] I | could grow | old | [**waiting** in the line].(23NG10)(원인)
⑦[②] I | get | very tired | [**doing** my job].(2G96B)(원인)
⑦[②] She | is sitting | there | [**wondering** what's going on].(LSW689,SBE34)
⑦[②] Do something! | Don't just stand | there | [**doing** nothing].(2G66B)
⑦[⑤] Crowds | pressed | around her | [**trying** to get her autograph].(YHD)
⑦[②] He | sat | in the armchair | [**reading** a newspaper].(=and read...)(REG281)
⑦[②] A boy | stood | in the shadow | [**watching** the workmen].(Fr'n3)
⑦[②] He | lay | on the grass | [**enjoying** the sunshine].(OED)
⑦['⑤] I | was sitting | under a tree | [**enjoying** the breeze with my dog, Sludge].(3NG7)

⑦[③] He | did not come | <u>out of</u> it | [**looking** too good].(5HP267)
⑦[②] The president | went | on | [**talking** for hours].(2G54B)(같은 동작 계속)
⑦[④ We | can't go | on | [**spending** money like this]. We'll have nothing left soon.(2G138A)
⑦[⑤] And Mr. Scary | kept | on | [**writing** them down].(23JB46)
⑦[③] He | went | out | [**riding** in the forest].(KA7)
⑦[②] (How many times) have we | gone | out | [**shining** shoes].(JMV187)
⑦[⑤] She | sat | up | [**waiting** for him to come].(awake)(Crocodile48)
⑦[③] Tom said, "I | woke | up | [**feeling** sick]."(2G45C)
⑦[③] Ricky | got | caught | [**smoking** behind the school].(7JG173)

C. to~/~절 술어

■ 1형술어

(a) to~절 술어

다음은 'to~절' 술어로 이루어진 1형, NP[to~절]이다.

①[②] He | was [**to get** some food].

• to~절

(예상expect/예정arrange/계획plan)
①[④] The president | is [**to return** to Brazil later today].(3G12A,SBE303)
①[②] The school | is [**to close** next year].(3G40C)
①[⑤] We | are [**to meet** him here].(SBE14,OES406,1JA37)
①[②] The government | is [**to cut** back on spending on the armed forces].(3G94F)
①[②] The European Parliament | are [**to introduce** a new law on safety at work].(3G12A)
①[④] I | was [**to have finished** my work yesterday].(REG198)
①[③] Thousands of speed cameras | are [**to appear** on major roads].(3G12A))
(의도intent/목적purpose/소망desire)
①[②] If you | are [**to attend** the party], you must hurry up.(=intend)(SBE14)
①[②] He | was [**to get** some food].
①[②] The telegrams | was [**to say** that she had been delayed].
①[⑤] This fence | is [**to keep** people out of the yard].(2G62A).
①[②] This knife | is only [**to cut** bread].(2'G61C)
(요구request/의무obligation/필요necessity)
①[④] We | are [**to pay** taxes for selling these goods].(OES406)
①[④] You | 're [**to report** for duty at 7].(=instructions)(LEG228,2AC55)
(가능possible/허가allow/능력ability)
①[②] No foreigner | is [**to eat** of it].(Ex12:43,Fr'n45)
①[④] You | are [not **to leave** the school without my permission].(3G12A)
①[④] As for Guermantes, I | was [**to know** more about it one day].(1ST135)
①[②] To be a refugee | is [**to know** danger].(O'B 55)
(추측assumption/판단deduction/가정subjunctive)
①[②] I | was [**to blame** for the accident].(2G132B,3G41C,1FK253)
①[②] Would it be too early for you if we | were [**to meet** at 5:30].(3G83D)
①[②] If she | were [**to tell** the secret], what would he say?(SBE94)
①[②] He | was [**to have come** yesterday].(REG244)

(결과effect/result)

①[③] The poet | was [**to die** young].(SBE14)

①[④] He | was never [**to return** his home town again].(SSE371)

①[④] He | was [**to find** out later that the car he had bought was stolen].(3G14B)

①[②] We | were [**to meet** again].(PEU80, OES406)

①[②] He | 's just been [**to see** La Berma].(2ST30)

(동격apposition)

①[③] His aim | is [**to become** president.(OAD,LEG305,LSW198)

①[②] Our calling | is [**to do** God's work on earth].(Bruce39)

①[②] The reason <I'm calling you> | is [**to ask** your advice].(2G92E)

①[②] Her dying wish | was [**to attend** your services].(CSS53)

- **for~ to~절**

①[①] It | 's [for him **to decide**].(PEU405, Wuth144)

①[②] My idea | was [for her **to learn** Russian].(PEU266)

①[③] And one chance | is [for her **to want** to live].(OHS32, The Last Leaf)

①[②] The great thing | is [for life **to be seen** through a prism].(Chekov234)

①[②] All I wanted | was [for you **to be free** from everything].(Mom184)

- **wh- to~절**

①[②] The question | is not [**what to say**], but how to say.(DED)

①[④] The question | is [**how to do** it].(ECD731, DBE104)

(b) ~절 술어

다음은 '~절' 술어로 이루어진 1형, NP[~절]이다.

①[②] My favorite thing <to do> | is [**play** tennis].

(~절)

①[②] All <I did> | was [(to) **press** this button].(LEG305,5ST504)

①[⑤] Now all <we have to do> is [**wait** for Rosamond to come home](19NG33)

①[③] The best <that you can do> | is [**keep** quiet].

①[②] My favorite thing <to do> | is [**play** tennis].

①[②][④] [What you do] | is [(to) **mix** the eggs with flour].(LEG305)

①[②][②.⑦] [What he did] | was [(to) **sell** his flat and move in with his brother].(3G98B)

☆ 주어가 all/one/the only/best/first/last/least/next thing과 do가 포함된 형용어로 구성되거나, do가 포함된 what절인 경우 to절 술어의 to는 생략 가능하다.

■ 3형 술어

(a) to~절 주격술어

다음은 'to~절' 술어로 이루어진 3형 NPP'[to~절]이다.

다음과 같이 분석된다. 즉 NPP'=NP+NP'의 관계에 있다.

③[②] He | wanted | [**to get** some food].
① He | wanted... + ①[②] He | was [**to get** some food].
③[②] He | was sent | [**to get** some food].
① He | was sent... + ①[②] He | was [**to get** some food].

• 능동술어의 주격술어

☆ 3형술어를 취하는 동사: (a) 예상/예정/계획; [arrange, decide, expect, look], plan, prepare, <u>begin</u>, [<u>start</u>], <u>continue</u> (b) 의도/목적/소망; accept, [advise], agree, aim, attempt, care, choose, consent, decide, determine[dare, demand, desire, elect], endeavor, [expect], guarantee, hope, hurry. intend, [long, mean], offer, pay, profess, promise, propose, resolve, say, strive, struggle, swear, threaten, seek, think, try, vow, volunteer, wait, [<u>want</u>(=would like/love),wish] (c) 요구/의무/필요; [ask, beg], claim, [demand], know, [need, request, require, shout], volunteer, vow, [wish] yearn (d) 가능/허가/능력; afford, deserve, get, know, learn, manage], study (e) 추측/판단/가정; appear, come, conclude, fancy, grow, happen, [look], presume, prove, pretend, seem, tend, threaten, turn out, (f) 결과/운명; awake, come, condescend, [get], grow (up), happen, live. manage, remain. [start]. [ ] 부분은 5형술어 공용. 밑줄 표시는 -ing 공용

(예상/예정/계획)

③[②] They | arranged | [**to meet** at 8:30].(2G52X1, PEG216)

③[④] At first I didn't like my job, but I | 'm beginning [**to enjoy** it now].(2G1D)

③[⑦] Everyday they | continued | [**to meet** together in the temple courts].(Ac2:46)

③[②] I | expect | [**to arrive** tomorrow].(PEG216,3G13B)

③[④] We | 're looking | [**to create** 3,000 jobs in the city over the next year].(3G13A)

③[②] Are you | planning | [**to make** dinner reservations]?(TOEIC)

③[②] They | are preparing | [**to evacuate** the area]?(=ready)(PEG215C)

③[②] I | started | [**to go** home].(1NG62)

③[②] I | started | [**to ask** Mom], but I figured I'd ask you.(1THr164)

③[②] I | started | [**to eat** the pancake].(4NG20)

③[④] Supermarkets | started | [**to sell** fresh pasta only in the 1990].(3G23E)

③[②] I | can't wait | [**to meet** her].(NEI)

(의도/목적/소망)

③[②] (Why) would you | accept | [**to marry** him]?.(OED)

③[②] They | won't agree | [**to pay** for damage].(3G228,2G52A)

③[②] I | aim | [**to get** to Bangkok by the end of June].(3G13B)

③[②] We | chose | [**to go** by train].(OAD,Col1:27,Jas1:18)

③[②] I | came | [**to say** good-bye].(2G18X,Lk5:32)

③[④] It was late, so we | decided | [**to take** a taxi home].(2G52A,58C)

③[⑤] I | expect | [**to see** business improve shortly].(영작문사전)

③[④] We | guarantee | [**to refund** your money if you are dissatisfied with the computer].↴ (3G13B)

③[②] We | hope | [**to arrive** around two].(2G1C, LEG307, REG243)

③[②] She | is hoping | [**to win** the gold medal].(OED)

③[②] I | hoped | [**to have met** him there].(REG244)

③[②] [What] do you | intend | [**to do** tomorrow]?(Weblio辞書)

③[④] I | intended | [**to have finished** my work last night].(REG244)

③[②] He | longed | [**to win** the prize]?(SBE26)

③[②] I | *'d* love | [**to go** to Australia](=want)(1G50D,2G34A)

③[②] I | didn't mean | [**to annoy** you].(=intend)(2G123B,3G13B)

③[②] The college principal | promised | [**to look** into the matter].(OED)

③[②] I | proposed | [**to start** tomorrow].(=intend)(PEG237,3G36A)

③[⑥] Nathan | had resolved | [**to become** fluent in Spanish before his 30th birthday].(3G13B)

③[②] I | sought | [**to do** my best for it].(SBE10)

③[②] We | stopped | [**to take** pictures].(OED)

③[②] People | were straining | [**to see** what was going on].(OED)

③[②] I | didn't think | [**to tell** her].(OAD)

③[②] I | tried | [**to read** my book], but I was too tired.(1G50A)(노력하기/애쓰기)
③[②] They | tried(=attempted) | [**to put** wire netting all around the garden].(PEG237)(")
③[②] He | vowed | [**to fight** the ban on smoking in public places].(3G36X1)
③[②] I | 'm waiting | [**to talk** to the manager].(1G52C,,3G,RI44)
③[②] Are you | waiting | [**to see** the doctor]?(1G55C)
③[②] Mr Smith | wanted | [**to help** me].(3G23E)
③[②] I | wish(or want) | [**to apply** for a visa].(LEG224;OAD)
③[②] We | *would* like | [**to help** in any way we can.MED)
③[②] *Would* you | like | [**to go** now]?(=want)(2G53A,1G50D,2G58C)
☆ would like/love to 는 want의 정중한 (원합의) 표현 '~하고 싶다/~하기 원하다'
(요구/의무/필요)
③[②] I | asked | [**to see** the manager].(OAD,PEG247,3G36A)
③[③] The children | begged | [**to come** with us].(LED)
③[②] I | demand | [**to see** the manager].(OED)
③[⑤] He | deserves | [**to have** us to help him].(SED, Lk23:41)
③[⑥] Does he | know | [**to come** here first]?(OED)(와야 하는지)
③[②] I | need | [**to get** more exercise].(2G55B,1G50A,3G19A,2JP328)
③[②] The user | requested | [**to view** the database settings].(NED)
③[②] We | require | [**to know** it].(cf.② We | require ‖ [knowing it].)(DED)
③[④] We | shouted | [**to warn** everybody of the danger].(2G62E)
(가능/허가/능력)
③[⑥] They | can't afford | [**to eat** out very often].(2G52X2, PEG215)
③[⑤] He | got | [**to try** out all the new software.(OED)(기회를 갖다)
③[②] He | knew | [**to watch** the clock].(1THr434)(방법)
③[②] Ted played very well, but Jack | managed | [**to beat** him].(2G25D)
③[④] I'm sorry to call you so late, but I | need | [**to ask** you something].(2G64C)(")
(추측/판단/가정)
③[②] The app | doesn't appear | [**to work** on my phone].(=seem)(3G1A)
③[②] They | claimed | [**to have solved** the problem].(2G53X2,DED,Tit1:16)
③[②] I | concluded | [**to take** her advice].(YBM)
③[②] I | wouldn't presume | [**to tell** you how to run your own business].(OED)
③[②] I | pretended | [**to go** to sleep].(26NG22)(~하는 체하다)
③[②] They | seem | [**to think** so].(CRL160.REG259)
③[⑥] I | can't seem | [**to stay** awake today].(TOEIC)
③[④] You | stand | [**to make** a lot from this deal].(OED)(할 것 같다),
③[②] Tim isn't very reliable. He | tends | [**to forget** things].(2G312,53B,OAD(자))(경향이 있다)
③[②] Such a violent storm arose [that the ship | threatened | [**to break** up]].(Jnh1:5)(할 것 같다)
(결과)
③[⑤] He | awoke | [**to find** himself famous].(SSE365.2ML40)
③[②] I | eventually came(or got, grew) | [**to appreciate** his work].(3G21D)
③[②] I | soon got | [**to know** their name].(3G21D,LEG197)
③[②] I | happened | [**to meet** him in a bus].(SBE309)
③[②] He | lived | [**to see** his great-grand children].(SBE18,5WS87)
③[②] The doctors | managed | [**to save** my life].(OED)
③[②] But after awhile, they | started | [**to like** it].(NED)

(동격)

③[②] To be success | does not mean | [to **get** riches, honor and power].(SBE12)

③[②] To read | means | [to **understand** the meaning of written words].

• 수동술어의 주격술어

(예상/예정/계획)

③[②] The strike | is expected | [to **end** soon].(2G43A)

③[②] My train | was supposed | [to **arrive** at 11:30].(2G43X)

(의도/목적/소망)

③[②] Jane | was supposed | [to **call me** last night], but she didn't.(2G43B,10NG30)

③[②] This knife | is only used | [to **cut** bread].

③[④] She | was prevailed (‖) upon | [to **tell** them who she was].(GB1020)

(요구/의무/필요)

③[②] We | are bound | [to **pay** the tax].(SSE368B,3G13A)

③[②] We | were forced | [to **comply** with his request].(OED)

③[②] He | could hardly be held | [to **blame** for it].(1FK250)

③[②] You | 're meant | [to **pay** before you go in].(=intend)(OED)

③[②] I | was obliged | [to **stop** smoking].(LEG227,1ACD)

③[②] He | was sent | [to **get** some food].

③[②] Everybody | is supposed | [to **know** the law].(DED,EJD,2G43X).

③[④] You | are supposed | [to **be helping** me with the case].(20NG38)

③[⑥] I | was told(or ordered) | [to **go** with them to the station].(3G25C)

③[②] I | was warned | [not **to touch** the switch].(2G53B)

(가능/허가/능력)

③[③] Anyone | was allowed | [to **fish** in the lake].(=could)(3G15E,37F)

③[②] I | was given | [to **understand** that he resigned].(OED)

③[⑤] You | aren't supposed(or allowed) | [to **park** your car here].(2G43B)

③[⑤] A hammer | is used | [to **knock** in nails].

(추측/판단/가정)

③[②] The boy | is believed | [to **be** wearing a white sweater and blue jeans].(2G43A)

③[②] He | was supposed | [to **know** a lot of famous people].(2G43X)

(결과)

③[②] I | was not born | [to **die** on Brutus' sword].(8WS199)

(사역/지각동사의 술어)

③[②] We | were made | [to **wait** for two hours].(2G53D)

③[②] He | has been made | [to **return** the money].(3G22C,SBE22)

③[②] He | was noticed | [to **steal** into the room].(OED)

③[③] He | was seen | [to **come** in] (by me).(or coming)(SBE85)

(동격술어)

③[②] The decision | had been made | [to **hit** Boyette].(4JG427)

• 비동사술어의 주격술어

☆ 3형술어를 취하는 형용사: (a) 예상/예정/계획; due, ready, prepared, (b) 의도/목적/소망; anxious, inclined, prepared, willing, (c) 요구/의무/필요; bound, (d) 가능/허가/능력; free, (un)able, (im)possible sufficient, welcome (e) 추측/판단/가정; bound, certain, sure

③[②] He | is due | [to **speak** today].(NED,3G13A)

③[②] I | 'm ready | [to **take** over in Dave's place].(LSW719,BSE18)

③[③] He | is down | [to **speak** at the meeting].(=be scheduled)(YBM)
(의도/목적/소망)
③[②] She | is anxious | [to **buy** it].(SBE18)
③[②] She | is determined | [not to **offend** her mother-in-law].(LEG309)
③[②] I | 'm not prepared | [to **answer** his question]?(=willing)(3G37X)
③[⑤] I | am quite willing [to **do** anything for you].(DED)
③[②] Someone | is here | [to **see** you].(2G82E, Fr'n97)
③[③] I | 'm not in the mood | [to **go** dancing].
③[⑤] All the rest | were of one mind | [to **make** David king].(1Ch12:38)
③[②] He | was always forward(or ready) | [to **help** others].(JB102)
③[②] Dr. Stevens Peterson | was just in | [to **see** me].
③[④] I | am not out | [to **do** you any harm].(=trying to do...)(HH27)
③[②] She | was out | [to **make** money].(=trying to get something for herself)(OAD,)
③[②] He | was out | [to **prove** he had stamina].(=trying to reveal something)(2DK331)
(요구/의무/필요)
③[②] People who earn under a certain amount | are not liable | [to **pay** tax].(OED)
(가능/허가/능력)
③[④] We | are able | [to **see** the ocean from our hotel window.(2G25B)
③[②] You | 're free | [to **leave** at any time you want].(3G70A)
③[②] You | are welcome | [to **try** it].(DED)
(추측/판단/가정)
③[②] We | are apt(or liable) | [to **make** mistakes].(SSE528,OAD)
③[②] Carla | is bound(or sure, certain) | [to **pass** the exam].(2G63E, LEG309,3G13A)
③[⑥] I | 'm likely | [to **get** home late tonight].(2G63E,,REG259)
③[⑥] They | 're hardly likely | [to **get** home before ten].(OED)
③[②] Everything | is likely | [to **happen** in the future].(Rules282)
③[②] She | is prone | [to **catch** a cold].(SSE528)

(b) ~절 술어

다음은 '~절' 술어로 이루어진 3형 즉 NPP'[~절]이다.
다음과 같이 분석된다. 즉 NPP'=NP+NP'의 관계에 있다.

③[②] I | 'll come | [**find** you].
① I | 'll come + ①[②] I | 'll [**find** you].

• 능동술어의 주격술어

☆ 이들의 3형을 1형으로 전환하려면 술어동사를 be로 대체하지 않고 술어동사 자체를 생략한다.
(지각/사역동사)
③[②] I | feel | [**like** something light].(OED) I | don't feel | [**like** beer].(MJL420)
③[②] They want [| to make | [**believe** that everything is all right].(=pretend | deceive)(MED)
③[②] Jim borrowed my new bike, so I | had to make | [**do** with my old one].(3G30F)(~로 만족)
③[②] If you | can make | [**do** with me]. I'll gladly take over the negotiations instead of my colleague.(2FK111)
③[③] This place | will make | [**do** as a campsite].(LSW427)
③[④] After that, I | helped | [**carry** my bags to the car].(13JB40)(준사역)
③[④] Everybody | helped | [(to) **clean** up after the party].(2G55C,3G30E)(")

③[②] It is no good getting angry. That | won't help | [(to) **solve** the problem].(3G97D)(")
(일반동사)

☆ dare, need는 3인칭단수주어의 경우 보조어로도 사용될 수 있는 semi-modal이다.(PEG111) 조동사용법 He need not wait. 본동사용법 He doesn't need to wait. He doesn't dare to interrupt.③[②] I | 'll come | [(to) **find** you].

③[②] | Come | [(to) **see** it].(*or* Come and see it.)(12JB54)

③[②] He does | not dare | [(to) **do** it].(DED)(구어체 to생략)

③[②] I was angry with him, but I | didn't dare | [(to) **say** anything].(3G30E)

③[④] He never dare | [(to) **tell** them the truth].(MK13)(")

③[④] He | did not | dare [(to) **tell** her the news].(GGM209,130)(")

③[②] | Go | [(to) **fetch** some water].(LEG186) | Go | [(to) **get** him]. He's a prize.(TEPS)

③[②] I | 'll go | [(to) **get** some coffee or something], okay?(19JB37,ECD111) [(3G19A)

③[②] Let's [| go | [**get** it]].(written English=Go and get it.)(6JB22).

③[③] | Pray | [**come** with me].(DED,1ACD403,402)(저와 함께 가 주세요)

• **수동술어의 주격술어**

③[②] You | will be let | [**go** from my class room].

③[③] The younger children | were let | [**sleep** on].

③[④] I | was helped [(to) **do** my homework by him].

■ 5형술어

(1) 목적격술어

(a) to~절 목적격술어

다음은 'to~절' 목적격술어로 이루어진 5형 NPN'P'[to~절]이다.
다음과 같이 분석된다. 즉 NPN'P'=NPN'+N'P'의 관계에 있다.

⑤[②] She | told ‖ him | [**to get** some food].
② She | told ‖ him... + ①[② He | was [**to get** some food].

• **to~절 목적격술어**

☆ 5형 술어를 취하는 동사: (a) 예상/예정/계획; arrange, expect, invite, look to, wait for, (=would like/love)r (b) 의도/목적/소망; , count on dare, depend on, encourage, get, hope, leave, *would* like, mean, persuade, plead with, prevail on, rely on, request, want, wish (for), (c) 요구/의무/필요; ask, beg (of), call (on), call (to), challenge, command, compel, demand., desire, direct, force, implore, invite, long for, look to, need, oblige, order, pray, push, request, require, shout (at), start, tell, urge (d) 가능/허가/능력; allow, give, help, permit, qualify, signal, teach (e) 추측/판단(권고)/가정; advise, believe, consider, convince, dare, inspire, persuade, recommend. suggest, suppose, warn, (f) 결과/운명; bring, cause, decide, lead, leave, (g) 동격: accept, announce, make, mean

(예상/예정/계획)

⑤[③] They | arranged ‖ for Jane | [**to stay** in London].(3G31B,2G44A)

⑤[②] I | expect ‖ the government | [**to propose** changes to the taxation system].(3G23D)

⑤[②] The woman | expected ‖ the office | [**to call** her].(TOEIC)

⑤[③] We | invited ‖ her | [**to stay** with us at our house].(1G60B)

⑤[④] | Don't look ‖ to him | [**to help** you](or for help).(=expect)(EJD)

⑤[②] As it's summer, I | started ‖ him | [**to eat** more curd]..

⑤[②] They | waited ‖ for the taxi | [**to come** before saying goodbye].(3G31B)

(의도/목적/소망)

⑤[②] She | kept ‖ after Fang | [**to eat** bones].(18NG29)

⑤[②] I | count(or rely) ‖ on you [**to help** me].(SSE368C)

⑤[②] We | are depending ‖ on you | [**to find** a solution soon].(ask)(3G31B)

⑤[⑤] My teacher | didn't encourage ‖ me | [**to work** hard at school].(3G31A)
⑤[④] I | expect ‖ you | [**to send** the e-mail today].(BSE26)
⑤[②] That's fine. I | 'll get ‖ him | [**to do** it].(4JC385, SBE22)
⑤[⑤] Let's [| leave ‖ him | [**to sleep** it off]].(OED)
⑤[②] We | *'d* like ‖ you | [**to come** to our house].(1G109A)
⑤[④] *Would* you | like ‖ me | [**to lend** you some money]?(=want)(1G51A,109A)
⑤[②] I | didn't mean ‖ you | [**to read** the letter].(=intend)(OED)
⑤[②] I | need ‖ a bottle opener | [**to open** this bottle].(2G61A)
⑤[②] They | pleaded ‖ with him | [**to leave** their region].(Mt8:33)
⑤[②] She | could prevail ‖ on her | [**to accept** the clothes].(=persuade)(GB1020)
⑤[④] King Zedekiah | sent ‖ for him | [**to come** to the palace secretly].(Jer37:17)
⑤[⑦] We | cannot trust ‖ her | [**to go** out alone at night].(DED)
⑤[②] Do you | use ‖ this brush | [**to wash** the dishes]?(2G62C)
⑤[②] They | didn't want ‖ anybody | [**to know** their secret].(1G51A,108B)
⑤[③] Let's make a decision now. I | don't want ‖ this problem | [**to drag** on].(1G138A)
⑤[②] He | wished ‖ me | [**to do** this].(OES66)
⑤[②] I | wish ‖ for John Kwang | [**to start** speaking].(CRL275)
(요구/의무/필요/설득)
⑤[④] Sue | asked ‖ a friend | [**to lend** her some money].(1G51B)
⑤[⑤] I | continuously asked ‖ for him | [**to make** his numbers visible].(Ludwig)
⑤[⑤] I | must beg ‖ (of) you | [**to keep** this a secret].(3G1D)
⑤[②] However, she | also called ‖ for Pyongyang | [**to stop** threatening the South and **to end** its nuclear ambitions.(NEI)
⑤[②] He | called ‖ on me | [**to support** him].(=ask, summon)(SSE368C,3G36X1)
⑤[③] She | called ‖ to him | [**to come** downstairs].(=shout at)(EJD)
⑤[②] I | challenge ‖ you | [**to race** me].(=invite)(DED)
⑤[②] They | forced ‖ him | [**to sign** the paper].(EJD)
⑤[④] I | couldn't get ‖ the car | [**to start** this morning].(OED) ~하게 만들다
⑤[②] | Get ‖ your friend | [**to help** you].(DED) 설득하다(persuade), 권하다(induce)
⑤[②] I | hope ‖ you | [**to get** a life].(YBM)(비격식체, that절이 격식체)(기회를 얻기 바래)
⑤[④] Let me [| implore ‖ you | [**to give** up that sin](2JJ209)
⑤[②] We | invited ‖ her | [**to have** dinner with us].(=ask)(DED)
⑤[④] I | need ‖ you | [**to come** here at once].(EJD, 6JG290)
⑤[②] I | ordered ‖ him | [**to leave** the room].(DED)
⑤[④] He | prayed ‖ of the priest | [**to bless** him for he had sinned](2JJ208)
⑤[③] No one | pushed ‖ you | [**to take** the job, did they?(OED)
⑤[③] I | requested ‖ him ‖ [**to wait** there].(YBM)
⑤[②] True marriage | requires ‖ (for) us | [**to show** trust and loyalty].(OAD,NEI))
⑤[②] I | shouted ‖ at the man | [**to open** the door].(3G31B)
⑤[⑥] Jane | told ‖ me | [(not) **to wait** for her].(1G51C)
(가능/허가/능력)
⑤[②] My parents | wouldn't allow ‖ me | [**to go** to the party].(3G228,2G53C)
⑤[⑥] Having a car | enables ‖ you | [**to get** around more easily].(2G53X)
⑤[②] He | gave ‖ me | [**to believe** that he would help me].(DED)(알게 하다. 설명하다, 가르치다

⑤[②] Can you | help ‖ me | [(to) **move** this table]?(2G53A;LEG301) (=explain, teach)
⑤[③]...who | has qualified ‖ you | [**to share** in the inheritance of his holy people in the kingdom of light.(Col:12)
⑤[②] We | don't permit ‖ people | [**to smoke** in the kitchen].(PEU35)
⑤[③] We | persuaded ‖ Gary | [**to come** with us].(1G51B,1G51X)
⑤[③] He closed the door and | signaled ‖ to the pilot | [**to** [**take** off].(3G31B)
(추측/판단/가정)
⑤[②] I | advised ‖ him | [**to go** to the doctor].(1G51X,2G53C)
⑤[④] He | considers ‖ it | [**to have arrived** in due time even though it was late].
⑤[②] I | dare ‖ him | [**to cross** the river].(3G30E,DED)(도전하다)
⑤[②] I've been trying [| to convince ‖ him | [**to see** a doctor]]..(OED).
⑤[④] She | recommends ‖ housewives | [**to buy** the big tins].(PEG235)
⑤[②] [What] would you | recommend ‖ him | [**to do** ∨]?(.(2G121A)
⑤[②] I | suggest ‖ to you | [**to attend** the party].(NED) ☆ to 없는 you는 틀림(DED)
⑤[⑤'] His nephew | suggested ‖ to him | [**to enjoy** his smoke in a outhouse].(2JJ111)
⑤[②] Nobody | supposed ‖ him | [**to have done** such a thing].(DED)
⑤[⑥] The police | warned ‖ everyone ‖ [**to stay** inside with their windows closed].(3G31A)
(결과)
⑤[③ The man <he chooses>』 he | will cause (‖ ∨) | [**to come** near him].(Nu16:5)
⑤[⑤] What | decided ‖ him | [**to give** up his job].(BEG302)
⑤[②] The evidence | leads ‖ me | [**to believe** that she's lying].(OED)
(동격) ☞3.3.D.(2).
⑤[②] I | accepted ‖ Louisa's invitation | [**to visit** her in Rome].(3G38A)
⑤[②] He | announced ‖ his intention | [**to stand** in the election].(3G93C)
('for~ to~'절)
⑤[②] I | have ‖ a fancy | [**for** you and Roger and me **to have** a little celebration].(2EG356)
⑤[②] I | intend ‖ the money | [**for** Harry Esmond **to go** to college].(4EG341)
⑤[①] How little time ‖ it | takes ‖ ∨ | [**for** things **to happen**].(3EG342)

(b) ~절 목적격술어

다음은 '~절' 목적격술어로 이루어진 5형 NPN'P'[~절]이다.
다음과 같이 분석된다. 즉 NPN'P'=NPN'+N'P'의 관계에 있다.

⑤[②] I | 'll let ‖ you ‖ [**go** from here].
② I | 'll let ‖you... + ①[②] You | 'll [**go** from here].

• ~절 목적격술어

☆ 사역동사 bid, have, make, let나 지각동사 catch(발견하다), detect, feel, hear, listen, look. notice, observe, perceive, see. smell, taste, watch, witness의 술어는 ~형을 취한다. ~형은 동사술어와 목적격술어의 시제의 동시성을 나타낸다. 사역동사는 주어의 의지, 지각동사는 동사의 성질에 의해 동시성이 나타난다. 다만, help는 사역동사, find, know는 지각동사의 역할을 하는 경우도 있다.

(사역동사)
⑤[③ He | will have ‖ that person | [**come** near him].(Nu16:5)
⑤[②] What would you | have ‖ me | [**do** ∨]?(OED)
⑤[②] He | let ‖ her | [**attend** the party].(SBE22)
⑤[⑤] | Let ‖ me | [**get** this straight].(20NG21)

⑤[⑤] | Let‖'s |[**get** you inside]. | Let‖'s |[**get** you warm].(Fr'n109)
⑤[⑤] I |won't let ‖ you |[**make** a fool of me].(1JJ224)
⑤[③] | Let‖'s |[**sit** in the front of the movie theater].(2G121A)
⑤[④] | Let‖'s |[**take** her some flowers].(=some flowers to her)(PEU602)
⑤[⑤] | Let ‖ no one |[**take** me for a fool].(2Co11:16)
⑤[④] We | often have ‖ our friends |[**visit** us on Sundays].(OED)
⑤[②] | Let ‖ me |[**use** her computer] because mine wasn't working.(1G51D)
⑤[②] He | made ‖ me |[**do** it].(SBE22)
⑤[②] At school our teacher | made ‖ us |[**work** very hard].(1G51D,3G22C)
⑤[⑥] NPNP[(nv nfc] That | made ‖ me |[**feel** scary inside].(1JB5)
(지각동사)
☆ They went out. + I heard this. → I heard them go out. (the complete action from start to finish)
I heard them. + They were talking. → I heard them talking..(in the middle of talking)
⑤[②] Roy Hawksley | allegedly caught ‖ him | [**steal** from his mail] and chased after him.
⑤[④] Julia | suddenly felt ‖ somebody | [**touch** her on the shoulder].(2G65D)
⑤[②] She | felt ‖ the mosquito | [**bite** her].(3G101)
⑤[②] I | felt ‖ myself | [**shiver** with cold].(SBE22)
⑤[③] I | didn't hear ‖ you | [**come** in].(2G65D)
⑤[③] I lay in bed and | listened ‖ to the heavy tram | [**go** by].(OES67)
⑤[②] I | noticed ‖ him | [**steal** into the room].(,OAD,SBE22)
⑤[③] Did you | notice ‖ anyone | [**go** out]?(2G65D)
⑤[⑥] They | observed ‖ the birds | [**come** back to their nests one by one].(SBE22)
⑤[③] I | saw ‖ Oliver | [**come** out of his house].(2NG9)
⑤[⑤] I | saw ‖ you | [**put** the key in your pocket].(OAD,3G3E)
⑤[②] I | saw ‖ him | [**enter** the room].(SBE22)
⑤[②] Did you | see ‖ anyone | [**leave** the house]?(OED)
⑤[③] I | watched ‖ him | [**climb** through the window].(3G30D,4EG284,(1NG27)
⑤[②] I | watched ‖ him |[**bury** a bone].(1NG27) / Watch ‖ him |[**bury** that bone].(1NG27)
(준사역/준지각 동사)
⑤[②] I | will help ‖ you | [(to) **do** the work].(SBE22)(준사역)
⑤[②] Can you | help ‖ me | [**find** it]?(1NG9,5NG8))(")
⑤[②] This charity aims [| to help ‖ people | [(to) **help** themselves]].(OED(")
⑤[②] | Leave ‖ us |[**go** now].(DED) | Leave ‖ him |[(to) **do** as she likes].(")
⑤[②] We | 've found ‖ the farm crops | [(to) **do** so well].(ZEG197,4EG290)(준지각)
⑤[②] I | have known ‖ him | [**presume** upon his iron strength...].(1ACD796)(")
⑤[④] I | 've never known ‖ it | [(to) **snow** in July before].(OED)(")
⑤[②] They | 've never known ‖ her | [(to) **behave** so badly].(ZEG197,1ACD193)(")

(2) 주격술어
다음은 'to~절' 주격술어로 이루어진 5형 NPN' ΓP'to~절]이다.
다음과 같이 분석된다. 즉 NPN' ΓP'=NPN'+NP'의 관계에 있다. P'는 N을 서술한다.

⑤'[②] She	went ‖ to the store Γ[**to get** some food].
② She	went ‖ to the store. + ①[③] She	was [**to get** some food].

(의도/목적/소망)
⑤'[②] I | called ‖ the office ┌[**to tell** them I'd be late.(OED)
⑤'[②] She | went ‖ to the store ┌[**to get** some food].(1G52A)
⑤'[②] I need [| to make ‖ an appointment ┌[**to see** the doctor]].(1G58D)
⑤'[②] I | peered ‖ over the counter ┌[**to take** a closer look].(15NG30)
⑤'[②] I | strained ‖ my ears ┌[**to catch** what they were saying].(OED)
⑤'[②] He | took ‖ the course ┌[**to get** a better job].(3G81A)
⑤'[②] She | took ‖ the trouble ┌[**to help** me].(SBE14)
⑤'[②] Did you | use ‖ a dictionary ┌[**to translate** the letter].(1G'260)
⑤'[②] What would you | do ‖ first ┌[**to find** Fang]?(20NG14)
⑤'[③] He | worked ‖ hard ┌[(so as) not **to lag** behind the other students].(REG245)
(요구/의무/필요)
⑤'[②] I | need ‖ your help ┌[**to find** the card].(18NG4)
⑤'[②] We | need ‖ some money ┌[**to buy** some food.(1G52B)
⑤'[②] Ollie | has promised ‖ Billy ┌[**to take** him fishing next week].(LSW696)
(가능/허가/능력)
⑤'[⑤] He | opened ‖ the door ┌[**to let** the cat out].(Baidu)
⑤'[②] The man | uses ‖ mass transit ┌[**to get** to work].
(추측/판단/가정)
☆ 5형 주격술어는 대체로 임의술어인데 이 경우는 필수술어이다.
⑤'[②] He | appeared ‖ to me ┌[**to have hinted** at some distant idea].(2CD336)
⑤'[⑤] You | consider ‖ it ┌[**to take** it in hand].(Ps10:14)
⑤'[④] Brothers, I | do not consider ‖ myself ┌[yet **to have taken** hold of it].(Php3:13)(완부)
(결과)
⑤'[②] We | got ‖ to the station ┌[**to find** that the train left].(and found)(OES164)
⑤'[⑤] He | looked ‖ round ┌[**to see** the door slowly opening].(Baidu)
⑤'[⑤] He | opened ‖ the door ┌[only **to find** the room empty].(SSE366)
⑤'[②] I tried [| to persuade ‖ him ┌[only **to displease** him]].(SBE19)
⑤'[⑤] One | had only to see ‖ her ┌[**to love** her].(JJR87)
⑤'[④] He | had tasted ‖ freedom ┌[only **to lose** it again].(OED)
⑤'[②] We | worked ‖ hard ┌[only **to fail** again].(=and failed)(SSE366)

- **수동술어의 주격술어**

⑤'[④] The men | were paid ‖ $200 ┌[**to do** the work].(2G42A)
⑤'[④] I | am required ‖ by law ┌[**to read** it to you in open court].

■ 7형술어

다음은 'to~절' 주격술어로 이루어진 7형 NPP'P"to~절]이다.
다음과 같이 분석된다. 즉 NPP'P"=NPP'+NP"의 관계에 있다.

⑦[②] She	went	out	[**to get** some food].
② She	went	out. + ①[③] She	was [**to get** some food].

(예상/예정/계획)
⑦[⑤] All the Israelites | had gone | there | [**to make** him king].(2Ch10:1)
⑦[②] He | agreed | with him | [**to construct** a fleet of trading ships].(2Ch20:36)

⑦[②] After discussing the economy, the president | then went | on | [to **talk** about foreign policy].(=do or say something new)(2G54B, Lk19:11,LEG321)

(의도/목적/소망)

⑦[②] We | came | <u>down</u> here (the first time) | [to **buy** food].(Ge43:20)

⑦[⑤] Gehazi | came | over | [to **push** her away],(=approach)(2Ki4:27)

⑦[⑤] They | came | together | [to **make** war against Joshua and Israel].(Jos9:2)

⑦[②] Juliette | came | running | [to **meet** us].(A'G41)

⑦[⑤] I | dropped | in | [to **see** Chris on my way home].(들르다)(2G135B)

⑦[②] I | feel | inclined | [to **drink** something cold].

⑦[②] She | went | out | [to **get** some food].

⑦[②] He | went | in(or out) | [to **see** him].(Ac28:8,2Ki9:16;Jdg4:22,Lk8:35)

⑦[③] | Do not go | up | [to **fight** against your brothers].(2Ch11:4)

⑦[②] I | remained | there ‖ [to **see** what would happen].(REG249)

⑦[②] I | waited | up | [to **watch** the late new on TV].(=awake)(EID945)

(요구/의무/필요)

⑦[②] I | bent | down | [to **tie** my shoes].(2G135B)

⑦[②] They | started | <u>in on</u> me | [to **buy** a new car].(다그치다)(YHD)

(가능/허가/능력)

⑦[②] | Please feel | free | [to **contact** us].(YBM)

⑦[②] These people | are standing | <u>in</u> line | [to **get** into the stadium].(2G23A)

(결과)

⑦[②] He | arrived | home | [to **find** that the house had been burgled].(PEU268)

⑦[②] The Bulls | came | from behind | [to **win** the game].(앞지르다)(Free D)

⑦[④] The prize pupil, however, | turned | out | [to **have** another side to his character].↴

⑦[②] I | got | up | late | [only **to miss** the final exam]. (LSW695)

D. 비동사절 술어

■ 1형술어

다음은 '비(非)동사절(verbless clause)' 술어로 이루어진 1형 NP[nv절]이다.

①[③] He | was [**alone** in the room].

[형용사절]

①[②]* I think [you | are [being **unfair** to her]].(2MiC194)

①[⑤] I | wasn't [**able** to figure out the first question].(=was unable to)(NEI)

①[②] I | 'm [**afraid** of dogs].(1G1B)

①[②] He | is [**absorbed** in his work].(NEI)

①[②] Are⌋ you [**angry** about last night]?(1G113A)

①[③] He | was [**alone** in the room].

①[⑦] He | was [**alone** in my room playing music].(5ST453)

①[④] I | was [**annoyed** with myself for giving in so easily].(OED)

①[②] Lisa | is [**different** from her sister].(1G110A)

①[②] He | is [**fit** for the present job].(YBM)

①[②] I | am [**happy** that he is well].(YBM)

①[②] I | 'm [**interested** in art].(1G1A)
①[④] You | must not be [**late** for school again].(1G29B)
①[③] They | are [**likely** to come soon].(REG259,OAD)
①[②] What may be known about God | is [**plain** to them].(Ro1:19)
①[②] These plants | are [peculiarly **prone** to disease].(OED)
①[②] I | am [partly **responsible** for that matter].(DED)
①[②] I'm afraid I can't help you. I | 'm [**sorry** about that].(1G113A)
①[②] God left nothing <that | is [not **subject** to him>.(Heb2:8)(dependent on)
①[②] I | was [**suspicious** of his motives].(OED)
①[②] Nothing | is [**wrong** with him].(Young Seeker 67)

[명사절]

①[③] I | am [**a fool** about her].(A Rose for Julian)
①[⑥] At least he | was [**here** on time today].(All Laced Up)

[전치사구절]

①[③] I | am [**in love** with someone else].(5ST472)
①[③] I | was [**in my room** reading her journal].(NED)

[소사절]

①[③] The watchman | was [always **away** somewhere].(Chekov78)
①[③] Father Dolan | will be [**in** to see you every day].(2JJ99)
①[③] I | 've been [**out** in the rain].(2VP343)

■ 3형술어

다음은 '비동사절' 주격술어로 이루어진 3형 NPP'[nv절]이다.
다음과 같이 분석된다. 즉 NPP'=NP+NP'의 관계에 있다.

③[③] He | stood | [**alone** in the room].
① He | stood. + ①[③] He | was [**alone** in the room].

[형용사절]

③[③] I | didn't feel | [**able** to disagree with him].(OAD, 5SKa558, 1AN411)
③[③] She | always seemed | [**absorbed** in him].(DHL265)
③[③] He | stood | [**alone** in the room].(Triple Mirror24)
③[②] Their bodies | have become | [**adapted** to high altitudes].(3G21C)
③[②] They lose their appeal, or the owner | becomes | [**afraid** of it].(NED)
③[③] He | was left | [**alone** in the room].(The Other Room142)
③[③] Mother | looked | [**angry** at me].(1JB5)
③[④] She | acted | [**annoyed** with me for a while].(1MiC381)
③[④] He | got | [very **annoyed** with me about my carelessness].(OED)
③[②]* The room | appeared | [(to be) **brighter** than when I last saw it].(3G21C)
③[③] The children | went | [completely **crazy** at the party].(3G21C)
③[②] London | had become | [quite **different** from the nation's rural areas].(NED)
③[②]* And this good woman | is supposed | [to be **gone** from us].(1JWG71)
③[③] Juries | became | [increasingly **likely** to acquit].(OED)
③[②] David also defeated the Moabites, and they | became | [**subject** to him]...(1Ch18:2)
③[②] They | became | [**suspicious** of his behaviour] and contacted the police.(OED)

③[②] So, the driver | was held | [**responsible** for the accident].(YBM)
③[②] Nothing | is found | [**wrong** with him].(71The Literary Digest23)
[명사절]
③[③] Your friend | has been made | [**a fool** about the girl].(OHS321)
③[①]* I | don't want ‖ [to be **the only oddball**].
③[③] At least, he | got | [**here** on time].(Drunkcow Landmines 222)
③[②]* Thou | didst promise | [to be **here**. at nightfall].(1JWG117)
③[②]* I | happened | [to be **there** at that time].(REG259)
[전치사구절]
③[③] She | fell | [in **love** with him].(ECD556)
③[③] Were you | able to get | [in **touch** with David]?(SAT)
③[③] He | sits | [in **his room** all depressed.(NEI)
③[②] We | are inseparably bound | [in **love** to each other].(ECD538)
③[②] The whole matter | was left | [up in **the air** for another week].(NPV430)
[소사절]
③[③] I | went | [**away** full] but the Lord has brought me back empty.(Ru1:21)
③[②] I | ran | [**away** a little distance].(DD48)
③[③] He | came | [**back** hungry].(Freedom's Forge38)
③[③] | Don't go | [**out** in the rain]. Wait until it stops.(2G124A)

■ 5형술어

(1) 비동사절 목적격술어

다음은 '비동사 비정형절' 목적격술어로 이루어진 5형, NPN'P'[nv절]이다.
다음과 같이 분석된다. 즉 NPP'=NP+N'P'의 관계에 있다.

⑤[③] She	left ‖ him	[**alone** in the room].
② She	left ‖ him. + [①[③] He	was [**alone** in the room].

[형용사절]
⑤[③] We | suddenly find ‖ ourselves | [**able** to perceive our absence].(3ST137)
⑤[③] A viral disease | left ‖ her | [barely **able** to walk].(OED)
⑤[②] I | saw ‖ him | [**absorbed** in his studies].(Common Errors in English45,OHS358)
⑤[②] He | bids ‖ us | [be **afraid** of him who can send you into hell].(Calvin186,.2JJ140,Mt10:28)
⑤[②] You | made ‖ me | [**afraid** and ashamed of you].(EB162)
⑤[⑤'] I | found ‖ myself | [**alone** again with my mother].(1ST40)
⑤[②] Everything | made ‖ him | [**annoyed** with life and those around him].(GG)
⑤[②]* The Swiss school | teaches ‖ [to be **bored**. in any case].(1MiC262)(가능)
⑤[②] I | found ‖ this bicycle | [very **comfortable** to ride].(PEU600)
⑤[②] What | made ‖ them | [**different** from the rest of us}?(Timescore)
⑤[③] He | sent ‖ irresponsible enthusiasts | [**empty** away].(Stott107)
⑤[②] Conti | pronounced ‖ herself | [**fit** for the match].(3G28F)
⑤[③] Who | let ‖ the wild donkey | [**go** free]? Who untied his ropes?(Job 39:5)
⑤[②] That | made ‖ me | [**happy** inside].(2JB29)
⑤[②] But I | 'll make ‖ you | [**happy** that you came].(2THr29)
⑤[②] They threatened [| to send ‖ him | [**hungry** to bed]].(Renoir84)

⑤[②]* I | 've never known ‖ her | [(to) be **late** before].(LEG301)(추측)
⑤[③] They | make ‖ us | [more **likely** to think good thoughts].(Web)
⑤[③] Roughly 1 in 6 voters (17%) said [a guilty verdict | would make ‖ them |[less **likely** to vote for Trump]].(NPM)
⑤[②]* I | had imagined ‖ her | [to be **older** than that].(OED)(가상)
⑤[②] God | has made ‖ it | [**plain** to them].(Ro1:19)
⑤[②] It(=blessedness] tend [to make ‖ us | [**prone** to presumption].(Bruce64)
⑤[②]* Who do ‖ you | consider ‖ ∨ | [(to be) **responsible** for the accident]?(OAD262)(판단)
⑤[②]* | Let ‖ everyone | [be **subject** to the governing authority].(Ro13:1)
⑤[②] That | made ‖ me | [**suspicious** of the Stern report].(NED)
⑤[②] Yet at present we | do not see ‖ everything | [**subject** to him].(Heb2:8)
⑤[③] I | find ‖ nothing | [**wrong** with him].(Lk23:22)

[명사절]

⑤[③] Your friend | has made ‖ himself | [**a fool** about the girl].(OHS321)
⑤[③] I | got ‖ him | [**here** on time].(3TC113)

[전치사구절]

⑤[③] He | fancied ‖ her | [in **love** with him].(1JA105)
⑤[③] I | found ‖ Sue | [in **my room** reading my letters].(2G65D)
⑤[②] I don't want [| to leave ‖ anything | [up in **the air** over the weekend]].(NPV430)

[소사절]

⑤[③] Put limits around the mountain and | set ‖ it | [**apart** as holy].(Ex19:23)
⑤[③] They | packed ‖ them | [**away** somewhere out of sight].(4SK704)
⑤[②] | Please put ‖ your journals | [**away** now].(18JB67)
⑤[③] He | will not send ‖ you | [**away** hungry].(JB106, Dt15:13, 1Sa5:5)
⑤[③] I went away full but the Lord | has brought ‖ me | [**back** empty].(Ru1:21)
⑤[③] We | let ‖ them | [**down** easy].(2CD89)
⑤[③] I | will bring ‖ him | [**in** alive].(RTK22:102)
⑤[③] Finally the station manager | took ‖ him | [**on** as an errant boy.(CSS239)
⑤[③] I | would not have ‖ you | [**out** in a shower].(1JA133)
⑤[⑥] Did I | see ‖ you | [**out** running the other day]?(TOEIC)
⑤[③] If we claim we have not sinned, we | make ‖ him | [**out** to be a liar].(1Jn1:1))

(2) 주격술어

다음은 '비동사절' 주격술어로 이루어진 5형 NPN' ΓP'[nv절]이다.
다음과 같이 분석된다. 즉 NPN' ΓP'=NPN'+NP'의 관계에 있다. P'는 N을 서술한다.

⑤'[③] She | spent ‖ her evening Γ[**alone** at the theater]. ⑤'[③] She | spent ‖ her evening.+ ①[③] She | was [**alone** at the theater].

(비동사절)

⑤'[②] It | seemed ‖ to me Γ[almost **indifferent** what port we made for].(Exp417)
⑤'[③] She | spent ‖ her evening Γ[**alone** at the theater].(1ST298)
⑤'[②]* I | promised ‖ him Γ[to be **there** at once].(DED)
⑤'[③] They | had spent ‖ the night Γ[in **bed** together].(1Q84,865)

■ 7형술어

다음은 '비동사절' 주격술어로 이루어진 7형 NPP'P"[nv절]이다.
다음과 같이 분석된다. 즉 NPP'P"=NPP'+NP"의 관계에 있다.

⑦[①] I │ got │ home │ [too **late** to see the game on television].
③ I │ got │ home.+ ①[①] I │ was [too **late** to see the game on television].

(비동사절)
⑦[③] She │ sat │ on the sofa │ [**absorbed** in him].(DHL265)
⑦[①] I │ got │ home │ [too **late** to see the game on television].(2G119B)
⑦[②] I │ kept │ on │ [being **nice** to her].(7JB12)
⑦[③] He │ came │ home │ [completely **worn** out].(=tired)

E. '전치사+비정형절' 술어

■ 1형술어

다음은 '전치사+비정형절' 술어로 이루어진 1형 NP[pr+nfc]이다.

①[②] This knife is │ for [**cutting** bread]

• '단순전치사+비정형절' 술어

(about~)
①[②] He │ was about [**getting** dressed].
①[②] This │ is not about [**crossing** line].(13JB34,Free Willy)
①[②] He │ is about [**to leave** Seoul].(SED30)
☆ about가 to부정사를 취하는 경우는 about는 부사와 유사한 성질을 가진다
(against~)
①[②] She │ is against [**seeing** him].(does not want)(OED)
①[⑤] The captain │ is against [**loading** the goods on the dock].((REG269)
(as~)
☆ as if 뒤에 비정형절이 오는 경우 가정법인지 여부는 문맥으로 판단한다
①[①] He │ was as [if in a trance].(The Feud of Oakfield Creek 406)
(for~)
①[⑤] The director │ is for [**extending** the time of shipment](REG269)
①[②] This knife │ is only for [**cutting** bread].(used for a particular purpose)(2G61C)
(in~)
①[②] The only pain │ was in [**leaving** her father].(2JAe209)
①[②] There is no point │ in [**having** a car] if you never use it.(2G61A,126B)
①[⑤] My main interest at present │ is in [him │ his **doing** well at school].(LEG318)
(like~)
①[⑥] I │ am like [**going** crazy about my teeth.(GG).
①[③] I │ was like [David **fighting** up against Goliath].(YBM)
①[③] Be careful. The floor has been polished. It │ 's like [**walking** on ice].(2G114A)
①[①] Suddenly, there was a terrible noise. It │ 's like [a bomb **exploding**].(2G114X)
①[⑤] I │ was like [**to have** a little ship at my command].(DD20)

(of~)
①[②] The first example | is **of** [an individual **buying** a house].
(off~)
①[②] You | are **off** [**seducing** the servant girls].(=stop)(Out of Africa16)
①[①] They | 're both **off** [being **fake-tortured**]..(=stop)
(on~)
①[④ All my books | are **on** [**how to improve** your marriage].
(past~)
①[②] I | 'm **past** [**caring** what happens to me].(off)(OED)

● **'복합전치사+비정형절 ' 술어**

(~to~)
①[②] We | are **back to** [**looking** for a scared cat].(12NG28)
①[②] There aren't many wizards <who | are **up to** [**making** it]>.(devote to)(3HP157)
①[③] None of us | were **up to** [**going** out in that downpour].(inclined)(OPV27)

■ 3형술어

다음은 '전치사+비정형절' 주격술어로 이루어진 3형 즉 NPP'(pr+nfc)이다.
다음과 같이 분석된다. 즉 NPP'=NP+NP'의 관계에 있다.

③[②] This knife | is used | **for** [**cutting** bread]. ① This knife | is used... .+ ①[②] This knife is | **for** [**cutting** bread]

● **'단순전치사+비정형절' 술어**

(about~)
③[②] Herod | then set | **about** [**constructing** his kingdom].(=start)(EJ)
③[②] The young man | appeared | **about** [**to befriend** me].(EB74)
③[②] Nobody | seemed | **about** [**to explain** anything].(1HP49)
(against~)
③[⑦] I | would strongly advise | **against** [**going** out on your own].(OED)
③[②] We | have decided | **against** [**moving** to Chicago].(2G60A, 5TC99)
③[③] Her heart | is dead set | **against** [**going** to dance].(EID375)
(as~)
③[①] He | acted | **as** [if (he was) **certain** of success].(LEG30)
③[③] They | will appear | **as** [if suddenly **created** there].(Darwin342)
③[①] For him, no doubt, clean cups | appear **as** [if **by magic**].(NED)
③[④] He | had often made | **as** [if **to interrupt** us mid-sentence...].(Plato16)
③[②] He | shrugged | **as** [if **to say**, "Why bother?"].(2JG92)
③[②] She | stood | **as** [if **waiting** for someone].(Rough Road 43)
③[①] He | stopped | **as** [if **in search** of the right words].(SBE250) (1ACD747)
③[①] This man | may be taken | **as** [if being quite **on the same intellectual plane** as myself].
③[①] He | turned | **as** [if **to go**].(HH19)
(for~)
③[②] This knife | is used | **for** [**cutting** bread].
③[②] This is a tool <that | is used | **for** [**cutting** hedges]>.(LEG314)
(like~)

③[③] I | feel | **like** [**making** a cake for her birthday].(=feel inclined to~)(SBE50)
③[⑥] I | don't feel | **like** [**going** out tonight]?(2G60A,5ST376)
③[③] You | look(or feel) | **like** [death **warmed** up].(NED)
③[①] What's that noise? It | sounds | **like** [a baby **crying**].(2G114A)
③[②] I | had | **like** [**to have suffered** a second shipwreck].(DD45)
(off~)
③[④] She | has to hold | **off** [**paying** her bills until next month].(=stop)(EID403)
③[②] I | have never left | **off** [**adoring** her].(")(2CD248)
(past~)
③[②] One day I grew up and | looked | **past** [**finding** pictures of trains].(=off)

• **'복합전치사+비정형절' 술어**

(~on~)
③[②] The government is [| to cut | **back on** [**spending** on the armed forces].(3G94F)
(~to~)
③[③] I | don't | feel | **up to** [**tidying** the kitchen now].(feel strong enough)(PEG328,ECD257)
③[③] Do you | feel | **up to** [**driving** the car]?—Don't worry. I'm not drunk.(ECD257)

■ 5형 술어

(1) 목적격 술어

다음은 '전치사+비정형절' 목적격술어로 이루어진 5형, NPN'P'[pr+nfc]이다.
다음과 같이 분석된다. 즉 NPN'P'=NP+N'P'의 관계에 있다.

⑤[②] We	use ‖ this knife	**for** [**cutting** bread]. ② We	use ‖ this knife...+ ①[②] This knife is	**for** [**cutting** bread].

• **'단순전치사+비정형절' 술어**

(about~)
⑤[④] Katherine | could feel ‖ her neck | **about** [**to give** way beneath his weight].(4DB190)
⑤[⑤] He | saw ‖ his honored parent | **about** [**to wrench** it open].(3CD155,3ST207)
(as~)
⑤[①] Jenkins | identified ‖ me | **as** [being **capable** and **motivated**].(CRL85)
⑤[②] I | could imagine ‖ myself | **as** [Portia **entering** the compass room].((NEI)
⑤[①] I | always look ‖ of them | **as** [being quite **different**].(OW98)
⑤[①] One practice is [| to designate ‖ protons | **as** [**if** less than **this**]].(LSW768)
(for~)
⑤[②] We | use ‖ this knife | **for** [**cutting** bread].
⑤[②] Do you | use ‖ this brush | **for** [**washing** the dishes]?(2G62C,EJD)
(in~)
⑤[②] She | finds ‖ pleasure | **in** [**browsing** around the department store].(DED)
⑤[②] He | took ‖ great delight | **in** [**working** out hard problem].(JB322,)
⑤[②] I | can see ‖ no point whatever | **in** [**buying** it].(PEU614,1ST246)
(like~)
⑤[③] The noise of the engine | made ‖ it | **like** [**sleeping** out in the boonies].(2TC1107)
⑤[②] A nasty teacher | had put ‖ me | **off** [**learning** languages].(=stop)(EPV517)

(past~)

⑤[②] You | pushed ‖ me | <u>past</u> (or <u>off</u>) [**caring** about that].

- **'복합전치사+비정형절' 술어**

(~for~)

⑤[④] John | told ‖ his brother | <u>off for</u> [**using** his bike without asking].(2G138C)

(~of~)

⑤[②] I | get ‖ a kick | <u>out of</u> [**playing** tennis].(=like)(ECD1066)

(~to~)

⑤[②] She | gave ‖ herself | <u>up to</u> [**drawing** a picture].(=devote to)

⑤[②] The other boys | put ‖ Tommy | <u>up to</u> [**stealing** the comic books].(=entice)(EID701)

(2) 주격 술어

다음은 '전치사+비정형절' 주격술어로 이루어진 5형, NPN' ΓP'[pr+nfc]이다.
다음과 같이 분석된다. 즉 NPN' ΓP'=NPN'+N'P'의 관계에 있다. P'는 N을 서술한다.

⑤'[①] She	hurriedly left		the room Γ<u>as</u> [if **angry**].
② She	hurriedly left		the room	+①[①] She	was <u>as</u> [if **angry**].

(as~)

⑤'[①] You | had struck ‖ me Γ<u>as</u> [well **brought** up].(3ST536)

⑤'[①] She | struck ‖ me Γ<u>as</u> [being **a very nervy kind of person**].(PEU384)

⑤'[①] The plan | strikes ‖ me Γ<u>as</u> (being) **ridiculous**.(EJD,1ASD790)

⑤'[②] Lee | fell ‖ <u>to</u> the floor Γ<u>as</u> [if **hit** by a bullet].(3G84D)

⑤'[②] He | shook ‖ his head Γ<u>as</u> [if **to say** "No"(or <u>in</u> anger)].(EJD,12JG450)

⑤'[②] The invalid | looked ‖ <u>up at</u> me Γ<u>as</u> [**though** to thank me].(SBE250)

⑤'[①] She | hurriedly left ‖ the room Γ<u>as</u> [**if/though angry**(or <u>in</u> **anger**)].(Baidu)

⑤'[①] He | walked ‖ the hallway Γ<u>as</u> [if <u>in</u> **search** of something].(5JG263)

■ 7형 술어

다음은 '전치사+비정형절' 주격술어'로 이루어진 7형 NPP'P"[pr+nfc]이다.
다음과 같이 분석된다. 즉 NPP'P"=NPP'+NP"의 관계에 있다.

⑦[②] She	stood	<u>at</u> the gate	<u>as</u> [if **waiting** for someone].
③ She	stood	<u>at</u> the gate.+①[②] He	was <u>as</u> [if **waiting** for someone].

(as~)

⑦[②] He | stood | there | <u>as</u> [if **dazed** by his unexpected fortune].

⑦[②] She | stood | <u>at</u> the gate | <u>as</u> [if **waiting** for someone].(Baidu)

⑦[①] They | stood | <u>in</u> a circle | <u>as</u> [**though** for a photograph].(BP214)

1.7 정형절 술어(finite clause)

다음은 정형절 또는 '전치사+정형절'이 술어로 사용되는 문형이다.
'주어+정형동사' 를 가진 절이 문장의 일부가 될 때 이를 정형절이라고 한다.
정형절에는 wh-절과 비wh-절이 있다. wh-절은 wh-어가 이끄는 절로서 what, when, where, who, which, why, how와 결합한다. 비wh-절에는 that절, if/whether절, as/like절,직접인용절 등이 있다. that절이 술어가 되는 경우는 주어/목적어와 동격관계에 있다.

A. 정형절 술어

■ 1형술어

다음은 '정형절' 술어로 이루어진 1형 NP[fc]형이다.

①[③] He ｜ was [**where** he belonged].

• 정형절 술어

(a) wh-절 술어

(what)

①[①] I | 'm just [**what** I am].(=appeared to be)(AM254,6WS6)(현재의 무엇(사람)인 자체)

①[②] You ｜ are [**what** you eat].(Proverb)(=the thing which)

①[①] He ｜ is not [**what** he used to be].(")(OES320)

①[③] Men ｜ should be [**what** they seem].(")(6WS140)

①[⑤] I ｜ am [**what** you have made me].(2CD304)

①[①] His civility ｜ was just [**what** it had been].(2JA214)

①[②] This | is [**what** I want].(OES319) This | is exactly [**what** I wanted].(PEU497)

①[⑤] Galuni ｜ is [**whatever** you want it to be].(NED)

(who)

①[①] I ｜ am [**who** I am].(=the person who)(HaM900)(현재의 누구인 자체)

①[①] You ｜ are [**who** you are].(FK47) We ｜ are [**who** we say we are].(2MT189)

①[①] My job ｜ is [**who** I am].(2TC496)

(when)

①[②] The question ｜ is [**when** he did it].(LEG16)

①[②] That ｜ was [**when** it happened].(1JB19)

①[②] Sunday ｜ is [**when** (the day when) I am not so busy].(LEG22)

①[②] Monday is [**when** I am busiest].(the time when)(GED)

①[④] The proper time to attack ｜ was [**when** they began to transfer their camp].(RTK84:16)

①[①] It ｜ was [**when** Lelia was away].(CRL21)(비인칭주어)

(where)

①[③] He ｜ was [**where** he belonged].(6JG142)

①[①] His clock ｜ wasn't [**where** it should be].(HaM1064)

①[③] The office ｜ is [**where** the boss of the school lives].(2JB52,22JB26)

①[③] This ｜ is [**where** I was born].(=the place where)(OES330)

①[③] This ｜ is [**where** we used to play].(")(DED)

①[⑤] And here ｜ is [**where** I left it].(")(10NG14)

(why)

①[④] "I don't know," Annie said. "That | 's [**why** I called you].(1NG16)

①[④] That | 's [**why** my family members cherish me].(YBM)((~한 이유)

①[⑥] That | 's [**why** I failed in the exam].(OES330)

(how)

①[①] If this | was [**how** things were], how would they act in K's case?(2FK100)

①[④] This | is [**how** he used to do].(OES330, DED)

①[①] That | was [**how** she he had always been].(GGM275) So that | 's [**how** you do it].(8JG89)

(whether/if)

①[②] The first issue | is [**whether** he knew he was committing a crime].(3G86C)

①[①] The question | is [**whether/if** the man can be trusted].(PEU611,LEG15)

(b) that절 술어

①[①] I | am (the one) [**that** I am].(Ex3:14 KJV) (나는 곧 스스로 있는 자니라)

①[②] The fact | is [(**that**) I do not love her].(EJD,1UE203,1ST298),

①[②] My desire | is [**that** Job may be tried to the end].(Job34:36AKJV) (OED)

①[①] The reason <why the injection needs repeating every year> | is [**that** the virus changes].

①[②] My suggestion | is [**that** he (should) go at once].(SSE60B) ↴

①[②] The trouble | is [(**that**) I have lost his address].(REG414) (DCMA)

①[④] The truth is, | [(**that**) I never left you all through my wild days, my mad existence].↵

①[②] It | is [**that** we are making a search of all the baggage on the train].(3AC216)(비인칭주어)

①[①] It | was [**that** winter was coming even it was only May].(4SK60)

①[①] It | was not [**that** Duc de Guermantes was bad-mannered].(3ST336)

①[③] It | 's just [**that** so much has happened in between].(MM914,15JB3)

①[①] It | 's just [**that** you won't be <u>in</u> Room Nine {anymore}].(15JB3)

①[①] Can it | be [**that** it is all over]?(1LT614,HaM241)

①[②] Could it | be [(**that**) he didn't know you could sing inside]?(JMV9)

①[①] It | may be [**that** the Lord will work for us],(1Sa14:6ESV,MiC520)

①[②] [What had happened] | was [**that** his bicycle chain had broken].(3G98B)

(c) as/like절

①[①] When I return I | shall be [**as** other men are].(FB142)

①[⑤] She | was [**as** he had known her almost as a child].(1LT199)

①[①] Briefly, the argument | is [**as** follows].(OED)

①[①] This | is (not) [**as** it should be].(1WS91, KA38, RTK52:13)

①[②] This | is [**as** he said].(SSE229E)

①[①] Things | are not [**as** they appear].(Rules279)

①[⑤] Something | is not [**as** we would like it to be].(2G37B)

①[②] It | was [**as** Lancelot had thought].(KA18)

①[②] It | may(or will) be [**as** you say], General.(RTK104:76,JB318,2ACD380)

①[②] It | shall be [**as** you wish)].(DHL434)

①[②] He | was [**like** he was a teenager again].(The Telegraph)

①[③] It | 's not [**like** rules got broken].(1JP228)

①[③] It | was [**like** he came from nowhere].(5SK653)

①[①] You | are not [**like** you used to be].(ECD566)

①[①] To me this | is [**like** a dream *come* true].(YBM)(가정법 원형)

①[③] And so it | 's almost [**like** we're sitting together].(15JB32)
(e) 직접인용절
①[①] His first words | were, "That's where the Siscos live."(7JG160)
(f) 기타 접속사절
①[③] This | is [**after** the home-place had slipped through her lily-white fingers]!
①[②] This | was [**before** the LORD destroyed Sodom and Gomorrah].
①[①] It | had been [**while** he was out].(5ST528)
①[①] It | is [**because** they are not intelligent enough].(YBM)(Why 의문문에 대한 답변)
①[①] The reason <(why) I can't go> | is [**because** I'm busy].(DED)((because보다 that가 일반적임)

■ 3형술어
다음은 '정형절' 주격술어로 이루어진 3형 NPP'[fc]형이다.
다음과 같이 분석된다. 즉 NPP'=NP+NP'의 관계에 있다.

③[③] He | remained | [**where** he belonged].
① He | remained. + ①[③] He was [**where** he belonged].

• 정형절 술어
(a) wh-절 주격술어
(what)
③[③] She | became | [**what** would have been called a fine creature].(TH125)
③[①] If we choose, he | will remain | [**what** he is].
(who)
③[③] The question | arose | [**who** was to receive him].(SBE151)
(where)
③[①] But a Samaritan, as he traveled, | came | [**where** the man was].
③[③] He | remained | [**where** he belonged].(2Hom142)
③[②] When you were younger you | went | [**where** you wanted].(Jn21:18)
③[①] His uncle | sat | [**where** he was].(1PB246, OAD)
③[①] | Stay | right [**where** you are].(1NG11)
③[③] I | have always only ventured | [**where** I was invited].(CRL160)
③[⑥] Haydon | was found | [**where** he was sitting now].(LC'377)
③[⑤] He | was placed | [**where** all could see him].(RTK23:134].
③[①] I | 'm quite happy | [**where** I am].(1MiC112)
③[②] We | went | [**wherever** there was a need].(CRL17))
③[②] You | may sit | [**wherever** you like].(MBE224)
(why)
③[①] That | explains | [**why** he is unhappy].(3G34A)
(how)
③[②] This | shows | [**how** people are influenced by TV advertisements].(OED)
(b) that절 주격술어
③[②] It | appears | [**that** he forgot sign the letter].(LEG78)(비인칭주어)
③[②] It | emerged | [**that** he had already had a criminal record].(3G96B)
③[①] If that is true, it | follows | [**that** he must be innocent].(DED)(결과로 …이 되다)

③[①] It | happened | [(**that**) he was busy when I called].(SED)
③[②] It | looks | [**that** they have lost weight].(VLIVE)
③[②] That | doesn't mean | [(**that**) there's nobody out there].(LB3G40B,AES38)
③[②] It | proved | [(**that**) they had much to say to each other].(OES595,JH453)
③[②] It | seems | [**that** she has lost her memory].(3G96B,PEU495,DED)
③[①] The fact | remains | [**that** we are still two teachers short].(OED)
③[③] That | doesn't seem | [**that** he was supposed to be on a job for them].(5HP288)
③[②] The claim | is often made | [**that** smoking causes heart disease].(3G38A)
③[①] Word | was out | [**that** the Latcher baby had arrived].(7JG307).

(c) as/like절 주격술어

☆ like(or as if/though)는 비격식 접속사로 뒤에 오는 내용이 사실인 경우에는 직설법, 반대인 경우는 가정법이 된다.

③[④] The tomb | appeared | exactly [**as** Landon remembered it].(2DB525)
③[②] It(=Something | came | [**as** an illness does].(JPS4)
③[①] All our plans | may fail | [**as** it is].(SAT)
③[①] The prediction, in hexameters, | went | [**as** follows]:(Herod481)
③[③] It(=The ring) | lay | exactly [**as** it had lain].(5SK544)
③[①] Everything | seemed | [**as** it should be].(5TC96,715)(가)
③[①] The child | talks(or talked) | [**as** he would talk if he were a man].(OES402)(가)
③[①] The battle | was eventually resolved | [**as** follows].(Herod549)
③[①] She | acts | [**like** she owns the place].(OED)(마치 …인 것처럼)
③[①] I | feel | [**like** there will be many layoffs and transfers].(YBM)
③[①] A lot of time, we | feel | [**like** our life are the worst].(Mid90'2019)
③[②] I | don't feel | [**like** I just had a vacation].(=as though)2G115A)(가)
③[②] You | look | [**like** you didn't sleep last night].(=as if)(2G115A)(가)
③[③] She | looked | [**like** she always looks strange].(2NG14)
③[③] The house | looks | **like** it's going to fall down].(=as if/though)(2G115A)
③[①] It | looks | [**like** she isn't coming].(=as if/though)(2G115B,2DB494))
③[③] | Looks | [**like** they're going to check us over again].(AS142)
③[③] We took an umbrella [because it | looks | [**like** it was going to rain]].(2G115B)
③[②] He | ran | [**like** he was running for his life].(2G115C)(가)
③[②] He | smells | [**like** he's had a little to drink].(KK81)
③[①] It | seems | [**like** it's going to rain(as if | though)(PEU69)
③[②] It | sounds | [**like** they're having a party].(2G115B,2DB515)
③[②] Helen | sounded | [**like** she had a cold], didn't she?(2G115A)

(d) 직접인용절 주격술어

③[③] As the old saying | goes, | "From evildoers come evil deeds," so my hand will not touch you."(1Sa24:13)

■ 5형술어

(1) 목적격술어

다음은 '정형절' 목적격술어로 이루어진 5형 NPN'P'[fc]이다.
다음과 같이 분석된다. 즉 NPN'P'[fc] = NPN'+N'P'[fc]의 관계에 있다.

⑤[③] They | put him | [**where** he belonged].
② They | put him...+ ①[③ He | was [**where** he belonged].

● **정형절 술어**

(a) wh-절 목적격술어

(what)

⑤[①] My father | made ‖ me | [**what** I am ∨ now].(OES320,DHL469)

⑤[①] | Let ‖ the matter | [be **what** it may], I will do my best.

(where)

⑤[①] She | had left ‖ her | [**where** she ought to be]!(1JA313)

⑤[③] They | put ‖ it | [**where** it belonged].(Olivia's Story 247)

⑤[①] | Put ‖ your money | [**where** your mouth is].(ECD971,1SK96)

(b) that절 목적격술어

⑤[③] He | expressed ‖ the desire | [**that** his wife (should) come back].(EJD2157)

⑤[②] They | often make ‖ the claim | [**that** smoking causes heart disease].(3G38A)

⑤[②] I | made ‖ a suggestion | [**that** he (should) go at once].(SSE60B)

⑤[③] We | will count ‖ it | [**that** you are here as my guest].(OES598)

⑤[①] He | would have ‖ it | [**that** they were lovers].(=recognize)(DHL263)

⑤[②] I | take ‖ it | [**that** you're fully acquainted with the facts].(OES596,5JG126)

(c) as/like절 목적격술어

⑤[①] I | will build ‖ it(=its broken place) | [**as** it used to be].(Am9:11)

⑤[②] You | should have done ‖ it | [**as/like** I showed you].(2G114C)

⑤[②] They found ‖ it | just [**as** the women had said].(Lk24:24))

⑤[②] They | found ‖ themselves | [**as** they had been when they had been at peace].

⑤[①] | Leave ‖ things | [**as** they are].(NEI,3CD114.)

⑤[①] I didn't move anything. I | left ‖ everything | [**as/like** it was].(2G114C)

⑤[①] Judge Leon Yanvich | stated ‖ the applicable principle | [**as** follows].

⑤[①] My only plea Christ died for me; O | take ‖ me | [**as** I am],(Hym349; 내 모습 그대로)

⑤[①] I | take ‖ it | [**as** it is].(")(Montaigne)

⑤[②] I | cannot do ‖ it | [**like** you do].(DED)

⑤[②] Every soldier | must carry ‖ himself | [**like** he is proud of this country].(EID129)

⑤[②] Sienna | stared ‖ <u>at</u> him | [**like** he was crazy].(2DB438)(가정법)

(2) 주격술어

다음은 '정형절' 주격술어로 이루어진 5형 NPN' ΓP'[fc]이다.

다음과 같이 분석된다. 즉 NPN'P'=NPN'+NP'의 관계에 있다. P'는 N을 서술한다.

⑤[②] It | seems ‖ <u>to</u> me Γ[**that** he is fond of sweets].
② It | seems ‖ <u>to</u> me,,. + ①[②] It | was [**that** he is fond of sweets].

● **정형절 술어**

(a) wh-절 주격술어

1편 술어

⑤'[⑤] He | studied ‖ law Γ[**where** he was admitted to the Bar].(Life On the Road)

⑤'[⑤] You | ate ‖ food Γ[**where** he told you not to eat].(1Ki13:22)

⑤'[③] My dog | follows ‖ me Γ[**wherever** I go].(OES475,CRL34)

(b) that절 주격술어

⑤'[②] Market research | has shown ‖ us Γ[**that** people want quality].(OED)

⑤'[②] It | suddenly hits ‖ me ㄱ[[**that** Sara wanted to borrow money].(3G96B)
⑤'[②] It | appears ‖ to me ㄱ[[**that** it was painful to Herbert].(2CD192)
⑤'[①] It | came ‖ to me ㄱ[[**that** Drummle was actually the next heir].(2CD192)
⑤'[②] It | suddenly occurred ‖ to me ㄱ[[**that** I had an appointment].(DED,2CD127)
⑤'[②] It | seems ‖ to me ㄱ[[**that** he is fond of sweets].(DED2132)
⑤'[①] It | strikes ‖ me ㄱ[(**that**) he was jealous].(3G96X)

(c) as/like절 주격술어

⑤'[②] | Love ‖ each other ㄱ[[**as** I love you].(Jn15:12)
⑤'[①] I | don't love ‖ you ㄱ[[**like** (or **as**) I used to].(ECD566)
⑤'[①] No one | sings ‖ the blues ㄱ[[**like** she did].(OED)
⑤'[①] As soon as he saw the food, he | rushed ‖ to it ㄱ[[**like** he was possessed]. (NEI)
⑤'[①] He | walked ‖ into the room ㄱ[[**like** nothing had happened].(=as if)(3G84D)

■ 7형 술어

다음은 '정형절' 주격술어로 이루어진 7형 NPP'P"[fc]이다.
다음과 같이 분석된다. 즉 NPP'P"=NPP'+NP"의 관계에 있다.

⑦[①] It | turned | out | [**that** they'd never met].
③ It | turned | out. + ①[①] It | was [**that** they'd never met].

• 정형절 술어

(a) wh-절 주격술어

⑦[③] They(thorns) | are burned | up | [**where** they lie].
⑦[③] He | lay | dead | [**where** he was working].

(b) that절 주격술어

⑦[①] The suggestion | came | from the chairman | [**that** the new rule be accepted].↴ (BEG530)
⑦[①] Word | went | out | [**that** the director had resigned].(OED)
⑦[①] The word | got | out | [**that** the boss would resign].(NQE326)
⑦[①] It | turned | out | [(**that**) the rumor was true].(EJD,LSW695) (2G136C)↴
⑦[①] It thought they knew each other, but it | turned | out | [**that** they'd never met].

(c) as/like절 주격술어

⑦[①] You don't need to change your clothes. You | can go | out | [**as** you are].[(2G114X)
⑦[①] We | can just keep | on | [**as** we were].(BSA44)
⑦[①] I | returned | home | [**as** I had come].(JJR422)
⑦[②] Everything | has turned | out | exactly [**as** we could wish].(1JA142)
⑦[②] It | turned | out | just [**like** I said].
⑦[①] He | stood | there | [**like** he was paralyzed].(Alouna and Shadow4)

B. '전치사+정형절' 술어

■ 1형술어

다음은 '전치사+정형절' 술어로 이루어진 1형 NP[pr+fc]형이다.

①[③] We | are back [**where** we started].

• '단순전치사+정형절' 술어

(about~)
①[②] This | isn't **about** [what you want].(Nobody's Fool)
(as~)
☆ as if절에 were가 오면 가정의 뜻이 있고, 그 밖의 경우에도 가정의 뜻이 있는지는 문맥으로 판단한다
①[③] He | was **as** [if he had been born anew].(Dubious Glory28)
①[③] It | was **as** [if they were bound in a strange dream].(SBE154,HaM1400,Ps133:3))
①[①] It | isn't **as** [if you didn't know the rules].(EJD,PEU424)
①[③] It | is **as** [if nobody knows I'm gone].(2DB43)(직설법)
①[①] It | is **as** [if you were working on statues].(Plato49)
①[①] 'Well,' he said, 'it | 's not **as** [if two cases were similar].'(Plato17)
①[③] I | was **as** [though my head and my was on fire].(A'G99)
①[②] It | was **as** [though this book no longer belonged to me].(A'G145)(직설법)
(back~)
①[③] We | 're right **back** [where we started].(OAD,JMV143;HaM84,924)(beyond~)
①[⑤] Our success | was far **beyond** [what we thought ∨ possible].(OED)
(for~)
①[②] They | are all **for** [what they can get].(=anxious for)(2JAe76)
①[④] Crutches | are **for** [when you break a leg].(1JB51)
①[①] The deficit is worth a reference; it | is **for** [what they call a cool sum].
(from~)
①[④] The one(=the photo) of me and Rodrick | is **from** [when we went to Santa's village about eight years ago].(5WK202)
(in~)
①[①] His chief interest | is not **in** [how this happened].(Harper's Bible14)
(like~)
①[②] That is exactly **like** [what happens now].(Hansard)
①[②] It | 's **like** [when we were kids].(MED)
①[⑥] It | 's **like** [when the guy in the movie goes off the cliff].(1JP233)
①[④] It | is **like** [that we shall see him no more].(DED)(아마...할 것이다)
(on~)
①[③] Her mind | was **on** [what was happening between them].(Manhood)
(over~)
①[⑥] The bet | is **over** [who can wake up earliest tomorrow].
①[②] There's gonna be a big fight | **over** [who gets what once she passes away].[(5WK203)
①[③] There was a fight | **over** [who would be allowed to read them].

• '복합전치사+정형절' 술어

(~about~)
①[⑤] He | was **on about** [how he and Rene met].(=keep talking)(The Gift 252)
(~at~)
①[⑤] You | were **back at** [where you had left it].(10NG47)
(~from~)
①[③ | Right **across from** [where we are standing].(ECD102)
①[④] I | was **away from** [where they were taking the votes].(House Documents)
(~on~)
①[④] I | was **in on** [what you were doing ∨ at that time].(海词词典)

(~to~)

①[③] Soon I | was around to [where the streets changed].(Parton's Island 24)

①[③] He | was back to [where he came from].(WG135)

①[①] He | wasn't on to [what had happened].(=know, understand)(EPL299)

■ 3형술어

다음은 '전치사+정형절' 주격술어로 이루어진 3형 NPP'[pr+fc]형이다.
다음과 같이 분석된다. 즉 NPP'[pr+fc] = NP+NP'[pr+fc]의 관계에 있다.

③[③] We | came | back [where we started]
① We | came. + ①[③] back [where we started]

• '단순전치사+정형절' 주격술어

(about~)

③[②] We | will set | about [what remains of this war]!(=start)(CN182)

③[②] Are you two | really in earnest | about [what you've got to do]?(CN571)

(as~)

☆ as if/though(or like) 뒤에 오는 내용이 뒤에 오는 내용이 사실인 것처럼의 가정적 표현이면 직설법, 사실의 반대를 가정하는 경우는 가정법이 된다.

③[①] She | acted | as [if she were mad].(LEG26,3G85B)

③[①] He | acts | as [if he's some kind of a wine connoisseur.(NE)(아는 체한다)(직)

③[④] It | will also appear | as [if there are two Suns in the sky for a few weeks].(직)

③[②] You | answer | as [if you did not know this rule].(REG434)

③[①] I | feel | as [if I were in a foreign land].(A'G118)

③[①] I | feel | as [if(or though) I'm dying].(PEU69)(직)

③[①] In many ways I | feel | almost as [though you were my own son].(Graduate)

③[④] He | looked {threateningly} | as [if he would have thrashed me without quarter].(YBM)

③[①] She | looks | as [if he *is* rich].(Perhaps she is)(PEU69)(직)

③[②] You | look | as [if you haven't got a care in the world]!(OED)(직)

③[②] It | doesn't look | as [if we'll be moving after all].(OED)(직)

③[①] It | seemed | as [if we'd never get to the market].(JMV43)

③[①] It | seemed | as [if the night was never going to end].(PEU495)

③[③] She | seemed | as [though she meant to give it to me].(A'G109)

③[②] It | sounds | as [if (or though) John is going to change his job].(PEU68)(직)

③[①] He | spoke | as [if (or though) he knew this question].(REG434)(가)

③[①] He | spoke | as [though he had been thoroughly frightened].(SBE250)

③[①] He | talks | as [if he was rich].(=But he is definitely not)(PEU69)(가)

③[②] He | talks | as [if he knew everything].(2G115D)(In fact, he doesn't know anything)(가)

③[②] He | speaks | as [if he could solve(or could have solved) everything].

(back~)

③[③] We | came | back [where we started].(Lucky52)

③[③] You | gotta go | back [where you belong].(ErS76)

③[③] This | has to go | back [where it came from].(1THr134)

③[①] I | ran | back to [where I had been].(JMV152)

(beyond~)

③[①] | Do not go | <u>beyond</u> [**what** is written].(1Co4:6)
(for~)
③[②] She | 's out | <u>for</u> [**what** she can get].(want or plan to do)(OED)
③[①] Cameron | has always been seen | **for** [**what** he is].
(from~)
③[④] ...and this | is come | <u>from</u> [I don't know **where**].(GE220,225)
(in~)
③[③] | Butt | <u>in</u> [**where** they don't belong].(23JB28)
③[②] Fools | rush | <u>in</u> [**where** angels fear to tread].(EID250,ECD1240)
(like~)
③[③] It | feels | <u>like</u> [**that** we're competing against each other].(VLIVE)
③[⑤] These six fruits all | look and feel | <u>like</u> [**what** we know as apples].(NED))
③[①] It | sounds | <u>like</u> [**that** I can never forgive].(VLIVE))
(off~)
③[③] The two short stories are connected; the second one | leads | <u>off</u> [**where** the first one finishes].(EPV502)
(on~)
③[①] Bets | had been placed | <u>on</u> [**whether** the president would attend the funeral].(6JG70)
(through~)
③[①] The turkey | must have escaped | <u>through</u> [**what** had been a hole in the fence].(25NG59)

- **'복합전치사+정형절' 주격술어**

(~about~)
③[①] He | was blustering | <u>on about</u> [**how** bad Bertha's memory was].(4HP462)
③[①] He | droned | <u>on about</u> [**how** selective they had always been].(5JG19,64)
③[②] You | always go | <u>on about</u> [**what** you are interested in].(EPV435)
(~at~)
③[①] When I | came | <u>back at</u> [**where** he was], he wasn't there anymore.
(~from~)
③[⑤] You | are going | very far <u>away from</u> [**where** I left my beach bag].(10NG41)
③[⑤] It(beach ball) | landed | a long way <u>away from</u> [**where** I left it].(10NG44)
(~of~)
③[①] She | was always surging | <u>ahead of</u> [**where** we were].(CRL34)
(~on~)
③[②] He came along and | horned | <u>in on</u> [**what** we were doing].(EPV474)
(~to~)
③[④] I | moved | <u>around to</u> [**where** I could hear the speaker better].(EPV131)
③[③] He | came | <u>back to</u> [**where** I stood].(2CD316)
③[③] You | will get | <u>back to</u> [**where** you came from].(WG151)
③[③] | Please go | <u>back to</u> [**where** you came from].(11JB46)
③[③] I | walked | <u>back to</u> [**where** people were sitting in rows].(24NG24)
③[②] I | couldn't catch | <u>on to</u> [**what** he was saying]?(=know | understand)((Doctors77)
③[②] You | still haven't cottoned | <u>on to</u> [**what** I want to say].(")(EPV518)
③[②] He | quickly got | <u>on to</u> [**what** they were trying to do].(")(EPL299)
③[①] She | skipped | <u>over to</u> [**where** we were].(9JB55)

③[①] I | walked | over to [where second base had been].(14NG29)
(~with~)
③[②] Don' t let me disturb you. | Please go | on with [what you're doing]ˆ.(2G138A)

■ 5형술어

(1) 목적격술어

다음은 '전치사+정형절' 목적격술어로 이루어진 5형 NPN'P'[pr+fc]이다.
다음과 같이 분석된다. 즉 NPN'P'=NPN'+N'P'의 관계에 있다.

⑤[③] We	find ‖ ourselves	back [where we started].
② We	find ‖ ourselves...+ ①[③] We	are back [where we started].

• **'단순전치사+정형절' 목적격술어**

(as~)
⑤[①] They | looked ‖ at me | as [if(or though) I was crazy].(2G115C)
⑤[①] She | loved ‖ him | as [if he were(or was) his son].(REG434)
⑤[①] She | talked ‖ to me | as [though I was a child].(A'G100)
⑤[①] The family | thought ‖ of him | as [if he were dead).(GGM268)
⑤[①] They | treats ‖ me | as [if I were(or was) their own son].(2G115D,SBE250)
(back~)
⑤[③] I | find ‖ myself | back [where I started].(HaM,969)
⑤[⑤] Can you | put ‖ it | back [where you found it].(3G-RM18,ECD1205)
⑤[③] I | should send ‖ you | back [where you came from].(FB86)
⑤[③] He | set ‖ it | back [where it had been].(GGMFB86)
(beyond~)
⑤[①] I | am saying ‖ nothing | beyond [what the prophets and Moses said would happen]. (Ac26:22)
(for~)
⑤[①] Animals | have always accepted ‖ me | for [what I am].(2DK8)
⑤[①] You | know ‖ me | now for [what I am].(2ACD316)
⑤[①] I | recognized ‖ it(our visitor) | for [what Iit was].(2DK259)
⑤[①] I | can see ‖ them | for [what they are].(CSS117,1CP)
⑤[①] He | understood ‖ mankind | for [what it was]—a species on the brink.(2DB466)
⑤[④] And I | need ‖ some lollipops | for [when kids get needles].(1JB51)
(in~)
⑤[②] | Don't put ‖ too much confidence | in [what the newspaper says].(ECD1078)
(on~)
⑤[②] | Spend ‖ the money | on [whatever you like].(PEU613, PH420)
(over~)
⑤[①] A tortoise and a hare | made ‖ a bet | over [who was the faster animal].(Aesop5)

• **'복합전치사+정형절' 목적격술어**

(~on~)
⑤[②] Would you | clue ‖ me | in on [what you are talking about]?(=inform)(NPV128)
⑤[③] Will someone | fill ‖ me | in on [what's going on]?(")(EID240)
(~to~)
⑤[③] His mother | used to bring ‖ him | around to [where we were playing].

⑤[①] The rest of you | can get ‖ this | back to [where we were].(WG184)
⑤[⑤] I | let ‖ him | on to [what he potentially has ∨ there in his basement].(=inform)

(2) 주격술어

다음은 '전치사+정형절' 주격술어로 이루어진 5형, NPN' ΓP'[pr+fc]이다.
다음과 같이 분석된다. 즉 NPN' ΓP' = NPN'+N'P'의 관계에 있다. P'는 N을 서술한다.

⑤'[②] He | covered ‖ his face Γas [if he were ashamed of something].
② He | covered ‖ his face.+①[②] He | was Γas [if he were ashamed of something].

● **단순전치사+정형절 ' 주격술어**

(as~)
⑤'[②] He | covered ‖ his face Γas [if he were ashamed of something].(NED)
⑤'[①] She | hurriedly left ‖ the room Γ[as [though | if she was angry].(Baidu)(직)
⑤'[②] Her face | looked ‖ to me Γas [if it were all disturbed by fiery air].(2CD212)
⑤'[②] He | regarded ‖ me Γas [though he were seeing a memory].(CRL134)
⑤'[②] I | remember ‖ the story Γas [if | though I had just read it].(REG434)
⑤'[②] I | felt ‖ a pride Γas [though I had done something great].(A'G132)
⑤'[②] He | appeared ‖ to me Γas [though he were ascending an invisible ramp that magically preceded him].(CRL134)
⑤'[⑥] It | almost seemed ‖ to me Γas [if he must stoop down presently].(2CD323)(직)

● **'복합전치사+정형절 ' 주격술어**

⑤'[⑤] You | followed ‖ Esmeralda Γaway from [where you left your bag and ball].10NG46)

■ 7형술어

다음은 '전치사+정형절' 술어로 이루어진 7형 즉 NPP'P"[pr+fc]이다.
다음과 같이 분석된다. 즉 NPP'P"=NPP'+NP"[fc]의 관계에 있다.

⑦[①] He | walked | in | as [if nothing had happened].
③ He | walked | in. + ①[①] He | was as [if nothing had happened].

● **'단순전치사+정형절' 주격술어**

(as~)
⑦[②] He | stood | there | as [if he was waiting on a sign].(Dream World353)(직)
⑦[②] She | stood | at the gate | as [if she was waiting for someone].(Baidu)(직)
⑦[①] He | walked | in | as [if nothing had happened]. (CRL138)
⑦[②] Kwang | made | feel | as [though he were bequeathing a significant part of himself].
(from~)
⑦[③] I | came | out | from [where I was hiding].(Genitive242)

● **'복합전치사+정형절' 주격술어**

⑦[②] They | keep | going | on about [how it's the time to think about their future].
⑦[①] He | kept | ranting | on about [how unfair it was].(OED) (4HP493)

2편 부가어
Adjunct

2.1 부사 부가어(adverb)

A. 양태부사 부가어

□ 2형부가어

다음은 '양태부사' 부가어로 이루어진 2형 NPN'(ad)이다.
다음과 같이 분석된다. 즉 NPN'=NP+N' 의 관계에 있다.

② He ｜ dresses ‖ **simply.** ① He ｜ dresses.+ ⓪ ‖ **simply**

☆ 부사가 주성분 자리에 올 경우에는 부가어, 부속성분 자리에 올 경우에는 부사어로 다룬다. 주로 양태부사/시간부사가 주성분으로 오는 경우가 현저하다. 특히 의문문/부정문의 경우에는 더욱 그러하다.
④ He ｜ answered ‖ the question ‖ calmly. v. ② He ｜ {calmly} answered ‖ the question.(REG309)
④ He ｜ translated ‖ the article ‖ easily. v. ② He ｜ {easily} translated ‖ the article.(REG309)
④ I have not read ‖ the letter ‖ yet. v. ② I ｜ have not {yet} read ‖ the lettee.(REG310)

• 능동술어의 부사 부가어

[능동의미]

② Kristina ｜ behaved ‖ **so badly**.(3G39X,261)
② Our team ｜ played ‖ **badly**.(1G84B)
② If people ｜ drove ‖ more **carefully**, there wouldn't so many accidents.(2G82B)
② "Well—" Ryan ｜ stopped ‖ **cold**.(=suddenly)(CPD470)
② Then all three ｜ stopped ‖ **dead**.(=precisely or exactly)(2AC136)
② And the Vatican ｜ feels ‖ **differently**,(2DB352)
② We ｜ think ‖ **differently**, we ｜ act ‖ **differently**,(1MiC315)
② I ｜ had to eat ‖ **fast** and ｜ think ‖ **faster**,(23NG40)
② He ｜ worked ‖ (the) **most**.(DED)(much 최상급; 가장, 가장 많이)
② You ｜ are doing ‖ **rather nicely**.(3TC24)
② Mom ｜ was acting ‖ **strangely**.(KsS69)
② I ｜ looked ‖ **hard**(or **closer**).(14NG24,22NG43,22JB81) / ② I ｜ work ‖ **hard**. I ｜ rest ‖ **hard**.(2NG7)
② Lauren passed her exam because he ｜ studied ‖ very **hard**.(2G5B)
② She ｜ ran ‖ **quickly**(or **quick**).(후자는 비격식체)(3G71B)
② If I ｜ remember ‖ **rightly**, there's a train at six o' clock.(=correctly)(OED)
② He ｜ dresses ‖ **simply**.(ODEG15) He ｜ dresses ‖ **well**.(repetition or habit)(PEU150,2ST462)
② You ｜ 're doing ‖ **well**. Keep it up.(2G140A, 1DB9)
② Your English is good. You ｜ speak ‖ very **well**.(1G5B)

[수동의미] ☞5.1.C(5)(c)

☆ 능동사가 수동의 의미로 쓰이는 경우; apply, bear. come, get , go, handle, look, need, read, require, say, sell, want wrinkle 등, Special conditions apply if you are under 18.(OED)

② I like the new Range Rover. It ｜ handles ‖ **beautifully**.(CED157)
② This surface ｜ cleans ‖ **easily**.(=is or can be cleaned easily)(LEG243)
② This wine ｜ is selling ‖ **quickly**.(=is being sold quickly)(LEG243)
② Your book ｜ is selling ‖ **well**.(=is being sold well)(PEU601)
② This knife is very sharp. This knife ｜ cuts ‖ **well**.(CKE)

• **부정문/의문문의 부사 부가어**

② Are you | hurt ‖ **badly**(or **bad**)?(비격식체)(OAD78)

② The door | won't (or doesn't) open ‖ **easily**.(CKE)

② Are you going to buy it? —No, I | 'd better ‖ **not**.(2G33A)

② Have you got a work permit? —No, I | 'm afraid ‖ **not**.(PEG306)

② Can you | speak ‖ more **slowly**(or **slower**)?(격식 | 비격식)(OED)

② Can you | walk ‖ a bit more **slowly**?(2G102B)

• **수동/비동사술어의 부사 부가어**

[단순부가어]

② The world | might well be arranged ‖ **differently**.(YNH269)

② The fact | can also be put ‖ **differently**.(Freud216)

② Before a problem can be solved, it | must formulated ‖ **precisely**.(Rules250)

② The meat | has been cooked ‖ **properly**.(CKE)

② Ah, those were other times; education | then was taken ‖ **seriously**.(2UE208)

② He | is dressed ‖ **simply** (or **plainly**).(DED)

② He | was treated ‖ very **warmly**.(RTK15:177)

② If he cooperates, then he | will be treated ‖ very **well**.(9TC406)

② But Chief Eunuch Cao Jie | was not to be disposed (‖) of ‖ **easily**.(RTK1:4)

② There were politicians <who | was thought (‖) <u>of</u> ‖ very **highly**>.(6AC270)

[분리전치사 수반 부가어]

② She | was spoken ‖ very **highly** (‖) <u>of</u> (during Second Reading).(Hansard)

② She | was being made ‖ **light** (‖) <u>of</u>.(SBE88)

② In early phases of civilization even homicide | is thought ‖ **lightly** (‖) <u>of</u>.[(Political Thought 202)

□ 4형부가어

다음은 '양태부사' 부가어로 이루어진 4형 NPN'N"(ad)이다.
다음과 같이 분석된다. 즉 NPN'N"=NPN+N"이다.

④ He	took ‖ my joke ‖ **seriously**.
② He	took ‖ my joke...+ ⓪‖ **seriously**

• **긍정문의 부사 부가어**

④ She | wanted ‖ it ‖ real **badly**(or bad).(몹시)(후자는 비격식)(OED)

④ I | checked ‖ the form ‖ most **carefully**.(3G72C)

④ | Look ‖ at this picture ‖ **carefully**(or **closely**).(CKE)

④ His final request | stopped ‖ her ‖ **cold**.(=completely)(OED)

④ We | do ‖ things ‖ **differently**.(5JG4) / Different cultures | define ‖ the good ‖ **differently**. (YNH269)

④ Maybe I | might have looked ‖ at it ‖ **differently**.(OHS321)

④ Tomorrow you | will see ‖ everything ‖ quiet **differently**.(Ibsen132)

④ We | defeated ‖ the Italian team ‖ **easily**.(DED)

④ She gained the laurel because she | solved ‖ the problem ‖ **easily**.(YBM)

④ I | found ‖ the tool ‖ **easily**.(SET242)

④ Since he | treats ‖ me ‖ **kindly**, I cannot but trust him.(RTK15:16)

④ He | did ‖ it | **right**.(OED)(rightly는 비격식체)
④ If you | treat ‖ people | **right**, they | will treat ‖ you | **right**.(OED)
④ He | took ‖ my joke ‖ **seriously**.(진지하게) (EJD, 4DB30)
④ Anyway, | to put ‖ it ‖ **simply**, we still owe them ￡2,000.(OED)
④ He | could not say ‖ simple things ‖ **simply**.(2ST458)
④ I | opened ‖ the door ‖ **slowly**.(1G84B)
④ Cao Cao | handles ‖ his army ‖ **skillfully**.(RTK11:67)
④ You | 've done ‖ that ‖ very **well**.(LEG14)
④ We | were good friends. We | knew ‖ each other ‖ **well**.(2G6E)
④ She | raised ‖ all her children ‖ **well**.(CKE)
④ He | speaks ‖ English ‖ very **well**(or **perfectly**).(1G91A,2G98B)

• 부정문/의문문의 부사 부가어

④ Which one ‖ do you ‖ like ‖ **best**?(OED)(well 최상급)(가장)
④ | Don't hit ‖ it ‖ so **hard**!(OED)
④ What ‖ did you | enjoy ‖ (the) **most**?(OED)(much 최상급)(가장 많이, 최고로)
④ Did I | spell ‖ your name | **right** (or **correctly**)? (rightly는 비격식체)(OED)
④ At his age he | can't even dress ‖ himself ‖ **perfectly**.(5ST271)
④ (Why) do you | never take ‖ me ‖ **seriously**?(2G98B)
④ Can you | hear ‖ me ‖ **well**(or **distinctly**)?(CKE)
④ I tried on a jacket in the store, but it | didn't fit ‖ me ‖ very **well**.(2G137C)

□ 6형부가어

다음은 '양태부사' 부가어로 이루어진 6형 NPP'N'(ad)이다.
다음과 같이 분석된다. 즉 NPP'N'=NPP'+N'의 관계에 있다.

⑥ The book	's coming	along ‖ **nicely**. ⑥ The book	's coming	along.+ ⓪‖ **nicely**

• 긍정문의 부사 부가어

⑥ He | always comes | off ‖ **badly** (in his fights with other boys).(OED)
⑥ My pupils | turned | out ‖ very **badly**.(JJR253)
⑥ Some people | get | ill ‖ very **easily**.(3G21C)
⑥ This cloth material | *doesn't* wear | out ‖ **easily**.(DED)
⑥ The book | 's coming | along ‖ **nicely**.(=towards a better sate)(OED)
⑥ Your memory | will come | back | **slowly**.(2DB16)
⑥ That coat | becomes | you ‖ **well**.(ECD1014)
⑥ Your argument | came | across ‖ **well**.(OED)
⑥ My brother and I | get | along ‖ **well**.(2G134A)
⑥ The game | started | off ‖ **well**, but gradually got worse.(OED)
⑥ The pictures | came | out ‖ very **well**(or nicely).(ECD201)

• 부정문/의문문의 부사 부가어

⑥ The excitement | *didn't* quiet | down ‖ **easily**.(NED)
⑥ Some of them(pictures) | *didn't* turn | out ‖ very **well**.(ECD201,DED)

B. 시간/빈도부사 부가어

□ 2형부가어

다음은 '시간/빈도' 부가어로 이루어진 2형 NPN'(ad)이다.
다음과 같이 분석된다. 즉 NPN'=NP+N' 의 관계에 있다.

② It │ *doesn't* rain ‖ very **often**.
① It │ *doesn't* rain ‖ very **often**. + ⓪‖ very **often**

☆ 부사가 주성분 자리에 올 경우에는 부가어, 부속성분 자리에 올 경우에는 부사어로 다룬다. 주로 양태부사/시간부사가 주성분으로 오는 경우가 현저하고 특히 의문문│부정문의 경우에는 더욱 그러하다. 예)I {*already*} **did** it(부사어). Did you │ eat ‖ **yet**?(부가어) I**'ve** {just} **had**(or I **got**) some bad news.(부사어)

- **긍정문의 부사 부가어**

② Her novel │ is reprinting ‖ **already**.(=being reprinted)(LEG243)
② The bus │ came ‖ five minutes **early**.(OED)
② Rebecca │ is going to(or might) call ‖ **later**.(1G27B)
② The room │ will be cleaned ‖ **later**.(2G41A)
② I think [the weather │ will be nice ‖ **later**].(2G22A)
② She │ was here ‖ only **lately**.(KED)(단과)
② The vegetables didn't tasted good. They │ have been cooked ‖ too **long**.(2G41C)(현완)
② We │ may win ‖ **yet**.(그래도/하지만)(OED)

- **부정문/의문문의 부사 부가어**

② But he just had lunch. He │ can't be hungry ‖ **already**.(2G27C)(단현)
② Everything is going well. There │ haven't been any problems ‖ so **far**.(2G7C)(현완)
② Has he │ been here ‖ **lately**?(KED)(현완)
② How **long** have they │ been married ∨?(2G11A)(현완)
② How **long** will you │ be away ‖ ∨?(1G102B)(단미)
② She │ hasn't been waiting ‖ very **long**.(2G11A)(현완진)
② I │ can't stay ‖ **any longer**. I │ can stay ‖ **no longer**.(DED)(단현)
② Let's go out now. It │ isn't raining ‖ **any more**(or **anymore**)(2G1B)(현진)
② The weather is usually nice. It │ doesn't rain ‖ very **often**.(1G6A)(단현)
② I │ haven't been able to come ‖ **recently**.(2G25B)(현완)
② Have Sara and Nick │ arrived ‖ **yet**?(=until now)(1G19D)(현완)☆~않았니?
② Sally is still here. She │ didn't leave(or hasn't left) ‖ **yet**.(")(2G8D)(단과/현완)
② A: Where is Emma? B: She │ isn't here ‖ **yet**..(")(1G93B)(단현)
② A; What are you doing tonight? B: I │ don't know ‖ **yet**.(")(1G93B)(단현)

□ 4형부가어

다음은 '시간/빈도부사' 부가어로 이루어진 4형 NPN'N"(ad)이다.
다음과 같이 분석된다. 즉 NPN'N"=NPN+N"이다.

④ Julie │ *doesn't* drink ‖ tea ‖ very **often**.
② Julie │ *doesn't* drink ‖ tea.+ ⓪ ‖ very **often**.

• **긍정문의 부사 부가어**

④ I | pay ‖ my subscription ‖ **annually**.(3G76C)

④ The plants | want ‖ watering ‖ **daily**.(OED)

④ I | arrived ‖ to school ‖ **early**.(SAT)

④ Joe | has been eating ‖ too much ‖ **lately**.(2G10B)

④ I | see ‖ her ‖ quite **often**.(OED)

④ I | started ‖ [drinking coffee] ‖ **recently**.(2G17B)(단과)

④ He | 'll be busy ‖ for ages ‖ **yet**.(OED) ☆ 이제/앞으로

• **부정문/의문문의 부사 부가어**

④ Have you | typed ‖ my letter ‖ **already**?(LEG173)(현완)

④ We are having dinner. Can I | call ‖ you ‖ **later**?(1G3B)(단현)

④ Have you | heard ‖ from Ben ‖ **recently**?(2G7C)(현완)

④ Are you | seeing ‖ anyone ‖ **lately**?(=these days)(CKE)(현진)

④ I'm learning Arabic, but I | haven't been learning ‖ it ‖ very **long**.(2G10C)(현완진)

④ She | hadn't been living ‖ here ‖ **very long**.(2G10C)(과완진)

④ I | can't stand ‖ this heat ‖ **any longer**.(DED)(단현)

④ I | can't wait ‖ for him ‖ **any longer**.(DED)(")

④ Julie | doesn't drink ‖ tea ‖ very **often**.(2G2D)(단현)

④ We | don't watch ‖ television ‖ very **often**.(1G6A)(")

④ Did it | stop(or Has it | stopped) ‖ raining ‖ **yet**?(2G8D)(않았니?)(단과)

④ I | didn't finish (or haven't finished ‖ my homework ‖ **yet**.(1G93B)(단과/현완)

④ I'm learning Arabic, but I | haven't learned ‖ very much ‖ **yet**.(2G10C)(현완)

□ **6형부가어**

다음은 '시간/빈도부사' 부가어로 이루어진 6형 NPP'N'(ad)이다.
다음과 같이 분석된다. 즉 NPP'N'=NPP'+N'의 관계에 있다.

⑥ We | must get | together ‖ more **often**.
③ We | must get | together. + ⓪ ‖ more **often**.

• **긍정문의 부사 부가어**

⑥ You | 'll soon feel | well ‖ **again**.(OED)

⑥ Ann grinned. She | was feeling | warmer ‖ **already**.(Fr'n132)

⑥ We | must get | together ‖ more **often**.(3G18A)

⑥ I | got | up | **late** (this morning).(2G99B) / ⑥ I | 'll call | back ‖ **later**.(3G94B)

• **부정문/의문문의 부사 부가어**

⑥ Are you | going | out ‖ **later**?(1G97C)(현진)

⑥ Megan | doesn't work | here ‖ **any longer**(or **anymore**).(2G108B)(단현)

⑥ Does she | go | out ‖ **often**?(1G12B)(")

⑥ Chris | doesn't go | out ‖ **very often**.(1G22D)(")

⑥ Chris | hasn't been feeling | well ‖ **lately(=recently)**.(2G9B)(현완진)

⑥ Has Martha | got | over her illness ‖ **yet**?(=recover)(LEG155)(현완)

2.2 명사 부가어(noun)

A. 명사 목적어

□ **2형목적어**

다음은 '명사(대명사포함)' 목적어로 이루어진 2형 즉 NPN'(n)이다.
다음과 같이 분석된다. 즉 NPN'=NP+N'의 관계에 있다.

② Sludge ∣ sniffed ‖ **Oliver.** ① Sludge ∣ **sniffed.** + ⓪ ‖ **Oliver** ② I ∣ made ‖ **a cake.** ① I ∣ made... + ⓪ ‖ **a cake**

- **명사**

(ask)
② Can I ∣ ask ‖ **a question**?(1G66A) / ② ∣ Ask ‖ **him,**" Rosamond said.(1NG17)
(borrow/pay)
② Could I ∣ borrow ‖ **some money**?(EXD264)
② I didn't have enough money <∣ to pay ‖ **the rent**>.(2G132B)
(do)
② I cooked, so you ∣ should do ‖ **dishes.**(1G55C,103B)
② I ∣ did ‖ **my best**, But I didn't win the race.(1G55C)
② The children ∣ are doing ‖ **their homework.**(1G3A,55C)
② They ∣ usually do ‖ **the laundry** (on Saturdays).(1G55C)
② She ∣ did ‖ **a huffy**(or **mad**) **breath.**(7JB37,8,6JB63)
② They ∣ do ‖ **a good job.**(8NG22) / ② I ∣ will do ‖ **the shopping.**(2G51A)
② Shall I open the window? – No, it's OK. I ∣ 'll do ∣ **it.**"(1G55A)
(get)
② Hello, can I speak to Lisa, please?–Sure, I ∣ 'll get ‖ **her.**(1G54A)
② "Did you ∣ get(=receive) ‖ **my postcard**?" "Yes, I got it yesterday."(1G54A)
② Is it difficult [∣ to get(=find)) ‖ **a job** (at the moment)]?(1G54A)
(have)
② Annie ∣ has ‖ **brown hair** and **brown eyes.**(1NG13)(가지다)
② "Tell me.. Does this house ∣ have ‖ **any trapdoors** or **secret passages**?"(1NG16)
② I ∣ have ‖ **a question.**(ECD745)
② Could I ∣ have ‖ **the salt**, please?(2G35B)
② We ∣ are having ‖ **dinner**. Can I call you later?(1G3B,X)(먹다)
② I ∣ 'm having ‖ **a bad day**. Everything is going wrong.(1G56B)
② They ∣ had ‖ **a nice time**. They enjoyed themselves.(1G61A,2G16C)
② Did you do your homework?–No, I ∣ didn't have ‖ **time.**"(1G12C)
(help)
② "I ∣ will help ‖ **you,**" I said.(2NG11) / ② Will this ∣ help ‖ **the case**?(1NG24)(돕다)
(like)
② I ∣ don't like ‖ **Fred**, and Fred ∣ doesn't like ‖ **me.**(1G6B)

② He | likes ‖ **ice cream**.(1G4A) / ② Annie | liked ‖ **yellow**.(1NG19
(make)
② It's late. | Don't make ‖ **any noise**.(1G55D)
② I'm sorry. I | made ‖ **a mistake**.(1G55D)
(know)
② I | 've known ‖ **David** (for 20 years).(OED) ☆ 알다, 알고지내다
② Do you | know ‖ **his address**?(OED)
② He | doesn't know ‖ **much**.(2G104X) / ② I | should have known ‖ **that**.(1NG22)
(say/speak)
② Pip | does not say ‖ **much**.(4NG26)
② I've never heard of him. I wish [I | could say ‖ **the same**].(CEG393)
② Do your parents | speak ‖ **English**? Yes, they do.(1G7D)
(talk/tell)
② We | talk ‖ **base ball**.(CRL267)(잡담하다)
② She | talks ‖ **a lot of sense**.(OAD,1MiC200) *상식적인 말/허튼소리 등을 지껄이다
② You | tell ‖ **me**.(ECD965) / ② You | must not tell ‖ **anybody**, OK?(ECD976)
② | Tell ‖ **me**. Does this house have any trapdoors or secret passages?(1NG16)
(take)
② Is it raining? —Yes, | take ‖ **an umbrella**.(1G4A)
② | Take(or Have) ‖ **a closer**(or **another**) **look**.(3DB262, 1LT859)
② I | took ‖ **my notebook** and **pencil**.(1NG12)
② The trip | took ‖ **three hours**.(2G78D)
(others)
② This book | costs ‖ **ten dollars**.(CES42)
② She | was eating ‖ **breakfast**.(1NG14) Pancakes.
② I'm sorry I'm nervous. But I | can't help ‖ **it**.(2G55A)(억제하다)
② I'm sorry. Did I | hurt ‖ **you**?
② At 7:15 she | left ‖ **home** and drove to the airport.(1G11X2)
② You | should prepare ‖ **the project work**.(준비,마련)(YBM)
② Maria | is reading ‖ **a newspaper**.(1G3A)
② My parents | send ‖ **their love**.(OED)/
② " | Sing ‖ **a song**." "**Which song**』 should I | sing?"(2G83D)
② Look, there's Sarah. She | 's wearing ‖ **a brown coat**.(1G3B)
② I | was walking ‖ **my dog**. Sludge. Sludge is my new dog.(2NG8)
② I | cleaned ‖ **my room**, I | wrote ‖ **some letters**, and I | made ‖ **a cake**.(1G55B)

□ 4형목적어

다음은 '명사(대명사 포함)' 목적어로 이루어진 4형, NPN'N"(n)이다.
다음과 같이 분석된다. 즉 NPN'N"=NPN'+N"의 관계에 있다.

④ I | gave ‖ her ‖ **the keys**.
② I | gave ‖ her...+ ⓪ ‖ **the keys**
④ I | made ‖ Ann ‖ **a cake**.
② I | made ‖ Ann...+ ⓪ ‖ **a cake**

☆ a) 2개의 목적어를 취하는 동사(3G29, PEU602,CEG159,) :

answer, ask, bear, bet, book, bring, build, buy, call, cause, cook, cost, deal, deny, do, draw, envy, feed, fetch, find, fine fix, flush, fry, gather, get, give, grant, grudge, guarantee, hand, hire, intend, kick, kiss, leave, lend, make, mail, offer, order, owe, pass, pay, peel, play, post, present, promise, pour, read, reach, refuse, save, sell, send, show, sing, slay, spare, strike, take, teach, tell, throw, win, wish, write

(b) 직접목적어 뒤에 전치사구 간접목적어/목적격술어를 취하는 동사(3G29A,B):

to~: ask, award, give, grant, hand, lend, offer, owe, pass, promise, show, teach, tell, throw

for~: answer, book, build, buy, catch, choose, cook, fetch, find, get, make, order, peel, pour, reach, save, spare

to~/for~: answer, bring, do, leave, play, post, read, sell, send, sing, take, wish, write

of~:ask, demand, expect, inquire, need, request, require, want

(c) for/to를 사용하여 두 목적어의 순서를 바꿀 수 없는 동사(3G29C):

allow, cost, deny, envy, fine, forgive, guarantee, pardon, permit, refuse, save

• **명사**

(ask/beg)

④ You | always ask ‖ me ‖ **questions.**(21NG31)

④ Can I | ask ‖ you ‖ **a question**(or a favor, something)?(2G129B)

④ She | asked ‖ me ‖ **my name.**(2G130C)

④ I | asked ‖ him ‖ (for) **a favor.**(LED,Weblio)(for: AmE)

(bring/fetch)

④ Can you | bring ‖ me ‖ **some milk**?(3G29A)

④ | Fetch ‖ me ‖ **my gloves** (this moment).

(blow/flash/kiss/strike)

④ She | blew ‖ him ‖ **a kiss** and quickly took off.(1DB517)

④ The lawyer | flashed ‖ him ‖ **a vulnerable smile.**(HaM793)

④ Annie | kissed ‖ her mother ‖ **good-night.**(DHL197,200)

④ I | struck ‖ him ‖ **a heavy blow.**(ZEG98)

(buy/sell)

④ I | bought ‖ my mother ‖ **some flowers.**(1G94C)

④ I | sold ‖ him ‖ **the painting.**

(call)

④ | Please call ‖ me ‖ **a taxi.**

④ | Don't call ‖ me ‖ **names.**(ECD164)

(cook/cut/fix/fry/pour)

④ She | cooked ‖ her husband ‖ **some sausages.**(OED)

④ He | cut ‖his mother ‖ **one or two pieces of very thin bread.**(DHL158)

④ I | 'll fix ‖ you ‖ **some tea** (later)(LSW927,OAD)

④ I | 'll fry ‖ you ‖ **some eggs.**(ImL42,Camus82)

④ Let me [| pour(or fix, buy) ‖ you ‖ **a drink**].(ECD452,448,809)

(deny/forbid/refuse)

④ He | denied(or grudged) ‖ his son ‖ **nothing.**

④ The doctor | forbids ‖ him ‖ **wine.**(SED927)

④ I | cannot refuse ‖ our excellent hostess ‖ **a small favor.**(5ST260)

(do)

④ Liz, can you | do ‖ me ‖ **a favor**?(235A, 1G55C)

④ It would seem [that sleep | did ‖ you ‖ **some good**].(3TC23,1ST39,ASEc9))

④ Too much excercise | will do ‖ you ‖ **harm.**(SET254)

④ Give me your pardon, sir: I | 've done ‖ you ‖ **wrong**.(2WS139)
④ This picture | does not do ‖ you ‖ **justice**.(사진이 잘 안 나오다)(SBE290)
(envy/intend)
④ We all | envied ‖ him ‖ **his lifestyle**.(3G29C)
④ He | intended ‖ her ‖ **no harm**.(OED)
(feed/serve)
④ She | fed ‖ them | **sandwiches and fried potatoes**.(12JG466)
④ He | served ‖ us ‖ **tea and toast**.
(find)
④ They | found ‖ him ‖ **a new wife**.(4JG398)
④ Hel | found ‖ me ‖ **a job**.(PEG77, ECD700)
④ Follow me, Baronm, we | shall find ‖ you ‖ **a place**.(5ST269)
(forgive/pardon)
④ | Forgive ‖ me ‖ **my debt**.(ZEG98)
④ | Please pardon ‖ me ‖ **my misbehavior** at the party.(OED)
(get)
④ | Please get ‖ me ‖ **a porter**.(ECD403)
④ Can you | get ‖ me ‖ **a newspaper** when you go out?(1G93C)
④ You | got ‖ Hanna ‖ **that good place**.(1JA8)
(give)
④ I | gave ‖ Sarah ‖ **the keys**.(1G94A,3G22A) / ④ Can I | give ‖ you ‖ **a ride**?(TEPS)
④ Vittoria | gave ‖ Langdon ‖ an unsettled **look**.(1DB117)
④ Can't you | give ‖ me ‖ a straight **yes** or **no**?(OAD860)
④ | Give ‖ me ‖ **time** before I answer.(ECD511)
④ Actually, he | 's giving ‖ me ‖ **a hard time**.(TEPS)
④ He | would have given ‖ most women ‖ **their own way**.(MM627)
④ Would you | please give ‖ me ‖ **it**.(=it me | it to me).(ZEG97)
(grant/present)
④ He | granted ‖ us ‖ **our request**.
④ He | presented ‖ me ‖ **a nice gift**.
(hand/pass)
④ The man | handed ‖ me ‖ **a bag**.(15NG33)
④ Can(Or Could you | pass ‖ me ‖ **the salt**, please?(1G93C,52A)
(leave)
④ Have you | left ‖ me ‖ **any**?(ZEG97)
④ He | left ‖ his children ‖ **nothing** when he died.(PEU602)
(lend)
④ I | lent ‖ Joe ‖ **some money**.(1G94C,77B)
④ Won't you ‖ lend ‖ him ‖ **your car** (this evening)?(OED)
(mail/post)
④ Don't forget [| to mail ‖ your mother ‖ **that letter**].(OED)
④ I | 'll post ‖ her ‖ **the report** (tomorrow).(PEU602)
(make)
④ I | made ‖ Ann ‖ **a cake**.(PEG77)

④ I | must make ‖ you ‖ **an apology**.(SET249)
(offer/promise)
④ They | offered ‖ me ‖ **the job**(or Hicken's place).(2G42A)
④ A man | promised ‖ him ‖ **a job**.(CEG159)
④ He | promised ‖ me ‖ **the book**.(= He promised the book to me.)(DED)
(play)
④ Can I | play ‖ you ‖ **my new album**?(PEU602)(=for you)
④ I | 'll play ‖ you ‖ **a game of chess**.(ZEG97)(=with me)
④ He | played ‖ me ‖ **a trick**.(DBE12,SSE12)(=on/upon me)
(read/sing)
④ I | read ‖ Suzanne ‖ **a story**.(3G29A, PEU602)
④ She | sang ‖ her baby ‖ **a song**.(3G29B)
(show)
④ | Show ‖ me ‖ **your room**.(1NG18)
④ Nicole | showed ‖ us ‖ **her vacation photos**.(1G94C,2G42A)
④ Has anybody | shown ‖ you ‖ **the new machine**?(2G42A)
(take)
④ I | took ‖ her ‖ **some money**.(=some money to her)(PEU603)
④ I | 'll take ‖ him ‖ **some soup**.(2FK136)
④ Shall I | take ‖ my host family ‖ **a gift**?(=a gift to my host family)(OED)
(tell)
④ | Tell ‖ her ‖ **the whole story**.
④ Can you | tell ‖ me ‖ **the time**?(ECD90)
(wish)
④ We | wish ‖ you ‖ **a Merry Christmas**.(PEU602)
④ I | wish ‖ you ‖ **luck**(or success, a happy birthday.).(2G39A)
(write)
④ He | wrote ‖ me ‖ **a letter**.(ZEG96)
④ She | wrote ‖ me ‖ **an account of her journey**.
(others)
④ He | didn't answer ‖ me ‖ **a word**.(DED)
④ I | 'll bet ‖ you ‖ **ten dollars**.(PEU602)
④ I | bid ‖ you ‖ **a good day**.(Versailles)
④ She | had borne ‖ him ‖ **a child**.
④ He | blew ‖ her ‖ **a kiss**.(1DB517, ML138)
④ I | booked ‖ her ‖ **a room**.(3G29D)
④ He | built ‖ the children ‖ **a tree-house**.(PEU602;4DB43)
④ It | will cause ‖ you ‖ **a lot of trouble**.(ZEG96)
④ The repair | cost ‖ me ‖ **$10**.(PEU602)
④ He | dealt ‖ me ‖ **two Aces**.(give)(OAD312;3DB378)
④ Would you | draw ‖ me ‖ **a map**?(ECD101,(ASEc2)
④ That | earned ‖ the Captain ‖ **a curious look**.(9TC447)
④ The court | fined ‖ him ‖ **one million won**..(NEI)
④ She | gathered ‖ them ‖ **flowers**.

④ I | can guarantee ‖ you ‖ **a good price.**
④ I | hired ‖ us ‖ **a lawyer.**(4JG123)
④ I | 'll keep ‖ you ‖ only **a minute.**(ECD872)
④ That mistake(or His carelessness) | lost ‖ him ‖ **his job.**(DED,OAD)
④ I | ordered ‖ you ‖ **a beer.**
④ She | still owes ‖ me ‖ **some money.**(3G10B,PEU602,9NG26)
④ Somebody | paid ‖ the man ‖ **$200.**(2G42A)
④ Bread | provides ‖ mankind ‖ **nutrition.**(AES55)
④ Will you | reach ‖ me ‖ **my hat?**(ZEG96)
④ They | saved ‖ him ‖ **some of their leftovers.**(15NG26)
④ I | sent ‖ you ‖ **an e-mail.** Did you get it?(1G94C)
④ The teacher | set ‖ the students ‖ **a difficult problem.**
④ But she | shot(or fired) ‖ him ‖ **a dirty look.**(7JG19,1DB99)
④ | Slay ‖ me ‖ **this renegade.**(3LR128)
④ Can you | spare ‖ me ‖ **this book?**(ZEG96)
④ He | then taught ‖ them ‖ **a lesson.**(JB168)
④ | Throw ‖ me ‖ **the ball.**(PEU602)
④ The book | won ‖ him | **fame.**(OED)(명성 등을> 얻게/떨치게 하다)

B. 명사 부가어(협의)

□ 2형부가어

다음은 '명사(대명사포함) 부가어'로 이루어진 2형 NPN'(n)이다.
다음과 같이 분석된다. 즉 NPN'=NP+N' 의 관계에 있다.
여기서 부가어는 광의의 부가서 중에서 목적어를 제외한 것을 말한다.
전자는 능동술어의 부가어, 후자는 수동술어의 부가어(잔류목적어)이다.

② He | went ‖ **that way.**
① He | went. + ⓪ ‖ **that way**
② She | was given ‖ **the keys.**
① She | was given... + ⓪ ‖ **the keys**

• **단순부가어**

[관념/정도]

② The servant | bowed ‖ his **thanks.**(ZEG154)
② He | lacks ‖ **confidence.**(OED)(수동태 불가)
② We | nodded ‖ a **welcome.**(ZEG154)
② My father's shoulders | dropped ‖ **a few inches.**(7JG384)
② This desk | measures ‖ **125×60cm.**(LEG242,3G1X)
② He | weighs ‖ **one hundred and twenty kilos!**(3G44C)
② She | 's just run ‖ **five miles.**(2G109B,1G'31,(2G26E)
② He | had travelled ‖ **some miles**, his horse and he.(LSW776)
② They have a lot of books. They | read ‖ **a lot.**(1G5A)
② And she | smiles ‖ **a lot,**(1NG13)
② He | isn't in the office ‖ **much.**(OED)

② Do you mind [if we | pay ‖ **Dutch**]?(EID324) / ② Let's [| go ‖ **Dutch**].
② I don't understand you when you | talk ‖ **that way**.(=manner)(Fr'n119)
② Mr. Smith | works ‖ **that way**.(")(AES70)(그런 식으로 일하다)
② You | are wonderful ‖ **just the way** <you are>.(")
② We | 're with you ‖ **all that way**.(")

[위치/방향/방식]

(home)
② Sludge and I walked faster. We | headed ‖ **home**.(18NG41)(지향)
② We | headed/started ‖ **home**.(18NG41,13NG48,17NG42)(")
② I | 'm going ‖ **home** (now).(1G53A,109B, PEU433)(지향)
② We | hurried(or rushed, ran) ‖ **home**.(Poe206,17NG29,4NG24)(")
② We | had to walk ‖ **home** (last night).(1G31A,109B)(")
(direction)
② " | Come ‖ **east**,"(5TC447) / ② We | went ‖ **south**.(3SK226,6NG24)
② They | continued ‖ **south**.(1MiC292) / ② He | drove ‖ **north**.(2TC762)
② All | were moving ‖ **east**.(2SK123,332) / ② They | ran ‖ **northeast**.(5TC449)
② The two officers | walked ‖ **west**.(5TC498)
② When I | go ‖ **east**, you | go ‖ **west**. / ② When I | go ‖ **south**, you | go ‖ **north**.(6NG24)
(others)
② He | descended ‖ **the stairs** (or **the hill**) (slowly).(OAD, KG1)
② He | entered ‖ **the room**.(DED)
② Are you | going to go ‖ **any place** (this year)?(PEU433)
② That boy | 's going ‖ **places**, believe me.(=successful)(PEU408,ECD1179)
② He | walked ‖ **the hall**(or the floor)(5JG211,371)
② | Look ‖ **here**(or **there**)!(2LR255) / ② It | 's usually very cold ‖ **here**.(1G92B,2G102X)
② It | 's very warm ‖ **here**. Shall I open the window?(1G29C)
② We | went ‖ **there**.(20NG41) / ② **Where**』 are you | going? (21NG23)(지향)
② I was stuck. We | are getting ‖ **nowhere**.(20NG36)(지향)
② Then he | went ‖ **upstairs** again.(AOL1430,19NG41)
② He | went ‖ **that way**.(DED)(그쪽으로 가다) / ② Has anyone | come ‖ **this way**?
② You | 've come ‖ **a long way**.(ECD53)
② | Always look ‖ **both ways** before you cross the street.(1G96A)

[시간/빈도]

(단순현재)
② She | works ‖ (on) **Saturday mornings**.(2G118D)
☆ In spoken English, we often leave out 'on' before **days** and **dates**.(2G118D)
② The office | is cleaned ‖ **every day**.(1G21A)
☆ We do not us **at/on/in** before **every/last/next/this**.(2G118D)
② Last year Rachel was 22, so she | is 23 ‖ **now**.(1G10B)
② Business | is good ‖ **just now**.(OED)
(단순과거)
② I | didn't shave ‖ **this morning**.(3G3A)(아침이 이미 지남)
② My car | wouldn't start ‖ **this morning**.(OED)
② The office | was cleaned ‖ **yesterday**.(1G22A)
② It | happened ‖ **yesterday**.(1NG15) / ② You | were late ‖ **yesterday**.(1G10A)

② I | was tired ‖ **last night**.(1G10A)
② They weather | was nice ‖ **last week**.(1G10A,1G21A)
② Life | was harder ‖ **then** because neither of us had a job.(OED)
② He | left ‖ **just**(or **only**) **now**.(DED)(방금, 막, 조금 아까; 보통 just ~, even ~)
② I | looked ‖ **once**. I | looked ‖ **twice**. I | looked ‖ **othree times**.(2NG38)
(단순미래)
② Those shoes are very well made. They | 'll last ‖ **a long time**.(2G22B)
(과거미래)
② Tom | might be able to come ‖ **tomorrow**.(2G25B)(과거미래)
(현재진행)
② The office | is being cleaned ‖ **right now**.(1G23A)(현진)
② Are you | leaving ‖ **now**? Yes, I am.(1G4C)(단미대용)
② I | 'm not working ‖ **next week**.(1G21A)(단미대용)
(현재완료)
② I | haven't shave ‖ **this morning**.(3G3A)(계속)(아직 아침이 계속 중)
② My cats | have been with me ‖ **all morning**,(4NG17)(계속)

• 수동부사어: 잔류목적어 형태의 부가어

2개의 목적어로 이루어진 능동문 4형은 1개의 목적어가 수동문의 주어가 될 경우 나머지 목적어는 수동사 뒤에 잔류하므로 이를 잔류목적어 또는 수동목적어로 부르지만 성질은 부가어이다.

[단순잔류목적어]

☆ 간목 수동태 가능 동사; ask, buy, forgive, give, grant, hand. lend, offer, pay, refuse, promise, send, serve, show, tell, teach, write 등, 직목 수동태 가능동사: bring, choose. cook, do, find, get, hand, make, pass, read, sell, send, write
(간목주어: 명사)
② He | was asked ‖ a difficult **question**.(REG196)
② We | were all bought ‖ little **presents**.(PEU603)
② He | was fined ‖ **100 dollars** (for a parking fine).(DED)
② He | was forgiven ‖ **his negligence**.(EJD678)
② Her sister | was given ‖ **the car**.(PEU415)
② The police | were given ‖ **the information**.(2G42A,PEU389)
② I | was granted ‖ **permission** to visit the palace,(OED)
② We | were handed ‖ **tickets** (at the entrance).(DED)
② You | were lent ‖ **ten thousand pounds** last year.(PEU389)
② I | was offered ‖ **the job**, but I refused it.(2G42A,42D,139D)
② The men | was paid ‖ **$200** (to do the work).(2G42A)
② I | was promised ‖ **this book**.(REG178)
② He | was refused ‖ **a visa** because he had been in prison.(PEU389)
② I | 've just been sent ‖ **a whole lot of information**.(PEU389)
② Everyone at the celebration | was served ‖ **delicious food**.(1AN428)
② Have you | been shown ‖ **the new machine**?(2G42A, PEU389)
② They | are taught ‖ **French** (at the school).(REG189)
② We | will never be told ‖ **the real truth**.(PEU389,4DB117)
(간목주어: 분리전치사 수반 명사)
② He | was known ‖ **very little** (‖) about.(2G42D)
② The robber | must be laid ‖ **hold** (‖) of.(GE99)
② Get out of here! I | will not be made ‖ **a fool** (‖) of.(SBE87,WSM47)

② She wanted [| to be (petted and) made ‖ **much** (‖) of].(MM427)
② At last the ship/the car | was lost ‖ **sight** (‖) of.(KEG182,SSE176)
② The family | would be taken ‖ **care** (‖) of.(5JG108, PEU386, LC'312)
② Don't worry about the booking. It | 's all been taken ‖ **care** (‖) of.(JB238)
② Your remarks | have been taken ‖ careful **note** (‖) of.(OPV372)
② The news | was paid ‖ **no attention** (‖) to.(DBE67)
② Most of us | would rather be found ‖ **fault** (‖) with (to our faces).(SBE88)
(직목주어: 전치사 생략 가능 명사/대명사)
② Your offense | will be forgiven ‖ **you**.(BEG248)
② The information | was given ‖ (to) **the police**.(2G42A)
② The book | was lent ‖ (to) **me**.(REG389) / ② A job | was offered ‖ (to) **him**.(영작문사전)
② A letter | was sent ‖ (to) **me** (by her).(DBE66,AES82)
② French | is taught ‖ (to) **us** (by her). / ② The truth | has been told ‖ (to) **her**.(Forum)

□ 4형부가어
다음은 '명사 부가어'로 이루어진 4형 NPN'N"(n)이다.
다음과 같이 분석된다. 즉 NPN'N"=NPN'+N"의 관계에 있다.

④ I | 'll meet ‖ you ‖ **halfway**. ② I | 'll meet ‖ you. + ⓪ ‖ **halfway**

[관념/정도]
④ And so I | opened ‖ the door ‖ **a crack**.(1JB44)
④ This bicycle | has carried ‖ me ‖ **500 miles**
④ I | see ‖ David ‖ **a lot**.(=very often)(2G85C)
④ We like movies, so we | go ‖ to the movies ‖ **a lot**.(1G81C)
④ I | don't like ‖ him ‖ very **much**.(1G81C)
④ I | like ‖ Italian food ‖ very **much**.(1G91A)
④ You watch TV all the time. You | shouldn't watch ‖ TV ‖ so **much**.(1G33C,84C)
④ It was kind of you to help us. | Thank ‖ you ‖ very **much**.(1G113A)
[위치/방향/방식]
(home)
④ I | 'll drive ‖ you ‖ **home**.(지향)
④ I | am taking ‖ you ‖ **home**.(17NG7)(지향)
(direction)
④ She | brought ‖ him ‖ **south**. / ④ That one | will lead ‖ us ‖ **south**.
④ | Move ‖ the second regiment ‖ **north**. / ④ What | 's sending ‖ everybody ‖ **north**?
④ A handful of Saudi liaison officers | waved ‖ them ‖ **south**.
(others)
④ "I | don't take ‖ people ‖ **places**," Kristoff replied.(Fr'n57)
④ Are you | going to make(or take)‖ a trip ‖ **any place** (this year)?
④ They | don't turn ‖ left ‖ **here**?"(LEG251) /
④ Carlos | takes ‖ the bus ‖ **everywhere**.(1G29A)
④ I | carried ‖ her bags ‖ **upstairs**.(OAL1430) / ④ You | send ‖ him ‖ **upstairs**.(2TC1023)

④ He | always said ‖ things ‖ that **way**.(JDS182)(그런 식으로)

④ She | turned ‖ her crazy face ‖ the other **way**.(JDS166)(다른 쪽으로)

④ You | can't have ‖ it ‖ both **ways**.(=choose one from both)

④ | Do ‖ it ‖ (in) **anyway** <you like>.(PEU606) / ④ I | 'll meet ‖ you ‖ **halfway**.(=compromise)

[시간/빈도]

☆ **every/last/next/this**+시간명사 앞에는 **at/on/in** 을 쓰지 않는다. days/dates 앞에는 보통 on을 생략한다. 다만, 시간명사가 포함된 복합명사의 경우에는 그렇지 않다. I went to sea in **this summer vacation**. (2G118D)

(단순현재)

④ He | reads | a newspaper ‖ **every day**.(1G91A)

④ They | watch ‖ television ‖ **every night**.(1G11A)

(현재진행)

④ They | are playing ‖ tennis ‖ **now**.(1G24A)(현진)

④ I | 'm travelling ‖ a lot ‖ **these days**.(PEU452)(")

④ He | is playing ‖ tennis ‖ **tomorrow**.(1G26A)(단미대)

④ We | 're having ‖ a party ‖ **next weekend**?(1G24B)(")

④ I | 'm not going to have breakfast ‖ **this morning**.(1G25)(")

④ Are you | doing ‖ anything ‖ **this weekend**?(1G77)(")

(현재완료)

④ I | have done ‖ a lot of work ‖ **today**.(2G9B)(완료)

④ Amy | has sent ‖ lots of e-mails ‖ **this morning**.(2G10C)(")

④ Have you | seen ‖ Lisa ‖ **this morning**?(2G9B)(경험)

④ Have you | had ‖ a vacation ‖ **this year**?(2G7C)(")

④ Susan really loves that book. She | 's read ‖ it ‖ **three times**.(2G7B)(")

④ They | 've played ‖ tennis ‖ **three times this week**.(2G10A)(")

(현재완료진행)

④ Amy is writing e-mails. She | 's been writing ‖ emails ‖ **all morning**.(2G9C)

④ Ben is watching TV. He | 's been watching ‖ TV ‖ **all day**.(2G9C)

(미래진행)

④ Don't call me between 7and 8. We | 'll be having dinner ‖ **then**.(2G23B)

(단순과거)

④ They | left ‖ for Spain ‖ early **this morning**.(OAD,2G9B)

④ I | did ‖ a lot of work ‖ **yesterday**.(2G9B) /

④ They | watched ‖ television ‖ **last night**.(1G11A,25A)

④ I | didn't play ‖ golf ‖ **last summer**.(2G9B)

④ We | didn't take ‖ a vacation ‖ **last year**?(1G19C)

④ Mirsat | studied ‖ Langdon ‖ **a long moment**.(2DB518)(기간)

④ She | finished ‖ it ‖ **just now**(SSE570).(현완에는 사용불가)

④ I | went ‖ to the movies ‖ **three times last week**.(2G5A)

(과거완료)

④ You | should have called ‖ me ‖ **yesterday**, I said,(1NG16)(가정법과거완료)

□ 6형부가어(협의)

다음은 '명사 부가어'로 이루어진 6형 NPP'N'(n)이다.

다음과 같이 나눠진다. 즉 NPP'N'=NPP'+N'의 관계에 있다.

⑥ He ｜ seemed ｜ lucky ‖ **that way.**
③ He ｜ seemed ｜ lucky. + ⓪ ‖ **that way**

[관념/정도]

⑥ I'm surprised [that Ann ｜ didn't get ｜ offered ‖ **the job**].(2G42D)
⑥ She ｜ cried ｜ out ‖ **his name.**(=외쳐 이름을 부르다)(OED)
⑥ He ｜ trembled ｜ out ‖ **prayers.**(=떨리는 목소리로 기도하다)(DAD)
⑥ I ｜ got ｜ dressed ‖ **fast.**(13NG14)
⑥ Sally ｜ doesn't go ｜ out ‖ **much**, does she?(1G39)
⑥ I ｜ got ｜ paid ‖ **nine hundred dollars** for this trial.(12JG511)
⑥ Babe Ruth｜ struck｜ out ‖ **1,330 times**, but he also hit 714 home runs.(CSS293)

[위치/방향/방식]

⑥ Uncle Vernon ｜ backed ｜ away ‖ **several pace.**(4HP43)
⑥ Are you ｜ going to go ｜ on a trip ‖ **any place** (this year)?
⑥ We ｜ went ｜ there ‖ **the usual way.**(PEU606)
⑥ Often things ｜ don't work ｜ out ‖ **the way** <you expect>.(2G317)
⑥ He ｜ seemed ｜ lucky ‖ **that way.**

[시간]

(단순현재)
⑥ We ｜ go ｜ on vacation ‖ **every summer.**(1G101D)
⑥ You ｜ are looking(or look) ｜ good ‖ **today.**(2G4E)
⑥ Can you ｜ hold ｜ on ‖ **a minute**?(can you wait?)(2G138B)
⑥ Her divorce case ｜comes ｜ up ‖ **next month.**(OED)
⑥ The new model ｜ goes ｜ on sale ‖ **next month.**(OED)
(단순과거)
⑥ A letter ｜ arrived ｜ for you ‖ **this morning.**(OED)
⑥ I ｜ didn't get ｜ up ‖ early **this morning.**(1G44B)
⑥ Did she ｜ go ｜ out ‖ **last night**?(1G12B) / ⑥ I ｜ woke ｜ up ‖ early **yesterday.**(1G13B)
⑥ Nicole ｜ got ｜ married ‖ **last week.**(1G39A,2G118D)
⑥ The team ｜ went ｜ 11-0 ‖ **last season.**(")
⑥ They ｜ got ｜ married ‖ (on) **March 12.**(2G118D)
⑥ He｜ stood｜ there ‖ **a second.**(24JB13) / ⑥ He｜ came ｜ in ‖ **just now.**(DBE31)(현완 사용불가)
(현재진행)
⑥ How are(or do) you ｜ feeling(or feel)｜ ∨ ‖ **now**?(2G4A)(현진)
⑥ I｜'m staying ｜ home ‖ **this evening.**(1G23C)(")
⑥ We ｜ go ｜ camping ‖ **tomorrow.**(SBE34))(단미대용)

2.3 전치사구 부가어(preposition phrase)

A. 전치사구 목적어

□ 2형목적어

다음은 '전치사구' 목적어로 이루어진 2형 NPN'(pr~)이다.
다음과 같이 분석된다. 즉 NPN'=NP+N'의 관계에 있다.
☆수동문은 ① I | 'm not being listened (‖) to.이다. to는 주어와 분리된 채 잔류한다.

② You	're not listening ‖ to me. ① You	're not listening.+ ⓪ ‖ to me

• 단순전치사구 목적어

[~사람]

(about/of~)
② He's very selfish. He | doesn't care ‖ **about other people.**(2G130B)
② I | dreamed ‖ **about you** last night.(2G131A)
② The rest of the family | forgot ‖ **about him.**(GGM319)
② I heard of him but I | did not hear | **about him.**(EPL34)(관해)
② You | know | **about Amanda's baby**, don't you?(OED)
② He | never thinks ‖ **about other people.**(1G111A)
② "Who is Tom Hart?" "I have no idea. I | 've never heard ‖ **of him.**(2G131B)
② I | know ‖ **of him** but I do not know about him.(존재에 대해 알다)(EPL34)
② "I | never thought ‖ **of that.**" Annie said.(1NG29)
② He | never thinks ‖ **of other people.**(1G111A,SBE87)
(after~)
② Lotte | asked ‖ **after his daughter.**(to ask for news about)(JWG46)
② K | looked ‖ **after her.**(2FK135)(~뒤를 쳐다보다)
② Kathy | looks ‖ **after him.**(=care for, take care of, tend to)(3G22D,2G130D)
② Fang | runs ‖ **after the mailman.** They both disappeared.(18NG7)(~달려들다)
(at~)
② The bulldog | barked ‖ **at the children.**(SBE86)
② I look stupid with this haircut. Everybody | will laugh ‖ **at me.**(2G129C)
② She | is looking ‖ **at him.**(1G61D)
② He | pointed ‖ **at the secretary**, who despised being pointed at.(6JG273)
(for~/from~)
② The last punch | did ‖ **for him.**(=killed)(CED)
② I | 'm looking ‖ **for Sarah.** Have you seen her?(1G111A)
② I | didn't pay ‖ **for them.**(different people)(1G61B)
② The old lady has no one <| to provide ‖ **for her**>.(EPV427)
② The king | have sent ‖ **for you.**(2WS, SBE87, BSH431)
② He | spoke ‖ **for her.**(=on behalf of her:대변하다)
② Are you | waiting ‖ **for Sue?**(1G4A,111A) / ② He | 's waiting ‖ **for a bus.**(1G3X)
② Because every Tuesday I | watch ‖ **for you.**(JMV92)
② Have you | heard ‖ **from Jane** recently?(2G131B,19NG24)

(in~/on~/upon~)

② Do you | believe ‖ in **God?**(=believe that God exists)(2G133A)

② And Sludge will find the turkey. I | believe ‖ in **him.**(25NG27)(신뢰하다)

② You | can always rely ‖ on Pete. He'll never let you down.(2G139D)

② The bigger boys | used to set ‖ on **him** almost every morning.(attack)(EPV180)

② And nobody | tapped ‖ on **me.**(1JB45,5)

(over~)

② The army ‖ took ‖ **over the government.**(assumed the control of)(2HP9)

② They | talked ‖ over **him.**(=about him)

② And Pip | tripped ‖ over **him.**(13NG44,30) ☞1.5A5형(1).

(to~)

② No one | shall dictate ‖ to **me.**(ECD523)

② You | 're not listening ‖ to **me.**(1G3A)

② She | looked ‖ to **Landon.**(1DB104)(사람을 향해 보다) ② | Look ‖ to **her.**(=watch)(6WS50)

② "Prince Hans," he stated, "Arendelle | looks ‖ to **you.**"(Fr'n116)(의지하다)

② Can I | speak ‖ to **Chris,** please?(1G111A)

② You | never talk ‖ to **me.**(1G61B)

② "(Next) we | will talk ‖ to **your friends Rosamond.**(1NG32)

② NPN(pr~) I, Nate the Great, | turned ‖ to **Claude.**(5NG18)

② I tried calling the company. but they didn't answer, so I | wrote ‖ to **them.**(1G114A)

[~신체]

② Eragon | kicked ‖ at **Murtagh's right hip.**(1CP502)

② I | pulled ‖ on **Grandma's arm.**(2JB21,8JG62)

② Orik | tugged ‖ (on) **his beard.**(2CP615)

② Big Hex | jumped ‖ onto **my lap.**(1NG39

[~물건/장소]

(about~/around~)

② The factory workers | didn't know ‖ about **the wrong truck.**(YBM)

② He | looked ‖ about **the hall.**(EPL33)

② I | looked ‖ around **the room.**(1NG49,5NG17)

(at~)

② The boy | grabbed ‖ at **the ball.**(sb tries to do but not complete it).(EJD99)

② He | 's looking ‖ at **his watch.**(1G111A)

② She | snatched(or jerked) ‖ at **my shirt,** but I ducked back.(")(JLC83,84)

② Eat your food properly! Stop [| picking ‖ at **it**].(")(EPV422)

② We saw someone with a gun [| shooting ‖ at **birds**].(2G129C)

② Olivia | tugged ‖ at **his sleeve,** and they were gone.(25NG69)

② Sludge and I | looked ‖ **at, over, under,** and **around everything** in Caude's.(5NG17)

(for~)

② The little boy | asked ‖ for **a sweet.**(PEG247,3G92B)

② The injured man's wife | called ‖ for **an ambulance.**(YBM))

② Would you | care ‖ for **a cup of coffee?**(like)(2G130B,2G130B)

② She lost her keys. She | is looking ‖ for **it.**(=search, try to find)(1G111A)

② I | reached ‖ for **it.** and pulled it out.(14NG22)

② Excuse me, sir. You | haven't paid ‖ for **the drink.**(PEU429)

(in~/inside~)
② I | looked ‖ **in the wastebasket**.(1NG21)
② I | will ave to look ‖ **in other placed**.(6NG20)
② The cover came off. We | looked ‖ **inside the can**.(6NG36)
② I | peered ‖ **inside her house**.(26NG,2G133B)
(into~/out~)
② Somebody | broke ‖ **into my car** and stole the raido,(2G133X,ECD266)
② She | looked ‖ **into the box**.(EJD917)
② And so I | looked ‖ **out the window**.(1JB35)
(on~/upon~)
② I searched the room. I | looked ‖ **on the desk**.(1NG20,) ② I | looked ‖ **on the bed**.(1NG21)
② He | was playing ‖ **on his harp**.(KA28) cf. Tristram | played ‖ **his harp** beautifully.(KA23)
② | Don't trample ‖ **on the flowers**!(NED) / ② I | tugged ‖ **on her dress**.(2JB21)
② | Look ‖ **upon my suffering**.(Ps119:153)
(over~/through~/under~)
② He | didn't look ‖ **over the edge**.(OAD,EPN96)
② The van | ran ‖ **over a dog**.(=knock down)(SBE84)
② I | tripped ‖ **over something**.(1NG41.26NG7)
② The fire fighters | broke ‖ **through the wall** easily.(NED)
② The perspiration | soaked ‖ **through my shirt**.
② I | looked ‖ **under the bed**.(1NG21)
② Then, very careful, I | reached ‖ **under there**.(2JB71)
(to~/toward(s)~)
② | Look ‖ **to your bags**!(=check on, keep an eye on)(6WS6,50)
② ㅑcrept down the street. I | looked ‖ **to the right** and **to the left** and behind me.(2NG32)
② Then I | read ‖ **to my cats**.(14NG16)
② He | looked ‖ **toward the heaven**.(Jn17:1)
(with~)
② | Just about done ‖ **with the square**.(=finish)(Truman Show160)
② Hendricks | finished ‖ **with his pictures**.(1MiC64)
② Someone | had obviously tampered ‖ **with the brakes** of my car.(OED)
[~관념/활동]
(about~/of~/over~)
② We | agree ‖ **about the most things**.(PEU426)
② We | 'll see ‖ **about that** (tomorrow).(=consider)(PEU493,3TC24)
② "Will you lend me the money?" "I | 'll | think ‖ **about it**."(2G131A)
② George | was complaining ‖ **of a pain** <in his stomach>.(2G131E)
② Don't tell anyone what I said.—No, I | wouldn't dream ‖ **of it**.(2G131A)
② I'll call the tech department and ask [(how) we | should dispose ‖ **of them**].(SAT)
② The coffee shops and knitting clubs | talked ‖ **of nothing else**.(17JG104) (Ps145)
② Men | shall speak ‖ **of the power** of Your awesome acts, I | will tell ‖ **of Your greatness**.
② "I, Nate the Great, | think ‖ **of everything**. Tell me.(1NG29)
② I | 'll think ‖ **of some way** to get him back. I | 'll think ‖ **of it** tomorrow.(MM1024,2G131C)
② He | never glossed ‖ **over the matter**.(DED)

② I need time <| to think ‖ **over**(or **about**) **your proposal**>.

(for~)

② We | must allow ‖ **for some delay**.(DED)

② When I realized I was wrong, I | apologized ‖ **for my mistake**.(2G132A)

② I think you'd be good at this job. Why don't you | apply ‖ **for it**?(2G130C)

② I | asked ‖ **for a loan**.(LEG287,Mk6:24)

② The occasion | calls ‖ **for prompt action**.

② I just started [| to prepare ‖ **for the mid-term exam**].(YBM)(대비,각오)

② Sludge and I | are going ‖ **for a swim**.(10NG48)

(into~)

② We | inquired ‖ **into the affair**.(OED)

② The committee | looked ‖ **into the matter**.(EJD917)

(on~/upon~)

② We | agreed ‖ **on the immediate solution** of the problem.(EJD)

② What time will you be home?— I don' know. It | depends ‖ **on the traffic**.(2G139D)

② He | resolved ‖ **on** (making) **an early start**.(OED)

② He | decided ‖ **on/upon an ambush**.(RTK27:28) cf. The court | will decide ‖ **our fate/fates**.(OED)

(to~)

② I | 'll agree ‖ **to your suggestion** if you lower the price.(PEU426,RTK71:91)(동의하다)

② This paragraph | refers ‖ **to the events** of last year.(OED)

(with~)

② Tom's story | agreed ‖ **with that of his son**.(3G92B)(일치하다)

② The building | does not conform ‖ **with safety regulations**.(OED)(따르다)

② We | had to deal ‖ **with hundreds of complaints**.(3G28D,2CPV42)

② Can we | dispense ‖ **with the formalities**?(OED)

• 복합전치사구 목적어

② When my name was called, he | looked ‖ **across at me**.(OED)

② People | looked ‖ **around at them**.(3HP91,5TC317)

② He | looked ‖ **back at the whispers**.(1HP4, Fr'n90,47,23JB78)

② In the beginning, Americans | would often look ‖ **down at me**.(NEI)

② She | instantly looked ‖ **in at one of the windows**.(2CD114)

② They | were looking ‖ **out at the misty grounds**.(4HP490)

② "No," Elsa cried, | looking ‖ **out at her frozen kingdom**.(Fr'n100)

② We | looked ‖ **up at the stars** <in the sky>.(1'G115,2G71B, 2CD262)

② Pettigrew | was staring ‖ **up at them**.(3HP374)

② He | looked ‖ **back down the tunnel**.(Race to the Heart39)

② When I | look ‖ **back on that time**, I was very foolish.(NEI,2G142C)

② She | looked ‖ **out in the garden**.(1MT16)

② She | looked ‖ **up in the trees**.(Pigeon English207)

② He | looked ‖ **out of the window**.(SED)

② You | must not look ‖ **down on the poor**.(DED, ECD161)

② No one | looked ‖ **in on little Luke**.(7JG207)

② Are you | looking ‖ **forward to the weekend**?(2G58C,134B)

② We | saw ‖ **from ten to twenty yachts**.

② He | really looks ‖ up to his old brother.(3G94F,SBE85)
② He | had done ‖ away with Beddoes^ and had fled.(=kill((1ACD603)
② They | have long done ‖ away with this practice^.(SBE87)
② We | have to put ‖ up with a lot of noise from traffic.(=tolerate)(2G141D)

☐ **4형목적어**

다음은 '전치사구' 목적어로 이루어진 4형 NPN'N"(pr~)이다.
다음과 같이 분석된다. 즉 NPN'N"=NPN'+N"의 관계에 있다.

④ I | gave ‖ the key ‖ to her.
② I | gave ‖ the key. + ⓪ ‖ to her
④ I | will take ‖ care ‖ of them.
② I | will take ‖ care. + ⓪ ‖ of them

전치사구 목적어의 경우 다음과 같이 그 전치사의 목적어를 주어로 하는 수동문이 성립한다.
② **My words** | were paid ‖ no attention (‖) to. ② **She** | was given ‖ the keys.
전치사 to는 잔류하는 것이 원칙이지만 후자의 경우처럼 생략되기도 한다.

☆ Instead of putting the indirect object in front of the direct object, it is possible to put it in a prepositional phrase that comes after direct object.(CEG159) If the DO is a pronoun, a pattern with DO+preposition is usual.(3G29A)

☆ In English, new information usually comes at the end of the clause. So, when the indirect object is new information and direct object is not, the indirect object is put at the end of the clause.(CEG160)

• **단순전치사구 목적어**

[~사람]

(about~)
④ I | 've heard ‖ a lot (or so much, a great deal) ‖ about **you**.(ECD8)
④ At that time, Herod the tetrarch | heard ‖ the reports ‖ about **Jesus**.(Mt14:1)(")
④ We | knew ‖ very little ‖ about **Kerr**.(2JP234)(이중/병렬 목적어)
④ | Do not speak ‖ ill ‖ about **the ruler of your people**.(Ac23:5)(")
④ Mr. Johnson | told ‖ me ‖ about **you**.(ECD9)(간목+직목)
(at~)
④ That Grace | did ‖ a mad breath ‖ at **him**.(4JB9)
④ I | did ‖ a huffy (breath) ‖ at **me**.(4JB12,48)
④ He | looked(or glanced) ‖ sideways ‖ at **her**.(OAD1195,3HP166)
④ The doctor | looked ‖ over his glasses ‖ at **Ryan's fingers**.(3TC24)
④ I | made ‖ a growly face ‖ at **her**.(3JB4,25)
④ Mrs. | made ‖ squinty eyes ‖ at **me**.(3JB2)
④ | Don't point ‖ that knife ‖ at **me**. It's dangerous.(2G129C,2G36A)
④ Somebody | threw ‖ an egg ‖ at **the politician**.(2G129D)
(for~)
④ | Please send ‖ someone ‖ for **the doctor**.
④ Paul | sent ‖ to Ephesus ‖ for **the elders** of the church.(Act20:17)
(of~)
④ I | asked ‖ a question(or a favor) ‖ of **him**.(ECD57)(요구하다)
④ I | beg ‖ a favor ‖ of **you**.(OED)
④ I | demand ‖ one thing ‖ of **you**.(2Sa3:15)

④ The parents | expected ‖ too much ‖ **of**(or **from**) **their son.**(EJD)
④ Just wait till I | lay(or take, keep) ‖ hold ‖ **of you.**(NPV420)
④ We | lost ‖ the sight ‖ **of the car.**(SSE176)
④ They | made ‖ much(or light, fun) ‖ **of him.**(YBM, DED)
④ He | reminds ‖ me ‖ **of his brother.**(DED)
④ He | never speak ‖ ill(or highly, well) ‖ **of others.**(SBE58,94,3Jn12)
④ A friend of hers | takes ‖ care ‖ **of her children.**(1G111A)
④ I | didn't think ‖ much(or highly) ‖ **of myself**].(Canfield304,1JA)
④ You | don't think ‖ badly ‖ **of me.**(2FK44)
④ He | wanted ‖ very little ‖ **of others.**(VW262,HH143)
(on/upon~)
④ O God; | look ‖ with favor ‖ **on your anointed one.**(Ps84:9)
④ The Lord | looked | down from heaven ‖ **upon the children of men.**(Ps14,2KJV)
(to~)
④ That's my book. | Give ‖ it ‖ **to me.**(Give me it)(=1G94B,LSW929)
④ I | handed ‖ the bag ‖ **to him.**(22NG26)
④ I | lent ‖ my car ‖ **to a friend of mine.**(1G94B)
④ Can you | pass ‖ that bandage ‖ **to me**?(3G29A)
④ He | played ‖ the piece ‖ **to me.**(or for me)(3G29B)
④ Cows | provide ‖ us ‖ milk ‖ **to us.**(or for us)(3G29B)
④ Did you | send ‖ a postcard ‖ **to Kate**?(1G94B)
④ She | served ‖ beer ‖ **to them.**(SBE268)
④) He | showed ‖ them ‖ **to me.** I showed him mine.(1NG26)
④ Can you | sing ‖ that song ‖ again **to us**?(3G29B)
④ Shall I | take ‖ a gift ‖ **to my host family**?(OED)
④ She | told ‖ this joke ‖ **to me.**(3G29D)
④ Lisa | threw ‖ the key ‖ **to me** (from the window).(2G129D)
④ I hadn't got time to visit Ann, so I | wrote ‖ a letter ‖ **to her.**(3G29B)
[~물건/장소]
(about~)
④ Do you | know ‖ anything(or much) ‖ **about car engines**? A little.(3G52A)
④ You | know ‖ a little(or a lot) ‖ **about cars.**(2G104X,99X,3G52A)
④ He | complained ‖to the manager of the restaurant ‖ **about the food.**(2G131D)
(at~)
④ | Point ‖ it ‖ **at the deck.**(Star Wars160)
④ | Don't throw ‖ stones ‖ **at the birds.**(NEI)
④ He | looked ‖ behind him ‖ **at the rows** of cars and deputies.(12JG74)
(for~)
④ The little boy | asked ‖ me ‖ **for a sweet.**(PEG247,Zec10:1)
④ I | beg ‖ you ‖ **for pardon.**(DED)
④ I | 've looked ‖ everywhere ‖ **for it.**(=search)(1G78C)
④ I | looked ‖ along the shelves ‖ **for the book** 〈I needed〉.(OED)
④ I | searched ‖ the house ‖ **for my keys**, but I still can't find it.(2G130C)
(of~)
④ The house | reminds ‖ me ‖ **of the one** I lived in when I was a child.(2G131E)

④ Don't lose this book. | Take ‖ care ‖ **of it.**(1G111A)
④ What did you think of the film?—I | didn't think ‖ much ‖ **of it.**(2G131C)
(with~)
④ He | furnished ‖ the hungry ‖ **with food.**(=food to the hungry)(YBM)
④ He | presented ‖ her ‖ **with a bouquet of roses.**(SBE268)
④ The school | provided ‖ all its students ‖ **with books.**(3G133C)
④ The city | supplies ‖ the children ‖ **with books.**(=books for the children)(DED)
☆ endow, equip, furnish, present, provided, supply
[~관념/활동]
(about~)
④ Can I | ask ‖ you ‖ **about your room rates,** please?(NED)
④ It' good [you | reminded ‖ me ‖ **about the meeting**].(2G131E)
④ I | would speak ‖ to Joe ‖ **about it.**(2CD471,OAD)
④ Did you | talk ‖ to Paul ‖ **about the problem**?(1G111A)
④ Have you | told ‖ anybody ‖ **about your new job**?(2G201,LEG155)
④ Vicky | warned ‖ me ‖ **about the traffic.**
(for~)
④ A man stopped me and | asked ‖ me ‖ **for money.**(1G111A,LEG2878)
④ I | apologized ‖ to them ‖ **for my mistake.**(2G132A)
④ Everybody | blamed ‖ me ‖ **for the accident.**(2G132B)
④ The college | prepares ‖ students ‖ **for a career in business.**(OED)
(of~)
④ | Please advise ‖ us ‖ **of any change** of address.(2'G131E)
④ I | can assure ‖ you ‖ **of her honesty.**(DBE12)
④ She | convinced ‖ me ‖ **of her honesty.**(DED)(or [that she was honest])
④ (Why) should you | deprive ‖ yourself ‖ **of such simple pleasures**?(OED)
④ I | informed ‖ him ‖ **of her success.**(DED).
④ | Don't make ‖ anything(or less) ‖ **of it.**(=Think nothing of it).(ECD27)(2DK366)
④ Will you | speak ‖ to him ‖ **of lessons**?(NED)
④ Each animal | takes ‖ advantages ‖ **of the instincts of others.**(Darwin181)
④ I | 'll take ‖ care ‖ **of all the travel arrangements.**(2G130C,LSW428)
④ I | have taken ‖ careful note ‖ **of your remarks.**(OPV372)
④ We | will tell ‖ him ‖ **of**(or about) **the news.**(DED)
④ Everyone | thinks ‖ highly(or lightly) ‖ **of her teaching.**(3G71C)
④ Scientists | warned ‖ us ‖ **of the effects** of global warming.(2G131E)
(on~/to~)
④ We | congratulated ‖ him ‖ **on his success.**(OED)
④ Herbert | had told ‖ me ‖ **on former occasions.**(2CD375)
④ We | think ‖ so differently ‖ **on this point.**(1JA51)
(to~)④ They | paid ‖ no attention ‖ **to my words.**(SBE87) ☞2.3.B
(with~)
④ She | had endowed ‖ Marcus ‖ **with the qualities** she wanted him to possess.
④ For you | equipped ‖ me ‖ **with strength** for the battle;(Ps18:39ESV) [(OED)
● **복합전치사구 목적어**

④ They | gave ‖ him ‖ over to the police.
④ He | led ‖ us ‖ out into the garden.(2UE289)
④ We | 'll take ‖ him ‖ up to the castle.(KA36,LSW934)

B. 전치사구 부가어(협의)

다음은 '전치사구' 부가어로 이루어진 2형 즉 NPN'(pr~)이다.
다음과 같이 분석된다. 즉 NPN'= NP+N'의 관계에 있다.
여기서 부가어는 광의의 부가어 중에서 목적어를 제외한 협의의 부가어를 말한다.

② He | took ‖ to the park.
① He | took... + ⓪ ‖ to the park
② The boy | was taken ‖ to the park.
① The boy | was taken...+ ⓪ ‖ to the park
② I | 'm hungry ‖ to death.
① I | 'm hungry. + ⓪ ‖ to death

● **단순전치사구 부가어**

[~사람]

(about~)
②. He was a mystery man. Very little | was known ‖ about him.(2G42D)
② I knew he was a strange person. I | had been warned ‖ about him.(2G131F)
(by~)
② Jil | is liked ‖ by everybody.(3G125C)(행위자)
② The program | was watched ‖ by millions of people.(2G125C)
② He | was looked (‖) after ‖ by Ella.(taken care of)(3G22D)
② And yet my jealousy | were immediately guessed (‖) at ‖ by her.(3ST337)
② He | was laughed (‖) at ‖ by him.(SBE85)
② Demetrius | is well spoken (‖) of ‖ by everyone.(=be praised)(3Jn18)
② The use of fire | was thought (‖) of ‖ by a genius.(SBE330)
② I | was called (‖) on ‖ by the teacher.(=summoned, asked)(TBP212)
② The expression | was so often insisted (‖) on ‖ by Cuvier.(Darwin154)
② He | is being picked (‖) on ‖ by the judge.(=be annoyed)
② She | was set (‖) on (or upon) ‖ by a robber in the park.(=attacked)
② He made his way to the group < | presided (‖) over ‖ by her daughter>.(MK2ST324)
② CBS Records | was taken (‖) over ‖ by Sony.(OAD,2UE393)
② Each of us | is watched (‖) over ‖ by a special god.(2ST324)
② He | has been written (‖) to ‖ by Mr. Murdstone.(1CD137)
② Carry | is always being put (‖) upon ‖ by her boss.(=be used)(EID708)
② He | was looked (‖) up to ‖ by them.(SBE85)
② This practice | has long been done (‖) away with ‖ by them.(SBE330)
② The situation | could be put (‖) up with ‖ by her.(NED)
(for~)
② Our dog | went ‖ for the postman (this morning).(attack)(LEG155)
② This helping | is too large ‖ for me.(OALD)
② That | 's too much responsibility ‖ for a child.(OED)(에게는)

(from~)
② Lisa | is very different ‖ from her sister.(1G110A)(구별)
(into~)
② Elsa | had grown ‖ into a lovely woman.(PPV139)(변화)
(of)
② The studio | is being cleared ‖ of people.(YBM)
② I must whiten them a little. It | 's expected ‖ of me.(HA288)
② Great care | should be taken ‖ of them.(SBE87)
② The room | was full ‖ of people.(1G110A) /
② Thank you. That | 's very nice ‖ of you.(1G1C,LSW515)
② He didn't trust me. He | was suspicious ‖ of me.(2G128A)ㅗ
(to~/towards)
② He | apologized ‖ to me.(2G128D)(행위의 상대방)
② Does this book | belong ‖ to you?(1G14A)(소속)
② The problem | was explained ‖ to us.(3G22A)(")
② The information | was given ‖ to the police.(2G42A,3G22A)(")
② This message | was just handed ‖ to me.(NPV341)(")
② Sue | is married ‖ to a dentist.(1G110A)(상태의 대상)
② That | 's news ‖ to me.(Truman Show)(")
② This book | is of great interest ‖ to us.(")
② He | 's always very nice‖ to me.(1G110A)(감정의 대상)
② Why were you | unfriendly ‖ to Lucy?(")2G127A)
② Your writing | is similar ‖ to mine.(2G128C)(비교의 대상)
② A toy soldier | is walking ‖ toward me.(YBM)
(with~/without~)
② I | have done ‖ with him.(=I am through with him)((DED).
② I | am done ‖ with her.(DED)(=관계가 끊어지다)
② I | 'd be happiest ‖ with you.(NED)(조건)
② I | can't live ‖ without you.(ECD558)(조건)
② Titinius | is enclosed (‖) round about ‖ with horsemen(행위자)(8WS202)
[~신체]
② It | 's too tight ‖ across the back.(OED)
② He | is aching ‖ in his bone (for the homeward journey).(4LR290)
② He | was shot ‖ in the leg.(PEU65)
② He | was wounded ‖ in left leg.(SBE86)
② He | had been struck ‖ in the stomach.(1CP431)
② He | 's a little touched ‖ in the head.(=crazy)(ECD1146)
② He | is a bit soft ‖ in the head.(=stupid)(DED)
② George | was hit ‖ on the head (by a stone).(2G201)
② He | was shot ‖ through the heart.(RLS93)
[~물건/장소]
(against~)
② He | was leaning ‖ against the rail.(EJD)
(by~)

② Can I | pay ‖ **by credit card**?(2G125A)
② Do you like [| travelling ‖ **by car**]?(1G109C)
② I | was bitten ‖ **by a dog**.(1G109C)
② The children | were barked (‖) at ‖ **by the bulldog**.(SBE86)
② A dog | was run (‖) over ‖ **by the van**.(=collided)(SBE84)
② I | was set (‖) upon ‖ **by a large dog**.(-be attacked)(OED)
(for~/from~)
② It was time for lunch. We | went ‖ **for home**.(6NG31)(지향)
② NPN(pr~) Sludge and I | headed ‖ **for home**.(18NG27)(지향
② A secretary | was sent ‖ **for coffee**.(5JG32)
② I haven't seen her since she | left ‖ **for the office** this morning.(2G130C)
② Who | was responsible ‖ **for all that noise** (last night)?(2G128C)
② Hawaii | is famous ‖ **for its beach**.(1G58C)
② Who | has been drinking ‖ **from my cup**?(EJD,4JG57)
(in~/out~)
② "I | am waited (‖) for ‖ **in Egypt**," answered the Swallow.(OW16)
② Is it | cold ‖ **in your room**?－Yes, a little.(1G2A,1G74A, 5JG158)
② "It | 's cold ‖ **out here**," Jack told his daughter.(3TC155)
② I went out into the yard. It | was cold ‖ **out there**,(2NG26)
(into~)
② My friend Claude | came ‖ **into the yard**.(3NG8)(지향)
② I | 'm moving ‖ **into my new apartment** on Friday.(2G135A)(지향)
② I | reached ‖ **into my pocket** and pulled out the pancake.(4NG20)(지향)
② The cloud | melted ‖ **into rain**.(DED)(변화)
② Oranges | are imported ‖ **into Canada**.(1G20B)(이동)
(of~)
② They | ate sparingly ‖ **of the side meat and dried peas**.(MM486)(조금씩 내어 먹다)
② You give but little when you | give ‖ **of your possessions**.(Prophet24)
② What would a student do if they | were deprived ‖ **of book**?(1VP263)
② The tomb | had been robbed ‖ **of its treasures**.(DED)
② I | was robbed ‖ **of my purse**.(DED) / ② Mulligan | is stripped ‖ **of his garment**.(3JJ19)
② Are you | afraid ‖ **of spiders**?－Yes, I | 'm terrified ‖ **of them**.(1G1B)
(on~)
② I | 'm a little low ‖ **on cash**.(JG87)
② Traffic | was relatively light ‖ **on the streets and sidewalks**.(3TC1)
(to~/toward(s)~)
② "Whoa!" Hans | called ‖ **to the horse**, catching his reins.(Fr'n94)(대상)
② I can't find my pen. What | happened ‖ **to it**?(1G111A)(")
② Larry | flew ‖ **to Jamaica**.(LEG127)(방향/도착점)
② I | usually get(arrive) ‖ **to work** (before 8:30).(1G54C)(")
② I | went ‖ **to Annie' house**.(1NG13) ② We | went ‖ **to Annie's room**,(1NG18)
② He | took ‖ **to the park**. The boy | was taken ‖ **to the park**.(")
② Annie and I | walked ‖ **to Rosamond's house**.(1NG33)
② They | were heading ‖ **towards the German border**.(OED)(방향/도착점)
(with~/without~)

② There was an accident this morning. A bus | collided ‖ **with a car**.(2G133C)
② I | could do ‖ **with a drink**.(need or want with sth | sb)(LEG206,2CPV42)
② He | was covered ‖ **with red paint**.(1NG46)
② When you | 're finished ‖ **with that book**, can you put it back on the shelf?(2G142A)
② The door | must have been opened ‖ **with a key**.(2G125C)
② Hagrid's back door | had opened ‖ **with a bang**.(3HP402)
② The book | shut ‖ **with a thud**.(ImL8)
② The door | was shut ‖ **with a snap**.(4HP151)
② I | have been too busy ‖ **with my restaurant**.(10NG23)
② You | must be careful ‖ **with this knife**. It's very sharp.(1G29B)
② We | weren't happy ‖ **with the hotel**.(1G10X)
② I | was very pleased ‖ **with the present** <you gave me>.(2G127B)
② Life | is not possible ‖ **without water**.(1G70A)

[~관념/활동]

(about~)
② It | costs ‖ **about $10**.(=approximately)((OED)(약)
② Little | is known ‖ **about the painter's early life**.(3G52A, PEG18)
② Much debate | has been heard ‖ **about Thornton's new book**.(3G50A)
② Yes, that Beethoven business. I | was told ‖ **about it**.(3ST342)
② Are you | angry ‖ **about last night**?(1G113A)
② I'm afraid I can't help you. I | 'm sorry ‖ **about that**.(1G110A)
② I think she's arriving tonight, but I | 'm not sure ‖ **about that**.(2G128C)
② If you | are worried ‖ **about the problem**, you should do something about it.(2G130A
② That | 's enough ‖ **about the political situation**.(2G138B)

(at~)
② This train is very fast. They | can travel ‖ **at very high speed**.(1G109X)
② Everybody | was surprised ‖ **at** (or by) **the news**.(2G127C)
② Water | boils ‖ **at 100 degree Celsius**.(1G109B)
② Are you | good ‖ **at math**(or English)?(1G110A,OAD)

(by~)
② I | 'm very impressed ‖ **by her English**. It's very good.(2G127C)
② I | am out ‖ **(by) ten dollars**.(ten dollars out)(EJD)
② The estimate | was out ‖ **by** {more than} **$100**.(wrong)(OED)
② Weakness in one limb | is often compensated (‖) for ‖ **by exceptional strength** in the others.(BSH75)
② The fruit | might assuredly be acted (‖) on ‖ **by natural selection**.(Darwin146)

(for~)
② I | was asked ‖ **for my present address**.(3G66D)
② Everybody said [(that) I | was to blame ‖ **for the accident**].(2G132B)
② She | was well reported (‖) of ‖ **for good work**.(Augustine231)
② Bildad | was called (‖) upon ‖ vivaciously **for the ex-hermit's history**.(OHS216)

(from~)
② He | is weak ‖ **from the hunger**.(EJD693)(원인/이유)
② Is Portuguese | very different ‖ **from Spanish**?(OED)(구별대상)

(in~)

② Failure to comply with the regulations | will result ‖ **in prosecution.**(OED)
② Helen is a lawyer. She | specialize ‖ **in corporate law.**(2G133A)
② I | 'm interested ‖ **in art.**(1G1A, 113A) / ② She | is lacking ‖ **in tact.**(PEU449)
(into~)
② The book | is divided ‖ **into three parts.**(2G133B)
② Hemingway's books | have been translated ‖ **into many languages.**(2G133B)
(like~)
② The candles | are arranged ‖ **like so.**(OED)
② I | will not be talked (‖) to ‖ **like this!**(NED)
(of~)
② We had an enormous meal. It | consisted ‖ **of seven courses.**(2G132A)
② You | 'll be deprived ‖ **of your pay.**(Weverse)
②) They | were not afraid ‖ **of him.** Nobody | is afraid ‖ **of Sludge.**(3NG20)
② I | 'm glad ‖ **of the chance.**(2THr5) / ② I | 'm very proud ‖ **of him.**(14NG35)
② I | 'm a little short ‖ **of money.** Can you lend me some?(2G128B)
② I, Nate the great, | was sure ‖ **of one thing.**(1NG19)
② He keeps on criticizing me. I | 'm really tired ‖ **of it.**(2G138A)
(on~)
② But I'm afraid [that Daddy | is right ‖ **on this one**].(21JB46)
② Tina | is very bad ‖ **at tennis.**(1G113A)
(to~)
② I | was going to choke ‖ **to death.**(JDS173)
② We | 'd starve ‖ **to death.**(JDS173)
② I | 'm scared ‖ **to death.**(ECD173)
② I | put ‖ **to death** and I | bring ‖ **to life,**(Deu32:39)
② I | went ‖ **to a party** (last night).(1G106B)
② I was very tired and | went ‖ **to sleep** (early).(1G53A,24JB79)
② I | am used ‖ **to the weather** in this country.(2G59D)
(with~/without)
② He | always helps ‖ **with the housework.**(OED)
② He | was afflicted ‖ **with** (or **by**)**a serious disease.**(SBE86)
② He | was looked (‖) at ‖ **with a great admiration.**
② Elizabeth | had been listened (‖) to ‖ **with much more pleasure.**(2JA47)
② He | was looked (‖) up to ‖ **with great respect.**(Tom's Cabin 35)
② The problem | can be got (‖) over ‖ **without too much difficulty.**(OED)
② Jane | is bored ‖ **with her job.**(2G97A,127C)
② I | 'm very impressed ‖ **with her English.** It's very good.(2G127C)
② His emissary | was treated ‖ **with great kindness.**(RTK18:59)
② Are you | satisfied ‖ **with the way** that the business is being run.(3G93A)
② I | am busy ‖ **with a new project.**
② Were you | happy ‖ **with your exam results?**(2G127B,OAD)
[~시간]
(about/around~)
② He | arrived ‖ (at) **about ten.**(OED)(=approximately)((경)
② They | waited ‖ (for) **about an hour.**(")((OED)(쯤)

② He | arrived | around five o'clock.(OED)(쯤)
(at~)
② They | arrived ‖ at 5:00.(2G118A)
② I | 'm really busy ‖ at the moment.(3G67B,2G118A)
(between~)
② It's | cheaper ‖ between 6 p.m. and 8 a.m.(OED)(범위)
(by~/until~)
② Fred | will be back ‖ by Monday.(=not later than)(2G117B)
② We'd better hurry. We | have to be home ‖ by 5:00.(")2G117A)
② Where's Sue? She | should be here ‖ by now.(")(2G117A)
② I | 'll be working ‖ until 11:30.(=how long a situations continues)(2G117B)
② They're leaving town tomorrow. They | 'll be away ‖ until Friday.(")(1G102B)
(for~/since~)
② Annie and I | dug ‖ for two hours.(1NG30)(기간)
② They | 've been married ‖ (for) ten years.(2G12B)(")
② She | has been in Brazil ‖ for three days..(1G17A)(")
② It | 's been raining ‖ for the last three days..(PEU446)(")
② We | 've been waiting ‖ for an hour.(we are still waiting now)(2G13B)(기간)
② We | waited (or were waiting) ‖ for an hour.(we are no longer waiting)(2G13B)(시점)
② The weather | was warm ‖ for the time of year.(OED)(연중 그맘때치곤)
② She | has been in Brazil ‖ since Monday.(=from Monday to now)(1G17A,18A)
(from~)
② Refreshment | will be available ‖ from 8:30 onwards.(3G9D)
② Eggs | are a bit down ‖ from last week.(=when sth starts)(변화전 상태)
(in~/within~)
② The park | is beautiful ‖ in the fall.(1G101C)(현재,~에)
② They | arrived ‖ in June(or in 2012.(2G118A)(과거,~에)
② He | 'll be back ‖ in a week.(=a week from now.(2G118E)(미래;~에)
② I | will be over ‖ in five minuets..(=five minutes from now.((1NG11)(미래;~에)
② Your account balance | must be paid ‖ within thirty days.(TOEIC)(현재;이내)
② Payment | is due ‖ within 3 months days of the invoice date.(ECD793)(")
(on~)
② They | arrived ‖ (on) Friday.(2G118A)(시점;on생략가능)
② I | 'm leaving ‖ (on) Friday night.(1G108B)(")
☆ In spoken English, we often leave out on before days and dates.(2G118D)
② The office | is closed ‖ on the weekend.(1G108B)(생략불가)i
(over~)
② Books and articles on the subject | have proliferated ‖ over the last year.(OED)
• **being+단순전치사구**
② You are a dog. You are a detective. You | are great ‖ at being both.(25NG16)
• **복합전치사구 부가어**
② I | looked ‖ down at his feet.(5NG,4HP107)
② This time I | did not look ‖ down at the snow. I | looked ‖ up at the tree.(7NG35)
② People | were running ‖ away into the woods.(4HP107)

② Sludge and I | went ‖ out into the night.(15NG21)
② They | all rode ‖ out into the fields.(KA17)
② She and Wemmick | drank ‖ out of one glass.(2CD298)
② I | 'm living ‖ out of a suitcase.(9JG192)
② I | 'm just going ‖ across to the post office.
② I | went ‖ back to Rosamond.(2NG17)
② | Don't talk ‖ back to your teacher.(=retort)
② I | 'm coming ‖ down to you.(2LR237)
② I | walked ‖ from my house to the Mall.(the range)(1'G109A,2G58C)(범위)
② We | drove ‖ from Houston to Chicago.(2G58C,134B)
② William Shakespeare | lived ‖ from 1564 to 1602.(")(1'G21A,2G58C)(")
② I | work ‖ from Monday to Friday.(1G105A)
② He | always gives ‖ in to his wife.(SBE307)
② Should we | drive(or go) ‖ on to the next one?(2G138A,ECD529)(방향)
② So, | hold ‖ on to your hat. You got that?(=be ready fully)
② Mr. Temple | jumped ‖ on to (or onto) the stage.(LEG148)(")
② The money | would be passed ‖ on to those in need.(9JG499)
② | Come ‖ over to Macedonia and help us.(Ac15:36)
② I | rushed ‖ over to the man.(23NG29)(")
② A stranger | came ‖ up to me. / ② I | ran ‖ up to him.(5JB39)
② I | 'm fed ‖ up with my job. I want to do something different.(1G110A)

□ **4형부가어**

다음은 '전치사구' 부가어로 이루어진 4형 즉 NPN'N"(pr~)이다.
다음과 같이 분석된다. 즉 NPN'N"=NPN'+N"의 관계에 있다.

④ He | took ‖ the boy ‖ to the park.
② He | took ‖ the boy... + ⓪ ‖ to the park
④ She | usually goes ‖ to work ‖ by bike.
② She | usually goes ‖ to work.+ ⓪ ‖ by bike

● **단순전치사구 부가어**

[~사람/조직]

(among/between~)
④ They | divided ‖ my garments ‖ among them.(Ps22:18)
④ Last year they | built ‖ 30,000 houses ‖ between them.(3G89B)
(by~)
④ Her dress | was made ‖ fun (‖) of ‖ by the boys.(SBE330)
④ It | may subsequently have been taken ‖ advantage (‖) of ‖ by the descendents of the species.(Darwin147,181)
④ The baby | was taken ‖ good care (‖) of ‖ by her.(DBE67)
④ ...they | will be taken ‖ charge (‖) of ‖ by Treasurer Higgins of this lodge.(2ACD270)
④ My words | were paid ‖ no attention (‖) to ‖ by them.(SBE330)☞2.3.A
④ No attention | was paid ‖ to my words ‖ by them.(SBE330)☞2.3.A
(for~)

④ He | fixed ‖ the tap ‖ **for me**.(*but not* He fixed me the tap)(3G29D)

④ He | kindly collected ‖ some library books ‖ **for me**.(3G29X)

☆ 전치사+간접목적어를 취하는 동사: fix, collect, hold, mend, repair(3G29D) 단, fix의 직접목적어가 food/drink인 경우는 제외(OED) ④ Can I fix you a drink? → ⑤ Can I fix a drink for you?

(from~)

④ He | never asked ‖ anything ‖ **from me**.

④ They | asked ‖ for feedback ‖ **from consumers**.(YBM)

④ I | cannot tell ‖ him ‖ **from his twin brother**.(=distinguish)

(into~)

④ Extortion | turns ‖ a wise man ‖ **into a fool**.(Ecc7:7)

(off~)

④ He | makes ‖ a living ‖ **off the tourists**.

(through~)

④ I | heard ‖ of you ‖ **through Mr. John**.

(to~/with~)

④ He | called ‖ them ‖ **to him**.(GB484)

④ He | carried ‖ the baby ‖ **to the doctor**.(PEU603)

④ She | described ‖ the situation ‖ **to me**.(*but not* me the situation)(3G29D,PEU603)

④ They | donated ‖ money ‖ **to the museum**.(")((PEU603)

④ Can you | explain ‖ this word ‖ **to me**?(2G129A,3G22A,PEU603)

④ She | introduced ‖ me ‖ **to her friends**.(NED)

④ I'd like [| to propose ‖ a toast ‖ **to the bride and groom**].(OED)

④ I | pushed ‖ the plate ‖ **to Ann**.(PEU603)

④ Ann | said ‖ good-bye ‖ **to me** and left.(2G46C)

④ She | served ‖ with tea and toast ‖ **to us**.

④ Can you | suggest ‖ a good dentist ‖ **to me**?(PEU603,OAD)(제안하다)

④ I | suggested ‖ another plan ‖ **to the committee**.(YBM)

④ He hates going shopping. I | have to take ‖ his clothes ‖ **to him**.(3G29X)

④ I | always associate ‖ pizza ‖ **with Italy**.(3G28E)

☆ 전치사+간접목적어를 취하는 동사: admit, announce, carry, demonstrate, donate, explain, introduce, mention, prove, push, report, say, suggest(3G29D,PEU603)

[~신체]

④ The chaplain | was seizing ‖ Major Dandy ‖ **about the waist**.(JH451)

④ She | stabbed ‖ herself ‖ **above the breast**.(MiC311)

④ He | hit(or whacked) ‖him ‖ **across the face**(or ear)(OAD,7JG291)

④ Wood | seized ‖ Harry ‖ **around the neck**.(3HP312)

④ Jehu | shot ‖ Joram ‖ **between the shoulders**.(2Ki9:24, 7JG89)

④ Someone | grabbed ‖ her ‖ **by the arms** before she hit the floor.(Fr'n35)

④ He | took(or caught) ‖ him ‖ **by the hand**.(OAD, SBE266, Lk8:54)

④ She | poked ‖ him ‖ **in the thigh**.(HaM821)

④ Miss Pringle | pulled ‖ Clarinda ‖ **by the hair**(or the sleeve).(LEG82)

④ Can you | look ‖ me ‖ **in the eye**?(PEU65, Fr'n118, ECD980)

④ Then, with all her might, she | punched ‖ him ‖ **in the face**.(Fr'n132)

④ He | hit ‖ him ‖ **in the stomach**.(PEU65)

④ The master | hit ‖ me ‖ **over the head**.(ACv54)

④ He | kissed ‖ her ‖ **on the forehead**.(4HP636)
④ I | patted ‖ Fang ‖ **on his head**.(25NG37)
④ He | struck ‖ Peter ‖ **on the side**.(Ac12:7, SBE266)
④ Somebody | tapped ‖ me ‖ **on the shoulder**. It was Claude.(11NG20,20NG26)
④ I | touched ‖ him ‖ **on the shoulder**.(2G134A)
④ I | looked sharply ‖ behind me ‖ **over my shoulder**.(RLS78)
④ He | shot ‖ the new captain ‖ **through the head**.(DD229)
④ Most of us | would rather be found ‖ fault (‖) with ‖ **to our faces**.(SBE88)
④ Sikes | caught ‖ him ‖ **under the arms**.(2SK83)

[~물건/장소]

(about/around~)
④ | Tell ‖ me ‖ **about your picture**.(1NG14)
④ I just thought [the girl | 's got ‖ a thing ‖ **about dirt**].(=strong feelings)(Fr'n60)
④ Let me [| show ‖ you | **around our house**].(ECD809)(안내[인도]하다)
(against~)
④ She | struck(or hit) ‖ her head ‖ **against the wall**.(SED70)
(by~)
④ You | can contact ‖ me ‖ **by phone**, **by fax**, or **by e-mail**.(2G125A)
④ Jane | usually goes ‖ to work ‖ **by bike**.(1G109C)
(for~)
④ I | went ‖ to the store ‖ **for some fruit**.(1G52B)
④ You | can't see ‖ the woods ‖ **for the trees**.
(from~)
④ I | 'm going to borrow ‖ some money ‖ **from the bank**.(1G91A)
④ Most of them | drank ‖ coffee ‖ **from paper cups**.(4JG45,HaM565)
④ Sunblock | protects ‖ the skin ‖ **from** (or against) **the sun**.(2G132C)
④ We | can see ‖ the ocean ‖ **from our hotel window**.(2G25A)(위치 | 입장)
④ Mother | called ‖ to me ‖ **from Ollie's room**.(24JB79)
④ He | shouted ‖ to me ‖ **from the other side** of the street.(2G129D)
④ Somebody | peeked ‖ out ‖ **from a fressing room**.(23NG21)
(in~)
④ I | looked ‖ at myself ‖ **in the mirror**.(1'G64A)
(into~)
④ He | threw ‖ the letter ‖ **into the fire**.(OED)
④ The heat of sun | melted ‖ the candles ‖ **into shapeless masses**.(EPL233)(변화)
(of~)
④ I | cleared ‖ my desk ‖ **of papers**.(OED)
④ We | cleared ‖ the road ‖ **of snow**.(TBP150)
④ That trees | deprive ‖ the house ‖ **of light**.(1VP263)
④ He | emptied ‖ his purse ‖ **of its contents**.(ES500,SBE268)
④ She | gave ‖ him ‖ **of that fair enticing fruit**.(Milton234)
④ | Give ‖ one another ‖ **of your bread**.(Prophet16)(떼어서 나눠먹다)
④ They | rid ‖ the house ‖ **of rats**.(SBE268)
④ A pickpocket | robbed ‖ me ‖ **of my purse**.(TBP150)
④ They | stripped ‖ him ‖ **of his clothes**..(Lk10:30,SBE266)

(over~/to~)
④ My girl friend Ayame | prefers ‖ Tokyo ‖ over **Osaka.**(MJL354)(비교대상)
④ I | prefer ‖ tea ‖ to **coffee.**(2G58B, 3G133C)(비교대상)
④ **What** shall I | compare ‖ the kingdom of God ‖ **to?**(Lk31:2)(비유대상)
(to~/toward(s)~)
④ Larry | went ‖ by plane ‖ to **Jamaica.**(LEG127)(방향/도착점)
④ I | generally go ‖ by bus ‖ to **work.**(3G47D)(")
④ Something | knocked ‖ the cover‖ to **the ground.**(2NG43)(")
④ She | had made ‖ it ‖ to **the door.**(Fr'n120)(")
④ The attendant | showed ‖ us ‖ to **our seats.**.(OED)(안내/인도하다)
④ He | took ‖ the boy ‖ to **the park.**(방향/도착점)
④ I | generally take ‖ the bus ‖ to **work.**(3G47D)(")
④ He | led ‖ his students ‖ toward **the doors.**(4HP227)(방향/도착점)
(with~)
④ She | cut ‖ himself ‖ with **a knife.**(1G61A,1G109D)
④ Take this pot and | fill ‖ it ‖ with **water.**(2G133C)
④ Mike | is having ‖ trouble ‖ with **his car.**(2G16C)
④ That bag looks heavy. I | 'll help ‖ you ‖ with **it.**(2G20B)
④ The door | must have been opened ‖ by somebody ‖ with **a key.**(2G125C)

[~관념/활동]
(at~)
④ | Have ‖ a shot ‖ at **it.**(=have a go | try)(LEG204)
④ A car | uses ‖ more gas ‖ at **70 miles an hour** than at 55.(1G109B)
(by~)
④ They | sell ‖ salt ‖ by **the pound.**(SBE330)
④ I | was taken ‖ unawares ‖ by **his question.**(=unexpectedly)(1CP331)
(for~)
④ They | 're going ‖ to Brazil ‖ for **a vacation.**(1G52B,2G124C)
④ His crime | was forgiven ‖ him ‖ for **his minority.**
④ He | was well known ‖ to the people ‖ for **his noble acts.**(SBE86)
(from~)
④ And lead us not into temptation, but | deliver ‖ us ‖ from **the evil one.**(Mt6:13)
④ We | must distinguish ‖ good ‖ from **evil.**(DED)(구별대상)
④ You | can tell ‖ a lot about a person ‖ from **their handwriting.**(OED)(판단근거)
(in~)
④ | Train ‖ a child ‖ in **the way** <he should go>,(Pro22:6)
④ No one in Arendelle | would ever see ‖ her ‖ in **the same way** again.(Fr'n47)
(into~)
④ The river | divided ‖ the city ‖ into **two parts.**(2G316)(변화)
④ Can you | translate ‖ this passage ‖ into **German?**(OED)(변화)
(like~)
④ | Don't look ‖ at me ‖ like **that.**(OED)
④ | Don't talk ‖ to me ‖ like **that.**(NED)
(off~)

④ He | had(or know) ‖ all the answers ‖ **off pat.**(=thoroughly)(OED)
④ I | can't think ‖ of the answer ‖ **off the top of my head.**(=instantly)
(on~)
④ He | did ‖ badly ‖ **on the test.**(or the exam).(2G102C)
(to~)
④ I | 'm not asking ‖ Tom ‖ **to the party.**(3G10C)
④ They | invited ‖ a few people ‖ **to their wedding.**(3G133C)
④ An inflation rate of on 2 percent | makes ‖ a big difference ‖ **to exports.**(3G42D)
④ And I | smiled ‖ myself ‖ **to sleep.**(24JB86)
④ The movie | bored ‖ me ‖ **to death.**(ECD212)
④ Are you going to feed me or | talk ‖ me ‖ **to death?**(8JG45)
④ He | starved ‖ himself ‖ **to death.**(MM760)
④ I think [your present | will thrill ‖ Sandy ‖ **to death].**(EID894)
④ She | has worried ‖ me ‖ **to death.**(1LT639)
(with~)
④ I | cut | the paper ‖ **with a pair of scissors.**(1G112D)
④ I | had ‖ a lot of difficulty ‖ **with that course.**(AES14)
④ He | helps ‖ me ‖ **with my cases.**(16NG7)
④ He | looked ‖ at her ‖ **with a heart expression.**(OED)
④ | Do not repay ‖ evil ‖ **with** (or **for**) **evil**, but ‖ **with blessing.**(1Pe3:9)
④ His walking stick | fell ‖ to the ground ‖ **with a clatter.**(5HP19)
④ He | had spent ‖ most of his time ‖ **with the pictures.**(1THr82))
④ You | are always treating ‖ me ‖ **with contempt!**(RTK16:111)
④ The provost | had never wasted ‖ his time ‖ **with such petty artifice.**(2DB511)
[~시간]
(after~/before~)
④ | Do ‖ your private affairs ‖ **after work.**(NEI)
④ I | usually get ‖ to work ‖ **before 8:30.**(1G53C)
④ I | need ‖ the list ‖ **before lunch.**(3NG9) / ④ I | will contact ‖ you ‖ **before then.**(5JG37)
(at~)
④ What were you | doing ‖ ∨ ‖ **at 3:00?**(1G22A)
④ Jane | starts ‖ work ‖ **at 7:00**, so she has to get up at 6:00.(1G31A)
(by~)
④ I | 'll have finished ‖ my work ‖ **by 11:30.**(=not later than)(2G117B)
④ Robert | will call ‖ us ‖ **by 10 o'clock.** He promised to.(")(3G65B)
(during~/for~)
④ I | 'll call ‖ you ‖ sometime **during the afternoon.**(2G116B)
④ Nobody | slept ‖ in this room ‖ **for years.**(SBE87,330)
④ They | haven't had | a vacation ‖ **for ten years.**(2G12B)
④ I | 've been looking ‖ for you ‖ **for the last half hour.**(2G89B)
④ It | stopped ‖ raining ‖ **for a while**, but now it's raining again.(2G8C)
(in~/within~)
④ Bye! I | 'll see ‖ you ‖ **in a few days.**(=a few days from now)(1G101E)(미래, 에)
④ Now we live in Denver. We | came ‖ to Denver ‖ **in 2004.**(1G102C)(과거,에)
④ I | 've met ‖ a lot of people ‖ **in the last few days.**(2G7C)(현완,동안)

④ It | rains ‖ a lot ‖ in the winter.(1G5A)(현재, 에)
④ You | shall see ‖ him ‖ within an hour.(1ACD40)(미래, 이내)
④ I | will finish ‖ it ‖ within a week.(SBE212)(미래, 이내)
④ We | usually fill and ship ‖ an order ‖ within one week.(ECD797)(")
④ You | should receive ‖ a reply ‖ within seven days.(OED)
(on~)
④ Sophie | is going ‖ to the dentist ‖ (on) Friday.(=days | dates)(1G24B)
④ I | 'll see ‖ you ‖ (on) Friday morning.(=fixed time)(2G118C)
④ What ‖ did you | do ‖ on the weekend?(NED)
④ Sue | does ‖ a lot ‖ on weekends.(1G41B)(on 생략불가)
(over~/since~)
④ My income | has increased ‖ by 30 percent ‖ over the last year.(NED)(기간)
④ I | 've written ‖ six letters ‖ since lunch time.(반복)

- **복합전치사구 부가어**

④ I | looked ‖ it(=the word) ‖ up in a dictionary.(1G237,ECD75)
④ She | locked ‖ her ‖ up in her bedroom.(GGM290)
④ Meme | shut ‖ herself ‖ up in her cabin.(GGM301)
④ She | wrapped ‖ the shoes ‖ up in a newspaper.(GGM360)
④ She | threw ‖ it ‖ far away into the water.(KA13)
④ We | 've heard ‖ nothing ‖ as of today.(5JG76)
④ I | helped ‖ her ‖ out of pity.(=or sympathy)
④ I | took ‖ him ‖ back to his doghouse.(2NG45)
④ We | lived ‖ in Japan ‖ from 1996 to (or until) 2005.(1G102A)
④ I | put ‖ the pen ‖ on to(or onto) the table.(LEG148)
④ Annie | took ‖ me ‖ out to yard. Fang was there.(1NG24)
④ I | peeked ‖ out ‖ from under the cover.(2NG30)

□ 6형부가어

다음은 '전치사구' 부가어로 이루어진 6형 NPP'N'(pr~)이다.
다음과 같이 분석된다. 즉 NPP'N'=NPP'+N'의 관계에 있다.

⑥ The truth | became | known ‖ to us all.
⑥ The truth | became | known.+ ⓪ ‖ to us all.

- **단순전치사구 부가어**

[~사람]
⑥ His red clothes | stood | out ‖ {clearly} against the snow.(OED)
(at~)
⑥ Instead, she | got | angry ‖ at Mom.(KSs94)
(by~)
⑥ Wisdom | is proved | right ‖ by all her children(or deeds).(Lk7:35;Mt11:19)
⑥ He | was detained | prisoner ‖ by Henry IV.
(for~)
⑥ I | feel | sorry ‖ for them.(1G110A,2G127D)
⑥ She | cried | out ‖ for him.(12JG484)

(from~)

⑥ The organization | broke | loose ‖ **<u>from</u> its sponsors.**(=separate)(OED)

⑥ She | felt | different ‖ **<u>from</u> others.**(DHL226)

⑥ The police | came | <u>under</u> attack ‖ **<u>from</u> the demonstrators.**

(of~)

⑥ They | became | fond ‖ **<u>of</u> each other.**(3G93A)

⑥ He | looked | nervous ‖ **<u>of</u> me.**(7JB21)

⑥ All of sudden I | felt | shy ‖ **<u>of</u> that guy.**(7JB21)

(to~/toward~)

⑥ It's not good [| to appear | that way ‖ **<u>to</u> other people].**(Mom139)

⑥ She | 's kind of grown | attached ‖ **<u>to</u> me.**(ECD538)

⑥ The truth | became | known ‖ **<u>to</u> us all.**(EJD)

⑥ We | are inseparably bound | <u>in</u> love ‖ **<u>to</u> each other.**(ECD538)

⑥ The children | came ‖ running ‖ **<u>to</u> her.**(MBE50)

⑥ Langdon | felt | widely drawn ‖ **<u>to</u> her.**(1DB567)

⑥ And so finally Mother | gave | in ‖ **<u>to</u> me.**(6JB71)

⑥ That | seems | the best solution ‖ **<u>to</u> me.**(Shadows in the Wind 98)

⑥ That | sounds | good ‖ **<u>to</u> me.**(LSW443)

⑥ This | doesn't sound | <u>like</u> a good idea ‖ **<u>to</u> me.**(13JB25)

⑥ Your words | turned | sullen ‖ **<u>toward</u> your wife.**(KsS121)

(over~/with~/without~)

⑥ | Don't come | the bully ‖ **<u>over</u> me.**(英语习语大词典194)(대상)

⑥ | Don't come | the moralist ‖ **<u>with</u> me.**(대상)

⑥ I | feel | comfortable ‖ **<u>with</u> you.**(조건)

⑥ I | feel | encouraged ‖ to be **<u>with</u> you.**(ECD561)(")

⑥ I | feel | uneasy(or empty) ‖ **<u>without</u> you.**(ECD555)(조건)

⑥ This place | would fall | apart ‖ **<u>without</u> her.**((TOEIC)(")

⑥ You | go | on | **<u>without</u> me.**(2HP218)(부대상황)

[~신체]

⑥ He | got (or went) | red ‖ **<u>in</u> the face.**(5SK300)

⑥ He let out a yell when he | got | punched ‖ **<u>in</u> the eye.**(KsS93)

[~물건/장소]

(around~/at~)

⑥ The paper | was torn | off ‖ **<u>around</u> VITA.**(4NG9)

⑥ | Turn | left ‖ **<u>at</u> traffic light.**(1G1117B)

⑥ Go along this road, | then turn | left ‖ **<u>at</u> the store.**(1G117C)

(by~)

⑥ Have you | come | here ‖ **<u>by</u> plane** or on foot?(2G125B)

⑥ You | can't get | there ‖ **<u>by</u> car.** You have to go on foot.(1G109C)

⑥ Old Mme de Cambremer | got | hit ‖ **<u>by</u> a ball.**(2ST507)

⑥ I | was woken | up ‖ **<u>by</u> a loud noise.**(2G201)

⑥ It | got | run (‖) <u>over</u> ‖ **<u>by</u> the ice cream truck.**(4JB21,1JB64)

(from~)

⑥ The horse | had broken | loose ‖ **<u>from</u> its tether.**(OED)

⑥ I'll call you when I | get | home ‖ **<u>from</u> work.**(2G24A)

⑥ Lucien | was carried | screaming ‖ **from the court.**(12JG29)
⑥ The people | came | running ‖ **from all directions.**(Ac21:30)
⑥ Water | gushed | forth ‖ **from a hole** in the rock.(OED)
(in~/out~)
⑥ The tree | was blown | down ‖ **in the storm** last week.(2G139B)
⑥ It | smells | funny ‖ **in there.**(LSW443)
⑥ The weather | is looking | ugly ‖ **out there.**(HaM570)
(into~)
⑥ We | came | naked ‖ **into the world** and we shall depart naked from it.(Job1:21)
⑥ She | flew | off the horse ‖ **into a snowdrift!**(Fr'n132)
⑥ I | jumped | over the wall(or fence) ‖ **into the garden.**(1'G111,3G88A)
⑥ Hans | fell | backward ‖ **into the water.**(Fr'n132)
⑥ I | wentl | out ‖ **into the yard.**(2NG26)
(of~)
⑥ He | had become | aware ‖ **of the city.**(5TC)
⑥ John | has run | out ‖ **of water.**(2G136X)
(on~)
⑥ He | went | cold turkey ‖ **on cigarette.**(NED)(금단현상)
⑥ We | are running | low ‖ **on gas.**(NED)
(to~)
⑥ We | became(or got, grew) | accustomed ‖ **to the noise.**(NED)
⑥ I expect [we | 'll get | used ‖ **to the noise**].(2G59B)
⑥ She | went | downstairs ‖ **to the cellar.**(3G74D)
⑥ Abram | passed | through the land ‖ **to the place** at Shechem.(Gen12:6)
⑥ We | walked | up the hill ‖ **to the house.**(1G108)
⑥ | Come | with me ‖ **to Sir Meligrance's castle.**(KA17)
⑥ | Don't talk | back ‖ **(to) your teacher.**(=retort)
(for~/with~)
⑥ This room | would look | more cheerful ‖ **for a spot of paint.**(OED)
⑥ I | look | awful ‖ **with this haircut.**(2G128A)
⑥ That shirt | really goes | well ‖ **with your blue jacket.**(2CPV42)
⑥ Am I a dog, that you | come | at me ‖ **with sticks?**(attack)(1Sa18:43)
⑥ He | rushed | forward ‖ **with a handkerchief** and wiped his forehead.(5JG121)
⑥ Ron's trunk | fell | off ‖ **with a loud thump.**(2HP68)
⑥ The trapdoor | fell | to ‖ **with a boom.**(Ho184)
⑥ I | just got | done ‖ **with your book.**(DED)
⑥ My mother | seemed | delighted ‖ **with the present.**(3G69A)
[~관념/활동]
(about~)
⑥ I | felt | proud ‖ **about that news.**(20JB23)
⑥ | Don't get | upset ‖ **about it.**(3G21C)
⑥ They | found | out ‖ **about the mistake.**(6AC131)
(at~)
⑥ My mouth | fell | open ‖ **at that sight.**(19JB13)

(by~)
⑥ Hose prices | went | up ‖ **by 10%.**(OED)
⑥ She | sat | fascinated ‖ **by the sunset.**(SBE34)
⑥ He | felt | deeply hurt ‖ **by his criticism.**(3G71C)
⑥ He | was knocked | down ‖ **by a bus.**(OED)
⑥ Olive | is really turned | on ‖ **by astronomy.**(=interested)(EID929)
(for~)
⑥ You | 'll feel | better ‖ **for a good night's sleep.**(OED)(조건)
⑥ I | arrived | late ‖ **for the concert.**(3G71C)
⑥ He | was made | responsible‖ **for all** that was done there.
⑥ Where did you | go | ∨ ‖ **for vacation?**(1G12D)
⑥ My dog, Sludge, and I | were running | around the block ‖ **for excercise.**(4NG8)
⑥ She | feels | beside herself ‖ **for**(or **with**) **joy.**
(from~)
⑥ She | felt | sick ‖ **from tiredness.**(OED)(이유)
⑥ He | became | free ‖ **from lust and desires.**
(in~)
⑥ Cathy | got | more and more bored ‖ **in her job.**(2G103C)
⑥ Nobody | spoke | out ‖ **in his defense.**(OED)
(into~)
⑥ The group | broke | out ‖ **into laughter.**(HK24)
(of~)
⑥ All have sinned and | fall | short ‖ **of the glory** of God.(Ro3:23)
⑥ I | got | tired ‖ **of the work.**
(on~)
⑥ I | agree | with you ‖ **on that.**(ECD943)
⑥ I | 'll go | along with you ‖ **on that.**(ECD943)
(to~)
⑥ Their bodies | have become | adapted ‖ **to high altitudes.**(3G21C)
⑥ Alice | looked | done ‖ almost **to death.**(2SK79)
⑥ I | don't often get | invited ‖ **to parties.**(2G42D)
⑥ Byron | fell | victim ‖ **to Alzheimer's disease.**(YBM)
(with~)
⑥ I | look | stupid ‖ **with this haircut.** Everybody will laugh at me.(2G129C)
⑥ You | can't go | wrong ‖ **with that,** can't you?(LSW445).
⑥ He | went | home ‖ **with heavy steps.**(LSW445).
⑥ She | 's fallen | behind ‖ **with the payments.**(OED)
⑥ I | got | through ‖ **with good grades.**(=complete)(EJD1863)

[~시간]

(after~/before~)
⑥ He | returned | home ‖ **after twelve.**(REG319)
⑥ Gary went to college but | dropped | out ‖ **after a year.**(2G135D)
⑥ During that time, he | never got | home ‖ **before midnight.**(KsS66)
(back~)

⑥ Believe or not, she | looked | good ‖ **back then.**(12JG504)
(at~)
⑥ I don't like [| going | out ‖ **at night**].(2G118B)
⑥ Jane starts work at 7:00, so she | has to get | up ‖ **at 6:00.**(1G31A)
⑥ The plane | arrives | in New York ‖ **at 7:30 tomorrow morning.**(1G24A)
⑥ England | was leading | 18-0 ‖ **at half time.**(CED)
(by~/during~/until~)
⑥ All the yachts | will sail | back in ‖ **by noon.**(=not later than)
⑥ I | fell | asleep ‖ **during the movie.**(1G106A)
⑥ 2000 knives | have been handed | in ‖ **during the month-long amnesty.**(OED)
⑥ We | lived | in Japan ‖ **until 2000.**(how long a situations continues)(1G105A)
(for~)
⑥ They | went | talking ‖ **for hours.**(SBE46)(시점)
⑥ Gray | stayed | with us ‖ **for three days.**(1G102D)(")
⑥ I | 'm going | away ‖ **for the weekend**(or **for a few days**).(1G102,OAD)(")
⑥ She | could sit | nowhere ‖ **for long.**(LC'110)(")
⑥ They | 've lived | in the same house ‖ **for 20 years.**(1G94B,2G106B)(기간)
(in~/within~)
⑥ I | usually feel | tired ‖ **in the morning.**(=fixed time)(2G4E)
⑥ I | always get | hungry ‖ **in the afternoon.**(")(2G3A)
⑥ I | stayed | at home ‖ **in** (or **during**) **the summer.**(3G90A)(동안)
⑥ I | learned | to drive ‖ **in four weeks.**(=took me four weeks)(2G118E)
⑥ She | ran | through the entire estate ‖ **within two years.**(OED)(이내)
(on~)
⑥ I've got a new apartment. I | 'm moving | in ‖ (**on**) **Friday.**(2G135A)
⑥ They | got | married ‖ (**on**) **March 12.**(2G118D)
⑥ They like [| to eat | out ‖ **on weekend(s)**].(1G101B)

• 복합전치사구 부가어

⑥ I | start | on a diet ‖ **as of today.**(Go Ask Alice 16)
⑥ They | came | out ‖ **on to the top of the castle.**(KA4)
⑥ The roadworks | are likely to go | on ‖ **up to the end of May.**(3G90C)

2.4 소사 부가어(particles)

A. 단순소사부가어

□ 2형부가어

다음은 '소사' 부가어로 이루어진 2형 NPN'(p)이다.
다음과 같이 분석된다. 즉 NPN'=NP+N'의 관계에 있다.

② He ∣ looked ‖ **out**.
① He ∣ looked.+ ⓪ ‖ **out**

[위치/방향]

(능동사의 부가어)

② ∣ Look ‖ **about**.(=Look about you)(6AC175) / ② We ∣ looked ‖ **above**.(AnF115)
② For prices and delivery charges, see ‖ **above**.(=written above)(PEU4)
② He ∣ was looking(or staring) ‖ straight **ahead**.(=forward)(OAD,5JG231)
② Gandalf ∣ pointed ‖ **ahead**.(2LR116,Fr'n67)
② I ∣ looked ‖ **around**.(1NG35) / ② She ∣ looked ‖ **around** when he called.(OAD,2G134X)
② Somebody shouted my name, so I ∣ turned ‖ **around**.(1G115, 2G134A,12NG16)
② ∣ Don't look ‖ **away** while you are driving.(한눈팔다)
② Krisoff ∣ looked ‖ **away**.(Fr'n65)(외면하다)
② ∣ Don't look ‖ **back** and don't stop anywhere in the plain!(Ge19:17)
② She ∣ looked ‖ **back**.!(MK147)(뒤돌아보다);
② Amazingly, Skip ∣ hadn't looked ‖ **back**.(3TC133)(회고하다)
② I ∣ thought ‖ **back**.)(1MiC289)(회상하다)
② He ∣ looked ‖ **backward**.(MC96) / ② ∣ Don't look ‖ **behind**.(EJD)
② He ∣ then pointed ‖ **below**. / ② For details, ∣ see ‖ **below**.(OED)
② Her mother ∣ glanced ‖ **down**.(4DB457)
② I ∣ looked ‖ **down**.(11NG37) ② I ∣ peered ‖ **down**.(2MG31,22JB81)
② He ∣ reached ‖ **down** and grasped the ring.(=hand down)
② I ∣ can't see ‖ **down**.(14NG21)
② You can see the snow falling [if you ∣ look ‖ **forth**].(YBM)(앞을 보다)
② I ∣ leaned ‖ **forward**.(14NG20) / ② ∣ Look ‖ · **forward** and stand still.(ECD198)
② She ∣ leaned ‖ **in**.(4DB236) / ② Something was in it. I ∣ reached ‖ **in**.(19NG37)
② A young woman ∣ is looking/peeking ‖ **in**.(CRL178.SsK115)
② Two uniformed men ∣ stared ‖ **in**.(SsK115,CRL178)
② And my porch ∣ is screened ‖ **in**.(9NG15)
② Sludge and I· ∣ looked ‖ **inside**. And outside. No luck.(15NG20)
② I ∣ looked(or peered) ‖ **inside**.(9NG37,28;19JB17)
② Something knocked the cover to the ground, Something ∣ looked ‖ **inside**.(2NG43)
② "Hello, Mrs. Chandler," she said, ∣ looking ‖ **off**.(=look away)(7JG184)
② You cannot sit still and ∣ look ‖ **on**.(=leisurely)(RTK110:2,PEG337)
② You always tell me,...You ∣ can't hold ‖ **out**.(JMV109)(발설을 억제하다)
② I went to the window and ∣ looked ‖ **out**.(1G115,X)

② He | reached ‖ **out** (to give her a hug).(=hand out)
② | Watch(or Look) ‖ **out**!(be careful, beware)(1G206,Fr'n86)
② Sludge and I | started ‖ **out**.(again).(4NG26).
② He | ventured ‖ **out** (or by, over)(few times).(RLS190,5JG360,431)
② The first three | wanted ‖ **out**, probably, so they got out.(5JG236)
② It | is raining(or pouring) ‖ **out** (or outside).(ECD1047)
② He parted the curtain slightly and | looked ‖ **outside**.(HaM570;12JB17)
② It | was raining(or freezing, scorching, cold) ‖ **outside**.(4JG302,LEG60)
② The pleasant, open face of our visitor | clouded ‖ **over**.(2ACD658,712)
② She | looked(or peered, glance) ‖ **over** and saw Olaf.(Fr'n90,2JS599.CRL208.RLS145)
② When I drink something hot, my glasses | mist ‖ **over**.(OED) / ② I | leaned ‖ **over**.(8NG35)
② There are cheap flights at the weekends: | see ‖ **over**.(=the next page)(PEU4)
② I, Nate the Great, knew two new things. | Never look ‖ **up**. And never look back.(7NG42)
② He heard a plane, so he | looked(or glanced) ‖ **up**.(1G115, 4NG18)
② I | lookedd ‖ **up**. I saw the mitten ona branch.(14NG28)
② I | reached ‖ **up** and grabbed the piece of paper.(4NG20)
② The partnership | was crumbling ‖ **within**(or inside).
(수동사/비동사술어의 부가어)
② It(the rope) was fast ‖ **above**.(=on the upper side)(2LR240)
② He | was shot ‖ **behind**.(=on the back)(CEG296)
② You | are soaked ‖ **through**!(=completely)(OAD, DED2466)
② I | was wet ‖ **through**.(")(DED,GE128)
② She | is all soft ‖ **inside**.(KsS173)
② You | are all black ‖ **inside**.(BP168) / ② It | was dim ‖ **inside**.(HL139)
② It | was dark ‖ **outside**.(2DB13)
② The lake | is(or has) completely frozen ‖ **over**.(ECD1051)
② It | is still **within** (or insdie).(2ACD299)
② It | is green **without** (or outside) and | yellow ‖ **within**(or inside).(OED)

[양태/정도]

② A friend of mine was attacked and | beaten ‖ **up** (a few days ago).(=completely)((2G141C)
② The engine caught fire and | blew ‖ **up**.(")(2G141C)(폭발하다)
② The bridge | was blown ‖ **up** (during the war).(")(2G141C)(파괴되다)
② Finally three houses | have burned ‖ **up**.(")(EPN83)(전소하다)
② They | broke ‖ **up** (last month).(")(3CD327) (완전히 깨어지다, 헤어지다)
② The group | was broken ‖ **up**.(")(3CD327)(해체하다)
② It was raining when we got up, but it | cleared ‖ **up** (during the morning).(")(2G141C)¬
② The stream | has dried ‖ **up**.(=completely)(OAD1428) [(맑게 개다)
② I'm surprised to hear that Sue and Paul | have split ‖ **up**.(")(2G141D)[(2G140E)
② Most of the space in the room | was taken ‖ **up** by a large table.(")(차지하다)

[시간]

② What | happened ‖ **after**?(REG319)(단과)
② He | had never flown ‖ **before**.(2G14B)(과완)
② The sun was shining. But it | had been raining ‖ **before**.(2G14B)(과완진)
② Haven't we | met ‖ **before**?(OED)(현완) / ② Have you | been there ‖ **before**?(REG322)(현완)

② Time ｜ goes ‖ **by.**(=past)(EJD,OAD) / ② Time | went ‖ **by.**(19NG37)(과거),19NG39)

② The years ｜ slipped ‖ **by.**(")(Fr'n15)

② He ｜ has not been heard (‖) of ‖ **since.**(NED)(현완)

□ 4형부가어

다음은 '소사' 부가어로 이루어진 4형 NPN'N"(p)이다.

다음과 같이 분석된다. 즉 NPN'N"=NPN+N"이다.

④ I ｜ just tore ‖ it ‖ **up.** ② I ｜ just tore ‖ it. + ⓪ ‖ **up**

[위치/방향]

④ They ｜may thump and punch ‖ me ‖ **about.**(here and there)(Moby6)

④ ｜ Let ‖ me ‖ **by.**(=pass) / ④ ｜ Do not pass ‖ me ‖ **by.**

④ A scribble among scribbles. My mother ｜ passed ‖ it ‖ **by.**(21NG46)

④ The men ｜ are staring ‖ at each other ‖ **down.**(downside)(TOEIC)

④ The umpire ｜ gave ‖ the ball ‖ **out.**(OED)

④ It | 's blowing ‖ a gale ‖ **outside.** / ④ It | 's raining ‖ cats and dogs ‖ **outside.**

④ The man ｜ is knocking ‖ the car ‖ **over.**(on the whole surface)(TOEIC)

④ He ｜ painted ‖ the door ‖ **over.**(")

④ She ｜ was deceiving ‖ herself ‖ **within.**(GGM241)

[양태/정도]

④ He ｜ read ‖ the newspaper‖ **over.**(=thoroughly)

④ Charlie ｜looked ‖the report ‖ **over.**(=in a quick or hurried way)

④ Charlie ｜looked 『**over** ‖ the report.(")(CES110).

④ The heavy rain ｜ wet ‖ us ‖ **through.**(=thoroughly)

④ We ｜ ate ‖ all the food ‖ **up.**(=completely)(OAD,EJD)

④ Look at this mess! Who ｜ is going to clean ‖ it ‖ **up**?(")(2G141D)

④ We ｜ will clean ‖ this ‖ **up.**(21NG19) ④ She ｜ filled ‖ my glass ‖ **up.**(")(CEG167)

④ The two brothers look very similar. Many people ｜ mix ‖ them ｜ **up.**(2G141D)(혼동하다)

④ I ｜ just tore ‖ it(=the letter) ‖ **up** and thew it away.(=into pieces)(2G141C)

[시간]

④ We ｜ can do ‖ that ‖ **after.**(REG318)(단현)

④ I ｜ never saw ‖ him ‖ **after.**(REG315)(단과) / ④ I ｜ heard ‖ that ‖ **before.**(REG322)(단과)

④ I ｜ have met ‖ him ‖ **before.**(3G5D,1G16C)(현완)

④ He ｜ hasn't driven ‖ a car ‖ **before.**(=has never driven)(2G7D).(")

④ He left home two weeks ago and we ｜ haven't heard ‖ from him ‖ **since.**(OED)(")

□ 6형부가어

다음은 '소사' 부가어로 이루어진 6형 NPP'N'(p)이다.

다음과 같이 분석된다. 즉 NPP'N'=NPP'+N'의 관계에 있다.

⑥ We ｜ got ｜ wet ‖ **through.** ③ We ｜ got ｜ wet. + ⓪ ‖ **through**

• **단순소사 부가어**

[위치/방향]

⑥ Sand | gets | kicked ‖ **around**.(10NG17)

⑥ I | felt | happy(or shaky) ‖ **inside**.(19JB7,25JB8)

⑥ And I | got | very scared ‖ **inside**.(1JB61)

⑥ The orange | appears | rotten ‖ **inside**.

⑥ It | looks | <u>like</u> rain ‖ **out**.(ECD1047)

⑥ The house | is painted | green ‖ **outside**.(OED)

⑥ It | felt | chilly ‖ **outside**.(MJL419)

(양태/정도]

⑥ That | sounds | like my sister ‖ all **over**.(=completely)

⑥ The thought made her [| go | stiff ‖ all **over**].(the whole body)(HaM695)

⑥ He | got | soaked(or wet) ‖ **through**.(=completely)(EPH6,OAD,SDHL401)

⑥ He | was soaking | wet ‖ **through**, but he would not change.(")

[시간]

⑥ He | went | out of the house ‖ soon **after**.(DHL535)(단과)

⑥ Haven't we | met | somewhere ‖ **before**?(TOEIC)(현완)

B. 복합소사 부가어

□ 2형부가어

② Pip's parrot got all excited and | flew ‖ **around and around**.(8NG17)

② The lady did a snort and | turned ‖ **back around**.(26JB42)

② He | was shot ‖ **from behind** as he ran away.(OED)

② We | all looked ‖ **down below**.(AnF115)

② The elevator | goes ‖ both **up and down**.(TOEIC)

② I | looked ‖ **up and down** and across.(2MT63)

② Your education | is far ‖ **from over**.(5JG8)

② Mr. Lee | is an Irishman ‖ **through and through**.(=thoroughly)(EJD)

② The door | opens ‖ **from within**.

② The front doors | sealed ‖ **from within**.(4DB426)

② A country were supposed [| saved ‖ **from within**, not without].(2TC697)

□ 4형부가어

④ She | does ‖ gardening ‖ **in between**.(DED,CRL317)

④ He | took ‖ a pace or two ‖ **up and down**.(GO209)

④ He | knew ‖ the process ‖ **backward and forward**.(=completely)(MED)

④ I | know ‖ her ‖ **through and through**.(=thoroughly, completely)(EJD,1Th5:23)

④ Then tore it into pieces. Then I | fitted ‖ the pieces | **back together**.(4NG13)

④ You | mix ‖ everything ‖ **up together**. You confuse everything(LP36)

□ 6형부가어

⑥ The door | swung | open ‖ **from within**.(3DB244)

⑥ The box | was painted | blue ‖ **inside and outside**.

2.5 동사 부가어(verbal)

동사는 준동사(verbal) 또는 비정형동사(non-finite verb) 즉 :시제 없는 동사(tenseless verb)의 형태로 부가어 역할을 한다. 이에는 -ed형, -ing형, to~형/원형이 있다. 타동사나 전치사의 목적어로 사용되는 -ing형을 동명사(gerund)라고도 한다. 그러므로 부가어 중 -ing형은 타동사의 목적어 또는 전치사의 목적어로, -ed형은 동명사/부정사와의 결합을 통해 기능한다.

A. -ed형 부가어

□ 2형부가어

다음은 '-ed형' 부가어로 이루어진 2형 즉 NPN'(-ed)이다.
다음 두 문장으로 분석된다. 즉 NPN'=NP+N'의 관계에 있다.

② He ｜ hates ‖ to be **criticized**.
① He ｜ hates,,+ ⓪ ‖ to be **criticized**

- **'being+-ed형' 부가어**

② She ｜ just couldn't bear ‖ being **separated**.
② The Hendersons ｜ really enjoy ‖ being **retired**.(YBM)
② I ｜ also hate ‖ being **bitten** and there will be loads of insects.
② I ｜ don't like ‖ being **drunk**.(다락원)
② He ｜ resents(or resented) ‖ being **accused**.(LEG315)(단순동명사)
② He ｜ resents(or resented) ‖ having been **accused**.(LEG315)(완료동명사)
② They knew [they ｜ risked ‖ being **arrested**].(OED)

- **'to be+-ed형' 부가어**

② He ｜ hates ‖ to be **criticized**.(LEG242)
② Some dogs ｜ don't like ‖ **to be held**.(Vlive)
② He ｜ refused ‖ to be **comforted**.(Ge37:35NASB)
② She ｜ was afraid ‖ to be **seen**.(서술대상)
② It ｜ was almost intolerable ‖ to be **borne**.(NH57)(")
② You ｜ were lucky ‖ not to be **killed**.(HL325)(감정의 원인)

- **'분리전치사 수반 -ed형' 부가어**

② I(or He) ｜ can't bear ‖ being **laughed** (‖) at.(DED, OAD)
② I ｜ don't like ‖ being **pointed** (‖) at.
② An hours afterwards they ｜ had ceased ‖ to be **spoken** (‖) of.(JJR271)
② He ｜ narrowly escaped ‖ being **run** (‖) over.(PEG231,BEg321)
② The poor boy ｜ requires ‖ being **looked** (‖) after.
② I ｜ won't bear ‖ to be **thought** (‖) about.(BEG326)
② He ｜ can't bear ‖ to be **laughed** ‖ at.(OED)

□ 4형부가어

다음은 '-ed형' 부가어로 이루어진 4형, NPN'N"(-ed)이다.
다음과 같이 분석된다. 즉 NPN'N"=NPN'+N"의 관계에 있다.

④ I ｜hate ‖ him ‖ to be **flogged**,
② I ｜hate ‖ him... + ⓪ ‖ to be **flogged**

- '**to be+-ed형' 부가어**

④ I ｜ hate ‖ him ‖ to be **flogged**!(EB141)

④ I｜ like ‖ it ‖(when it is) **fried**(or **boiled**).(LEG243)

- **'분리전치사 수반 -ed형' 부가어**

④ I ｜ don't suffer ‖ it ‖ to be **spoken** (‖) of.(2CD89)

B. -ing형 부가어

□ 2형부가어

(1) 목적어

다음은 '-ing형' 부가어(목적어로 이루어진 2형 즉 NPN'(-ing)이다.
다음과 같이 분석된다. 즉 NPN'=NP+N'의 관계에 있다.

② I ｜ enjoy ‖ **dancing.**
① I ｜ enjoy...+ ⓪ ‖ **dancing**

- **능동사의 목적어**

(a) -ing형(목적어)만 취하는 동사

(종료/중단/연기)

② Sludge and I ｜ finished ‖ **eating**.(25NG75)

② I ｜ quit ‖ **smoking**.(OAD,SSE401) / ② Annie｜stopped ‖ **talking**.(13NG27) /

② He｜stopped ‖ **reading** and answered the phone.(1G14B)

(회피/부인)

② I ｜ dislike ‖ **smoking**. / ② What ｜ prevented ‖ your **coming**?(YBM)

② She tried to be serious, but she ｜ *couldn't* forebear ‖ **laughing**.(2G55D)

② I ｜ *could* not help ‖ **laughing**.(=avoid, forbear, resist)(2G55C,OES228)

(실행/인정)

② They ｜ don't allow ‖ **parking**.(PEG235)

② I ｜ enjoy ‖ **dancing**(or **reading**).(1G53B,2G51A)

② I ｜ hear ‖ **shouting**.(LEG314)

② He ｜ knows ‖ **swimming**(or to swim).(dyson)

(권고/제안)

② I ｜ suggest ‖ **leaving** (now).

(가상/회상/예측)

② I ｜ don't much fancy ‖ **banking**.

② He ｜ could not imagine ‖ her **dying**.(MJL456)

(b) -ing형(목적어) 또는 to~형(부가어)을 취하는 동사

(감정/태도/의도/제안)

② I ｜ *can't* bear ‖ **waiting**(or to wait).(PEG235)

② The joke ｜ doesn't bear ‖ **repeating**.(OED)

② ｜ Don't bother ‖ **answering**(or to answer) — we already know.

② He | declined ‖ **explaining**(or to explain).(SED)
② Stephanie | hate ‖ **flying**(or to fly).(2G56A)
② I | intend ‖ **going**(or to go).(OED) / ② Anna | loves(or likes) ‖ **dancing**(or to dance).(1G53C)
(요구/의무/필요)
② The problems | deserves ‖ **solving**(or to be solved).(SED)
② My cell phone | needs ‖ **charging**(or to be charged).(2G55B)
② The front gate | requires ‖ **mending**(or to be mended).(LEG315)
② The grass | wants ‖ **cutting** (or to be cut).PEG235)
② The next step | wants ‖ **considering** (or to be considered).(2AD312)
☆ 'to be -ed' 의 경우는 3형 술어에 해당한다.
(c) 분리전치사 수반 -ing형을 취하는 동사
② His sufferings | don't bear ‖ **thinking** (‖) about(or to be thought about).(OED)
② I | won't bear ‖ **thinking** (‖) of(").(BEG326)
② My grandmother | needs ‖ **looking** (‖) after(or to be looked after).(2G55X)
② Those children | require ‖ **looking** (‖) after("),(PED)

(2) 협의의 부가어
다음은 '-ing형' 부가어(협의)로 이루어진 2형 즉 NPN'(-ing)이다.
다음과 같이 분석된다. 즉 NPN'=NP+N'의 관계에 있다.

② We | went ‖ **shopping.** ① We | went.+ ⓪ ‖ **shopping.**

- **능동술어의 부가어**

② We | went ‖ (for) **shopping**(or **hunting**, **skiing**, **swimming**).(1G53D)(for 생략 구조)
② I | went ‖ (a) **fishing**.(DD72,3CD152)(SED)(고어전치사 a~(=in the action of~) 생략 구조)
② I | 'm going ‖ **skiing**.(1G53D) He | has gone ‖ **skiing**.(1G53D)(")

- **수동사/비동사술어의 부가어**

② I | was done ‖ **arguing**.(2JP228) Are you | done ‖ **talking**?
② Then finally when my eyes | were done ‖ **resting**, they woke up.(2JB40)
② I | am done ‖ **working**.(=finished)(1OH34) *done:형용사
② I, Nate the Great, | was busy ‖ **thinking** and **looking**.(6NG25)(in/with working 생략구조)
② On the other hand, fathers | were busy ‖ **working**.(NED)(")

☐ 4형부가어
다음은 '-ing형' 부가어로 된 4형, NPN'N"(-ing)이다.
다음과 같이 분석된다. 즉 NPN'N"=NPN'+N"의 관계에 있다.

④ He | has ‖ trouble ‖ **walking.** ② He | has ‖ trouble.+ ⓪ ‖ **walking**

- **능동사의 부가어**

(회피/부인)
④ What | prevented ‖ you ‖ (from) **coming**?(YBM)
(실행/인정)

④ He can't walk well. He | has ‖ trouble ‖ **walking**.(2G312)
④ I | must insist ‖ on him(or his) ‖ **paying**.(LEG318)
④ She | 's spent ‖ most of the time ‖ **reading**.(6AC14)
④ We | spent ‖ the whole day ‖ **shopping**.(3TC4)
④ I | wasted ‖ a lot of time ‖ **daydreaming**.(2G61C)
④ Roy | took ‖ the kid ‖ **shopping**.(16JG26)
(감정/권고/제안)
④ I | dislike(or hate) ‖ him ‖ **smoking**.(BEG345)
(가상/회상)
④ | Fancy ‖ you ‖ **having noticed**!(LEG316)
④ I | can't imagine ‖ my mother ‖ **approving**.(LEG316)
④ He | could not imagine ‖ her ‖ **dying**.(MJL456)

□ 6형부가어
다음은 '-ing형' 부가어로 이루어진 문장 즉 NPP'N'(-ing)이다.
다음과 같이 분석된다. 즉 NPP'N'=NPP'+N'의 관계에 있다.

⑥ I | just got | done ‖ **dancing**.
③ I | just got | done... ⓪ ‖ **dancing**

- **-ing형 부가어**

⑥ Kyunghee lifted her chin, then | broke | down ‖ **laughing**.(MJL129)
⑥ Everyone | burst | out ‖ **laughing**(or crying).(=begin suddenly)(LEG319,1ST105)
⑥ I | just got | done ‖ **dancing**.(=just finished dancing)(ECD836,22JB32)
⑥ He | went | out ‖ (for) **hunting**(or **shopping**, **swimming**).(1AN97)(for 삽입은 구어체)
⑥ Shall we | go | out ‖ **walking** (tomorrow)?—Yes, I'd like to very much.(3G65X)

C. to~형 부가어

□ 2형부가어
다음은 'to~형' 부가어로 이루어진 2형 즉 NPN'(to~)이다.
다음 두 문장으로 분석된다. 즉 NPN'=NP+N'의 관계에 있다.

② I | refused ‖ **to go**.
① Ie | refused... ⓪ ‖ **to help**

- **능동사의 부가어**

② And dying, he | declined ‖ **to die**.(Love of Life)(감정 | 태도)
② children | likes ‖ **to play**.(1G79A)(감정)
② She | refused ‖ **to help**.(LEG311, PEG215)(거절)

- **수동사의 부가어**

② You | are all forbidden ‖ **to leave**.(OED)(대상)

- **비동사술어의 부가어**

② She | was afraid ‖ **to protest**.(so she kept quiet).(PEG238)(원인)
② I enjoyed my stay here. I | 'm sorry ‖ **to leave**.(2G64C, LEG321)(")

② You | were right ‖ **to refuse**.(EJD2157)(판단근거)
② This water | is good ‖ **to drink**.(SSE361)(술어의 대상)
② He | is hard ‖ **to understand**.(2G63A,3G70B)(“) / ② Bob | is slow ‖ **to react**.(EJD1882)(“)

□ 4형부가어

다음은 'to~형' 부가어로 이루어진 4형 NPN'N“(to~형)이다.
다음과 같이 분석된다. 즉 NPN'N“=NPN'+N“의 관계에 있다.

④ I	forbid ‖ you ‖ **to go**.
② I	forbid ‖ you...+ ⓪ ‖ **to go**

• to~형 부가어

④ The doctor | forbade ‖ the man ‖ **to smoke**.(EJD,4AC56)(금지)
④ I | like ‖ him ‖ **to play**.(LEG320)(감정 | 태도)
④ Lost all your money? That | 'll teach ‖ you ‖ **to gamble**.(OED)(조건; ~하면)

D. '전치사+비정형동사' 부가어

□ 2형부가어

다음은 '전치사+비정형동사' 부가어로 이루어진 문장 즉 NPN'(pr+nfv)이다.
다음과 같이 분석된다. 즉 NPN'=NP+N'의 관계에 있다.

② They	cannot refrain ‖ **from quarreling**
① They	cannot refrain+ ⓪ ‖ **from qurreling**

• '단순전치사+비정형동사' 부가어

(at~)
② I | 'm not good(or poor, bad) ‖ **at skiing**.(2G73X3)
(for~)
② I | went ‖ **(for) shopping** (yesterday).(VLIVE)
② She | couldn't speak ‖ **for crying**.
② He | was punished ‖ **for stealing**.
(from~)
② Children | learn ‖ **from playing**.(2G73A)
② I | could not refrain ‖ **from weeping**.
② He | has been barred ‖ **from entering**.(TOEIC)
(in~/into~)
② I | believe ‖ **in following**. I'll follow anybody.(20NG24)
② He | was very late ‖ **in retuning**).(EJD,1ACD39),
② They | were not long ‖ **in coming**.(BSH228)
② He | is slow ‖ **in reacting**.(or was **in appearing**).(EJD,2ML99),
② He | was absorbed ‖ **in reading**.(SAT,SSE172)
② He | 's behind the rest of the class ‖ **in reading**.(OED)
② When the wicked rise to power, people | go ‖ **into hiding**;(Pr28:28)
(of~)

② We | were afraid ‖ of **falling**.(2G64A)

② He ‖ doesn't approve ‖ of **swearing**.(2G60A)

② We don't like our apartment. We | 're thinking ‖ of **moving**.(2G312)

② I | 'm tired ‖ of **arguing** (or **waiting**).(1G37A, 2G13X)

(on~)

② I | insist ‖ on **paying**.(LEG318)

② The writer | spoke ‖ on **reading**.

(to~)

② In that day, the songs in the temple | will turn ‖ to **wailing**.(Am8:3)(변화)

② Her free time | was devoted ‖ to **skiing**.

② He | was given ‖ to **drinking**.(SSE172)(빠지다)

② He | was taken ‖ to **writing**.(=became to like writing)

(with~)

② I | am done ‖ **with smoking**.(NED)(=finshed)라ㅜ

(without~)

② They | left ‖ without **paying**.(3G59D)

② They | never meet ‖ without **quarreling**.(EJD)

- **'복합전치사+비정형동사' 부가어**

② She | must be fed ‖ up with **studying**.(=bored)(2G58A)

□ 4형부가어

다음은 '전치사+비정형' 부가어로 이루어진 4형 즉 NPN'N"(pr~+nfv)이다. 다음과 같이 분석된다. 즉 NPN'= NPN'+N"의 관계에 있다.

④ He | can't stop ‖ them ‖ from **quarreling**. ② He | can't stop ‖ them. + ⓪ ‖ from **quarreling**

- **'단순전치사+비정형동사' 부가어**

(at~)

④ I | beat ‖ you ‖ at **skipping**.(5JB15)

(by~)

④ He | earns ‖ his living ‖ by **teaching**.

④ I | spent ‖ most of the night ‖ by **praying** and **thinking**.(A'G481)

(for~)

④ | Forgive ‖ me ‖ for **interrupting**, but I really don't agree with that.(OED)

④ I | got ‖ a $30 fine ‖ for **speeding**.(EXD481)

④ I | sell ‖ ice ‖ for **living**.(Fr'n54)

④ The police | stopped ‖ me ‖ for **speeding**.(2G5B)

④ | Thank ‖ you ‖ for **coming**.(REG262)

(from~)

④ He | kept ‖ him ‖ from **going**.(EPL29)

④ The noise from next door | prevented ‖ me ‖ from **sleeping**.(3G30C,PEU429)

④ The law | prohibits ‖ minors ‖ from **smoking**.

④ She | saved ‖ him ‖ from **drowning**.(OED)

④ Nobody | can stop ‖ them ‖ **from quarreling**.(EJD)
(in~)
④ I | have ‖ difficulty‖ **in smelling**(or breathing, hearing).(ECD311,296)
④ He | passes ‖ his time ‖ **in reading**.(ZEG311)
④ The clubs | spend ‖ the whole day ‖ **in drinking**.(Marco Polo 334)
(to~)
④ He | applied ‖ himself ‖ **to reading**.(SSE172)(몰두하다)
④ I | devoted ‖ my time ‖ **to studying**.(A'G31)(바치다)
④ He | gave ‖ himself ‖ **to drinking**.(SSE172,AS63)(빠지다)
④ They | left ‖ her ‖ **to crying**.(4HP333)
④ I | prefer ‖ walking ‖ **to driving**.(TEPS, EPH125)
④ He laughed, touched the rope, and | set ‖ the pulley ‖ **to working**.(ASEc25)
(without~)
④ It | rained ‖ for three days ‖ **without stopping**.(2G116A)
④ We | ran ‖ ten miles ‖ **without stopping**.(2G58B)
④ It was a stupid thing to say. I | said ‖ it ‖ **without thinking**.(2G58B)
④ She | cannot see ‖ a sad movie ‖ **without crying**.(SBE50)

□ 6형부가어

다음은 '전치사+비정형' 부가어로 이루어진 문장 즉 NPP'N'(pr+nfv)이다.
다음과 같이 분석된다. 즉 NPP'N'=NPP'+N'의 관계에 있다.

⑥ She | went | in ‖ **without knocking**. ③ She | went | in. + ⓪ ‖ **without knocking**

• '전치사+비정형동사' 부가어

(at~)
⑥ Eventually we | got | better ‖ **at asking**.(Canfield196)
(for~)
⑥ I | went | out ‖ **(for) shopping/swimming**.(VLIVE/)
(in~)
⑥ He | got | absorbed ‖ **in reading**.(SSE172)
(to~)
⑥ The church community | seems | open ‖ **to talking**.(CRL194)
(without~)
⑥ They | walked | along the road(or past me) ‖ **without speaking**.(1G111,2G27B)
⑥ She | went | in ‖ **without knocking**.(LC)

2.6 비정형절 부가어(non-finite clause)

다음은 비정형절이 부가어(목적어 포함)로 사용되는 문형이다.
비정형동사에 다른 주성분이 추가된 것을 비정형절(non-finite clause)라고 한다.
비정형절 부가어는 비정형동사의 종류에 따라 -ing절, -ed절, to~절 등이 있다.

A. -ed절 부가어

□ 2형부가어

다음은 '-ed절' 부가어로 이루어진 2형 NPN'[-ed절]이다.
다음과 같이 분석된다. 즉 NPN'=NP+N'의 관계에 있다.
-ed절은 -ing형, to be~형 또는 연결어와 결합한 상태에서 부가어가 된다.

②[③] He | hates ‖ [being **kept** waiting].
① He | hates... + ‖ ⓪[③] [being **kept** waiting]

• 능동술어의 수동부가어

('being+-ed절' 부가어)
②[②] I | appreciate ‖ [being **given** this opportunity].(PEG232)
②[②] I | *cannot* bear ‖ [being **treated** in this way].(SSE408)
②[②] The children | enjoyed ‖ [being **taken** to the zoo].(3G23B)
②[③] Steve | hates ‖ [being **kept** waiting].(2G42B)
②[③] We | insisted ‖ [being **informed** by cable of the arrival of the ship].(REG265)
②[②] I | don't like ‖ [being **told** what to do].(2G42B,LEG314)
②[②] I | really love ‖ [being **given** presents].(3G23B)
②[③] I | don't mind ‖ [being **kept** waiting].(2G51C,1G53A)
②[②] I | remember ‖ [being **taken** to the zoo when I was a child].(2G42B)
②[②] He | resented ‖ [being **passed** over for promotion].(PEG231)
②[③] I | simply can't risk ‖ [being **seen** there].(OAD, ML208)
③[②] The plants | want ‖ [being **watered** daily].(진행)
('to be+ -ed절' 부가어)
②[③] He | declined ‖ [to be **interviewed** on camera].(10JG560)
②[③] I | don't like ‖ [to be **kept** waiting].(1G53A,,REG252)

• 수동/비동사술어의 수동부가어

②[②] Another | is reported ‖ [being **shot** at by a sub-launched missile].(5TC230)
②[②] Two people | are reported ‖ [to have been **injured** in the explosion].(2G43A)
②[③] She | was afraid ‖ [to be **seen** with him].(NYT)

• '접속사+ -ed절' 수동부가어

②[①] They | would be more beautiful ‖ [if **brought** in a cycle].(5ST144)
②[②] Machinery | can be dangerous ‖ [unless **used** properly].(3G48A)
②[①] Most dogs | will not attack ‖ [unless (they are) **provoked].**(OED)
②[①] He | will not come ‖ [until **invited].**(OES200)
②[①] | Knock and wait ‖ [until **told** to enter].(OES200)
②[①] For the Son of Man | will come ‖ [when least **expected].**(Mt24:44)

□ **4형부가어**

다음은 '-ed절' 부가어로 이루어진 4형 NPN'N"[-ed절]이다.
다음과 같이 나눠진다. 즉 NPN'N"=NPN"+N'의 관계에 있다.
-ed절은 -ing이나 to be~와 결합한 상태에서만 부가어가 될 수 있다.

④[③ I ∣ object ‖ to John ‖ [being **appointed** my successor].
② I ∣ object ‖ to John... ⓪[③]‖ [being **appointed** my successor]

- **'being+ -ed절' 수동부가어**

④[③ I ∣ object ‖ to John ‖ [being **appointed** my succesor]..

- **'접속사+ -ed절' 수동부가어**

④[②] This exercise ∣ develops ‖ suppleness ‖ [as **opposed** to strength]..(OED)(~와는 대조적으로)
④[①] ∣ Insert ‖ comma ‖ [wherever **needed**].(OES300)

□ **6형부가어**

다음은 '-ed절' 부가어로 이루어진 6형 NPP'N'[-ed절]이다.
다음과 같이 분석된다. 즉 NPP'N'=NPP'+N'의 관계에 있다.

⑥[①] Girls ∣ were not supposed ∣ to speak ‖ [unless **spoken** to].
③ Girls ∣ were not supposed ∣ to speak. + ⓪[①] ‖ [unless **spoken** to]

- **'접속사 -ed절' 부가어**

⑥[①] Girls ∣ were not supposed ∣ to speak ‖ [unless **spoken** to].

B. -ing절 부가어

□ **2형부가어**

(1) 목적어

다음은 '-ing절' 목적어로 이루어진 2형 NPN'[-ing절]이다.
다음과 같이 분석된다. 즉 NPN'=NP+N'의 관계에 있다.

②[②] I ∣ enjoy ‖ [**cleaning** the kitchen].
① I ∣ enjoy... + ⓪[②]‖ [**cleaning** the kitchen].

- **능동술어의 능동부가어**

(a) -ing절(목적어)만 취하는 동사

☆ 2형 -ing절만 취하는 동사: (a) 종료/중단/연기; delay, discontinue, finish, give up, postpone, put off, quit, stop (b) 회피/부인/대체; abhor, avoid, ban, defer, deny, detest, dislike, dispute, evade, escape, excuse, fear, *can't* help, hinder, loathe, mind, miss, omit, prevent, reject. replace, resist, resent, shirk, shun, (c) 실행/인정/표현; admire, admit, allow, appreciate, celebrate, confess, consider, defend, discuss,, endure, enjoy, entail, explain, forgive, involve, justify, mention, necssitate, pardon, permit, picture, practice, resume, support, tolerate, understand, warrant, worry, (d) 권고/제안;advise, encourage, recommend, suggest (e) 가상/회상/예측; anticipate. contemplate, envisage, fancy, feign, imagine, recall, risk. (a)~(d)는 현실적 행위를 전제로 하고 (e)는 현실적인 것처럼 가장한다. (종료/중단/연기)

②[④] He ∣ delayed ‖ [**telling** her the news].(OED)
②[②] I ∣ 've finished ‖ [**cleaning** the apartment].(2G51A)
②[②] They ∣ postponed ‖ [**building** the new hospital]].(OAD,SSE402]
②[②] Jim ∣ quit ‖ [**drinking** coffee](two years ago)].(2'G15B)

②[②] We | stopped ‖ [**taking** pictures].(OAD, 2G51X1)
(회피/부인/대체)
②[⑤] I | avoided ‖ [**keeping** company with him].(SSE402,2G51A)
②[②] They | 're going to ban ‖ [**smoking** in the restaurant].(3G93A)
②[②] She | denied ‖ [**stealing** the money].(=that he had stolen)(2G51A)
②[②] Nick likes to cook, but he | dislikes ‖ [**doing** the dishes].(NED)
②[②] | Excuse ‖ [my **interrupting** you].(BEG319)
②[②] I | forbid ‖ [**smoking** in the hall].(NED)
②[⑤] | Forgive ‖ [my **ringing** you up so early].(PEG232)
②[③] Paula | has given·up ‖ [**trying** to lose weight].(2G51A)
②[②] I | *cannot* help ‖ [**laughing** at the sight].(*or* cannot **but laugh**).(DED)(웃지 않을 수 없다)
②[⑥] I | *can't* help ‖ [**feeling** sorry for him].(=avoid)(*or* can't **but feel**)(2G55C,Fr'n26,YBM)
②[④] Would you | mind ‖ [**closing** the door], please?(2G56B,A,1G50B)
②[②] I | would oppose ‖ [**changing** the law].(OED)
②[②] You | *can't* prevent ‖ [his **spending** his own money].(PEG232)
☆ excuse, forgive pardon 및 dread, prevent는 동명사의 의미상 주어로 소유격/목적격 둘다 가능)
(실행/인정/표현)
②[②] Stevens | admitted ‖ [**stealing** the wallet].(3G229,2G51D)
②[②] I | admire ‖ his(or him) **standing** his ground].(OED)
②[②] We | don't allow(or permit)‖ [**parking** in front of the building].(2G53C)
②[②] I | appreciate ‖ [*your* **giving** me so much of your time].(PEG232)
②[③] Have you | ever considered ‖ [**going** to live in another country]?(2G51A)
②[②] I | enjoy ‖ [**cleaning** the kitchen].(1G53A,51A)
②[②] The test | will involve ‖ [**answering** questions about a photograph].(OED)
②[②] He | mentioned ‖ [**having read** it in the paper].(REG264)
②[②] They | practiced ‖ [**singing** new songs].(SSE401)
(권고/제안)
②[②] He | advised ‖ [**applying** at once].(PEG235)
②[④] I | wouldn't advise ‖ [**staying** in that hotel].(2G53C,2CD197)
☆ advise, allow, encourage, permit 등이 사람목적어를 취할 경우 목적어 뒤에는 -ing가 아니라 to~가 온다.
②[②] My mother | didn't encourage ‖ [*my* **leaving** home].(MJL53)
②[②] She | recommended ‖ [**buying** the big tins].(PEG235,3G36E)
②[②] Sam | suggested ‖ [**going** to the movies].(2G51A,1G50B)
(가상/회상/예측)
②[⑤] I | anticipate ‖ [**picking** up all the information while travelling].(DED,,OAD)
②[⑥] Do you | fancy ‖ [**going** out this evening]?(OED)
②[②] I | couldn't imagine ‖ [**meeting** you here].(DED)
②[④] I | can't recall ‖ [**meeting** her before].(OED)
②[②] We | didn't risk ‖ [**travelling** in these conditions].(OED)

(b) -ing절(목적어) 또는 to~절(부가어)을 취하는 동사

☆ -ing절 또는 to~절을 취하는 동사: (a) 시작/실행; begin, commence, continue, drive, start, go on, (b) 감정/태도; attempt, can't bear, bother, decline, dread, ear, grudge, hate, like, loathe, love, neglect, prefer, regret, *can't* stand (b) 의도/제의 accept, intend*, propose (d) 필요/요구; deserve, need, require, want (e) 기타; cease, forget, remember*, try* (* 표시의 to~절은 훌수형)

(감정/태도)

②[⑤] I | *can't* bear ‖ [**seeing** (or to see) people suffering]?(LEG319)
②[②] | Don't bother ‖ [**locking** (or to lock) the door].(2G51A)
②[②] He | declined‖ [**answering**(or to answer)for a while].(EB143,EJD)
②[②] I | dread ‖ [**going**(or to go) to the dentist].(LEG320,2DK1)
②[②] I | grudge ‖ [**having** to pay so much tax]..(OAD,KM67)
②[⑥] She | didn't fancy ‖ [**going** out that evening].(생활표현사전)
②[②] I | fear ‖ [**offending**(or to offend) her].(BEG326)
②[②] I | 'd hate ‖ [**losing**(or to lose) my cell phone].(1G50D,58C,3G229)
②[⑥] Do you | like ‖ [**getting** up early]?(enjoy)(1G50C1G6B,PEG295D)
②[③] She | loathed ‖ [**working** at the company].(NED)
②[②] I | love ‖ [**meeting** (or to meet) people].(2G56A)
②[②] I | prefer ‖ [**travelling** (or to travel) by car].(1G50C,1G30B)
②[②] I | now regret ‖ [**saying** what I have said].(2G51A,2G54B)
②[②] I | *can't* stand ‖ [**wearing** (or to wear) a suit].(=endure)(3G229)
(의도/제의)
②[②] We | accepted ‖ [**doing** all sorts of tricks].(OED)
②[④] I | intend ‖ [**selling** it].(PEG235) I | don't intend ‖ [**staying** long].(OED)
②[②] He | proposed ‖ [**waiting** till the police get here].(=suggest)(PEG237)
☆ accept, intend, propose의 to~형의 경우는 3형 술어에 해당한다.
(요구/의무/필요)
②[②] Women | deserve ‖ [**receiving** good education].(EuroGender)
②[②] We | require ‖ [**knowing** it]. cf.③ We | require | [to know it].(DED)
☆ deserve, need, require, want 의 to~의 경우는 3형 술어에 해당한다.
(기타동사)
②[②] She | never ceased ‖ [**complaining** about prices].(PEG234)
②[②] Have you | forgotten ‖ [**meeting** (or having met) her].(LEG321,SBE46)(과거지향)
②[②] I know I locked the door, I | clearly remember ‖ [**locking** it].(2G54B)
②[⑤'] | Try ‖ [**holding** the breath to stop sneezing].(LEG321,1G50A)(시험 | 시도하는 것)
②[②] He got very angry and | started ‖ [**shouting** at me].(2G129D,)

(2) 협의의 부가어
다음은 '-ing절' 부가어로 이루어진 2형 NPN'[-ing절]이다.
다음과 같이 분석된다. 즉 NPN'=NP+N'의 관계에 있다.

②[③] My friend | slipped and fell ‖ [**getting** off a bus]. ① My friend | slipped and fell.+ ⓪[③] ‖ [**getting** off a bus]

• **능동술어의 능동부가어**
②[③] My friend | slipped and fell ‖ [**getting** off a bus].(2G66X2)(시간)
②[②] The price of wine | varies ‖ [**depending** on where it comes from].(OAD(조건)
• **수동술어의 능동부가어**
②[②] Most of her life | was spent ‖ (on) **caring** for others].(OAD,10JG563)
②[④] That film | is reported ‖ [to be **conducting** negotiations for the purchase of sugar].↴
②[④] They | are said ‖ [to have been **conducting** negotiations for a long time].(REG244)
• **형용사 술어의 능동부가어**

(a) -ing절만 취하는 형용사

☆-ing절만 취하는 형용사: busy, (un)comfortable, frantic, full

②[②] He | was busy ‖ (in/with) [**doing** his homework].(3G70A,2G61C)(while 생략이면 주격술어)

②[②] These days I | 'm full ‖ [**doing** other things].(GG)

②[⑤] She | is frantic ‖ [**getting** everything ready for the wedding](LEG317)

②[②] I | was uncomfortable ‖ [**seeing** them].

(b) -ing절 또는 to~절을 취하는 형용사

☆ -ing절 또는 to~절을 취하는 형용사: careful; glad, happy; crazy, mad; foolish, stupid(3G70A)

②[②] He | too busy ‖ (in) [**following** me].(14NG36).(원인)

②[②] I | am glad ‖ [**meeting** you].(YBM).(원인)

②[②] I | 'd be very happy ‖ [**doing** something of that kind].(BP435)(")

②[⑤] He | 'd be stupid ‖ [**giving** up the job].(3G70A)(판단의 근거)

②[②] People said [I | was crazy ‖ [**opening** a shop in the village]].(")

②[②] | Be careful ‖ [**crossing** the street].(2G66B)(조건/서술대상)

- **접속사+-ing형 능동부가어**

②[③] She | peaked and pined ‖ [after **breaking** up with her love one].(TOEIC)

②[①] | Be careful ‖ [when **crossing** the street].(2G66B).

□ 4형부가어

다음은 '-ing절' 부가어로 이루어진 4형 NPN'N"[-ing절]이다.
다음과 같이 분석된다. 즉 NPN'N"=NPN"+N'의 관계에 있다.
여기서 me는 -ing절 능동부가어의 의미상 주어에 해당한다.

④[②] You | can't stop ‖ me ‖ [**doing** what I want].	
② You | can't stop ‖ me. + ⓪[②]‖ [**doing** what I want]	

- **능동술어의 능동부가어**

(a) -ing절만 취하는 동사

☆ -ing절만 취하는 동사: (a) 회피/부인: deny, dread, detest, dislike, excuse, mind, object, resent, stop, *can't* stand | understand, (b) 실행/인정/표현: have, investigate, justify, leave, lose, make, occupy, spend, take, understand, waste (c) 용서: excuse, forgive pardon (d) 권고/제안: suggest, insist (e) 가상/회상/예측: fancy, imagine, recall, remember

(회피/부인)

④[③] I | always detested ‖ the dog ‖ [**jumping** up at me].(3G30X)

④[②] I | object ‖ to people ‖ [**smoking** restaurants].(LEG319,PEG231)

④[④] I | don't mind ‖ people ‖ [**keeping** me waiting].(2G51C)

④[②] Do you | mind ‖ me ‖ [**asking** how old you are]?(영국영어 회화표현)

④[②] I | resented ‖ him ‖ [**wining** the prize].(2G30A,3G30A,PEG231)

④[②] I | *can't* get ‖ over Mary ‖ [**doing** such a thing].(=can't believe)

④[②] You don't like it of not, you | . *cannot* help ‖ people ‖ [**doing** it].(YBM)

④[②] You | *can't* prevent ‖ him ‖ [**spending** his own money].(PEG232)

④[②] You | *can't* stop ‖ me ‖ [**doing** what I want].(2G122, PEG232)

(실행/인정/표현)

④[②] I | don't approve ‖ of people ‖ [**killing** animals].(3G60A)

④[②] I | envy ‖ you ‖ [**having** such a close family].(OED)

④[②] | Excuse ‖ me ‖ [**interrupting** you].(BEG319)

④[②] | Please excuse ‖ him ‖ [not **writing** to you].(LEG316)

④[⑤] | Forgive ‖ me ‖ (<u>for</u>) [**ringing** you up so early].(PEG232,BEG319)
④[②] I | have ‖ no business ‖ [**improving** others].(CRL160)
④[②] I | had ‖ no trouble(or difficulty ‖ (in) [**finding** a place to live].(2G61C)
④[②] Did you | have ‖ a problem ‖ [**getting** a visa]?(2G61C)
④[②] The workers | lost ‖ no time ‖ (<u>on</u>) [**carrying** out the plan].(ZEG226)
④[⑤] He | made ‖ a considerable fortune ‖ [**selling** pictures].(OES198)
④[②] | Pardon ‖ me ‖ [**saying** it].(BEG319)
④[③] He | spent ‖ hours ‖ (<u>on</u>) [**trying** to repair the clock].(2G61C,129A)
④[②] The writer | spent ‖ nearly ten years ‖ [**finishing** the novel].(ZEG226)
④[②] I | can't stand ‖ him ‖ [**wearing** a suit].(3G329)
④[④] Grandma and Grampa Miller | take ‖ turns ‖ [**baby-sitting** me before lunch].(6JB35)
④[②] I | understand ‖ her ‖ [**hating** me].(BSA45)
④[②] I | can't understand ‖ John ‖ [**making** such a fuss].(LEG316,AG71)
④[②] She | wasted ‖ no time ‖ (<u>on</u>) [**rejecting** the offer].(PEG241)
(권고/제안)
④[④] Clare | insisted ‖ <u>on</u> Jack ‖ [**wearing** a suit to the party].(3G30C)
④[②] I | suggested ‖ <u>to</u> him ‖ [**making** a plan].(*not* to make)(ZEG198)
(가상/회상/예측)
④[②] I | can't believe ‖ him ‖ [**watching** a movie].(GG)
④[②] I | can just imagine ‖ him ‖ [**saying** that]!(OAL646,CRL148)
④[②] I | can't imagine ‖ George ‖ [**riding** a motorcycle].(2G51C,LEG316,OAD)
④[②] Mary | recalled ‖ him ‖ [**buying** the book].(2G30A,3G31X)
④[②] I | can see ‖ him ‖ [**getting** the promotion].(=anticipate)(EID126) .(EID125)↴
④[②] I'll bet it was Charlie who stole the money. I | can see ‖ him ‖ [**doing** that].(=imagine)
④[③] We | are all looking ‖ <u>forward to</u> Bob ‖ [**coming** home].(")(2G60A)
☆ excuse, forgive. pardon 및 dread, prevent는 동명사의 의미상 주어로 소유격/목적격 둘다 가능
☆ In formal English the possessive adjective is used with gerund. But in informal English we very often use the pronoun. The student therefore has a choice of forms, but is recommended to use the pronoun.. With 'stop' meaning 'prevent' the pronoun is more usual than the possessive:: I can't stop him writing to the papers.(PEG232)

(b) -ing절 또는 to~절을 취하는 동사

☆-ing절(계속) 또는 to~절(예정)을 취하는 동사: bear, dislike. forbid, hate, like, want 등
(감정/태도)
④[②] I | *can't* bear ‖ you ‖ [**shouting**(or to shout) in that way].(LEG319)
④[②] He | dislike ‖ people ‖ [**telling** what to think].(PEU272,SED689))
④[②] I | dread ‖ him(or his) ‖ [**finding** out].(but *not* He is dreaded finding out)(3G23C)
④[⑤] He | hates ‖ people ‖ [**keeping** him waiting].(2G42B,OAD591)
④[②] I | like ‖ him ‖ [**playing** the guitar].(=enjoy)(LEG320,PEG295D)
④[④] I | *don't* like ‖ people ‖ [**telling** me what to do].(2G42,2G56A)
④[②] They | *don't* like ‖ anybody else ‖ [**making** good money].(CRL185)
④[⑦] I | *don't* want ‖ you ‖ [**coming** home so late].(OAD,6ST322mED,FBSA36) *부정표현만 가능
(서술대상)
④[②] We | can't forbid ‖ him ‖ (<u>from</u>) [**attending** the meeting].(EJD)(금지/거절)
④[⑤] I | 've never forgot ‖ him ‖ [**doing** that little gesture for me].
④[③] I | have ‖ no business ‖ [**playing** amateur detective].(1MiC134)
④[②] The injury | could mean ‖ him ‖ [**missing** next week's game].(OED)(결과)

④[④] I | remember ‖ somebody ‖ [**taking** me to the zoo].(2G42B,3G30A)
④[②] I | remembered ‖ the horse ‖ [**winning** the race].(2G30A)

• **접속사+ -ing절 능동부가어**

④[②] I | started ‖ work ‖ [after **reading** the new paper]}.(1G103D)
④[②] I | always have ‖ breakfast ‖ [before **going** to work]}.(1G103D)
④[①] | Don't make ‖ a noise ‖ [while (you are) | **eating**].(OED200)
④[②] Joe | hurt ‖ his knees ‖ [while **playing** football].(2G66B)

□ 6형 부가어

다음은 '-ing절' 부가어로 이루어진 6형 NPP'N'[-ing절]이다.
다음과 같이 분석된다. 즉 NPP'N'=NPP'+N'의 관계에 있다.

⑥[②] I | just got | done ‖ [**reading** your book].
③ I | just got | done... + ⓪[②] ‖ [**reading** your book]

• **-ing절 부가어**

⑥[②] I | just got | done ‖ [**reading** your book]! It was very good.(대상)
⑥[②] I | started | off ‖ [**working** quite hard], but it didn' t last.(OED)(")
⑥[③] Sometimes people | get | strange ‖ [**sitting** under a hot sun].(10NG20)(조건)

• **접속사+ -ing절 능동부가어**

⑥[③] They | camped | there ‖ [before **crossing** over].(Jos3:1)

C. to~절 부가어

□ 2형부가어

다음은 'to~절' 부가어로 이루어진 2형 NPN'[to~절]이다.
다음과 같이 분석된다. 즉 NPN'=NP+N'의 관계에 있다.

②[③] She | likes ‖ [**to play** in the garden].
① She | likes... + ⓪[③] ‖ [**to play** in the garden]

• **능동사의 능동부가어**

(a) to~절만 취하는 동사

☆ to~절만 취하는 동사: 'bear, care, claim, condescend, decline, fail, fear. forbear, hesitate, refuse, say, shudder (감정/태도)

②[②] I | *can't* bear ‖ [**to part** with this book].(6AC6)(참다)
②[③] I | *don't* care ‖ [**to go** for a walk].(SBE10)
②[④] The king | condescended ‖ [**to address** a few words to us].(DED)(낮추다)
②[②] I | fear | [**to speak** in his presence].(DED,NH133)(두렵다).
②[②] She | forbore ‖ [**to ask** any further questions].(OAD,5AC137)(참다).
②[③] I | hate ‖ [**to eat** on the job].(1NG32)
②[⑤] I | would hate ‖ [**to give** the job up now].(3G101)
②[②] Meg | hesitated ‖ [**to spend** so much money on the dress].(EJD,2DK323)
②[②] I | shudder ‖ [just **to think** of what you did to me].(NED)(을 생각하고 몸서리치다)
②[②] Hurry up! I | *don't* risk ‖ [**to [miss** the train].(2G52X2)

(불능/거절)

②[②] Their spokesman declined [**to comment** on the allegations].(OED)

②[②] She | has failed ‖ [**to appear** in court].(LSW713,3G82A,PEG215,SBE10)

②[②] I waved to Emily, but | failed ‖ [**to attract** her attention].(2G52A)

②[②] He | refused ‖ [**to eat** anything].(2G83A,3G31A, PEG215)

②[②] He | flatly refused ‖ [**to discuss** the matter].(OED)

(전달대상)

②[②] The guidebook | says ‖ [**to turn** left].(OED)

②[②] Jackie | said ‖ [not **to tell** anyone].(2G46D,(LEG15))

②[②] Gary couldn't help me. He | said ‖ [**to ask** Caroline].(2G46X)

(b) to~절 또는 -ing절을 취하는 동사(☞ B. -ing절 부가어 (1) 및 각주 4) 참조)

(감정/태도)

②[②] He | is still too grudging ‖ [**to acknowledge** that].(Hansard)

②[③] Do you | like ‖ [**to get** up early]?(=think this wise?)(1G50D,1G6B,PEG295D)

②[③] When I go to the movies, I | like ‖ [**to sit** in the front row].(2G121A))

②[⑤] I | loathe ‖ [**to see** my wife doing the work].(KM67)

②[③] I | prefer ‖ [**to live** in the country].(or living)(2G54A)

②[②] We | regret ‖ [**to inform** you that we cannot offer you the job].(2G54B)

(원인/조건)

②[②] The children | laughed ‖ [**to see** such a wondering thing].(ZEG199)

②[②] He | smiled ‖ [**to get** the present].(SSE359)

②[②] I | trembled ‖ [**to think** of it].(BEG301)

②[②] She | wept(or cried) ‖ [**to see** him in such a terrible state].(BEG301)

(서술대상)

②[②] She | never ceased ‖ [**to complain** about prices].(PEG234)

②[④] Sometimes I | forget ‖ [**to make** | my bed ‖ in the morning].(1G55D)(미래지향)

②[⑤] You | forgot ‖ [**to turn** off the light] when you went out.(1G50A,55D)

②[②] The shop | refused ‖ [**to accept** his cheque].(3G31A,PEG215)

②[②] | Please remember ‖ [**to lock** the door].(2G54B, LEG320)

②[②] I | remembered ‖ [**to post** the letter].(LEG320)

• 수동사의 능동부가어

(불능/거절)

②[⑦] You | are forbidden ‖ [**to stay** out late].(LEG215)

②[④] You | will be punished ‖ [**to do** it again].(MBE163)

(전달대상)

☆ 짝수형; alleged. known, reported., reputed, said:: 홀수형; believed, considered, expected, thought, understood

②[②] He | is alleged ‖ [**to have hit** a police officer].(2G43A,3G31C)

②[②] A third terrorist | is reported ‖ [**to have escaped** the scene].(3TC22,REG258)

②[②] She | was reputed ‖ [**to have** Korean blood].(MJL412)

②[②] She | is said ‖ [**to work** 16 hours a day].(2G43A)

• 비동사술어의 능동부가어

(a) to~절만 취하는 비동사술어

☆ to~절만 취하는 형용사: difficult, easy, hard; afraid, amazed, brave, curious, disappointed, pleased, relieved, sad, surprised; kind, rude; good, nice; enough(2G63A) (

(원인 cause)

②[②] I | 'm ashamed ‖ [**to tell** you what this carpet cost].(PEG238))
②[②] He | was happy ‖ [**to see** his wife again].(SBE18)
②[②] I | was sorry ‖ [**to hear** that Nicky lost her job].(=regret)(2G64C)
②[②] I | was at a loss ‖ [**to hear** that].(EPN51)
(이유/판단근거 reason/evaluation)
②[②] Wasn't he | brave ‖ [**to swim** across]?(3G72A)
②[②] She | is a bit old ‖ [**to play** with a doll], isn't it?(PEU89)
②[②] You | are very kind ‖ [**to take** me to the station].(SBE18)
②[②] They | were rude ‖ [**to criticize** her].(3G70B)
②[④] I | 'm sorry ‖ [**to call** you so late].(=apologize)(2G64C)
②[②] She | 'd be stupid ‖ [not **to accept** this offer].(EJD)
②[④] You | 're very young ‖ [**to go** wandering about the country].(JJR56)
②[③] But who are⌋ you, O man, ‖ [**to talk** back to God]?(Ro9:20,Ja4:12)
②[②] What a fool he | is ∨ ‖ [**to believe** such a thing]?(SBE18)
②[②] He | must be out of his mind ‖ [**to act** in that way].(DED)
(서술대상)
☆ 종래문법서는 형용사/부사 수식 용법이라고 한다.(SBE18)
②[③] People | are afraid ‖ [**to walk** here at night].(2G64B)
②[②] He | was anxious ‖ [**to buy** it].(SBE18)
②[②] I | was curious ‖ [**to find** out what she had said].(OED)
②[②] I | was interested ‖ [**to hear** that Tanya quit her job].(2G64B)
②[②] He | was loath ‖ [**to admit** his mistake].(OED)
②[②] His salary is very low. It | isn't enough ‖ [**to live** on ∩].(2G132D)
②[②] These reasons | are not sufficient ‖ [**to justify** the ban].(OED)
(목적어-주어 상승)
☆ to 부정사의 목적어가 주어 자리로 이동한 경우를 말하며: 종래문법서는 형용사/부사의 수식용법이라고 한다.(SBE1 더 자세한 것은 ☞ 5.5.A.(5))
②[②] He | is hard ‖ [**to understand** ∩].(=It is hard to understand him)(2G63A).
②[②] Nicole | is interesting ‖ [**to talk** to ∩].(2G63A).
②[③] He | is difficult ‖ [**to work** with(or under) ∩].(SSE361B)
②[②] His salary is very low. It | isn't enough ‖ [**to live** on ∩].(2G132D)
(b) -ing절 또는 to~절을 취하는 비동사 술어
☆ to~절 또는 -ing절을 취하는 형용사: careful; crazy, mad; foolish, stupid; glad, happy(3G70A)
(원인 cause)
②[③] We | were glad ‖ [**to get** home].(2G63C,MBE162)
②[②] You | are so lucky ‖ [**to have** ythis case].(26NG13)
(이유/판단근거 reason/evaluation)
②[②] He | must be mad ‖ [**to do** such a foolish thing].(SBE18)
②[②] You | were foolish (or a fool) ‖ [**to spend** so much].(EJD)
(조건 conditional)
②[②] He | will(or would) be glad ‖ [**to hear** that].(EJD)(직설/가정)
②[②] He | 'd be stupid ‖ [**to leave** now].(3G70A,EJD)(가정)
②[②] I | 'll be happy ‖ [**to accompany** you].(SSE363)(직설)
②[②] I | would be happy ‖ [**to get** a promotion].(SBE18)(가정)
(서술대상)

②[②] | Be careful ‖ [to **drive** safely].(NED)

□ 4형부가어

다음은 'to~절' 부가어로 이루어진 4형 NPN'N"to~절]이다.
다음과 같이 분석된다. 즉 NPN'N"=NPN'+N"의 관계에 있다.

④[③] She | likes ‖ them ‖ [to **play** in the garden].
② She | likes ‖ them... + ⓪[③] ‖ [to **play** in the garden]

- **능동술어의 능동부가어**

(감정/태도)
④[②] I | dislike ‖ him ‖ [to **drink** so much].(SED689)
④[②] I | don't like ‖ friends ‖ [to **call** me at work].(2G56A)
④[③] She | likes ‖ them ‖ [to **play** in the garden].(=thinks wise | right)(PEG257)(REG252)
④[②] We | like ‖ other people ‖ [to **remember** them].(DBE20)
④[⑤] I | would hate ‖ her ‖ [to **give** the job up].(3G229,SED)
④[②] I | will not shame ‖ myself ‖ [to **give** you this].(9WS163)
(불능/거절)
④[②] I | forbid ‖ anyone ‖ [to **touch** that clock].(OED)
(원인/조건)
④[②] Mary, | hang ‖ the idiot ‖ [to **bring** me such stuff].(BEG302)(원인)
④[②] You | couldn't do ‖ that ‖ [to **save** your life].(BEG302)(조건)
④[②] I | 'll teach ‖ you ‖ [to **call** me a liar]!(OED)(조건; ~하면)
(서술대상)
④[②] I | forbid ‖ you ‖ [to **enter** my house].(SED927,4AC54,ZEG224)
④[②] She | reminded ‖ me ‖ [to **switch** off the lights].(LEG295)
④[④] Can you | remind ‖ me ‖ [to **call** Ann tomorrow]?(2G53B)
④[②] This grey in my hair | also reminds ‖ me ‖ [not **to delay** any longer].(Freud309)

- **'접속사+to~절 부가어'**

④[⑤] I | 'd like to hear ‖ one word of excuse ‖<u>if</u> *only* [to **throw** it back at her].

□ 6형부가어

다음은 'to~절' 부가어로 이루어진 6형 NPP'N'to~절]이다.
다음과 같이 분석된다. 즉 NPP'N'=NPP'+N'의 관계에 있다.

⑥[②] She | looked | happy ‖ [to **see** him].
③ She | looked | happy. + ⓪[②]‖ [to **see** him]

- **to~절 부가어**

⑥[②] We | 'll be looking | awesome ‖ [to **drive** my Mercedes Benz].(YBM)
⑥[②] Vittoria | looked | happy ‖ [to **see** him].(1DB567)
⑥[⑤] Three hours | seems | a long time ‖ [to **take** on the homework].(3G42D)
⑥[②] I | feel | sorry ‖ [to **hear** you of his failure].(SBE18) [(8WS129)
⑥[②] Tiber | trembled | underneath her banks ‖ [to **hear** the replication of your sounds]
⑥[④] Some old building | were torn | down ‖ [to **make** room for the new shopping mall.(2G139B)

D. for~ to~절 부가어

□ 2형부가어

다음은 ''for~ to~절' 부가어로 이루어진 2형 NPN'[for~ to~절]이다.
다음과 같이 분석된다. 즉 NPN'=NP+N'의 관계에 있다.

②[②] I ∣ should like ‖ [**for** him **to marry** her].
① I ∣ should like...+ ⓪[②] ‖ [**for** him **to marry** her]

- **능동사의 능동부가어**

②[②] She ∣ arranged ‖ [**for** somebody else **to repair** it].(2G44A)
②[①] I ∣ could not bear ‖ [**for** us not **to be friends**].(OES174)
②[③] I ∣ 'd hate ‖ [**for** all that stuff **to go** bad].(LSW698)
②[④] I ∣ am hoping ‖ [**for** Helen **to arrive** today].(ESA46)
②[②] I ∣ should like ‖ [**for** him **to marry** her].(OES176)
②[③] Then the lady ∣ said ‖ [**for** me **to come** down again].(1JB59,8JB12)
②[①] I'm not going out yet. I ∣ 'm waiting ‖ [**for** the rain **to stop**].(2G130C.5JB71)
②[③] We ∣ do not wish ‖ [**for** people **to get** sick].(13JB42).

- **비동사술어의 능동부가어**

②[②] I ∣ 'm not afraid ‖ [**for** them **to see** it].
②[③] He ∣ was anxious ‖ [**for** his sister and Ester **to get** acquainted].(OES175)
②[②] I ∣ should be sorry ‖ [**for** you **to think** that].(OES175)

□ 4형부가어

다음은 'for~ to~절' 부가어로 이루어진 4형 NPN'N"[for~to~절]이다.
다음과 같이 분석된다. 즉 NPN'N"=NPN"+N'의 관계에 있다.

④[③] He ∣ raised ‖ his hand ‖ [**for** her **to come** in].
② He ∣ raised ‖ his hand. + ⓪[③] ‖ [**for** her **to come** in]

- **'for~ to~절' 부가어**

④[①] Principal kind of laughed. Then he ∣ held ‖ the door ‖ [**for** us **to leave**].(1JB30)
④[①] We ∣ were pleading ‖ with God ‖ [**for** his hand **to be upon** us].(Bruce58)
④[③] He ∣ raised ‖ his hand ‖ [**for** her **to come** in].(4EG335)
④[②] Constance ∣ rang ‖ the bell ‖ [**for** Maggie **to clear** the table].(4EG341)

□ 6형부가어

다음은 'for~ to~절' 부가어로 된 6형 NPP'N'[for~to~절]이다.
다음과 같이 분석된다. 즉 NPP'N'=NPP'+N'의 관계에 있다.

⑥[①] I ∣ stepped ‖ aside ‖ [**for** her **to pass**].
③ I ∣ stepped ‖ aside.+ ⓪[①] ‖ [**for** her **to pass**]

- **'for~ to~'절 부가어**

⑥[①] I ∣ stepped ‖ aside ‖ [**for** her **to pass** in].(SBE26)

E. wh- to~절 부가어(목적어 포함)

☆ 격식체는 why to~는 제외하지만 비격식체는 사용, I'm not entirely sure why to be honest.(Web)

□ 2형부가어

다음은 'wh-어 + to~절(형용어)' 부가어(목적어 포함)로 이루어진 2형 NPN'[wh-to~절]이다. 다음과 같이 분석된다. 즉 NPN'=NP+N'의 관계에 있다. 대부분 전달문이다.

②[②] I | know ‖ [**how to do** it].
① I | know... + ⓪[②] ‖ [**how to do** it]

• wh- to~절 부가어

(what)
②[④] Have you | decided ‖ (on) [**what to do** yet]?(1G93B)
②[②] "Then. I, Nate the Great, | know ‖ [**what to do**].(3NG11)
②[②] He | couldn't think ‖ [**what to say**].(PEG216)
②[②] Do you | understand ‖ [**what to do**]?(2G52D)
②[④] We | should know ‖ [at **what time to expect** them].(2TC434)
②[②] I | 'm not sure ‖ [**what to do**].(5JG125)
(which)
②[②] I | couldn't decide (on) ‖ [**which** train **to catch**].(3G34A)
②[②] I | am at loss(or at my wit's end) ‖ [**which** way **to go**].(SBE10)
(who(m))
②[②] I | don't know(or was not sure) ‖ [**whom to believe**].(5JG197,125)
②[②] [**Who**] do you | want ‖ [**to speak** to]?(2G47C)
②[②] [To **whom**] do you | wish ‖ **to** [**speak**]?(2G47C)
②[③] I | don't know ‖ [**who(m) to go** with].(SBE10)
(when)
②[④] I | don't know ‖ [**when to do** it].(SBE10,OES177)
②[④] You | must learn ‖ [**when to give** advice and **when to be silent**].(OED)
(where)
②[③] Have you | decided ‖ [**where to go** for your vacation]?(2G52D,119D)
②[⑤] I | 've discovered ‖ [**where to find** him].(OED)
(how)
②[⑤] Let Sam [| know ‖ [**where to meet** us]].(1G111B,SBE10)
②[④] We | asked ‖ [**how to get** to the station].(2G52D)
②[②] I | don't know ‖ [**how to thank** you].(1NG60)
②[②] I | know ‖ [**how to do** it].(I can do something)(LSW685)
②[②] How old were you [when you | learned ‖ [**how to drive**]]?(2G52A)
②[④] Do you | see ‖ [**how to do** it]?(OED)
②[④] Peter | has been taught ‖ [(**how**) **to sing** by Mr Wang for years].(3G23D)
(whether to~)
②[②] I | don't know ‖ [**whether to apply** for the job or not].(2G52D)
②[②] I | 'm considering(or thinking) ‖ [**whether to stay** here or leave].
☆ whether+to절 사용 불가한 선택동사(choices verbs): ask, conclude, explain, imagine, realize, speculate, think(3G34D)
②[①] I | haven't decided ‖ (on) [**whether to go** or stay].(PEG216,3G86D)

②[①] She | was uncertain ‖ [**whether to go** or stay].(OED)
②[②] I | was in doubt ‖ (<u>about</u>) [**whether to believe** it or not].(DED)

□ 4형부가어

다음은 'wh-어+to~절' 부가어(목적어 포함)로 이루어진 4형 NPN'N"[wh-to~]이다.
다음과 같이 분석된다. 즉 NPN'N"=NPN"+N'의 관계에 있다. 대부분 전달문이다.

④[②] I | showed ‖ her ‖ [**how to do** it].
② I | showed ‖ her... + ⓪[②]‖ [**how to do** it]

- **wh- to~절 부가어**

(what)
④[②] I | asked ‖ him ‖ [**what to do**].(CEG326)
④[②] He | reminded ‖ me ‖ [**what** (I had) **to do**].(3G34B)
④[④] | Please show ‖ me ‖ [**what to do** next].(EJD2155)
④[②] Ask Jack. He | 'll tell ‖ you ‖ [**what to do**].(2G52D,Fr'n64)
(which)
④[②] | Ask ‖ Mom ‖ [**which** one **to take**].
④[②] I | showed ‖ her ‖ [**which** button **to press**].(PEG216)
(when)
④[②] I will contact you later [| to advise ‖ you ‖ [**when to come**]].
(where)
④[⑤] He | didn't ask ‖ me ‖ [**where to put** the boxes].(3G32A)
④[⑤] My father | informed ‖ me ‖ [**where to get** the tickets].(4EG35)
④[⑤] I | showed ‖ her ‖ [**where to put** her coat].(3G34B)
④[②] I | would tell ‖ them ‖ [**where to go**].(LSW685)
(how)
④[④] | Ask ‖ your teacher ‖ [**how to pronounce** the word].(OED)
④[④] I | showed ‖ her ‖ [**how to do** it].(LSW685, OAD)
④[④] I | told ‖ Linda ‖ [**how to get** to my house].(3G34B,2G35A)
④[④] She | taught ‖ me ‖ [**how to play** chess].(3G34B)
(whether to~)
④[①] He | asked ‖ me ‖ [**whether to go** or stay].
④[②] Your lawyer | can advise ‖ you ‖ [**whether to take** any action].

F. 비동사절 부가어

□ 2형부가어

다음은 '비(非)동사절(verbless clause)' 부가어로 이루어진 2형 NPN'[nv절]이다.
비동사절은 -ing형, to be~형 또는 연결어와 결합한 상태에서 부가어가 된다.
다음과 같이 분석된다. 즉 NPN'=NP+N'의 관계에 있다.

②[②] I | do not dread ‖ [being **alone** tonight].
① I | do not dread...+ ⓪[②]‖ [being **alone** tonight]

- **비동사절 부가어**

[형용사절]
②[①] She | can't bear ‖ [being (*or* to be) **alone**].(2G55A)
②[②] I | do not dread ‖ [being **alone** tonight].(Dracula226)
②[②] | Don't mind ‖ [your father's being **angry** with you].(ZEG226)
②[①] No one | likes ‖ [being **ignorant**].(Plato, Republic 382a)
②[①] He | is rumored ‖ [to be **ill**)].(DED)(ACv72)
②[①] She | risked ‖ [being **late**].(PEG)
②[①] I | hate ‖ [to be **late**].(1G53C)
②[①] I | don't like ‖ [to be **late**]. I'd rather be early.(1G33A)
②[①] He | is said ‖ [to be 108 years **old**].(2G43A)
②[①] I | *can't* help ‖ [being **nervous**].(2G55C)
②[①] I | dread ‖ being **sick**].(OED)
②[①] Can you | imagine ‖ [my being so **stupid**]?
②[②] I | can't remember ‖ [my parents' ever being **unkind** to me].
[명사절]
②[①] I | could not bear ‖ [for us not to be **friends**].
②[①] He | is said ‖ [to have been **a brilliant scholar**].(OAD]
②[①] I | don't like ‖ [his being(or to be) **here**].
②[①] He | denied ‖ [having been **there**].(PEG233)
[전치사절]
②[①] He | liked ‖ [being <u>at</u> **the table**].(MJL438)
②[①] He | still enjoyed ‖ [being <u>in</u> **her compnay**].(MJL248)
②[①] I | 'd hate ‖ [to be (or being) <u>in</u> **Bob's shoe**].
②[①] I | want ‖ [to be <u>like</u> **you**].
②[①] Fhobe | loved ‖ [being <u>with</u> **Solomon;s family**].(MJL449)
②[①] I | hate ‖ [being (or to be) <u>away from</u> **my family**].(EPH169)
[소사절]
②[①] Do you | like ‖ [being(or to be) **inside**]?
②[①] Pen | longed ‖ [<u>for</u> three years to be **over**].
②[①] We | were so excited ‖ to be **together**].(CSS256)
● **'접속사+비동사' 부가어**
②[①] The author | apologizes ‖ [where **appropriate**].(LSW768)
②[①] I'll pay ‖ [if (it is) **necessary**].(PEU499)

□ 4형부가어
다음은 '비동사절' 부가어로 이루어진 4형 즉 NPN'N"[nv절]이다.
다음과 같이 분석된다. 즉 NPN'=NP+N'의 관계에 있다.

④[①] Can you	imagine ‖ me ‖ [being so **stupid**]?
② Can you	imagine ‖ me...? ⓪[①]‖ [being so **stupid**]

● **비동사절 부가어**
(형용사절)
④[①] She | couldn't imagine ‖ [being **happier** than she was at that moment].(MJL46)

④[①] I | don't like ‖ [being **hungry**].(MJL43)
④[②] She | likes ‖ everything ‖ [to be **sweet** and **nice** in the end].(1MiC238)
④[①] Can you | imagine ‖ me ‖ [being so **stupid**]?
④[①] Sunja | could hardly ‖ her mother ‖ [being **idle**].(MJL39)
④[①] I | hate ‖ people ‖ [being **unhappy**]?
④[②] I | can't remember ‖ my parents ‖ [ever being **unkind** to me].
(명사절)
④[①] I | don't anticipate ‖ it ‖ [being **a problem**].(OED).
④[②] I | remember ‖ him ‖ [being a **tattletale** in elementary school[.(NED)
④[①] Susan | liked ‖ Karl ‖ [to be **there**].(*but not* Tom was liked to be there.)(3G23D)
(전치사구절)
④[①] You | have ‖ no business ‖ [being <u>around</u> **him**].(MJL218)

- **'접속사+비동사' 부가어**

④[①] I try [| to use ‖ public transportation ‖ [whenever **possible**]].(3G59D)
④[①] I | 'll pay ‖ for you ‖ [if (it is) **necessary**].
④[①] | Cook ‖ slowly ‖ [until (you are) **ready**].

G. '전치사+비정형절' 부가어

□ 2형부가어

다음은 '전치사+비정형절' 부가어로 이루어진 2형 NPN'[pr+nfc]이다.
다음과 같이 분석된다. 즉 NPN'=NP+N'의 관계에 있다.

②[②] He	is thinking ‖ <u>about</u> [**buying** a new computer]
② He	is thinking.... + ⓪[②] ‖ <u>about</u> [**buying** a new computer]
②[②] I	was prevented ‖ <u>from</u> [**going** to school].
① I	was prevented... + ⓪[②]‖ <u>from</u> [**going** to school]

- **'단순전치사+비정형절' 부가어**

(about~)
②[①] Do you | dream ‖ <u>about</u>(or <u>of</u>) [being **rich and famous**]?(2G131A)
②[②] I | forgot ‖ (<u>about</u>) [**posting** the letters].(ZEG221)
②[⑤] I | must see ‖ <u>about</u> [**getting** a room ready for him].(3G60A)
②[②] We | talked ‖ <u>about</u> [**going** to South America].(3G60A)
②[②] Mark | is thinking ‖ <u>about</u> [**buying** a new computer].(1G111A.ECD867)
②[⑤] We | were wondering ‖ <u>about</u> [**inviting** Kay over (tomorrow)].(3G4D)
②[⑥] Are you | excited ‖ <u>about</u> [**going** away next week]?(2G131A)
②[②] Lisa | 's upset ‖ <u>about</u> [not being **invited** to the party].(1G124B)
②[②] Carol | is worried ‖ <u>about</u> [not **having** enough money].(2G126B)
②[⑤] He | is doubtful ‖ <u>about</u> [**what to do** for her].(EJD,2G126B)
②[②] We | 're sorry ‖ <u>about</u> [Julie **losing** her job].(2G127D)
②[①] I | was wrong ‖ <u>about</u> [the meeting being **today**].(3G18B)
(against~)
②[⑥ The guidebook | warns ‖ <u>against</u> [**walking** alone at night].(OED)
(as~)

②[②] Man | will then be spoken (‖) of ‖ **as** [**having** this sort of free decision].(Calvin264)

(at~)

②[①] She | first cursed ‖ **at** [being **interrupted**].

②[②] I | 'm not very good ‖ **at** [**telling** stories].(1G'113A,2G58A,128C)

②[②] She | 's hopeless ‖ **at** [**managing** people].(OED)

②[②] I | 'm surprised(or pleased ‖ **at** [**hearing** his story].(EPN185)

②[①] He | will be glad ‖ **at** [being **forgiven**] and will do no harm.(RTK4:8)

②[①] No one | is at all happy ‖ **at** [being **lied** (‖) to].(Plato382a)

②[①] Charlie | was disappointed ‖ **at** [there being so **little** to see].(CES165)

(by~)

②[⑤] They | lead ‖ **by** [**doing** things for others].(NED)

②[②] The MAR | was analyzed ‖ **by** [**using** big data].(NED)

(for~)

②[②] We | should apologize ‖ **for** [not **telling** the truth].(3G60A)

②[②] Browbeating | often passes ‖ **for** [**teaching** in Medicine].(1MiC603G60A)

②[②] ...the fruit of the tree | was also desirable **for** [**gaining** wisdom],(Ge:6)

②[⑤] I | am very sorry indeed ‖ **for** [**having kept** you waiting].(Hansard)

②[④] I | 'm sorry ‖ **for**(or **about**) [**shouting** at you yesterday].(3G127D,1G110A)

(from~)

②[④] We | must abstain‖ **from** [**speaking** ill of others].

②[②] They | are forbidden ‖ **from** [**having** very short hair].(NED)

②[②] They | were kept ‖ **from** [**recognizing** him].(Lk24:16)

②[②] Minors | are prohibited ‖ **from** [**smoking** by law].

②[②] I | shall refrain ‖ **from** [**expressing** my opinion].

②[②] He | is still a long way ‖ **from** [**passing** his examination].

②[①] And it was bumpy **from** [all the stuff **inside** it].(10NG15)

(in~)

②[②] I | believe ‖ **in** [**saying** what I think].(2G133A)

②[②] Happiness | consists ‖ **in** [**having** a cheerful outlook].(LEG155)

②[④] Have you | succeed ‖ **in** [**finding** the job yet].(3G60A,2G133A)

②[③] Are you | interested ‖ **in** [**working** for us].(2G58A)

②[②] These policies | resulted ‖ **in** [many elderly people **suffering** hardship.(OED)

②[②] Most of her life | was spent ‖ (**in**) [**caring** for others].(OAD,10JG563)

②[②] They | are busy ‖ (**in**) [**reviewing** their lessons].(ZEG226)

②[②] Oh, that my ways | were steadfast ‖ **in** [**obeying** your decrees]!.(Ps119:5)

②[②] We | were five days ‖ **in** [**reaching** the frontiers].(SBE238)

(into~)

②[②] Many years of work | have gone ‖ **into** [**improving** the dictionary].

②[②] In school, I | was pressed ‖ **into** [**playing** sports].(EPV208)

(of~)

②[④] I | wouldn't dream ‖ **of** [**asking** them for money].(2G60A)

②[⑤] The club | would not hear ‖ **of** [**letting** children attend the concert].(3CPV52)

②[②] Mark | is thinking ‖ **of**(or **about**) [**buying** a new car].(1G110B,2G52A)

②[②] We | were accused ‖ **of** [**telling** lies].(2G60B)

②[②] I'm sure [you | are capable ‖ of [**passing** exam]].(2G128B)
②[④] She | doesn't approve ‖ of [my **leaving** school this year].(OAD,2G30X)
②[②] I | am glad ‖ of [your **having succeeded** so well].(OES248)
②[③] He | is proud ‖ of [his father's **having become** rich].(OES248)
②[①] I | was afraid ‖ of [being **bitten**].(2G64A)(가능성에 대한 두려움)
②[②] He | was ashamed ‖ of [being **laughed** at his classmates].(SBE46)
②[②] He | can't conceive ‖ of [being **owed** something].(CRL121)
②[①] The general | was suspected ‖ of [being **a spy**].(2G60B,2G132A)
②[①] He | spoke ‖ of [there being **danger**].(ZEG226)
(on~)
②[②] The president | didn't agree ‖ on [**establishing** a new plant].(EJD,3G92B)
②[④] Clare | insisted ‖ on [**paying** for dinner].(2G60A)
②[③] She | insisted ‖ on [my **staying** with them].(2G59A)
②[①] You | can count ‖ on [my being **there**],(NED)
②[①] I | insist ‖ on [your(or you) **being present** (or **there**)].(DED,SBE46)
②[②] You mean [they | didn't plan ‖ on [anyone **dying**]].(2MiC164)
②[②] We | insisted ‖ on [its (the contract) **being signed** immediately].(REG272)
(over~)
②[②] I | 'll never get ‖ over [**missing** and loving my husband].(=can't forget)(NEI)
②[④] I | can't get ‖ over [her **leaving** her husband like that].(=astonished)(PEG329)
(to~)
②[③] I found it difficult [| to adapt ‖ to [**living** in a big city]].(3G30X)
②[②] She | admitted ‖ to [**having** stolen the car].(OED)(행위인정)l
②[②] She | admits ‖ to [being **strict** with her children].(OED)(사실인정)
④[④] Too much stress and a lack of rest | can contribute ‖ to [a person **having** problems concentrating at work].(TOEIC)
②[②] She | confessed ‖ to [**stealing** the money].(3G30B)
②[③] I | object ‖ to [being **kept** waiting].(LEG319)
②[④] We | objected ‖ to [their(or the ships) **leaving** the port such stormy weather].(REG272)
②[④] He | took ‖ to [**borrowing** money from the petty cash].(PEG349)(습관)
②[③] She | wasn't used ‖ to [**driving** on the left].(2G59A)
②[①] She | is used ‖ to [him being **away**].(2G59B)
(toward(s)~)
②[②] He | 's leaning ‖ towards [**buying** a new car].(YBM)
(with~)
②[⑤] I | agree ‖ with [**letting** children choose the clothes they wear].(3G92B)
②[②] I | personally don't agree ‖ with [them **doing** that].(Hansard)
②[①] While the musicians practiced, he | would sit and listen ‖ with [his eyes **closed**].(YBM)
②[①] She | went ‖ with [her eyes **open**].(WSM125)
②[①] | Don't stand ‖ with [your hands in **your pockets**].(OED)
②[①] Fang | was standing ‖ with [his right side next to **the window**].(9NG36)
②[②] He | was born ‖ with [a silver spoon in **his mouth**].(SBE302)
②[②] I | 'm busy ‖ with [**arranging** the documents].(EPN183)
②[①] I | 'm too warm ‖ with [my coat **on**].(2G317)

(without~)
②[②] Tom | left ‖ **without** [**saying** good-bye].(1G110B,OAD)
②[②] Nothing | was made ‖ **without** [him **making** it].(Jn1:3NLV)
②[②] She | needs to work ‖ **without** [people **disturbing** him].(being disturbed)(2G58B)
②[②] Hardly a day | passed ‖ **without** [my **meeting** her].(DED)
②[②] I | reckoned ‖ **without** [his **behaving** like that].
②[①] I | can't win ‖ **without** [you **behind me**].(OED)

- **'복합전치사+비정형절' 부가어**

②[⑥] This | certainly makes ‖ **up for** [**being shut** out for twelve years].(Fr'n33)
②[②] I | 've come ‖ **around to** [**believing** that it never ends].(Godot6)
②[②] I | finally got ‖ **around to** [**writing** to my parents].(3HP452)
②[②] I | 'm looking ‖ **forward to** [**meeting** him].(2G60A)
②[③] Are you | looking ‖ **forward to** [**going** on vacation]?(2G58C)(고대하다/정면을 향해 보다)
②[①] He | was looking ‖ **forward to** [being **manager**].(MJL282)
②[④] I | 'm fed ‖ **up with** [people **telling** me what to do].(2G58A)

□ 4형부가어

다음은 '전치사+비정형절' 부가어로 된 4형 NPN'N"[pr+nfc]이다.
다음과 같이 분석된다. 즉 NPN'=NPN'+N"의 관계에 있다.

④[②] He | prevented ‖ me ‖ **from** [**going** to school].
② He | prevented ‖ me... + ⓪[②]‖ **from** [**going** to school]

- **'단순전치사+비정형절' 부가어**

(about~)
④[②] Can I | pick ‖ your brain ‖ **about** [**repairing** my car]?
④[②] He | makes ‖ no scruple ‖ **about** [**telling** a lie].(ECD1131)
②[④] I | 'm sorry ‖ **about** (or for) [not **calling** you yesterday].(1G113A)
②[③] Mom | is serous ‖ **about** [me and Rodrick **playing** together].(Wimpy)(목적격 의미상 주어)
(after)
④{②} What did you | do ‖∨‖ **after** [**finishing** school]?(2G58B)
(against~)
④[②] He | advised ‖ you ‖ **against** [**doing** that].(OED)
④[②] They | warned ‖ us ‖ **against** [**buying** the car].
(as~)
④[⑤] He | described ‖ the conductor ‖ **as** [**moving** arms like a windmill].(3G93A)
④[②] I | had heard ‖ of her ‖ **as** [**leading** a most unhappy life].(2CD482)
④[①] I | remember ‖ her ‖ **as** [being very **nice**].(OAD,BSA92)
④[①] He | remembered ‖ it ‖ **as** [being **in the center** of the wall].(2MiC249)
④[②] He | represented ‖ the girl ‖ **as** [**having** long hair].(EJD)
④[③] You | might think ‖ of it ‖ **as** [being **kept** just the same].(1CD131)
④[①] | Please do not treat ‖ me ‖ **as** [**having** lost the game].(5EG368)
(at~)
④[④] We | work ‖ hard ‖ **at** [**finding** them jobs].(15JG11)

(by~)

④[④] You | will help ‖ me ‖ **by** [**telling** me all you know about it].(REG325)

④[②] You | can improve ‖ your English ‖ **by** [**reading** more].(2G58B)

④[⑤] They | tested ‖ Jesus ‖ **by** [**asking** him to show them a sign from heaven].(Mt16:1)

④[②] The burglars | got ‖ into the house ‖ **by** [**breaking** a window].(2G58B)

(for~)

④[①] He | accused ‖ me ‖ **for** [being **selfish**].(2G132A)

④[②] They | accused ‖ us ‖ **for** [**telling** lies].(2G60B)

④[⑤] | Forgive ‖ me ‖ (**for**) [**ringing** you up so early].(PEG232,BEG319)

④[⑤] Mr. Bankes | liked ‖ her ‖ **for** [**bidding** him "think of his work"].(VW48)

④[②] He | thanked ‖ me ‖ **for** [**helping** him].(2G129B,60B)

④[②] | Please excuse ‖ me ‖ **for** [not **returning** your call].(2G60B)

④[⑤] I | apologize ‖ to them ‖ **for** [**keeping** them waiting].(2G60B)

(from~)

④[②] We | can't forbid ‖ him ‖ (**from**) [**attending** the meeting].(EJD)(금지/거절)

④[③] I | have kept ‖ you ‖ **from** [**sinning** against me].(Ge20:6)

④[③] The noise | keeps ‖ me ‖ **from** [**falling** asleep].(2G60B,)

④[②] You | can't prevent ‖ him ‖(**from**)[**spending** his own money].(PEG232)

④[③] What | prevented ‖ you ‖ **from** [**coming** to see us]?(2G60B,PEG232)

④[③] Heavy rain | prohibited ‖ him ‖ [**from going** out].(DED(=②[③]...prohibited [his going out]).

④[②] Their mother | restrained ‖ them ‖ **from** [**doing** mischief].(SAT)

④[②] The rain | stops ‖ us ‖ **from** [**enjoying** our vacation].(2G60B)

(in~)

④[②] He | cut ‖ his fingers ‖ **in** [**opening** a can].(ELP218)

④[②] He | felt ‖ satisfaction ‖ **in** [**helping** them].(REG265)

④[②] We | had ‖ difficulty ‖ (**in**) [**finding** a parking place].(2G61B),1ACD13)

④[②] I | have ‖ a poor hand ‖ **in** [**playing** tennis].(ECD)

④[⑤] She | had ‖ no hesitation | **in** [**following** up assurance of his admiration]..(JA33).

④[②] Could you | help ‖ me ‖ **in** [**finding** my luggage]?(GG)

④[②] [Growing up with a scientific father and religious mother | helped ‖ him ‖ **in** [**writing** it].(NEI)

④[④] | Please join ‖ me ‖ **in** [**wishing** him the success].(TEPS)

④[②] He | has lost ‖ his eyes ‖ **in** [**defending** the bridge].(JB246)

④[②] He | lost ‖ no time ‖ (**in**) [**setting** out for London].(OAD,RLS19)

④[②] I | have spent ‖ time ‖ (**in**) [**doing** a trivial task(or poor job)].(DED.1ACD12)

④[②] Each, except Junie, | took ‖ a turn ‖ **in** [**driving** his car].(Always My Family)(교대 운전)

(into~)

④[②] They | argued ‖ him ‖ **into** [**withdrawing** his complaint].(OED)

④[⑤] She | deceived ‖ him ‖ **into** [**handing** over all his savings].(OED)

④[②] He | forced ‖ me ‖ **into** [**buying** the record].(EPL238)

④[②] He | persuaded ‖ her ‖ **into** [**joining** the club].(EPL238)

④[②] My teacher | pushed ‖ me ‖ **into** [**entering** the competition].(OED)

④[③] Aunt Petunia | talked ‖ Dudley ‖ **into** [**sitting** next to Harry].(1HP90)

(of~)

④[②] They | accused ‖ us ‖ **of** [**telling** lies].(2G60B)

④[①] They | suspect ‖ the general ‖ **of** [being **a spy**].(2G60B)
④[①] He | makes ‖ nothing ‖ **of** [being **laughed** (‖) at].
(on~)
④[②] I | congratulated ‖ Lauren ‖ **on** (or **for**) [**winning** the prize].(2G60B)
④[②] I | congratulated ‖ her ‖ **on** [being **admitted** to law school].(2G132D)
④[②] He | prides ‖ himself ‖ **on** [always **doing** his best].(SAT)
④[②] I | set ‖ my heart ‖ **on** [**marrying** her].(GB334)
(over~)
④[②] I | can't get ‖ Mary ‖ **over** [**doing** such a thing].(=astonished)(EJD)
(to~)
④[②] He | devoted ‖ all his time ‖ **to** [**improving** his invention].(EJD)
④[②] I | prefer ‖ driving ‖ **to** [**traveling** by train].(2G57A,58C,1ACD5)
④[②] The government | has given ‖ top priority ‖ **to** [**reforming** the tax system].(OED)
④[②] Lawrence's career | led ‖ him ‖ **to** [**doing** such work].
④[⑥] What do you | say ‖ ∨ ‖ **to** [**going** out for dinner tonight]?(SBE50)
(toward~)
④[②] We | should put ‖ it(=money) ‖ **towards** [**getting** a new one].(TOEIC)
(with~)
④[②] They | charged ‖ him ‖ **with** [**stealing** a watch].(OED)
④[①] He | entered ‖ the room ‖ **with** [his overcoat(or shoes) **on**].(EJD)
(without~)
④[②] | Don't do ‖ anything ‖ **without** [**asking** me first].(1G110X)
④[②] You | can't make ‖ an omelette ‖ **without** [**breaking** an egg].(OED)
④[③] He | glared ‖ at them ‖ **without** [**seeming** to see them].(VW41)
④[②] I | have ‖ enough problems of my own ‖ **without** [**having to worry** about yours].(2G58C)
④[②] I | went ‖ to work ‖ **without** [**eating** breakfast].(3G59C)
④[②] I | couldn't do ‖ it ‖ **without** [her **helping** me].(DED)
④[①] She | wandered ‖ the street ‖ **without** [shoes or socks **on**].(DED)

● **'복합전치사+비정형절' 부가어**

④[②] She didn't have time ⟨| to finesse ‖ him ‖ **around to** [**believing** her]⟩.

□ 6형부가어

다음은 '전치사+비정형절' 부가어로 이루어진 6형 NPP'N'[pr+nfc]이다.
다음과 같이 분석된다. 즉 NPP'N'=NPP'+N'의 관계에 있다.

⑥[③] She	got	used ‖ **to** [**driving** on the left].
③ She	got	used... + ⓪[③] ‖ **to** [**driving** on the left]

● **'전치사+비정형절' 부가어**

(about~)
⑥[①] I | feel | guilty ‖ **about** [**leaving** the kids behind].(EPL29)
(at~)
⑥[①] He | felt | half ashamed ‖ **at** [**having thought** the jailer unkind].(JB302)
⑥[②] They | are becoming | very skilled ‖ **at** [**locating** us].(5TC352)

(before~)
⑥[③] They | camped | there ‖ **before** [**crossing** over].(Jos3:1)
(by~)
⑥[②] He | became | rich ‖ **by** [**doing** that].(NED)
⑥[④] The interviewer | started | off ‖ **by** [**asking** me why I wanted the job].(3G244)
(of~)
⑥[②] You | stand | accused ‖ **of** [**capturing** an Aura].(4HP616)
⑥[②] That's how come [Bob | got | tired | **of** [**looking** at me].(13JB60)
(on~)
⑥[②] All the lights | go | out ‖ **on** [the clock **striking** ten].(SBE47)
(to~)
⑥[②] The men | had become | used ‖ **to** [being **talked** to in such a tone].[(BP153)
⑥[③] She | got | used ‖ **to** [**driving** on the left].(2G59A
(with~)
⑥[①] He | came | downstairs ‖ **with** [his coat **over** **arms**].(DED)
⑥[①] He | stood | there ‖ **with** [his hands **in** **his pockets**].(DED)
⑥[②] Rosamond | was standing | in her yard ‖ **with** [her four cats **under** **a sign**].(5NG20)
⑥[③] He | went | out ‖ **with** [the gas **turned** on].(EPN75)
(without~)
⑥[①] Talks | broke | down ‖ **without** [a solution being **reached**].(2G139B)
⑥[②] I | came | in ‖ **without** [anyone **seeing** me(or being **seen**)].(2G312)
⑥[①] We managed [| to climb | over the wall ‖ **without** [being **seen**]].(2G42B)
⑥[①] She | wandered | in ‖ **without** [shoes or socks **on**].(EJD)
⑥[②] I | went | out ‖ **without** [**locking** the door].(1G110X4)

2.7 정형절 부가어(finite clause)

주어+정형동사' 를 가진 절이 문장의 일부가 될 때 이를 정형절이라고 한다.
정형절에는 wh-절과 비wh-절이 있다. wh-절은 wh-어가 이끄는 절로서 what, when, where, who, which, why, how와 결합한다. 비wh-절에는 that절, if/whether절, as/like절, 직접인용절, 기타 접속사절이 있다. 짝수형 정형절의 대부분은 전달문에 해당한다.

☆ 전달문(reported Speech): 말하는 사람의 생각이나 말을 전달하는 문장
Reported Speech: Speech that is reported without using the exact words of the speaker. Sometimes called 'indirect speech'. A statement that reports what people think or say is often divided into a reporting clause and a reported clause. e.g. She said (reporting clause) that the building was unsafe(reported clause).
전달동사(reporting verb): 말이나 생각을 서술하는 전달문에 쓰이는 동사:
A verb used in a reporting clause that describes what people say or think).(3G208)

A. 정형절 목적어

□ 2형 목적어

다음은 '정형절' 목적어로 이루어진 2형 즉 NPN'[fc]이다.
다음과 같이 분석된다. 즉 NPN'[fc]=NP+N'[fc]의 관계에 있다.

②[②] She │ asked ‖ [**what** I wanted].
① She │ asked... + ‖⓪[②]‖ [**what** I wanted]
②[①] He │ said ‖ [(**that**) he was tired].
① He │ said... + ‖⓪[①][(**that**) he was tired]

(a) wh-절(whether/if절 포함) **목적어**

(전달문)

☆ wh-절 전달동사: advise, ask, believe, decide, describe, determine, discover, discuss, enquire; explain, find,, forget, guess, imagine, know, learn, realize, remember, reveal, say, see, suggest, teach, tell, think, understand, wonder 등 (CEG323)

(what)
②[②] She │ asked ‖ [**what** I wanted].(LEG288)
②[②] │ Please explain ‖ [**what** you mean].(2G48A).
②[④] I │ can't imagine ‖ [**what** he likes about jazz].(3G34A)
②[④] I │ know ‖ [**what** he bought yesterday].(REG415)
②[①] Do you │ know ‖ [**what** you are]?(CSS160)
②[①] Do you │ know ‖ [**what** time it is]?(1G50A,2G48A)
②[④] You │ do not know ‖ [on **what** day your Lord will come].(Mt24:42)
②[②] Hey, I │ said ‖ [**what** I saw]. Two kids arguing.(YBM)
②[①] I │ saw ‖ [**what** he had brought from Petersburg].(REG416)
②[②] I │ didn't understand ‖ [**what** she said].(1G80B)
②[③] I │ don't understand ‖ [**what** you are getting at].(Plato71)(무슨 말인지 이해가 안된다)
②[②] I │ can't tell ‖ [**what**'s the matter with him].(DED)
②[④] I │ can (not) tell ‖ [**what** color she likes best].(OES95)
(which)
②[①] The pharmacist │ will advise ‖ [**which** medicines are safe to take].
②[①] I │ did not know ‖ [**which** was better].(OES95)
②[①] The map │ didn't say ‖ [**which** was which].(5TC426)

(who)
②[①] Then he | asked ‖ [**who** he was and what he had done].(Ac21:33)
②[①] They | know ‖ [**who** you are] and they revere you.(2DK371)
②[①] The bat | didn't know ‖ [**whose** side he should take].(ZEG376)
②[②] Who knows ‖ [on **whom** fortune would then have smiled]?(4WS426)
②[②] Not a soul | knew ‖ [to **whom** he belonged].(EB106)
②[②] Well, you | know ‖ [**who** I will go to].(HH19)
②[①] I | don't remember(or know)‖ [**who** those people are].(1G50A)
②[①] Should I go and | see ‖ [**who** it is]?(2G120D)
②[①] [**Who**] do you | think ‖ [you are]?(Ex2:14NLT)
②[①] I | wonder ‖ [**who** she is].(ZEG376)
(when)
②[②] I | know ‖ [**when** you're leaving town].(1G50A)
②[②] I | can't remember ‖ [**when** I last saw her].(3G97A)
②[①] [**When**] do you | think ‖ [you'll finish work]?(3G9B)☞5.1A(2)(h)
②[②] I | wonder ‖ [**when** he did it].(LEG16)
(where)
②[⑤] I | 've forgotten(or can't remember) ‖ [**where** I put it].(ECD109)
②[⑤] I | don't know ‖ [**where** I put the key].(1G50B,73A,HaM842)
②[①] He | did not know ‖ [**where** it was <*that* he had jumped off>]?(JJM313)
②[③] He | knew not ‖ [from **where** the epiphany came].(3DB455,1DB414)
(why)
②[④] She | asked ‖ [**why** I had applied for the job].(2G48B)
②[①] That | explains ‖ [**why** he is unhappy].(3G34A)
②[⑥] Do you | know ‖ [**why** she went home]?(1G50A)
②[⑥] I | don't remember ‖ [**why** he went home].(1G50B)
②[⑥] She | couldn't understand ‖ [**why** I stood in her kitchen].(5G277)
②[④] I | wonder ‖ [**why** she left early].(2G48A,28B)
(how)
②[⑥] She | asked ‖ [**how** long I had been working at my present job].(2G48B)
②[③] I | can't believe ‖ [**how** much better I feel].(OED)
②[④] He | described ‖ [**how** he escaped from the prison].
②[③] He | exclaimed ‖ [**how** delighted he was].(SBE112)
②[③] You | can't imagine ‖ [**how** boring his lecture was].(DED)
②[③] Does this letter | reflect ‖ [**how** you really think]?
②[④] Did you | see ‖ [**how** she looked at you]? It was most peculiar.(3G72C)
②[②] The group | will study ‖ [**how** the region coped with the loss of thousands of jobs].(OED)
②[②] This | shows ‖ [**how** people are influenced by TV advertisements].(OED)
②[②] Can you | suggest ‖ [**how** I might contact hm]?(OED)
②[④] I | thought ‖ [**how** he didn't minded it when I'd called him up so late].(JDS195)
②[⑥] I | wonder ‖ [**how** the weavers are getting along with my cloth].(ZEG377)
(whether/if)

☆ that절 또는 whether/if절(3G34D) (1) that절은 화자가 확신하거나 타자에게 확인하게 하는 경우(I *never doubted* that she would come.): accept, agreed, ask(요구), deny, feel, hope, know, promise, say, show, suggest, tell, think, warn. (2) whether/if절은 화자가 확신이 부족하거나 타인에게 진실여부를 확인하거나, 둘 이상 가능성 사이 선택을 하는

경우 사용한다: ask(질문), choose, consider, decide, debate, determine, discuss, inquire, know, think, wonder. I *doubt* whether | if the new one will be any better.

②[②] She | asked ‖ [**whether/if** I had a driver's license].(2G48B)

②[①] They | didn't care ‖ [**whether** they were seen or not].(Seagull118)

②[③] I | doubt ‖ [**whether/if** you'll feel like kicking a ball with it Friday].(22JB29)

②[②] Do you | know ‖ [**whether/if** they've got a car]?(1G50C,2G48A,3G86C)

②[②] Do you | mind ‖ [**if** I use your phone]?(2G35C)(직설법)

②[②] Would you mind ‖ [**if** I used your phone]?(2G36C)(가정법 공손표현)

②[①] Hold on a minute. I | 'll see ‖ [**whether/if** Max is home].(2G138B)

②[①] I | wonder ‖ [**whether/if** she is married].(=whether or not)(EJD)

②[②] | Dont worry ‖ [**if** I am late tonight].(2G24D)

(비전달문)

②[②] Friend, | do ‖ [**what** you came for].(Mt26:50)

②[②] Perhaps the weed | did not like ‖ [**what** you were doing to it].(9NG14)

②[②] He | saved ‖ [**what** he earned].(OES328)

②[②] I | 'll do ‖ [**whatever** you say(or like)].(LSW583,Jn2:5)

②[②] | Please take ‖ [**whatever/whichever** you like].(OES96,23,329)

②[②] You | may choose ‖ [**whichever** you want].(ZEG377)

②[②] You | may have ‖ [**whichever** you like].(OES)

②[②] | Take ‖ [**whichever** seat you like].(ZEG377)

②[①] He | helps ‖ [**whoever** is in need of help].(OES323)

②[②] | Bring ‖ [**who(m)ever** you like].(DEG, LEG272)(=any one who(m))

②[③] Perhaps we | should look ‖ [**where** lots of things grow].(9NG27)

(b) that절 목적어(전달문)

☆ (a) 5형 to~ 가능: acknowledge, ask, assume, believe, consider, declare, expect, feel. find, inform, notify, pray, presume, remind, report, tell, think, understand(3G33B,36A); (b) 3형 to~ 가능: agree, demand, guarantee, hope, offer, promise, swear, threaten, volunteer(3G36B); (c) -ing절 가능: advise, propose, recommend, suggest(3G36E); (d) with+간목; argue, check, disagree, joke (3G33); (e) 필수간목: assure, convince, inform, notify, persuade, reassure, remind, tell(*can* tell 제외)(3G33D); (f) 임의간목: advise, ask, promise, show, teach, warn, write(3G33D); (g) of+간목:ask, demand, require(3G33D); (h) to+간목 announce, complain, confess, explain, indicate, mention, propose, recommend, report, say, suggest (3G33D); (i) with+간목: agree, argue, check, disagree, joke(3G33D) ☞ 2.7A(2)(b); (h) 4형 of~ 직목 가능: assure advise, inform, notify, remind, tell, warn ☆ want that…는 쓰지 않음에 주의. I want that you do it quickly.(×)

(진술/생각 전달)

☆ announce, answer, argue, claim, complain, demonstrate, exclaim, explain, indicate, know, note, reveal, say. show, tell, think. warn (CEG320) ②[③] He | answered ‖ [**that** he would go there].(REG425)

②[①] She | argued ‖ [**that** Carl is | was the best person for the job].(3G35B)

②[②] US scientists | claim ‖ [**that** they have developed a new vaccine against malaria].(3G35B)

②[①] I | decided ‖ [**that** I ought to leave].(3G34A)

②[③] He | exclaimed ‖ [**that** he was very delighted].(SBE112)

②[④] She | explained ‖ [(**that**) she couldn't take the job until January].(3G32A)

②[②] She | fancied ‖ [(**that**) she could hear footsteps].(OED)

②[③] They | noted ‖ [**that** the rate of inflation has | had slowed down].(3G35B)

②[②] Just before her wedding, she | revealed ‖ [**that** she had been married before].(3G35C)

②[②] He | said ‖ [(**that**) he was enjoying his work].(3G33A, 2G45A,1G51A)

②[②] It | shows ‖ [(**that**) the pupil has not mastered it].(ZEG381)

②[①] I | could tell ‖ [**that** Annie is a smart girl].(1NG32,37)

②[②] If you look at SHOW NU's clothes, it | tells ‖ [**that** he loves me].(Web)

②[①] He | thought ‖ [that she was worried].(CEG319,3G1B)
②[②] They | warned ‖ [that further action may be taken].(3G33A)
②[②] I | wrote ‖ [that I would be satisfied with any old freighter].(LSW662)
(명령/요구/제안 전달)
☆ advise, ask, call on. command, demand, direct, expect, order, pray, propose, require, suggest, urge,(3G36A)
②[②] We | advised ‖ [that the company {should} not raise its prices].(3G39A)
②[③] He | asked ‖ [that he might be allowed to go home].(DED)
②[③] They | directed ‖ [that the building should be pulled down].(3G39A)
②[②] He | prayed ‖ [that God might bless her].(SBE112,Eph3:16)
②[②] They | have proposed ‖ [that Jim {should} move to their London office].(3G39A)
②[②] Sam | suggested ‖ [that he buy some new clothes].(2G32D,51E).
②[①] He | urges ‖ [that the restrictions be lifted].(CEG325)
(소망/의도/예상 전달)
☆ accept, agreed, anticipate, decide, determine, expect, guarantee, hope, object, pledge, pray, prefer, promise, propose, resolve, swear. threaten, vow(CEG326)
②[①] You | 've just got to accept ‖ [that Jim's gone and won't coming back].(3G97A)
②[①] We | agreed ‖ [(that) the proposal was a good one].(OED)
②[②] We | anticipate ‖ [that sales will rise next year].(OED)
②[①] They | decided ‖ [that a statue should be put up].(PEG306)
②[①] I | hope ‖ [(that) it was a call to look for lost diamonds or pearls or a million dollars]. (1NG8)
②[⑥] I | hope ‖ [(that) she gets better soon].(1G57B)
②[⑤'] He | objected ‖ [that the police had arrested him without sufficient evidence].(OED)
②[②] I | pray ‖ [that you may enjoy good health].(3Jn1:2)
②[①] I | should prefer ‖ [that you remain].(1ACD130)
②[②] I | promise ‖ [(that) I won't be late].(2G2E, CEG334)
②[①] I | wish {<u>with</u> all my heart} ‖ [(that) she were settled].(2EG223)
(인지 전달)
☆ accept, acknowledge, admit, assume, believe, consider, declare, deny, know, presume, reason, understand
②[②] She | admitted ‖ [that she had stolen the watch].(3G5D,1D)
②[③] | Check ‖ [that the plug has not come loose].(OED)
②[②] She | denied ‖ [that she had stolen the money(or denied stealing).(2G51E)
②[②] I | found ‖ [that the village hadn't changed much].(3G5D)
②[②] I | gather ‖ [(that) you're worried about Pedro].(3G2C)
②[②] One day the woman | learned ‖ [that Liszt himself was in town].(ZEG379)
②[②] I | knew ‖ [that Annie did not have diamonds or pearls or a million dollars].(1NG8)
②[①] Oliver | knows ‖ (that) I am a detective].(2NG10)
②[①] Oh, I | didn't know ‖ [that was necessary].(YBM)
②[①] I, Nate the Great, | knew ‖ [that dog parties are very easy not to like].(6NG18)
②[②] Do you | reckon ‖ [(that) he'll say yes]?(3G9C)
②[②] I | suspect ‖ [that he was dismissed for political reasons].(OED)
(감정/지각 전달)
☆ feel. fear, find, hear, like, love, notice, regret. see
②[②] We | feared ‖ [that an advance on the capital would soon follow].(OED)
②[①] I | felt ‖ [that the results were satisfactory].(3G33B,2CD446)
②[①] She | hates ‖ [that she doesn't know Japanese].(3G33B,2CD446)
②[②] I | hear ‖ [that you're a writer]—is that so?(3G35C)(정보를 듣다)

☆ I | heard ‖ (**that**) [she was **crying**].(정보를 간접으로 듣다) I | heard ‖ her | **crying**.(직접 지각하다)

②[②] I | like ‖ [**that** you explained about the picture].(NED,2DK12)

②[①] ..., but I | love ‖ [**that** you are Korean].(MJL307)

②[③] Did you | notice ‖ [**that** all of the plants are starting to bud]?(YBM)

②[②] She | pretended ‖ [(**that**) she loved him], he saw through her.(PEG345,5JG129)

②[②] I | regret ‖ [**that** I have but one life to lose for my country].(ZEG379,3G1C)

②[③] I | see ‖ [(**that**) interest rates are going up again].(OED)(정보를 알다)

②[①] I | saw ‖ [**that** he was displeased].(REG416)

②[②] I | 'll see ‖ [**that** you get a fair hearing].(OED)

(공손 표현; for politeness)

②[②] I | believe ‖ [(**that**) you ought to leave now].(CEG331)

②[④] I | think ‖ [(**that**) I'll go to bed early tonight].(1G29A,3NG42)

②[④] Don't you think ‖ [(**that**) we'd better wait and see].(CEG331)

②[②] I | suppose ‖ [(**that**) you couldn't just stay an hour or two longer]?(CEG331)(요청)

②[③] I | don't suppose ‖ [(**that**) you'd be prepares to say in Edinburgh]?(CEG331)(요청)

□ 4형 목적어

다음은 '정형절' 직접목적어로 이루어진 4형 즉 NPN'N"[fc]이다.
다음과 같이 분석된다. 즉 NPN'N"[fc]=NPN'+N"[fc]의 관계에 있다.

④[②] She | asked ‖ me ‖ [**what** I wanted].
② She | asked ‖ me... + ⓪[②‖ [**what** I wanted]
④[①] He | told ‖ me ‖ [(**that**) he was tired].
② He | told ‖ me... + ⓪[①]‖ [(**that**) he was tired]

(a) wh-절(whether/if절 포함) **목적어**

(전달문)

(what)

④[①] She | asked ‖ me ‖ [**what** the problem was].(3G32D,38C,LEG288)

④[①] She | asked ‖ me ‖ [**what** the price of that car was].(=or what was)(REG424)

④[②] He | asked ‖ me ‖ [to **what** regiment I belonged].(Rebellion957)

④[②] Let me [| describe ‖ to you ‖ [**what** I saw]].(2G129A)

④[②] When the apostles returned, they | reported ‖ to Jesus ‖ [**what** they had done].(Lk9;10)

④[④] I | 've said ‖ to you ‖ [**what** I've told him].

④[⑤] | Show ‖ me ‖ [**what** you've got in your hand].(PEG92)

④[①] (When) will we | also teach ‖ them ‖ [**what** they are]?(CSS160)

④[①] Can you | tell ‖me ‖ [**what** time it is]?(1G50A, 2G48A, LSW685)

④[②] | Tell ‖ me ‖ [**what** you think is proper to be done].(DD215)

④[②] | Tell ‖ me ‖ [by **what** means I may be healed].(Jewish Bioethics20)

④[④] | Tell ‖ me ‖ [to **what** I owe the honor of this visit].(ML31)

(which)

④[②] He | asked ‖ me ‖ [**which** firm made those parts].(LEG296)

④[②] I | cannot tell ‖ you ‖ [**which** team will win the day].(OED)

(who)

④[①] She | asked ‖ me ‖ [**who** wrote the book].(DED)

④[②] He | asked ‖ me ‖ [**whose** novel would win the prize].(LEG296)
④[②] (Now) | tell ‖ me ‖ [**who** has seen your picture]?(1NG23) ,
④[①] Can you | tell ‖ me ‖ [**who** those people are]?(1G50A)
(when)
④[⑧] He | asked ‖ me ‖ [**when** I gave it to John].(LEG288, OES461)
④[④] Can you | tell ‖ me ‖ [**when** you're leaving town]?(1G50A)(2CD241)
(where)
④[②] The police office | asked ‖ us ‖ [**where** we were going].(2G48B,3G32D)
④[③] I | 'll explain ‖ to you ‖ [**where** everything goes].(OED)
④[⑤] She | reminded ‖ me ‖ [**where** I had to leave the papers].
④[⑤] | Show ‖ me ‖ [**where** you found your note]?(13NG18)
④[①] Can you | tell ‖ me ‖ [**where** Paula is]?(1G50A,2G48A)
④[①] | Please tell ‖ me ‖ [**where** the post office is].(MBE32)
(why)
④[④] He | asked ‖ me ‖ [**why** I didn't want anything to eat].(3G32D.LSW687)
④[②] I | explained ‖ to them ‖ [**why** I was worried].(2G129A,OAD)
④[⑥] Can you | tell ‖me ‖ [**why** she went home]?(1G50A)
(how)
④[④] I | asked ‖ him ‖ [**how** I could go to the station].(3G34B)
④[②] | Please explain ‖ to me ‖ [**how** this works].(OED)
④[②] I | learned ‖ from Annie ‖ [**how** Rosamond packed her suitcase].(19NG29)
④[①] I | 'll show ‖ you ‖ [**how** absurd the plan is].(EJD)
④[②] Can you | tell ‖ me ‖ [**how** airplanes fly]?(1G50B,50A,3G80)
(whether/if)
④[①] She | asked ‖ me ‖ [**whether/if** I wanted anything].(LEG288)
④[①] I | inquired ‖ of the girl ‖ [**whether/if** there were any books on music].(EJD)
④[②] He | didn't tell ‖ me ‖ [**whether/if** he would be arriving early].(LEG288
(비전달문)
④[⑤] | Never do ‖ to others ‖ [**what** you would not like them to do to you].(God25)
④[②] You | give ‖ him ‖ [**what** he wants].(LSW687)
④[②] I | lent ‖ him ‖ [**what** books I had].(OES328)
④[②] I | owe ‖ my uncle ‖ [**what** I am today].(I owe what I am today to my uncle).
(b) that절 목적어(전달문)
(N2=명사/대명사 간접목적어)
☆ (대)명사 간목을 취하는 동사: 필수: assure, convince, inform, notify, persuade, reassure, remind, tell(*can* tell 제외)
임의: advise, promise, show, teach, warn, write (to) (3G33C)
④[①] I | advised ‖ him ‖ [**that** he shall come].(CEG)
④[①] He | convinced ‖ me ‖ [(**that**) he was right].(DED)
④[①] I | informed ‖ him ‖ [**that** she had been successful]..(DED)
④[②] I | notified ‖ the bank ‖ [**that** I had changed my address].(3G33C)
④[②] They | promised(or assured) ‖ me ‖ [**that** they would come to the party].(3G33C)
④[③] Can you | remind ‖ me ‖ [**that** I need to buy some milk]?(PEG93)
④[②] Market research | has shown ‖ us ‖ [**that** people want quality, not just low prices].(OED)
④[①] Sonia | told ‖ me ‖ [**that** you were in the hospital].(2G46C)
④[②] Sophia | tells ‖ me [(**that**) you're thinking of emigrating.(3G2C)

④[②] I | warned ‖ him ‖ [**(that)** he would fall through the ice].(3G37C,E)
④[②] I | wrote ‖ (to) him ‖ [**that** I would be satisfied with any old freighter].(LSW662)
(N2= 전치사구 간접목적어)
☆ 전치사구 간목을 취하는 동사: (a) of; ask, demand, require 등 (b) to; admit, announce, complain, confess, describe, explain, indicate, introduce, mention, propose, recommend, report, say, suggest 등 (c) with~; argue, check, disagree, joke 등(3G33D)
④[④] The club | asks ‖ of its members ‖ [**that** they pay their fees by Dec.31st].
④[②] The company | demands ‖ of its staff ‖ [**that** they should be at work by 8:30].(3G33D)
④[①] He | admitted ‖ to me ‖ [**that** he was seriously ill].(3G33D)
④[②] He | announced ‖ to his friends ‖ [**that** he won the lottery].(3G33X)
④[①] I | explained(or mentioned) ‖ to her ‖ [**that** I had to go home].(CEG334)
④[③] They | had first proposed ‖ to him ‖ [**that** he should become a director].
④[③] I | said ‖ to Herbert ‖ [**that** I must see Estella].(2CD353)
④[③] I | suggested ‖ to her ‖ [**that** she sit down on the chair and wait].(LSW663,2THr70,OAD)
④[②] I | argued ‖ with Rick ‖ [**that** he was involved in a form of blackmail].(CEG335)
④[②] I | checked ‖ with them ‖ [**that** they were free on Thursday].(3G33D)
(N2= 전치사구 부가어)
④[②] I | discovered ‖ from her ‖ [**that** a woman prisoner had killed herself].
④[①] I | read ‖ from your manner ‖ [**that** you are against my plan].(EJD)[(CEG335)
④[③] The second kingdom | says ‖ of him ‖ [**that** he came from a great prophet].
④[①] He | cried ‖ with a sigh ‖ [**that** he had been very foolish].(SBE236)
④[①] He | shouted ‖ with joy ‖ [**that** he had won the first prize].(SBE112)

B. 정형절 부가어(협의)

□ 2형부가어

다음은 '정형절' 부가어로 이루어진 2형 즉 NPN'[fc]이다.
다음과 같이 분석된다. 즉 NPN'[fc]=NP+N'[fc]의 관계에 있다.

②[①] | Do ‖ [**as** you would be done by].
① | Do... + ‖⓪[①[**as** you would be done by]
②[①] I | 'm sorry ‖ [**(that)** your mother is sick].
① I | 'm sorry. +⓪[①‖ [**(that)** your mother is sick]
②[③] He | said, ‖"I'm feeling sick."
② He | said,...+ ⓪[③] ‖"I'm feeling sick/"

• 능동술어의 부가어

(a) wh-절(whether/if절 포함) **부가어(비전달문)**
②[⑥] It | wasn't raining ‖ [**when** we went out].(1G13A)
②[①] He | is always complaining ‖ [**where** there is no reason to do so].(SSE218B)(~인 경우에도)
②[②] We | must go ‖ [**where** Little Hex was last seen].(12NG31)
②[②] My roof | leaks ‖ [**when**(or (**whenever**) it rains].(PEG90)
②[②] You can go ‖ [**whenever** you wish].(NED)
②[②] We | will go ‖ [**wherever** you say].(HaM1094)
②[②] I | will come ‖ [**whether/if** it rains or not].(DED)
(b) as/like절 부가어

(전달문)
②[④] I know things. People | don't know ‖ [**as** I know things].(6AC195)
②[①] I | answered ‖ [**as** follows].(YBM)(follows는 비인칭동사)
②[②] We | watched ‖ [**as** the fire slowly kindled].(OED)
②[②] You | ought to write ‖ [**as** he does].(REG434)
(비전달문)
②[②] You | can do ‖ [**as** (or what) you like].(=the way)(2G114D,X;5JG251)
②[④] You | must do ‖ [**as** the instructions tell you.(SBE70)
②[②] They | did ‖ [**as** they promised].(=did what they promised)(2G114D)
②[②] | Do ‖ [**as** you would be done by].(CLS82, Mt7:12)
②[②] They | did ‖ [**as** they was told].(Josh10:24NLT, JB284)
②[②] | Do ‖ [**like** (or **as**) I do].(Lyrics)
②[③] I | had to leave ‖ [just **as** the conversation was getting interesting].(2G113A)(")
②[③] Jill | slipped ‖ [**as** she was getting off the bus].(2G113A)(도중)
(c) that절 부가어(비전달문)
②[②] I | have come ‖ [**that** they may have life, and have it to the full].(Jn10:10)(목적)
②[①] We | eat ‖ [**that** we may live].(OES116)(목적)
(d) 기타 접속사절 부가어(비전달문)
②[①] The message | arrived ‖ [**after** I'd left].(3G79B)(시간)
②[①] We | didn't speak ‖ [**while** we were eating].(1G106C)(기간)
②[①] I | couldn't sleep ‖ [**although** I was very tired].(2G110D)(양보)
②[②] It | was two in the morning ‖ [**before** they came to the lonely house].(2ACD299)(시간)
②[⑥] It | was some time ‖ [**before** I found out where they were living].(1ACD107)(기간)
②[①] Ten years | have passed ‖ [**since** he died].(SBE238)(")
②[④] Where have you | been ‖ [**since** I saw you last]?
②[①] Sludge | spoke ‖ [**while** I spoke].(2NG15)
②[①] It | didn't rain ‖ [**while** we were on vacation].(1G14B)(")
(e) 직접인용문 부가어(전달문)
②[③] "You should go home,"』 Sandra | advised, ‖"You're looking really ill."(3G229)
②[②] "Would you like some more pancakes,"』 Annie | asked.(1NG32)
②[①] She | answered: ‖" Yes, I do."(REG425)
②[④] "I think we should go to India while we have the opportunity,"』 argued」 Oliver.
②[④] Claire | asked, ‖"what time do the banks close."(2G48B)
②[②] 'And after that I moved to Italy,'』 she | continued. (*not* …continued she.)(3G32B)
②[②] The government declared: ‖"This decision will be taken on the ist of October.(REG453)"
②[②] He | promised, ‖"I'll be back soon."(OED)
②[②] He | says, ‖"Mary will come in the evening."(REG418)
②[①] I | said, ‖ "This will be a very dull case."(1NG16)
②[③] Tom | said, ‖"I'm feeling sick."(2G45A)
②[①] There is a sign on the door. It | says ‖"Do not disturb."(2G120D)
②]②] "Scratch it,"』 I | said.(1NG12)
②[①] Lisa | shouted ‖"Catch!" and threw the key to me from the window.(2G129D)
②[④] "I will return the book tomorrow,"』 replied」 my friend.(REG390)
②[①] 'You must be mad!'』 yelled」 her brother.(3G229)

②[⑨] "Why did she look at me like that?"』 wondered Mary.(3G229)
②[①] Perhaps the door is open,』 thought」 Chris.(3G229) ☞ 5.1.B.(5)
②[③] Suddenly she | thought: ‖ Could they be trying to trick me?(3G229) ☞3.5D.(4)

• 수동술어의 부가어

(a) wh-절 부가어

②[③] We | were asked ‖ [**where** we were going].(2G48B,3G32D)(전달)
②[①] David's passport | was stolen ‖ [**when** he was on a business trip].(2G113B)(비전달)

(b) as/like절 부가어

②[②] It | was done ‖ [**as** he had been told.(비전달)

(c) that절 부가어

②[②] I | 've been advised ‖ [**that** you have amnesia].(2DB451)(전달)
②[①] He | was told ‖ [**that** she had checked out of the hospital].(LSW662)(전달)
②[②] Annie | was told ‖ [**that** some books had loose bindings].(26NG58)
②[②] What」 is man | made (‖) of ‖ [**that** he may reproach himself].(JWG23)(비전달)

[참고] 1형 진주어 수동문

☆ 말하거나 생각하는 사람의 언급을 회피하여 가주어 it를 사용한 수동전달문구조이다.
It is+alleged/anticipated/believed/considered/expected/known/reported/said/thought/understood 등(2G43A)

①[②] It | is alleged [**that** he hit a police officer].(2G43A)
①[③] It | is anticipated [**that** inflation will stabilize at 3%].(OED)
①[③] It | is assumed [**that** the government will remain in power].(CEG331)
①[②] It | is believed [**that** the boy is wearing a white sweater].(2G43A)
①[②] It | is expected [**that** the strike is to end soon].(2G43A)
①[②] It | is reported [**that** two people were injured in the explosion].(2G43A)
①[①] It | is rumored [**that** he is ill].(=He is rumored to be ill).(OED)(ACv72)
①[①] It | is said [**that** he is 108 years old].(2G43A)
①[②] It | was understood [**that** you wanted nothing for yourself].(2CD141)

• 비동사술어의 부가어

(a) wh-절(whether/if절 포함) 부가어

(전달문)

②[④] | Be very careful ‖ [**what** you tell me].(LSW194,684)
②[④] He | is doubtful ‖ [**what** he should write to her].(EJD)
②[①] I | 'm not certain ‖ [**who** was there].
②[②] I | 'm not sure ‖ [**when** it's open for(OED) anybody].(LSW684)
②[⑥] Scientists | aren't sure ‖ [**where** the remains of the spacecraft will land].(3G70C)
②[②] I | 'm not certain (of/about)‖ [**why** he wants to borrow the money].(3G70A)
②[②] I | am well aware ‖ [**how** busy you are at this season of the year].(CEG339)
②[②] I | 'm afraid ‖ [**whether/if** someone scolds me].(VLive)
②[①] I | am certain [**whether** he will succeed or not]..
②[①] They | were not sure ‖ [**whether** they could come or not].(EJD)
②[①] I | 'm not too sure ‖ [**if** this is right].(OED)
②[②] I | 'm sorry ‖ [**if** I have caused any trouble].(2G83C)
②[③] Is it | all right ‖ [**if** I come in]?—Yes, of course.(2G35C,1G100A)

(비전달문)

②[①] Air | is to us ‖ [**what** water is to fish].(A:B=C:D)(OED)
②[①] Reading | is to the mind ‖ [**what** exercise is to the body].(Steele)

②[①] Lisa | will be in Mexico ‖ [**when** Sarah is in New York].(1G99B)
②[①] It | 's always sunny ‖ [**where** I live].(CRL38))

(b) that절 부가어

[전달문)

(감정의 원인/이유: the cause of the feeling:~이므로/때문에)
②[①] I | am glad ‖ (**that**) the case is over].(3NG47)
②[①] I | 'm sorry ‖ [(**that**) your mother is sick].(1G57B)
②[③] I | was annoyed ‖ [**that** they hadn't turned up].(OED)
②[②] I | am disappointed ‖ [**that** you should do such a thing].(REG213)
②[②] I | 'm surprised ‖ [(**that**) he sees anything].(13NG9)
②[②] I | was surprised ‖ [**that** Ann didn't get offered the job].(2G42D)
②[②] I | was worried ‖ [**that** she'd say no].(CEG339)
(판단의 기준/근거: 종종 should를 써서 ~이다니/하다니)
②[④] You | are crazy [**that** you should lend money to him.(DED)
②[④] Who are」 you ‖ [**that** you should talk to me like this]?(SBE74,1Sa17:26) (Heb2:6)
②[②] What is」 man ‖ [**that** you are mindful of him], the son of man [that you care for him]?
(인지의 대상: what they know: ~라고, ~하는 것이/에/을)
②[①] I | am afraid ‖ [(**that**) she will not come.(DED)(~라고 생각한다)
②[①] I | was afraid ‖ [**that** I would be late].(3G70A)(")
②[②] He | was aware ‖ [**that** he had drunken too much whisky].(CEG339)
②[②] | Be careful ‖ [(**that**) you don' t bump your head].(OED)
②[②] The builders | are certain ‖ [**that** they' ll be finished by the end of the week].(3G38C)
②[②] She | wasn't certain ‖ [(**that**) he had seen her].(OED)
②[②] The biblical writer | are quite clear ‖ [**that** sin is universal].(Stott62)
②[②] I | am concerned ‖ [**that** she should think I stole the money].(*or* she thinks)(3G39E)
②[②] I | am conscious ‖ [**that** I have provided no answer in this book].(CEG339)
②[①] I | am convinced ‖ [**that** she is innocent].(OED)
②[④] I | 'm sure ‖ [(**that**) I had met him before].(3G5D,2G27A)
②[①] Are you | sure ‖ [(**that**) you are a detective]?1NG16) ☆ 부가절 접속사 that는 생략가능

[참고] 1형 진주어 that clause

(사실의 평가: comment on a fact)
①[②] It | is **important** [**that** he attend every day].(OED)
①[①] It | is just **possible** [**that** he's still here].(OED)
①[②] It | is **true** [**that** the authority of parliament declined.(CEG339)
☆ 이러한 비동사술어의 문장은 진주어/진목적어 구문의 홀수형으로 존재한다. wh-절의 경우도 마찬가지이다.
It's funny [**how** they don't get on].(CEG39)
(이성적 판단)☞ 5.5.A(7).
①[⑤] It | is **better** [**that** he should hear it from you].
①[②] It | is **essential** [**that** he should be prepared for this].
①[②] It | is **necessary** [**that** he should work hard]..
①[③] It | 's only **natural** [**that** she should feel upset].(OED)
☆ 'It is+형용사 등+that~' 구문을 사용하며, that 절에서는 가정법 현재 (시제.인칭.수에 관계없이 원형동사 사용)나 조동사 should를 사용한다. 형용사: advisable, appropriate, better, compulsory, convenient, crucial,, desirable, eager, essential, fair, fitting, good, imperative, important, impossible, improper, inconvenient, just, logical, natural, necessary, obligatory, possible, proper, rational,, reasonable, right, urgent, vital, well, willing, wrong; 명사구; a pity, no wonder
(감정적 판단)

①[②] It | is **amazing** [**that** she should have said nothing about murder].(과거)
①[②] It | was **sad** [**that** people had reacted in the way they did].(CEG339)(과거)
①[②] It | is **strange** [**that** she should cry all day long]..(REG211)(현재)
①[②] It | is **strange** [**that** she should have married such an old man.(REG211)(과거의 일)
①[②] It | is **surprising** [**that** she should have killed herself].(과거)
①[①] It | is **a pity** [**that** Tom should be so near-sighted].(현재)
①[②] It | is **a pity** [**that** she should have been deserted like that](과거)

☆ 놀람, 분개, 기쁨 등 감성적 판단의 경우에 should가 쓰이며 강한 주관성을 나타내고 '~하다니'로 감정의 색채를 가진다. should 대신 직설법으로 쓰이면 주관성이 완전히 배제되고 객관적인 표현이 된다. 형용사; absurd, afraid, alarmed, amazed, amazing, amused, angry, annoyed 괴로운, annoying, curious, astonished, depressed, disappointed, distressed,, disturbed, glad, extraordinary,, fortunate, frightened, grateful, happy, hopeful, horrified,, irrational, irritated, odd, peculiar, proud, regretable, ridiculous, sad, shocked, silly, sorry, strange, surprising, wonderful, upset, 명사구; a pity, no wonder.

(d) 기타 접속사절 부가어

②[①] I | am happy ‖ [**after/as/because/since/when**(or **that**) you are with me].
②[①] The boy | is so busy ‖ [**as** it is].(MJL315)
②[②] Lisa | is hungry ‖ [**because** he didn't have breakfast].(1G98D)(이유)
②[①] It | was not very long ‖ [**before** he discovered].(Ho170,290,303)(시간)
②[②] It | will be a long time ‖ [**before** the bridge is built].(DED)(시간)
②[①] The lesson | was over ‖ [**before** that phrase was quite perfect](KM72)(")
②[①] How long has it | been ‖ [**since** Mrs. Hill died]?(2G13C)(시간)
②[①] It | is(or has been) ten years ‖ [**since** he died].(SBE238,Ho269)(")
②[③] It | wasn't long [**until** he was appointed Professor of Chemistry].(3G79X)(")

□ 4형부가어

다음은 '정형절' 부가어로 이루어진 4형 즉 NPN'N"[fc]이다.
다음과 같이 분석된다. 즉 NPN''[fc]=NPN'+N"[fc]의 관계에 있다.

④[②] | Do ‖ to others ‖ [**as** you would be done by].
④ | Do ‖ to others + ⓪[②]‖ [**as** you would be done by]
④[②] What have I | done ‖ ∨ ‖ [**that** I should be punished so severely]?
② What have I | done? + ⓪[②]‖ [**that** I should be punished so severely]
④[③] He | said ‖ to her, ‖"I'm feeling sick."
② He | said ‖ to her.+ ⓪l③]‖"I'm feeling sick."

(a) wh-절(whether/if절 포함) 부가어

④[②] Jack | was reading ‖ a book ‖ [**when** the phone rang].(1G13A)
④[①] I | shall do ‖ it ‖ [**when** I return].(REG432)
④[②] Can you | spare ‖ five minutes ‖ [**when** it's convenient]?(1G99B)
④[②] She | hits ‖ the criminal ‖ [**where** it hurts].
④[③] Does it | rain ‖ a lot ‖ [**where** you live]?(1G7X)
④[①] You | can do ‖ it ‖ [**however** you like].(DED)
④[⑤] I | ll handle ‖ this situation ‖ [**however** you want me to handle it].(2DB64)
④[②] I | will attend ‖ the meeting ‖ [**whether/if** it rains or not].(DED)

(b) that절 부가어

(전달문)

④[⑤'] It | is said ‖ of him ‖ [**that** he never did anything at home].(ACv72)

(비전달문)

④[③] We | make ‖ war ‖ [**that** we may live in peace]. (Aristoteles)(목적)

④[③] He | worked ‖ hard ‖ [**that** he might live in comfort].(OES241)(목적)

④[⑤] How have I | wronged ‖ you ‖ ∨ ‖ [**that** you have brought such great guilt upon me and my kingdom]?(Ge20:9)(이유/판단의 근거)

④[②] What have I | done ‖∨‖ [**that** I *should* be punished so severely]?(SBE74)(")(감정의 should)

④[②] An orphan | stood ‖ the test ‖ [**so that** he became the governor of the state].(결과)

(c) as/like절 부가어(비전달문)

④[⑤] Noah | did ‖ everything ‖ [just **as** God commanded him].(Ge6:22)(방법)

④[⑤] | Do ‖ to others ‖ [**as** you would have them do to you].(Lk6:31(")

④[②] | Do ‖ to others ‖ [**as** you would be done by].(SBE282,DED,Lk6:31)(")

④[②] | Do ‖ to them ‖ [**as** you please].(Ge18:8)(")

④[②] | Do ‖ with him ‖ [**as** you please]," the Lord said to Satan.(Job2:6)(")

④[②] I | do not give ‖ to you ‖ [**as** the world gives].(Jn14:27)(")

④[⑤] You | have treated ‖ him ‖ [**as** he deserves].(Jdg9:16;RTK18:55)(")

④[②] She | was shaking ‖ with anger ‖ [**as** she left the hotel].(3G4C)(동시)

④[②] I | watched ‖ her ‖ [**as** she opened the letter].(2G113A)(")

④[②] We | met ‖ Paul ‖ [**as** we were leaving the hotel].(2G113A)(도중)

④[①] I | couldn't contact ‖ David ‖ [**as** he was on a business trip].(2G113B)(이유)

④[②] | Do ‖ it ‖ [**as/like**) I do].(SSE229E)(방법)

④[④] You | should have done ‖ it ‖ [**as/like** I showed you].(2G114C)(")

④[②] No one | sings ‖ the blues ‖ [**like** she did].(OED)(~대로/처럼)(양태)

(d) 기타 접속사절 부가어

④[②] They | watched ‖ TV ‖ [**after** they did the dishes].(1G106B)(시간)

④[②] I'll call you [**after** I've spoken to them].(OED)

④[①] I | didn't get ‖ the job ‖ [**although/though** I was well qualified].(2G110A)(양보)

④[①] I | opened ‖ the window ‖ [**because** it was very hot].(1G98D)(이유)

④[①] | Do ‖ it now ‖ [**before** you forget].(1G106B)(시간)

④[②] | Always look ‖ both ways ‖ [**before** you cross the street}.(1G99A)(시간)

④[①] He | walked ‖ quickly ‖ [**for** he was in a great hurry].(REG433)(이유)

④[①] We | 'll buy ‖ some more food ‖ [**if** Tom comes].(2G111)(조건)

④[②] Things | started ‖ changing ‖ [**once** they left the city limits].(LB408)(시간)

④[①] They | 've known ‖ each other ‖ [**since** they were in high school](2G13B)(")

④[④] I | haven't seen ‖ her ‖ [**since** she left home for the office].(2G130C)(")

④[①] I | had to wait ‖ six weeks ‖ [**until/before** the parcel arrived].(3G79B)(")

④[②] Chris | read ‖ a book ‖ [**while** I watched TV].(2G116B)(")

(e) 직접인용문 부가어(전달문)

④[①] He | asked ‖ her, ‖ "Do you want to see the new film?"(REG425)

④[③] The police office | said ‖ to us, ‖ "Where are you going?"(2G48B)

④[①] She | shouted ‖ to the children ‖ "It's time to go home!"(3G229)

□ 6형부가어

다음은 '정형절' 부가어로 된 6형 즉 NPP'N'[fc]이다.

다음과 같이 분석된다. 즉 NPP'N'[fc]=NPP'+N'[fc]의 관계에 있다.

⑥[②] I ｜ will make ｜ sure ‖ [**how** many books we need].
③ I ｜ will make ｜ sure...+ ⓪[②]‖ [**how** many books we need]
⑥[①] I ｜ felt ｜ satisfied ‖ [**that** all was right].
③ I ｜ felt ｜ satisfied... + ⓪[①]‖ [**that** all was right]
⑥[③] She ｜ cried ｜ out, ‖"Oh, it looks just like Uncle Oscar!"
⑥ She ｜ cried ｜ out, + ⓪[③ ‖"Oh, it looks just like Uncle Oscar!"

(a) wh-절 부가어

(전달문)

⑥[②] I ｜ cannot make ｜ out ‖ [**what** you want to say]..
⑥[①] Can you ｜ make ｜ out ‖ [**what** that white thing on the horizon is]?(2CPV25)
⑥[②] The police ｜ never found ｜ out ‖ [**who** committed the murder].(2G136C)
⑥[⑩] I ｜ can't make ｜ out ‖ [**why** my computer won't let me save this document].(2P10A)
⑥[②] Can you ｜ figure ｜ out ‖ [**why** my answer is wrong]?(2G136C)
⑥[⑩] I ｜ can't make ｜ out ‖ [**why** my computer won't let me save this document].(2CPV24)
⑥[②] I ｜ will make ｜ sure ‖ [**how** many books we need].
⑥[②] It ｜ seemed ｜ incredible ‖ [**how** much had happened].(LSW684)

(비전달문)

⑥[①] You ｜ will be left ｜ in no doubt ‖ [**which** of us is stronger].
⑥[④] We ｜ 'll looking ｜ good ‖ [**when** you drive my Mercedes Benz].(YBM)
⑥[② He ｜ had just drifted ｜ off to sleep ‖ [**when** the phone rang].
⑥[⑦] The tin drum ｜ gave ｜ in ‖ [**where** I kicked in].(NQE272)

(b) that절 부가어

(전달문)

⑥[②] We ｜ agreed ｜ with Susan ‖ [**that** the information should go no further].(3G33D)
⑥[①] He ｜ cried ｜ out ‖ [**that** she was a very pretty girl].(=reveal)(SAT)
⑥[①] He ｜ found ｜ out ‖ [**that** they were not very healthy].(")(NEI)
⑥[④] ｜ Gave ｜ out ‖ [**that** we were going down to Cairo again].(")(4AC28)
⑥[③] He ｜ became ｜ worried ‖ [**that** she might leap from behind a door].(3G70A)
⑥[②] He ｜ felt ｜ awful ‖ [**that** she wasn't able to help him].(3G70A)
⑥[①] I ｜ felt ｜ satisfied ‖ [**that** all was right].(Poe, Black Cat)
⑥[①] We use 'must' to say [we ｜ feel ｜ sure ‖ [**that** something is true]].(2G27A)
⑥[①] She ｜ made ｜ sure ‖ [**that** she had turned off the gas].(ZEG379)
⑥[①] I ｜ just have to make ｜ sure ‖ [**that** you're Miss Right].(확인하다)
⑥[①] You ｜ may rest ｜ assured ‖ [**that** she will be punished].(4HP123).(확신해도 된다)
⑥[②] (You may) ｜ Rest ｜ assured ‖ [**that** I will keep my promise].(DED)(안심해도 된다)

(비전달문)

⑥[②] He ｜ sat ｜ behind me ‖ [**so that** I could see the expression on her face].(REG435)(목적)
⑥[①] And I ｜ climbed . ｜ up there ‖ [**so that** I was real tall].(1JB54)(결과)

(c) as/like절 부가어(비전달문)

⑥[①] They ｜ bowed ｜ before her ‖ [**as** Romans lads were to do].(JB78)
⑥[①] Revival ｜ swept ｜ through that church ‖ [**like** no one could remember].(Wil60)

(d) 기타 접속사절 부가어

(전달문)
⑥[①] It | feels | like years ‖ [**since** I slept in].(5SK522)(시간)
(비전달문)
⑥[①] We | went | out ‖ [**although** it was raining].(2G110A)(양보)
⑥[②] The mystery | got | bigger ‖ [**as** I thought about it]n(4NG12)
⑥[①] We | didn't go | out ‖ [**because** it was raining].(2G110A)(이유)
⑥[①] The law | needs | to be revised ‖ [**if** justice is to be done].(3G12B)(조건)
⑥[③] Where did you | use to live | ∨ ‖ [**before** you came here]?(1G15A)(시간)
⑥[②] It | did not look | like a big case ‖ [**when** it started this morning].(4NG7)(")
⑥[①] I | 've lived | in Chicago ‖ [**since** I was ten years old].(1G18A)(")
⑥[①] You | can go | in ‖ [**unless/except** you are a member].(2G112A))(")
⑥[③] I | 'll wait | here ‖ [**until** you come back].(1G99B,3G79B)(시간)
⑥[①] I | often fell | asleep ‖ [**while** I 'm reading}.(1G106B,14B)(")
(e) 직접인용문 부가어
⑥[③] Albertine | burst | out, ‖"Andre, you are a wonder!!"(2ST490)
⑥[②] He kept on [| calling | out ‖"struck by lightning!"](Ho17)
⑥[③] She | cried | out, ‖"Oh, it looks just like Uncle Oscar!"(NEI)
⑥[①] He | went | on: ‖"What comes out of a man is what makes him unclean."(Mk7:20)

C. '전치사+정형절' 부가어(목적어 포함)

□ 2형부가어

다음은 '전치사+정형절' 부가어(목적어 포함)형 즉 NPN'[pr+fc]이다.
다음과 같이 분석된다. 즉 NPN'[pr+fc]=NP+N'[pr+fc]의 관계에 있다.
☆ The object of the preposition is the entire clause.(EOS11)

②[①] He | asked ‖ **about** [**what** happened].
① He | asked... + ⓪[①] ‖ **about** [**what** happened]
②[④] I | was not aware ‖ **of** [**how** deeply she loved me].
① I | was not aware... + ⓪[①] ‖ **of** [**how** deeply she loved me]

• '단순전치사+정형절' 부가어

(about~)
②[①] He | asked ‖ **about** [**what** happened].(Robocop)
②[②] You can do what you like. I | don't care ‖ **about** [**what** you do].(2G130B)
②[⑥] Did you | hear ‖ **about** [**what** happened at the club on Saturday night]?(2G131B)
②[②,②] I | read ‖ **about** [**what** they like] and [**what** they do not like].(2NG24)
②[②] I | thought ‖ **about** [**what** you said], and I decided to take your advice.(2G131C)
②[②] You | can write ‖ **about** [**whatever** topic you think of].(ZEG377)
②[②] | Don't worry ‖ **about** [**how** the money was lost].(Baidu)
②[①] Chris | was angry ‖ **about** [**what** happened].(1G113X)
②[②] We | argued ‖ **about** [**whether/if** butter or margarine was better for you].(3G86D)
☆ 비격식체는 whether 대신 if로 대치 가능 (3G86D)
②[②] I | 'm concerned ‖ **about** [**whether** he has signed the contract].(LEG15)
②[②] I | am worried ‖ **about** [**if** you could understand that].(weblio)

(as~)

②[②] I | felt ‖ as [though she deserted me].(Gide100))

(at~)

②[②] You | can go ‖ at [whatever time you wish].(Hemingway)(D)

②[②] They I | laughed ‖ at [what he said].(REG415)

②[②] I | am looking ‖ at [what I have].(,4NG34)

②[②] | Look ‖ (at) [what I've got].(PEU454,493,21JB73)

☆ tell, ask, depend, sure, idea, look와 wh-절 사이에 오는 전치사는 생략가능하다.(PEU436)

②[②] I hope [you | weren't shocked ‖ at(or by)[what I said]].(3G127C)

②[②] They | are really good ‖ at [what they do].(3TC199)

②[②] She | was amazed ‖ at [how exhausted she was].(LSW684,Fr'n35)

(by~)

②[②] You | have to go ‖ by [what your boss say].(ECD1210)

②[③] I | was kind of disappointed ‖ by [where this was all heading].(5Wimpy)

(for~)

②[②] You | should apologize ‖ for [what you said].(2G60A, ECD37)

②[①] You | still have to look ‖ for [what doesn't fit].(25NG74)

②[②] Alex | is very sorry ‖ for(or about) [what he said].(3G127D,ECD37)

②[①] | Look ‖ for [which one is the fake hair]!(VLIVE)

②[②] So, why | look ‖ for [which is better when each method does its part]?

(from~)

②[⑥] Let's [| start again ‖ from [where we left off]].(EXD289)

②[②] The film | was different ‖ from(or than) [what I'd expected].(2G128C)

(in~)

②[⑤] Parents | are interested ‖ in [what we do here in school].(23JB27)

②[②] I | 'm interested ‖ in [when he did it].(LEG16)

(into~)

②[③] He | walked ‖ into [what appeared to be a cave].(3G21C)

(of~)

②[②] His parents | don't approve ‖ of [what he does].(3G132A)

②[②] We | speak ‖ of [what we know].(Jn3:11)

②[④] They | were afraid ‖ of [what the Babylonians would do to them].(2Ki25:26)

②[④] I | was not aware ‖ of [how deeply she loved me].(EJD)

(on~)

②[③] I | can't decide‖ on [what I'd like to do for vacation this year].

②[②] Much | will depends ‖ on [what the minster says].(PEG41)

②[①] Do you want to come with us?—It | depends ‖ (on) [where you're going].(1G114C)

②[①] Are you going to buy it?—It | depends ‖ (on) [how much it is].(2G132D)

②[①] It | depends ‖ (on) [if it rains or not].(YHD)

(over~)

②[②] We | fight ‖ over [what we have], rather than creating more.(NW1986.1)

②[②] They | are arguing ‖ over [who got whom].(1MiC119)

②[②] They | bickered ‖ over [who got which locker].(8JG74,PH395)

②[③] I | can't get ‖ <u>over</u> [**how** much your children have grown].(cf.MK107)(=can't believe)
(to~)
②[②] | Attend ‖ <u>to</u> [**what** your teachers says].(EJD102,2CD359)
②[②] | Listen carefully ‖ <u>to</u> [**what** I am about to tell you].(Lk9:44)
②[①] I | went ‖ <u>to</u> [**where** I thought he had been].(Mock352)
②[①] Mrs. | hurried ‖ <u>to</u> [**where** I was].(6JB52)
②[①] She | pointed ‖ <u>to</u> [**where** the blue-roofed cave had been].(LSW687)
②[④] His thought | turned ‖ <u>to</u> [**how** he had killed the Urgals].(Eragon)
(with~)
②[②] I | don't agree ‖ <u>with</u> [**what** he said].(BBC News)
②[②] I | 'm satisfied ‖ <u>with</u> [**whatever** you did].(ZEG377)
②[②] I | am familiar ‖ <u>with</u> [**how** it works].(Hearings197)

- **'복합전치사+정형절' 부가어**

(~on~)
②[②] We | didn't at first pick ‖ <u>up on</u> [**what** he said].(=understand)(EPV469)
(~to~)
②[②] Gradually Lennie's interest | came ‖ <u>around to</u> [**what** was being said].(1JoS73)
②[②] The witness | can only testify ‖ <u>as to</u> [**what** he actually knows].(HL470)
②[①] I | am <u>at</u> loss ‖ <u>as to</u> [**what** I should do].(BSH139)
②[④] Plenty of theories | exist ‖ <u>as to</u> [**why** he did this].(2DB140)
②[②] Everyone | was curious ‖ <u>as to</u> [**why** Mark was leaving].(OED)..
②[③] My mother | inquired ‖ <u>as to</u> [**how** they would be shipped home].(7JG582)
②[②] All | were puzzled ‖ <u>as to</u> [**how** such a thing could happened to her ∨].(1Q84,459)
②[①] I | am doubtful ‖ (<u>as to</u>) [**whether** it is true].(DED,3G34F)
②[①] She | skipped ‖ <u>over</u> to [**where** we were],(9JB554)
②[③] I | walked ‖ <u>over to</u> [**where** second base had been](14NG29)
②[③] You | ought to wise ‖ <u>up to</u> [**what**'s going on].(=know)(NPV855)

□ 4형부가어

다음은 '전치사+정형절' 부가어로 이루어진 4형 NPN'N"[pr+fc]이다.
다음과 같이 분석된다. 즉 NPN'N"[pr+fc]=NPN'+N"[fc]의 관계에 있다.

④[①] He | asked ‖ me ‖ <u>about</u> [**what** happened]. ② He | asked ‖ me... + ⓪[①]‖ <u>about</u> [**what** happened].

- **'단순전치사+정형절' 부가어**

(about~)
④[②] And we | told ‖ each other ‖ <u>about</u> [**what** we drew].(15JB20)
④[②] I don't care (or mind) ‖ a bit ‖ <u>about</u> [**what** they say] (NEI)
④[③] | Tell ‖ me ‖ (<u>about</u>) [**where** you went].(PEU437)
④[②] He | asked ‖ me ‖ <u>about</u> [**why** I was there].
④[④] He | asked ‖ me ‖ <u>about</u> [**how** I got it].
(as~)
④[①] I | remember ‖ him ‖ <u>as</u> [**if** it were yesterday].(RLS1)

(at~)

④[⑤] She | took ‖ a look ‖ **at** [**what** she had in the fridge].(KsS17)]

(for~)

④[②] I | 'll never forgive ‖ them ‖ **for** [**what** they did].(2G131B)

④[②] The Lord | will repay ‖ him ‖ **for** [**what** he has done].(2Ti4:14)

④[⑤] He | thanked ‖ me ‖ **for** [**what** I had done for his son].(EJD)

④[①] They | apologized ‖ to me ‖ **for** [**what** happened].(2G129A)

④[②] He | 'll always be thankful ‖ to you ‖ **for** [**what** you've done].(VLIVE)

(from~)

④[②] Mr. Scary | raised ‖ his eyes ‖ **from** [**what** he was doing].(21JB11)

④[②] Do you | remember ‖ things ‖ **from** [**when** you were ten years old]?(HaM281)

④[②] | Ask ‖ him ‖ **from** [**where** he got the book].(REG316)

④[①] I | can 't see ‖ much ‖ **from** [**where** we are].(5TC349)

(into~)

④[①] I | developed ‖ her ‖ **into** [**what** she is].(2CD240)

(of~)

④[①] He | asked ‖ me ‖ **of** [**what** parentage I was].

④[②] I | could make ‖ little ‖ **of** [**what** he was trying to say].

④[④] He | reminded ‖ me ‖ **of** [**what** he had once told us].(ZEG3770)

④[⑩] This photo | reminds ‖ me ‖ **of** [**what** we did together during our vacations].(12JB1)

④[②] The voices | reminded ‖ him ‖ **of** [**when** his daughters were little].(HaM1000)

(on~)

④[①] The police | told ‖ him ‖ **on** [**what** charges he was being held].

④[①] When Cao Cao captured Chen Gong, he | asked ‖ him ‖ **on** [**whether** his mother and daughter should be spared].(Chen Shou's Sanguozi)

(over~)

④[②] They | fought ‖ for years ‖ **over** [**what** time they should leave].(7JG92) [(7JG304)

④[②] Two teenagers | almost came ‖ to blows ‖ **over** [**who** would get the next serving].

④[②] A legal battle | is taking ‖ place ‖ **over** [**who** owns the rights to the song]. (4DB31)

④[①] Different cultures | are killing ‖ each other ‖ **over** [**whose** definition of God was etter].

(than) (JB50)

④[②] I | would rather lose ‖ a dozen cherry trees ‖ **than** [**that** you should tell one falsehood].

(to~)

④[②] | Give(or Send) ‖ it ‖ **to** [**whoever** want it].(OES98,PEU613)

④[②] | Give ‖ it ‖ **to** [**whomever** you like].(OES99)

④[②] My son, | pay ‖ attention ‖ **to** [**what** I say].(Pr4:20)

④[③] I | crossed ‖ the room ‖ **to** [**where** she was sitting].(CEG369)

④[①] | Return ‖ it ‖ **to** [**whosoever** address is on it].(OES324)

④[①] He | walked ‖ every inch ‖ **to** [**where** he is].(CRL121)

(with~)

④[①] | Compare ‖ him ‖ **with** [**what** he was].

④[③] She | would support ‖ him ‖ **with** [**what** he is going through].

(without~)

④[②] I | can't accompany ‖ you ‖ **without** [(**that**) I get some money].(YBM)

④[②] He | never passed ‖ people on the street ‖ **without** [**that** they greeted him].(5EG386)

- **'복합전치사+정형절' 부가어**

(~on~)

④[②] I | 'm going to take ‖ Jack ‖ **up on** [**what** he said].(=demand an explanation)

(~to~)

④[①] My father | may have harbored ‖ a last doubt ‖ **as to** [**what** it meant].(1ST127)

④[③] They | led ‖ her ‖ **up to** [**where** the King was sleeping].(LC144,ZEG377)

□ 6형부가어

다음은 '전치사+정형절' 부가어로 이루어진 6형 NPN'N"[pr+fc]이다.

다음과 같이 분석된다. 즉 NPN'N"[pr+fc]=NPN'+N"[pr+fc]의 관계에 있다.

⑥[②] You	looked	different ‖ **from** [**how** you were at home].
③ You	looked	different. + ⓪[②]‖ **from** [**how** you were at home].

- **'단순전치사+정형절' 부가어**

(as~)

⑥[①] Magnus | walked | in ‖ **as** [**if** nothing had happened].(3G84D)

(from~)

⑥[②] His father | didn't look | much different ‖ **from** [**when** he was alive].(HM1038)

⑥[②] You | looked | different ‖ **from** [**how** you were at home].(KS184)

(than~)

⑥[①] Anna | felt | even colder ‖ **than** [**when** she was out in the storm].(Fr'n112)

- **'복합전치사+정형절' 부가어**

⑥[①] You imagined [how curious I | became | ∨ ‖ **as to** [**what** the meaning of this extraordinary performance could be]].(BSH150)

⑥[①] An argument | arises | among the disciples ‖ **as to** [**which** of them would be greatest].(Lk9:46)

3편 부속성분
Auxiliarly Parts

3.1 한정어(determiners)

한정어(determiners)는 명사의 범위를 한정하는 부속성분이다.
한정어의 재료는 관사와 일부 대명사이1다. 후자에는 (1) 지시대명사), (2) 소유격), (3) 부정대명사(indefinite pronouns), (4) 수량대명사(quantifier와 number), (5) wh-어, (6) 구한정어가 있다.
한정어는 어순에 따라 중간한정어 및 중간한정어의 앞에 올 수 있는 전치한정어, 뒤에 올 수 있는 후치한정어로 나눈다. 한정어 뒤 괄호 안의 약어표시는 것은 한정을 받는 명사의 수를 나타낸다. 예) Nm->mass noun(불가산용법), Nsg->singular noun(단수), Npl->plural noun(복수)

A. 전치한정어(predeterminers)

(1) Group A : all(Nm, Npl), **both**(Npl) : 단독용법도 가능

<all>

<> <All> *the* **students** in the class passed the exam.(1G78A)
<> I spent <all> *the* **money** you gave me.(=whole)(2G88D) / <All> *the* **butter** has been used.
<> <All> *my* **friends** live in Los Angeles.(or All of my friends)(2G86B)
<> "How long has she lived in Brasilia?" "She has lived there <all> *her* **life**."(1G17B)
<> <All> *that* **sand** and <all> *that* **water** must have mixed him up.(10NG30)
<> I washed <all> *my cat's* **things**.(15NG14)
<> <All> *the* **flowers** in this garden are beautiful.(=a specific group of flowers)(2G86B)
<> <All> ø **flowers** are beautiful.(all flowers in general)(2G86B)(단독용법Nm)
<> We spent <all> ø **day** at the beach.(=the whole day)(2G88D)(단독용법Nm)
<> Bill watched TV <all> ø **night**.(=the whole night)(1G78B)(")

<both>

<> <Both> *my* **parents** are from Michigan.(or Both of my parents).(2G87B)
<> <Both> *Paul's* **sisters** are married.(1G77C) / <> How could he do <both> ø **things**?(24NG42)

(2) Group B: half

<> <Half> *this* **money** is mine.(or Half of the money)(2G86B)
<> Nearly <half> *its* **people** are abjectly poor.(Hansard)
<> Pip's hair covers <half> *his* **face**.(13NG8,45)
<> She drank <half> *a* **can** of beer.(HaM233)
<> There's another one(=bus) <half> *an* **hour**.(ECD224)

(3) Group C: many, such

<many>

<> <Many> *a* prominent **man** was purged from public office.
<> <Many> *a* **pupil** at the school will be pleased that Latin is no longer compulsory.(3G50B)
<> The manager must have spent <many> *a* sleepless **night** worrying about his team selection
<> There are <many> *more* **training courses** on offer.(YBM)
☆ 반복되는 일이나 많은 수의 사람/사물을 나타내기 위해 'many a +단수명사' 구조를 사용할 수 있다.

<such>

<> I didn't like the book. It was <such> *a* stupid **story**.(2G100A)
<> It was <such> *a* good **story** book that I couldn't put it down.(2G100B)
<> There were <such> *a lot of* **people** in the room that we could not get in.(ZEG426)
☆ (<such> *many* people은 불가, {so} *many* people은 가능

(4) Group D: double, triple, etc. once, twice, thrice, two times, three times, etc

<double, triple, ...>

<> Take <double> *the* **money** that was put back in your sacks.(Ge43:12)

<> The amount of alcohol in his blood was <triple> *the* **legal maximum**.

<once, twice, thrice, two times...>

<> How often do you go to the movies?— About <once> *a* **month**.(2G70D,3G76C)

<> This room is <twice> *the* **length** of the kitchen.(OED)

<> Mrs. Dursley had nearly <twice> *the* **usual amount of neck**.(1HP1)

<> At 56 he's <twice> *her* **age**.(OED)

<> Robert usually plays tennis <two or three times> *a* **week**..(2G2D,1G206)

<> I visit the U.S. <two times> *a* **year**.(YBM)

<> This is my medicine. I have to take it <three times> *a* **day**.(1G34A)

<> I have night duty <several times> *a* **month**.(NED)

<> Megan went to the movies <three times> *last* **year**.(1G11C,3G4B)

☆ 1회, 2회는 once, twice를, 3회 이상은 three/four,..times를 쓴다. 단 '2, 3회'는 two or three times를 쓴다.

B. 일반한정어(determiners)

(1) Group A: the, this(Nm, Nsg), **these**(Npl), **that**(Nm, Nsg), **those**(Npl), **my, your, his, her, its, our, their, any noun ending in the genitive inflection**

<the>

(i) 어떤 상황에서 의미하는 대상이 분명할 때(특정대상).

- We use 'the' when it is clear in the situation which thing or person we mean:

<> Can you tell me <the> **time**, please?(=the time now)(1G68A)

<> "Where is Tom?" "In <the> **kitchen**."(=the kitchen of this house)(1G67B)

<> I read about the accident in <the> **newspaper**.(1G99A)

<> You can turn off <the> **television**. I'm not watching it.(1G3B)

<> We had a great meal last night. <The> **fish** was excellent.(1G70B)

(ii) 말하는 대상이 하나만 존재할 때(특정대상). We use 'the' when there is only one of something:

<> Can you open <the> **window**?(=when there is only one door)(1G67A)

<> What is <the> **name** of this street?(=when there is only one name)(1G68A)

<> <The> **sky** is blue and <the> **sun** is shining.(1G68C)

cf. When I woke up there was <a> bright blue **sky**.(3G45A)(구체적 하나를 나타내는 경우)

<> <The> **moon** is the satellite of <the> **earth**.(SBE171)

<> He is <the> **only man** that arrived on time.(SBE171)

(iii) 장소나 위치를 나타낼 때

- 'the names of places': the top/the end/the middle/the left etc.

<> Write your name at <the> **top** of the page.(1G67C)

<> I've been to <the> **north** of Italy, but not to <the> **south**.(1G71E)

(iv) 보통명사가 추상명사로 사용되는 경우.

<> The young man has <the> **hero**.

<> The pen is mightier than <the> **sword**.

(v) 비교급/최상급의 형용사/부사가 head word인 경우 ☞ 5.2,D(2)

<> I love him <the> **less** for his faults.(OES471)(그만큼)

<> I like him all <the> **better** for his faults.((DED)(그만큼 더)

<> The dark made the house look all <the> **eerier**.(DED)(“)
<> <The> **sooner**, <the> **better**.“(2G103D)(~하면 할수록 그만큼 더)
<> He is <the> **quicker** of the two.(SBE196)(2인 비교)
<> She is <the> **happiest** of us all.(SBE196)(3인 이상 비교)
cf. She is <ø> **happiest** when she is alone.(SBE196)(동일인비교)
(vi) 고유명사
<> <The> **White House** is the official home of the president of the U.S..(SBE170)
<> <The> **Bakers** loved to entertain their friends at the garden party.(SBE170)
(vii) 기타 특정 용법
<> <The> **dolphin** is an intelligent animal.(SBE196)(종족 표시)
<> Sugar is sold by <the> **pound**. He works by <the> **hour**.(SBE196)(단위표시)
<> Try to be kind to <the> **old**.(SBE196)(the+형용사=복수보통명사)
<> Have you been to Canada or <the> **United States**?(2G75A)(일부 국명)
<> He is in <the> **wrong**,(SBE171)(관용적 표현)
<> He caught me by <the> **hand**.(SBE171)(“)
<> He came here in <the> **morning**.(SBE196)(“)
<> In <the> **beginning** God created the heavens and the earth.(Ge1:1)(“)

<this, these, that, those>

<> <This> **hotel** is expensive, but it's very nice.(1G72B)
<> “Who is <that> **girl**?“ “I don't know.“(1G72B)
<> Do you like <these> **shoes**? I bought them last week.(1G72B)
<> <Those> **apples** look nice. Can I have one?(1G72B) <> I hate <that> **Jim**.(IJB16)

<my, your, his, her, its, our, their>

<> <My> favorite **color** is blue.(1G1A)
<> Did you come here in <your> **car**?(1G105A)
<> “Is this <his> **camera** or hers?“ it's his.“(1G59B)
<> Hawaii is famous for <its> **beaches**.(1G58A,C)
<> It's <their> **problem**, not <our> **problem**.(1G59B)

<any noun ending in the genitive inflection>

<> Are you going to <James's> **party**?(1G62A)
<> Paul is <a man's> **name**. Paula is <a woman's> **name**.(1G62A)
<> I stayed at <my sister's> **house**.(1G62A)
<> Some citizens support <the government's> **decision**.(2G79D)
<> Be careful. Don't step on <the cat's> **tail**.(2G79A)
<> <Next week's> **meeting** has been canceled.(2G79E)
<> Sally needs <eight hours'> **sleep** a night.(2G79E)
☆ 이중소유격 용법
a/an. the, this, that, some, any, no의 한정을 받는 명사는 소유격을 중복 사용할 수 없으므로 뒤에 'of+소유대명사'를 취한다. <a> **friend** <of mine/yours/his/hers/ours/theirs>
<> Ericl had an argument with <a> **co-worker of** <of his>.(2G81A)(of him은 틀림)
<> We took a trip with <some> **friends** <of ours>.(2G81A)(of us)은 틀림
<> It was <a> good **idea** <of yours> to go to the movies.(2G81A)(of you는 틀림)
같은 방식으로 <a> **friend** <of my sister's> / <of Tom's>, etc.
<> That woman over there is <a> **friend** <of my sister's>.(=one of my sister's friends>(2G81A)

<> It was <a> good **idea** <of Tom's> to go to the movies.(2G81A)

(2) Group B: another(Nsg), **every**(Nsg), **either**(Nsg), **neither**(Nsg), **each**(Nsg), **some, any, no, enough**(Nm), **many**(Npl), **much**(Nm)

<another> =an+other

<> Can I have <another> **cup** of coffee?(1G63B)

<> Would you like <another> **drink**?(OED)

<any/some>

some/any가 '수'를 나타내면 복수명사 앞, '양'을 나타내면 단수명사 앞에 쓰인다.

(i) some은 긍정문에, any는 부정문에 사용한다.

- We use "some" in positive sentences and "any" in negative sentences:

<> I'm going to buy <some> **clothes**.(1G74A)

<> I'm not going to buy <any> **clothes**.(1G74A)

(ii) 존재를 모르는 경우 any, 존재를 아는 경우 some 사용.

<> "Do you have <any> **luggage**?" "No, I don't." (2G83B)

<> Can I have <some> **sugar**, please?(2G83B)(존재할 것이라고 생각)

(iii) 조건/양보의 경우는 any를 주로 사용.

<> If anyone has <any> **questions**, I'll be glad to answer them.(G83C)

<> I'm sorry for <any> **trouble** I've caused.(= if I have caused any trouble)(2G83C)

<> "Sing a song." "Which song should I sing?" "<Any> **song**. I don't care." (2G83D)

(iv) 무엇인가를 권할 때에는 some을 사용한다.

- We normally use "some"(not "any") when we offer things or ask for things:

<> "Have <some> **candy**." Oh, thanks."(1G34A)

<> "Would you like <some> **coffee**?" "Yes, please."(1G74B)

(v) some/any가 '상당한(some), 무슨(any), 어떤(any)' 이라는 의미이면 단수명사 앞에도 사용

<> There must be <some> **mistake**. That was <some> **party**!

<> Take <any> **book** you like. <Any> **colour** will do.

<> Don't make <any> **noise**.(1G55D)

<each/every>

<> Study <each> **sentence** carefully.(=study the sentences one by one)(2G89A)

<> <Every> **sentence** must have a verb.(=all sentences in general)(2G89A)

<> <Each> (or <Every>) **time** I see you, you look different.(2G89A)(공통용법)

<> <Each and every> **student** contributed to the fund.(BEG137)(중첩용법)

<> The buses go <every> *10* **minutes**.(OED)(빈도를 나타내어 (매~, ~마다)

<either/neither>

<> There are two ways to get to the airport. You can go <either> **way**.(1G80B) [(1G80B)↵

<> First I worked in an office and later in a store. <Neither> **job** was very interesting.

<enough>

<> She isn't going to take a taxi. She doesn't have <enough> **money**.(1G89A)

<> We don't have <enough> **money** <for a vacation>.(2G101C)

<no>

<> <No> **man** <who has any defect> / may come near:(Lev21:16)

<> They have <no> **children**. They don't have any children.(1G75A)

<> <No> **reason** was given for the change of plan.(2G84A)

<many/much>

<> <Many> **people** drive too fast.(or A lot of/Lots of)(2G85C)(긍정문)

<> There aren't <many> **tourists** here.(or a lot of)(2G85C)(부정문)

<> Do you know <many> **people**?(or a lot of/lots of)(2G85C)(의문문)

<> Did you buy <much> **food**?(1G81A)(의문문)

<> We didn't spend <much> **money**.(2G85C)(부정문)

(3) Group C: a(Nsg)

(i) (구체적으로) 한 개 또는 한 사람을 나타낸다(불특정 대상)

"a"one thing or person (in particular)

<> Can I ask you <a> **question**?(1G63A)

<> Maria is reading <a> **newspaper**.(1G4A)

<> He compared the computer to <a> **human brain**.(SBE170)(one의 약한 뜻)

<> I don't know <a> **word** of Spanish.(SBE170)(특히 '하나'의 뜻)

"an" before a/e/i/o/u:

<> Do you want <an> **apple** or <a> **banana**?(1G63B)

<> There was <an> **interesting program** on TV last night.(")

(ii) 사물이나 사람을 정의하거나 설명할 때 사용한다.

- We use "a/an" when we say what a thing or a person is.

<> The sun is <a> **star**.(1G63C)

<> A mouse is <an> **animal**. It's <a> **small animal**.(1G63C)

<> "What do you do? "I'm <a> **dentist**..(1G63C)

(iii) 기타 불특정 용법

<> Birds of <a> **feather** flock together.(=the same)(SBE170)

<> ...: for the people had <a> **mind** to work.(")(Ne4:6)

<> <A> **Mr. Jones** came to see you.(=a certain)(SBE170)

<> <A> **bear** spends the winter sleeping.(=any)(SBE170)(총칭적; 종족 표시)

<> One is blind, another is deaf, <a> **third** is lame.(=one)(BEG139)

<> They cost 50p <a> **kilo**..(=per)(OED) (가격/양/비율을 나타냄; ~당/~마다/~에)

(4) Group D: ø(zero article):

(a) Plurals(복수형 앞)

<> Do you wear <ø> **glasses**?(1G64B)

<> They are <ø> nice **people**.(*not* nice persons)((1G64C)

<> New **cars** are very expensive.(1G65A)

<> Do you know where I can buy <ø> **foreign newspapers**?(1G70A)

<> Did you buy many <ø> **books**?(1G81A)

<> They are such <ø> nice **people**.(2G100A)

(b) Uncountable nouns(불가산명사 앞)

<> <ø> **Money** isn't everything.(1G65B)

<> Sylvia has <ø> very long **hair**.(1G66C)

<> Life is not possible without <ø> **water**.(1G67A)

<> It's <ø> nice **weather** today.(1G66C)

<> "Do you like your job?" "Yes, but it's <ø> hard **work**..(1G66C)

<> I like <ø> **music**, especially <ø> **classical music**.(1G70B)

<> <ø> **Dinner** is ready.(1G68D,1G3B)

<> We had <ø> **lunch** in a very nice restaurant.(2G71E)

<> I've never eaten such <ø> awful **food**.(2G100X)
☆ 식사이름 앞에 형용사가 있으면 관사 a가 필요하다.
<> We had <a> very *nice* **lunch**.(2G71E)
<> I had just eaten <ø> **breakfast**. It was <a> *good* **breakfast**.(1NG7)

(c) Places(continents, countries, states, islands, towns, etc.(장소의 이름)
- In general, we do not use "the" with names of places:

<> <ø> **Quebec** is a province of <ø> **Canada**.(1G71A)
<> <ø> Where is **Main Street**, please?(1G71D)

(d) We do not use "the" for general use or idea(일반적 용법이나 관념):

<> We don't eat <ø> **fish** very often.(fish in general)(1G70B)(일반적 용법)
<> I'm tired. I'm going <ø> **home**.(1G70B)(")
<> Children don't like <ø> **school**.(1G70B)(장소/건물이 아닌 본래의 목적)
<> What did you learn at <ø> **school**?(1G69A)) My daughter is at <ø> **university**.(OED)(")
<> I'll be in <ø> **class** until 5:00 today.(1G69A)(")
<> David usually goes to <ø> **church** on Sundays.(1G69A)(")
<> They're in <ø> **hospital**, bad;y injured.(LSW261(")
<> Where's Jane? She's in <ø> **bed**.(1G69A)(")
<> I'm not watching <ø> **television**.(1G3B))(물건/신체가 아닌 본래의 목적)
<> Jane usually goes to work by <ø> **bike**(or **bus**).(1G109C)(")
<> You can't get there by <ø> **car**. Do you like travelling by <ø> **train**?(")
<> He was on <ø> **foot**.(1JA25) You have to go on <ø> **foot**.(=walk)(1G109C)(")
<> The flowers grow best in sandy soil and <ø> **sun**.(=sunshine)(3G45A)(일반적 개념)
<> In autumn the temperature difference between <ø> **land** and <ø> **sea** reduces.(")("))
<> <ø> **Climate** is one of the many factors involved in changing farming methods.(:)(")
<> <ø> **Man** is mortal. <ø> **Man** is stronger than woman.(SBE174)(인간.남성,여성)

(e) 기타
- 호격

<> May I ask you a question, <ø> **professor**?(REG46)
<> <ø> **Waiter**, give me a cup of coffee.(SBE174)(호격)

- 가족관계

<> Where are <ø> **Father** and <ø> **Mother**?(SBE170)

- 조직 내에서 유일한 관직, 신분, 칭호 등을 나타내는 말(일반적 용법/관념):

<> We elected him <ø> **mayor** of our city.(MBE270)
<> We chose Paul Stubbs / as <ø> **chairperson**.(OED)

- 두 개의 명사가 대구를 이루는 경우

<> He gave <ø> **body and** <ø> **soul** to the work.(MBE270)
<> Hygiene and health go <ø> **hand in** <ø> **hand**.(MBE270)

- 동일인의 관사의 반복 금지

<> <A> **poet and** <ø> **doctor** is dead.(한 사람) <A> **poet and** <a> **doctor** are dead.(두 사람)

C. 후치한정어(postdeterminers/quantifiers)

(1) Group A:

<first, second...last(rare with Nm)(서수사), **one**(Nsg), **two** ...(Npl)(기수사), **other>**
<> It | was *my* <first> **night case**.(2NG8) / <> I didn't take *the* <first> **bus**.(OED)

<> They have *a* <second> **home** in Tuscany.(OED)
<> Mega went to the movies *three times* <last> **week**..(1G11C)
<one, two...>
<> He's *the* <one> **person** I can trust.(OED)
<> There's a bus *every* <ten> **minutes**.(2G89A)
<> I didn't enjoy *the first* <two> **days** of the course.(2G97D)
<> Neither <of *the other* <two> **man**> was hungry.(3AC82)
<> Life changed a lot *the last* <30> **years**.(2G73A)
<> This vase is worth *several* <hundred> **dollars**.(OED)
<> Wait here for <one> **minute**, and I' ll be with you.(3G43C)(단독)
.<> They have a horse, <three> **dogs**, and <six> **cats**.(1G9A)(단독)
<> I have to do <four> **exercises** for homework tonight.(1G58C)(단독)
<> There(=in the hotel) are <1,250> **rooms**.(=one thousand two hundred fifty rooms)(1G36A)(단독)
<other>
<> Don't buy that camera. Buy *the* <other> **one/ones**.(1G73B)
<> "Here are *my* <other> **cats**," she said.(1NG37)
<> The same as *any* <other> **day**. / Do you have *any* <other> **tours**?
<> I see, well perhaps *some* <other> **time**.(YBM)
cf. This type of trap uses no bait or <other> **attractant**.(OED)(단수)
(2) Group B:
few(Npl), **little**(Nm), **many**(Npl), **most**(Nm, Npl), **single**(Nsg), **several**(Npl)
<few>
<> Excuse me, I have to make *a* <few> **phone calls**.(1G82B)
<> It's one of *the* <few> **shops** in the city where you can buy food.(3G52B)
<> I learned to play golf during *my* <few> **days** off during the summer.(3G52B)
<> There were ø <few> **people** in the theater. It was almost empty.(1G82C)(단독)
<> They'll be away for <the next> <few> **weeks**.(2G97D)
<little>
<> She didn't eat anything, but she drank *a* <little> **water**.(1G82B)
<> We should use *the* <little> **time** we have available to discuss the plan.(3G52A)
<> There was ø <little> **food** in the fridge. It was almost empty.(1G82C)(단독)
<many>
<> It was one of *my* <many> **mistakes**.(3G50B)
<> The gallery is exhibiting some of *his* <many> famous **paintings** of ships.(3G50C)
<most>
<> Who do you think will get (*the*) <most> **votes**?(OED)
<> I spent ø <most> **time** on the first question.(OED)(단독)
<single>
<> He sent her *a* <single> red **rose**.(OED)
<several>
<> We spoke to <several> small **children**.(3G207)
<> They said goodbye and went *their* <several> **ways**.(OED)
(3) Group C: such(Nsg, Npl)
<such>

<> On *every* <such> **occasion**, dozens of people get injured.(BEG109)

<> *Some* <such> **story** told to me two years ago.(BEG109)

<> *Any* <such> **request** is sure to be turned down.(BEG109)

<> You wouldn't find the word 'blid' in the dictionary. There's *no* <such> **word**.(2G100C)

(4) Group D: **more**(Npl, Nm)

<more>

<> If I have *any* <more> **news**, you will be the first to know.(2G63D)

<> I need *some* <more> **Band-Aids** and some aspirins.(1JB51)

<> 'Give me *one* <more> **chance**,' he begged.(OED)

<> I wanted to bring him home with me but we have *no* <more> **room**.(NED)

<> She was older and had at least *six* <more> **children**.(7JG184)

<> I'll talk to you when I have ∅ <more> **time**.(1G96A)(단독)

D. 기타 한정어

(1) wh-어 한정어

<what>(포괄적 선택범위; 가능한 모든 범위 포함)

<> <What> **color** is your car? It's red.(1G2B,45A)

<> <What> **time** is it?(2G48A) Do you know [<what> **time** it is]?(1G47A)

<> <What> **time** are you leaving?(1G24C) <What> **time** do you go to bed?(1G106B)

<> <What> **time** are you meeting Ann ∨ tomorrow?(2G18B)

<> <What> **money** he has comes from his family(=The money that he has)(PEU498)

<> I'll give <what> **help** I can.(=any help that I can)(PEU498)

<> She gave <what/the> **little** (money) she had to the man.(3G52B,OES328)

<> Consider [<what> a great **forest** is set on fire by a small spark].(JA3:5)

<> <What/The> **few** (visitors) we have are always made welcome.(3G52B)

<> In <what> **hotel** did president stay?(formal, or What...stay in)(PEU497)

<> "Up to <what> **age** are children admitted free?" "Five years."(JMV23)

<which>(좁은 선택범위; 구체적인 집단, 사람, 사물의 범위 내)

<> <Which> **bus** goes downtown?(1G44B)

<> <Which> **color** do you prefer —pink or yellow?(1G45C)

<> <Which> **doctor** did you see —Dr. Lopez, Dr. Gray or Dr. Hill?(1G45B)

<> <Which> **train** did you catch —the 9:50 or the 10:30?(1G45B)

<> We can go this way or that way. <Which> **way** should we go?(1G45C)

<> "<Which> **hotel** did you stay at?" "The one near the airport."(1G73B)

<> <Which> **job** has Ann applied for?(2G47C)

<> "Tom's father is in the hospital." "<Which> **hospital** is he in?"(1G43A)

cf. <what/which> **towns** do we go through on the way?(3G227)(what/which 공용)

<whose>(소유격)

<> <Whose> **children** rang our doorbell?(LEG270)

<> <Whose> **shoes** are this? They're John's.(1G59B.3G26E)

<> In <whose> **desk** was it found?(Whose desk was it found in?)(3G26E)

<how>(명사/명사상당어 한정)

<> <How> **many** (people) were there?(OED)(술어)

<> "<How> **much** was the taxi?" "Twenty dollars." (1G45D,1G2B,74B)(")

<> "<How> **old** is your mother?" "She's 45." (1G45D)(")
<> "<How> **tall** are you?" "I'm five feet 10." (1G45D)(")
<> "<How> **far** is it from here to the airport?" "Ten miles." (1G45D)(부가어)
<> "<How> **long** have they been married?" "Ten years." (1G45D)(")
<> "<How> **long** will you be away?" "Until Monday." (1G102B)(")
<> "<How> **often** do you use your car?" "Every day." (1G45D)(")
☆ 의문사 how 뒤에 오는 형용사/부사는 의문문의 답변이 명사구이면 명사상당어 용법이 된다.

(2) 구 한정어

구의 형태로 하나의 한정어 역할을 하는 경우를 말한다. 부분명사구라고도 한다,
☆ 어떤 대상의 일부분이나 전체를 지시하기 위해 사용되는 구조를 부분 명사구(partitive noun phrases)라 칭한다.

<a piece of>, <a cup of>, <a new pair of>

<> Would you care for <a cup of> **coffee**?(2G130B)
<> I want to make a shopping list. I need <a piece of> **paper**.(or some)(1G66A)
- You can say 'a pair of scissors/pants/pajamas(단수취급):
<> I need <a new pair of> **jeans**.(단수)(some new jeans;복수)(1G64A)

<a lot of/lots of(비격식), plenty of>

many와 a lot of/lots of 모든 문장에 사용하지만 much는 긍정문에 사용하지 않는다.
<> <A lot of> **people** are coming to the meeting.(OED)
<> We have <a lot/lots of> **friends**.(*or* many)(1G81A)
<> I drink <a lot/lots of> **coffee**.(*not* I drink much coffee)(1G81A)
<> I saw <a lot of> **her** last summer.(OED)(자주)
불가산명사/복수명사 앞에 a lot of/lots of 대신에 plenty of를 자주 사용한다.
<> <plenty of> **eggs/money/time**.(OED)
단, plenty of는 '충분한, 풍부한, 남아도는' 의미가 있어 내용에 따라 사용못할 경우도 있다.
<> We took <lots of/plenty of> **food** and drink on our walk through the hills.(3G50E)
<> Jim doesn't look well. He' s lost <a lot of> **weight**.('plenty of' is *unlikely* here)

<a number of, a great deal of, much/more/most of>

<> <A number of> **people** *were* filing in and out at the Pantheon.(YBM)(많은)
cf. **The number** <of runaway teenagers> *is* increasing these days.(DED)(숫자)
<> He has <a great deal of> **fans** for his superb play.(NEI)
<> <a good deal of> **fans/money**.(*or* a great)(OED)
<> <A great deal of> **the exhibition** *was* devoted to her recent work.(*or* A good)(3G50C)
<> She has <a great deal of> **many friends** in New Zealand.(*or* a good many)(3G50C)
<> <Much of> **his words** *were* unreliable.(OED)
<> It's <more of> **a greeting**, a way of saying hello.(YBM)
<> <Most of> **the children** at this school *are* under 11 years old.(1G79B)
<> I spent <most of> **the time** filling out forms.(NEI)

<a bit of, an amount of>

<> We may have <a bit of> **a problem** on our hands.(CED)
<> Cool, with quite <a bit of> **rain**.(YBM)(소량)
<> <an amount of> **time /money/information**(OED)(양)

<fraction of, percentage of>

<> <Three-fourths of> the earth's **surface** is water.(SBE103)
<> <Two-thirds of> the **apples** are rotten.(SBE103)

<> I would say <about 50 percent of> the **houses** need major repairs.(3G42D)

<> <Some 80 percent of> the **electorate** is (or are) expected to vote.((3G42D)(집합/군집)

<> <Half (of)> the **work** is already finished.(OED)

<a dozen, two dozen, dozens of>

<> <a dozen> **eggs**, <two dozen> **eggs**, <three dozen> **red roses** (OED)

<> He has reversed himself on <a dozen> **issues**.(OED)

<> <several dozen> or <a few dozen> **people**(OED)

<> The company employs no more than <a couple of dozen> **people**.(OED)

<> Only about <half a dozen> **people**> turned up.(OED)

cf. There was only space for <a half-dozen> **tables**.(OED)

<> I've sent out at least fifty resumes and made <dozens of> **phone calls**,(YBM)

cf. Give me [a dozen], please. They arrived in [dozens].(OED)

<hundreds/thousands of>

'hundreds of'는 '수백의', 'dozens of'는 '수십의'와 같이, 숫자

<> They swindled <hundreds of> **dollars** out of him.(OED)

cf. He spent <two hundred> **dollars** on a digital camera.(OED)(후치한정어)

<> His factory makes <thousands of> **bottles** a day.

<kind(s)/sort(s) of>

<> This <kind of> **question** often *appears* in the exam.(OED)(단수명사)

<> These <kinds of> **questions** often *appear* in the exam.(OED)(복수명사)

<> What <kind of> **music** do you like?(1G42C)(불가산명사)

<> This is not my <kind of> **case**.(16NG10)(단수명사):

<a variety of>

<> He resigned for <a variety of> **reasons**.(OED)(여러 가지의)

<> I tasted <a variety of> **malt** in zythology class.(국제영어대학원사전)(다양한 맥아)

cf. **The variety** <of smuggled goods> has increased com-pared to the past.(NE)(다양성)

[한정어 일람표]

A. 전치한정어(predeterminers)

(1) Group A: all(Nm, Npl), both(Npl)

(2) Group B: half

(3) Group C: many, such

(4) Group D: double, triple... once, twice, thrice, two times, three times...etc

B. 일반/중간한정어(central determiners)

(1) Group A: the, this/that(Nm, Nsg), these/those(Npl), my, your, his, her, its, our, their, any noun ending in the genitive inflection(whose, John's...)

(2) Group B: another(Nsg), every(Nsg), either(Nsg), neither(Nsg), each(Nsg), every(Nsg), some, any, no, enough(Nm), many(Npl), much(Nm)

(3) Group C: a(Nsg)

(4) Group D: ø

C. 후치한정어(postdeterminers or quantifiers)

(1) Group A: first, second...last (rare with Nm), one(Nsg), two...(Npl), other

(2) Group B: few(Npl), little(Nm), many(Npl), most(Nm, Npl), single(Nsg), several(Npl)

(3) Group C: such(Nsg, Npl)

(4) Group D: more(Npl, Nm)

3.2 보조어(auxiliaries)

보조어는 술어를 보조하는 말을 말하며 be와 조동사가 있다.
be는 동사술어와 비동사술어 모두를 보조함에 비하여 조동사는 동사술어만 보조한다.
조동사에는 단순조동사와 복합조동사가 있고, 전자에는 기본조동사(do have)와 서법조동사가 있다. 단순현재/단순과거의 긍정문의 동사술어를 제외한 모든 술어는 보조어와 결합한다.

☆ 보조어의 기본역할은 정형동사를 제외한 모든 술어에 시제를 옷 입히는 것이라고 할 수 있다. 정형동사의 경우는 원형에 붙는 -es, -ed가 시제를 옷 입히는 것으로 볼 수 있다. verb marker(동사표시어)라고도 할 수 있음(AES28)

A. Be

(1) 기능

{} I{'m} **cold**. Can you close the window please?(1G1B)[형용사 술어]
{} My father {is} **a doctor**, and my mother {is} **a journalist**.(1G1A)[명사 술어]
{} Steve is sick. He{'s} **in bed**.(1G1B) I{'m} **out of a job**.[전치사구 술어]
{} Is your mother at home?– No. she{'s} **out**.(1G2A)[소사 술어]
{} The office {is} **cleaned**.(1G20A)[-ed형 술어]
{} She{'s} **eating**.(1G3A) Seeing {is} **believing**.[-ing형 술어]
{} To live {is} **to fight**.(=vivere militare est)(Seneca)[to~형 술어]
{} Butter {is} [**made** from milk].(1G20B)[-ed절 술어]
{} She{'s} [**eating** an apple].(1G3A)[-ing절 술어]
{} Police officers {are} [**to visit** every home in the area].(3G12A)[to~절 술어]
{} I{'m} [**afraid** of dogs].(1G1B)[non-verb절 술어]
{} This {is} [**where** I work].[정형절 술어]

(2) 형태

(a) 정형

be가 정형으로 사용되는 경우에는 시제 및 인칭에 따른 변화를 한다.
be의 현재형으로 am은 1인칭단수, is는 3인칭단수, are는 나머지에 해당된다.
be의 과거형은 was는 1인칭 및 3인칭단수, were는 나머지에 해당된다.

{} I{'m} **right**, {aren't} I (*or* am I not)? – Yes, you {are}.(2G50B)
{} They {aren't} (or They{'re not}) **here**.(1G41A)
{} It {isn't} (or It{'s not}) **raining**.(1G41A)
{} Brian {wasn't} **hungry**.(1G41A) The store {weren't} **open**.(1G41A)

구어체 현재형 be는 종종 생략한다. "Happy?" "What?" "Are you happy?(1MiC375)

(b) 비정형

(i) be원형:basic form
{} Couldn't {be} **better**! Don't {be} **late**.(1G34B) {Be} **here** on time.

(i) been + -ed: 완료수동태
{} They have {been} **married** for five years.(1G17B)
{} I'm not going to the party. I haven't {been} **invited**.(1G21B)

(iii) being + -ed/a/n/pr~: 특정시점의 행동/상태((behaving/state at the moment)
{} The office is {being} **cleaned** right now.(1G21A))(행동)
{} I can't understand why he's {being} **selfish**.(2G4C,JMV197)(")
{} I saw her {being} so **rude** to Mme. d'Houdetot.(JJR416)(")
{} I was {being} **Jessie Owens**.(MZ58)(상태) His Sunday walk was not {being} **a success**.(BP46)(")
{} Why are you {being} **like this**?(=behaving at the moment)(MJLZ58)(")

(3) be+-ing(progressive aspect;진행상)

(a) present continuous(현재진행)

(i) 현재 일어나고 있는 일: now, recently, nowadays, these days

{} They {are} **playing** tennis now.(1G24A)

(ii) 준비/계획한 미래의 일로 근접미래시간 표시와 함께 확정된 일:

{} Andrew {is} **playing** tennis tomorrow.(1G24A)

{} Sophie {is} **going** to the dentist on Friday.(=has an appointment).(1G24B)

{} {Are} you **meeting** your friend tonight?(1G24B)

(b) past continuous(과거진행)

(i) 과거 일어나고 있었던 일

{} Matt burned his hand while he {was} **cooking** dinner.(2G6D)

{} Sally {was} **reading** to children while Kevin {was} **washing** up.(3G4A)

(ii) 이야기체에서 완료된 사건을 묘사할 때, 그 사건은 단순과거, 배경상황은 과거진행

{} Erika dropped her bag while she {was} **getting** into her car.(3G4C)

{} She {was} **shaking** with anger as she left the hotel.(3G4C)

(c) future continuous(미래진행) ☞B(3) 참조

B. 단순조동사

☆ 본조동사 do, have를 제외한 나머지 조동사를 서법조동사(modals)로 구별하여 부른다. 이들의 1차적 기능은 능력,가능(can/could), 허가(may/might), 의도,소망,습관(will/would/shall),충고,소망,비강제적의무(should, ought to), 강제적 의무(must)이고, 2차적 기능은 추측이다.(LEG207) 이들은 be to~로 대체 가능하다,

* 추측의 정도(degree of certainty): must>will>would>ought to>should>can>could>may>might

(1) do/does/did

{} {Do} you **work**?(의문 현재)(1G49A).

{} They {don't} **work** very hard.(부정 현재)(1G49A)

{} {Did} it **rain** yesterday?—No, it {did}n't.(의문/부정 과거)(1G49A)

{} He knows the secret.→He {does} **know** the secret.(MBE356)(강조용법)(정말로)

{} Who broke the window?→ Who {did} **break** the window?(MBE356)(")

{} Sit down→ {Do} **sit** down.(MBE356) Hey! It {did} **open**!(2MiC119)(")

(2) have/has/had(perfect aspect; 완료상)

☆ '양태조동사+완료부정사구문(have -ed)'은 미래완료(will/shall have pp), 현재완료(can/may/must+have pp) 과거완료(would/should/could/might+have pp)가 된다. 다만, shall/can의 완료부정사 형식은 실제 사용되지 않는다.

(a) present perfect(현재완료)

과거와 현재의 기간 사이에 일어난 과거의 일, 행동, 상태가 현재에 관련성을 갖는 경우를 나타낸다.

☆ 현재완료의 'have+ -ed' 구조는 -ed에 의한 과거의 일을 have에 의한 현재 보유라는 의미가 결합한 것이므로 과거의 일이 현재와 관련. since절은 보통 과거형이지만 완료형 동사를 쓰면 주절은 현재도 '그러하다'는 의미

현재완료: before. ever/ never, always/often/occasionally/sometimes, lately/recently, for/in one's life, all day, these days

현완/과거: just, already/yet, today, this morning, for an hour/ten years: last, since Monday↲

단순과거: just now, last week/month/year, then, when/what time, yesterday, two years ago, in 1970, on Monday

단순현재: just now, always, frequently, often, usually, every+시간, these days

(i) 완료용법(already, just, yet, etc.) We use 'the present perfect' when we talk about a completed action):

{} A: Are you hungry? B: No, I{'ve} *just* **had** lunch.(=a short time ago)(2G8D)

{} A: What time is Mark leaving? B: He{'s} *already* **left**.(=sooner than expected)(")

{} Sally is still here. She {hasn't} **left** *yet*.(=until now)(2G8D)(미완료)

{} {Has} Nichole **started** her new job *yet*?=until now)(1G19D)(")

(ii) 계속/반복용법(for, since, today, this week, so far, in the past 10 years, always, often etc.) We use 3

'the present perfect' to talk about something that began in the past and *continues* at the present time or before the time of speaking:(과거에 시작되어 담화 시점 또는 담화 전에도 계속)
{} She {has} **been in Brazil** *for three days.*(=before the time of speaking)(1G17A)
{} She {has} **been in Brazil** *since Monday.*(=from Monday to now)(1G17A)
{} We {have} **belonged** to the tennis club *since* we moved here.(3G223)
{} It {has} **been** almost **ten years** *since* I've started promoting.(Vlive)(since절의 현재완료)
{} I{'ve} **written** six letters *since lunch time.*(반복)
{} She {has} *always* **excelled** in foreign languages.(OED)(계속)
{} I {haven't} **seen** Tom this morning, have you?(2G7C) I {have} n't **seen** him *this week.*
(iii) 경험/빈도용법(before, ever/never, once/twice, often, occasionary, lately/recently; sometimes, for/in one's life, etc.) We use the present perfect when we talk about *a time from the past until now*(경험/빈도)
{} I{'ve} **seen** that woman *before*, but I can't remember where.(1G16B)
{} {Have} you **read** this book? Yes I{'ve} **read** it *twice.*(1G16B)
{} {Have} you *ever* **been** to France?—No, I {haven't}.(=for one's life)(1G16B)
{} {Have} you **seen** Kate *lately/recently*)?(2G9B)} I {have}n't **been** able to come *recently.*(2G25B)
{} How *often* {have} you **been** in love *in your life*?(ZEG130)
(iv) 결과용법
We use 'the present perfect' for 'an action in the past' with *a result* 'now'(결과)(1G17B):
{} I{'ve} **lost** my passport.(=I can't find my passport now)(1G'19B)
{} I'm sorry, but I{'ve} **forgotten** your name.(=I can't remember it now)(2G8C)
{} It{'s}(=has) **stopped** raining.(= it isn't raining now)(2G8C))
{} He'{'s} **broken** his finger and is in a lot of pain.(*not* 's been breaking)(3G6B)
{} My ceiling {has} **fallen** in and the kitchen is flooded. Come quickly!(3G223)
(b) present perfect continuous(현재완료진행)
(i) 어떤 행동이 담화 시점, 바로 전 및 아마 바로 후에도 진행
현재완료의 계속용법은 동작/상태가 담화전/담화시에도 계속, 현재완료진행은 담화전/담화시/담화 후에도 진행 중
We use 'the present perfect continuous' to describe an activity in progress either at or before the time of speaking, and possibly beyond it:
{} I {have been} **following** the discussions with great interest.(3G8C)
{} It is raining? — No, but the ground is wet. It {has} **been raining.**(2G10A)
{} Tim is still watching television. He{'s} **been watching** television *all day.*(2G10A)
(ii) 일정기간에 걸쳐 반복적으로 해온 행동
We use 'the present perfect continuous' for actions repeated over a period of time:
{} Every morning they meet in the same cafe. They{'ve} **been going** there *for years.*(2G10B)
(c) past perfect(과거완료)
이야기의 시작을 단순과거로 말한 후 그 이전에 일어난 일에 대해 말하는 경우를 말함
과거완료의 용법 중 특정 과거보다 더 과거임을 강조하기 위해 대과거라고도 함
We use 'had done' to talk about things that happened before a time in the past:
{} Was Tom there when you arrived?—No, he {had} *already* **left.**(2G14C)(완료/대과거)
{} He told me [that he {had} **broken** his glasses *yesterday*](ZEG135)(완료/대과거)
cf. He had broken his glasses yesterday.(×)(ZEG135)(단순과거)
{} The house was dirty. They {hadn't} **cleaned** *for weeks.*(계속)
{} I didn't know who she was. I{'d} never **seen** her *before.*(경험)
{} We weren't *hungry.* We{'d} *just* **had** lunch.((2G14B)결과)
(d) past perfect continuous(과거완료진행)

어떤 일이 일어나기 전에 이미 다른 일이 일어나고 있었을 경우
We can say that something 'had been happening' for a period of time before something else happened:
{} He {had}n't **been feeling** well *for some time*.(2G15B)
{} We{'d} **been playing** tennis *for about an hour* when it started to rain.(2G15A)
{} But when Pip went to Claude's house it {had} **been raining** and stopped.(5NG38)
(3) will
(a) simple future(단순미래)
(i) 결정: 말하는 순간에 이루어진 어떤 결정을 하는 경우
We use 'will' when we state a decision made at the moment of speaking:
{} It's late. I think I{'ll} **go** to bed now.(3G223)
{}"Daniel called while you were out." "OK. I{'ll} **call** him back."(2G'22A)
{} "I{'ll} **call** you tomorrow, OK?" "OK, bye."(1G26C)
(ii) 예측: 미래에 어떤 일이 일어날 가능성이 있다고 생각하는 것을 말하는 경우
We use 'will' when we say that we think something is likely to happen in the future:
{} I think you{'ll} **enjoy** the film.(3G223) / {} We{'ll} probably **go** out tonight.(1G26B)
{} I don't think it {will} **rain** this afternoon.(1G26B)
{} He {will} never **be anybody's valentine**.(16NG12)
(iii) 의도: 미래에 어떤 일을 할 의도에 관하여 말하는 경우
We use 'will' when we talk about willingness to do something in the future:
(제안; offering to do something:
{} That bag looks heavy. I{'ll} **help** you with it.(*not* I help)(2G20C)
{} "My suitcase is very heavy." "I{'ll} **carry** it for you."(1G26C)
(동의; agreeing to do something)
{} Can you give Tim this book?" "Sure, I{'ll} **give** it to him this afternoon.(2G20C)
(약속; promising to do something)
{} Thanks for lending me the money. I{'ll} **pay** you back this afternoon.(2G20C)
{} I {won't} **tell** anyone what happened. I promise.(2G20C)
(요청; asking somebody to do something)
{} {Will} you please **be quiet**? I'm concentrating.(2G20C)
{} {Will} you **shut** the door please?((2G20C) cf. {Would} you **do** me a favor?(YBM)
(iv) 거절: 어떤 일을 할 것을 '거절' 하는 경우에는 won't를 사용한다.
We can use 'won't do' to say that somebody refuses to do something(거절):
{} I've tried to give her advice, but he {won't} **listen**.(2G20C)
{} The car {won't} **start**.(=the car refuses to start)(2G20C)
(v) 어떤 일을 하기로 결정할 때 종종 I think... {will}을 사용한다.
We often say "I think... {will}..." when we decide to do something:
{} Its a nice day. I think I{'ll} **sit** outside.(1G26C)
{} It's raining. I don't think I{'ll} **go** outside.(1G26C)
(vi) 시간/조건 부사절(☞ 5.2.B외의 부사절의 미래시제)
{} Although he {will not} **play** soccer anymore, he said he will never forget his fans' love.
{} Please wait as Sam {will} **show** up soon.
{} Don't do that [because dad {will} **get** mad if you do].
{} The child will then suffer because he {will} **be told** off.
(b) future continuous(미래진행) I will be doing
(i) 미래의 어떤 시점보다 앞서 시작할 것으로 예측되고 계속될 가능성이 있는 일

We use 'will be+ -ing'(future continuous) to talk about something that is predicted to start before a particular point of future time, and that may continue after this point. Often it is the result, of a previous decision or arrangement:
{} This time next year, this part of the garden {will be} **looking** beautiful.(3G11A)
{} What {will} you {be} **doing** tomorrow?—I{'ll be} **working** all day tomorrow.
{} The government {will be} **making** a statement about the crisis later today.(2G23C)
(ii) 종종 미래 행동이 사전에 준비/계획되었음을 나타낼 때 사용
It is sometimes used to indicate that a future activity is pre-arranged:
{} Ann {will be} **helping** us to organize the party.(사전준비/계획을 말함)
{} {Will} you {be} **staying** with us again tonight?(계획을 물어 봄)
(c) future perfect(미래완료) I will have done
미래의 특정 시점 전까지 이미 완료되어 있을 일을 표현
We use 'will have done' to say something will already be *completed* before a time in the future)(2G23D)
{} I{'ll have} **finished** my work *by 11:30.*(2G117B)
{} *Next year* they {will have} **been married** for 25 years.(2G23D)
{} *By the time* you get home I {will have} **cleaned** the house from top to bottom.(3G11C)
d) future perfect continuous(미래완료진행) I will have been doing
미래의 특정 시점까지 계속되어 온 일의 계속된 기간을 강조하는 용법 We use 'will have been doing' to emphasize the duration of an activity in progress at a particular point in the future:
{} *Next year* I {will have been} **working** in the company for 30 years.(3G11C)
[참고]
미래형식의 현재/과거의 추측 표현
The future continuous, future perfect and future perfect continuous can also be used to say what we believe or imagine is happening around now(3G11D):
{} We could ask to borrow Joe's car. He {won't be} **using** it *today.*(3G11D)
{} He {will be} **home** *by now.*(OED) Most people {will have} **forgotten** the fire *now.*(3G11D)
{} By now, the judges {will have} **decided** a winner.
{} Tennis fans {will have been} **queuing** at Wimbledon *all day* to buy tickets.
{} As *it was cloudy*, few people {will have} **seen** last night's lunar eclipse.
We can use the future perfect continuous to say what we think was happening at a point in the past:
{} Motorist Vicky Hesketh {will have been} **asking** herself whether speed cameras are a good idea *after she was fined* £100 for driving at 33 mph in 30mph zone.(3G11D)
(4) would
(a) the future-in-the past(과거미래)
(i) would/wouldn't는 will의 과거형(과거에서 본 미래)으로 종종 사용
'would/wouldn't' is the past of "will/won't"the future-in-the past.
{} "I'll call you on Sunday."→ Tom said he{'d} **call** me on Sunday.(2G34B)
(ii) wouldn't do는 '거절'의 과거미래로 사용된다.
Somebody 'wouldn't do' something, he/she refused to do it:
{} I tried to warn him, but he {wouldn't} **listen** to me.(2G34C)
{} The car {wouldn't} **start.**(=the car refused to start)(2G34C)
{} She {wouldn't} **tell** me what it was.(7NG23)
(iii) would는 '과거에 규칙적'으로 일어난 일에 대해 말하는 경우에도 사용 가능
You can also use 'would(used to)' when you talk about things that happened regularly in the past:
{} Whenever Richard was angry, he {would} **walk** out of the room.(2G34C)

{} He {would/wouldn't} **walk** the five miles to his place of walk.(3G16A)

(b) unreal situation or action(비현실 상황/행동의 예측이나 가정)

(i) would: 실현가능/불가능한 가정적인 상황에 대하여 예측할 경우

We use 'would' to make a prediction about an imaginary situation; that is, about something that may or may not happen.

{} You{'d} **apply** for the job. You {would} **have** a good chance of getting it.(3G225)

(ii) would/wouldn't: 실제가 아닌 현재의 상황이나 행동을 가정할 경우

We also use 'would/wouldn't when we imagine a situation or action(we think of something that is not real):

{} I {would} **call** Sue, but I don't have her number.(now)(2G34A)

{} It {would} **be nice** to buy a new car, but we can't afford it.(2G34A)

(iii) 현재, 미래의 사항에 대한 귀결절에서 무의지 가정(...할 것이다) (Lev18:16)

{} Do not have sexual relations with your brother's wife; that {would} **dishonor** your brother.↗

(iv) would have (done): 실제로 일어나지 않은 과거의 상황이나 행동을 가정할 경우

We use 'would have (done)' when we imagine situations or actions in the past (something that didn't happen)(2G34C)(미실현과거의 가정):

{} I {would have} **called** Sue, but I didn't have her number.(=past)(2G34A)

{} I didn't tell Sam what happened. He {wouldn't have} been **pleased**.(2G34A,3G16E)

When we want to indicate that we think a past situation actually happened, we prefer 'will have+pp'.

{} As you {will have} **noticed**, he's got new glasses.(rather than 'would')(3G16E)(실현과거의 추측):

{} Most people {won't have} **seen** last night's lunar eclipse.(")(3G16E)

(c) wish, would, would rather

(i) wish, would 동작이나 변화를 '소망' 하지만 일어날 것이라고 기대는 하지 않는 경우

We can say "I wish (somebody) {would} do (something)."(2G39D):

{} I wish somebody {would} **buy** me a car.(=for actions and changes)

→ I wish I had a car.(=*not* I wish I would have)(but not for situations)(2G39D)

{} Oh, (I wish) that you {would} **bless** me indeed and enlarge my territory. that Your hand {would} **be** with me, and that You {would} **keep** me from evil.(1Ch4:10, Bruce15)

(ii) would rather "나는 ...하는 게 좋다'

{} I {would rather} **do** something. I {would} **prefer** to do something.(1G33C)

{} I{'d rather} **be** <u>**at**</u> **home** right now {than **here**}.(1G33C)

{} You{'d rather} **go** than **stay**.→ You may {as well} **go** {as **stay**}.(OED)

{} Would you like to go out tonight?－I{'d rather} **not**.(1G33A)

(d) would like

공손하게 제의나 요청을 할 경우: 완곡표현

We can use 'Would you like...' when we make an offer, but not 'Will you like,'. In requests, too, we can say I would like..., but not '1 will like...'. We can use 'should (with I or we)' instead of 'would' in requests like this, but this is formal,

{} {Would} you **like** me to get you some water?(3G225)

(5) shall/should

(a) shall(직설법)

Shall I/Shall we...?...해도 될까요/괜찮을까요?: 상대방의 의견을 물어보는 표현

Do you think this is a good thing to do? Do you think this is a good idea?(1G296C)

{} It's very warm here. {Shall} I **open** the window?(1G29C)

{} It's a nice day. {Shall} we **go** for a walk?(1G30E)

(b) should

(i) 판단; should (not) do 좋고 옳은 일이기(아니기) 때문에 (안)해야 한다는 의미
(충고제안)
You 'should do' something. it is good/right thing to do.
{} Tom doesn't study enough. He {should} **study** harder.(1G30B)
{} It's a good movie. You {should} **go** and see it.(1G30B)
(충고요청)
'Should' I/we do" something? Is it good thing to do?
{} "{Should} I **call** you tonight?" "OK"(1G30E) / {} It's a nice day. {Should} we **go** for a walk?(")
(금지충고)
You 'shouldn't(should not) do' something it is not a good thing to do.
{} Tom {shouldn't} **go** to bed so late.(1G30C)
{} You watch TV all the time. You {shouldn't} **watch** TV so much.(1G30C)
(I think...should ....'하는 게 좋겠다')
{} I think [Lisa {should} **buy** some new clothes].(=I think it is a good idea)(1G30D)
{} I don't think [you {should} **work** so hard].(=I don't think it's a good idea)(1G30C)
{} Do you think [I {should} **buy** this hat]?(1G30C) / {} I think [we {should} **drop** in on him].(25NG24)
(ii) <u>감정</u>; 기대/소망과 관련된 표현 1(현재)
(어떤 일이 기대와 다르거나 정상적이지 않을 때)
- We also use 'should' when something is not right or not what we expect:
{} The man on the motorcycle {should} **be wearing** a helmet.(")
{} I don't understand why you {should} **be angry** with him.(REG214)
{} I wonder where Liz is. She {should} **be here** by now.(2G31B)
(어떤 일이 일어날 것으로 기대할 때)
- We also use 'should' to say that we expect something to happen:
{} She's been studying hard for the exam, so he {should} **pass**.(2G31B)
{} It {should} **be rainy** tomorrow.(")
(iii) <u>감정</u>; 기대/소망/감정과 관련된 표현 2(과거)
(했어야 했는데도 하지 않았다)
'should have done' =you didn't do it, but it would have been the right thing to do:
{} You went to bed very late last night. You {should have} **gone** to bed earlier.(2G34C)
{} They {should} have} **been the same** because you both wenr to the same place.(12NG39)
{} He is very late. He {should have} **been here** by now.(25NG49)
{} I also looked for Sludge. He {should have} **been back** by now.(10NG20,12NG39)
(하지 않아야 했는데도 했다)
'shouldn't have done' you did it, but it was the wrong thing to do:
{} I feel sick. I {shouldn't have} **eaten** so much.(I ate too much)(2G31C)
{} She {shouldn't have} **been listening** to our conversation. It was private.(2G31D)
(iv) 가정법 '{should} 원형' 용법 ☞ 5.2A(2)(c)1) 참조
(6) must
(a) deduction(강한 추측; 믿음)
(i) 현재의 추측: We use 'must' when we believe that something is true; we use 'must not' when we believe that something is not true.:
{} You worked 10 hours today. You {must} **be tired**.(1G29A)
A: I offered Bill something to eat. But he didn't want anything.
B: He {must not} **be hungry**. (=I'm sure he is not hungry- otherwise he would eat something)(2G27C)
{} "There {must} **be a way out**," I thought.(12NG24)

{} My friend have the same zip code as you. They {must} **live** near you.(1G29A)
{} The Silvas are always home on Friday. They {must} not **work** then.(1G29A)
(ii) 과거의 추측
For the past we use 'must (not) have done':
{} There's nobody at home. They {must have} **gone** out.(2G27B)
{} Sludge {must have} **stopped** somewhere to eat.(10NG24)
{} She walked past me without speaking. She {must not have} **seen** me.(2G27B)
{} It | {must} have} **been fallen** off. I said.(5NG15)
{} Someone {must have} **been standing** close behind the door.(2FK1)
{} Every dog in town {must have} **been here** today.(15NG28)
(b) obligation(필요/의무/금지)
(i) 필요/의무
We use 'must' when it is necessary to do something:
{} Workers {must} **wear** safety glasses at this machine.(1G29B)
{} You {must} **be careful** with this knife. It's very sharp.(1G29B)
(ii) 금지
We use 'must not' when it is necessary not to do something or it is wrong thing to do:
{} Bicyclist {must} not **ride** on the sidewalk.(1G29B)
{} She {must} **be stopped**! You must go after her!(Fr'n45)
{} You {must} not **be late** for school again.(1G29B)
(7) can/could
(a) ability/possibility(능력/가능)
(i) 현재의 능력/가능:the present
I can do something, I know how to do it, or it is possible for me to do it(능력/가능):
{} I {can} **play** the piano. My brother {can} **play** the piano, too.(1G28B)
{} "{Can} you **swim**?" "Yes, but I'm not a very good swimmer."(1G28A)
{} I'm having a party next week, but Paul and Rachel {can't} **come**.(1G28C)
(ii) 과거의 능력/가능:the past
For the past(yesterday, last week, etc.) we use 'could/couldn't.'(과거형)
{} When I was young, I {could} **run** very fast.(1G28A)
{} I was tired last night, but I {couldn't} **sleep**.(1G28C)
{} We were totally free. We {could} **do** what we wanted.(allowed to do)(2G25C)
(b) request for permission(허가/동의 요청; could는 완곡 표현)
(i) 허가요청
We use 'Can you...?' or 'Could you...?' when we ask people to do things:
{} {Can} you **open** the door, please? or {Could} you **open** ...?(1G28D)
{} (in a store){Can} I **have** change for a dollar, please? or {Could} I **have**...?(")
(ii) 동의요청
Can I have...? or Could I...?is it OK to do something:
{} Tom, {Can} I **borrow** your umbrella? or {Could} I **borrow**...?(1G28D)
{} (on the phone) Hello, {can} I **speak** to Gary, please? or ...{could} I ...?(")
(iii) 가벼운 명령 · 권고/금지
{} You {can} **go**.(DED) [긍정문] …해라, …하는 것이 좋다; …해야 한다
{} You {can't} **run** here.[부정문] …해서는 안 된다(may not보다 일반; must not보다 약함)
(c) subjunctive/assumption/negative deduction(가정/추측/강한 부정추측)

(i) 가정

We use 'could'(*not* can)' for actions which are not realistic:

{} I'm so tired, I {could} **sleep** for a week.(unrealistic)(2G26B)

We use 'couldn't' to say that something would not be possible now.

{} I {couldn't} **live** in a big city. I'd hate it.(2G26E)

{} Everything is fine right now, but it {couldn't} **be better**.(")

(ii) 추측

(의심 추측)

We use 'could' to suggest that something is less likely or that there is some doubt about it.

{} Maybe I {could} **stay** with Candice when I go to New York.(less likely)(2G26B)

→ I {can} **stay** with Candice when I go to New York.(realistic)(")

{} It {could} **be expensive** to keep a cat.(some doubt about it)(3G15C)

(가능 추측)

We also use 'could'(*not* can) to say that something is possible now or in the future. The meaning is similar to 'might' or 'may'.(현재/미래 가능)"

{} The story {could} **be true**, but I don't think it is.(*not* can be true)(2G26C)

{} I don't know what time Liza is coming. She {could} **get** here at any time.(")

(강한 부정 추측)

A: Joe wants something to eat.

B: {} But he just had lunch. He {can't} **be hungry** already.

(=it's impossible that he is hungry because he just had lunch)(2G27C)

**(d) could/couldn't have (done) ***can have (done)은 사용불가

(i) 비현실 과거의 가정

We use 'could have (done)' about the past. Compare:

{} I was so tired, I {could have} **slept** for a week.(past)(2G26D)

→ I'm so tired, I {could} **sleep** for a week.(now)(2G26D)

(ii) 과거의 미실현 또는 실현 가능성의 추측

Something 'could have' happened, it was possible but did not happen):

{} Dave was lucky. He {could have} **hurt** himself when he fell, but he's OK.(2G26D)

{} He {could have} **been hiding** anywhere.(12NG38)

{} The situation was bad, but it {could have} **been worse**.(2G26D)

(iii) 과거의 부정 추측

For the past, we use 'couldn't/can't have (done); can't는 강한 부정 추측

{} Paul {couldn't have} **gone** anywhere because he was sick.(2G26E)

{} We had a really a good vacation. It {couldn't have} **been better**.

{} A: I saw you at Michael's party last night. B:{} No, you {can't/couldn't have} **seen** me. I didn't go to Michael's party.(2G307)

{} I {can't have} **caused** any change in Klamm's relationship with Frieda.(1FK48,2FK21)

(8) may/might

(a) 용인/허가(might는 완곡표현)

(i) 용인: …해도 좋다, …해도 무방하다 -부정은 can not.

{{ You {may} **call** him a great scholar, but you cannot call him a good teacher.(YBM)

{} He {may} **be called** a first-class novelist.

(ii) 허가: …해도 괜찮다, …하시오(종종 명령에 가까운 뜻이 된다)

금지/부정은 must not; 가벼운 금지[부정]를 나타낼 경우 may not를 쓰기도 한다.

{} You {may} **go** now. The topic {may} **be freely** discussed.(YBM)

{} You {may} not **smoke** here. (YBM)

구어체에는 May I…? 대신 Can I…?를 쓰기도 하는데 May I…? 쪽이 공손한 용법)

{} {May} I **ask** a question?(Is it OK to ask?/Can I ask?)(1G27D)

{} {May/Might} I **borrow** your pen? Yes, you may.(ZEG175)

{} I told him [that he {might} **go**].(OED)

(b) 가능성의 추측

(i) 현재 가능성의 추측: We use 'may' or 'might' for possibilities:

{} It {may} **be true**. or It {might} **be true**.(perhaps it is true)(2G28A)

{} She {may} **know**. or She {might} **know**.(2G28A)

{} He {may/might} (not) **be working**.(2G28A)

{} Fang {might{ **be following** the smell of fish.(20NG28)

(ii) 과거 가능성의 추측

For the past we use 'may have done' or 'might have done.'(2G28B):

{} She {might not have} **known** about it.(perhaps she didn't know)(")

{} You {might have} **left** it in the store.(perhaps you left it in the store)(")

{} He {may not have} **been feeling** well.(perhaps she wasn't feeling well)(")

{} She {may have} **been asleep**.(perhaps she was asleep)(2G28B)

(iii) 미래 가능성의 추측:

We use 'may' and 'might' to talk about possible actions or happenings in the future:.

{} It {may/might} **rain**.(It is possible that it will rain)(1G27A)

{} He {may/might} **go** to Costa Rica.(It is possible that he will go...)(1G27A)

{} Rebecca {may/might} **call** later.(possible) → Rebecca {is going to} **call** later.(sure)()(1G27A)

(iv) 진행 가능성의 추측

There is also a continuous form 'may/might be -ing.'(2G29C)

{} Don't call me at 8:30. I {may/might} **be watching** the baseball game on TV.

→ Don't call me at 8:30. I{'ll} **be watching** the baseball game on TV.

(c) 양보

{} He {might} **be rich** but he was not refined.(OED)

{} **Difficult** as it {might be}, we managed to do it.(OED)

(9) need와 dare(semi modals)

긍정문 및 조동사 수반의 의문문/부정문에서는 본동사, 의문문/부정문에서는 조동사로 사용

[] He **needs/dares** [to say so].(SBE74)(본) He doesn't **need** [to say so].(본)

[] *Do* you **need** [to go so soon]?(3G19B)(본) You *don't* **need** [to cut the grass].(3G19B)(본)

[] Actually. they *did* not **dare** [carry out the sentence].(GGM130)(본)

{} He {need not/dare not} **say** so.(SBE74)(조) You {needn't} **cut** the grass.(조)

{} {Need/Dare} he **say** so?(조) {Need/Dare} you **go** so soon?(조)

{} We {need} **have** {no} fear for Nicole, she can take care of herself.(2G52C)(조)

{} I {daren't} **tell** her the truth.(조) I didn't **dare** [(to) tell him].(2G52C)(조)

{} *None* of the disciples {dared} **ask** him(조), "Who are you?"(Jn21:12)

{} *Nobody ever* {need} **know** about the money.(*less formally* {needs} **know**)3G19A)(조)

{} 'I don't want my parents to know.' 'They {need} *never* **find** out.(3G19A)(조)

{} We {need} **have** *no* fear for Nicole, she can take care of herself.(3G19A)(조)

{} If she wants anything, she {need} *only* **ask**.(OED)(조)(only 앞 예외)

{} The changes {need} *only* **be small** to make the proposals acceptable.(3G19A)(조)

C. 복합조동사

(1) have to

(a) obligation(의무/필요)

(i) have to...해야 할 의무/필요가 있다.(현재형은 must와 겸용 가능)

I 'have to' do something it is necessary for me to do it.

{} This is my medicine. I {have to} **take** it three times a day.(1G27A,2G30B)

{} Why did they {have to} **leave** the party early?(1G31B)

{} We {had to} **walk** home last night. There were no buses.(1G31A)

{} Love means not ever {having to} **say** you're sorry.(ErS242)

{} I don't go on {having to} **live** like a prisoner.(GB225)

{} I have enough problems of my own without {having to} **worry** about yours.(2G58C)

{} You {have only to} **lay** the tiles on the floor].(SBE70)(소망)

{} The condition of the people of the stricken area {had to} **be seen** to be believed.(YBM)

{} They were in dangerous situation. They {had to} **be careful**.(1G29B)

{}} She or you {had to} **be wrong**.(10NG45) / {} Your weed {has to} **be** <u>**on**</u> **this porch**.(9NG19)

(ii) 특히 문서화된 규정이나 지시문에는 must를 사용한다.

We use 'must' especially in written rules and instructions:

{} Answer all questions. You {must} **write** your answer in ink.(2G30B)

(b) no obligation(불필요)

don't have to...할 필요가 없다.(must not와 겸용 불가)

I 'don't have to'(do something)it is not necessary to do it.

{} I'm not working tomorrow, so I {don't have to} **get** up early.(1G31C)

(c) deduction(강한 추측)

현재상황에 기초한 결론은 must have to, 과거 상황에 기초한 결론은 must have had to

We can use 'must have to' to say that we conclude something based on what we know about a present situation and 'must have had to' to conclude something about a past situation:

{} I can't access the database. You {must have to} **put** in a password.(3G18B)

{} Matt wasn't at home when I went round. He {must have had to} **go** out unexpectedly.
(=must've, had to)(3G18B)

(2) ought to

should 대신 ought to를 쓸 수 있다. 구어체에 주로 사용, should보다 다소 강한 표현

(i) (그렇게 하는 것이 옳으므로) …해야 하다

{} They {ought to} **apologize**. They {ought to} **have apologized**.(OED)

{} "{Ought} I {to} **write** to say thank you?" "Yes, I think you {ought (to)}." (OED)

{} ..., **what kind of people** {ought} you {to} **be**?(2Pe3:11)

{} Such things {ought not to} **be allowed**.(OED)

{} He {oughtn't to} **have been driving** so fast.(OED)

(ii) (기대・바람을 나타내어) …해야 하다

{} I {ought to} **write** to him today(or tomorrow).(PEG137)

{} He {ought to} **have arrived** by now/by this time.(OED)

{} Ayami felt [the director {ought to} **be informed**].(BSA3)

{} Children {ought to} {be able to} **read** by the age of 7.(OED)

(iii) (충고·권고를 나타내어) …해야 하다/…하는 것이 좋다

{} Do you think [I {ought to} **apply** for this job].(2G31D)

{} This is delicious. You {ought to} **try** some.(OED) We {ought to] **be leaving** now.(OED)

{} You {ought to} **have come** to the meeting. It was interesting.(OED)

{} You {ought not to} **have messed** with us, pal.(Home Alone)

(iv) (추측을 나타내어) …일 것이다 (should보다 덜 쓰임)

{} If he started out at nine, he {ought to} **be here** by now.(OED)

{} That {ought to} **be enough food** for the four of us.(OED)

{} {Oughtn't} the water {to} **have boiled** by now?(OED)

(3) be going to

(a) decision/intention(결정/의도)

결정/의도:....하려고 결정했다;...할 의도이다

'I am going to' do something I have decided it; my intention is to do' it.

{} I{'m going to} **watch** TV tonight.(1G25A) / {} She {is going to} **watch** TV tonight.(1G25A)

{} I{'m not going to} **have** breakfast this morning. I'm not hungry.(1G25B)

{} {Are} you {going to} **invite** Martin to your party?(1G25B)

(b) prediction(확실한 추측)

확실한 추측: 현재상황으로 보아 어떤 일이 일어날 것이 분명하다

Something 'is going to' happen, we can see now that 'is sure to' happen.

{} Look at those black clouds! It/{'s going to} **rain.**(2G22B,.1G25C)

{} Oh, no! It's 9:00, and I'm not ready. I{'m going to} be **late.**(1G25C)

(c) unfulfilled intention/prediction(미실현의도/추측)

(i) 미실현의도: 하려고 했었으나 하지 않았다

'I was going' (to do something)I intended to do it, but didn't do it.

{} We {were going to} **fly** to New York, but then we decided to drive instead.(2G19D)

(ii) 미실현추측: 어떤 일이 일어날 것으로 생각했으나 일어나지 않았다

- We can say that "something was going to happen" (but didn't happen).

{} I thought it {was going to} **rain**, but it didn't.(2G19D)

(4) be able to

(i) 가능: 어떤 일을 할 수 있다(can의 대용)

{} We {are able to} **see** the ocean from our hotel window.(2G25B)

{} I {wasn't able to} **get** tickets. I might {be able to} **help** you.

{} {Will} you {be able to} **meet** the deadline?(OED)

{} It helped [{being able to} **talk** about it].(OED)

(ii) 특정 상황에서 해낸 일에 대해서는 was/were able to 또는 managed to를 사용한다.

{} Ted played very well, but Jack {was able to} **beat** him.(2G25D)

{} We didn't know where David was, but we {were able to(or managed to)} **find** him in the end.(could 대용불가)

(5) used to

과거습관 '...하고는(하곤)곤/이곤 했다' 는 의미로 과거시제만 가능(used only in the past)

{} Dave {used to} **work** in a factory. Now he works in a supermarket.(과거습관):

cf. He **worked** in a factory before, but he doesn't work there now.(1G15A)(과거동작)

{} When I was a child, I {didn't use to} **like** tomatoes.(1G15B)(과거습관)

{} The baby room {used to} **be the guest room.**(2JB8)(과거상태-would는 불가)

{} We {used to} **be good friends**, but we aren't anymore.(2G108B,BSA49)(")
{} Where {did} you {use to} **live** before you came here?(1G15B)(")
{} Eventually she came to the park where Daniel {had used to} **train**.(Harlequin)(과거완료)

(6) had better

(i) 가정법권고: 하는 것이 좋겠다; 하지 않을 경우 문제나 위험이 생김
{} I{'d better} **go** now or I'll be late.(2G33A,SBE22)(~하는 것이 좋겠다, ~해야만 한다)
{} You don't look very well. You{'d better} not **go** to work today.(2G33A)
{} It might rain. We{'d better} **take** an umbrella.(2G33A)
{} You{'d better} be **on time**. / You{'d better not} be **late**.(2G33A)
(ii) had는 과거형이지만 had better는 현재나 미래의 의미이다.
'Had' is normally past, but the meaning of 'had better' is present or future:
{} I{'d better} **go** to the bank now/tomorrow.(2G33A) → I may {as well} **go**.
(iii) had better는 구체적인 상황, should는 모든 상황에서 의견/조언을 할 때 사용. had better는 조언을 따르지 않으면 문제나 위험이 따른다는 경고의 뉘앙스가 포함. should는 그렇지 않음.
{} It's cold. You{'d better} **wear** a coat when you go out.(2G33B)(구체적 상황)
{} You're always at home. You {should} **go** out more often.(")(일반적 상황)
{} It's great movie. You {should} **go** and see it.(2G33B)(안 봐도 상관없음)
{} The movie starts at 8:30. You{'d better} **go** now, or you'll be late.(")(문제발생)

(7) be to

'be+to부정사' 구문의 경우에 {to be}는 복합조동사로 볼 수도 있다.
{} The president {is to} **return** to Brazil later today].(3G12A,SBE303)(예정)
{} She is [to be} **married** next month](PEG117,3G12A)(계획)
{} What is {to be} **done** here now?(OES406, HS255, RTK36:46)(필요)
{} Not a soul was {to be} **seen** at the station].(SBE254)(의무)
{} I wasn't {to be} **found** anywhere near industrial sites)(CRL6)(의무)
{} Children are not {to be} **left** unsupervised in the museum].(3G12A)(허가)
{} I {was to} **blame** for the accident].(2G132B,3G41C)(판단)
{} Were the election {to be} **held** today],the liberals would win easily.(3G85B)(가정)
{} He was {to be} **killed** in the war].(YBM)(운명)

[참고] 보조어 일람표

A. be
(1) 현재형: am(1인칭단수), is(3인칭단수), are(그외 인칭)
(2) 과거형: was(1인칭/3인칭단수), were(그외 인칭)

B. 단순조동사
(1) 기본조동사: does/has(3인칭단수현재), do/have((그외 인칭 현재). did/had(모든 인칭 과거)
(2) 서법조동사: can/could(가능, 능력, 추측), may/might(허가, 추측), will/would/shall(의도,소망, 습관), should(충고, 소망, 비강제적의무, 추측), must(강제적 의무, 추측)

C. 복합조동사
(1) to~형: have to, ought to, be able to. used to, would like/love to, be willing to, be to~
(2) 원형: had better, would rather

D. 중복보조어
{} I {would}(서법조동사) {have to} **get** started right away.(11JB20)
{} If you need to get your haircut, you{'re going to have to} **take** *you-know-who* with you.(11JB6)

3.3 형용어(adjectival)

형용어(adjectival) 즉 형용사적 수식어는 명사를 수식한다. 그 재료에는 단어/구, 절이 있다. 형용어의 위치는 단어의 경우는 피수식어 앞(전치수식), 구나 절의 경우는 피수식어의 뒤(후치수식)가 원칙이다. 한정어와 형용어는 별개의 개념이므로 형용어의 수식을 받는다고 하여 피수식어가 반드시 특정되는 것은 아니다. 형용어는 <>로, 피수식어는 굵은체로 나타내기로 한다.

A. 단어/구 형용어

(1) 형용사 형용어

이에 대하여는 4.4.A. 형용사를 보라.

(2) 명사(구)/대명사(구) 형용어

(전치수식: 피수식어 앞) ☞ 4.3. 결합어 C. D.

<> a <bus> **driver**(=the driver of a bus), the <water> **temperature**(2G78A)

<> a <Paris> **hotel**(=a hotel in Paris), my <life> **story** (=the story of my life)(“)

<> Who was <then> **Prime Minister**?(BEG393)

<> Let's have(or talk) a **<man to man> talk**.(ECD154)

(후치수식: 피수식어 뒤)

<> I don't know **anyone** <here>.(1G76B) **Life** <here> is full of joy.(BEG393)

<> **The brothers** <there> had heard that we were coming,(Ac28:15)

<> We know **people** <everywhere> are talking against this sect.(Ac28:22)

<> It was late, so I decided to take **a taxi** <home>.(2G52A)

<> I met Linda on **my way** <home>.(=*not* to home)(2G123D)

<> Did you stop anywhere on **the way** <home>?(15NG25)/ <> I made **my way** <upstairs>.(WSM48)

<> She hated **kids** <her own age>.(MJL418)

<> **Life** <today> is very different than **life** <50 years ago>.(1G110X)

<> **One night** <a few months ago>, you wife shook you awake.(KsS159)

<> This is **me** <a few months ago>.(1G15X1)

<> **A man** <half my size> would displace half as much.(JB324,EUREKA)

<> She wrapped **a quilt** <the color of green apples> over Sunja's lap.(MJL102)

(3) 전치사구 형용어

- **단순전치사구 형용어**

<> There is a **program** <about volcanoes> on TV last night.(1G109E)

<> Now Deborah was buried under the **oak** <below Bethel>.(Ge35:8)

<> Where is the nearest **bridge** <across the river>?(OED)

<> Grantham's a **man** <after my heart>.(6JG10)

<> Let's meet **the day** <after tomorrow>(OED)

<> **Prices** <around here> are too expensive.(TOEIC)

<> Be sure not to underestimate his **abilities** <as a negotiator>.(TOEIC)

<> We went to a **concert** <at Lincoln Center>.(2G122C)

<> Right, that's the **price** <before sales tax>.(TOEIC)

<> They arrived the **Sunday** <before last>.(ODEG14)

<> Sludge and I walked to **garbage can** <behind Annie's house>.(6NG36)

<> Harry showed them the **cut** <beneath his robes>.(4HP604)
<> Annie's dog, Fang, was tied to **a post** <beside the stand>.(10NG24)
<> What's the **difference** <between them>?(TOEIC,2G126E)
<> Have you read any **books** <by Charles Dickens>.(1G109C,2G125C)
<> I have a **question** <for you>.(2MiC135)
<> We need some **money** <for food>.(1G52A) / <> I found **recipes** <for food>.(21NG14)
<> They sent a **check** <for $200>.(2G126A) / <> It was **time** <for lunch>.(6NG36)
<> Has my **delivery** <from New York> arrived?(TOEIC)
<> Who is the **woman** <in that photo>?(2G121A,1G256)
<> I like to look at the **star** <in the sky> at night.(1G105A)
<> **Competition** <in itself> is not bad.(MBE300)(그 자체)
<> When's the last **bus** <into the city>?(TOEIC)
/<> Hermoine's hand was **first** <into the air>.(2HP91)
<> It's raining again. I hate **weather** <like this>.(1G62C)
<> He sent them away with <an> imperious **wave** <of the hand>.(NED)
<> Madrid is the **capital** <of Spain>.(=belonging/related to sb/sth)(1G62C)
<> Do you know the **cause** <of the problem>?(")(1G62C)
<> Tim is **one** <of the boys> in the class.(")(OED)
<> The winner will receive ten pounds' **worth** <of books>.(OED)
<> **Some** <of us> are going out tonight. Why don't you come with us?(1G79)
<> I have a lot of books, but I haven't read **any** <of them>.(1G79)
<> A:Do you know those people? B: **Most** <of them>, but not **all** <of them>.(1G79)
<> You can have some of this cake, but not **all** <of it>.(1G79)
<> It was a good **idea** <of Tom's> to go to the movies.(2G81A)
<> I felt something on my back <of my neck>.(6NG32)
<> They started the **loading** <of the ship>.(=loading the ship)(REG275)
<> It wasn't going to be **much** <of a picture>.(2MiC70)
<> I've had about **enough** <of your superior. know-it-all attitude>.(2MiC71)
<> Who is that **man** <on the motorcycle>?(1G104C) / <> I like the **pictures** <on the wall>.(1G256)
<> The **line** <outside the box office> is at least 300 meters.(ECD209)
<> That **woman** <over there> is a friend of my sister's.(2G81A)
<> There were **fewer** <than twenty people> there.(OED)
<> There was <more> **whisky** in it <than soda>.(OED)
<> He has a bigger **house** <than the city hall>. /<> You know **better** <than that>.
<> We were tired after our **visit** <to museum>.(1G103A)
<> I hope we find a **solution** <to the problem>.(2G126D)
<> I took **a taxi** <to the station>.(2G70C) Where are **the stairs** <to upstairs>?(NEI)
<> His **attitude** <toward his job> is very negative.(2G126D)
<> The Common Market was a **step** <toward the European Union>.(NEI)
<> She smiled and took a **step** <toward him>.(1DB508)
<> The **terms** <under discussion> are favorable to them.(EPV395)
<> Do you know that **man** <with the beard>?(1G109)
<> Just before Christmas they wanted **help** <with trees and such>.(BEG107)
<> Do you like your **coffee** <with or without milk>?(1G109D)

• **복합전치사구 형용어**

<> I will save my **prayer** <after for work>.(CRL16)
<> It was Mother's **day** <off from work>.(19JB35)/ <> Mother had the **day** <off from work>.(13JB5)
<> I don't enjoy watching any **sports** <apart from cricket>.(=except for)(3G91B)
<> The **car** <ahead of us> stopped suddenly.(The Master's Touch116)
<> The **goods** <out of stocks> are listed below.(OPV25)
<> I feel like a **fish** <out of water>.(EXD74)
<> One table had a whole band of wild **nigger**s <in on the attack>.(12JG86)
<> Mary told me you joined the **health club** <over on Main Street>.(TOEIC)
<> What is your own **impression** <as to the young lady's>.(ASH279)
<> They reached the **staircase** <up to the third floor>.(1HP274)
<> Count off **fifty days** <up to the day after the seventh Sabbath>.(Lev23:16)
<> The **hotel** <from up here> was as small as a doll's house.
<> No one had a **look** <in with him>.(=comparable in appearance).(WSM)

• **way+전치사구 형용어**

(way+simple preposition~)
<> They were beating their **way** <about the country>.(MM740)
<> Albright quickly made his **way** <around the corner>.(Deceit)
<> He continued his **way** <across the marketplace>.(ACv14)
<> They made(or led) their **way** <across the grounds>.(1HP140,AnF116))
<> They picked their **way** <across the slippery stepping stones>.(MM546)
<> We got to play our **way** <across the room>.(1HP281)
<> We splashed our **way** <across the stream>.(OED)
<> This lion seemed [to make his **way** <against him>].(1DC5)
<> He felt his **way** <along the side>.(2SK416)
<> Harry lit a lamp [to see his **way** <along the row of books>].(1HP205)
<> The camera threaded its **way** <along the street>.(2TC97)
<> She ferreted her **way** <among the crowds>.(1JJ153)
<> The two girls groped their **way** <among the other sleepers>.(CN178)
<> He made his **way** <among the ships>.(1Hom19) / <> He picked his **way** <among them>.(1PB314)
<> We threaded our **way** <among the table>.(WSM86)
<> He made his **way** <back downstairs>.(6HP54)
<> She led the **way** <beneath the bridge>.(CN262)
<> Ron edged his **way** <between two of the four beds>.(4HP53)
<> Eragon wove his **way** <between the houses to the butcher's shop>.(1CP15)
<> They were making their **way** <by the backs of the houses>.(2FD125)
<> On my **way** <down the corridor>, I felt sudden and sever nausea.(1MiC360)
<> They made their **way** <down the lawn>.(3HP216,4HP106)
<> She led the **way** <down the steps>.(CN262,3HP378)
<> The people made **way** <for them>.(1JJL78)
<> Ron banged his **way** <into the room>.(3HP69)
<> Scarlett groped her **way** <into the inky small room>.(MM40)
<> Elsa made her **way** <into the mountains>.(Fr'n45)
<> They pushed their **way** <into the crowded corridor>.(1HP172)

<> The giant squeezed his **way** <into the hut>.(1HP47)
<> Ralph felt his **way** <over the uneven surface>.(WG245)
<> He bribed his **way** <past the guard> and escaped.(OED)
<> Cedric made his **way** <past them>.(4HP238)
<> Jennifer pushed her **way** <past the people>.(Rage of Angels86)
<> They made(or pushed) their **way** <through the crowd>.(4HP390,Fr'n104)
<> The policeman forced his **way** <through the crowd>.(YHD)
<> They smashed their **way** <through the undergrowth>.(2HP280)
<> Shasta wormed(or jostled) his **way** <through the crowd>.(CN288,1HP173)
<> Harry led(or scrambled) the **way** <through the trees>.(4HP485,5HP687,738)
<> Sarah is in her car. She is on her **way** <to work>.(2G1A)
<> The Tortoise ate his **way** <to our house>.(17NG31)
<> We were on our **way** <to your house>.(20NG19) / <> I lost my **way** <to your house>.(3NG8)
<> He made his **way** <to the marketplace>.(CED)
<> He had now shouldered his **way** <to the front of the crowd>.(CN56)
<> They eased their **way** <toward the exit>.(YHD)
<> He groped his **way** <toward it>.(4HP11,1JJ36) / <> They made their **way** <toward him>.(Jn4:30)
<> He picked his **way** <toward the lagoon>.(WG21)
<> People pushed their **way** <towards the door>.(1HP111)
<> They made their **way** <under the trees>.(WG49)
<> They slowly clawed their **way** <up the cliff>.(sentencedict.com)
<> Witness led the **way** <up stairs>.(EAP232)
<> Harry made his solitary **way** <up the marble staircase>.(3H152,5HP24)
(way+complex preposition~)
<> They made their **way** <back across the pub>.(4HP282)
<> She was threading her **way** <back across the room>.(4HP282)
<> They led the **way** <back down the ladder>..(5HP238)
<> The officer forced his **way** <in among the baggage-trains>.(1LT1088)
<> He wound his **way** <in among the field upon the narrow path>.(PB8)
<> He forced his **way** <in between them>.(6HP162)
<> He pushed his **way** <out at the hole>.(1MT197)
<> They led the **way** <back down the ladder>.(5HP238)
<> They made their **way** <back down Diagon Alley>.(1HP85,3HP90)
<> He made his **way** <away from the traffic>.
<> He made his **way** <back from the toilet>.(5HP684)
<> He made his **way** <down from the Acropolis>.(CMc357)
<> A caravan of vans and trucks made the **way** <up from Stratford>.
<> He made his **way** <back inside the shed>.(HS696)
<> He led the **way** <back into the trees>(5HP697)
<> They made their **way** <back into the Hogsmeade>.(4HP463)
<> She led her **way** <out into the damp courtyard>.(5HP229)
<> The mouse clawed its **way** <out of a bag>.(EPL303)
<> She found her **way** <out of the door>.(KM117)
<> He fought his **way** <out of the crowded room>.(NPV258)

<> He led the **way** <out of the door>.(Angel 500) / <> He made his **way** <out of city>.(5HP76)

<> Harry had somehow wormed his **way** <out of punishment>.(3HP301)

<> Sludge and I slid the rest of the **way** <down on the mattress>.(11NG38)

<> They made their **way** <back through the campsite>.(4HP78,369)

<> The telephone box made its **way** <down through the earth>.(5HP126)

<> Pierre pushed his **way** <in through the crowd>.(1LT805)

<> Rain has worked its **way** <in through the roof>.(OED)

<> Hermoine had fought her **way** <across to the stand>.(1HP191)

<> They made their **way** <across to the Griffindor table>.(5HP224)

<> She worked her **way** <along to the very end>.(5HP203)

<> Harry felt his **way** <back to his seat>.(3HP81)

<> He had to find his **way** <back to bed>.(1HP209)

<> Trumkin led the **way** <back to the saddle>.(CN350)

<> They made their **way** <back to the parlour>.(1LR185)

<> We worked our **way** <back to the fruits and vegetables>.(3SK50)

<> He made his **way** <down to the staff room>.(1HP182)

<> I threaded my **way** <down to them>.(3SK46) / <> I worked my **way** <down to the wine>.(3SK52)

<> He led the **way** <onto the landing>.(5HP76)

<> Harry fought his **way** <over to her>.(3HP88)

<> Harry led his **way** <over to the Griffindor table>.(4HP383)

<> They made their **way** <over to a window>.(Fr'n123,4HP499)

<> Ron had fought his **way** <through to Harry's side>.(3HP263)

<> He made his **way** <up to the main farmhouse>.(4HP169)

<> I managed [to work my **way** <up to President>].(EID983)

<> Hermoine led the **way** <back up marble stairs>.(4HP334)

(4) 소사 형용어

● 전치 소사 형용어

<> See the <above> **paragraph**.(LEG114)

<> The <above> **rules and regulation** apply to all students.(PEU4)

<> I needed my extra unit for the <away> **game** on Saturday.(2SK58)

<> We lost all our <away> **matches**.(LEG114)

<> We were sitting in the <back> **row**.(OED)

<> She strode past him without a <backward> **glance**.(OED)

<> They came down a <by> **passage**.(=side)(YBM)

<> It was only a <by> **comment**.(=secondary)(YBM)

<> Take the <down> **escalator** on the right.(DED)

<> His face wore a <down> **expression**.(=gloomy) / <> We deserve some <down> **time**.(=relaxing)

<> What about the <forward> **door**?(3AC96)

<> The door opened, blocking his <forward> **movement**.(OED)

<> Purple is the <in> **colour** this spring.(=popular, fashionable)(OED)

<> He kept his wallet in an <inside> **pocket**.(LEG114)

<> Do you want an <inside> **cabin** or an outside cabin with a porthole?(TOEIC)

<> He has his <off> **days**.(1MiC100)

<> He applied on the <off> **chance**.(=by chance)

<> The man is retaining an <outside> **counsel.**(TOEIC, LEG114)
<> <Outside> **noises** always wake me up at five.(TOEIC)
<> I haven't seen her in the <past> **few weeks.**(DED)
<> No <through> **road.**(=passable)
<> Do you have <through> **planes** to New York?(=direct)(ECD895)
<> Then I still have to find a mostly <together> **octopus.**(14NG41)
<> It's an <up> **train.**(LEG114)

- **후치 단순소사 형용어**

<> They were soon cut off from all view of the **lands** <about>.(2L259)
<> Do not come in this house if you see signs of **soldiers** <about>.(MM798)
<> The **air** <above> was heavy with fog.(2LR172)
<> Put the books on the **shelf** <above>.
<> I can't do **3** <across>.(OED) I can't do **3** <down>.(OED)
<> The **road** <ahead> was blocked.(OAD25)
<> This will create problems in the **months** <ahead>.(OED)
<> He was a **man** <apart>.(=unique)(3CD263,GGM28)
<> You went to a **world** <apart>.(HaM900) / <> We need some **time** <apart>.(5JG335)
<> He is the finest young **player** <around> at the moment.(3G46E)
<> She took a **step** <back (or backwards)>.(PH182,3DB228,OAD)
<> The word 'star' is **'rats'** <backwards>.
<> The girl gave a little **jump** <backwards>.(OHS356)
<> The boxer was a **mailman** <before>.(TOEIC)
<> To my surprise, the **driver** <behind> tried to overtake me on the inside.
<> He backed into the **car** <behind>.
<> They live on the **floor** <below>.(OED)
<> Wolves were stabled in deep **dens** <beneath>.(2LR174)
<> The **ring** <beyond> was filed with steaming water.(2LR176)
<> What is the next **train** <down>?(ECD234)
<> McCafferty took a **step** <forward>.(5TC149,7JG113, DHL169, OAD)
<> We consider this agreement to be an important **steps** <forward>.(OED)
<> Here's a **news flash** <just in>.(Truman Show 14)
<> There'll be **one** <farther in>.(=a farther entrance)
<> Nate can't solve cases today This is his **day** <off>.(20NG14,ECD664)
<> What do you want to do on your **day** <off>?(ECD1064)
<> Will they get paid for the **time** <off>?(TOEIC,ECD1063)
<> I was definitely the odd **man** <out>.(=outstanding)(ErS116,EJD)
<> Let's have an **evening** <out>.(=outside)(EJD)
<> The **noise** <outside> made work impossible.(TOEIC)
<> Remember the days of long ago; think about the **generations** <past>.(Dt32:7)
<> They always build one door opposite another for the **wind** <to>.(3JJ149)
<> I cherish our **time** <together>.(web)
<> Here's some good **pastime** <toward>.(10WS1.1)
<> **"Three** <up>.... **two** <across>...," he muttered.(1HP70)
<> No one sees the **man** <within>. He stood beside the **table** <within>.

<> Do you want a room with a bath or **one** <without>?
<> The trumpet to the **cannoneer** <without>.(=outside)(2WS5:2)

• **후치 복합소사 형용어**

<> The **country** <round about> is as flat as a pancake.
<> What's the name of that **mountain** <up ahead>?(TOEIC)
<> Timothy knows his **work** <inside out>.
<> He is an **aristocrat** <through and through>.(=completely)
<> **Change** <from within> will take too long. Ergo change must come from outside.
<> You'd have a good view of the sea from here except for the **hotels** <in between>.

• **way+소사 형용어**

(way+simple particle)
<> We'll be working together all the **way** <across>.(5TC471)
<> I had a map of the town, so I was able to find my **way** <around>.(2G126B)
<> I'll find my **way** <back>.(KA8) Going back is the quickest **way** <on>.(Lewis29)
<> Cutting our costs is the only **way** <forward>.(OED)
<> I wedged my **way** <inside>.(2OH180) It's the only **way** <in>.(=entrance)
<> Going back is the quickest **way** <on>.(Lewis29)
<> Anna spun around and spotted a **way** <out>.(=exit)(Fr'n,12NG24)
<> That had happened on the **way** <over>.(JLC100)
<> On your **way** <over> could you please pick up some milk?(TOEIC)
<> Pavlo and Shukhov pushed their **way** <through>.(AS60) / <> I was just on my **way** <up>.
(way+complex particle)
<> If it was near dark, he almost certainly fell on his **way** <back down>.
<> Chavez made his **way** <back forward>.(1TC1082)
<> She was already her **way** <back in>.(JH411)
<> You couldn't find your **way** <down inside>.(CN634)

• **from+명사+소사**

<> From that **day** <forth> he lived with the boy.(EJD)(그날부터 앞으로)
<> "...government there of from this **day** <forward>."(Fr'n30)(이날부터 앞으로)
<> From this **day** <on> I will bless you.(Hag2:19)(이날부터 계속)
<> From this **moment** <on>, my new life has begun.(OED)(이 순간부터 계속)
<> I will be careful from **now** <on>.(ECD935,21NG32)(지금부터 계속)
<> From **now** <on>, do exactly what I tell you.(EPH115)(")
<> It's a mine field from **here** <on>.(여기서부터 계속)
<> From **there** <on> it was easy.(5TC474)(거기서부터 계속)

B. 비정형/비정형절 형용어

(1) 비정형 형용어

(a) -ed형 형용어

<> Silver was a <*changed*> **man**.(RLS166) (OED) / <> I got the only **ticket** <*left*>.(PEG381)
<> We had to pay for the **room** <*used*>(3G69B)
<> She shut herself up in her room on **the date and hour** <*agreed* (‖) upon>.(GGM352)
<> The **prisoners** <being *released*> are all women.(3G56D)

(b) -ing형 형용어

<> The <*falling*> **leaves** are heralds of Jack Frost.(DED)

<> You must feed the <*crying*> **baby**.(SBE34)

<> A <*rolling*> **stone** gathers no moss.(SBE34)

(c) to~형 형용어

<> Five **pancakes** <*to go*>.(23NG48)(subject gap)

<> Do you have much **work** <*to do*>?(2G62B)(object gap)

<> If you want **more** <*to eat*>, help yourself.(2G80A)(")

<> Many people don't have **enough** <*to eat*>.(2G77D)(")

<> They always gave us **plenty** <*to eat*>.(OED)(")

<> I, Nate the Great, had **something** <*to say*>.(1NG32)(")

<> I had **a case** <*to solve*>. I had **a job** <*to do*>.(5NG13)(")

<> I'm hungry. I want **something** <*to eat*>.(=that I can eat)(1G77D)(")

<> There is one further **matter** <*to confess*>.(LSW633)(")

<> If I have any more news, you will be the **first** (person) <*to know*>.(2G63D)(")

<> **Two miles** isn't very far <*to walk*>.(2G77E)(adjunct gap)

<> " | **Time** <to go>," I said. It's **time** <*to go*>.(8JG27)(")

<> They'd take a long **time** <*to dry*>.(LSW633)(")

(2) 비정형절 형용어

☆ 수식어는 피수식어를 포함할 수 없으므로 비정형절내에서도 피수식어에 해당하는 성분이 결여(gap)되어 있다.

(a) -ed절 형용어

<> It is a **speech** <*calculated* to appeal to the unions>.(3G66D)

<> Once there was a **king** in Britain <*called* King Uther>.(KAI)

<> The **boy** <*injured* in the accident> was taken to the hospital.(2G95A)

<> That **car** <*driven* by my uncle> is very expensive.(SBE34)

<> The **stone** <being *thrown* by the boys> are falling into the water.(REG293)

<> She had **the misfortune** <to be *kidnapped* by hijackers>.(SBE14)

<> The **image** of the Earth <as *viewed* from the Moon> is actually exactly the right size.

(b) -ing절 형용어

<> Who is that **man** <*standing* by the window>?(=who is standing)(1G107C)

<> Do you know the **woman** <*talking* to Tom>?(=who is talking to)(2G95A)

<> Most accidents are caused by **people** <*driving* too fast>.(=who drives)(2G58B)

<> The **man** <*driving* that car> is my uncle.(SBE34)

<> He went to the **gate** <*facing* east>.(=which faced)(Eze40:60)

(c) to~절 형용어

(예상/예정/계획)

<> **The next plane** <*to arrive* at Gate 4> will be Flight 68 from Bogota.(2G63D)

<> I don't have **time** <*to watch* television>.(1G52A)

<> I have **some urgent business** <*to attend* to ∨>.(OED)

(의도/목적/소망)

<> The president has **a team of bodyguards** <*to protect* him>.(2G62A)

<> Alan is 85 and lives alone. He needs **somebody** <*to look* after him>.(2G130D)

<> She did not have **anybody** <*to wash* or *brush* or *feed* or *brag* about>.(8NG32)

(요구/의무/필요)

<> Give me **a chair** <*to sit* on ∨>.(SBE15)

<> Give me **some paper** <*to write* on ∨>.(BEG299)
<> I have **something** <*to tell* you>.(3NG39)
<> I need **a pen** <*to write* with ∨>.(BEG299)
<> My mother has **three cats** <*to take care* of ∨>.
<> I have **a lot of work** <*to catch* up on ∨>.(ECD715)
<> She has had **a lot** <*to put* up with ∨>.(LSW633)
(가능/허가/능력)
<> It's hard to find **a place** <*to park* downtown>.(=where *you can park*)(2G62B)
<> We need **some money** <*to buy* food>(1G52A)(=that we *can buy*)
<> They gave us **some money** <*to buy* some food>.(2G62B)(")
<> My French isn't very good, but it's **enough** <*to get by*>.(=manage)(2G134B)
<> Michael's salary is very low. It isn't **enough** <*to live* on>.(=on it)(2G132D)
<> ; yet they loved him **enough** <*not to dote* on him.}.(MJL4)(맹목적으로 사랑하다)
<> Tony doesn't have **anybody** <*to talk* to ∨>.(=that he can talk to)(1G77D)
<> I need **something** <*to open* this bottle with ∨>(2G62B)
<> I didn't have <enough> **money** <*to pay* for the meal.(2G132B)(")
<> Did you have <enough> **time** <*to do* everything you wanted>?((1G59A)(")
(추측/판단/가정)
<> He is **the last man** <*to tell* a lie>.(=the most unlikely to tell)(SBE196)
<> But who are **you**, O man, <*to talk* back to God>?(Ro9:20)
<> There is **nowhere** <*to go* in this town>.(1G70D)(that we may go)
<> He had **a tendency** <*to think* so>.(SBE14)
(결과/운명)
<> I was **the only one** <*to arrive* on time>.(2G63D)
<> He was always **the first** <*to come*> and **the last** <to leave the office>.(BEG298)

(d) for~ to~절 형용어

<> Have you brought a **book** <for Kelvin *to read*>.(3G56D)
<> This is a difficult **question** <for me *to answer*>.(3G63A)
<> Really now is the **time** <for you *to try* and go>.(LSW633)
<> There was no possible **way** <for the pilot *to avoid* it>.(LSW633))
<> There weren't any **chair** <for us *to sit* on ∨>.(2G62C)

(e) wh~ to~절 형용어

<> The children have **a good garden** <*in which* to play>.(=which to play in)(REG249)
<> Then specify **a time interval** <*in which* to chart statistics>.
<> A human being needs only **a small plot of ground** <*on which* to be happy>.(JWG85)
<> The examination provided **no solid bases** <*on where* to found a serious accusation]>.↰ (=whereon)(ML172)
<> Give me **a knife** <*with which* to cut the bread]>,(REG249)
<> We need to place this issue in **a greater context** <*within which* to analyze it]>.

(f) 비동사 비정형절 형용어

<> He is a **manager** <*capable* of taking difficult decision>.(3G66D)(형)
<> It is a **treatment** <*suitable* for all children with asthma>.(3G66D)(형)
<> There are **somethings** <to be *grateful* for ∨>.(BEG299)(to be+ 형)
<> Do not make **any gods** <to be *alongside me*>;(Ex20:23)(to be+ 전)
<> Look at the **boy** <*on the bike* riding with no hands>.(2G137C)(전)

<> This is **Fang's first year** 〈*out* alone on Halowenn〉.(12NG7)(소)

(g) '전치사+ [비정형절]' 형용어

(전치사+ -ed절)

<> I found **a small notebook** 〈with [some words *written* on the cover]〉.

<> It was **a thick. rolled-up piece of paper** 〈with [a ribbon *tied* around it]〉.(9NG9)

(전치사+- -ing절)

<> You will have heard **the news** 〈about [your coworker *leaving*].

<> There is **a fine line** 〈between [*showing* interest in what someone is doing] and [*interfering* in it]〉.(OED)

<> I have **an idea** 〈for [*solving* this problem]〉.(BEG413)

<> I | had ‖ two thousand **reasons** 〈for [not *taking* Oliver's garbage]〉.(2NG15)

<> We heard **a noise** 〈like [a baby *crying*]〉.(2G114X)

<> There will be **no difficulty** 〈in [*clearing* it up]〉.(1ASD786)

<> I would like support **a ban** 〈on [*smoking* in the restaurant]〉.(3G93A)

<> He could see no **advantage** 〈to [his men *stealing* the temple's treasure]〉.(P/G 202)

(전치사+ to~/~절)

<> His carelessness is **such** 〈as [*to make* it unlikely that he will pass his examination.(BEG109)

<> The website is organized in **such a way** 〈as [*to be* easy to navigate]〉.(3G81X)

<> I'm ready to do **anything** 〈but [*work* on a farm]〉.(PEU282)

<> We had **nothing** to do 〈except [*look* at the cinema poster]〉.(PEU282)

<> I have no greater **joy** 〈than [*to hear* that my children are walking in the truth]〉.(3Jn1:4)

<> I, Nate the Great, knew **better** 〈(than [to tell Rosamond why]〉.(7NG30)

(전치사+ [비동사절])

<> I got **a pot** 〈with [dirt *in it*]〉.(9NG13)

<> There is still **a missing piece** 〈with [a name *on it*]〉.(4NG22)

C. 정형절 형용어(관계절)

(1) wh-절 형용어

a) who/whom(사람)

(명사)

<> A thief is **a person** 〈*who/that* steals〉.(1G99B)

<> **The people** 〈*who/that* we met〉 were very friendly.(1G100A)

<> The playground wasn't used by **children** 〈*who/that* it was build *for*〉.〈3G55C〉

<> Do you know **the man** 〈*who(m)/that* Eve is talking *to* 〉?(1G100B)

<> **The girl** 〈*who(m)/that* you work *with*〉 is his girl friend.(ZEG408)

<> He is **a poet** 〈*than whom* none are(or is) greater〉.(SED)

<> Professor Jones is **a scholar** 〈*than whom* there is no better authority on the subject〉.(DED)

<> **Mrs Brown's son** 〈*to whom* she sent an e-mail yesterday〉 is in America.(SBE342)

<> It is **the one** 〈*to whom* I will give this piece of bread when I have dipped it in the dish〉.

<> She is one of **the few people** 〈*to whom* I looked *up* 〉.(3G55D)

(인칭대명사)

<> But after me」 comes」 **he** 〈*who* is mightier than I〉.(Mk1:7,ESV)

<> Where is **he** 〈*who/that* is born King of the Jews?(Mt2:2,ESV,ASV)

<> Let **him** 〈*who* tied the bell on the tiger〉 take it off.(結者解之)

<> He <*of whom* these things are said> belonged to a different tribe,(Heb7:13)
(부정대명사)
<> **Anyone** <*who/that* wants to apply for the job> must do so by Friday.(2G90A)
<> We cannot really love **anybody** <*with whom* we never laugh>.(Agnes)
<> He failed to mention that he was **the one** <*who* started the fight>.(OED)
(의인화명사)
<> I have **a kitten** <*who* is always crawling onto my lap>.(CES142)
b) whose(사람/사물)
<> A widow is **a woman** <*whose* husband is dead>.(2G92A)
<> This is **Tom** <*whose* father you met the other day>.(SBE342)
<> **The book** <*whose cover* is torn> is mine.(SBE135)
☆ whose cover=the cover of which=of which the cover
<> She asked **the man** <*at whose feet* she was sitting>.(MK106)
c) which(사물/인격체/집단)
(사물)
<> An airplane is **a machine** <*which/that* flies>.(1G99C)
<> Emma lives in **a house** <*which/that* is 100 years old>.(1G99D)
<> **The dress** <*which/that* Ann bought> doesn't fit her very well.(2G91B)
<> These are **the books** <*which/that* I told *about* >?(1G100B)
<> **The fox** <*by which* the chicks were killed> was shot>.(ZEG408)
<> **The rate** <*at which* the air moves past a stationary object> is how wind speed is calculated.(YBM) ☆ 선행사가 시간명사가 아니므로 관계부사 when으로 전환불가
<> Grapes are **raw materials** <*from which* wine is made>.(NED)
<> It was **an agreement**<*of which* the details could not be altered>.(LEG19)
<> **The school** <*which/that* she is head *of*> is closing.(3G55A)
<> That shows **the extent** <*to which* the abuse is growing>.(Hansard)
<> **The well** <*which/that* we had come *to*> was not like the wells of the Sahara.(ASEc25)
<> **The office** <*which/that* Graham took us *to*> was filled with books.(3G55C)
<> The **rate** <*at which* a material heats *up*> depends on its chemical composition.(")
<> The **building** <*in front of which* stands a big tree> is our house.(ZEG397)
<> This is **a thing** <*which/that* I want to see>.(NED)
<> **That** <*which* a man likes> is half done.(Proverb)
<> A whole is **that** <*which/that* has beginning, middle and end>.(Aristotle)
<> I was aware of **that** <*which* his keener senses had already distinguished>.(1ACD772)
(인격체/사람집단)
<> John is **a gentleman** <*which* his brother is not>.(OES313,SSE317)(인격체)
<> His mother had **ten children** <*of which* he was the oldest>.(OES313)(집단)
<> **The family** <*which* is slowly accumulating a little library> is always a rising family.(NED)
d) when (시간)
<> Do you remember **the time** <(*when/that/at which* it happened>?(SBE142,2G92D,3G54B)
<> **The last time** <(*when/that/at which* I saw her>, she looked fine.(2G92D)
<> **The day** <*when/that/on which* we arrived in Chicago> was very hot.(SBE142,2G92D)
<> Do you remember **the day** <*when* we went to the zoo>?(2G92D)
<> I haven't seen them since **the year** <(*when/that/in which*) they got married>.(2G92D)

<> 1979 was **the year** <(*when*/*in which*) my son was born>.(LEG22)

☆ the day, the year, the time 등은 when보다 that를 주로 사용(대용)하거나 생략할 수 있다.

e) where(장소/상황), **where+by/from/in/of/on**

where는 that, 또는 위치를 나타내는 경우는 '위치전치사(in/at/on 등)+which'로 전환 가능하다.

<> This is **the place** <*where*/*that*/*at which*) we first met>.(3G54B)

<> I would like to live in **a place** <*where* there is plenty of sunshine>.(2G92C)

<> Do not go down to Egypt; live in **the land** <*where* I tell you to live>.(Ge26:5)

<> He was put in **a delicate situation** <*where*/*that*/*in which* he couldn't do a thing>.(NED)

<> There are **many cases** <*where*/*that*/*in which* such a principle is not practicable>.(DED)

<> She dreamt of **a future** <*where*/*that*/*in which* she could spend more time painting>.(3G45A).

<> That is ***the* place** <*where*/*that* he comes *from*>.(DED)

<> That was **the island** <*where*/*that* they'd evacuate *to*>.(NED)

<> We need to develop **a system** <*whereby* workers and management can communicate more effectively.(or …the system in/by which farmers…)(3G54B,OAD)

<> The pungency of ammonia bit her nostrils, wafted to her from **the soaked sponge** <*wherefrom* he breathed the fiery fumes that cleared his brain>.(Web)

<> It's **a medical school** <*wherein* we could learn a love for humanity>.(Web)

<> What fruit had ye then in **those things** <*whereof* ye are now ashamed>?(Ro6:21KJB)

<> **The ledge** <*whereon* he had landed before> was deeply undercut.(web)

f) why (이유)

<> The **reason** <*why*/*that* /*for which* I'm calling> is to ask your advice.(2G92E.3G54B)

<> Do you the **reason** <*why*/*that*/*for which* he was late>.(ZEG406)

g) how (방법)

<> She took it in **the spirit** <*how*/*that*/*in which* it was intended>.(OED)

<> We perceive not **the ways and manners** <*how*/*that*/*in which* they are produced>.(OES330)

cf. Have you noticed **the way** <*that*/*in which* he spins the ball>?(3G34C)

☆ **the way how** 는 쓰이지 않고 the way나 how 중 하나를 쓰든지 the way that/in which를 쓴다.(SBE142)

[참고]

관계절의 선행사는 주로 명사(구)나 앞 문장 전체이지만 그 외의 것들도 있다.

<> I'm **surprised**, which I know you are not.(CES139)(형용사 수식)

<> It's **in the kitchen**, where it should be.(CES139)(전치사구 수식)

<> Susan **placed a personal ad**. which I would never do.(CES139)(문장의 일부)

관계절의 선행사는 관계절 바로 앞에 오는 것이 원칙이지만 외치된 문장에서 분리되는 수도 있다.

<> **No man** is a failure <*who* has a firend>.(외치관계절)

<> **Everything** was done <*that* could be done>.(2CD261)(외치관계절)

(2) 비wh-절 형용어

a) that (사람/사물)

that는 모든 wh-어(whose 제외)를 대신할 수 있으나 전치사의 직후에는 올 수 없다. 또한, 다음의 경우에는 that 대신 which를 사용할 수 없다(OES314~315):

ⓐ 선행사가 '사람+사물'인 경우

<> Do you know **the man and his car** <*that* I was looking for>?(MBE208)

ⓑ 선행사가 'the+first/last/next/only/only/very/same 또는 최상급'으로 한정된 경우

<> He is **the only man** <*that*/*who* is able to handle that boy>.(NED).

<> I told the news **the first man** <*that*/*whom* I met>.(OES314)

<> It was **the last thing** <*that* he had>, so she went badly to market.(YBM)

◇ **The only thing** <*that* overcomes hard luck> is hard work.(proverb)
◇ This is **the same watch** <*that*/*as* I lost >.(MBE208)(같은/비슷한)
◇ He uses **the same books** <*that*/*as*) you do>.(OES316)(")
◇ Women don't reason in **the same way** <*that* men do>.(YBM)
◇ She is one of **the kindest people** <*that* I know>.(3G53B)
ⓒ 선행사가 each, every, both, all, no, any/some, such로 한정되는 경우 등
◇ I gave **all the money**<(*that*) I had>.(2G92D)
◇ **Any book** <(*that*) I have> is yours.(SSE312) /
◇ I'll do **all** <*that* is required of me>.(DED)
◇ These walls are **all** <*that* remain of the city>.(3G53B)
◇ I, Nate the Great, picked up **every book** <*that* Rosamond had brought over>.(26NG63)
◇ There is **no radio** <there> <*that* I know of>.(BSa3)
◇ Don't buy **anything** <*that's* not on the list>.(2G121B)
◇ First try to do **something** <*that* is within your scope.(OED)
◇ **Everything** <*that* they said> was true.(2G92D)
ⓓ 선행사가 대명사인 경우
◇ Who are you to interfere—**you** <*that* are new to the lodge>?(2ACD277)
◇ **He** <*that* takes you from Allin-a-Dale> shall find that he has Robin Hood to deal with.(JB28)
◇ Who is **it** <*that* you're looking for>?(NED)) / ◇ What is **it** <*that* you want to say?(NED)
◇ He did not know [where **it** was <*that* he had jumped off>]?(JJM313)
◇ You know, my faith is **one** <*that* admits some doubt>.(명언)
ⓔ 선행사가 wh어인 경우
◇ **What** do you have <*that* you did not receive>?(1Co4:7)
◇ **What** are You Doing <*that* is Causing Unexpected Harm>?((Brad Barbera)
◇ **Who** <*that* knows him> will believe him?(OES314,MBE208)
◇ **Where** does this man intend to go <*that we cannot find him*>?(Jn7:35)
ⓕ 선행사가 way(=manner)인 경우
◇ Have you noticed **the way** <*that*/<u>*in*</u> *which* he spins the ball>?(3G34C)
◇ The website is organized in **such a way** <*that* it is easy to navigate>.(3G81X)
ⓖ 선행사가 be의 보어인 경우
◇ Mary was no longer **the girl** <(*that*) she was>.(ZEG395)
◇ He is not **the bright fellow** <(*that*) he used to be>.(ZEG395)
ⓗ 관계부사의 대용으로 쓰이는 경우
◇ **The few times** <*that* he appeared at the house> were for AAmaranta Ursula,(GGM583)
ⓘ 기타: which 대신 쓰이는 경우
◇ "I | have ‖ **a doll** <*that* squeaks>,"(1NG17) Annie said.
b) as (사람/사물) ☞ 도치구문은 5편 3장 B.(4) 참조
◇ First, the determination of the degree of methylation cannot hinge on **arbitrary thresholds** <*as* is commonly done>.(ludwig.guru)(S)
◇ This is **Tom** <*as* they know>.(=*as* is known by them)(SSE325)(O)
◇ **Language** <*as* we know it∨> is a unique human property.(OED)(A)
◇ I have too much of **that** <*as* it is ∨>.(2UE458)(P)
◇ <*As*> **many men** <*as* came> were caught.(OES315)(S)
◇ I don't know <*as*> **many people** <*as* you do ∨>.(2G104A)(O)

<> I can make <*as*> **many pancakes** <*as* I wanted ∨>.(21NG10)(O)
<> You can have <*as*> **much** <*as* you want ∨>.(2G104B)(O)
<> He doesn't talk <*as*> **much** <*as* his brother does ∨>.(2G104A)(A)
<> Read <such> **books** <*as* you want to read ∨>.(SBS134)(O)
<> <Such> **a kind of work** <*as* needed fire> I always did in a large cave.(DBE269.DD149)(S)
<> <Such> **advice** <*as* he was given> has proved almost worthless.(A)
<> Madame Beaumont was a guest **such** <*as* the Hotel Lotus loved ∨>.(OHS79)(O)
<> I should like to us <the same> **knife** <*as* was used yesterday>.(ZEG393)(S)(비슷한)
<> The student is not <the same> **man** <*as* he was ∨ before>.(ZEG393)(P)(")
<> That is <the same> **one** <*as* I showed you the other day>.(ZEG393)(O)(")
<> He uses <the same> **books** <*as*/(or *that*) you do ∨>(OES316)(O)(")
<> You're feeling <the same> **way** <*as* I do ∨>.(Vlive)(A)(")
<> I believe they are **the same** <as we are ∨> and should be treated as such.(NED)(P)(")
<> Leave things **the same** <*as* they are ∨ now>.(P)(")
<> Here is <the same> **a big stone** <*as* no man can lift>.(BEG109)(O)(")
cf. Here is <such> **a big stone** <*that* no man can lift it>.(S)(")(접속사)
<> She is {so diligent} **a man** <*as* ever lived>.(ZEG392)(S)
<> Here is {so big} **a stone** <*as* no man can lift>.(ZEG392)(O)

c) but (사람/사물)

<> There is <*no*> **one** <*but* admired his courage>.(=who did not admire)(SBE134)(S)
<> **Who** is here <*but* hopes for happiness>?(=who does not hope)(S)
<> Not **a day** passes <*but* I think of her>.(=when I do not think of her)(A)
<> **All** <*but* he> are present.(=except)(DED)(S)(him이면 전치사용법)

d) than (사람/사물) ☞ 5.3.B.(4) 도치

<> He worries **more** <*than* is necessary>.(PEU575,JWG177)(S)
<> Still, I dare say, **more** was guessed <*than* was known>.(Ho199)(S)
<> You are a <*better*> **singer** <*than* I am ∨>.(or than me)(1G86B)(P)
<> He is **more** of a teacher <*than* he is ∨ of a scholar>.(P)
<> Oliver usually has <*more*> **cases** <*than* she can handle ∨>.(25NG18)(O)
<> He thinks that he knows **more** <*than* I know ∨>.(5JG74,1ST40)(O)
<> When we come to the end of the story we shall know **more** <*than* we do∨ now>.(HA228)(O)
<> We now know a lot **more** about the Universe <*than* we did ∨ ten years ago>.(1G89B)(O)
<> I knew I didn't have much money, but I have even **less** <*than* I thought ∨>.(O)
<> This is **more** <*than* I bargained for ∨>.(2DB157)(O) (JJR377)(OP)
<> No people would ever be **other** <*than* the nature of their government made them ∨>. ⤴

☆ 비관계절 형용어(접속사절)

<> Here is **James Henry Trotter** <*after* he had been living with his aunts for three whole years]>.(Dahl, James 5)
<> The sweet scents made me think of **my own house** <*before* my mother died>.(CRL96)

(3) 정형절 형용어의 관계사 생략

(주격관계사:비격식체)

() Here are **some people** <(*who*) don't want to be rich>.(SSE339)(here be 구문)
() There is **a man** <at the door> <(*who*) wants to talk to you>.(PEU486,3G95C)(there be 구문)
() He is one of **the greatest poets** <(*that*) there are ∩ in the world>.(DBE262)(")

() That is **all** <(*that*) there is ∩ to it>.(1UE504, HaM917)(")

() We shall learn **everything** <(*that*) there is ∩ to learn>.(O'B102)(")

() We feed **children** <(*who*) {we think} are happy>.(삽입절이 있는 경우)

() He used humor to point out **anything** <(*that*) {he believed} was wrong or unjust>.(")

() This book deals with **a super-learning method** <(*which*) {I believe} will help you learn English effectively>.(")

(술격/보격 관계사)

() He is not **the man** <(*that*/*who*) he was ∩>.(OES326,SBE135)

() She is not **the innocent girl** <(*that*/*who*) you believed her to be ∩>.(SSE339)

() She is not **the cheerful woman** <(*that*/*who*) she was ∩ before marriage>.(SBE135)

() They are illusions, they're not **the solutions** <*that*/*which*) they promised to be ∩>.(DCFM)

() The killing beauty is **the name** <(*that*/*which*) I call her ∩>.

(목적격관계사)

() The **people** <(*that/who*) we met> were very friendly.(1G100A)

() *The* **bag** <(*that/which*) he is carrying ∩> is very heavy.(1G100A)

() "What is **this** <(*that*) you have done>?" "The serpent deceived me, and I ate."(Ge3:13)

() **The hotel** <*that*)/*which*) we stayed *at* ∩> was near the station.(1G103B)

() **The girl** <(*that/who*) Bill waited *for* ∩> didn't turn up.(SBE134)

() This is **the house** <(*that/which*) she lives *in* ∩>.(MBE232)

() God will bless you in **everything** <(*that*) you put your hand *to* ∩>.(Dt15:10)

☆ 관계대명사가 전치사의 목적어일 때 생략하면 전치사는 문미에 둔다.

(부가격관계사)

() We need **a place** <(*that/where*) we can stay ∩ for a few days>.(PEU483,2G92C

() Then **the only place** <(*that*/*where*) he could bury the picture ∩> is in the yard.(1NG30)

☆ 장소를 나타내는 선행사가 where, somewhere, anywhere, everywhere, nowhere인 경우에는 관계부사는 that만 가능하고, 이 경우에는 선행사를 생략할 수 없다.

() Do you remember **the day** <(*that/when*) we went to zoo ∩>.(2G91D)

() (The) Morning is **the time** <(*that/when*) I work best ∩>.(3G47C)

() I didn't get a pay rise, but this wasn't **the reason** <(*that/why*) I left ∩>.(3G54C)

() I didn't like **the way** <(*that*) she spoke to me ∩>.(PEU483,OAD)

() I did not like **the way** <(*that*) it looked ∩>.(4NG29)

(4) '전치사+정형절' 형용어

<> We had **a discussion** <about [*what* we should do]>.(2G130A)

<> I will say **something** <about [*how* the work is to be done]>.(ZEG378)

<> **No information** was given <about [*how* the study was conducted]>.(3G-RI30)

<> I never took a **yen** <above [*what* I needed to eat]>.(MJL416)

<> We need to develope **a system** <by/in [*which* workers and management can communicate more effectively]>.(=whereby)(3G54B)

<> Attendance is **the school word** <for [*who* isn't here today]>.(23JB1)

<> And I need **some lollipops** <for [*when* kids get needles]>.(1JB51)

<> **Nothing** exists <from [*whose* nature some effect does not follow]>.(Spinoza)

<> The engineer gave us **some advice** <on [*how* we run our factory]>(ZEG377)

<> He asked her an innocent **question** <like [*if* she was South Korean]>(MJL435)

<> He does **more** <than [*what* he promises to do]>.(NEI)

<> They might be **a clue** <to [*where* the can went]>.(8NG20)

<> I crossed **the room** <to [*where* she was sitting]>.(CEG369)

<> You won't be able to find **the answers** <to [*why* this happened to me]>.(SsK185)

<> Do have **an alternative suggestion** <as to [*why* communists are founded]>?(Plato59)

<> She asked **my advice** <as to/on [*what* subject she study at university]>.(3G38B)

<> There is **some discussions** <as to/as of [*whether* the price included tax or not]>.((3G38B)

<> **The sand** was not pressed down <next to [*where* you found your beach ball]>.((10NG44)

D. 부사적 관계절과 명사적 관계절

(1) 부사적 관계절(추가정보절: 관계절의 계속적/비제한적 용법).

관계절의 계속적 용법은 비독점적 사실을 나타내는 용법으로 추가정보절이라고 한다. 보통 관계사 앞에 콤마(,)가 있으며 'and, but, though, for+대명사'의 의미를 가진다. 형식상 형용절로 다루나 실질적으로는 부사절(sentence relative as stance adverbials)에 해당한다.(LSW867)

☆ why와 how는 제한적 용법(restrictive use)만 가능, 계속적 용법은 불가(OES330)

(i) 선행사가 단어/구인 경우

(who/whom)

, He had **two sons**, *who* became doctors.(, and they became...)(SBE135)

(두 아들만 있음: 이들이 의사가 된 사실은 비독점적 사실)

cf. He had **two sons** <*who* became doctors>.(비의사인 아들도 존재:의사인 아들에 대한 독점적 사실)

, My brother **Jim**, *who* lives in Houston, is a doctor.(, and he lives...)(2G93A)

, He likes **him**, *who* is kind.(..., for he is kind.)(SBE135)

, I will employ **him**, *who* is crippled, (though he is crippled)(SBE135)

, This is **my friend** from Canada, *who(m)* I was telling you *about*.(2G94A)

Mr. Lee, *to whom* I spoke at the meeting, is very interested in our proposal.(2G94A)

, There are **80 teachers** in Physics Department, *among whom* are 24 professors.(3G55C)

, Megan has **three brothers**, all <*of whom*> are married.(, and all of them)(2G94B)

, Sue has **a lot of friends**, many <*of whom*> she went to school with..(, and many of them)(")

. There will be **67 live-in technicians**, 40 <*of whom*> will be Russians..(NEI)

(whose)

, **My brother**, *whose* major was economics, is a professor of university.(DED)

, We came in sight of **a hill**, *whose* top was still buried in the fog.(YBM)

(which)

, She kissed **the baby**, *which* was in its mother's arms.(, and it was...)(ZEG397)

, He often gave Mary **advice**, *which* she neglected.(, but she neglected it.)(MBE212)

, He spoke to me in **German**, *which* language I didn't understand.(SBE142,3G53C)

, He will resign at **a meeting** on Monday, *at which* time a successor will be named.(YBM)

, They asked me **a lot of questions**, most <*of which*> I couldn't answer.(, and most of them)(")

, Tom tried on **three jackets**, none <*of which*> fit him.(, and none of them)(2G94B)

, They have **three cars**, two <*of which*> they rarely use.(, and two of them)(")

, The building was destroyed in **a fire**, the cause <*of which*> was never established.(2G94B)

, We stayed at **a beautiful hotel**, the name <*of which*> I can't remember now.(2G94B)

, Yesterday we visited **the City Museum**, *which* I'd never been *to* before.(2G94A)

, Fortunately we had **a map**, *without which* we would have gotten lost.(2G94A)

(when)

, I stayed in London for **a week**, *when* I received a telegram.(, and then)(DBE326,DHL535)
(where)
, She went to **New York**, *where* he stayed for a week.(, and there)(DBE326)
, He walked her to **Chapel Street**, *where* the buses were waiting.(, and there)(ErS)
(but)
, There was not **a line** in her countenance, not **a note** in her soft and sleepy voice, *but* spoke of an entire contentment with her life.(=, which... not)
(ii) 선행사가 문장이나 그 일부인 경우
(which)
, **Joe got the job**, *which* surprised everybody.(2G94C,14JG166)
, **He came to see me**, *which* was very kind of him.(REG86)(“)
, **Entire forests have been cleared for pasture land**, *for which* ecologists blame government policy.(YBM)
, **He missed the bus**, *for which* he was late to work.
, I had forgotten **to draw the curtain**, *which* I usually did.(SBE135)
, She was **rich**, *which* I was not.(SBE134)
(whose)
. **The project is stopped**, *whose* cause is a lack of funds.
(as)
, **He was a foreigner**, *as*(=*which*) I knew from his accent.(SBE134)(선행사는 앞 문장)
, **He came home drunk**, *as* is the case.(OES316, KsS111)(“)
, *As* is well known, **smoking is dangerous**.(SSE325)(선행사는 뒷 문장)
, *As* is often the case with him, **he was late this morning**.(SSE325)(“)
cf **65% of the members voted for Ken Brown this time**, *whereas* 84% did so last year.(3G63B)
(iii) '주어+be' 생략
, **The men**, (***who*** are) *wearing* anoraks and hats, made off in a Volvo estate.(3G56E)
, But who are **you**, O man, (***who*** are) *to talk* back to God?(Ro9:20)
, I soon finished **the article**, (***which*** was) *to be published* later that day.(WRforum)
cf, **It was Sunday**, *indicating* there would be no classes.(=***which*** indicates)(CES148)(앞 문장 수식)

(2) 명사적 관계절 ☞ 1.7 및, 2.7 참조

관계절이 명사절 역할 즉 주어, 동격술어, 목적어, 부가어의 역할을 하는 경우, 이를 명사적 관계절(nominal relative clause)이라고 부른다.

☆ Some clauses beginning with a wh-word are used like a noun phrase in a sentence. These are sometimes called nominal relative clauses:.(3G54C)

(i) wh-어로 시작되는 절이 명사절로 사용되는 경우.
[] This is exactly [**what** I wanted].(=the thing which)(PEU497)(동격술어)
[] Jill was asking [**what** happened].(LSW683)(목적어)(간접의문문 겸함)
[] I didn't know [**what** I should do next].(what= the thing that)(3G54C)(목적어)(간접의문문 겸함)
☆ 선행사가 있는 경우에는 what 을 사용할 수 없다. ◇ I managed to get **all the books** <**that** you asked for>. (*not* …all the books what you asked for.)(3G54C)
[] I am [**who** I am].(=the person who)(Ex3:14)(동격술어)
[] It's evidence of [**which** the facts of it's reliability are to be judged in court].(Mia Farrow 5)
[] Can you give me a list of [**who**'s been invited]?(=the people who)(3G54C)(목적어)
[] What's the key to [**who** stays, who goes]?(YBM))3G54C)(목적어)
[] This is [**where** we used to play].(=the place where)(DED)(동격술어)
[] Monday is [**when** I am busiest].(=the time when)(GED)(“)

[] This is [**how** they eat their food in China].(*or* the way...)(SBE142)(동격술어)

[] I didn't like [**how** she spoke to me].(=the way that)(목적어)(간접의문문 겸함)

[] That's [**why** I failed in the exam].(= the reason why)(OES330))(동격술어)

☆ wh-보어절은 의존의문사절이거나 명사적 관계절이 될 수 있다. 같은 wh-절의 형태가 어느 하나가 의미상 의문문이 명확한 경우를 제외하고는 두 경우에 같이 사용된다. *Wh*-complement clauses can be either dependent interrogative clauses or nominal relative clauses. The same set of *wh*-clauses is used with both, except that *whether* is unambiguously interrogative.(LSW683)

(ii) what+ever로 시작하는 절은 부정, 미지의 사물/사람에 대해 사용

'~하는[…인] 것은 무엇이든' 을 뜻하는 whatever, '~하는 누구든지' 를 뜻하는 whoever, '~하는 어느 것[쪽]이든(지)' 를 뜻하는 whichever 등으로 시작하는 명사절도 사용한다.

[] I'm sure I'll enjoy eating [**whatever** you cook].(=anything that)(3G54C)(목적어)

[] [**Whoever** wins] will go on to play Barcelona in the final.(=anyone who)(3G54C)(주어)

[] [**Whichever** of you gets here first] will get the prize.(=anyone/anything)(OED)(주어)

(iii) 비wh-어(that, as, than)로 시작되는 절이 명사절로 사용되는 경우.

[] I am (the one) [**that** I am].(Ex3:14)(동격술어)

[] Briefly, the argument is [**as** follows].(OED)(동격술어)

[] I answered [**as** follows].(YBM)(follows는 비인칭동사)((부가어)

[] You can do [**as** (or what) you like].(=the way)(2G114D,X;5JG251)(")

[] They did [**as** they was told].(Josh10:24NLT, JB284)(")

[] Leave things [**as** they are] until the police come.(NEI)(목적격술어)

E. 동격어(Apposition)

단어/구가 다른 말과 같은 것을 의미하거나 절이 다른 말의 내용을 나타내는 것을 가리키는 명사적 형용어이다. 명사(구), 동명사, 동격절은 명사적 용법, to부정사는 형용사적 용법이다.

(1) 단어/구 동격어

(대명사)

[] She knew the **reason** [*why*].(1TC67)

[] It was **Mary** [*herself*] that met him in the park.

[] I'm not going to do your homework for you. **You** can do it [*yourself*].(2G80D)

(명사/명사구)

[] I nodded the **word** [*yes*]. But inside my head I said the **word** [*no*].(1JB8)

[] The **word** [*gossip*] itself actually means 'God's skin.'(LSW638)

[] My **friend** [*Jim*] has moved to Sweden.(=*rather than* My friend, Jim,)(3G56A)

[] My name is **Nate** [*the detective*].(1NG7)

[] I hope you charged him triple what **we** [*poor fellows*] pay.(MJL17)

[] [*My business partner and great friend*] **Tom Edwards** is getting married today.(3G56B)

[] **D H Lawrence**, (*the*) *author of 'Sons and Lovers'*, died in1930.(LEG70)

[] This **side-effect** of the treatment, *namely weight gain*, is counteracted with other drugs. [(3G56C)

[] Now **I**, [Nate the Great], will find a lost picture.(1NG10)

[] **She** is very nice about it, [*the old lady*].(JDS201,174,2ACD189)

[] I | painted a picture of **my dog**, Fang.(1NG15) ☆ Fang은 my dog의 동격어

[] Now here is a **genuine son** of Israel—[*a man of complete integrity*].(Jn1:47)

[] **He forgot to take off his hat**—[*a sure sign of confusion*].(SBE153)(문장 동격어)

(전치사구)

[] What does Sandra do?—She's a **teacher**, [*like me*].(2G114A)

[] If the second prevails, the **fact** [*of the defendant's fault*] is decisive against him.(LSW970)

[] Some **sports**, [*such as race-car driving*], can be dangerous.(2G114B)

☆ 앞의 명사가 뒤의 명사를 수식하는 형용어

<> Where's <*that idiot of*> **a boy**?(one noun describes a second one)(OED)

<> She was <*an angel of*> **a wife**.(")(an angelic wife)(DBE387)

(비정형동사)

[] Our **decision** [*to help*] was wise.(LEG311) / [] I have no **desire** [*to be rich*].(SBE14)

(2) 비정형절 동격어

(of -ing절)

☆ cost, effect, fear, habit, idea, intention, likelihood, possibility, plan, point, probability, problem, prospect, risk, sign(3G93B) 동격을 나타내는 of는 "의 기호로 생각하면 된다. the city of Paris.(SBE151)

[] I cannot bear the **idea** of [*parting* from her].(*not* to~)(3G93C)

[] He's got into the **habit** of [*biting* his nails when he's nervous].(3G93B)

[] I have *no* **intention** of [*lending* Dan any more money].(*not* to~)(3G93C)

[] What's **point** of [*having* a car] if you never use it?(")2G61A)

[] There is no **hope** of [*our getting* a letter from him soon].(=that we wiil get...)(REG274)

(to~절)☞1.6.C(1)(a)

[] I accepted Louisa's **invitation** [*to visit* her in Rome].(3G38A)

[] He announced his **intention** [*to stand* in the election].(3G93C)

[] Do you have much **opportunity** [*to practice* your English]?(2G62B)

[] He gave an **order** [*to start* an attack].(BEG299)

[] His unhappy childhood explains his **reluctance** [*to talk* about his parents].(3G93B)

[] They carried out their **threat** [*to dismiss* workers on strike].(*or* that~)(3G38A)

[] I have one **aim** in life, [*to live* in peace].(*not* of-ing)(SBE151)

(of/for -ing절 or to~절)

☆ a) 전달동사 무관명사: ability, attempt, concern, desire, determination, failure, inability, permission, proposal, reason, refusal, (un)willingness.(3G93B) (b) 전달동사 관련명사: agreement, claim, decision, encouragement, instruction, invitation, hope, order, promise, recommendation, refusal, threat, warning, wish(3G38A, 3G338)

[] The **aim** of [*providing* clean drinking water] has been achieved.(*or* to~)(3G93C)

[] He announced his **intention** of [*standing* in the election].(*or* to~)(3G93C)

[] Do staff have the **opportunity** of [*taking* unpaid leave]?(*or* to~)(3G93C)

[] They have an **opportunity** for [*studying* Japanese history,(*or* to~)(ZEG242)

다만, 다음의 경우는 의미가 다르거나 한정어/수식어의 차이에 따라 병용불가

[] What's the **chance** of [there *being an election* this year].(=likelihood)(PEU581)

[] Will you get a **chance** [*to visit* Miki in Japan]?(=opportunity; *not* of-ing)(3G93C)

[] I've got a new **way** [*to cook* rice].(=method)(*or* of -ing)(3G93C)

[] She has a really funny **way** of [*speaking*].(=manner; *not* way to speak)(3G93C)

(for~ to~절)

[] He gave immediate **orders** [*for all his family to be summoned* around him].

[] Ten thousand **reasons** [*for my heart to find* / *for my soul to sing*](hymn)

[] I have a **way** [*for you to become* my son-in-law after all].(1Sa18:21) [(OES174)

(wh- to~절)

[] I have no **idea** [*how to open* it or *what to do* with it].(3DB222,477,HH81)

[] It may help to solve one of mankind's urgent **problems**:[*how to increase* food production].↴

[]. Before we left, we gave them **strict instructions** <about/as to [how to cook it]>. (SBE150)

[] Our previous meeting looked at the **issue** <of [*how to increase* income]>.(3G38B)

(3) 정형절 동격어

(wh-절)

☆ (a) 전달동사 무관명사: idea (b) 전달동사 관련명사: discussion, explanation, issue, question, telling(3G38A)

[] She obviously had no **idea** [*what* had just happened in the ball room].(Fr'n42)

[] Nobody had any **idea** [*who* you were or *how* you got here].(2DB20)

[] I suppose you can give me no **idea** [to *whom* these letters were addressed].[(5AC42)

[] We have no **idea** [*where* her tomb is].(3DB330, HaM354,Jn8:14)

[] I have no **idea** [*why* she flied out at me].(YBM)

[] Do you have any **idea** [*how* much it will cost]?(2G48A)

[] They gave no **indication** of [*how* the work should be done].(OED)

[] I have no **notion** of [*who* could do this].(YBM)

[] Next comes the **question** [*what* step we should take].(ZEG386)

[] John raised the **question** of [*when* the money would be collected].(3G38A)

[] There is no **telling** [*when* the situation will improve].(7JG452)

(whether절)

[] There is some **doubt** [*whether* she'll come].(EJD)

[] The **problem** [*whether* it is right or wrong has not yet been decided].(ZEG386)

(that절)

(a) 전달동사 무관명사: fact, idea, opinion (b) 전달동사 관련명사: acknowledgement, admit, advice, agreement, allegation, announcement, answer, argument, assertion, assumption, belief, claim, comment, conclusion, decision, doubt, dream, expectation, explanation, fear, feeling, forecast, guarantee, guess, hope, indication, information, knowledge, observation, order, promise, recommendation, reply, report, response, rule, rumour, saying, sense speculation, statement, suggestion, thought, threat, understanding, warning, wish(3G38A, CEG338)

[] There is(or I have) no **doubt** [*that* he will succeed].(Destiny's Desire448)

[] The jury came to the **conclusion** [*that* the woman was guilty].(3G38A)

[] The **fact** [*that* he lost the tennis match] surprised us.(SBE150)

[] The **fear** [*that* he would fail] made him nervous.(OES565)

[] Father is of the **opinion** [*that* the rich are not always happy].(SBE48)

[] I couldn't shake the **feeling** [*that* I was the wrong man for the job].(Bruce46)

[] There is little **hope** [*that* he would survive].(CEG338, DED)

[] I have an **idea** [*that* he will come today].(OES565)

[] The police issued an **order** [*that* all weapons be handed in immediately].(3G39C)

[] They carried out their **threat** [*that* they would dismiss workers on strike)(3G38A)

[] It was **so** [(*that*) I wouldn't say anything at home].(AJM20)

[] The facts are **such** [*that* the project has had to be postponed].(DED)

[] The damage was **such** [*that* it would cost thousands to repair].(NED)

[] **Such** *was*」 his strength [*that* he could bend iron bars].(LEG143)

(인용절)

[] The **question** *Where is Mom now?* tricked in between whatever thoughts you had making you anxious.(KsS225)

[] She then come out with the **answer**:'*Oh yes! They called him 'Antoine'.*'(3ST21)

3.4 부사어(adverbial)

부사적 수식어 즉 부사어(adverbials)의 재료에는 단어, 구, 절이 있다.
부사어는 문장에서의 기능에 따라 피수식어 앞뒤에 오는 부속부사어(주로 단어)와) 피수식어 분리된 분리부사어(주로 구나 절)가 있다. 후자는 위치에 따라 주절의 앞뒤에 오는(앞에 오는 것은 콤마로 분리) 협의의 분리부사어와 문장 속에 삽입된 삽입부사어가 있다. 부사어는 {} 나 콤마로 표시하여 구분한다. 문장의 구성부분 역할을 하는 부가어와 구별되며 이는 []로 표시한다.

☆ He {slowly}(부속) turned round.. / He turned round [slowly](부가).(3G74A): Andre {greedily}(부속) ate all the biscuits. / {Greedily}(분리) Andre ate all the biscuits. Andre ate all the biscuits [greedily](부가).ESA20): Last night(분리), the teacher were very drunk. / The teacher were very drunk [last night](부가).ESA13): I pray {everyday} for a small miracle.(5JC184)(삽입) Hansu looked {soberly}(삽입) at her.(삽입) / Hansu looked at her [soberly](부가).(MJL211) {Though it seemed {to the world}(삽입) they were all I desired},(분리), they are illusions,(DCMA).

A. 단어/구 부사어

(1) 부사 부사어

이에 대하여는 ☞ 4.4.B. 부사 참조

(2) 대명사/명사(구) 부사어

(i) 지시대명사

(that) 강조부사:그렇게/그만큼/그 정도

{} It isn't {all that} **cold**.(형용사강조)(그렇게) / {} It's about {that} **long**.(OED)(명사강조)(그 정도)

{} I was {that} **scared** I didn't know what to do.(형용사강조)(그렇게/그만큼/그 정도)

{} I can't walk {that} **far**.(OED)(부사강조)(그렇게)

{} There aren't {that} **many people** here.(한정어강조)(그렇게)

(this) 강조부사: 그렇게/그만큼/그 정도, 이렇게/이만큼/이 정도

{} It's about {this} **high**.(OED).(형용사강조)(이렇게/이만큼/이 정도)

(ii) 부정대명사

(all)

{} **We** {all} waited.(13NG22) / **We** {al}l} went inside.(6NG48)

{} **They** {all} live in the same city.(1G92B)(모두)(대명사수식)

{} He had **it** {all} in that book.(2ACD523)(")(")

{} My **sons** are {all} college students.(SBE151)(모두)(명사수식)

{} The **athletes** are {all} <u>on</u> top form.(OED)(")(")

(both)

{} **We** {both} deserve a treat.(24NG47) / **Sarah and Jane** {both} applied for the job.(2G107C,23JB71)

{} I've got two brothers. **They**'re {both} doctors.(1G92B)

{} Why don't you go and get **us** {both} a pie?(LSW391)

(each)

{} The **students** were {each} given a book.(2G89C)

{} These **oranges** cost 75 cents {each}.(2G89C) He hugged **them** {each}.

(either/neither)

{} A: I'm not happy. B: I'm **not happy**, either.(1G40A)(역시)

{} A: I can't cook. B: I **can't**, either.(1G40A)(역시)

{} Bill doesn't watch TV. He doesn't **read newspapers**, either.(1G40A)(마찬가지)
{} I know a good Italian restaurant. It's **not far from here**, either.(OED)(게다가)
(enough;후치수식)
{} He can't reach the shelf. He isn't **tall** {enough}.(1G86A)
{} The radio isn't **loud** {enough}. Can you turn it up, please?(1G90D)
{} She paints **well** {enough}.(=passably, tolerably)(KED)
{} The sweater isn't **big** {enough} for me.(1G89D)
(half)
{} When the cup was {half} **full**, he lifted it toward his mouth.(JB258)
{} Toland found the parking lot {half} **empty**.(5TC54)
{} The leader was {half} **across the Ford**.(4HP231,5HP230)
{} The glove was {half} **on**.(MiC11)
{} Her eyes were {half} **shut**.(DHL427) Pella {half} **zipped** her sweatshirt.(CH421)
(a little)
{} He was {a little} **frightened** of them too.(4LR49)(형용사수식)
{} I'm {a little} **short** of money. Can you lend me some?(2G128B)(")
{} He pushed Harry {a little} **ahead of him**.(5HP482)(전치사구수식)
{} You are {a little} **out of your way**.(4LR49)(")
(much)
{} You go out {much} **more** than me.(1G86D)(부정대명사수식)
{} My new job is {much} **the same** as the old one.(명사구수식)
{} The real evils were the power of having {too much} **her own way**.(1JA5)(명사구수식)
{} Your help was {very much} **appreciated**.(OED)(")((형용사수식)
{} She {very much} **disliked** the new fashion of the strangers.(2DB218)(능동사수식)
{} He was {much} **agitated**. by the news.(BEG253)(수동사수식)
{} I wanted {very much} **to cry**.(A'G99)(부정사수식)
(more/most;비교구문 아님)
{} I'd like to have a {more} **reliable** car.(2G102B)(형용사수식)
{} I looked {more} **closely**.(1MiC357)(부사수식)
{} He read the letter {more} **carefully** the second time.(1MiC357)(")
{} Between them, it was {more} **the intimacy** of sisters.(1JA5)(명사수식)
{} I dislike {most} **greedy people**.(SBE205)(매우/대부분)(") l
{} Which was (the) {most} **expensive**?(3G72C)(최고)(형용사수식)
{} We shall {most} **probably** never meet again.(")(부사수식)
(none)
{} He was looking {none} **too pleased**.(OED)(별로/전혀) (그 이상/여전히 모르다)
{} She told me what it meant at great length but I'm afraid I'm {none} **the wiser**.(OED)
{} I hope you'll have {none} **the worse** luck.(=no less)(GEs314)(더 나빠지지는 않다)
(others)
{} Is he {any} **better** today.(SSE610)(어느 정도/조금이라도)
{} She's feeling {no} **better** this morning.)(OED)(형용사부사 앞에 쓰여 not과 같은 뜻을 나타냄)
{} The engine sounds {something} **awful**.(DED)(꽤, 상당히)(형용사수식)
{} It cost {something} **over $10**.(DED)(얼마간, 다소, 조금)(전치사수식)
(iii) 수사

{} **We** {two} will go to see you.(ZEG4)

{} Maybe hatred of Chandler is [what keeps **those** {two} together].(JP133)

{} I love thee because thou hast {first} **loved** me.(Hym512)

(iv) wh-어

(how/however)

{} "*{How}* **big** is the house?" "Not very big." (1G45D)

{} {*How*} **many** players are there on a soccer team?(1G35A)

{} {*How*} **much** money was stolen in the robbery?(2G40C)

{} He exclaimed {*how*} **delighted** he was.(SBE112)

{} {*However*} **did you** manage it(or find it?(DED)(놀라움, 감탄)

(what/whatever)

{} {*What*} **by dancing** and {*what*} **by sing**, she succeeded in life.(하기도 하고/하면서, 이나/이랑/으로)

{} They ate an apple {*what*} **by reading** and **listening to music**.(OED)(")

{} {*What*} **with the traffic** and **the heavy rain**, it's no wonder you were late.(3G59C)(라든가)

{} {*What*} **with his drinking** and {*what*} **with his jealousy**, he wore himself out.(OES321)(")

{} They received no **help** {*whatever*}. (OED)(전혀, 어떤 종류의 것도)

{} There can be no doubt {*whatever*} **about it**.(=at all)(DBE264)(전혀)

{} We told him we'd back him {*whatever*}.(OED)(무슨 일이 있어도)

{} 'Is there any doubt about it?' **'None** {*whatsoever*}.'(OED)(어떤 것도)

(v) 시간명사(구)

{} They were {*four days*} gone.(LRH261)

{} *One day*, Anna peered out her window.(Fr'n15)

{} *The next day*, Hansu asked Noa to come by his office in Osaka..(MJL265)

{} *The following day*, John was again standing with two of his disciples.(Jn1:35)

{} *Nigh and day*, Tamaguchi cultivated potato slips, turned the earth, and planted.(MJL203)

{} *Every week*, someone on his street got in trouble with the police..(MJL243)

{} *Just then*, ice cracked behind her.(Fr'n96)

{} *Now and then*, Tamaguch, who abohorred alcohol gave him some holidat sake out of pity. (MJL217)

{} *This time last year*, I was living in Brazil.(2G6A)

{} *All my life*, I had to endure this.(MJL211)

{} This(=photo) is me {*a few years ago*}.(1G15X1)

{} Couldn't stay {*all my life*} down at heel, looking out of the window,...(Pops)

{} And this results {*every now and then*} in a few very happy hours.(1GWG67)

(vi) 기타 명사(구)

{} Rita was looking {*daggers*} at Hermione.(5HP566,3HP149)(=like daggers)

{} I will speak {*daggers*} to her, but use none)(2WS)/ {} His eyes shot {*daggers*}.(1MiC286)

{} We must {*needs*} depart.(=certainly, of necessity)(OED)

{} He looked(or glanced) {*sideways*} at her.(OAD1195,3HP166)

{} The turkey's getting {*stone*} cold.(like stone)(3HP228)

{}] Spring slipped up on us {*unawares*}}.(ECD1059)(부가어)

{} The thing {*no doubt*} would have happened differently to another man.(LSW861)

{} What {*the hell*} is going on?(Cell341) } Let's get {*the hell*} out of here.(Ivanhoe88)

{} I called him {*the first thing*} this morning.(NEI)

{} We came down here {*the first time*} to buy food.(Ge43:20)

{} It was raining {*cats and dogs*} out there.(NEI)

(3) 전치사구 부사어

• 단순전치사구 부사어

{} *Above her*, Langdon stared down in disbelief.(2DB564)
{} Love is, *above all else*, the gift of oneself.(Jean Anouilh)
{} Dimly, *across the surface of the lake*, she saw a black figure.
{} *After the match*, I was bathed with sweat.(OED)
{} *After everything* I've done for him, he still ignores me.(OED)
{} *Against her father's wishes*, she want to be a journalist.(3G46A)
{} *Among three of them*, they had two gold rings left.(MJL263)
{} *As the manager*, she has to make many important decisions.(=position)(2G114E)
{} Yes, *as a handbook*, we think it's a lot more useful.(TOEIC)
{} The concert features, *among others*, Karl Frisk and the Johnsons.(3G89C)
{} *At that price*, can we still make a profit?
{} *At the last meeting*, officers for the coming year were elected.
{} *Back home*, he had a family to support.(SET211)
{} It was clear, *even before publication*, that the book would be a success.
{} End of this aisle, *behind these shelves*, thanks.(TOEIC)
{} *Behind me*, Janet Worley was still talking to Conklin.(2JP27)
{} *Beneath his gruff exterior*, he's really very kind-hearted.
{} *Beside him*, Sienna stared out across the sea.(by the side of)(2DB575)
{} *Besides that*, he has many points to commend him..(in addition to)(NEI)
{} *Between them*, Larry and Ingrid must earn about ￡100,000 a year.(3G89B)
{} *Between ourselves*, I don't think Tom is as honest as he should be.(")
{} *Beyond the hill*, the land falls away sharply towards the river.(OED)
{} You know {*beyond a doubt*} that you were redeemed for this.(Bruce91)
{} *By law*, you are a child until you are 18.(OED)
{} This is {*by far*} the better of the two(or the best of three).(SSE610)
{} *During the past 15 years*, that average has been 20 percent.
{} *For more information*, call this number.(OED)(관련:~에 관해서(는), …의 점에서는)
{} *For a Presbyterian pastor* Johns seemed far too jovial.(=as)MJL294)(대비:~치고는,~으로서는)
{} *From the evidence*, he must be guilty.(DED947)(판단의 근거:~으로 판단하여)
{} *From a financial point of view*, it is a good investment.(3G78B)(")
{} *In time*, the girls became young ladies.(=Eventually)(Fr'n17)
{} *In the end*, he just walked out of the room.(=Finally)(2G119B)
{} *In the last year*, the wage of the average worker increased just 2%.(YBM)
{} The invitation is printed {*in ink*} on thin paper.(4NG32)
{} *Inside the castle*, Anna felt overcome with grief.(Fr'n17)
{} *Like the manager*, she also has to make important decisions.(=similar to)(2G114E)
{} He left his wife and children, *just like that*!(=suddenly)(OED)
{} Some sports, *like* (or *such as*) *race-car driving*, can be dangerous.(2G114B)
{} They came to me, *of all people*, for advice.(OED)
(to emphasize that the person is the most or least likely in the circumstance)
{} *Of course*, things happen in politics for more than one reason.(LSW870)

{} *On my arrival* (or *arriving*) in Tokyo, I called on him.(=immediately after sth)(DED)
{} *On their advice*, I applied for the job.(the basis or reason for sth)(OED)
{} Sometimes I have problems at work, but {*on the whole*} I enjoy my job.(2G124D)
{} *Outside her work*, her main interests are music and tennis.
{} *All through the race*, Sally was gritting her teeth.(YBM)
{} *To my surprise*, he knows it already.(EPN125)[결과/효과:~까지/하게도/할 만큼)
{} The band did an encore, *to the delight of the crowd*.(EPH125)
{} I cannot be {*to them*} what your were.(1JWG69)
{} *Under the old system*, payments were always made in cash.(YBM)
{} *With a little more capital*, he could succeed in the business.(=if he had)(SBE101)
{} *With a little luck*, she would be home by dark.=if he had)(Client544)
{} She won't be able to help us, *with all her family commitments*.(OED)
{} I'm willing to help, *within limits*.(OED) *Within a week*, he established a routine.(MJL332)
{} *Without your help*, I would have failed.(=But for)(SBE101,MBE134)
{} She is looking for a new job, so far *without result*.(OED)
{} *With you* or *without you*, I made up my mind.(NED)

- **복합전치사구 부사어**

{} *Out across water*, city lights twinkled on the western side of the Golden Horn.(2DB561)
{} *Back at the castle*, the king and queen immediately ordered that the castle gates be closed.
{} *From behind the bar*, he saw his friend Tank removing his apron.(12JJG312) (Fr'n14)↗
{} *But for the sun*, nothing could live on the earth.(If it were not for...)(MBE134)
{} *But for your assistance*, I would have had great difficulty.(If it had not been for...)(SBE100)
{} *Except for Michael*, I would be dead.(5TC691)
{} Everyone is lying, *aside from Stella*.(EID44)
{} The 'h' in honest is silent, *as in* 'hour.'(OED)
{} *Out in the lagoon*, Agent Bruder have stopped in his tracks.(2DB546)
{} *Over on the east side*, this ravagers strode boldly.(OHS52)
{} *Down through the years*, this town has seen many changes.(OED)
{} Tobacco is taxed in most countries, *along with alcohol*.(OED)
{} He smiled again *as with pity*.(HH170){}
{} *Together with the Johnsons*, there were 12 of us in the villa.(OED)

(4) 소사 부사어

- **단순소사 부사어**

{} I'm just {*about*} ready.(=almost)(OED)(거의)
{} Ushikawa nodded, "Yes, that {*about*} sums it.(=approximately)(HaM1088)
{} A small infantry engagement had {*about*} run its course.(5TC713)
{} It had {*about*} broken Dimity Munroe's heart.(=almost)(MM962)
{} And that'll {just *about*} fix things.(5TC713)
{} {*Before*}, mom would reprimand you harshly.(KsS17)
{} She had been afraid {*before*} of the brute in him:(DHL401)
{} {*Beneath*} it is dark, it is all spreading, it is unfathomably deep.(VW99)
{} {*Besides*}, I didn't know enough English to read.(YBM)
{} {*Inside*}, someone was yelling and a boy was crying.(BP29)
{} But {*Inside*} it was dark already.(BP429)

{} It was kind of sort of scary, *like*.(=so to speak)(OAD,DHL466)
{} It was, {*like*}, weird.(")(OAD746) It was, {*like*}, five feet long.(")(MED))
{} Men were {*like*} literally throwing themselves at me.(LSW856)
{} {*Outside*}, they leaned on the hood of Tank's yellow Cadillac.(13JG312)
{} He's {*over*} fed.(=eat too much) I was {*over*} sleepy(or dizzy, chilly).
{} {*Together*}, they went to work building their snowman.(Fr'n7)
{} {*Without*/*Outside*}, the storm drove so fast as to create a snow-mist in the kitchen;(TH368)

- **복합소사 부사어**

{} {*From above*}, the city's geometric design is clearly visible.
{} {*Up ahead*}, the bus's light brake lights flashed.(2DB556,508)
{} {*Down below*}, his new sled burst into flames.(Fr'n64)
{} But {*down inside*}, you know we never know why.(Woman in love)
{} {*From without*}, houses looked black and silent.(=from outside)(MM803)
{} {*By and by*}, she met an old man with a beard.(=before long, soon)(OED)
{} She shows me {*all over*} how she is dying on the vine.(=utterly)(CRL284)
{} I scooted {*way over*} by the window.(3JB3)(scoot:좁혀앉다)
{} Say the words {*over and over*} to yourself.(=repeatedly)(OED)
{} It was {*out and away*} the best apple pie she had ever eaten.(=by far)

(5) 복합구 부사어

(kind/sort of)=softeners(약간, 어느 정도)
{} It was {*kind of*} **strange**.(LSW557,PEU543) / {} My job is {*kind of*} **boring** sometimes.(2G102X))
{} I looked at Herb {*kind of*} **worried**.(20JB61)
{} The Media Center is {*kind of*} **like a fort**.(1JB45)
{} Except my head was {*sort of*} **very tight**.(1JB37,PEU543)
{} How do you {*sort of*} wash a tuna fish can?(8NG21)
{} Yes, well, that's {*sort of*} **the same problem**, isn't it?(22JB60)
{} It kept {*sort of*} **pouring out of his pocket**, my brother said.(LSW856)
(so/as good/much/little/many/few as)(만큼
{} He can not {*so much as*} **sign** his own name.(=even)(SBE244,OES583)
{} I had {*as good as*} **given** him my wheelbarrow.(=even)(OW84)(~준 것이나 마찬가지였다)
{} Prices increased by {*as much as*} **300%**.(3G73C)
{} When it was really hot, I was having {*as many as*} **four showers** a day.(")
{} Sometimes our bill is {*as little as*} **£40** a month.(")
{} Some days there was {*as few as*} **three** or **four students** at his lectures.(")
(all/anything/nothing but)
{} His headache had {*all but*} **passed**.(=nearly, almost)(2DB67,222)
{} The party was {*all but*} **over** when we arrived.(")(OAD,2DB67)
{} The hotel was {*anything but*} **cheap**(=definitely not)(OAD,1DB525)
{} We eat {*nothing but*} **hamburgers**.(=only)(PEU94)
{} She did {*nothing but*} **cry** all day.(=only)(DED)
{} This weekend I'm doing {*nothing but*} **kicking** back and relaxing.(다락원)
(more of)
{} I was {*more of*} **disappointed**.(YBM)(d오히려)
{} I hope we'll see {*more of*} **you**.(OED)(더많이,자주)

(no/not) fewer/less/more than)(~하지 않는)

{} There were {*fewer than*} **20 students** at the lecture.

{} Drummond finishes in {*less than*} **ten minuets.**(11JG326)

{} I have {*no less than*} **a hundred dollars.**(=as much as)(SBE232)

{} It never takes {*more than*} **an hour.**(OED)

{} I have {*no more than*} **ten dollars.**(=only,at most)(SBE232)

{} You are {*more than*} **welcome** to be Pinta, Junie B.(23JB52) (Wikinson9)

{} A gimper was someone who always does {*a little more than*} [**what**'s required or expected].

{} Write a short story of {*not less than*} **5,000** and {*not more than*} **10,000 words** on any subject.(at least}(OED) (적어도)

{} What he says is {*nothing more than*} **a mere ornament.**(=only)(SBE232)

{} Her first customer was {*none other than*} Mrs Blair.(OED)(다름 아닌)

(~er, much/more/most~)

{} We are {*no longer*} **friends.**(2G108B)(더 이상 아니다) /

{} Lucy {*no longer*} **works** here.(2G108B))(더 이상 않다)

{} He can speak German, {*much more*} **English.**(SSE618)(훨씬 더)

{} He cannot speak English, {*much less*} **German.**(=still less)(DBE305)(하물며/더구나 아니다)

{} I was {*more of*} **disappointed.**(=rather)(OED)

{} We will {*most likely*} **see** him later.(OED)(미국식영어는 most 생략 가능)

{} Her speech made her **beloved** {*all the more*}.(OED)(그만큼 더, 더욱더, 오히려)

(not+always/necessarily/quite/fully/both/enough/altogether):(부분부정)

{} He is {*not always*} **complaining.**(SBE203)(언제나 불평하는 것은 아니다)

{} I do {*not quite*} **agree.**(=not completely, exactly)(PEU473)(완전히 동의하지 않는다)

{} His parents are {*not both*} **well.**(SBE182)(둘다 건강하지는 않다)

{} That is {*not altogether*} **false.**(SBE226)(아주 거짓은 아니다)

(so far)

{} He **has netted** 21 goals {*so far*} this season.(OED)

{} She **professed** herself satisfied with the progress {so far}.(OED)

(as well)

{} You may {*as well*} **apologize** to him for your bad conduct.(SBE70)(~하는 편/쪽이 낫다)

{} Rents are so high these days, you may {*as well*} **buy** a house.(2G29D)(")

cf. You may {*well*} **think** so. He may {*well*} **be disappointed** at the result.(SBE70.22)(~당연하다)

(6) 원급/비교급/최상급 강조부사어 ☞ 5.2.D.

- 원급: *very*, *quite*, extremely, just, nearly, relatively, so, too,
- 비교급: *even*, *still*, a bit, a great deal, a little, a lot, any, considerably, (by) far, markedly, many, much, no, noticeably, significantly, slightly, substantially,
- 최상급: *very*, *quite*; *even*, *still*, ever, by far, so far, simply, single, yet

☆ 비교관념이 내포된 형용사 superior, different, preferable 등과 a-로 시작하는 형용사 afraid, alike, aware, ashamed 등은 much로 수식 가능. This is {*much*} **different** from than that. I am {*much*} **aware** of it.

{} I felt sick earlier, but I feel {*much*/*a lot*} **better** now.(2G103A)(훨씬, 더욱)

{} Don't go by train. It's {*a lot*} **more expensive.**(or much more expensive)

{} Could you speak {*a bit*} **more slowly**?(or a little more slowly)

{} Can you work {*a little*} **more slowly**?(2G102B).

{} There were {*many*} **more** {of them{.(2EH22)

{} Scott did not feel he could handle {*many*} **more** {than that{.(YBM)
{} I don't think I can take {*much*} **more** {of this heat}.(OED)
{} The hotel was {*much*} **more expensive** {than I expected}.(1G89D)
{} This bag is {*slightly*} **heavier** {than the other one}.
{} Her illness is {*far*} {**more serious** {than we thought at first}.(2G103A)
{} Mega malls are {*even*} **bigger** than COEX in Seoul.(NEI)(훨씬)
{} We expected their apartment to be very big, but it's {*no*} **bigger** than ours.(2G103B).
{} I've waited long enough. I'm not waiting {*any*} **longer**.(=not even a little longer.(2G103B)
{} How do you feel now? Do you feel {*any*} **better**?(=어느 정도)
{} Tarantulas are generally not {*any*} **more poisonous** {than other spiders}.(TiSc)
{} This hotel is better than the other one, and it's {*no*} **more expensive**.
{} We use only **the** {*very*} **highest** grade of Korean beef.(NEI)
{} The last of these reasons is {*by far*} **the most important**.(OED)
{} He is {by far} **the best** student. cf. He is {(*by*) *far* **the better** scholar of the two.(DED)
{} Amy is **the smartest** {*by far*}.(OED)(후치수식)
- 배수사; twice, three~times as ~as/ ~er ~than~ 2배까지는 -er~ than불가
{} Most of his students were {*twice*} **older** {than him}.
{} Queen Seliana is {twice} **more beautiful** {than Berenice}.(Jowett)
{} Cats sleep {*twice*} {as} **much** {as people}.(OED)
{} Their house is {*about three times*} {as} **big** {as ours}.(or...three times the size of ours)(2G104B)
{} Gas is {*twice*} {as} **expensive** {as it was a few years ago}.(2G104B)
{} I have to think {*twice*} {as} **hard** {as I would} if I had only one case to solve.(16NG30)
{} It took {*three times*} {as} **long** {as I expected}.(PEU112)
{} She can walk {*three times*} **faster** {than you}.(PEU118)
{}. Lions live {*half*} {as} **long** {as elephants do}.

B. 비정형/비정형절 부사어

비정형/비정형절 부사어는 주로 문장 앞에서 주절을 수식하며 콤마로 주절과 분리된다. 문장 뒤에 오는 경우에도 콤마로 분리된 것은 부가어가 아니라 부사어로 다룬다. -ing형은 앞에 being을 수반할 수 없고 그외 경우는 being은 수반하거나 생략 가능하다.

☆ being 생략 불가의 경우: (1): 부정부사가 본래형용사 앞에 있는 경우 Not being ~ (2) 후치 수동분사구문의 경우, being -ed (3) 의미상 주어가 비인칭주어 it나,형식상 주어 there인 경우 It being ~, There being, (4) 원인/이유의 명사(구) 앞, She never played baseball, being *a lady*.(OES196)

(1) 동사 비정형/비정형절 부사어

☆ 비정형동사/비정형절 부사어(분사구문 등)에는 의미상 주어가 있다. 주문의 주어와 같을 때는 나타낼 필요가 없지만, 다를 때는 의미상 주어를 첨가해야 한다. 특히 비인칭 주어 it와 형식 주어 there을 빠뜨리지 않도록 주의해야 한다.

(a) -ed형/절 부사어(수동분사구문)

(주어가 같은 경우)

{} (Being) *Asked* whether he intended to return soon, he replied(or answered) that he would be away for about three months.(=When he was asked)(REG286)(시간)
{} (Being) *Faced* with a bill for £10,000, Ivan has taken an extra job.(3G58A)(원인/이유)
{} (Being) *Packed* in a strong cases, the goods arrived in good condition.(As).REG284)(")
{} (Being) *Looked* after carefully, the plant can live through the winter.(3G58A)(조건)
{} The fruit was expensive, *being imported*.(3G58A)(원인/이유)(후치 수동분사구문 being 생략불가)

{} Greet Apelles, (who is) *tested and approved* in Christ.(Ro16:10)
{} *Having been born* to wealthy parents, he lives a life of ease.(NEI)(완료)
{} *Having been sent* to the wrong address, the letter didn't reach him.(REG287)(완료)
(주어가 다른 경우)
{} The work *done*, I had nothing to do.(SBE38)(원인/이유)
{} This *said*, she looked down into the chalice.(GB263)(동시/연속)
{} It has been, 1984 *excepted*, the hottest July for the last 100years.(3G91C)(부대상황)
{} Tom had difficulties with question two. This *excepted*, he did very well in the exam.(3G91D)(")

(b) -ing형/절 부사어(능동분사구문)
(주어가 같은 경우)
{} *Arriving* at the station, I called a porter.(=When I arrived...)(REG281)(시간)
{} *Feeling* tired, I went to bed early.(=As I was...)(2G66C)(원인/이유)
{} *Not having* a car, she has trouble getting around.(As he has not....)(2G66C)(")
{} *Hoping* not to be recognized, I chose a seat in a dark corner.(3G58D)(")
{} *Knowing* English well, he translated the article without a dictionary.(REG281)(")
{} They hesitated, *not knowing* what course to decide upon.(2ML2((")
{} *Turning* to the left, you'll find the bus stop.(=if you turn...)(SBE38)(조건)
{} Starting salary varies from £26,000 to £30,500, *depending* on experience.(=as it depends)(OED)(")
{} He either resigned or was sacked, *depending* on [who you talk to].(")(OED)(")
{} *Admitting* what you say, I still think you are in the wrong.(=Though...)(SBE38)(양보)
{} Flight 003 takes off at 9, *arriving* in Chicago at 11.(=and arrives,,,)(SBE38)(연속/결과)
{} I know not how the Spirit moves, *convincing* men of sin, *revealing* Jesus through the Word, *creating* faith in Him.(Hymn)(동시/결과)
{} He died at the ate of ninety, *leaving* a large fortune(=and left....)(SBE38)(결과)
{} She can help motivate you to focus more on your task, *making* you more productive.(")
{} *Laughing*, she looked down into his eyes.(DHL426)(동시/부대상황)
{} "Glad I caught you," Hans said, *smiling*.(Fr'n35)(")
{} *Singing* merrily, they walked in the woods.(SBE38)(")
{} "Traddles," said my friend, *finding* himself looked at.(1CD489)("
{} *Taking* a key out of his pocket, he opened the door.(2G66C)(연속/전후)
{} *Throwing* the letter into the fire, he left the room.(REG293)(동시)
{} "Your mother and brothers are standing outside, *wanting* to speak to you.(Mt12:47)(목적)
{} *Having finished* her work, she went home.(2G66B)(완분)
{} *Having thrown* the ball into the water, the boy could not get it back.(REG293)(")
{} *Having already seen* the movie twice, I didn't want to go again with my friends.(2G66B)(")
(주어가 다른 경우)
(명사주어)
{} The student *knowing* English well, the examination did not last long.(REG281)(원인/이유)
{} The sun *having set*, we gave up looking for them.(")
{} but the Lord *helping* me, I will driving them out just as he said.(Josh14:12)(조건)
{} He cried painfully, his body *trembling* in his dirty clothes.(5EG386)(부대상황)
{} Her voice *breaking* with emotion, Vasiliki spoke about her father's illness.(3G58C)(")
{} Charlus *having departed*, we were at last able to go to dinner at Bloch's.(2ST348)(완분)
{} My brother *having taken* the key, I could not enter the house.(REG383)(완분)

(대명사주어)

{} They went out together, he *talking*, she *feeling* dead.(DHL558)(")

{} He *guiding* her, they stumbled through the street.(BEG339)(동시)

{} We went out, he *looking* very green.(ACv114)(")

(c) to~/~절 부사어(부정사구문)

(주어가 같은 경우)

{} *To look* at him, you could hardly help laughing.(OES166)(조건)

{} *To do* your best, you could not finish it in a week.(SBE18(양보)

{} *To do* him justice, he is an honest man.(=If we do...)(SBE18)(")

{} *To live* longer, take a walk.(=If you are live...(NW11.13.1989)(목적)

{} He can speak German, *not to speak* of English.(SSE618)(비교)

(주어가 다른 경우)

{} He cannot speak English, *let* alone German.(SSE618)(비교)

{} We divided the work, he *to clean* the window and I *to sweep* the floor.(BEG305)(내용)

{} A number of officers followed the emperor, some (of them) *to hold* his robe, others (of them) *to adjust* his girdle, and so on.(BEG305)(부대상황)

(2) 비(非)동사/비정형절 부사어(비동사분사구문)

비동사 비정형절은 동사 이외의 품사로 이루어진 부사어를 말하며, Being/Having been이 생략될 수 있는데 이 경우를 동사없는 절 또는 무동사절(verbless clause)이라고도 부른다.

(a) 형용사 부사어

(주어가 같은 경우)

{} *Afraid*, the girl can hardly sleep.(HaM669.MJL30)

{} *Dead*, he seemed more approachable to her.(.MJL475)

{} *Worried*, the king gave Elsa a pair of leather gloves.(Fr'n15)

{} *Unemployed*, he doesn't have much money.(=because)(2G66C)

{} *Forgetful* of everything else, he leapt from the bath.(JB324)

{} *Lame* and *sick*, he strolled along the dusty road.(JB68)

{} *Lazy* all his life, he remained poor.(SBE38)

{} *Unhappy* with the decision, Johnson swore at the referee.(=because)(3G59A)

{} "Hans!" she said, *surprised*.(Fr'n35)

{} She phoned home, *anxious* for news.(3G75C)

{} Tengo slipped quietly out of bed, *careful* not to wake Kumi.(HaM864)

{} "Your Majesty, are you all right?" she asked, *full* of concern.(Fr'n43)

{} The officer shook his head politely, *indifferent* to these appeals.(MJL153)

{} Mom, *young* back then, opened her eyes wide, *uncomprehending*.(KsS9)

(주어가 다른 경우)

{} The doctor *ill*, we had no one to look after our sister.(ESA81)(being생략가능)

{} He being *gone*, she summoned back her child.(NH177)(대명사 주어 뒤 being생략 불가)

{} It being *fine*, we went for a walk.(비인칭주어 뒤 being생략 불가)

{} Other things being *equal*, choose the better one.(NEI)(관행상 being 필요)

{} His fist was shut, his mouth set *fast*.(DHL559)

(b) 명사/구 부사어

(주어가 같은 경우)

{} *Only a poor student*, he hadn't money enough to buy it.(SBE38)(being생략)

{} *A man* of social instincts, he had many acquaintances.(")
{} They stood together, *children* that had erred.(JJ179)(")
{} *Only a few yards* from where Teabing lay, Landon unrolled the scroll.(3EB457)
{} He wanted to see who Jesus was, but being *a short man* he could not, because of the [crowd.(Lk19:3)(원인/이유)
{} She never played baseball, being *a lady*.(OES196)(원인/이유)
(주어가 다른 경우)
{} It being *a fine day*, I went out for a walk.(SBE319).
{} There being (=was) *nothing* to do, I went to bed earlier.(SBE38)
{} There being *no money* left in her pockets, he started part-time job.
{} He being *here*, there is no danger.(Internet Archive)
{} He is from a wealthy background, his father (being) *a businessman*.(ESA81)
{} Shimamura was sitting in his glassed-in office, (it being) *the size* of a utility closet.(MJL182)

(c) 전치사구 부사어

{} And being *in anguish*, he prayed more earnestly,... (Lk22:44)
{} After a while she turned away, Mitt *against her belly*.(CRL70)
{} They walked in silence, their eyes *in the ground*.
{} "Sir," Knowlton began, an uneasy edge (being) *in his voice*.(2DB207)
{} The collection of vases is priceless, some being *over 2000 years old*.(3G58C)
{} She went to the window, her back *to him*.(O'B103)
{} The camp of Midian was in the plain, north of them *near the Hill of Moreh*.(Jdg7:1)

(d) 소사 부사어

{} It has been, 1984 *apart* (or *aside*), the hottest July for the last 100 years.(3G9C)
{} Hands *down*, this is the best day of my life!(=without a doubt)(Fr'n131)
{} The cell was dark, the solitary light and television both *off*.

(3) 용법에 따른 분류

(시간)

{} *Left* alone, I began to read.(=When I was left alone)
{} *Opening* her eyes, the baby began to cry.(=When she opened)(3G58A)
{} *Running* for the bus, I dropped my book.(=While I running)(SBE38)(")

(부대상황, 동시/연속)

{} *Singing* merrily, they walked in the woods.(=As they sang)(SBE38)(동시)(~하면서)
{} She sat in a corner, *doing* some sewing.(A'G41)(")
{} He left here at six, *arriving* there at nine.(=and arrives)(MBE194)(연속)(그리고~하다)

(원인/이유, 판단근거)

{} *Faced* with a bill for £10,000, Ivan has taken an extra job.(3G58A)

{} *Not knowing* what to do, I called my friend to ask his advice.(=As)(2G66C)
{} *Judging* from his appearance, he seems to be rich.(판단근거)

(조건)

{} *Looked* after carefully, the plant can live through the winter.(=If it is)(3G58A)
{} *Turning* to the left, you'll find the bust stop.(=If you turn...)(SBE38)
{} *To hear* him English, you would take him for an American.(If you heard)(SBE18)

(양보)

{} *Born* of the same parents, they bear no resemblance to each other.

{} *Admitting* what you say, I still think you are in the wrong.(Though)(SBE38)
{} *To do* your best, you could not finish it in a week.(=Even if~)(SBE18)
(목적/결과)
{} *To smooth* the way, the school has taken special steps.(LSW833,830)(목적)
{} She turned up the driveway, *only to find* her way blocked.(OED)(결과)
{} She left home, never *to return* (or *to be seen*) again.(LEG303,SBE18)(결과)
(비교)
{} The shopping mall wasn't {*as*} crowded {as (it was) *usual*}.(2G104A)
{} Let's walk. It's {just as} fast {as *taking* a bus}.(2G104A)
{} Going by train is {*more*} expensive {than *going* by car}.(2G102A)
(4) 연결어+비정형/비정형절 부사어
☆ 이 경우 '접속사+비정형절' 은 주어+be '를 비정형동사 앞에 보충하여 '접속사+정형절의 전환이 가능한 점에서 '전치사+비정형절' 의 경우와 구별된다. 다만, 비정형동사가 상태동사인 경우에는 ' 주어+정형동사' 를 보충한다. 대체로 접속사 뒤에 오는 동사는 분사이고 전치사 뒤에 오는 동사는 동명사이다.
(a) 접속사
(after~/before~)
{} After | *marrying*, he no longer ate at the employees' cafeteria.(MJL359)
{} After | *spending* so much money on the car, I can't afford a holiday.(3G59A)
{} After | being *questioned* by the police, she was released without charge.(OED)
{} After | being *with here*, Solomon felt different.(MJL424)
{} Before | *eating* the apple, I washed it carefully.(1G103D,3G59A)
{} Before | *leaving* the headquarters, she released the prisoners from the stocks.(GGM109)
{} Before | being *changed* last year, the speed limit was 70 kph.(3G59A)
(although)
{} Although | just two feet *apart*, they didn't speak.(3G59D)
{} Although | not *a classic*, this 90-minute video is worth watching.(LSW210)
(as)
{} As | *expected*, the job had been very easy money.(2DB207)
{} I am enclosing my cheque, as | *agreed*.(PEU158) / {} My case is as good as solved.(14NG37)
{} 200 attended, as | *opposed* to 300 the previous year.(OAD,14JG137)(~와 대조적으로; ~ 아니라)
(if/whether)
{} You can always call me at home if (it) | *need(s) be*.(MED,MK246),(필요하면)
{} If (it is) | *defeated*, the army will retreat.(OES200)
{} If (it is) | *possible*, please tell me know by this evening.(LEG30)
{} If (you are) | *in doubt*, wait and see.(PEU499) (1Sa9:20)
{} And to whom is all the desire of Israel turned, if | *not to you and all your father's family*?"
{} And if | *not the butterflies and the caterpillars*, who will call upon me?(ASEc9)
{} Whether (it is) | *man or animal*, he shall not permitted to live.(Ex19:13) (Lev7:10)
{} Every grain offering, whether *mixed with* oil or dry, belongs equally to all the sons of Aaron
(once)
{} Once | *an actor*, always an actor.(OED)
{} Once | *across* it, one cannot easily go backward, can one?
{} Once | *inside*, you are likely to see spontaneous street performances.
{} Some things are never forgotten, once | *learnt*.(PEU499)

(since)

{} Since | *being released* from prison, al-Qudsi has been reunited with her daughter.(NEI)

{} Since | *coming* out of hospital, I have been to the gym everyday.(3G59X1)

{} Since | *moving* to London, we haven't had time to go to the theatre.(3G59A).

(than~)

{} You should know better {than | *to behave* like that]}.(OED)

{} I'd rather email {than | *phone*}, if that's OK by you.(OED)

(though)

{} Though | *seeing*, they do not see; though *hearing*, they do not hear or understand.(Mt13:13)

{} Though | *living* close to the beach, he rarely goes swimming.(SBE28)

{} Though (he was) | *intelligent*, he was very poorly educated.(PEU158)

{} The elections were peaceful, though | *hampered* by delays.(LSW850)

(when/where)

{} When | *angry*, count to ten before you speak.(SBE150)

{} When | *a boy*, he was very naughty.(SBE278)

{} When | *in Rome*, do as the Romans do.(PEU499)

{} When | (I was) *going* home, I met my brother.(REG280)

{} This system, when | *not rendered* impotent, fails to reproduce offspring.(Darwin343)

{} The young {when | last *heard* of} was in America.(2ACD16,,RLS2)

{} Where (it is) | *necessary*, improvement will be made.(LEG30)

(while)

{} While (she was) | *at college*. Delia wrote a novel.(LEG155)

{} While (they were) | *in Poland*, they will play tow concerts in Warsaw.(3G59D)

{} While | *understanding* her problem, I don't know how I can help.(=Although)(3G59A)

{} The diesel model of the car, while/whilst *more expensive*, is better value for money.(3G82C)

(b) 전치사

(besides~)

{} Besides [*working* as a doctor], he also writes novels in his spare time.(OED)

{} The play was badly acted, besides [being far too *long*].(YHD)

(by~)

{} By [*working* hard], she passed her maths exam.(the method/means used)(3G59B)

{} By(or In) [*writing* the essay about Spanish culture], I came to understand the country better.(=By the method I used or In the consequence of writing)(3G59B)

(in~)

{} In [*criticizing* the painting], I knew I would offend her.(=cause)(3G59B)

{} In [*trying* to open the can, I cut my hand.(=while)(LEG31)

(on~/upon~)

{} On [*returning* from Beijing], he wrote to the Chinese embassy.(.(=as soon as/when)(3G59B)

{} On [the lecturer's *entering* the hall], there was loud appearance.(")(REG384)

{} Upon [*being asked* why], he did not tell me anything.(=when)(SSE410)

(with)

{} With [Louise *living* in Spain], we don't see her often.(=because)(3G59C)

{} I will carry them off, with [no one *to rescue* them].(")(Hos5:14,Jn28:16)

{} With [us up there], you can just think about taking care of yourself.(=As)(1THr240)

{} Tom sat by, with [his Testament *open* on his knee].(=As)(Tom's Cabin)
(without)
{} Without [*seeing* the photo], I can't judge how good it is.(=Unless)(3G59B)
{} Without [*meaning* to], I seem to have offended her.(=Although)(3G59B)
☆ 묘사적 표현 전치사 on/upon, with은 생략 가능, 뒤는 분사구문, 그외 전치사 뒤는 동명사구문이다

(c) 전치사+접속사

{} The children were running, as [if | *blown* by the wind].(LLA1539)
{} The inspector looked around, as [if (he was) | *in search of something*].
{} He jiggled his drink, as [if (he was) | *to reset himself*].(CRL121)
{} A brief gentle gesture, as [though | *wanting* to take Ayami's pulse].(BSA5)
{} When I saw him, I fell at his feet as [though | dead.(Rev1:179)
{} She moved her legs slowly, as [though | *in pain*].(LLA1539)

C. 정형절 부사어

정형절 부사어는 문장 앞에 오거나 콤마를 통해 주절과 분리된다.☞2.6.연결어
☆ 콤마 없이 문장에 포함되는 것은 부가어로 다룬다.

(1) 정형절 부사어

(시간:time)

{} After he broke his leg, he never played football again.(1G96A)
{} As I was walking down the street, I saw Joe driving a Porsche.(PEU67)
{} Before you cross the street, always look both ways.(1G96A)
{} When I went out, it was raining.(1G96A)
{} When I go out, I'll close the window.(1G96C)
{} While I was waiting for the bust, it began to rain.(1G96A)
{} Until she spoke, I hadn't realized she wasn't English.(OED)

(장소:place)

{} Where people were concerned, his threshold of boredom was low.(OED)
{} Where there is a will, there is a way.(DED)
[] God will make a way [where there seems to be no way].(Hym)
[] Corn nourishes best [where the ground is rich].(BEG534)
[] "No one is ever satisfied [where he is]," said the switchman.(ASEc22)

(원인/이유: reasons)

{} As I was tired, I soon fell asleep.(DED)
{} As he often tells a lie, I can't trust him.(DBE369)
{} Because it was very hot, I opened the window.(1G95D)
{} I will not go out, for it is raining.
{} Since you are no longer a child, you ought to know better.(DBE369)
{} Now that it is winter, I will have to buy warmer clothing.(SBE124)

(목적/결과: purpose/result)

{} Sit a little closer, so that we can have a talk.(NED)(목적)
[] She swims every day [so that she can stay healthy].(YBM)(목적)
{} I phoned the restaurant before I left, so that I got a good table.(SBE124)(결과)
{} The assault was fierce, such that he passed out and remembers nothing further of the attack
{} He was {so} drunk {(that) he couldn't drive home}.(PEG223)(결과 가능,: 목적 불가) [.(Wiki)(결과)↲

{} He played {so} badly {that he was easily beaten}.(3G239,MJL1432)(")

{} The book was <such> a good book {that I couldn't put it down}.(2G100B)(")
{} Take your umbrella, lest you should get wet.(DBE370)(목적)

(조건: conditions) ☞ 5.2.B

{} If I have time, I will go today.(1G98C)(직설법)
{} If I had time, I would go today.(1G98C)(가정법)
{} Provided/Providing the room is clean, I don't care which hotel we stay at.(2G112B)
{} Unless we leave now, we'll be late.(or if we don't leave now).(2G112B)

(양보/대조:contrasts)

{} Although it rained a lot, we enjoyed our vacation.(2G110A)
{} Even if you fail, I'll believe you. Even though I was really tired, I couldn't sleep.(2G110E)
{} I didn't get the job {although/though I was well qualified].(2G110B)
{} Hot as the night air was, they slept soundly.(=as though)(3G82A)
{} Child as he was, he knew a great many things.(=as though)(SBE124)
{} While/Although Sophie's father is from Spain, she doesn't speak Spanish.(3G82C)
{} He promised to support her {come what may}.
{} Whether we succeed or fail, we must try.(OED)
{} I, Nate the Great was now on a case, whether I wanted to be or not.(25NG49)

(비교:comparison) A(주) is(동) to B(부) [what C is to D](주보) (A:B=C:D)

{} Reading is to the mind, as (or what) food is to body.(SSE318)
= As food is to body, so is reading to the mind(")(OES520)
{} As the body without the spirit is dead, so faith without deeds is dead.(Jas2:26)
{} As I have loved you, so you must love one another.(Jn13:34)
{} I'm a Democrat {like John Kwang is a Democrat}.(CRL91)

(양태:manner)

{} As you know, it's Emma's birthday next week.(=you know this already).(2G114D)
{} Ann failed her driving test, as she expected.(=she expected this before).(")
{} They lost money, as was expected.(PEU576)
{} As we had expected, he did not show up in time.(DED)
{} As might be expected, very few came from middle-class suburbs.(LSW861)
{} As(or Like) I said yesterday, I'm sure we can solve the problem.(2G114D)

(감정: emotion) ~하다니

{} Who is this uncircumcised Philistine, that he should defy the armies of the living God]?(1Sa17:26)
{} Who then is this, that He commands even the winds and the water, and they obey Him?(Lk8:25)

(2) '전치사+정형절' 부사어

{} At [whatever hour of the night Mozasu came home], she had his dinner ready.(MJL337)
{} Despite [what I said yesterday], I still love you.(=In spite of)(2G110C)
{} From [what I heard], the company's in deep trouble.(OED,4DB205)
{} According to [what I've heard through the years], the pyramid leads to the entrance of a spiral staircase.(4DB215)

D. 독립부사어

독립부사어는 독립적으로 쓰이면서 문장 전체를 수식하는 말로 절대부사어, 분리부사어, 삽입부사어를 포함한다. 예컨대. 분사구문의 의미상주어가 주절의 주어와 다른 경우 그 의미상 주어가 생략가능한 경우를 무인칭독립분사구문이라고 한다. 독립부사어는 각 재료에 따라 독립부사(구), 독립분사구문, 독립부정사구문, 독립부사절 등으로 구분되며, 부사절의 경우는 주로 비인칭주어나 형식상 주어로 이루어진다. ☆비정형절의 경우에는 비인칭분사구문, 비인칭부정사구문이라고도 한다

(1) 단어/구

{} Also, please find {*enclosed*} your own New Academy fountain pen.(YBM)(동봉한)
{} After a while, *though*, she heard the same voice calling her.(OED)
{} {*Perhaps*} it would be better if you came back tomorrow.(OED)
{} It was {*possibly*} their worst performance ever.(=perhaps)(OED)
{} *Strangely enough*, I won first prize.(LEG122)
{} *Interestingly enough*, this proportion has not increased.(CEG419)
{} *As usual*, Tom was in full flow. You're bang on time, *as usual*.(OED)
{} Do you {*by any chance*} have a pen with you?(NED)
{} *In my opinion,* the movie wasn't very good.(2G124A)
{} *In my view*, the Foreign Minister should resign immediately.(3G78B)
{} His bedside manner was, *in a word*, menacing.(LSW861)
{} Who {*in the world* (or *on earth*/*the hell*)} said so?(SSE706B)

(2) 비정형절

(-ed 비정형절)
{} Simply *put*, the practice is not fair.(NED)
{} All things *considered*, she's done very well.(OAD,1JWG73)
{} She took it very well, all things *considered*.(OED)
{} Some books, *read* carelessly, will do more harm than good.(조건; 삽입어)
{} The proposals—*expected* to be agreed by ministers—are less critical than many employers had feared.(3G56E)(삽입어)

(-ing 비정형절)
{} Strictly *speaking*, spiders aren't insects.(if)(SBE38)
{} Going cold turkey, metaphorically *speaking*, was never such fun.(OED)
{} She's very active, *considering* her age.(OED)
{} *Considering* he's only just started, he knows quite a lot about it.(OED)

(to~ 비정형절)
{} *To begin* with, I do not like its color.(BEG302)
{} *To make* the matter worse, the car ran out of the gas.(SBE18)
{} *To tell* the truth, he has known about that all along.(OES630,LSW866)
{} Sulkily and very quickly, *to get* the formalities over with, she says: JPS134,148)
{} I was an outsider, so *to speak*.(SBE18,OES180)
{} She is, *to be precise*, twenty two years and three months old.(OES562)

(~ 비정형절)
{} *Come* to think of it, I know someone who can help.(YBM).
{} He is always cheerful, *rain* or *shine*.(=whatever circumstance may be)(YBM)

(if 비정형절)
{} I have few friends, *if any*. I have few, *if any*, friends.(SSE765)(만약 있다면)
{} She seldom, *if ever*, goes out after dark.(SBE150)(만약 한다면)

{} There is little, *if at all*, hope of his recovery.(만약 있더라도)

{} Study English *if at all*, thoroughly.(만약/이왕 한다면)

(3) 정형절

(콤마있는 분리정형절)

{} Some such rumor, *I believe*, reached me once long ago.(LSW873)

{} *I mean*, families are weird.(NED)

{} This room's not been used in years, *I would say*.(LSW865)

{} He is, *I think*, over sixty years old.(OES562)

{} The answer, *it seems*, is that next to nothing is known about it.(LSW873)

{} Many other facts are, *as it seems to me*, explicable on this theory.(Darwin347)

{} He is, *as it were*, a walking dictionary.(=so to speak)(DED,SBE272)(말하자면)

{} Standing, *as it does*, on a hill, the church commands a very fine view.(SBE153,2ACD385)(저렇게)

{} Of course you can stay for supper, *such as it is*.(YBM)(있는 그대로지만)

{} Shakespeare, *as everybody knows*, is a great dramatist.(SBE152)

{} *As is often the case with lonely men*, he sat still for hours in the dark room.(OED)

{} I have come here to heal myself, *if you like to put it that way*.(LSW861)

{} He is a scholar, *if anyone is*.(만약에 누가 있다면)

{} He is a brave man, if ever there was one.(만약에 누가 있다면)

{} The book is interesting and, *what is more*, very instructive.(OED)(게다가/더욱이)

{} He said it, *what was more surprising*, he did it.(SBE274)(")

{} The question, *whether we need it*, has not been considered.(ZEG388)(동격삽입어)

{} He's a local government administrator, {*that is to say*} a civil servant.(OED)(말하자면)

(콤마없는 분리정형절)

{} You'd wear that {more than I would {*I bet*}}.(LSW865)(내가 장담하기로)

{} I thought [(that) it was [what {*I hoped*} it was]].(3NG42)(내가 희망하는바}

{} I did not have one clue <that {*I knew*} was a clue>.(10NG24)(내가 알기로)

{} Give me one moment in time <when I/'m more <than {*I thought*} I could be>>.(Pop)(")

{} The man <who {*I thought*} was honest> turned out to be a cheat.(SBE150)(내가 생각한바)

{} I saw just [what {*I thought*} I would see].(25NG54)(내가 생각한바)

☆ I thought는 관계절 안에 있는 'S+V' 구조의 삽입부사절이며 이때 S는 관계절이 속하는 상위절의 주어이며 삽입절은 부사절처럼 해석한다. {I thought}={내가 생각한바/하였듯이/하기로}

{{} Mr. Pneumonia was not {*what you would call*} a chivalric old gentleman.(1OH32)

{} Written {*as it was*} in plain English} the book is fit for beginners.(그것이 그랜 것처럼)

{} Living {*as I do* } in a remote village, I have few visitors.(내가 그러는 것처럼)

{} Many leave their homes {*as they would on any given day*} never to return.(공시)

(전치사+ 정형절)

{} People have been waiting <u>for</u> [{*what feels like*} ages].

{} He coughed <u>in</u> [{*what seemed like*} politeness or discomfort].(MJL390)

{} This led <u>to</u> [{*what we today call* } improvisation]

3.5. 연결어(connectives)

연결어(connectives. transitional words)에는 전치사, 접속사, wh-어, 비wh-어가 있다. 전치사, wh-어, 비wh-어의 연결기능에 대하여는 주성분이나 부속성분에서 다룬다. 여기서는 이들의 관계, 그 밖의 연결어 및 구두점에 관하여 보기로 한다.

A. 단어/구 연결어

(1) 접속사

(a) 단순접속사 ☞ 이에 대하여는 4.6. 접속사 참조

(b) 복합접속사

_ He as well as you is safe.(SBE108)
_ I read French and German as well as English.(ZEG324)
_ She is honest as well as kind.(MBE234)
_ "Rosamond thinks big," I said, "as well as strange."(9NG11)

(c) 상관접속사

1) both~and

_ Both Ann and Tom were late.(2G87D)
_ He was both an actor and a director.(PEG65)
_ I can speak both English and French.(OED)
_ It was both cold and wet.(PEG65)

2) not~but

_ Not I but my secretary is going to attend the meeting.(SBE120)
_ I got it wrong. It wasn't the red one but the blue one.(OED)

3) not only~but (also)

_ Not only men but also women were chosen.(=Women as well as men)(PEG288)
_ She is not only kind but also honest.(=honest as well as kind)(MBE234)
_ He is good at not only Chinese but also Japanese.
/_ He is good not only at Chinese but also at Japanese.

4) either~or

_ Either the teachers or the principal is(or are) to blame for the accident.(3G41C)
_ I'm not sure where he's from. He is either Spanish or Italian.(2G87D)
_ He cannot speak either English or French.(=can speak neither ~ nor~)(MBE234)
_ He is either in London or in Paris.(MBE234)
_ She | is {either} hungry {or} about to yawn.(2NG18)

5) neither~nor

_ Neither Liz nor Robin came to the party.(2G87D)
_ He can speak neither English nor French.(MBE234)
_ Fundamentally, repentance is neither of emotion nor of speech.(Stott1104)

(2) 전치사

(a) 전성전치사

1) 형용사형 전치사

_ I'm still due 15 day's leave..(OED)(받을 자격이 있다)
_ This code(FRE) was adopted by Congress to govern proceedings in federal courts, effective July 1. 1975.(4NS1)
_ Our house is near downtown.(1G1A,29,35A,67A)
_ My friend have the same zip code as you. They must live near you.(1G32A)

_ No person | would go | near Oliver or his garbage.(2NG19)
_ She sat opposite him.(LSW76) /_ The job involves a lot of hard work but it's worth it.(OED)
_ What was the movie like? Was it worth seeing?(2G61A)

2) 동사형 전치사

_ Lunch costs £10 per person, excluding drinks.(OED)
_ He took charge of the family business following his father's death.(OED)
_ Given his age, he's remarkably active.(OED)
_ It's gone six o'clock already.(OED)(시간이 넘은/지난)(영:비격식)
_ Six people were killed in the riot, including a policeman.(OED)
_ I know nothing regarding the matter.=(with regard to)(YBM).
_ Starting tomorrow, I'll be working out three times a week.(YBM)
☆ 분사형전치사(participial preposition)라고도 한다. 단순전치사; barring(제외, 없다면) following(후), excluding(제외), including(포함), notwithstanding(불구), pending(때까지, 대기중) beginning/starting(부터), concerning/regarding(관련), given /considering (고려, 감안): 복합전치사; according to(따라), based on(근거, 기초), compared to/with(비교), pertaining to(관련), related to(관련)

3) 접속사형 전치사

_ Biography shall claim you but an instant.(OHS348)(=only)
_ All <but him> are present.(DED).(=except) / _ Everyone was there <but him>.(OED)(")
_ Everything is red <but the monster>.(1NG51)(=except)
_ The problem is anything <but easy>.(=not easy)(OED)
_ She has been in Brazil since Monday.(=from Monday to now)(1G17A,18A)
_ Since when did he ever listen to me?(OED) / It's a long time since her death.(DED).
_ Humans have been able to digest milk as adults since 3,000 years ago.(NEI)
_ We lived in Japan until 2000.(=how long a situations continues)(1G102A)
_ The party went on until 4 o'clock in the morning.(")(2G138A)

(b) 복합전치사

1) except~ ~

_ I will not boast about myself, except about my weaknesses.(2Cor12:5)
_ No one can say 'Jesus is Lord' except by the Holy Spirit.(1Cor12:3)
_ Except for his face his whole body is swaddled in fur.(NEI)
_ The price of the holiday included all meals except (for) lunch.(3G91A)
_ That's relief.— We sang everything except in English.(VLIVE,(3G91A)
_ I would not have known what sin was except through the law].(Ro7:7)
_ They look everywhere except to the Most High.(Hos7:16)

2) ~as~

_ Let the little children come to me, and do not hinder them, for the kingdom of God belongs to such as these.(Lk18:16)
_ Real property consists of land and objects that are permanently affixed to land, such as trees and buildings.(3NS1)

3) ~for~

_ And as for fortune, and as for fame, I never invited them in.(DCFM)(with regard to; concerning)
_ Or what can a man give in exchange for his soul?(Mk8:37)
_ I'll work for you seven years in return for your younger daughter Rachel.(Ge29:18)

4) ~of~

_ We are in front of your house.(3NG17)
_ The man put a plate of pancakes in front of me.(15NG31)

_ Bob is in the middle of the group.(1G107A,68A)
_ My house is at the end of the street.(1G68C,104B)
_ Write you name at the top of the page.(1G68C,104B)
_ Milan is in the north of Italy.(1G104B)
_ We didn't go out because of the rain.(2G110C)
_ In case of emergency, call this number.(2G111D)
_ I am in favor of it.(=for)(ECD943) _ Don is in front of Bob.(or in back of)(1G107A)
_ He is in possession of five houses.(YBM)
_ He then went in search of Ahaziah.(2Ch22:9,MC183)
_ We went out in spite of the rain.(2G110A,2G110B)

5) ~than~

_ Ted talks less than his brothers.(2G104A)
_ He is a scholar rather than an educator.(OES583)
_ I think I'll have a cold drink rather than coffee.(OED)
_ I call her hair chestnut rather than brown.(PEU474)
_ The emphasis was on teaching rather than learning.(CEG23))(=보다는)
_ You have defiled yourself by sleeping with a man other than your husband.(Nu5:20)

6) ~to~

_ Do good to your servant according to your word, O LORD.(Ps119:65)
_ The eggs are graded as to size and color.(MED)(=according to/by)
_ My house is located close to the station.(ECD1004)
_ Columbia was a young city compared to venerable Charleston.(CED)
_ In 1800 Ireland's population was nine million, compared to Britain's 16 million.(CED)
_ Most of the problems were due to human error.(= because of~)(OED)
_ The team's success was largely due to her efforts.(=thanks to~)(OED)
_ My house is next to the freeway.(2G27A) Alice is next to Bob.(=Alice is beside Bob).(1G110A)
_ Tina was next to him.(2MiC207) Tina sat next to him.(2MiC208)
_ The game was cancelled owing to torrential rain.(= because of~, due to~,owing to~)
_ Nothing can be done prior to our project.(OED)(before)
_ Thanks to Bateman's heroics in the second half, the team 2-0.(OED)

7) ~with~

_ The room was light and lofty compared with our Tudor ones.(CED)
_ This was in accordance with Jewish burial customs.(Jn19:40)

(c) 상관전치사

1) as~as~

_ Was the film as funny as his last one?(3G73A)
_ Can you send me the money as soon as possible?(2G104A)

2) not so much~as (A라기보다 B이다)

_ He is not so much an educator as a scholar.(OES583, SBE244)
_ His plan is not so much ambitious as plain.(OED)
_ He is not an educator, so much as a scholar.(OES583)
_ Religion offers not so much truth as beautiful hypothesis.(Ham551) (5ST180)
_ I dared not ask Brichot, not so much for fear of his contempt as of his explanations.

3) more~than/except~

_ Are oranges more expensive than bananas?(1G86A)
_ She is more shy than unsociable}.(SBE196)

_ It had more the appearance of a deliberate crime than of an accident}.(OED)
_ There are no more prayers in me except prayers to her.(1JWG67)

4) less~than~

_ Mike is less strong than Tom.(BME314)
_ The shopping mall is less} crowded than usual.(2G104B)
_ He looked less like a human being than some kind of creature}.(HaM802)
_ Their eyes filled less with curiosity than suspicion}.(HaM1149)

5) rather/no than~

_ I'd rather be at home right now than here.(1G33C)
_ I'd rather have a dog than a ca}.(1G33C)
_ God is no fonder of intellectual slackers than of any other slackers}.(Lewis78)

B. 절 연결어

(1) 접속사

(a) 단순접속사 ☞ 이에 대하여는 4편 6장 접속사를 참고할 것

(b) 전성/복합접속사

1) 시간

(adverb)
_ Directly I uttered these words, there was silence.(OES515)
_ Immediately(or Instantly) the button is pressed, the mine exploded.(OES515)
_ The lamp will light [instantly you press the button].(ZEG418)
(noun)
_ The minute I got the news about Anna I telephoned my parents.(3G3C)
_ 1'll contact you [the minute I've got my exam results].(3G3C)
_ The moment I entered room, he left it.(OES515)
_ I recognized her [the instant (that) I saw her].(=the moment)(OED)
_ He called on me [the day he arrived].(ZEG417)
_ We were there [the week it snowed heavily].(ZEG417)
_ He was in the United States [the year the Second War broke].(ZEG417)
_ Anytime I can help, just ask.(NED)
_ Each (or Every) time I see you, you look different.(2G89A)
_ The first time I climbed onto the wall, I felt nervous.(ZEG417)
_ The second time we met, he replied a lot of questions.(ZEG417)
_ They seemed very happy together [the last time I saw them].(2G4E,141D)
_ Tell me, where was the stegosaurus stamp [the last time you saw it]?(5NG9) .
_ Next time you come, you will see your grandpa.(ZEG417)
_ The baby was howling [all the time I was there].(OED)
(preposition phrase)
_ By the time we get to the theater, the play will already have started.(2G117C)
_ I shall have finished the letter [bv the time (that) you come back].(REG432)
_ He has been working like a dog [from the time he entered the company].(NED)
_ On the day I called, you answered me.(Ps138:3)
(adverb/noun/conjunction+after/before/pas)
_ Shortly after his rival had disappeared, he married her.(SED69)
_ Long before we arrived at our house, we saw smoke and then a tent.(7JG20)
_ I started(or left) [10 minutes after he did].(ECD995)

_ You entered the theater [30 minutes past the time we planned to meet].
_ He waited to write the letter [until after his friend had gotten up].
_ {Once when I was six years old} I saw a magnificent picture in a book,(ASE1)

2) 이유/원인

(being/given/seeing that)=since/because
_ Being [that it's midnight], let's go home.(Wiki)(=it being so that/it being true that)
_ Given [that he speaks English so well], he might have been in America.(PEU578)
_ Joel just had to apologize, seeing [that/as he knew he'd made a mistake.(3G80A)
(in that)
_ She was fortunate [in that she had friends to help her].(=because)(OED)
_ She was a false witch [in that she told me not that].(=so much as)(OW190)
_ I like her [in that she is sincere].(=because/so much as)(DBE344)
_ In that it feature only four actors, the film is unusual.(")(3G80B)
(now that)
_ The sports fans are leaving [now that the game is over].(YBM)(=since)
_ The garden looks nice [now (that) we've got some flowers are out].(PEU578)(")
_ Now that it is winter, I will have to buy warmer clothes.(SBE124)(")

3) 목적/결과(정도)

(so as/in order to)
_ Then I slipped away [(so as) not to wake her].(5ST333)(목적)
_ He took the course [(so as/in order) to get a better job].(3G81A)(")
(in order that)
_ Advice is given [in order that students can choose the best course].(3G81B)(목적)
_ She stayed at work late [in order that she could complete the report].(3G81B)(")
(so/such that)
_ It is [so that they can observe their backside better].(EduTimes)(목적)
_ She swims every day [so that she can stay healthy].(YBM)(")
_ But so that we may not offend them, go to the lake and throw out your line. (Mt17:27)(")
_ We eat [(so) that we may live].(OES116)(")
_ I put my feet in [so that my knees were close to my chin].(14JG308)(결과)
_ He is wearing a baseball cap [so that his face is hidden].(NED)(")
_ He stands his friend up [so that he have no friends].(YBM)(")
_ Sit a little closer, so that we can have a talk.(NED)(")
_ The model was designed [such that the value of x could be calculated].(3G81C,JJR172)(목적)
_ The website is organized [such that it is easy to navigate].(3G81X4)(결과/정도) (Wiki)(")
_ The assault was fierce, such that he passed out and remembers nothing further of the attack
(lest that)
_ He worked hard [lest (for fear) that he (should) fail].(SBE74)(목적)
_ She was afraid [lest (that) she had revealed too much].(=in case)(OED)(결과)

4) 조건/양보

(-ed/-ing(that))
_ Assuming/Supposing (that) you're offered the job, will you accept it?(~가정하면)
_ He looks oldish [considering (that) he is so young].(DED)(~고려하면/고려할 때)
_ Granted/Granting (that) it is true, you are still in the wrong.(OES519)(~인정하면)
_ You can borrow my bike [provided/providing (that) you bring it back].(PEU240)(~하면)
_ It doesn't seem fair to split it, given that I didn't even eat.(YBM)(~고려하면)
(in case (that))

_ I'll leave my cell phone on [in case (that) Jane calls].(2G111A)
_ I left my phone on [in case (that) Jane called].(=past)(2G111A)
_ I'll take an umbrella [just in case (that) it rains].(=a smaller possibility)(2G111A)
(as/so long as)
_ We'll go [as long as the weather is good].(=on condition that)(OED)
_ So long as there is a demand for these drugs, the financial incentive for drug dealers will be there.(")(OED)
(even if/though)
_ Even if you leave now, you can't catch the train.(가정)
_ I wouldn't go there even if you paid me.(가정)
_ I will go with you to the game tomorrow even though I hate baseball.(사실)
(~ that)
_ He says he will come to see me today, but that he cannot come tomorrow.(YBM)(unless)
_ I didn't tell him anything <except that I needed the money>.(OED) (=unless)
_ I would lend you the money [except that I don't have any].(NED) (=if I had any)
_ They'll lend us their flat [on (the) condition (that) we look after it].(LEG282)
_ She hasn't written— not that she said she would.(OED)(…인 것은 아니다)
_ It is not that I am unwilling but that I have no time.(…이 아니라… 이다)
(no matter wh-어) 누가/무엇이/어디서/언제/어떻게…하더라도 ☞4.6.(A)(3)20)
_ No matter what may be the test, God will take care of you; (Hym432)(S)
_ Call me when you get there, no matter what the time is.(OED)(P)
_ No matter which situation you are at, never say die.(YBM)(O)
_ No matter when you may come, you will be welcome.(SSE239C)(A)
_ No matter where he has gone, I'll find him.(PEG90)(A)
_ They don't last long {no matter how careful you are}.(OED)(A)

5) 양태/정도

(just as~)
_ Moses and Aaron did [just as the LORD commanded them].(Ex7:5.31:11)
_ He did what was right in the eyes of the LORD, just as his father Amaziah had done.(2Ki15:3)
_ Just as you say, my lord the king. I and all I have are yours."(1Ki20:4)(바로 마찬가지로)
(in so far as=to the extent that)
_ In so far as I am a judge of these things, the repairs to the car have been done very well.

(c) 상관접속사

☆ (both...and), (as...as/so),(as/so...as), (such...as), (not so much...as), (not so as/in order to...but), (not only...but (also)), (never/scarcely/hardly...but), (no...but)(no...so/not such...but), (either...or)(neither/no/not...nor). (whether...or),(no more....than).(not...more than), (not...any more than),(not less...than) ,(rather...than(except)), (so...that) .(such...that), (hardly/scarcely...before/when).(no sooner...than/when)

1) both ~and

_ He both acts and directs.(PEG65) / _ That actress is both skillful and beautiful.(OED)
_ I was both tired and hungry [when I got home].(2G87D)

2) as ~as

_ Light is {as} necessary {as fresh air to good health}.(YBM)
_ I can run {as} fast {as he can}.(2G104B)
_ You know {as} well {as I do} that you're being unreasonable.(OED)
_ My case is as good as solved.(14NG37)

3) so~ as

- The dilemma is [that any definition <that is sufficiently comprehensively encompass all torts> is {so} great {as to be almost meaningless].(5NS1)

- What other nation is {so} great {as to have their gods near them the way <the LORD our God is near us whenever we pray to him>}?(Dt4:7)

4) not so much~as (A라기보다 B이다)

_ He was {not so much} "looking" at here {as "viewing" her}.(HaM518)

_ A men's worth lies {not so much} in [what he has] {as [in what he is]}.

_ They do{n't so much} sing {as they chant}.(CRL340)

5) never/not~but (하지 않고 ~하다)

_ She {never} left the temple but worshiped night and day, fasting and praying.(Lk2:37)

_ It {never} rains {but it pours}.=(unless, if...not)(DED)

_ Theodore {never} does anything {but (does) talk}.(BEG314)

_ I have {not} come [to abolish] them but [to fulfill them].(Mt5:17)

_ He must {not} break his word {but must do everything he said}.(Nu30:3)

6) no~so/not such~but (할 정도로 ~는 아니다)

_ {No} man is {so} old {but (that) he may learn}.(that he may not.)(DED,SSE202B)

_ He is <not such> a fool <but he can solve it>.(that he can not)(DED)

7) not/never/scarcely/hardly~but/without (~하면 반드시 ~하다)

_ It {never} rains {but it pours}.=(unless, if...not)(DED)

8) not only~but (also) (~뿐 아니라 ~도 하다)

_ I am ready not only [to be bound], but also [to die in Jerusalem...](Ac21:13)

_ Not only [that our trade will lose its good name], but also [that the temple of the great goddess Artemis will be discredited,...](Ac19:27)

_ He not only wants [to be taken seriously as a musician], but [as a poet too].(OED)

9) not so as/in order to~but (~가 아니라 ~하기 위해)

_ I came to see you not (so as) to complain, but (so as) to apologize.(3G81A)

_ I came to see you not (in order) to complain, but (in order) to apologize.(3G81A)

10) either~or

_ You must either go at once or wait till tomorrow.(PEG67)

_ Either you apologize, or I'll never speak to you again.(2G87D)

_ Don't you realize I have power <either to free you or to crucify you>?(Jn19:10)

11) neither/no/not/none~nor

_ She said she would contact me, but she neither wrote nor called.(2G87D)

_ Then Balak said to Balaam, "Neither curse them at all nor bless them at all!"(Nu23:25)

_ He had no money, nor did he know anyone he could borrow from.(PEG63)

_ There was no crowd with me, nor was I involved in any disturbance.(Ac24:18)

_ No good tree bears bad fruit, nor does a bad tree bear good fruit.(Lk6:43)

_ I have not taken so much as a donkey from them, nor have I wronged any of them.(Nu16:15)

_ Ruth didn't turn up, and neither/nor did Kate.(PEG350) (Dt7:14)

_ None of your men or women will be childless, nor any of your livestock without young.

12) whether~or

_ You are entitled to a free gift [whether you accept our offer of insurance or not.(OED)

_ Whether or not we're successful, we can be sure that we did our best.(OED)

cf. I wonder if he is still alive or not.

13) as ~so

_ As is the husband, so is wife.(A:B=C:D)(OES521)(남편이 그런지라 아내도 그렇다)

_ As I judged your fathers in the desert of the land of Egypt, so I will judge you.(")(Eze20:36)

_ As it was in the days of Noah, so it will be at the coming of the Son of Man.(Mt24:37)
_ For as he thinketh in his heart, so is he:(P23:7)(그 마음의 생각이 어떠하면 그 위인도 그러하다)
_ Just as Moses lifted up the snake in the desert, so the Son of Man must be lifted up,(Jn3:14)
_ Just as it was in the days of Noah, so also will it be in the days of the Son of Man.(Lk17:26)

14) no more~than (B보다 A도 더 이상 아니다/못하다; A가 아닌 것은 B가 아닌 것과 같다, B가 아닌 것과 같이 A도 아니다)

_ I am {no more} mad {than you (are)}.(SBE234)
_ A whale is {no more} a fish {than a horse is}.(SBE234)
_ His idea was {no more} use {than a headache (was)}.(YBM)
_ I can {no more} read Chinese {than he can (not)}.(YBM).
_ He can {no more} swim {than (he can) fly}.(SBE234)
_ Monty, as I soon realized, had {no more} capacity for figures {than Jeremy had}.(YBM)

15) no sooner~than/when

_ I had no sooner lit the barbecue [than/when it started to rain].(3G79C)
_ No sooner does he see other children [than he becomes playful].(동시동작들에도 사용)

16) barely/hardly/scarcely~before/when

_ I had barely started speaking [when he interrupted me.(OED)
_ The concert had hardly begun [before/when} all the light went out.(3G79C)

17) not~any more than (B가 아니듯이/못하듯이 A도 못한다/아니다)

- I have given them your word and the world has hated them, for they are {not} of the world {any more than I am of the world}.(Jn17:14)(B가 아닌 만큼 A가 아니다)
_ Waiting does {not} diminish us {any more than waiting diminishes a pregnant mother}.(Ro8:24)
_ He is {not more} diligent {than you are}.(OED)

18) not less~than (A는 B보다 (나을 망정) 못하지 아니하다)

- He is {not less} rich {than you (are)}.(SBE234)
_ Light is {not less} necessary {than fresh air is} to health.(YBM)

19) so~that 결과/정도

_ He was {so} drunk {(that) he couldn't drive home}.(PEG223))
_ He was {so} frightened {that his knees knocked together and his legs gave way}.(Dan5:6)(")
_ He is {so} clever {that he knows it}.(=He is {too} clever {not to know it}.(SBE18)
_ She awoke {so} cold {that he could barely straighten his legs}.(LSW196)
_ He played {so} badly {that he was easily beaten}.(3G239)
_ He wept {so} loudly {that the Egyptians heard him},(Ge45:2)
_ There are {so} many people {that I can't even swim}.(NEI)
_ {So} many gathered {that there was no room left, not even outside the door},(Mk2:2)
_ He repeated it with {so} much rage {that it almost seened to be rage},(GGM132)
_ I will {so} increase your descendants {that they will be too numerous to count}.(Ge16:9)

20) such~that/but 결과/정도

_ He is not <such> a coward {but he can do that}.(~that~not)(DED))
_ The book was <such> a good book {that I couldn't put it down}.(2G100B)(")
_ It is <such> a popular play <that the performance was sold out after the first day>.(3G81C)
_ The advertisement is printed in <such> a way <that two very different pictures can be seen depending on how you look at it}.(3G81C))
_ It was <such> nice weather {(that) we spent the whole day on the beach}.(")
_ <Such> large crowds gathered around him <that he got into a boat and sat in it>,(Mt13:2)(결과)

(2) 전치사

(a) 전치사+비정형동사/비정형절

1) as~

_ Abraham said, "Now that I have been {so} bold {as [to speak to the Lord]},(Ge18:29)

_ In fact, the tax cuts have been designed in {such} a way {as [to leave out the very people it is supposed to help}.(3G81C)

2) but~

_ I ca*n't* help but [*wonder* what I should do next].(not but=only)(PEU102)(=can't help -ing)

_ He could *not* help but [admire his wife's ability to solve the problem].(MJL363,1ACD752)(")

_ I can*not* (help) but [take the medicine].(ZEG209,10JG362)(할 수 밖에 없다)

_ I could *not* (help) but [wonder why she had lied.](=not except/=can't help -ing)(MED,SBE22)

☆ can/could *not* (help) but 에서 help가 생략되면 but는 전성부사(except)의 용법이 된다.☞4.4,B(3)(b)(ii)

_ He could *not* choose but [love her].(=only)(BEG313)

_ I could do nothing <but [comply]>.(=except)(3CD307)(하는 것 외는)

_ They desired nothing <but [to succeed]>.(=except)((BEG314)(할 것 외는)

_ I had no choice <but [to turn back]>.(=except)(SBE11)(")

_ Nothing remains <but [to give up]>.(")(SBE10)(")

_ She was a good secretary <but [to be(or being) a chatterbox]>.(=except)((")(일/인 것외는)

3) except (for)~

- I don't have any choice <except [to leave]>.(NEI,5JG261)(~ 외에는)

_ There is nothing <we can do <except [dig in and wait]>>.(OED)(")(Ex40:29

_ Do no work at all on these days, except [to prepare food for everyone to eat](Ex12:16)

4) near (to)~

_ Turning the corner, his car came near [(to) colliding with a truck].(SBE50)(거의)

5) ~of~

_ I am in charge of [making the prize for the Smartest Pet Contest].(8NG11)

_ I'm in the middle of [doing it].(=I am doing something)(2G1B)

_ You might/could have done the ironing instead of [leaving it all to me].(3G17F)

6) ~than~

_ Why didn't you ask for help, rather than [trying to do it on your own]?(OED) medication].(")

_ When a free-range animal becomes sick or infected, it is killed rather than [being given ⤴

_ Rather than [sell the painting], Ike preferred to dstry it.(ESA80))(=보다는)

_ You know better than [to do that].(NEI)

_ You should know better than [to behave like that].(OED)

_ I, Nate the Great, knew better than [to tell Rosamond why].(7NG30

_ Ray wants to travel by train sooner than fly.(=rather than)(ESA80)(=보다는 차라리)

7) worth~

_ This idea is well worth [considering].(OED)(할만한 가치가 있다)

_ I live only a short walk from here, so it's not worth [taking a taxi].(2G61A,312)

_ It's worth [to try].(NED) (할 가치가 있다) :

(b) 전치사+정형절

1) after~

_ Many of my friends maintained strong and close friendships, even after [when the girl knew how her friend felt for her].(NEI).

2) as~

_ Act as [if every task you do is really important].(YBM)
_ Hadn't she <three times as many> pupils now <as [when they were first married]>?(KM63)

3) but~

_ I will accept nothing <but [what my men have eaten]>(Ge14:23)
_ Nothing is but [what is not].(3WS175)
_ Who knows but [that he may be right]?(that...not)(DED,Est4:14)
_ I would lend you some money but [(that) I don't have any].(=unless)(YBM)
_ There is no doubt <but [that he was jesting]>.(=except)(Lupin7)
_ She was a good secretary <but [that she was a chatterbox]>.(=except)

4) except~

_ I didn't tell him anything <except [that I needed the money]>.(OED)
_ They look just like the real thing, except [that they're made of plastic].(3G91A)

5) ~of~

_ The reason is because of [who your mother was].(2DK268,333)
_ They still hated your mother because of [what they've lost].(2DK371,333)

6) save~

_ It is a very luxurious boat <save [that it needs painting]>.(=except)
_ They found out nothing <more><save [that she had borne a child]>.(")(OED)

7) than~~ (Ps4:7,5)

_ You have filled my heart with {greater} joy {than [when their grain and new wine abound]}.
_ I would {rather} lose a dozen cherry trees {than [that you should tell one falsehood]}.(JB50)

8) ~to~

_ God will give to each person according to [what he has done].(Ro2:6)

C. 문장연결어

한 문장과 앞에 있는 다른 문장(들)을 연결하는 단어/구를 문장연결어((sentence connectors /connectives/transition words)라고 한다.종종 문장연결어는 문장 앞에 위치하지만 항상 그런 것은 아니다.

{} There was no heating in the building. {*As a result*}, the workers had to be sent home.
or The workers had to be sent home {*as a result*}.)(3G87A)

두 문장을 연결하기 위해 쉼표를 사용할 수 없음이 원칙이다. 단 두 개 문장이 and, but, or, so, 또는 a semi-colon (;), colon (:), or dash (-)으로 연결된 경우는 문장연결어가 사용될 수 있다.

{} The building was extremely well constructed and, {*as a result*}, difficult to demolish.(3G87A)
{} You could fly via Singapore; {*however*,} this isn't the only way.(3G87A)

☆ Connectives which work between one sentence and another are called SENTENCE CONNECTIVES. Linda enjoyed the movie. However, Sam did not. The sentence connective *however* connects the two sentences by contrasting them.

(a) 단어: accordingly, after, afterwards, also, alternately, anyway, before, besides, consequently, earlier, even, for, futhermore, hence, however, instead, later, likewise, meanwhile, moreover, otherwise, nevertheless, notwithstanding, only, previously, similarly, so, soon, still, subsequently, then, therefore, thus. wherefore, yet;

(b) 구: above all, after all/that, as a consequence/a result, at that time/the same time, before that, by contrast, for example/which, in addition/any case/conclusion /consequence/contrast/fact, on the contrary/the other hand, if not/so, all the same, even so, so then, what's more; as well

☆ transition words: 하나의 내용에서 다른 내용으로 넘어갈 때 문장을 자연스럽게 연결해주는 단어로, 문장, 독립절 및 단락의 시작 부분에 주로 배치되므로 내용 간의 구체적인 관계를 수립한다. 글의 흐름을 만들고 글의 논리적인 전개를 가능하게 한다.

(1) 단어

(a) 부사

{} *Also*, try his roasted eel.(YBM)
{} She's fluent in French and German. She {*also*} speaks a little Italian.(OED)
{} I can't go now; I'm too busy. *Besides*, my passport is out of date.(PEG288)
{} *Hence,* Lennon was mostly raised by his aunt Mimi.(NEI)
{} She wasn't sent to the juvenile court; *instead* she was cautioned.(OED) (OAD,Mt27:11)
{} The doctor will see you again next week. *Meanwhile*, you must rest as much as possible.
{} *Moreover*, their school grades can fall.(NEI)
{} There is little chance that we will succeed in changing the law. *Nevertheless*, (or *Yet*) it is important that we try.(OED)
{} My parents lent me the money. *Otherwise*, I couldn't have afforded the trip.(OED)(가정법과완)
{} We're committed to the project. We wouldn't be here {*otherwise*}.(OED)(가정법과거)
{} We must be early; *otherwise* we won't get a seat.(PEG289)(직설법)
{} {*So*} Abraham hurried into the tent to Sarah.(Ge18:6) {*So*} Rachel died...(Ge35:19)
{} The weather was cold and wet. *Still*, we had a great time.(OED)
{} *Therefore*, we need at least four adult escorts.(YBM)
{} Formal education {*therefore*} is the sole occupation of most young people.(NEI)
{} She was {*therefore*} unable to avoid an unwelcome marriage.(PEU157) (OED)
{} There is still much to discuss. We shall, *therefore*, return to this item at our next meeting.
{} {*Yet*} once more I forbid you to go.(교학사) {*Yet*} why not go to America?(YBM)
{} He has a good job, and {*yet*} he never seems to have any money.(OED)(등위접속사 뒤 위치)
(b) 접속사
{} {*And*} God said, "Let there be light," and there was light.(Ge1:3,7:5)
{} {*But*} my righteous one will live by faith.(Heb10:38,Ge2:20)
{} {*But*} for Adam no suitable helper was found.(Ge2:20)
{} Somebody wants you on the telephone. {*But*} no one knows I'm here!'(OED)
{} {*For*} thine is the kingdom, and the power, and the glory, for ever.(Mt6:13)(대개)
{} I cannot, *however*, approve of it.(OED(그렇지만, 그러나, …라고는 하지만)
{} Our team lost. It was a good game {*though*}.(OED)(문미에 두어)(그러나, 그래도, 그렇지만,)
{} I missed the bus. Tom gave me a ride, *though*.(DED)(")(")
(c) wh-어
{} We have not yet won. *However*, we shall keep trying.(DED)
{} You could fly via Singapore; *however*, this isn't the only way.(3G87A)
{} {*Wherefore*} the name of the place is called Gilgal unto this day.(Jos5:9)
(2) 구
{} {*And so*} Ayumi had been murdered.(HaM457)
{} {*So then*} I chose another profession, and learned to pilot airplanes.(ASEc1)
{} It was midday. *Even so*, I put on the light.(3G87B)
{} There was no heating in the building. *As a result*, the workers had to be sent home.(3G87A)
{} 'It must have been terrible.' *On the contrary*, I enjoyed every minute.'(OED)

D. 구두점의 연결기능(punctuation)

(1) comma (,)

(a) 접속사가 있는 경우

(i) 나열되어 있는 항목 중 마지막 것을 제외한 각 항목의 뒤
, The day was cold, wet, and windy.(PEG35,OES629)
, Which is the longest river — the Mississippi, the Amazon, or the Nile?(1G45C)
, When shall we meet again <u>in</u> thunder, lightning, or <u>in</u> rain?(3WS168)

단, 나열된 항목이 두 개일 때는 콤마를 사용하지 않음.

He is smart and funny.

Surely this great nation is a <wise and understanding> people.(Dt4:6)

(ii) 두 문장이 접속사를 통해 연결 되었을 때 접속사 앞

두 독립절을 연결하는 등위접속사 앞에 콤마를 사용한다. 절은 '주어+술어' 를 포함하는 단어의 집합체, 독립절은 혼자서 문장으로 존재할 수 있는 절을 의미한다.

, He is tall, and he is handsome.

, He doesn't like her, and she doesn't like him.(1G95B)

위 문장을 구성하는 각 절은 각각 독립된 문장으로 존재할 수 있으므로 접속사 and, or, but 등으로 연결할 때 그 앞에 콤마가 필요하다.

단, He drinks coffee and (he)* eats bread.처럼 and가 두 독립문장이 아니라 He drinks coffee와 eats bread를 연결해 주는 경우에는 콤마는 불가.

My sister is married and (she)* lives in Houston.(1G95B)

(iii) 세 문장 이상이 접속사를 통해 연결 되었을 때 접속사 앞:

, Karen is at work, Sue has gone shopping, and Chris is playing football,(1G95B)

, I got home, had something to eat, sat down in an armchair, and fell asleep.(1G95B)

, I don't know who he was, why he came here, and when he went away.(OES629)

(iv) 한 문장을 시작하는 종속절 뒤

, While I was waiting for bus, it began to rain.(1G96A)

, Although/Even though the traffic was bad, we arrived on time.(2G110D)

,. Even if the wise claim they know, they cannot really comprehend it.(Ecc8:17)

종속절은 '주어+술어' 를 가지지만 혼자만으로는 문장이 되지 못하는 절을 의미한다.

☆ 접속부사어를 분리

접속부사어 however, nevertheless, still, then 등을 분리하기 위해 사용한다.

, It was a beautiful day. However, she was sad.

, It was a beautiful day; however, she was sad.

, It was a beautiful day; she was sad, however.

,, It was a beautiful day; she, however, was sad.

(b) 접속사가 없는 경우

(i) 두 개 이상의 word, phrase, clause를 동등한 자리에 연결할 때:

(동등한 자리의 단어/구)

, "A detective? said Rosamond. "A <real, live> detective?(1NG35)

, A <wet, hungry, tired> group of boys awaited her.(OES629)

, The man in the <torn, tattered> jacket moved quickly through the crowded and unlit street.

, For the LORD your God is a <consuming> fire, a <jealous> God.(Dt4:24) (OGB91)

, The ground was covered with crocuses, yellow, violet, white.(BEG603)

☆ <u>둘 이상의 형용사가 서로 연관이 있는 경우에는 콤마를 사용하지 않는다</u>.☞ 4.4.A.(3)(b)

ø My brother lives a <nice new> house.(2G97A)

ø There was a <beautiful large round wooden> table in the kitchen.(2G97A)

(동등한 자리의 절)

두 개 이상의 절은 접속사나 세미콜론으로 연결되는 것이 원칙이지만, 예외적으로 절들이 짧고, 같은 형식이며, 어조가 쉽고 회화인 경우는 콤마로만 연결하는 것도 가능하다.(EOS7)

, I hardly knew him, he was so changed.(EOS7)(주절간의 균형)

, You're right, it isn't a good idea.(3G32C)(")

, Here today, gone tomorrow.(EOS7)(")

, I can't come out tonight, I'm seeing Emma.(=meeting)(3G65X)(")

, Man proposes, God disposes.(EOS7)(주절간의 대조)

, Some people eat to live, some people live to eat.(“)
, I'm tired, I'm hungry, I'm bored.(주절간의 동일 패턴)
. Came empty, return empty.(SBE282)(“) I came, I saw, I conquered.(Caesar)(“)
, The gates swung apart, the bridge fell, the porcullis was drawn up.(EOS7)(“)
(ii) 한 문장을 시작하는 비정형절이나 긴 구 뒤
, Running to my next class, I hoped that the class did not start yet.
, At three o'clock, I ran outside.
(iii) 문장의 흐름을 잠시 중단하는 단어, 구, 절 등을 분리(쌍콤마).
,, Tom, a 12-year-old boy, is very smart for his age.
,, Deviance shows us the boundary, or line, that must not be crossed.
,, My first excuse, wild as it was, didn't sound convincing.
,, The class, along with the teacher, studied together.
,, The men, wearing anoraks and hats, made off in a Volvo estate.(3G56A)
(iv) 필요하지 않은 절을 분리
,, My brother, who is wearing a shirt, is playing soccer.
<> My brother <who is wearing a shirt> is playing soccer.
전자는 who is wearing a shirt부분이 없더라도 my brother이 누구인지 알 수 있는 경우이다. 즉 자신에게 brother가 한 명 뿐이라면 콤마를 사용한다. 형제가 여러 명이고 my brother라고만 하면 형제들 중 누구를 지칭하는지 알 수 없는 경우이므로 <who is wearing a shirt>는 필요절이므로 콤마로 분리하지 않는다.
<> Drivers <who are young> cause many accidents.
,, Drivers, who are humans, often cause accidents.
전자는 “Drivers“ 중 어린 사람들만을 나타내기 때문에 who are young이 필요한 절이 되며 콤마는 불가하다. 후자는 모든 'Driver'가 사람(human)임을 나타내며 “who are humans“ 가 없더라도 같은 의미를 가지므로 콤마가 필요하다.
(v) 다른 사람에게 직접 내용을 전달할 때 전달받는 사람을 분리
, Tom, are you going home?
, Where are you going, Tom?
, You look great, Tom, in that suit.
(vi) 절 전체에 적용되는 도입어나 부사어 however, in fact, therefore, nevertheless, moreover, furthermore 등을 나머지 부분으로부터 분리하기 위해 사용
, Oh, so that's where it was.(OED)
, By the way, did you hear about Sue's car?(OED)
, As it happens, however, I never saw her again.(OED)
, By the way, did you hear about Sue's car?(OED)
다만, 부사어 then, so, yet, instead, too(also의 의미)의 경우 콤마는 선택적이다.
, So(,) that's it for this rule.
, A comma would be appropriate in this sentence(,) too.
(2) semicolon (;)
period(.) 보다 가볍고, comma(,)보다는 무거운 구두점이다.
(i) 대등한 문장(중문 포함)을 연결하는 경우
; It is nearly half past five; we cannot reach town before dark.(EOS6)
. It is nearly half past five. We cannot reach town before dark.(EOS6)
, It is nearly half past five, and we cannot reach town before dark.(EOS6)
; Consider the lilies of the field, how they grow; they toil not, neither do they spin.(Mt6:28)
앞 뒤 문장을 각각 독립된 문장으로 보아 마침표로 끊으면 서로의 연관성이 무시되고 콤마로 끊으면 독립성이 무시되는 것 같이 중간적인 관계인 경우에 사용한다.

(ii) 중문이 등위접속사로 연결되더라도 각 문장 안에 콤마가 있는 경우

; The day, however, was very stormy; and none of his brothers, sisters, and cousins went to school.(OES632)

(iii) 접속부사어로 연결되는 등위절 앞

; He stayed behind; *for* he was ill.

; I do not want to go; *moreover*, it rained very hard.(OES461)

; You could fly via Singapore; *however*, this isn't the only way.(3G87A)

; We must be early; *otherwise* we won't get a seat.(PEG289)

; You aren't rich; *still*, you could do something to help them.(PEG289)

; He says he'll pay; I don't think he will, *though*.(PEG289)

; They are ugly and expensive; *yet* people buy them.(PEG289)

(iv) 쉼표를 사용하여 항목을 나열한 목록에서, 각 항목을 더 명확하게 구분하기 위해 사용

; She bought red, blue, and yellow balloons; and green, purple, and orange ribbons.

(3) dash (—)

(i) 문장의 일부분을 강조하거나, 덧붙여진 요소로, 문장 가운데서 중단하고 다시 시작할 때 연결 하여 표시한다(쌍대시).

— This is the right method — the only one— so we are stuck with it.

— Jane — her sister— was very kind.(DBE322).

(ii) 앞 말 또는 같은 의미를 되풀이하여 강조하거나 수식적 설명을 하는 경우

— Oh, yes, he was hungry—hungry as a church mouse.(OES634)

— I know him well—probably better than anybody else knows him.(2G102C)

— He did very badly on the test—worse than expected.(2G102C) (2G115D)↴

— She's always asking me to do things for her—as if I didn't have enough to do already.

— The rear axle began to make a noise— a grinding, chattering, teeth-gritting rasp.(EOS9)

(iii) 앞 말을 전부 종합하여 다시 말하는 경우

— Health, friends, position—all are gone.(OES635)

— He tried to save the little girl from drowning at cost of his own life—a heroic deed].(SBE150)

(iv) 문 중간에 딴 생각, 딴 구문을 끼워 넣는 괄호적 용법(쌍대시)

— I dressed—you may not believe this, but it is true—in ten minutes.(OES635)

— The proposals —expected to be agreed by minister —are less radical than many employees had feared.(3G56E)

(v) 사상(생각) 또는 구문상 급격한 변화를 일으킬 때, 또는 앞에 말한 것을 정정할 때

— If the scythe is rusty—by the way, did you get that scythe at Pumphrey's?(OES635)

— In the end he had to walk —or rather run—to the office.(EOS9)

— She is —or was —very kind.(DBE322)

(vi) 다른 사람의 말을 같은 줄에 쓸 때

— Do you know her? — No, I don't.(DBE322)

(vii) 선택의문문

— Who is taller—Joe or Gary?(1G45B) Which shoes do you like better—these or those?(1G72B)

— Which is the longest river—the Mississippi, the Amazon, or the Nile?(1G45B)

(4) colon (:)

(i) 앞 말에 대한 목록(list)이나 예시를 드는 경우

: Your dedicated whittler requires three props: a knife, a piece of wood, and a back porch.

: ...this is my answer: not that loved Caesar less, but I loved Rome more.(8WS173) (EOS8)

:(ii) 앞 말에 대한 보충이나 부연 설명을 하는 경우

: To be or not to be: that is the question.(2WS75,2WS)(이대로냐 아니냐)

: We decided not to go on holiday: we had too little money.(PEU460)

: The world is like a looking glass: if you smile, it smiles; if you frown, it frowns.(OES634)

(iii) 생각의 인용이나 긴말의 인용

: Suddenly she thought: Could they be trying to trick me?(3G229)(생각의 인용)

: Clearing his throat, the speaker began as follows: We look before and after, and we see, through the half-drawn fold of time.(OES634)(긴말의 인용)

[참고] 의미상 연결어의 분류(OES 124,510, 3G87A, OGB126~128)

(1) 등위연결어

(a) 연계: and, both....and, not only...but (also), as well as, likewise, no less than, besides, moreover, nor, also, in addition, futhermore, for example

(b) 반의: but, yet, still, however. nevertheless, whereas,

(c) 선택: or, either...or, nor, neither...nor, otherwise, on the other hand, in other words

(d) 추리: therefore, so, then, hence=therefore, for, because, as a result, in conclusion now that

(2) 종위연결어

(a) 시간: after, before, ere, since, till until(전후); as, when, whenever, while, as soon as, no sooner...than, scarcely(or hardly)...when(or before), by the time, the moment, as long as, so long as, so often as, once, directly, immediately, instantly(동시)

(b) 장소: where, wherever, whence, whither, whithersoever

(c) 이유/원인: because, since, as, whereas, considering that, seeing that, now that(=since)

(d) 목적: that, so, so that, in order, that, lest, for fear (that)...should(or may)

(e) 결과: so, (so)...that, (such) ...that, so that

(f) 조건: if, unless, so long as, but that, (so) that, in case that, on condition that, assuming (that), provided/providing (that), suppose, supposing (that),

(g) 양보/대조: although/though, if, whereas, while, yet;, even if/though, whether...or, nor, even if, even though, wh-ever, granted/granting (that)

(h) 비교: as, as/so...as, as...so, as if, as though, than, the more,,,the more, what...is...that is, as...so, not so...as, as...as ever, not...as ever, not as yet, as for

(3) 문장연결어

(a) 비교/대조: after all, all the same, alternatively, anyway, but, nor, by contrast, even so, however, in any case, in contrast, instead, nevertheless, on the contrary, on the other hand,

(b) 원인/결과: as a consequence, as a result, consequently, for one thing, so; hence, in consequence, therefore, thus (*the last four are rather formal*)

(c) 정보 추가: above all, after all, also, and, besides, furthermore, in addition, likewise, moreover, similarly, what's more; as well, too (*the last two are not used at the beginning of a sentence*)

(d) 조건: if not, if so, otherwise

(e) 시간: at that time, at the same time, meanwhile((동시동작); after, after that, afterwards, before, before that, earlier, later, previously, soon, subsequently, then(전후관계)

3.6 결합어(combinations of words)

문장재료의 결합형식에는 필수결합(essential combinations)과 임의결합(non-essential combinations)이 있다. 한정어와 보조어는 전자, 형용어와 부사어는 후자에 속한다. 여기서는 그밖에 필수결합을 이루는 구에 관하여 본다.

A. 단위명사 결합

단위/수량/정도 또는 신체부위를 나타내는 말과 다른 말이 의미상 밀접히 결합된 경우를 말한다.

(1) 단위명사+형용사/부사

(·early/·late)

① Seven o'clock ｜ is **a bit·early**. We're generally eating then.(3G2E)

① The bus ｜ was **ten minutes·early**.(OED)

③ The bus ｜ came ｜ **five minutes·early**.(OED)

① They(Our Mexicans) ｜ were **two days·late**.(7JG13)

④ She came [｜ to see ‖ us ‖ **a few days·later**].(2G109C,3G93A)

⑦ The plane ｜ took ｜ off ｜ **twenty minuets·late** but arrived on time.(1G206)(·deep)

① The river ｜ was **fifty feet·deep**.(Pa'd125)

③ The snow ｜ gets ｜ **knee·deep**.

⑦ The snow ｜ lay ｜ **yards·deep** ｜ in our road.(EB84)

(·empty/·full)

⑤ Toland ｜ found ‖ the parking lot ｜ **half·empty**.(5TC54)

① When the cup ｜ was **half·full**, he lifted it toward his mouth.(JB258)

① The flight ｜ was about **three·quarters·full**.(6TC)

(·high/·low)

① The building ｜ was **two stories·high**.(Utica Beer100)

① The soybeans and cotton ｜ were **knee·high**.

① Our price ｜ is **5%·lower** {than that of other makers}.(ECD792)

(·long)

① The letter ｜was **three pages·long**.(11JG421)

① How long is」 the movie?—It｜'s **two hour·long**.(ECD207)

⑤ I ｜ found ‖ them(=stings) ｜ **an inch and a half·long**.(JtS134)

⑥ They ｜ were left ｜ <u>in</u> doubt ‖ barley **a second·longer**.(4HP42)

(·old/·young)

① I｜'m **32 years·old**. My sister is 29.(1G1B,1A)

① Most of the children at this school ｜ are <u>under</u> **11 years·old**.(1G79B)

③ Allen Puffer ｜ turned ｜ **six years·old**.(6JB1)

<> A <**5 years· old**> boy squatted on his haunches.(YBM)

③ He ｜ felt ｜ **twenty years·younger**.(4SK405)

③ He ｜ looked ｜ **ten years·younger**.(4SK405)

(·short)

① The team｜was **five players·short**.(2HP109)

① We｜were **three jackets·short**.(KK216)

[①,②] The televised foot ball was in overtime with [Fiorentina ｜ **a man·short** and hanging

by a thread].(2DB174)
① They | were **several inches·shorter** than Pappy.(7JG17)(3HP52)
① The goblin | was **a head·shorter** {than Harry}.(1HP72)
(·tall)
① I | 'm **175 centimeters·tall.** / ③ I | feel | **ten feet·tall.**(=high spirited)
(·wide)
① The river | is **100 metres·wide.**(PEU89)
① The mobile home | was **twelve feet·wide** and sixty feet·long.(4JG38)
(·others)
① I | 'm **a coat·less.**(1AC62) / ① Her eyes | were **half·shut.**(DHL427)
① He | might be **a vote or two·shy.**(3JG312)
① The walls | are **three inches·thick.**(3EN11)
③ I started [| to get | **a little bit·thirsty**].(1JB43)

(2) 단위명사+명사

(·중량/부피)
⓪ How much are those potatoes? ‖ **$3.20·a pound.**(=per pound)(2G70D)
④ We | have ‖ cheese ‖ <u>from</u> **£2·a pound.**(EJD)
⓪ **50 cents ·a** (= each) **litre.**(3G44B)('50 cents for one litre'도 가능)
(·시간)
② She is said [| to run ‖ **ten miles·a day**].(2G43A)
② Private lessons | cost ‖ **£20·an hour.**(PEU432)
② He | sleeps ‖ **seven hours·a night.**(1G5X2)
② Sally | needs ‖ **eight hours' sleep·a night.**(2G79E)
② Natalie | works ‖ **eight hours·a day, six days·a week.**(2G70D)
⓪ "How often do you go to the movies?" "‖ About **once·a month.**" (2G70D)
④ | Just rub ‖ it ‖ **twice·a day.**(ECD626.3G4B)
④ I | have to take ‖ it(=the medicine) ‖ **three times·a day.**(1G34A,Dan6:13)
(·장소/위치)
① They | were **a thousand miles·offshore.**(5TC68)
③ The research institute | is located | **forty miles·south of Seoul.**(TEPS)
(·정도)
① The score | was **four·all.**(=4:4 for both teams)(OED)
② The boat | 'll land ‖ <u>in</u> **ten minutes·more.**(OHS27)
④ Pella | thought ‖ this | **a bit·much.**(CH227)

(3) 단위명사+전치사구

- **단순전치사구**

(·above~)
① He | is **head and shoulder·<u>above</u> me.**(ECD1121)
① The summit of Everest | is <u>over</u> **8,000 meters·<u>above</u> sea level.**(PEU4)
① He | is **a cut**(or **step**)**·<u>above</u>** (or <u>**below**</u>) **the others.**(ECD51,868)
① The temperature | is **three degree·<u>above</u> zero.**(ECD1054)
① He | must be **five floors·<u>above</u> there.**(1HP206)
③ The bird | hovered | just **a few meters·<u>above/over</u> the lake.**(3G88B)
③ The town | is situated | **1,500 meters·<u>above</u> sea level.**(SED30)

(·about~)
② I | 've heard ‖ **a lot·about you.**(ECD8)
④ I | should tell ‖ you ‖ **a bit·about my daughter.**(CSS119)
(·across~)
① She | 's **a meter·across the hips.**(has big hips)(GO181)
① The leader was **half·across the Ford.**(4HP231,5HP230)
④ He | was dragging ‖ his trunk ‖ **a few feet·across the room.**(5HP494)
(·after~)
① It | 's **ten·after seven** in the morning.(OED)
③ John | lives | in **a second house·after the church.**(EPL52)
⑦ I fell asleep and | woke | up | **five stations·after mine.**(YBM)
② He | was buried ‖ **the day·after his death.**
(·against~/for~)
① It | was **three·against one.**(7JG175)
① It | 's **two·for three.**(=3:2 in favor)(TOEIC)
(·ahead~/behind~)
① You | 're **three years·ahead** (or **behind**) **me.**(ECD998)
(·around~)
① I | was **six times·around the world.**(Michael Jackson; Jan 9, 1997 NW)
(·as~)
② I | have ‖ **three times·as many books** as he.(NED)
② Cats | sleep ‖ **twice· as much** as people.(OED)
(·at~)
① The Fucik | was down ‖ **half a meter·at the bow.**(5TC208)
③ Cars | are backed | up for **a mile·at the entrance** to the stadium.(2G140D)
⑤· They | would take ‖ it ‖ **a step·at a time.**(2MT)
(·before~)
① It | 's **ten minutes·before nine.**(OED)
① It | is now **a week·before Christmas.**(18NG3)
② He | was murdered ‖ **hours·before the crash.**(2TC112)
② The airline recommended [we | be at the airport ‖ **two hours·before our flight**].(2G32C)
(·behind~)
① I | was **a hundred feet·behind him.**(7JG328)
① The house | was **a half miles·behind them.**(6JG436)
① We | are **three goals·behind the team.**(EPL120)
① Time in California | is **eight hours·behind London.**(OED)
③ Our plane | arrived | **ten minutes·behind schedule.**(SBE293)
(·below~/·beneath~)
① The low temperature | was **twelve·below zero** this morning.(ECD1054)
③ The thermometer | stands | at **25° ·below zero.**
① A waterfall | is **a few miles·below the bridge.**(EJD)
① We | 're now **twenty-four floors·beneath the surface.**(Independence Day122)
(·beyond~)
① COMEDY | is now **one hundred thirty miles·beyond the Indians.**(2TC1197)

(·by~)
① The room | was **10 feet·by 12 feet.**(EJD, EPL138)
⑤ I | want ‖ a piece of wood | **five feet·by twelve feet.**(EPL138)
(·down~/up~)
① He | was **two hundred yards·down the beach**(5JG489)
③ A castle | stands | **a little way·up the road.**
(·for~)
① These apples | are **$5·for one.**
① Okay, that | 's **two·for one.**(=two birds with one stone)
② We | 're talking ‖ **£500· for three hours' work.**(OED)
/④ I | offered ‖ him ‖ **$2·for it.**(OHS145) (·from~)
① They | were barely **feet·from him.**(6HP245)
① The prince's face | was just **inches·from hers.**(Fr'n25)
① The boat | was already **a considerable distance·from land.**(Mt14:24)
③ He | lives | **three doors·from here.**(SBE295,3TC407)
① The lead regiment | is **one hour·from the front.**(5TC367)
① When they | were **three days·from the land,** the wind failed.(JB214)
③ The train | leave ‖ **five minutes·from now.**(1G101E)
⓪ ‖ **An hour·from now,** the stadium will be full.(=in an hour)(2G23A,2G118E)
(·in~)
② A spire of water | shot ‖ **twenty feet·in the air.**(2DB153)
① The man | was about **five feet and six inches·in height.**(TOEIC)
① The pond | is **ten feet·in depth.**
① Our chances of winning | are **one·in five.**(=1/5)
② The coffee shop | opens ‖ **at 7:30·in the morning.**(2G2D)
② Ryan | was nearly killed ‖ **twice·in half an hour.**(3TC1)
④ Please come and | see ‖ me ‖ **once·in a while.**(ECD21)
(·inside~/outside~)
① He | was **one step·inside it**(=the dormitory)..(5HP541)
① The coalition forces | are **160km·inside Iraq.**(Newsweek)
① Old English | is **a bit·outside my field.**(SED)
①We | 're **a little way·outside the village.**
(·into~)
① Georgia | is **100%·into everyone else's business.**(1JP46)
② Snape's wand | flew ‖ **twelve feet·into the air.**(5HP646)
④ We | return ‖ to action ‖ **63 minutes·into second half.**
(·of~)
① You and your wife | are **two·of a kind.**(EXD362)
① That | 's **two·of us.**(=between us)(ErS98)
② That | makes ‖ **two·of us.**(=of one mind)(ECD944,EXD208)
③ He | lives | within **a mile·of the station.**(EPN131)
② I | 've been there ‖ **dozens·of times.**(OED)
(·off~)
① They | were still **100 metres·off the summit.**(OED)

⑤ Harry managed [| to hoist ‖ Ginny | **half·off the floor**].(2HP308)
⓪ Yes, **ten percent·off** orders of a hundred or more.
(·on~)
① (There's a bus) **Every hour·on the hour**.(ECD222)
② Fritz | puffed ‖ **twice·on his cigar**.(1MiC262)
⓪ About **25 miles per gallon·on freeways**.(ECD247)
(·over~)
① They | 're **head·over heels**.(=completely in love)(EXD395)
③ He took me to a fabulous restaurant. I | fell | **head·over heels**.(EXD396)
③ The men | would turn | **head·over heels**.(5HP649)
③ They | would stand | **chest and shoulder·over a tall man**.(1CP527)
④ You | 've lost ‖ money ‖ **hand·over fist**.(=rapidly)(MM763)
(·past~)
① He | is **a few years·past fifty**.(KsS66)
① They | were **two miles·past the last charted bar**.
① It(=the milk) | 's **one day·past its expiration date**.
① It | 's **half·past three**.(=3:30)OAD) It | 's (a) **quarter·past eight**.(=8:15)(EJD)
(·through~)
② | Answer ‖ **questions 8·through 12**.(OED)
(·to~)
① They | are **second·to none**.(2UE78,ECD1118)
② The older guys | slept ‖ **two·to a bed**.(CH43)
① The score of this game | was **four·to one**.(EPN121,ECD1102)
③ The score | was tied | **three·to three**.(ECD1103)
⓪ ‖ **Ten·to one**, they'll never find out who did it.(=very probably)(OED)
① It | 's about **30 miles·to Seoul** from here.(EPN126)
① It | 's **a longway·to the village**.(EPL369)
① Mr. White | is **eight years·senior·to Mr. Black**.(EJD)
① It | 's (a) **quarter· to eight**.(=7:45)(EJD)
② It | 's been **three years·to the day** ‖ [since we met].(exactly)(OED)
(·under~)
③ A group | had gathered | **just inches·under his feet**.
⑤ He | found ‖ a damp layer | **a few inches·under the surface**.(1CP471)
⑥ He | went | round the course ‖ in **three·under par**.(NEJ)
(·upon~)
⓪ ‖ **Once·upon a time**, there lived a beautiful princess.(OED)

● **복합전치사구**

(·~ from~)
③ He was careful [| to walk | **a little way·apart from Dudley**].(1HP26)
① You and I | are always **one plea·away from inexplicable, Spirit-enable exploits**.(Bruce61)
① His house | is **two doors·away from us**.(EJD)
① The station | is **three miles·away from here**.(DED)
① We | are **2 minute·away from 2 o'clock**.
⑤ He | held ‖ the receiver | **a foot·away from his ear**.(3HP4)

②[①] I | was happy ‖ to be **many miles·away from his teeth.**(22NG12)
① His house | is **three doors·down**(or up) **from hers.**
① We | were **a good sixty miles·out from base.**(OPV23)
⓪ ‖ **A block·over from that,** things get even tougher.(1MiC332)
① They | were **a floor·up from Lockhart's office.**(2HP144)
(·~of~)
① You | are always **one step·ahead of me.**(ECD51)
① We | are **seven goals·ahead of them.**
① We | 're **one jump·ahead of our competition** right now.(EID609)
⑤ I | saw ‖ a man | **10 meters·ahead of me.**
① That | 's **two·out of three.**(ErS64)
(·~on~)
① Sam | sat | **five rows·up on the home side.**(8JG)
(·~to~)
③ It | measures | **six feet·from edge to edge.**
① It | was **over two miles·up to Dr. Hobart's.**(JLC142)
(·~with~)
③ He | was sitting | about **a foot and a half·away with a pretty blonde girl.**(5HP559)

- **단위명사+전치사+비정형절/정형절**

④[②] He | would make ‖ a report ‖ **minuets·after [leaving** my office].(14JC94)
①[②] He | is still **a long way·from [passing** his examination].
①[②] We | were **five days·in [reaching** the frontiers].(SBE238)
①[②] Scientist | are still **a long way·off [finding** a cure].(OED)
⑥[①] He | only came | out of hiding ‖ **ten years·after the war was over].**(OED)
⓪[③] **Only a few yards·from** [where Teabing lay], Langdon unrolled the scroll.(3DB457) context].
①[①] They | were now **a mile and a half·from [where** they'd been].(5TC220)
③[⑤] It | landed | **a long way·from [where** you left it].(OED)
③[⑤'] We | are getting | **one step·ahead of [where** we need ∨ to be moving in a European context.(Hansard)

(4) 단위명사+소사

- **단순소사**

(·about)
① The lake | is **two miles·about.**(SED30)
(·across)
① The river | is **fifty yards·across.**(폭)(EJD,EPH44)
③ The river | looked | **miles and miles·across.**(2MT34)
③ The yard | measures | about **50 feet·across.**(OED)
(·after)
② He | returned ‖ **twenty years·after.**(MED)
④ She | shook ‖ hands ‖ **a moment·after,**(2JJ342,Fr'n25)
⑥ He | came | home ‖ **three hours·after.**(EJD)
(·ahead)
⓪ ‖ **Three blocks·ahead,** I saw lights.(1MiC336)
① We | are **five points·ahead.**(=ahead by five points)(EJD,OAD)
① Katherine | was **a step·ahead.**(4DB25,7JG320)

① Eleven o'clock struck, Mr. Fogg | was **an hour·ahead**.(JV97)
③ The party | was planned | **weeks·ahead**.(OAD25)
④ Did you | set ‖ your watch ‖ **one hour·ahead**?(ECD91)
⑤ You | 'll keep ‖ your pony | beside mine not **a half neck·ahead**.(CN288)
(·along)
① She | was **six months·along**.(=pregnant)(2SK335)
(·apart)
① The guard towers | were **fifty yards·apart**.(5JG409)
① The two houses | stood | **500 metres·apart**.(OAD,3JG331)
① The birthdays | are only **three days·apart**.(OAD,6JG153)
③ The three aircraft | landed | **a few minutes·apart**.(2TC465)
(·around)
① The lake | is **20 kilometers·round**.
(·away)
① Gallahan | was **a few feet·away**.(6JG118, 7JG451)
③ A policeman | was standing | **a few yards·away**.(PEG325)
⑤ He | saw ‖ two Russians | **fifty feet·away**.(5TC608)
① The nearest gas station | is **miles·away**.(2G19X,3G52D,OAD)
① We | may be **oceans·away**.(Woman in love)
① They(=planes) | are **one minute·away**.(out)(5TC607)
① The Faculty Club | was only **a minute's walk·away**.(5TC148)
① Thanksgiving Day | is **months·away**.(25NG11)
①he raid | was **still months·away**.(OED)
① The service | is just **one call·away**!(Timescore)
(·back)
① My unit | is about **five miles·back**.(7JG178)
① That | was **a few years·back**.(OAD, MiC25)
① I | ought to have dropped ‖ it ‖ **years·back**.(DHL426)
(·backward)
⑤ I forgot [| to set ‖ my watch | **one hour·backward**].(ECD91)
(·before)
② It | was fine ‖ **two weeks·before**.(OED)(before now)
② The same six numbers | appeared ‖ just **two weeks·before**.(before now)
② They | had married ‖ **several years·before**.(before then)
(·behind)
① The others | are **a long way·behind**.(OED)
① Mark | was **two steps·behind**.(4JG38)
(·below)
① Don't go out when it | is **ten** (degrees)**·below**.(18NG20)
② The thermometer | had dropped ‖ to a record **40·below**.(OED)
(·down)
① His office | is **two doors·down**,(5JG333) / ① They | were **500 dollars·down**.(=short)
① We | 're **two goals·down** already.(=losing two goals)(OED)
⑤ After paying all the bills, I | found ‖ myself | **$10·down**.(=short)(OED)

(·in)
① It | 's about **five miles·in.**(=within | in about five miles' range)
⑧ I | took ‖ a ball ‖ <u>to</u> my head ‖ **two minutes·in.**
(·inside)
① The second pitch | was **two feet·inside.**(7JG145)
(·off)
① The station | is **two miles·off.**(=away)(SED)
① The forge | was **a very short distance·off.**(2CD478)
① All shirts | are **10%·off.**(OED)
① The exam | is **two days·off.**(=away)(NED)
(·on)
① The glove | was **half·on.**(MiC11)
② We | must be **miles·on** ‖ before dusk.(Ho96)
⓪ ‖ Two **miles·on**, they | rode ‖ into sight of a small fortress.(GB335)
(·out)
① The bombers | were now **a mere twenty miles·out.**(away)(5TC260)
① The planes | are **eight or nine minutes·out.**(away)(5TC606)
① I | am **ten dollars·out.**(=in loss)(EJD)
① Cardinals | are **three games·out.**(=lost)(12MG407)
① Your guess | was **a long way·out.**(=not correct)(OED)
① Your watch | is **a five minutes·out.**(=incorrect)(SED,EJD)
(·over)
① Your apartment | is just **a few streets·over.**(8MG33,1MiC332)
① This | was only **half·over.**(1MS212) / ② Her speech | ran ‖ **five minutes·over.**
② The noise | was repeated ‖ **twice·over,**...(2ML1)(두 번 이상)
② So you | have paid ‖ **once, twice, thrice, four, five times·over** for the houses.(NED)
⑤ What | makes ‖ him | nice **three times·over?**(25NG13)
⑤ He | repeated ‖ it ‖ **several times·over** until he could remember it.(Ge4:15)
(·through)
① This log | measures | **80 centimeters·through.**(EJD)
① I | 'm about **half·through.**(12JG311)
(·up)
① When he | was **forty feet·up,** he saw the roofs of their huts.
① United | were **3-1·up** (or two points·up) at half-time.(OED)
① We | are **five points·up.**(Panthers)
① He | was **ten dollars·up** now.(EXD823)
① The water level | was **10 centimeters·up.**
① It | 's **one floor·up** and to your left.(The Third Pandemic308)
① Share dividends | were **$8 million·up** on the year.

● 복합소사

① Ridgebury | is <u>about</u> **two miles·up ahead.**(JLC115)
⓪ "When did Tom leave?" "‖ **Ten minute·ago.**"(=before now)(1G18B)(과거)
② We have just finished a sleepy case. It | started ‖ **a few hours·ago.**(15NG7)(과거)
② Life | was different ‖ **a hundred years·ago.**(1G18B)(과거)

① How **many years·ago** had that | been?(HM56, PEU236)(과거완료)

☆ 소사 ago(시점)는 혼자 존재하지 못하고 시간어와 결합한 상태로 사용. 현재완료는 사용불가

(4) 단위명사+접속사

⑥[①] He | only came | out of hiding ‖ [**ten years·after** the war was over].(OED)

①[③] It | was [**many years·before** the full story was made public].(OED)

②[④] Today's attack | happened ‖ [**minutes before** the state's Chief Minister made a speech to the rally].(YBM)

②[①] It | is(or has been [**ten years·since** he died].(SBE238)

B. 반복명사 결합어

(~after~)

⓪ ‖ **Time after time**, she knocked on Elsa's door,(many times)(Fr'n15,OAD)

⓪ ‖ **Day after day**, Elsa spent most of her training to be the next ruler.(Fr'n14)

④ He | drove | on ‖ for **mile after mile**.

④ They | left ‖ the room ‖ **one after the other**,(REG319)

(~against~)

⑤ I | will stir ⌈up ‖ **Egyptian against Egyptian**- brother will fight against brother, neighbor against neighbor, city against city, kingdom against kingdom.(Isa19:2)

(~by~)

⓪ ‖ **One by one**, important people stepped onto Arendelle's dock.(Fr'n19,106)

④ He | counted ‖ the books ‖ **one by one**.(EJD,Isa27:12)

③ They | sat | **side by side** (on the swing).(7JG58,12JG181))

③ We | had been there | **side by side**.(2CD447)

⑤ | Put ‖ the eggplants |[**side by side** (in a serving dish).(2CD355)

⑦ They | sat | on the same bench | **side by side**.

② Modern life | changes ‖ no longer **century by century**, but **year by year**.

③ We | advanced | **step by step**.(=one step after another)(연이어/잇달아)

⑥ Laughter | became | easier ‖ **minute by minute**.(=gradually)

(~for~)

⓪ ‖ **Weight for weight**, this is lighter.(comparing weights)

⑧ She | repeated ‖ to me ‖[what you said] ‖ **word for word**.(=literally)(EID982)

(~from~)

② They | had literally been torn ‖ **limb from limb**.(=in pieces)(2SK281)

(~in~)

③ Let's [| march | **arm in arm**].

⑤ A team photo | showed ‖ him |[**arm in arm** (with two pals)].

⑦ They | walked | along | **arm in arm**.(SED,2CD478)

① Could they | have been ⌈**hand in hand** (all night).

⑤' Sam and Henry | finished ‖ the work ⌈**hand in hand**..(MK10)

⑦ We | came | down the street | **hand in hand** (without hurrying).(SAT)

④ | Believe ‖ me ‖ **all in all**.(=on the whole, only)(“)

(~on~)

② **Loss on loss** | discouraged ‖ him.

③ **Wave** (up) **on wave** of violence | spread | through the city.

(~past~)
② He | was shifting ‖ **knee past knee.**(1Hom194)
(~through~)
② The amusement park | is open ‖ (from) **May through October.**(OED)(10월 포함)
(~to~)
(back to back)
③ They | are fighting(or standing) | **back to back.**(CN294,6HP65)
①[③] Nick and the cook | were [**back to back** (in the corner)].
(eye to eye)
③ In regards to politics, David and I | see | **eye to eye.**(=agree)(EID749)
③ We | see | **eye to eye** ‖ on that.(")
③ They | kept | face to face, | **eye to eye** (all the time).(1MT7)
(face to face)
① They | were **face to face.**(Trio Sonata)
③ They | were kneeling(or sitting) | **face to face.**(GO104, 2CD444)
⑤ I | 've never met ‖ him ‖ **face to face.**(ECD833)
⑤ The line of battle | held ‖ them | **face to face.**(1Hom181)
① Suddenly I | was **face to face with** my newest cousin.(7JG437)
③ We | came | **face to face with** him.(6HP460)
⑤ He | found ‖ himself | **face to face with** her.(4HP253)
(head to head)
③ They | lay | **head to head.**(2LT474)
③ (Why) don't we | go | **head to head?**(ECD152)
(shoulder to shoulder)
① Presently they | were **shoulder to shoulder.**(1MT8)
③ They | sat | **shoulder to shoulder.**(7JG19)
⑤ He | stood ‖ them | **shoulder to shoulder.**
⑤' All of them | may serve ‖ him ┌**shoulder to shoulder.**
⑦ We | stood | there | **shoulder to shoulder.**(2CH356)
⑦ You and he | will work | through life | **shoulder to shoulder.**
(others)
① They | were almost **chest to chest.**(4SK104)
① Mary Grace | was **knee to knee with** her children.(1JG157)
① He and Harry | were almost **nose to nose.**(1HP83)
① The match-ups | were **one on one** and **toe to toe.**(11MG)
③ They | are fighting | **hand to hand.**(CN294)
③ Salesmen | are going | **door to door.**(TOEIC)
(~over~)
⑤' The man | climbed ‖ the rope ┌**hand over hand.**(=one hand after another)
(~upon~)
② Woe to the obstinate children, to those <who carryout plans that are not mine, forming an alliance, but not by my Spirit, | heaping ‖ **sin upon sin**>;(Isa30:1)
(~within~)
① There are **wheels within wheels** | in the U.S. government.(=complicated)(EID962)

C. 관용적 결합

(1) 대명사와의 관용적 결합

(all)

(·형용사)

· After her husband died, she | was **all}·alone.**(=completely)(PEU36)

· Pip's parrot | got | **all·excited** and flew around.(8NG17)

· "Anna, are you | **all·right**?" he asked.(=Okay, nothing wrong)(Fr'n44,43)

(·명사/대명사)

· You | 'll feel ‖ **all·the better** for (having had) a holiday.(GG)

· She | loved ‖ her son ‖ **all·the better** for his fault.(OES471,SBE248)

· Listen, Johns! Hear me out.—I | 'm **all·ears.**(=listen very carefully)(ECD980)

· She | was **all·smiles.**.(=be very happy and smiling)(OED)

· Janice | pranced | back to the car | **all·smiles.**.(")(CRL97)

· But a man | can give ‖ **all·himself** ‖ to work.(DHL554)

(·전치사구)

· He | knows ‖ **all·about computers.**(=everything)(2G88B)

· He | had squeezed ‖ his way <**all·along the row** behind>.(5HP684)

· He | ran | **all·around on my bed.**(=everywhere)(8JB44)

· Mrs. | left | there ‖ **all·by myself.**(=on the whole)(9JB25,10NG17)

· I | 'm **all·for you** (or it).(=favor, support)(ECD946,747)

· Don't flatter me so much. It | 's **all·in a day's work.**(=not unusual)(NEI)

· Who's been messing around with my papers? They're **all·over the place.**(3G6B)

· The coffee | went | **all·over my skirt.**(OED)

· Rosamond has black hair and green eyes. And ‖ cat hair <**all·over her**>(1NG35).

(·소사)

· I | have known ‖ it ‖ **all·along.**(from the beginning)(ECD973)(CKE)

· Lucille | twirled ‖ **all·around.**(7JB25) /· After that, I | shook ‖ my foot ‖ **all·around.**(13JB61)

· At the end of the race he | felt | **all·in.**(=completely exhausted)

· Then Aureliano | went ‖ **all·out.**(GGM399)(with maximum effort)

· Bot that | 's you ‖ **all·out.**(=completely)(That's just like you)(2JJ278)

· I | 'm black and blue(or ached) ‖ **all·over.**(=on the whole body)(ECD305,BP20)

· The room | was painted white ‖ **all·over.**(") / · He | licked ‖ me ‖ **all·over.**(")(23NG45)

· Wilber | trembled ‖ **all·over.**(=through the whole body)

· I | kept | silent ‖ **all·through.**(=from the beginning)(EJD)

(much/more/less)

· He | thought ‖ of him | **much·as a man** with whom he had a quarrel.(CH318)

· Tammy | was not **much·for housework.**(5JG432,CH170,MK17)(be too much for)

· She | 'd never been **much·in demand** anyway.(BSa9)

· As she learned **more·about herself**, she learned **more·about the man.**(CSS9)

· Why should he feel **more·for that child**?(MK11)

· I take it [you | 're not **much·into beards**].(CH166) / · I | 'm not **much·on parties.**(5JG158)

· He | wasn't **much·of a father.**(9JG145) / · I | 'm not **much·of a talker.***말주변이 없다

· Oliver | is too **much·of a pest.**(2NG19)

· This child | is <as> **much·of a barbarian** <as his father>.(GGM265)
· You're still you. You're **more·like you.**(CH495)
· She | is **more·of a conceptual thinker.**(NED) /· He | was **more·of a trapdoor spider.**(2THr82)
· It's not really a job, it | 's **more·of an interesting errand.**(2THr3)
· This | is **more·of a statement** ‖ than an invitaion.(FK12I)
· It | was **more·of challenge** ‖ than a request.(14JG44)
· I | was **more·of a master** ‖ [than I had thought].(5ST141)
· He | is **more·of a man of action** ‖ rather than one of thought.(NEI)
· She | seemed | **more·of a second version of Amaranta.**(GGM265)
· It | 's **more·on the model·of the farm house** ‖ than the mansion.(CH440)
· That horrified the public ‖ **more·than anything.**(2THr82)
· How much did your shoes cost? Fifty dollars?" – "No, ‖ **more·than that.**"(1G86C)
· Nothing | meant ‖ **more·to him** ‖ than [having you here].(CH574)
· He | is not **much·out.**(=wrong)(MC633)
· She | will be much **less·of a difficulty** there than she was in Prague.(MK27)
· The event | would have been **less·of a work** of art and destiny.(5ST475)
· what if the number of the righteous | is **five·less·than fifty**?(Ge18:28)

(somewhere·)

· They | live | **somewhere·near Chicago.**(1G77A)
· It | could be | **somewhere·in this mess.**(8NG19)
· Ruth's parents | live | **somewhere·in Southern California.**(1G77B)
· She | 's **somewhere·about**– I saw her a few minutes ago.(OED)
· The cost | would be **somewhere·around £155.**(OED)

(2) 명사와의 관용적 결합

(i) 신체부위 명사

· He | was **face·down** and his face was in the pillow.
· I predict [that our team | will win the game | **hands·down**].(EID973)
· I'm afraid [it | 's **thumbs·down** ‖ for your new proposal].
· The two dump trucks | crashed ‖ **head·on.**
· The ship | moored ‖ **head·to.**(=against the wind)(SED)
· | Lay ‖ the card | **face·up** on the table.(OED)
· He | went | **belly·up** | [trying to grow flax].(broke)(Out of Africa)

(ii) 위치/정도 명사

(way)

(·전치사구)

· That | 's **way·over my head.**(=unable to understand)
· I must be going home; it | 's **way·past my bedtime.**/·We | 're **way·past the roadblocks.**(5HP687)
· He was pointing at what looked like [a large rock | **way·out at sea**].(1HP43)
· Mrs. | rolled ‖ her eyes | **way·up at the ceiling.**(8JB6)
· They | live | **way·out in the suburbs.**
· His ideas | were **way·ahead of his time.**(ECD51)
· The fortress is set on a tiny island, | **way·out to sea.**(3HP188)

(·소사)

· I | 'm **way·ahead.** You | 're **way·behind.**(SED)

· Nearly twenty years. We | go | **way·back**. / You | 're **way·off**.(totally wrong)(ECD83)
· I guessed that there would be a hundred people there, but I | was **way·out**.

(halfway/half way, a long way)

· We | were **halfway·home**.(7JG155)
· The door of the room | was **partway·open**.(23NG44)
· She | was **halfway·across the lawn**.(5HP494,DB244)
· Harry | was **halfway·along the passage** to the bar.(3HP64)
· There it | is, **halfway·down the page**.(OED)
· I | was **a long way·from fully skilled**.(JJR59)
· It | landed **a long way·from** [**where** you left it].(10NG44)
· His wand was **halfway·into the air** when James shouted.(5HP646)
· I | am **halfway·through the book**(or the case).
· Our car | broke | down ‖ **half way·through the journey**.(PEG351)
· Harry | was **halfway·towards it**(the door).(1HP246) /
· He | 'd got | **halfway·towards it**.(")(2HP49)
· My sister | was **halfway·up those great stairs**.(CN40,5HP809)
· Mr. Durance's shop | was **halfway·up the village**.(6AC177)
· A pair of nurses | stood | **halfway·up the hall**.(5SK)
· He ran after her, | catching ‖ her | **halfway·up the marble staircase**.(5HP529)
· He | was **halfway·out of his seat**.(5HP387)
· He | turned ‖ **halfway·around** and left the room.(GGM138)
· He | walked | **halfway·in**.(7JG143)
· Have you finished your homework?—I | 'm almost **halfway·through**.(EJD)

(all the way)

· My mouth | came | **all the way·open**.(=completely)(8JB6,15JB45)
· But we | rode | **all the way·here**.(=all along)(Fr'n121)(시종/내내)
· I | behaved ‖ myself | **all the way·home**.(")(13JB40)
· He | ran | **all the way·along the creek**.(")(KsS94)
· I | walked | **all the way·down the hall**.(")(13JB40)
· He | carried ‖ it | **all the way·to the middle of the floor**.(")(8JB15)
· Soon the creature | was **all the way· out of the stone**.(")(1CP57)
· He | reeled and stumbled ‖ **all the way·forward to the forecastle**.(CN438)
· It | goes ‖ from here ‖ **all the way·up to the Catskill Mountains**.(Die Hard)
· She | led ‖ them ‖ **all the way·back up the road**.(4HP392)
· The sled | didn't make ‖ it | **all the way·across**.(")(Fr'n64)
· Don't tell me how it ends. I | haven't read ‖ it ‖ **all the way·through** yet.(")

(others)

· This box | should be kept | **right side·up**.(EJD)
· The kids knocked the lamp over, but I | turned ‖ it | **right side·up**.(EID721)

(iii) 시간 명사

· I | could come ‖ **the week·after**.(=next week)(OED)
· I | 'd seen ‖ Tarik ‖ **the day·before**.(3G75C,OAD)
· I | just work ‖ **day·in** and **day·out**.(everyday)

(3) 부사와의 관용적 결합

(i) 부사+형용사/부사

· I | was **wide·awake.**(HH93)(형용사구단순술어)
· The gates to the castle | were **wide·open.**(Fr'n135,13NG16,DHL523)(")
· The colonel | wore ‖ his khaki shirt collar | **wide·open.**(JH189)(형용사구목적격술어)
· I | don't feel ‖ **very well.**(OED)(부사구주격부가어)
· That | 's **very·well** put.(매우 잘 표현되어 있다)(부사구부사어)
· That | 's **very·well** put | together.(Weverse)(정말 짜임새 있다)(부사구부사어)

(참고)

· I | have not been thinking | **strange enough.**.(16NG25)
· **Strangely·enough,** I | don' t feel | at all nervous.(OED)
· I | 'm not **fit·enough}**.(2G101A) /
· The men's clothes | were not washed ‖ **often**·enough}.(MJL18)

(ii) 부사+명사/대명사

· But I'm not every little girl, Daddy. I | am **just·me.**(22JB44)
· This jacket | is **just·my size.**(=exactly)
· My friend said [she | is **right·here** in this kitchen].(19JB25)
· She | works | **right·there** in the kitchen.(19JB23)
· The submarine | is **far·offshore** now.(5TC168)

(iii) 부사+전치사구

(deep·) ☞4.4B(3)(b)

· I | was **deep·<u>in</u> thought.**(2JP276)
· I | remain sunk **deep·<u>in</u> my own thoughts.**(HH97)
· Judging the cold, we | 're **deep**(or **well**)**·<u>in winter</u>.**(ECD1059)
· Mitch | was **deep·<u>into</u> an oil and gas deal** in Indonesia.(5JG211)
· The village lay | **deep·<u>in</u> snow.**(FK5))
· Buzzcut | looked ‖ **deep·<u>into</u> Komatsu's eyes.**(HaM84,987)

(far·)

· They | had not got | **far·<u>from</u> Moscow.**(BP216)
· Do you | live | **far·<u>from</u> the ariport?**(1G67B)
· The war itself | is **far·<u>from</u> over.**(YBM)
· The truth of this doctrine | is **far·<u>from</u> proved.**(Darwin248)
· The result of the operation | is **far·<u>from</u> reassuring.**(DED)
· Moses Mendelssohnn | was **far·<u>from</u> being handsome.**(Chicken Soup12)

(ill·)

· I | felt | **ill·<u>at</u> ease.**(=nervous)(EXD73)
· Why does everyone | look | **ill·<u>at</u> ease?**(")(EID415)
· He | seems | **ill·<u>at</u> ease** | with the presence of the girl.(")(EXD74)

(just·)

· The water | 's **just·<u>about</u> to boil.**
· Their house | was **just·<u>across</u> the river.**(7JG191)
· It | 's **just**(or right)**·<u>around</u> the corner.**(ECD113,1'G111)
· We | got ‖ to the station ‖ **just·<u>in</u> time** for our train.(=almost too late)(2G119B)
· Their cooking fire | was just **<u>about</u> out.**(7JG190)
· She | looks | **just·<u>like</u> her mother.**

· Inflation | fell ‖ to **just·over 4 per cent.** / · I | smiled ‖ **just·to myself.**(21JB9)

(right/straight·)

· The disease | has now spread | **right·across the world.**(3G88A)

· It | 's **right·after the traffic light.**(ECD107)

· Daddy | drove ‖ me | **right·back there.**(23JB73)

· I | was driving | **right·behind another car.**(2G31X4)

· Then pretty soon they | ran | **right·in my room.**(8JB44)

· We | are getting | **right·off the point.**

· He | kissed ‖ Aunt Sally ‖ **right·on the mouth.**(1MT219)

· I | can see ‖ **right·through you.**(ECD51) / · Then I | went ‖ **right·to sleep.**(24JB79)

· It | is **right·under tour noses.**(9NG30) /· Tickle | sprang | **right·up there.**(8JB44)

· Then I | jumped | **right·out of my seat.**(19JB24)

· Paul | looked ‖ **straight·at the Sanhedrin.**(Ac23:1,)

· She | looked ‖ me ‖ **straight·in the eye.**(24NG9,HaM606)

· I | went ‖ **straight·to the pet department.**(23NG9,17NG32)

(iv) 형용사/부사+소사

(deep·)

· **Deep·down** I still loved him.(=in your most private thoughts)(OED)

· She seems indifferent, but **deep·down**, she's very pleased.(OED)

(far/farther/further·)

· | Not too **far·ahead** now!(2LR250)

· She | gazed ‖ back at Arendelle **far·below.**(Fr'n47)

· I | could see ‖ cattle | grazing by the lake, | **far·below.**(OED)

· He | was beyond grossed out, | **far·beyond.**(2SK48)

· They | are not **far·off.**(1JA192,5TC168) / · The shopping center | is **farther·on.**(BP257)

· Our destination | lies | a little **farther·on.**(6HP556, AF44)

· **Farther·on**, lights | appeared | in the gathering dusk.(BP5)

· Well, I | 'm a lot **further·on** ‖ than I was.(4HP405)

· Five hundreds **farther·out** and they lose us for sure.(5TC329)

(right/straight·)

· I | kept ‖ my eyes ‖ **straight·ahead.**(8NG9(directly forward)

· I | must go ‖ to Rosamond's house ‖ **right·away.**(12NG32)(without delay)

· I | had to pull ‖ it | **right·back** again.(13JB53)(back without delay)

· | Come | **right·in.**(2MT219) / · We | 'll get you **right·in.**(2EH62)(in promptly)

· He | married ‖ her ‖ **straight·off.**(without hesitating)

· I | 'm going ‖ **right/straight·on.**(ASH321,LC'110)(on instantly)

· I | will be **right·out/over.**(2EH34,8NG13)(out/over promptly)

· I | told ‖ him ‖ **straight·out** [that I thought he was lying].(frankly) (OED)

· And then I | ran | **right·outside.**((1JB59,ECD97)(outsde promptly)

· Sludge and I I | will be **right·over.**(=promptly)(8NG13)

· The apple | was rotten ‖ **right·through.**(DBE328)(all inside, completely)

· I | sat | **straight·up.**(24JB80)(up without delay)

(others·)

· ‖ **Just·about**, I need to check the rear door and set the burglar alarm.(YBM)(almost)

· ‖ **Soon**(or **shortly**)·**after**, I heard that he'd died.(OED)
· The earthquakes | occurred ‖ **long**(or **just**)·**after**.(EJD, OAD)
· And they | lived ‖ happily ‖ **ever·after**.(OAD, Fr'n49)
· I hear [that he | has been **bad**(or **badly**)·**off** lately].(EPN93)
· ‖ **First·off**, let's see how much it'll cost.(OED)(promptly)
· The tax increase | will leave ‖ us | **worse·off**.(EXD272)
· You | 've been **well**(or **better**)·**off** recently, haven't you?.(EPN93)
· I | knew ‖ quite **early·on** ‖ [that I wanted to marry her].(OED)(in advance)
· **Later·on**. he | went ‖ to Pilar Terner...(GGM334)

(v) 부사+동사

· I think [I | 'd **better·go** ‖ now]. It's almost twelve.
· Some mysteries | are **better·left** | unsolved.(12NG42)
· They | are **ill·treated**.(HaM328)
· Do you think [the police | are **well·paid**]?(2G76C)
· See [that our guests | are **well·treated**].(CKE)
· Gary's father | is a **well·known** writer.(2G99A)

(4) 동사+소사(파티클)

☆ 파티클 중에서 술어/부가어에 편입되지 못한 것 중에서 구동사 구성부분에 해당한다. ☞1,2편 참조

(·off)
· My plan | **went·off** | well ‖ despite the opposition.(EPV372)(초월하다)
· The game | **started·off** ‖ well, but gradually got worse.(OED)(특정방식으로 시작하다)
· I | **started·off** ‖ [working quite hard], but it didn't last.(OED)(")
· The interviewer | **started·off** ‖ <u>by</u> [asking me why I wanted the job].(3G244)(")

(·out)
· I | will **find·out** ‖ what.(2NG21)(찾아내다) ☆ out을 3형술어로 보는 입장도 가능
· "Which one?" "I don't know. I | will **find·out**.(2NG25)(")
· And I | had **figured·out** ‖ [that one was a troll].(19NG29) ☆ '동사+소사' 구동사

(·up)
· If he carries on driving like that, he | 'll **end·up** | dead.(OED)(귀결하다)
· If I don't get a job, I | will **end·up** | a beggar.(OED)(")
· If you go on like this you | 'll **end·up** | <u>in</u> prison.(OED)(")
· I | **ended·up** | [sleeping on a bench at the station].(")(2G140E)(끝내다
· I guess [we | 'll have to **give·up** ‖ <u>on</u> the Yalu River.(BSA137)(포기하다)
· Let us [| not **give·up** ‖ meeting together], as some are in the habit of doing,(Heb10:25)(")
· I've decided to become a minister when I | **grow·up**.(YBM)(장성하다)
· He | **grew·up** | to be the Prime Minister.(SSE365)(")
· "Where」 shall I | **put·up**?"..."I | will **put·up** | there."(OW8)(숙박하다, 묵다)
· I | 'm going to **wind·up**, having to serve at Mass to help at home.(JMV13,31)(그만두다)

D. 복합어와 합성어

복합어와 합성어는 2개 이상의 단어가 결합하여 하나의 단어처럼 다루어진다. 후자는 하이픈으로 연결되는 점에서 전자와 구별된다.

(1) 복합어(compound words)

(·형용사)

· Lastly, demand for British goods must be **price·elastic.**(NED)
· Small businesses are generally **price·conscious** and **price·sensitive.**(Hansard)
· "Rabbi, who sinned, this man or his parents, that he was **born·blind**?(Jn9:2)
· Are there any **8·year·olds**?(VLIVE)
· The door of the room | was **partway·open.**(23NG44)

(·명사)

· Excuse me, I have to make a few **phone·calls.**(1G82B)
· Nicole showed us her **vacation·photos.**(1G97C)
· How do they **diamond·cut** on pure gold bracelet?
· If you want to play **table·tennis**, you need a **table· tennis·table.**(2G78A)
· I waited at the **hotel·reception·desk.**(2G78B)
· an **address·book** = a book for addresses; *not* an addresses book(3G43A)
· a **bus·driver** = the driver of a bus, a **Paris·hotel** (=a hotel in Paris)(2G78A)
· **income·tax** = tax that you pay on your income(2G78A), an art festival3G43A)
· a **savings·account,** a **customs·officer,** a **clothes·shop**. a **shoe·shop, the arms·trade**(3G43A)
· Is there a **sleeping·car**?(=a car for sleeping)(OED)
· a **frying·pan**(=a pan for frying), a **washing·machine**, a **swimming·pool**(2G78A)

(·소사)

· I have been **a winter·away.**(1PB166)
· a gradual **wasting·away** of the person.(EDP65)
· It was a **take·in.**(3CD292)(속임수)
· on the **closing·in** of my arrival at the house(EDP66)
· He remained **shut·up.**, absorbed in the parchments.(GGM379)

(·분사)

· I'd tell him [I was **shad·fishing**].(JLC76)
· I have a feeling [Dr. Lector didn't really get over the whole **getting·caught** thing.(RD,C)
· They have **hand·painted** signs and flags and ribbons.(Web)
· You're **demon·possessed**!(=You are possessed by a demon).(Jn7:20,8:52)
· My clothing was **blood·soaked.**(11th297) / · They are **all·named Hex.**(1NG37)

(·동명사)

· What is your hobby?—I go in for **stamp·collecting.**(ECD1065)
· Sunja liked **mushroom·picking.**(MJL41)
· Now is not the time to **risk·taking** on such a large-scale project.(NEI)
· I went **clothing/grocery/toy·shopping.**

(2) 합성어(complex words)

(-형용사)

- I was **half-asleep.**(2UE278)
- Jenny is a **fourteen-year-old** girl.(2G78E,MJL10)
- Beauty is only **skin-deep.**(SBE162) He stayed in the **knee-deep** ditch.(7JG328)
- It was like we were wading **knee-deep** in kerosine.(CRL285)
- I enjoyed the **bitter-sweet** story of the movie.(NEI)
- It was a challenge, keeping ten boisterous **seven-year-olds** amused.(OED)

(-명사)

- The problem is **short-term**. It was just **small-scale** project.(3G69D)
- She was merely a **run-of-the-mill** office worker.(BSa7)(평범한)
cf. They live in a world of **make-believe**.(OED)(:환상,가상)
(수사-수사)
- Writing compound numbers between 21 an 99 in words: **seventy-three, thirty-one**(OED)
- the fourth of May. eighteen hundred and **forty-seven**(1ACD64)
- At **eighty-two** he was ready ro die, and I was ready to let him go so that his suffering would end(CSS5)
- 1,411,867,340: one billion **four hundred-eleven** million eight hundred **sixty-seven** thousand three hundred forty
(수사-단위명사)
- It was a **four-week** course. but The course lasted four weeks.(2G78E)
- He changed the five dollar bill to[for] five **one-dollar** bills.(DED)
- Can you change a **twenty-dollar** bill, please?(1G28B)
- Then the angel of the LORD went out and put to death **a hundred and eighty-five thousand** men in the Assyrian camp.(Isa37:36)
(-전치사-)
- It was a **two-by-six** oak plank.(7JG378)
- This is my **father-in-law**'s house.(SBE68) ☆ 복수형은 주요 부분에 표시함
- They were **face-to face**.(5JG209) Let's [have a **man-to-man** talk].(ECD154)
- **a state-of-the-art** (=very modern) tablet PC, **up-to-date** information(3G43A)
_ Rick was arguably the **most-talked-about** player in the country.(8JG12)
_. It is the most **unheard-of** business.(BSH414)
(-소사)
- There was a major **break-out** from the prison last night.(=escape)(3G43C)
- Did it really happen, or was it a **made-up** story?(3G69D)(created from the imagination)
- Make it a **stand-up** meeting.(NED)
- They were giving the car a thorough **look-over**.(OED)(a quick inspection of something; a survey)
- **passer(s)-by, hanger(s)-on, looker(s)-on, runner(s)-up, read-out(s), push-up(s)**(3G43C)
(-분사)
- I'm **a little sleep·deprived**.(HaM197) / He looked down, **cross-eyed**, at me.(Fr'n71)
_ He returned home **empty-handed**.(YNH297))
- The aged, **white-haired**. gentleman walked slowly down the hall.(OGB36)
- The public square is **tree-lined**.(3G69D)
- These **hand-painted** miniatures are just exquisite.(NEI)
- I was stood like one **thunder-stricken**.(DD130)
- Everybody hopes to find a job **well-suited** to his or her special aptitude.(SBE68)
- The food we eat is turned into the **life-giving** and **nerve-nourishing** blood.(SBE12)
(-부정사)
_ And a **well-to-do** woman was there, who urged him to stay for a meal.(2Ki4:8)

4편 품사
Parts of Speech

4.1 문장의 유형과 재료(Types of Sentences)

A. 문장의 유형

문장의 주성분인 N(0)과 P(1)의 어순은 2진법순서에 따른다.
'주어+술어' 구조는 기본형이고, 기본형에 부가어나 다른 술어가 추가되면 확장형이다.
체언 N을 0로 하고 용언을 1로 하면 다음과 같은 2진법어순이 성립한다.
뒤의 숫자 중 전자는 2진법, 후자는 10진법을 나타낸다.

NP = 01→① NPN' = 010→ ②
NPP' = 011→③ NPN'N" = 0100→ ④
NPN'P' = 0101→⑤ NPP'N' = 0110→ ⑥
NPP'P" =0111→⑦

☆ 주어는 문장의 주체가 되는 말이다, 술어는 주어를 서술하거나 동사를 보충하여 주어나 목적어를 서술하는 말이다. 종래의 보어를 포함한다. 불완전자동사를 보충하여 주어를 서술하는 말을 주격보어, 불완전타동사를 보충하여 목적어를 서술하는 말을 목적격 보어라고도 한다, 부가어는 술어에 부가되는 말로 협의의 부가어(필수부사어)와 목적어를 포함한다, 목적어는 타동사의 동작대상이 되는 말이다, 타동사의 직접대상은 직접목적어, 간접대상을 간접목적어라고도 한다.

① 1형: NP

①형은 주어와 그 주어를 설명하는 단순술어로 이루어진다.
(i) 동사술어(verb predicative)
① That | **will do.**(Joyce34) My dog | **came.**(Joyce33) (정형)
① My head | **aches.** Everything | **counts.** He | **has gone.**(")
① The food | is **cooked.** The door | is **being painted.**(-ed형)
① He | is **reading.** Seeing | is **believing.**(-ing형)
① He | is to **read.** To see | is **to believe.**(to~형)
(ii) 비동사술어(non-verb predicative)
① He | is **alone.** She | is **happy.** (형용사)
① This | is | **my dog.**(Joyce33) This | is **my book.** It | 's **me.** (명사/대명사)
① The watch | is <u>**on**</u> **the desk.** I'm <u>**out of**</u> **a job.**(전치사구)
① "Is John | **in?**" "He | is **out.**" He | is **behind.**(소사)

② 2형: NPN'

①형 '주어(0)+술어(1)' 에 '부가어(0)' 를 보충하면 ②형이 만들어 진다.
(i) 목적어
② You | do ‖ **your best.** I | 'll do ‖ **mine.**(Joyce34)(명사/대명사)
② I | like ‖ **my dog.**(Joyce33) I cooked, so you | should do ‖ **dishes.**(1G55) (명사)
② "Is Liza here?" "Yes, I | 'll get ‖ **her.**"(1G54A)(대명사)
② But she | doesn't know ‖ <u>**at**</u> **me.**(대명사) But she | knows ‖ <u>**about**</u> **you.**(전치사구)(IHH149)
② She | is looking ‖ <u>**at**</u> **him.**(1G61)(전치사구)
② He | stopped ‖ **reading** and answered the phone.(1G14A)(-ing형)
(ii) 협의의 부가어
② He | walked ‖ **the floors**(or **halls**).(명사)
② He | 's somebody(or nobody) ‖ **here.**(대명사)
② She | is mad ‖ <u>**at**</u> **him.**(1G110A)(전치사구)
② She | was afraid ‖ to be **seen.**(-ed형)

② The day | was spent ‖ **shopping**.(-ing형)

② Children | learn ‖ **from playing**.(2G73A)(전치사+-ing형)

③ 3형: NPP'

①형 '주어(0)+술어(1)' 에 '술어(1)' 를 보충하면 ③형이 만들어 진다.

(i) 능동술어의 주격술어

③ You | always do | **right**.(Joyce34). She | feels | **happy**.(2G98B)(형용사)

③ Arthur | became | **a man**.(KA2)(명사)

③ He | appeared | **as a pinch hitter**.(EJD)(전치사구)

③ He | fell | **behind**(or backward),(소사)

③ We didn't get a map, so we | got | **lost**.(1G54B)(-ed형)

③ She | kept | **talking**.(-ing형)

③ He | agreed | **to wait**.(to~형)

(ii) 수동술어의 주격술어

③ She | was made | **happy**.(형용사)

③ He | was made | **a free man**.(명사)

③ You | will be henceforth known | **as Sir John Ryan**.(3TC)(전치사구)

③ He | was left | **behind**.(소사)

③ The door | was kept | **shut**.(-ed형)

③ I | was kept | **waiting**.(-ing형)

③ He | was made | **to go**.(to~형)

(iii) 비동사술어의 주격술어

③ He | 's home | **sick**.(형용사)

③ I | am anxious | to be **a lawyer**.(명사)

③ He | is famous | **as a statesman**.(전치사구)

③ You | should be home | **resting**.(-ing형)

③ I enjoyed my stay here. I | 'm sorry | **to leave**.(2G64C)(to~형)

④ 4형: NPN'N"

②형 '주어(0)+술어(1)' +부가어(0)' 에 '부가어(0)' 를 보충하면 ④형이 만들어 진다.

(i) 목적어

④ Will you | do ‖ me ‖ **a favor**.(Joyce34)(명사)

④ My sister | taught ‖ my dog ‖ **some tricks**.(Joyce33)(")

④ I | gave ‖ Sarah ‖ **the keys**.(1G94A,3G22A)(")

④ My sister | taught ‖ some tricks ‖ **to my dog**.(Joyce33)(전치사구)

④ You | should take ‖ great care ‖ **of them**.(SBE330)(")

(ii) 협의의 부가어

④ He | reads | a newspaper ‖ **every day**.(1G91A)(명사)

④ Alice | gave ‖ that vase ‖ **to her**.(3G22A)(전치사구)

④ I | spent ‖ the day ‖ **shopping**.(-ing형)

④ The noise from next door | prevented ‖me ‖ **from sleeping**.(3G30C)(전치사+비정형)

⑤ 5형: NPN'P'

②형 '주어(0)+술어(0)+부가어(1)'에 +술어(1)' 를 보충하면 ⑤형이 만들어진다.

(i) 목적격술어

⑤ You | do ‖ me | **proud**.(Joyce34) He | made ‖ her | **happy**.(형용사)

⑤ She | calls ‖ my dog | **"dancer dog."**(Joyce34)(명사)

⑤ They | elected ‖ her | **president**.(3G22B,)(명사)
⑤ We | regarded ‖ him | <u>as</u> **a genius**.(OES60)(전치사구)
⑤ She | left ‖ him | **behind**.(5HP215)(소사)
⑤ I | had ‖ my hair | **cut**.(-ed형)
⑤ I | could hear ‖ it | **raining**.(2G65D)(-ing형)
⑤ He | wants ‖ her | **to stay**.(1G51A)(to~형)
⑤ He's very funny. He | makes ‖ me | **laugh**.(1G51D)(~형)
⑤ We | use ‖ the basement | <u>for</u> **archiving**.(전치사+비정형)
(b) 주격술어
⑤' He | left ‖ home 「**alone**.(형용사)
⑤' He | had left ‖ his office 「**a broken man**.(Mansfield245)(명사)
⑤' I | will fight ‖ <u>for</u> King Arthur 「<u>as</u> **a good knight**.(KA18)(전치사구)
⑤' She | followed ‖ him 「**in**.(소사)
⑤' They | left ‖ the hospital 「completely **cured**.(-ed형)
⑤' Did you | cut ‖ yourself 「**shaving**?(while you were shaving)(2G66B)(-ing형)
⑤' He | left ‖ home 「never **to return**.(SBE18)(to~형)
⑥ 6형: NPP'N'
③형 즉 '주어(0)+술어(1)+술어(1)' 에 '부가어(0)' 를 보충하면 ⑥형이 만들어진다.
⑥ Some people | get | ill ‖ very **easily**.(3G21C)(부사)
⑥ I | 'm staying | home ‖ **tomorrow**.(1G24C)(명사)
⑥ I | went | <u>on</u> vacation ‖ <u>by</u> **myself**.(1G61C)(전치사구)
⑥ Haven't we | met | somewhere ‖ **before**? (소사)
⑥ I | just got | done ‖ **dancing**.(just finished dancing)(-ing형)
⑥ They | walked | <u>along</u> the road ‖ <u>without</u> **speaking**.(1G108)(전치사+비정형)

⑦ 7형: NPP'P"
③형 '주어(0)+술어(1)+술어(1)' 에 술어(1)를 보충하면 ⑦형이 된다.
⑦ Things | didn't work | out | **well**.(2G135B)(형용사)
⑦ He | returned | home | **a different person**.(명사)
⑦ He | became | recognized | <u>as</u> **an expert**.(3G21C)(전치사구)
⑦ They | seemed | very happy | **together**.(2G141D)(소사)
⑦ All these people | will go | home | **satisfied**.(Ex18:23)(-ed형)
⑦ A man | ran | <u>out of</u> the house | **shouting**.(2G66B)(-ing형)
⑦ I | am going | out | **to fish**.(Jn21:23)(to~형)
⑦ I | got | talked | <u>into</u> **working**.(persuaded to do work)(전치사+비정형)

B. 단문의 재료

주부가 하나만 있어서 술부와의 관계가 단일한 문을 단문(simple sentence)라고 한다.
2개 또는 그 이상의 단문들이 등위접속사 또는 콤마로 연결된 구조를 중문(compound sentence)라고 한다. 중문에 관하여는 ☞ 4.6.(2)(b), 3.5B(1)(b) 참조

(1) 단어

(a) 품사(parts of speech)

(i) 종래문법은 문장의 재료가 되는 각 단어(word)를 그 의미와 구실에 따라서 크게 여덟 가지로 나누는데 이들을 8품사(品詞)라고 한다. 8품사 이외에 관사와 소사가 추가된다.

(1) 명사(noun: n):사람이나 사물의 이름을 나타내는 낱말
- My **name** is **Lisa**.(1G1A)
(2) 대명사(Pronoun;pro): 명사 대신에 쓰이는 낱말.
- Ann and **I** are good friends.(1G1B)
(3) 동사(verb: v): 사람이나 사물의 동작이나 상태를 나타내거나 술어를 연결하는 낱말.
- They **read** a lot.(1G5A) I **like** big cities.(1G5B) Your English **is** good.(1G5B)
(4) 형용사(adjective: a): 사람이나 사물의 성질이나 상태 등을 나타내는 낱말
- It's **sunny** today, but it isn't **warm**.(1G1B)
(5) 부사(adverb: ad): 동사, 형용사, 다른 부사, 명사 등을 수식하거나 부가되는 낱말.
- Please listen **carefully**.(1G84B)
(6) 전치사(preposition: prep) 명사, 대명사, 명사상당어와 결합하여 전치사구를 이루는 낱말.
- This letter's not **for** me. It's **for** you.(1G57C)
(7) 접속사(conjunction: conj) 낱말과 낱말, 구와 구, 절과 절을 연결하여 주는 낱말.
- Ann **and** I are good friends.(1G1B)
- A car stopped **and** a man got out.(1G54D)
(8) 감탄사(Interjection: interj) 기쁨, 놀람, 슬픔 등의 여러 가지 감정을 나타내는 낱말.
- "Have some candy." "**Oh**, thanks."(1G34A)
- **Oh**, it's a very good idea.(NED)

(ii) 명사/대명사는 주어, 부가어, 동격술어 및 형용어, 부사어 역할을 한다. 형용사는 술어의 역할 및 형용어의 역할을 한다. 부사는 부가어 및 부사어의 역할을 한다. 동사 중 정형동사는 주성분인 술어의 역할을 하며 비정형동사는 술어 뿐 아니라 주어, 부가어 역할을 하며 아울러 형용어, 부사어 역할도 한다. 요컨대, 이들 품사는 일부 제한되는 경우를 제외하고는 매우 광범한 역할을 한다. 전치사와 접속사는 부속성분의 역할만 하는 기능어이다.

(b) 관사(article)

관사(冠詞)는 명사 앞에 위치하여 명사를 한정하는 것으로 이에는 불특정한 것을 가리키는 부정관사 a/an과 특정한 것을 가리키는 정관사 the가 있다.
- Do you want **an** apple or **a** banana?(1G63B)
- You can turn off **the** television. I 'm not watching it.(1G3B)

(c) 소사(particle)

소사(素詞)는 형태상으로는 전치사에 가깝고 기능상으로는 형용사에 가깝다.
- "Is your mother home?" "No, she | is **out**."(1G2A)

(d) 품사의 전성

단어에는 하나의 주된 품사가 정해져 있으나, 문장에서의 구실에 따라 다른 품사로 사용되는 경우가 있다. 아래 예문 (1)(a)에서 보듯이 work는 동사가 주된 품사이지만 (1)(b)와 같이 명사로도 사용된다. 다른 예문 앞은 주된 품사, 뒤는 다른 품사로 사용된 예다. 주된 품사가 둘 이상의 다른 품사로 쓰이는 경우를 품사의 전환 또는 전성(轉成)이라고 부른다.

(1)(a) Everything is going **wrong**.(1G56B)(형용사)
(b) Her son can do no **wrong** in her eyes.(OED)(명사)
(c) Your uncle did me a deep wrong, but I had **wronged** him..(NED)(동사)
(2)(a) My brother **works** in a bank.(1G5A)(동사)
(b) Tom walks to **work** every morning.(2G106)(명사)
(3)(a) It **concerns** me that you no longer seem to care.(DED)(동사)
(b) She **was concerned** that she might miss the turning and get lost.(DED)(형용사)
(4)(a) He said someone is **following** him.(동사)(LSW76)

(b) **Following** heavy rain, the meeting is in danger.(LSW76)(전치사)

(5)(a) The subject **tires** me.(KED)(동사)

(b) She **was tired** of hearing about their trip to India.(OED)(형용사)

(c) The job **is tiring** but rewarding.(DED)(형용사)

(6)(a)Your English is good. You speak very **well**.(1G5B)(부사)

(b) How are you?－I'm very **well**, thank you. And you?((1G84D)(형용사)

(7)(a) Everybody feels nervous **before** exams.(전치사)

(b) Don't forget to close the window **before** you go out.(접속사)

(c) Whatever he did **before** at home I'm not sure.(LSW76)(부사)

(8)(a) **As** they watched, a flash of fire appeared.(LSW76)(접속사)

(b) This was beginning of this life **as** a cultivator.(LSW76)(전치사)

(9)(a) Malcom spoke more abruptly **than** he meant.(LSW76)(접속사)

(b) No one knows more **than** me how much I owe to this country.(LSW76)(전치사)

(e) 분사의 전성

동사의 분사는 수동태나 진행형에 사용되는 외에 형용사 용법으로 굳어진 경우가 있다. 수동태의 행위자가 없는 과거분사나 목적어가 없는 타동사의 현재분사가 그 예이다.

(1)(a) Politics doesn't **interest** me.(OED)(동사)

(b) I **am interested** in art.(1G1A)(형용사)

(c) It would **be interesting** to know what he really believed.(OED)(형용사)

(2)(a) You can't **please** everybody.(OED)(동사)

(b) She **was** very **pleased** with her exam results.(OED)(형용사)

(c) The new building **was pleasing** to the eye.(OED)(형용사)

(3)(a) I **worry** about him regularly.(=a repeated, habitual action)(DED)((동사)

(b) **I'm worried** about him.(I'm worried right now)(DED)(형용사)

(2) 구

두 개 이상의 단어가 모여서 어떤 문장성분의 재료를 이루는 것을 말한다.

전치사와 그 목적어로 이루어진 전치사구가 대표적이다. 그 밖에도 중심이 되는 품사에 부수된 다른 단어가 추가된 경우도 구에 해당한다. 명사구, 동사구, 형용사구, 부사구 등

(a) 전치사구

(i) 주성분

(술어)

① They | were **in dangerous situation**. They had to be careful.(1G29B,113A)

③ I | got | **in big trouble**.(13JB33,9JG112)

⑤ She | found ‖ herself | **in embarrassing situation**.(3G28E)

(부가어)

② You | 're not listening ‖ **to me**.(1G3A)

④ Don't lose this book. | Take ‖ care ‖ **of it**.(1G111A)

(ii) 부속성분

(형용어)

<> Who is that man <**on the motorcycle**>?(1G104C)

(부사어)

{} **Against her father's wishes**, she wants to be a journalist.(3G46A)

(b) 그 밖의 구

(i) 명사구

{} **This time last year**, I was living in Brazil.(2G6A)(부사어)

<> A man <**half my size**> would displace half as much.(JB324)(형용어)

(ii) 동사구

[] They [**are playing**] tennis in the park.(1G24A)(술어)

[] I['**ve been talking**] to the woman across the road.(3G207)(술어)

(iii) 형용사구

[] The hotel isn't [**very good**]. Why is it [**so expensive**]?(1G2B)(술어)

<> My brother lives in a <**nice new**> house.(2G97A)(형용어)

(iv) 부사구

[] Your brother behaved [**very badly**].(RTK15:20,3G39X)(부가어)

{} Lucy {**no longer**} works here.(2G108B)(부사어)

(c) 불연속적 구

(i) 명사구

[] [**The time**] was coming [**for me to leave** Paris] or would go crazy.(LSW99)(주어)

(ii) 동사구

[] The current year [**has** {definitely} **started**] well.(LSW100)(술어)

(iii) 형용사구

<> You couldn't have a <**better**> name <**than that**>.(LSW102)(형용어)

<> When he plays his best, he's <**really tough**> player <**to beat**>.(LSW102)(형용어)

C. 복문의 재료

2개의 절 혹은 그 이상이 모여서 한 문장을 만드는 것을 복문(complex sentence)라고 한다. 절은 동사를 포함한 단어들의 집합으로, 완전한 문장 또는 문장의 일부를 이룬다. 정형동사를 가진 정형절과 비정형동사를 가진 비정형절(단축절)이 있다.

(1) 비정형절

(a) -ed절

(i) 주성분

(술어)

①[③] Butter | is [**made** from milk].(1G20B)

③[②] I | don't often get | [**invited** to parties].(2G42D)

⑤[⑥] Eric | had(or got) ‖ his license | [**taken** away for driving too fast].(2G44C)

(ii) 부속성분

(형용어)

②<②> The **boy** <injured in the accident> was taken to the hospital.(2G95A)

(부사어)

{②}② | **Annoyed** ‖ by the boys' behaviour, she complained to the head teacher.(3GJ10)

(b) -ing절

(i) 주성분

(술어)

①[②] She | 's [**eating** an apple].(1G3A)

③[⑥] | Come | [**swimming** with us tomorrow].(PEG241)

⑤[②] I | saw ‖ Kate | [**waiting** for a bus].(2G65B,65D,3G23A)

(부가어)

②[④] I | wouldn't advise ‖ [**staying** in that hotel].(2G53C)

④[②] Mary | recalled ‖ him ‖ [**buying** the book].(2G30A,3G31X)

(ii) 부속성분

(형용어)

①<③> Who is that man <**standing** by the window>?(1G107C)

(부사어)

{②}④ | **Knowing** ‖ exactly [what I wanted], I didn't spend much time shopping.(3GJ9)

(c) to~/~절

☆ to 부정사는 잠재적 동작/상태(미래/판단/추측 등)을 나타내는 불확정개념이므로 술어나 부가어/부사어로 사용가능하나 동사의 목적어로는 사용될 수 없다. 다만. 확정개념인 가목적어 it을 앞세운 진목적어로 예외적으로 사용가능하나 가목적어를 대체할 수는 없다.

(i) 주성분

(술어)

①[④] The president | is [**to return** to Brazil later today].(3G12A)

①[②] All <I did> | was [(to) **press** this button].(LEG305)

③[②] They | arranged | [**to meet** at 8:30].(2G52X1, PEG216)

③[③] This place | will make | [**do** as a campsite].(LSW427)

⑤[③] They | arranged ‖ for Jane | [**to stay** in London].(3G31B)

⑤[②] At school our teacher | made ‖ us | [**work** very hard].(1G51D,3G22C)

(부가어)

②[②] He | refused ‖ [**to eat** anything].(2G83A,3G31A, PEG215)

④[③] I | would hate ‖ her ‖ [**to give** up the job up].(3G229,SED)

(ii) 부속성분

(형용어)

①<③> I was the only one <**to arrive** on time>.(2G63D)

(부사어)

①{③} I | 'm {too} tired {**to go** out}.(1G89E)

(2) 정형절

(a) wh-절

(i) 주성분

(술어)

①[①] I | 'm just [**what** I am].(Salesman254)

③[④] I | became | [**what** I am today] (at the age of twelve).

⑤[②] My father | made ‖ me | [**what** I am now].(OES320,DHL469)

①[③] He | was [**where** he belonged].(6JG142)

③[③] He | remained | [**where** he belonged].(2Hom142)

⑤[③] They | put ‖ it | [**where** it belonged].(Olivia's Story247)

(목적어)

②[②] I | did ‖ [**what** you said].(1G41A).

④[①] She | asked ‖ me ‖ [**what** the problem was].(3G32D,38C, LEG288)

②[①] Do you | know ‖ [**who** those people are]?(1G47A,2G48A)

④[①] She | asked ‖ me ‖ [**who** wrote the book].(DED)

(부가어)

②[④] | Be very careful ‖ [**what** you tell me].(LSW194,684)

②[⑥] They | aren't sure ‖ [**where** the remains of the spacecraft will land].(3G38C)

④[③] Does it | rain ‖ a lot ‖ [**where** you live]?(1G7X)
②[③] It | was raining ‖ [**when** I went out].(1G96A)

(ii) 부속성분

(형용어)

②<⑤> Do you | know ‖ the date <**when** we have to hand in the essay>?(3G54B)
①<③> The hotel <**where** we stayed> | was near the station.(1G99B)
①<①> An airplane | is a machine <**which** flies>.(1G99C)
②<②> Jane | is wearing ‖ a hat <**which** was too big for him>.(1G99A)
①<①> A thief | is a person <**who** steals>.(1G99B)
③<①> But after me⌋ comes⌋ he <**who** is mightier than I >.(Mk1:7ESV)
①<②> The reason <**why** I'm calling> | is to ask your advice.(2G92E)

(부사어)

③,② **When** I went out, it was raining.(1G96A)
①,① **Where** there's a will, there's a way.

(b) 비wh-절

(i) 주성분

(술어)

①[①] It | may be [**that** the Lord will work for us],(1Sa14:6ESV)
③[②] It | seems | [**that** she has lost her memory].(3G96B,PEU495,DED)
⑤[②] I | take ‖ it | [**that** you're fully acquainted with the facts].(OES596)
①[②] It | was [**as** Lancelot had thought].(KA18)
③[①] The child | talks(or talked) | [**as** he would talk if he were a man].(OES402)
⑤[①] I didn't move anything. I | left ‖ everything | [**as** it was].(1G111C)
①[③] It | was [**like** he came from nowhere].(5SK653)
③[①] It | looks | [**like** she isn't coming].(2G115B)
⑤[①] I | left ‖ everything | [**like** it was].(2G114C)
①[①] The question | is [**if** | **whether** the man can be trusted].(PEU611,LEG15)

(목적어)

②[③] Tom | said ‖ [**that** he was feeling sick].(2G45A,1G48A)
④[③] Sonia | told ‖ me ‖ [**that** you were in the hospital].(2G46C)
②[②] Do you | know ‖ [**if** | **whether** they've got a car]?(1G47C,2G48A,3G86C)
④[①] She | asked ‖ me ‖ [**if** | **whether** I wanted anything].(LEG288)
②[②] Do(or Would) you | mind ‖ [**if** I use(or used) your phone]?(2G35C,36C)

(부가어)

②[①] I | was afraid ‖ [**that** I would be late].(3G70A)
④[②] He | worked ‖ hard ‖ [**that** he might live in comfort].(OES241)
②[②] They | did ‖ [**as** they was told].(Josh10:24NLT, JB284)
④[④] You | should have done ‖ it ‖ [**as** (or **like**) I showed you].(2G114C)

(ii) 부속성분

(형용어)

①<①> The school <**that** she is head of> | is closing.(3G55A)
②<②> I | don't know ‖ <as> many people <**as** you do>.(2G104A)

(부사어)

③{②} She | awoke {so} cold {**that** he could barely straighten his legs}.(LSW196)

①{③} The traffic | isn't usually {as} bad {**as** it was} this morning.(2G107A)
②,⑦ **As** we had expected, he | did not show | up ‖ in time.(DED)

(c) 기타

(i) 다중복문

②[①[①]] I | thought ‖ [(**that**) it | was [**what** {I hoped} it was]].(3NG)
②[⑤[②]] I | missed ‖ [**having** Sludge [by me [**eating** a bone].(25(NG39)
③[②[④]] I | want | [**to know** [**who** is taking the garbage every night]]."(2NG11)
③[④[②]] "Annie and Rosamond | came | [**to tell** me [**that** Rosamond was going to have a yard sale]].(15NG18)
①<④[②]> This | is the gift <**that** I | got ‖ from my parents [**when** I was ten]>.

(ii) 분열문

하나의 단문에서 주어질 수 있는 정보를 두 개의 절로 쪼개어 나타내는 경우로서 둘 중 하나는 문법상 불성립하는 구조이다. 자세한 것은 ☞ 5.3.A. 강조구문 참조
①[⑤] *It is* **for** **freedom** [*that* Christ has set us free].(Gal 5:1)

D. 병렬 재료

(1) 단문

① 1형: NP

NP(a, pr~) Pittypat | was **ill** and **in her bed**.(MM200) /
NP(a, pr~) The lawsuit | was **brief** and **to the point**.(.14JG345)
NP(a, pr~) I | am still **alive** and **with you**.(Dt31:27)
NP(a, pr~) She | could be so **clownish**, so totally **without air**.(1JA25)
NP(pr~, a) The earth | was **without form** and **void**.(Ge1:2)
NP(pr~, n) And if by grace, then it | is no longer **by works**; if it were, grace | would no longer be **grace**.(Ro11:6)
NP(p, -ing) By that time the new system | should be **up** and **running**.(OED) (SAT)
NP(-ed, pr~) Most people have their best ideas [when they | are **relaxed** and | **by themselves**].
NP(-ed, pr~) All the children | were well **nourished** and **in good physical condition**].(OED)
NP(-ed, pr~) The questions | are **typed** and | **in order**.(10JG488)
NP(a, pr~, -ing) If you | were **sick**, **in trouble** or **dying**, and I could save you, I'd give our my heart's blood.(Uncle Tom's Cabin YBM 문고판)
NP(-pr,-ed, a) To this very hour we go hungry and thirsty, we | are **in rags**, we | are brutally **treated**, we | are **homeless**.(1Co4:11).
NP(-ed, -ed(‖), -ed) Nothing | was **touched**, | **tempered** (‖) with, or | **substituted**.(GB550)

② 2형: NPN'

NP(ad, pr~) It(=The transition) | began **slowly** and **in a restricted area**.(YNH87)
NPN'(ad, pr~) He | answers ‖ **slowly** and ‖ **into the camera**.(10GB324)
NPN'(n, ad) We use the simple present to say [that something | happens ‖ **all the time** or ‖ **repeatedly**].(2G2B)
NPN'(n, pr~) He | opened ‖ **boxes** and **purses**, | checked ‖ **beneath seats**,(O'B124)
NPN'(-ing, pr~) Rosamond | went ‖ **hiking** and **shopping**, and ‖ **to the palace** and **to smorgasbords**,(19NG31)
NPN'(pr~, n) So too, a Levite, when he | came ‖ **to the place** and | saw ‖ **him**, passed by on the other side.(Lk10:32)

NPN'(pr~, n) You | have asked ‖ **for blessing** and | received ‖ **more blessing**.(Bruce83)

③ 3형: NPP'

NPP'(a, -ed) The people | seemed | **small** and **faded**. NPP'(a, -ed) They | came | **alone** and | **scared**.(MiC373)

NPP'(-a, pr~) Harry | was feeling | extremely well **fed** and | **at peace**.(4HP60)

NPP'(n, n, a) The zones of poverty | seemed | just **a part** of the crowded city, | always **there**, **unchanging**.(지학사)

④ 4형: NPN'N"

NPN'N"(n, pr-) I | will give ‖ you ‖ **all their authority and splendor**, for it has given to me, and I | can give ‖ it ‖ **to anyone**.(Lk4:5)

NPN'N"(pr~, n) Totoca | was teaching ‖ me ‖ **about life**. He | was teaching ‖ me ‖ **things**.(JMV7)

NPN'N"(pr~, nfc) She | didn't spend ‖ much of her time ‖ **in laboratories** or [even (in) **working** in the virtual lab of a computer].(2DK366)

NPN'N"(n, n, pr~, pr~) | Give ‖ us {this day} ‖ **our daily bread**. And | forgive ‖ us ‖ **our debts**, as we forgive our debtors. And | lead ‖ us ‖ not **into temptation**, But | deliver ‖ us ‖ **from evil**.(Prayer of the Lord)

⑤ 5형: NPN'P'

NPN'P'(p, -ing) We | had to keep ‖ those reactors | **up** and **running** safely.(Jack101). (5ST531)

NPN'P'(p, a, a, a) My mother | dragged ‖ her | **outside**, **flustered**, **offended**, and **surprised** ⌃

NPN'P'(pr+a, pr+n) The world of mind is just as real and | follows ‖ rules | just **as rigorous**, **as the world of external reality**.(2MiC273)

NPN'P'(a, p) N' He | let ┌**loose** ‖ the east wind from the heavens and | led ┌**forth** ‖ the south wind by his power.(Ps78:26)

NPN'P'(p, n, a) What | can wash ┌**away** ‖ my sin? What | can make ‖ me | **whole** again? Oh! precious is the flow <That | makes ‖ me | **white** as snow>;(Hymn184)

NPN'P'(a, cpr~) He | kept ‖ them | **clean** and **away from the product**].(Medina70)

NPN'P'(p, cpr~) Anna | held ‖ the glove | **up** and **away from Elsa**.(Fr'n40)

⑤' 5'형: NPN' ┌P"

NPN ┌'P'(p, pr~) My head | was drooping ‖ feebly ┌**backward** and **to one side**.(ACv16)

NPN ┌'P'(-ing, a) We | have been sitting ‖ for a long time ┌**reading**, **distracted**].(4ST520)

⑥ 6형: NPP'N'

NPP'N'(a, pr~) I | feel | lucky ‖ to be **alive**, | lucky ‖ to be **in one piece**.(JB19B)

⑦ 7형: NPP'P"

NPP'P"(a, pr~) The abbot | went | away | very **sad** and **in great fear**].(JB19B)

NPP'P"(a, -ing) ... they | ran | out of the house | **naked** and **bleeding**.(Ac19:16)

(2) 중문

NP(pr~;a; pr~; a,-ed) Cities | were **in ruins**; millions | were **homeless** and **without jobs**; factories | were **idle** or **destroyed**.(Ronald Reagan)

NP(pr~, n ;a;v) If anyone | is **in christ**, he | is **a new creation**; the old | has **gone**, the ' new | has **come**.(2Co5:17)

NP(n, p ,a) Four more agents | were **there**, weapons | **out** and faces | **grim**.(2TC907)

NP(-ed, n) **Blessed** are┘ you, for yours | is **the kingdom of God**.(Lk5:3,4)

NPN'(n; pr~) O my people, | hear ‖ **my teachings**; listen ‖ **to the words** of my mouth,(Ps78:1)

NPP '(pr~),NP(pr~), NPN' (~pr) (How) could something | drop | **off the sled** and not be **in**

the snow or leave ‖ a mark | in **the snow**?

(3) 복문

NP(a and a, [-ing],[-ing]) The building | were **black** and **high**, [**towering** above me], [**threatening** to collapse]].(MiC373)

NPN'(pr~, pr~ and [-ing]) Good health | depends ‖ upon **good food**, **exercise**, and [**getting** enough sleep].(MED)

NPN'(conj+n but, conj+p) I appeal to you — I, Paul, who | am "timid" ‖ [**when face to face** with you], but | "bold" ‖ [**when away**]!(2Co10:1)

NPN'P'(a and [-ing]) They | found ‖ him | half **naked** and [**bleeding** to death].(2TC852)

NPN'P'(p and [-ing]) Our strategy | might be holding ‖ us | **back** and [**stifling** growth of opportunities].(Jack Welch201)

NPN'P'([be a and a]) | Let ‖ those(=them) | [**be ashamed**(=be put to shame) and **dishonored** (=brought to dishonor) <who(=that) seek my life(=after my soul)>: PN'P'([be -ed and -ed]) | Let | those(=them) | **be turned** back and **humbled** <who(=that) devise evil against me>]. NPN'P'([be pr~]) | Let ‖ them | [**be as(like) chaff** before the wind], With(=And) [the angel of the Lord driving them on] NPN'P'([be a and a]] | Let ‖ their way | **be dark and slippery**], With(=And) [the angel of Jehovah pursuing them].(Ps35:4~6 ASV(ESV))

NPN'P'([~,~,~]) Let ‖ destruction | [**come** upon him unawares]; And | let ‖ his net <that(=which) he hath hid(hid)> | [**catch** himself]: With(=Into) destruction | let ‖ him | [**fall** therein]. (Ps35:8 ASV=ESV)

NPP'P"([nfc] and pr+[nfc]) ... he | went | home | [**tired** out] and **with** [his mind **blank**](2FK71)

(3) 부속성분 ☞5.2.C(2)

(형용어)

<pr~><[to~]> The Netherlands now becomes **the only country** <**in the world**><**to allow** the mercy killing of patients, though there are some strict conditions>,

<pr~><[fc]> **Which** <**of us**> <**that knows** something about physics> does not know this?(ZEG395)

(부사어)

{ad and pr~} {**Boldly** and **without hindrance**} he preached the kingdom of God and taught about the Lord Jesus Christ.(Ac28:31)

{ad and pr~} He was made aware {**dimly** and **without regret**} of a first noiseless sundering of their lives.(2JJ232)

{pr~ and -ed} **Out of breath** and **horrified**, I grabbed a paper.(14JC108)

{-ed and -ing, ad and ad} **Wounded** and **aching**, **physically** and **otherwise**, I hauled the bags down two flights of the stairs to my rental car,...((14JC189)

{pr~or [-ing])} ...{whether I am **in chains** or [**defending** and **confirming** the gospel}, all of you share in God's grace with me.(Phi1:7)

{pr~, pr~, [-ing]} I emerged on the ground floor, **out of breath**, **without a coat**, [**not wanting** to be seen by anyone],...((14JC162)

4.2 명사(noun), 대명사(pronoun)

A. 명사

명사(Noun)는 생물이나 무생물의 이름을 나타내는 말이다.

(1) 명사의 분류

다음은 의미상 명사를 분류한 것이다. 명사는 복수형을 만들 수 있느냐 없느냐에 따라서, 가산명사(Countable Noun)와 불가산명사(Uncountable Noun)로 나누기도 한다. 의미상 분류는 가산성 여부는 밀접한 관계에 있다.

(a) 보통명사(common noun)

같은 종류의 사람이나 사물에 두루 쓰이는 명사로, 대부분 일정한 모양을 갖추고 있는 명사 boy, person, computer, table, flower, school, river 등

(i) 보통명사는 가산명사이다. 복수형은 접미사 -(e)s를 붙여 만든다.

<> Maria is reading <a> **newspaper**.(1G4A)

<> Do you know where I can buy <ø> **foreign newspapers**?(1G70A)

<> Do you want <an> **apple** or <a> **banana**?(1G63B) 'an' before a/e/i/o/u:

<> <ø> New **cars** are very expensive.(1G65A)

(ii) 보통명사라도 추상적인 의미로 사용되는 경우는 불가산 명사로 다루어 질 수 있다.

(무관사의 경우)

<> You can't get there by <ø> **car**. You have to go on <ø> **foot**.(1G109C)(이동수단)

<> I'm not watching <ø> **television**.(1G3B)(영상) She's in <ø> **bed**.(1G69A)(취침)

<> David usually goes to <ø> **church** on Sundays.(1G69A)(예배)

<> I'm tired. I'm going <ø> **home**.(1G69A) Children don't like <ø> **school**.(1G69A)

(정관사 수반의 경우)

the+ **father mother**(부성애/모성애), the+**pen/head/sword**(지성/이성/무력) 등

<> <The> **pen** is mightier than <the> **sword**.

<> She felt <the> **mother** rise at the sight of the poor boy.

(b) 고유명사(proper noun)

인명, 지명이나 특정한 사물의 이름으로 쓰이는 명사이다. 한 단어에 하나씩 붙어 전용하는 이름이다. Lisa, Chicago, Yosemite, Korea, June , Monday 등

(i) 고유명사는 대문자로 시작하며, 원칙적으로 복수로 할 수 없고 관사를 붙이지 않는다.

<> My name is <ø> **Lisa**.(1G1A)

<> I'm American, I'm from <ø> **Chicago**.(1G1A)

(ii) 고유명사라도 보통명사처럼 쓰일 때는 부정관사 등 한정어가 붙고, 또 복수형이 되기도 한다. '~라고 하는 사람, ~와 같은 사람, ~라는 이름의 사람, ~이라는 사람, 집안 사람, ~의 작품' 등의 뜻을 나타내는 경우도 있다.

<> He is <a> **Mr. Brown**. I wish to become <a> **Newton**.

<> <The> **Kims** went to Busan yesterday.

<> Do you understand <ø> **Picasos**? There are <many> <ø> **Toms** in this town.

☆ 국적, 언어, 민족, 인종이 형용사나 보통명사로 쓰일 경우도 대문자로 시작하고 관사도 가능

<> I am an <**American**> citizen.(형용사) I am **American**.(형용사). I am an **American**.(보통명사)

(c) 물질명사(material noun)

물질이나 재료의 이름을 나타내는 명사이다. salt, gold, paper, gas, snow 등.

(i) 불가산으로 복수형이 없으므로 부정관사는 불가하나 다른 한정어는 사용가능하다.

<> Life is not possible without <ø> **water**.(1G70A)

<> "Would you like <some> **coffee**?" "Yes, please."(1G74B)

(ii) 물질명사라도 구체적인 의미로 사용되는 경우는 가산명사로 다루어 질 수 있다.

<> I bought <a> **paper** to read. (=a newspaper)(2G68A)

<> I need <some> **paper** to write on.(=material for writing on)(2G68A)

<> I have <two> **coffees**, please.(=two cups of coffee)(refers to units that are obvious in the situation)

<> <Two> **coffees** and <an> **orange juice**, please.(2G68A)(")

<> The shop has <a large selection of> **cheeses**.(different kinds or varieties)

(iii) 그러나 물질명사의 수량을 나타낼 때에는 구 한정어 a cup of, a piece of, two cups of 와 같이 단위나 용기를 표시하는 명사구를 사용하는 것이 보통이다.

<> Would you like <a piece of> **cheese**?(1G66A)

<> Do you want <a cup of> **coffee**?(1G65X)

(d) 집합명사(collective noun)

사람이나 사물의 집합체를 나타내는 단수명사, 단수 또는 복수 동사를 사용할 수 있다.

☆ 집합명사: army, association, audience, class, club, college, committee, community, company, crew, crowd, couple, department, electorate, enemy, family, generation, government, group, jury, opposition, orchestra, population, press, public, school, team, university, 특정조직: the Bank of England, the BBC, IBM, Sony, the United Nations(3G40C) 군집명사: audience, council, crew, committee, family, jury, team,, school 등

<> <The> **team** *is* (or *are*) going to lose.(Peu519)

<> <The> **council** *has* (or *have*) postponed a decision on the new road.(3G40C)

집합전체를 하나의 단위로 보면 단수, 집합구성원 개개인의 군집으로 다루면 복수 동사 사용.

<> <His> **family** *is* very large.(SBE162)(집합) <His> **family** | *are* all early risers.(SBE162)(군집)

<> <The> **crew** *was* hugging the gunner's daughter.(REG372)(집합)

<> <The> **crew** *were* standing on the deck.(REG372)(군집)

<> <The> **committee** usually *raise* their hands to vote.(3G40C)(committee 구성원 각자 행동, 군집)

<> <The> **school** *is* to close next year.(3G40C)(school은 구성원 각자가 아닌 조직/건물 등, 집합)

(e) 추상명사(abstract noun)

보거나 만질 수 없고, 머리 속에서 생각할 수 있는 추상적인 관념이나 활동을 나타내는 명사. 추상명사의 상당부분은 동사, 형용사에서 만들어진 것이 많다. 추상명사는 추상적 | 일반적인 의미로 사용되면 불가산, 구체적 | 특정적인 의미로 사용되면 가산이다.

(i) 추상적 | 일반적인 의미로 사용: advice, attention, beauty, difficulty, dream, experience, time

<> <ø> **Beauty** is only skin-deep.(SBE162)(추상적 아름다움)

<> <ø> **Beauty** in the eye of the beholder.(Proverb)(")

<> I can't wait. I don't have <ø> **time**.(2G68A)(일반적의미의 시간)

<> They offered me the job because I had <a lot of> **experience**.(2G68A)(일반경험)

(ii) 구체적/특정적인 의미로 사용: attentions, a beauty, difficulties, experiences, a good/long time

<> She is <a> **beauty**.(SBE162)(미인)

<> I had <some> interesting **experiences** while I was traveling.(2G68A)(구체적 경험)

<> Enjoy your trip. Have <a> good **time**!.(2G68A)(특정 시간/기간)

(2) 복수형

원칙: 단수형에 s를 붙여 만든다.

(i) s/ss/x/sh/ch로 끝나면 es를 붙인다, (예외) monarch**s**

(ii) '자음+y'로 끝나면 y를 i로 바꾸고 es 추가. (예) lad**ies**, dut**ies**, famil**ies**(가구)

(iii) '자음+o'로 끝나면 es 추가. (예) hero**es** (예외) piano**s**, kilo**s**

(iv) -f(e)→ves (예) kni**ves** (예외) roof**s**

(v) 단복수 동형; deer, salmon, sheep, trout, corps, Chinese, series, species

cf. 복수형 단수: economics, ethics, mathematic, physics, politics
(vi) 기타: ox-oxen, child-children, alumnus-slumnior, agendum-agenda 등
☆ **people(사람) v. peoples(민족);**
<> I like <the> **people** here. **They** are very friendly.(1G64D) <> <Five> **people** were present.
<> The Koreans are <a> diligent **people**.(단수) <> <Many> **peoples** live in America.(복수)
<> ... **<a> people** <without understanding> will come to ruin!(Hos4:14)(민족)
☆ 단수형일 때와 복수형일 때 다른 뜻을 가진 명사 :custom (관습/풍습) - customs (세관), arm (팔) - arms (무기), pain (고통) - pains (노고/노력), provision (공급; 대비,준비) - provisions (식량), authority (권위/ 권한) - authorities (당국), air (공기) - airs (태도), advice (충고) - advices (통지), mean(중용) - means(수단 | 방법)
☆ **the+형용사=복수명사**
<> She opens her arms to **the poor** and extends her hands to **the needy**.(Pr31:20)
<> God opposes <the> **proud** but gives grace to <the> **humble**.(1Pe5:5.Jas4:6)
<> <The> **gray-haired** and <the> **aged** are on our side,(Job15:10)
<> No harm | befalls ‖ <the> **righteous**, but the wicked have their fill of trouble.(Pr12:1)

(3) 명사의 격

명사(또는 대명사)가 문장 중의 다른 어구에 대하여 갖는 성분상의 관계(주어, 목적어 등)를 격(case)이라고 한다. 명사의 주격과 목적격은 형태가 같으므로 어순이나 전후관계에 의하여 이를 구별된다.

(a) 주격

문장에서 주어, 술어, 호격, 동격으로 쓰인다.
① <The> **children** | are asleep.(2G56A,28B).(주어)
① Jane | isn't <a> **teacher**. He | is <a> **student**.(1G1B)(술어)
⓪ How do you know, <ø> **wife**, whether you will save your husband?(1Co7:16)(호격)
⓪ "Where, O death, is your victory? Where, O death, is your sting?"(1Co15:55)(")
⓪ I, **Paul**, | write ‖ this greeting ‖ in my own hand.(1Co16:21)(주어와 동격

(b) 목적격

문장에서 동사와, 전치사의 목적어, 목적보어, 목적어와 동격으로 쓰인다.
명사의 경우 주격과 목적격의 형태가 같지만, 대명사의 경우에는 그 형태가 다르다.
② Maria | is reading ‖ <a> **newspaper**.(1G4A)(동사의 목적어)
① Steve is sick. He | 's <u>in</u> <ø>**bed**.(1G1B)(전치사의 목적어)
⑤ | Call ‖ me | **Fred** if you want (to).(3G65C)(목적격술어)
⓪ I met our teacher, ‖ **Mr. Smith**.(목적어와 동격)

(c) 소유격

기본적으로 소유/소속 관계를 나타낸다.
(i) 사람, 동물의 소유격: 명사 어미에 's 를 붙인다.
<> I stayed at <my sister's> **house**.(1G62A)
<> Are you going to <James's> **party**?(1G62A) cf. Socrates' **idea**, Dickens' **novel**.(PEG414)(고전)
<> Be careful. Don't step on <the cat's> **tail**.(2G79A)
복수형 명사는 -(e)s로 끝나면 apostrophe(')만 붙이고, -(e)s로 끝나지 않으면 's를 붙인다.
<> <my sisters'> **books**, <my children's> **books** cf.<Tom and Mary's> **books**(SBE)(공유)
(ii) 무생물 명사의 소유격 : of+명사 의 형태로 쓰인다.
<> Madrid is the **capital** <<u>of</u> Spain>.(1G62C)
<> Look at the **roof** <<u>of</u> that building>.(1G62C)
<> Do you know the **cause** <<u>of</u> the problem>?(1G62C)

<> His **description** <of the conductor> was very funny.(3G93A)

(iii) 무생물 소유격: 's를 쓰는 무생물 명사: 시간, 거리, 가격, 무게 등이나 의인화된 명사의 소유격은 's 또는 ' 를 붙여 만든다. today's newspaper, five miles' distance. the earth's age 등.

<> He withdrew about <a stone's> **throw** beyond them, knelt down and prayed,(Lk22:41)

<> ... he himself went <a day's> **journey** into the desert.(1Ki19:4)

<> ... they | were at <their wits'> **end.**(Ps107:27)

(iv) 이중소유격: 한정어의 한정을 받는 명사의 소유격은 명사 뒤에 of를 사용한다.

<> He is **a friend** <of my brother's>.

(v) 소유격 뒤의 명사를 생략하는 경우

<> "That's isn't our cat, is it?" "No, it's <my mother's> (cat)."(1G39B,62A)

<> I will stay at <my uncle's> (house) during the winter vacation.

<> I bought some apples at <Mr. Lee's> (store).

(4) 전성명사 :형용사/부사의 명사화 용법

[] [**Old** and **young**] marched side by side.(BEG73)

[] It won't take [**long**] [to fix the computer].(1G46B)

[] [**Shortly**] was something of an understatement.(LB667)

[]. "Jack's saying [**different**]," I told him.(CRL44)

[] The reading materials are arranged from [**easy**] to [**difficult**].(BEG73)

[] [How **far**] can you see? I can't see [**far**].(PEG50)

[] Indeed, there was [some **good**] in Judah.(2Ch12:12)

[] Their children will be as in days of [**old**].(Jer30:2)

B. 대명사

대명사는 사람이나 사물, 즉 명사 대신에 쓰는 말이다. 인칭대명사, 지시대명사, 부정대명사, 수사, 관계대명사, 의문대명사(wh-어)가 있다.

☆ 선행사(antecedent)는 대명사가 가리키는 모든 명사를 말하며 관계대명사. 재귀대명사를 포함한 모든 대명사는 선행사를 가질 수 있음. 대명사 앞에 오는 명사를 anaphor, 뒤에 오는 명사를 cataphor라고도 함

(1) 인칭대명사와 지시대명사

(a) 인칭대명사(personal pronoun)

1) 인칭대명사의 수/성/격 변화

인칭대명사는 말하는 사람과 듣는 사람 및 이미 언급되었거나 하는 등의 이유로 그 실체가 확실한 사람이나 사물을 가리키는 대명사로서 1,2,3 인칭이 있다. 여기서 인칭(personal)이라는 말은 문법적인 사람 즉 격(1인칭, 2인칭, 3인칭)을 나타내기 위해 사용하는 용어이고 사람에 한정되는 것은 아니다.(LEG73)

☆ A personal pronoun is a pronoun such as 'I, you, 'she', or 'they' which is used to refer to the speaker or the person spoken to, or to a person or thing whose identity is clear, usually because they have already been mentioned.

② **He** | 's eating ‖ an ice cream cone. **He** | likes ‖ ice cream.(1G'4A) [주격]

① Who is」 **it?**"(누구세요?) – **It** | 's me(or I)."(나야),(1G59B) [주격]

① **His** remark | was short and to the point.(OAL)[소유격]

② The police | did **their** best.(SBE108)[군집명사 소유격]

② That | reminds ‖ **me.**(SBE292))[직목 목적격]

④ Won't you | lend ‖ **him** ‖ your car?(OED)[간목 목적격]

⓪ But **you**—who are you <to judge your neighbor>?(Jas4:12)(호격)

(표1) 인칭대명사의 분류

인 칭	격 / 수		주격 (~은,이,가)	소유격 (~의)	목적격 (~을,에게)	소유대명사(~의 것)	재귀대명사 (~자신)
제1인칭	단 수		I	my	me	mine	myself
	복 수		we	our	us	ours	ourselves
제2인칭	단 수		you	your	you	yours	yourself
	복 수		you	your	you	yours	yourselves
제3인칭	단수	남성	he	his	him	his	himself
		여성	she	her	her	hers	herself
		중성	it	its	it	-	itself
	복 수		they	their	them	theirs	themselves

2) 총인칭(we, you, they)

인칭대명사 중에서 we, you, they는 막연히 일반 사람을 나타내는 경우에도 쓰인다.

④ **We** | have ‖ much rain ‖ in June.
② **You**(or We) | should respect ‖ the old.
② **They** | say ‖ [that he is honest].

3) 소유대명사

소유대명사는 '소유격+명사'의 뜻으로 독립소유격이라고도 한다.

(주성분)
① Sue let me use her computer because **mine** | wasn't working.(1G51D)
① Is this book | **mine** or **yours**?(my book or your book)(1G59B)
① Is this his camera or hers? — It | 's **his**.(1G59B)
① It | 's their problem, not **ours**.(=not our problem)(1G59B)
① That's isn't our cat, is it? — No, it | 's **my mother's**.(1G39B,65A)
③ The house | became | **Peter's** (in 1980).(3G21A)
⑤ We | always call ‖ it(the room) | **yours**.(1CD686)
④ You give me your phone number, and I | 'll give ‖ you ‖ **mine**.(1G63A)
④ He didn't have an umbrella, so she | gave ‖ him ‖ **hers**.(1G60B,A)
④ He(dog) showed them(teeth) to me. I | showed ‖ them ‖ **mine**.(1NG26)

(전치사의 목적어)
① Where were you last night? I | was **at Paul's**.(=Paul's house)(1G62A)
③ We went in our car, and they | went | **in theirs**(=their car).(1G59B)
⑤ I | saw ‖ Tom | **at the doctor's**.(1G105B)
⑤ | So put ‖ your hand | **in mine**.(OED)
⑦ Beth | looks | good | **in hers**.(2MiC60)

- 명사 앞에 다른 한정어가 있는 경우에는 소유격도 하나의 한정어이므로 같이 쓸 수 없고 '명사+of+소유대명사'의 순서로 하여 이중소유격을 만든다.

⑥ I | 'm going | out | with **a friend of mine** ‖ tonight.](1G60B)[이중 소유격)

- it의 소유대명사는 쓰이지 않는다. it's와 its는 그 의미가 다르다. it's는 it is의 준말이고 its는 소유격으로 '그것의'라는 뜻이다.

- it's : I like Hawaii. **It's** a beautiful place.(1G58C)
- its : Hawaii is famous for **its** beach.(1G58C)

☆ it의 다른 용법

지시대명사 용법(☞ 아래 (b)항), 비인칭 주어/목적어 용법(☞ 제5편 5장), 가주어/가목적어 용법(☞ 제5편 5장), It is ~ that 강조구문 용법(☞제5편 3장)

4) 재귀대명사

- 재귀적 용법: 주어의 동작이 주어 자신에게 돌아가거나 주어 자신의 성질, 상태를 나타낸다. 주어를 제외한 보어나 동사나 전치사의 목적어로 사용된다

(홀수형)

① I | 'm not **myself** today.(술어) | Now be **yourself** (again)!(LEG188,CRE22)(술어)

① After all, he | was not **himself**.(DHL424)(")

③ | Behave | **yourself**.(주격술어) She | soon became | **herself** again.(주격술어)

③ I | 'm not feeling | **myself** (today).(EXD81)(")

③ What's the matter? You | don't look | **yourself**.(4EG429)(")

③ He | seemed | not to be **himself**.(")

⑤ You | 've got to get ‖ him | to be **himself**.(목적격술어)

⑤ They | talked ‖ **themselves**] | asleep.(OES589)(목적어)

⑤ I | 'll cry ‖ **myself** ‖ sick.(HB162) | Hurry ‖ **yourself** | along.(HA217))(")

⑤ He | lost ‖ **himself** | in the brilliance of her eyes.(NED)(")

⑤ He | cried ‖ **himself** ‖ to sleep.(JB134))(")

⑤ Tristram | threw ‖ **himself** | down at his father's feet.(KA22)(")

⑤ She | wished ‖ **herself** | home.(MM799))(")

(짝수형)

② Wash and | perfume ‖ **yourself**, and put on your best clothes.(Ru3:3)

② | Please help ‖ **yourself**.(1G61A,2G80A)(목적어)

② She fell off her bicycle, but she | didn't hurt ‖ **herself**.(1G61A,B)(")

② A kind man | benefits ‖ **himself**, but a cruel man brings trouble on himself.(Pr11:17)

② It's our own fault. We | should blame ‖ **ourselves**.(2G80A)(")

② We had a good vacation. We | enjoyed ‖ **ourselves**.(1G61A)(")

④ He | made ‖ **himself** ‖ a cup of coffee.(3G29A)(")

④ He | poured ‖ **himself** ‖ some tea.(HaM424)(")

(전치사의 목적어)

(beside~)

① He | was beside **himself**.(in a state of extreme excitement)(ECD118.1JWG150)

③ He | seemed | quite beside **himself**.(HA224)

⑤ One | would thought ‖ her | beside **herself**.(MC308)

(by~)

① "Was she with her friends? "No, she | was by **herself**."(=alone)(1G61B)

③ I | happened | to be all by **myself** (at the moment).(HH76)

③ Mrs. Heathcliff | remained(or stayed) | by **herself**.(EB501)

③ I | was left | by **myself**.(JtS143)

⑤ They | left ‖ him | by **myself**.(Flies119)

⑤ Will you | let ‖ me | be by **myself**.(OES293)

⑤' The man | is eating ‖ lunch ⌈by **himself**.(TOEIC)

⑤' "Did you | go ‖ to Hawaii ⌈by **yourself**?"(2G81D)

⑤' He | withdrew again ‖ to the mountain ⌈by **himself**.(Jn6:15)

⑦ I | went | on vacation | **by myself**.(=alone)(1G61C)
⑦ I | sat | down in the grass | all **by myself**.(")(6JB40)
(for~)
⑤ She | bought ‖ the bracelet | **for herself**.(=the same person)(3G60D)(그녀 자신을 위해)
② They | paid ‖ **for themselves**.(=the same persons)(1G61B, 2G80A)(그들 자신을 위해).
④ You | must do ‖ your home work ‖ **for yourself**.(MBE300)(독력으로)
(of~)
② The door | opened ‖ **of itself**.(MBE300)(저절로)
⑥ Love | will wear | out ‖ **of itself**.(")
(to~)
② Eragon | cursed(or grumbled) ‖ **to himself**.(1CP511)
② Sometimes I | talk ‖ **to myself**.(1G61B, 2G80A)
② "Be the good girl," Elsa | whispered ‖ **to herself**.(Fr'n22)
② The little boy liked [| to keep ‖ **to himself**].(EID474)
④ I | will draw ‖ all men ‖ **to myself**.(Jn12:32)
④ You | 'll have ‖ it(the room) ‖ **to yourself**.(6HP87)
④ Percy gets [| to keep ‖ his room ‖ all **to himself**].(4HP54)
④ | Read ‖ it ‖ **to yourself**.(=read without sound)
④ They | wanted ‖ the place ‖ **to themselves**.(2JG302)
(others~)
② He | is looking ‖ **at himself**.(1G61D,2G80C)
③ He | was pleased ‖ **with himself**.(3G60D) / ③ Esmeralda | was there ‖ **with herself**.(8NG44)
⑥ But he | seemed | uneasy ‖ **within himself**.(DHL19)
- 강조적 용법: 주성분의 뜻을 강조하기 위하여 쓰이는 재귀대명사이며, 생략가능하다.
[] For I [**myself**] | am a man | under authority, with soldiers under me.(Lk7:8)(주어강조)
[] He [**himself**] | bore ‖ our sins | in his body on the tree,(1Pe2:24)
[] For **you** [**yourselves**] know [how you ought to follow our example.(2Th3:7)(")
[] **Jesus** [**himself**] stood among them and said to them, "Peace be with you.(Lk24:36)(")
[] **A generous man** will [**himself**] be blessed, for he shares his food with the poor.(Pr22:9)
[] Look at my hands and my feet. It is **I** [**myself**]! Touch me and see;(Lk24:39)(술어강조)
[] Swear to me [that **you** won't kill me [**yourselves**].(Jdg15:12)
[] I was given this book by **the author** [**himself**].(3G236)(전치사의 목적어 강조)

(b) 지시대명사(demonstrative pronoun)

사람이나 사물을 가리키거나 앞뒤의 어구 또는 내용을 나타내며 this, that 및 그 복수형인 these, those가 있다.

(i) 사람, 사물을 가리키는 경우

this/these는 가까이 있는 것, that/those는 비교적 멀리 있는 것을 가리킨다. 지시대명사를 겸하는 인칭대명사 it/they는 이미 언급되었거나 서로 알고 있는 대상을 가리킨다.

① **This** | is a nice hotel, but **it** | 's very expensive.(1G72B)
① "Is **this** | **it**?" I asked. "No, Annie said.(1NG22)
① Who is⌋ **that**?(=Who is that person?)(1G72B)
① **That** | was a really nice meal. Thank you very much.(1G72B)
⓪ Which shoes do you like better — ‖ **these** or **those**?(1G72B)
② *Health* is above *wealth*; **this** | cannot give ‖{so} much happiness {as **that**}.(MBE286)

(ii) 명사의 반복을 피하기 위한 경우

① *The tail* of a fox | is longer {than **that** of a cat}.(SBE180)

① *The ears* of a rabbit | are longer {**those** of a wolf}.(SBE180)

(iii) 전화상에서 사람을 지칭하거나 사람을 소개할 때

① A: "Hi Sarah, **this** | is David."(the speaker) B: Is **this** | Sarah?"(1G72D)

① A: "Brian, **this** | is Christ." B:"Hello, Chris. Nice to meet you.(1G72D)

(iv) 앞서 발생한 일 또는 상대방이 방금 한 말을 가리키는 경우

② He jumped over the wall and ran away. I | saw ‖ **this**.(2G63C)(전과정)

① **This** | is [what she said]: "I don't think he is right."(REG80)(후방조응)

① "I don't think he is right." **That** | is [what she said]: (REG80)(전방조응)

① "I'm sorry I forgot to call you." "**That** | 's all right."(1G72C)(")

① "You're a teacher, aren't you?" "Yes, **that** | 's right."(1G72C)(")

② "Mark has a new job." "He does? I | didn't know ‖ **that**.(1G72C)(")

② [Whether she is involved in this hootenanny], **that**』 I | do not know.(LGSW901)(

①[②] There would not be any strange cases to solve. **That** is [what I, Nate the Great, thought until I looked in my mailbox.(19NG1) ☆ That 전방조응 지시대명사

it는 이미 알고 있거나 진행 중인 사실/상황을 가리킨다.

② When the factory closes, **it** | 'll mean ‖ [500 people losing their job].(OED)

② | Stop ‖ **it**, you're hurting me!(OED) / ① That was | **it**.(17NG21)

(v) 앞 또는 뒤에 나온 어구를 대신하는 경우

앞 또는 뒤에 나온 어구나 문장을 대신하는 데 쓰인다. 이때 복수형은 사용되지 않는다.

① *Let's go to the park.* — Oh, **that** | is nice.(MBE286)(전방조응)

⑤ *She said nothing* and **this** | made ‖ me | angry.(MBE286)(")

④ I want [| to tell ‖ you ‖ **this**]: *we have no time to lose.*(SBE182)(후방조응)

(vi) those who/which~=~하는 사람들/것들(관용적 용법)

<> **Those** <who are rich> are not always happy.(MBE286)

<> Was Bob among **those** <(who are) present>?(SBE180)

(2) 부정대명사와 수사

(a) 부정대명사(indefinite pronoun)

부정대명사는 막연히 사람이나 사물을 나타내는 말이다. one, some, any, another, each, both, all, either, neither, many, few, much little 및 이들의 복합어(compounds)가 이에 속한다. 이들은 대명사용법 외에도 한정어 용법이 있다.

1) one

'이미 나온 명사와 같은 종류의 것 하나'를 나타낸다.

① Rise and anoint him; he is **the one**.(1Sa16:12)

② The LORD has not chosen **this one** either.(1Sa16:8)

③ You grabbed what you thought was a laundry bag. Well, it looked <u>like</u> **one**.(15NG39)

① **One** of them, when he saw he was healed, came back, praising God in a loud voice.(Lk17:1)

① They were **the ones** who followed Balaam's advice. (Nu31:6)(앞 문장의 the women의 반복 회피)

① Surely it is you who love the people; all **the holy ones** are in your hand.(Dt33:3)

'이미 나온 단수명사'를 가리킬 때에는 it를 쓴다.

② "Do you have this book?" "Yes, I | have ‖ **it**?(it=this book)

one은 we, you처럼 막연한 일반 사람을 가리키기도 한다. 소유격은 one's 또는 his.

② **One** | should obey ‖ one's(or his) parents.

'a+형용사+one': 형용사 뒤에 단수명사가 반복되면 one으로 대신한다.
① "Whew! That was a close **one**!" I said.(1JB63)
no one은 단수, None은 단수 또는 복수
⓪ "Who did you speak to?" ‖"No **one**."(1G79C) ② No **one** | knows ‖ her name.(단수)
① **None** of the work | was done.(불가산명사수식; 단수)(OED)
② **None** of the trains | is(or are) going ‖ to London.(단수 또는 복수)(OED)
② **None** of her family | has(or have) been ‖ to college.(")(OED)
☆ 복수 명사나 대명사와 함께 또는 사람이나 사물의 집단을 나타내는 명사와 함께 none of을 쓸 때에는 동사를 단수형(주로 영국 격식체)이나 복수형 어느 것이든 쓸 수 있다.

2) other/others, another

선택적이거나 막연한, 불특정인 것은 other/others이다.
② You | must ask ‖ one or **other** of your parents.
② This option | is preferable ‖ to any **other**.
② Two buildings were destroyed and many **others** | damaged ‖ in the blast.
② **Some** | said, ‖"He is a good man." **Others** | replied, ‖"No, he deceives the people."(Jn7:12)
선택하고 남은 것이 특정의 것이면 the other | the others이다.
① I have two cats; one is black and **the other** | is white.
② I went swimming while **the others** | played ‖ tennis.
하나를 선택하고 남은 것이 불특정인 하나이면 another(an+other)이다.
② One loves him, **another** | hates ‖ him.(SBE270)
④ This watch is too expensive. | Show ‖ me ‖ **another**.(SBE182)
☆ **상호대명사** each other or one another
② Sue and Ann | don' like ‖ **each other**(=or **one another**). (2G80C)
② My command is this: | Love ‖ **each other** as I have loved you.(Jn15:1)
② Kate looked at Joe; Joe looked at Kate. They | looked ‖ at **each other**.(2G80C)
③ Do you and Sarah | live | near **each other**(=or **one another**.(2G80C)
④ In your hearts | do not think ‖ evil ‖ of **each other**.(Zec7:10)
⑥ They | will look | aghast ‖ at **each other**, their faces aflame.(Isa13:8)
② | Accept ‖ **one another**, then, just as Christ accepted you,(Ro15:7)
② By this all men will know that you are my disciples, if you | love ‖ **one another**.(Jn13:35)
② His disciples | stared ‖ at **one another**, at a loss to know which of them he meant.(Jn13:22)

3) some/any

- 수(몇몇)/양('약간)을 나타내며 some은 긍정문, any는 의문문/부정문/조건문에 사용한다.
① **Some** <of these books> | are very old.(1G79B)
① Are there any cookies?－Yes, there are **some** | in the kitchen.(1G74C)
② You | can have ‖ **some** <of this cake>, but not all of it.(1G79C)
② "Did you take any photos? "I | took ‖ **some**, but not many.(긍정)(1G81A)
④ If you have any money, | lend ‖ me ‖ **some**.(긍정)
⓪ "How much money do you have?" "‖ Hardly **any**."(1G78A)
② "Where is your luggage?" "I | don't have ‖ **any**.(부정)(1G74C)
- 권유하거나 긍정의 대답을 예상할 때에는 의문문에 some을 쓸 수 있다.
② I just made some coffee. Would you | like ‖ **some**?(권유)(1G74A)
④ I'm a little short of money. Can you | lend ‖ me ‖ **some**?(긍정예상)(2G128B)
- any는 부정문의 주어로 쓸 수 없다. 단, 예외 있음

*Any of them | can not do ‖ it.(×)→ **None** of them | can do it.(O) .

*Anyone | cannot finish ‖ it.(×)→ **No one** | can finish ‖ it.(O)

② **Hardly anyone**(or **No one**) | can finish ‖ it. ☞4.4B.(2)(v)

①<②> There | was**n't anyone** <who had**n't** enjoyed themselves>.(OED)

②,①. Now if anyone | does **not** have ‖ the Spirit of Christ, he | is **not** His.(Ro8:9NKJV)

4) all/each

all은 모두, 모든 사람 | 것의 의미로 단수, 복수로 사용된다.

⓪ Do you know those people?—Most of them, but ‖ not **all** <of them>.(1G79C)

② You | can have ‖ some of this cake, but not **all** <of it>.(")

④ They | 've eaten ‖ it ‖ **all**.

⑥ Silvia | has lived | in Miami ‖ **all** <of her life>.(or all her life)(1G79B)

단독으로 쓰인 all이 사람을 나타내는 경우에는 복수, 사물을 나타내면 단수가 된다.

① **All** | are happy.(=all the people) **All** | is silent.(=everything)

each는 개별적인 뜻을 가지고 있으므로 단수로 취급한다.

① **Each** <of the rooms | of them> | is a different color.(2G89B)

① None of the room was the same. **Each** (=each room) | was different.(")

5) both

both는 '둘 다, 양쪽'의 뜻으로 복수 취급한다.

① Rebecca has two children. **Both** | are married.(=the two children)(1G80A),

① Paul has two children. **Both** <of them> | are married.(1G80D)

② Stone is heavy and sand a burden, but provocation by a fool | is heavier ‖ than **both**.(Pr27:3)

② He who oppresses the poor to increase his wealth and he who gives gifts to the rich—**both** | come ‖ to poverty.(Pr22:15)

6) either/neither

either | neither는 '둘 중 어느 하나'의 뜻으로 단수 취급한다.

⓪ "Would you like tea or coffee?" "**Either**. It doesn't matter." (=tea or coffee)(1G80A)

① There are two types of qualification—**either** | is acceptable.

② Would you like tea or coffee? You | can have ‖ **either**.(=tea or coffee)(1G80A)

② "Would you like tea or coffee?" "I | don' t want ‖ **either**." (=don' t want neither)

② Pete can' t go and I | can't ‖ **either**.(OED)

⓪ "Would you like tea or coffee?" "‖ **Neither**." (= not tea or coffee)(1G80A)

⓪ A :Do you want to go to the movies or the theater?(1G80A)
B: ‖ **Neither**. I want to stay home.(neither=not the movies or the theater)

① Sue and I didn' t eat anything. **Neither** <of us> | was hungry.(1G80A)

① A: I am not happy. B: **Neither** am」 I.(!G40B)

② He didn't remember and **neither**』 did」 I. (OED)

② I hadn't been to New York before and **neither**』 had」 **Jane**.(OED)

② 'I can't understand a word of it.' '**Neither**』 can」 I.' (OED)

7) such/so/same

① **Such** | are the ten thousands of Ephraim; **such** | are the thousands of Manasseh.(Dt33:17)

① There have been」 always **such**.(The Case for God 325)(")

① Accountants were boring. **Such** | was her opinion before meeting Ian!(주어)

① His anger was **such** [that he lost control of himself].(DED)(술어)

① **Such** is」 the elegance of this typeface [that it is still a favourite of designers].(")

④ | Take 『from the drawer ‖ **such** <as you need>.(BEG107)(직목)
⑤ If you are a man | show ‖ yourself | **such**.(BEG108)(목술)
⑤ I consider this a terrorist threat and | will treat ‖ it | as **such**.(2DB182)(전목)
① A: I am happy. B: **So** am」I.(=I'm happy, too)(1G40B)(술)
① A: I'm working. B: **So** am」I.(=I'm working, too)(1G40B)(술)
① A: I was late for work today. B: **So** was」Sam.(=Sam was late, too)(1G40B)(")
② A: I work in a bank. B: **So**』do」 I.(1G40B)(목적어)
② A: We went to the movies last night. B: You did? **So**』 did」we.(1G40B)(")
① The **same** | is the case with me.(BEG109)(주어)
② It | 's all the **same** ‖ to me.(BEG109)(술어)
② We | must say ‖ the **same**.(BEG109)(목적어)

8) few/little

few는 수에 쓰이고, little은 양에 쓰임. a 포함시 '약간' (긍정), 불포함시 '거의 없음' (부정)
② **Few** | will argue ‖ with this conclusion.(OAL)
① We've eaten almost all of the chocolates. There are only **a few** | left.(2G95C)
⓪ "Is it cold in your room?" "Yes, ‖ **a little**."(1G2A)
② He was a mystery man. Very **little** | was known ‖ about him.(2G42D)
② Dan is very thin because he | eats ‖ very **little**.(1G82C)
② They looked very grim but they | said ‖ very **little**.(Ho24)
⑤ We've eaten almost all our money. We | only have ‖ **a little** | left.(2G94C)

9) much/many

much는 양에 쓰이고 many는 수에 쓰인다.
① How **much**」 is the flight?(ECD896)
② **Much** | had been written ‖ about Chandler's trial and acquittal.(2JP68)
② Donna spoke to me, but she | didn't say ‖ **much**.(1G81C,4NG26,5NG25)
② Andy | isn't at home ‖ very **much**.(1G259)
④ I | don't know ‖ **much** ‖ about car.(1G'109E)
② **Many** | have argued ‖[that she is the finest poet of our generation].(3G50A)
② Not once did I see a tiger in the jungle, although I | heard ‖ **many**.(3G50A)
② "Did you take any photos? "I | took ‖ some, but not **many**."(1G81A)

10) more/most

more 및 most는 many/much의 비교급 및 최상급이다.
① From the one <who has been entrusted with much>, <much> **more** | will be asked.(Lk12:48)
② [Whoever has] | will be given ‖ **more**;(Lk8:1)
③ And because of his words <many> **more** | became | believers.(Jn4:1)
⑤ And | let ‖ the wicked | be <no> **more**.(Ps104:35)
① I've invited all my friends and **most** | are coming.(3G211)
④ Which of cheese do you | like ‖ ∨ ‖ **most**?(3G71C)

11) enough

enough는 '필요한 만큼 되는 수 | 양' 이라는 의미를 가진 부정대명사이다.
① That | is **enough**," the LORD said. "Do not speak to me anymore about this matter.(Dt3:26)
① My French isn't very good, but it | 's **enough** <to get by>.(=manage)(2G134A)
② I | have had ‖ **enough**, LORD,(1Ki19:4) / ② You eat, but | never have ‖ **enough**.(Hag1:6)
② I | 've had ‖ **enough** <of my job>.(1G110A)

② Many people | don't have ‖ **enough** <to eat>.(2G77D)
② Is Joe | experienced ‖ **enough** <for the job or to do the job>?(2G101C)
② The hill country | is not **enough** ‖ for us,(Jos17:16)
④ Oliver | didn't love ‖ it ‖ **enough.**(9NG21) / ④ I | can't thank ‖ you ‖ **enough.**(ECD26)
⑥ You're always at home. You | don't go | out ‖ **enough.**(1G89B)

12) half

① Only the **half** <of it> | has been sold.(YBM)
① **Half** <of the teenagers in the U.S.> | have ‖ their own bedrooms.(YBM)
② **Half** of the city | will go ‖ into exile,(Zec14:2)
② ... **half** supported Tibni son of Ginath for king, and <the othe> **half** supported Omri.(1Ki16:21)

13) others

① "Do we need more milk?" "No, there's **plenty** | in the fridge."(OAL)
① "Are you married?" "No, I | 'm **single.**"(1G2A)
③ **Several** <of the paintings> | were destroyed | in the fire.
⑤ If you're looking for a photo of Alice you | 'll find ‖ **several** | in here.(OED)
⑥ **A lot** | went | wrong ‖ during our vacation.(2G98X)(추상명사)
② They | read ‖ **a lot.**(1G5A,1G10B, 1G16C)(")
② **A great deal** | was said ‖ about me.(Camus156)(추상명사)
② Miriam | had suffered ‖ **a great deal.**(DHL323)

(b) 수사(numbers)

수사는 정확한 수를 나타내는 말로서 대명사 또는 한정어로 사용된다. 기수(one, two, 등), 서수(first, second 등), 배수사(twice 등)가 있다.

1) one, two etc.

② **One** <of my students> | sold ‖ me ‖ her tickets.(CEG114)
② **Two** | are better ‖ than **one,** because they have a good return for their labor:(Eccl4:9)
① **Two** | is company, **three** | is a crowd.(Proverb)
② The apartment | sleeps ‖ **six.**(OED)(개수)
① Last year Rachel | was **22**, so she is **23** (now).(1G10B)(연령).

2) one/two hundred etc.

a, one, two, several등과 함께 hundred를 쓸 때에는 hundred끝에 s를 붙이지 않는다. hundreds 4 (of…)는 앞에 수나 양을 나타내는 단어가 오지 않을 때 쓴다. 돈의 액수에 대한 것일 경우 외에는 hundred나 hundreds와 함께 반드시 복수 동사를 쓴다.

① The total number | was **603,550.**(=six hundred three thousand five hundred fifty)(Nu1:46)
① ... **ten thousand times ten thousand** | stood | before him(Da7:10)
② ... his songs | numbered ‖ **a thousand and five.**(1Ki4:32)
② Saul | has slain ‖ his **thousands**, and David ‖ his **tens of thousands.**(1Sa18:7)
② **One hundred** (of the children) | have already been placed ‖ with foster families.(OED)
② **Two hundred** (pounds) | was withdrawn ‖ from the account.(OED)(금액은 단수로 받음)
③ **Four hundred** (people) | are expected | to attend.(OED)
② <**A few**> **hundred** people belong to the Onge tribe.(NED)
☆ hundreds (of…)는 앞에 수나 양을 나타내는 단어가 오지 않을 때 쓴다.
<> <**Hundreds of**> mushrooms had sprouted up overnight.(OED)
<> He splashed out <**hundreds of**> pounds on designer clothes.(OED)

3) first, second, etc.

☆ 서수가 순위를 나타낼 때는 무관사

① But many <who are first> | will be **last**, and many <who are last> | will be **first**.(Mt19:30)

① So the last | will be **first**, and the first | will be **last**.(Mt20:16)(부정대명사/서수사)

⑦ The young officers of the provincial commanders | went | out | **first**.(1Ki20:17)

⑦ They | will set | out | **third** | on the east.(Nu2:9)

☆ 분수 용법

[] I had found one. I | had solved ‖ one **tenth** of the case.(14NG30)

4 once, twie, three times

② I | looked ‖ **once**. I | looked ‖ **twice**. I | looked ‖ **three times**.(21NG38)

④ I | read ‖ the note ‖ **once**. I | read ‖ it ‖ **twice**. I | read ‖ it ‖ **three times**.(13NG12)

(c) 한정어+one/body/thing.

한정어 no, every, some/any가 one, body, thing와 결합하면 부정대명사가 된다.

1) every/any/some.+body/one(사람)

② **Everybody**(or **Everyone**) | needs ‖ friends.(1G78C)

③ If **anybody** | wants | [to leave early], [they] can.(= he or she can)(")

① Is there **anybody**(or **anyone**) | at the door?(1G77B)

① There is **somebody**(or **someone**) | at the door.(1G77B))

③ **Someone** | is here | [to see you].(2G83E)

☺ **Someone** | has forgotten ‖ <*their*> umbrella.(= his or her umbrella)(")

⓪ "Who is in the room?" "‖ **Nobody**."(1G79A) /

⓪ "Who did you meet?" "‖ **No one**." or ‖ **Nobody**."(1G75A)

⓪ "How many cars are there in the parking lot?" "‖ **None**."(1G75A)

② **Anyone** <who picks up their carcasses> | must wash ‖ his clothes, and he will be unclean till evening.(Lev11:28) cf.[Whoever picks up one of their carcasses] must wash his clothes,(Lev11:26)

2) every/any/some/no+thing(사물)

① **Anything** <she lies on during her period> will be unclean,(Lev15:20)

② | Do not do **anything** <that endangers your neighbor's life>.(Lev19:16)

① **Everything** <the man sits on when riding> | will be unclean,(Lev15:9)

② I | have seen ‖ **something** <that looks like mildew in my house>.(Lev14:35)

① If anyone thinks he | is **something** when he | is **nothing**, he deceives himself.(Ga6:3)

(3) wh-어

what, when, where, which, who, why, how를 wh-어라고 하며 의문사로 사용되거나(5편 1장) wh-절을 이끄는 역할(1편 7장)을 한다. 간접의문문에 쓰이면 의문사(2.7 | 5.1), 관계절에 쓰이면 관계사(3.2)라고도 불려진다. 한정어(3.1)나 부사로 쓰이기도 한다. 'wh-어+ever'는 복합관계사 또는 복합의문사라고 한다(4.6).

(표2) wh어의 분류

대명사	부사	한정어
who 누구. whom 누구를	how 어떻게	how 얼마나
what 무엇	when 언제	what 무슨(포괄적 선택범위)
which 어떤 것	where 어디	which 어떤(좁은 선택범위)
whose 누구의 것	why 왜	whose	of which 누구의	어떤 것의

(what)

① **What**'s⌋ your phone number?(1G2B,38B,45A)

③ **What**'s⌋ it | called?(3G26D)

⑤ **What** did you | call ‖ your son | ∨?

② **What**'s he | doing ‖ ∨?(1G4A)

④ **What** did she | tell ‖ you ‖ ∨?(1G48B)

② And | guess ‖ **what**?(1JB26,63)

② She | said ‖ **what**?(LEG263,ECD958)

④ I | tell ‖ you ‖ **what**.(=then, let's do it like this)(LSW753,ECD939)

① **What**'s he(or it) | about ∨?(HaM387, ECD1076)

② **What** are you | talking ‖ about ∨?(LSW405)

② **What** are they | looking ‖ at ∨?(1G4X2)

① **What** is this switch | for ∨?(2G62C)

⑤ **What** did you | do ‖ that | for ∨?(2G62C)

① **What** | 's your new house like ∨? – It's very big.(1G44B)

② Jack was afraid.–**What** was he | afraid ‖ of ∨?(1G44A)

① **What** are | you on about ∨?(")(3HP304,OAD)

(who)

① **Who** is⌋ that man?(1G2B)

① **Whose** (money) is⌋ this? It's mine.(1G2B)

⑤ **Whom** do you | think ‖ him | to be ∨?

② **Who(m)** are you | calling ‖ ∨?(1G43B)

① **Who** is that painting | by ∨?(1G109)

③ **Who** are you | rooting | for ∨?(ECD217)

⑤ **Who** did you | buy ‖ it | for ∨?(PEU603)

② **Who** do these book | belong ‖ to ∨?(1G44A)

② **Who** is she | speaking ‖ to ∨?(1G44A)

④ **Who** | said ‖ what ‖ to **whom**?(ZEG338)

① I am going out this evening.– | With **whom**?(LEG263)

③ Kate is going on vacation. –**Who** (is she | going) | with ∨?(1G44A)

(which)

① **Which** is⌋ your brother? –The one next to Ken.(3G26A)

① There are four umbrella here. **Which** is⌋ yours?(1G45C)

① **Which**(or **Who**) {do you think} | earns ‖ more, a teacher or a police officer?(3G26A)

② **Which** would you | rather do ‖ ∨, go to the movies or watch a DVD at home?

(when)

④ **When**⌋ may I | do ‖ something <for my own household>?(Ge30:30)

④[②] **When** will⌋ the New Moon | be over ‖ [that we may sell grain]?(Am8:4)

(where)

① **Where** is⌋ your mother? Is she home?(1G2A)

③ **Where** has he | gone | ∨?(1G16B)

⑤ **Where** can I | find ‖ Linda | ∨?(2G48A)

① My brothers, **where** are you | **from**?" "We | 're **from** **Haran**,"(Ge29:4)

③ **Where** did it | come | **from** ∨?(Mt21:24)

②... but when the sun appears they fly away, and no one | knows ‖ **where**.(Na3:17)

(why)

⓪ 'I don't think I should stay in this house. But **why**?'(OED)

① I left work early today.－**Why**(or **How**)'s」 that?(OAD,1DB84,ASEc15)

② I | don't know ‖ **why**.(19JB20,1SK181) / ② Do you | understand ‖ **why**?(HaM232)

② **Why** are you | crying ‖ ∨?(1G4X) / ② **Why** is it | so expensive ‖ ∨?(1G2B)

② Where is John? **Why** isn't he | here ‖ ∨?(1G45C)

④ | Don't ask ‖ me ‖ **why**, because I don't know why.(8TC472)

④ I, Nate the Great, | will tell ‖ you ‖ **why**.(1NG51)

④ .. but the LORD has hidden it from me and | has not told ‖ me ‖ **why**.(2Ki4:27)

④ **Why** were you | late ‖ this morning ‖ ∨?((1G10B)

④ Who is that woman? **Why** are you | looking ‖ at her ‖∨(1G60C)

④ **Why** wasn't Mary | at work ‖ yesterday ‖ ∨?(2G47D)

④ **Why** are you | always so jealous ‖ of others ‖∨?(2G128A)

④ You're not well. **Why** don't you | go ‖ to the doctor's ‖ ∨?(1G72A)

④ **Why** were you | unfriendly ‖ to Lucy‖ ∨?(2G127A)

⑥ **Why** did the thief | get | in ‖ ∨ ?(2G135A)

⑥ **Why** did she | go | home ‖ ∨?(1G50B)

cf. Jesus said to him, Friend, **wherefore** ‖ art thou | come?(=**why**)(Mt26:50)

(how)

① **How** was」 the party last night?－ It was great.(1G45D)(술어)

③ **How** are things | going | ∨?(술어)

⑤ **How** do you | find ‖ your new car | ∨?－It's just perfect.(술어)

⑤' **How** does his idea | strike ‖ you 「∨?((EJD)(생각이 들다/나다)(술어)

⑦ **How** does」 it | go | with you | ∨?(YBM)(술어)

② **How** did the accident | happen ‖∨?(1G10D)(부가어)

② As Nietzsche put it, if you | have ‖ a **why**, you | can bear ‖ any **how**.(YNH437)(목적어)

④ **How** do you | get ‖ to work ‖ ∨?－ By bus.(1G42D)(부가어)

② "No, I can't. I | don't know ‖ **how**," she admitted.(Fr'n83)(목적어)

④ And so I | will show ‖ you ‖ **how**.(6JB5.2CD361)(목적어)

④ I broke my finger last week?－**How** did you | do ‖ that ‖ ∨?(1G45C)

② **How long**』 will your journey | take, and when will you get back?(Ne2:6)

(한정어+wh-어)

{} I was {**somewhat**} surprised to see him.(=rather)OAD(약간/다소/어느 정도)

[] I'm staying here. I'm not going [**anywhere**].(1G77B)

[] I lost my watch. I've looked [**everywhere**] for it.(1G78C)

[] The Lord | stood by me [**everywhere**].(HS106)

[] I must have it [**somewhere**] | (2G27A)

[] I don't like this town. There is [**nowhere**] to go.(1G77B)

{} Lightening cracked {**somewhere**} behind me.(7JG261)

{} We must stop him from seeing her [somehow].(OED)(어떻게든).

{} **Somehow**, I don't feel I can trust him.(OED)(왠지)

[참고] 물주구문(무생물주어/의인화주어

물주구문은 무생물을 의인화 주어로 만들어 문두에 세우는: 일종의 강조구문이다.

[2형]

[] [**Awe**] | gripped ‖ the people....(Lk9:43) [A **wash**] | was given ‖ to the car.

[] [This **stadium**] | has seen ‖ many thrilling football games.(OED)

[] [The next **summer**] | saw ‖ the whole country golden with the wheat crop.(1ACD73)

[4형]

[] [The **cry**] | brought ‖ her ‖ to the spot. = When she heard the cry, she came to the spot.

[] [A simple **kindness** to a stranger] | gained ‖ me ‖ years afterwards a valued friend..

[] [Your impetuous **remarks**] | will get ‖ you ‖ into trouble.= If you remark impetuously, you will get...

[] [A short **walk**] | gives ‖ me ‖ a good appetite.= I have a good appetite after a short walk.

[] [Her **homework**] | kept ‖ her ‖ from [playing outside].= Because of ther homework, she couldn't play...[]

[] He will never come to his house again; [**his place**] | will know ‖ him ‖ no more.(Job7:10)

[] [**Sickness**] | has prevented ‖ me ‖ of the chance to see you.

[] **Machines**] | save ‖ us ‖ a lot of time and trouble.=We can save a lot of time and trouble by machines.

[] [A **walk** of five minuets] | took ‖ us ‖ to Cross Street. =After..., we got to Cross Street.(2ACD361)

[] [**Something**] | told ‖ me ‖ [that the hour had almost come].(1ACD107).

[5형]

[] [Our limited **budget**] | did not allow ‖ us | [to set to a new project].

[] [His **accent**] | betrayed ‖ him | [(to be) a foreigner]. or [that he was a foreigner].

[] [The **impulse** of the moment] | caused ‖ her | [to buy things that she didn't need immediately]..

[] [Poor **health**] | compelled ‖ me | [to leave the university without finishing the whole course].

[] [The **recovery** of his health] | enabled ‖ him | [to pursue his study]..

[] [Two **days** later] | found ‖ me | at the Hotel National at Lausanne.(2ACD447)

[] [The **rain**] | forced(or compelled,obliged) ‖ him | [to put off his departure].= had to put off...because of...

[] [**Fear**] | led(or caused) ‖ him | [to tell lies].= He was led | caused | made to tell lies because of fear.

[] [Her father's **death**] | left ‖ her | [unable to study abroad].= Her father died, and she could not study...

[] [His son's **death**] | made(or drove) ‖ him | almost mad.= As his son died, he went almost mad.

[] [His friendly **manners**] | put ‖ his visitors | at ease before long.

[] [Her **jokes**] | set ‖ the whole table | laughing.= The whole table laughed at her jokes.

4.2 동사(verb)

A. 형태

사람이나 사물의 동작이나 상태를 나타내는 말이다. 모든 술어는 원칙적으로 동사를 포함한다.
be동사(verb be)는 어휘적 의미가 없이 술어를 돕는 기능만을 가지는 동사이다.
일반동사(general verb)는 동사 자체에 어휘적 의미를 가진 동사로서 기능동사의 도움을 받거나 독립적으로 술어의 역할을 할 수 있는 동사를 말한다. 조동사(auxiliary verb)는 be와 일반동사를 돕는 동사이다. 동사가 조동사와 결합한 형태를 동사구라고 한다.

(1) 변화

(a) 일반동사의 변화

동사의 원형이 과거형, 과거분사형, 현재분사형으로 변하는 것을 동사의 활용이라고 한다.
(i) 규칙동사
단순과거형 및 과거분사가 -ed형인 경우를 말한다.
- I **cleaned** my room yesterday.(1G23A)(과거형)
- I have **cleaned** my room yesterday.(1G23A)(과거분사형)

[철자상 주의할 점]
'-e'로 끝나는 동사; 원형의 어미에 d만 추가 hope→hope**d**
'자음+y'로 끝나는 동사; y를 i로 바꾸고 ed를 추가 carry→carr**ied**
'단모음+단자음' 으로 끝나는 1음절동사; 마지막에 자음 하나 추가 stop→stop**ped**
'강세모음+단자음' 으로 끝나는 2음절동사; 마지막에 자음 하나 추가 admit→admit**ted**,
'-c' 로 끝나는 동사; k를 덧붙이고 -ed 추가 picnic→picnic**ked**

(ii) 불규칙동사
단순과거 | 과거분사가 -ed 형이 아닌 경우를 말한다.
- I **did** a lot of things yesterday.(1G55A)(과거형)
- Have the children | **done** their homework?(1G53A)(과거분사형)
- I **had** three cups of coffee this morning.(1G56B)(과거형)
- Sandra has just **had** a baby. It's a boy.(1G56B)(과거분사형)
- I **made** a cake yesterday.(1G23B)(과거형)
- I have **made** some coffee.(1G23B)(과거분사형)

(iii) 현재형의 경우 3인칭단수는 '원형+(e)s' 가 되고, 그외 인칭은 원형 그대로 쓴다.
다만, 조동사가 인칭변화를 반영하는 경우에는 동사는 원형 그대로 유지된다.
- I **work** in an office. My brother **works** in a bank.(1G5A)
- Tim usually **does** the laundry on Saturdays.(1G50C)
- "Shall I open the window?" "No, it's OK. I'll **do** it."(1G50A)

[철자상 주의할 점]
-e'로 끝나는동사: -s: hope→hope**s**
-s/-sh/-ch 로 끝나는 동사: -es: pass→pass**es**, finish→finish**es**, watch→watch**es**
-y로 끝나는 동사 -ies: study→stud**ies**, try→tr**ies**
기타: do→do**es**, go→goes, ha**ve**→has
(iv) 현재분사는 -ing형인 경우를 말하여 위의 방식에 준한다. begin→begin**ning**

(b) be동사의 변화

be동사는 일반동사보다는 복잡한 형태 변화를 취한다.
I am. He/She/It is. We/You/They are. I/He/She/It was; We/You/They were
- I'**m** never invited to parties.(1G22B)
- What **are** you | doing tonight?(1G22A)

- Butter **is** made from milk.(1G22B)
- The offices **aren't** cleaned everyday.(1G22B)
- The office **was** cleaned yesterday.(1G22B)
- What **were** you | doing at 3:00?(1G22A)

(2) 12시제 변화

☆ 절대시제와 상대시제: '현재'가 기준이 되는 시제가 절대시제, '특정한 시점'이 기준이 되는 시제가 상대시제. 12동사 중 4개(과거완료, 과거완료진행, 미래완료, 미래 완료진행)는 상대시제, 나머지는 절대시제. 절대시제는 시간적인 기준을 표시하지 않지만 상대시제는 표시해야 함 He had worked in the factory before he entered the university.

(i) 기본시제(basic tense)

단순현재(present simple)

능동: He **writes** a letter. 수동: It is **written** by him.

단순과거(past simple)

능동: He **wrote** a letter. 수동: It was **written** by him.

단순미래(future simple)

능동: He **will write** a letter. 수동: It **will be written** by him.

(ii) 완료형(perfect aspect)

현재완료(present perfect)

능동: He **has written** a letter. 수동: It **has been written** by him.

과거완료(past perfect)

능동: He **had written** a letter. 수동: It **had been written** by him.

미래완료(future perfect)

능동: He **will have written** a letter. 수동: It **will have been written** by him.

(iii) 진행형(progressive aspect)

현재진행(present continuous)

능동: He **is writing** a letter. 수동: It **is being written** by him.

과거진행(past continuous)

능동: He **was writing** a letter. 수동: It **was being written** by him.

미래진행(future perfect)

능동: He **will be writing** a letter. 수동: It **will be being written** by him.

(iv) 완료진행형(perfect progressive aspect)

현재완료진행(present perfect continuous)

능동: He **has been writing** a letter. 수동: *It **has been being written** by him.

과거완료진행(past perfect continuous)

능동: He **had been writing** a letter. 수동: *It **had been being written** by him.

미래완료진행(future perfect continuous)

능동:He **will have been writing** a letter.수동:*It **will have been being written** by him.

* 완료진행형의 수동태는 실제로 거의 사용되지 않는다.

B. 종류

(1) 본동사와 조동사

조동사(auxiliary verb)는 본동사(primary verb)을 돕는 동사이다.

격/시제만 부여하는 do, have와 서법적 의미를 가지는 서법조동사(modal verb)인 will, would, can, could, may, might, shall, should, must가 있다.

서법조동사는 가능(possibility), 가망(likelihood), 예측(prediction), 필요(necessity), 허락(permission)

및 의무(obligation)를 나타낸다. 정형동사(-(e)s)나 비정형동사(-ed형, -ing형, to~형) 형태를 취하지 않는다. 원칙적으로 본동사 원형이 따르지만(e.g. She might go), 조동사 자신만 쓰일 수도 있다(e.g. Yes, I can.) 조동사 뒤에는-ed형, -ing형, to~형이나 다른 서법조동사가 올 수 없다. 의문문은 주어 앞(e.g. Could you help?), 부정문은 not 앞(e.g. He won't (will not) help)에 온다. ☞ 3.2 보조어 참조

(2) 정형동사와 비정형동사

정형동사(finite verb: 한정동사라도 한다)는 격/시제에 의한 변화가 이루어지는 동사를 말하며 비정형동사(non-finite verb:비한정동사라고도 함)는 격/시제가 없는 동사의 형태 즉 -ed형, -ing형, 원형을 말한다

☆ non-finite: (a verb form or a clause) without tense; contrasting with 'finite.' The term is wider than 'infinitive,' since it also covers the -ing form and the past participle. A non-finite clause is a clause where verb is non-finite.(LEG262). A finite verb is a verb that carries tense, while a non-finite verb is tenseless.(ESA53).

(a) 정형동사

주어의 격(case) 및 시제(tense)에 따라 형태가 정해지는 동사인 정형동사는 3인칭 단수현재형은 '동사원형+(e)s'의 형태를 취하지만 나머지 인칭은 원형과 같다. 과거형은 그 자체가 정형이다.

(i) 단순현재

- My head | **aches.**(LEG6) This room | **smells**. Let's open a window.(2G4D)

(ii) 단순과거

- Quick! The train | **arrived.**(LEG6) The LORD | **gave** and the LORD has taken away;(Job1:21)

정형은 보조어(auxiliary) be의 도움 없이 독립하여 술어가 된다. 조동사 do, have와 함께 사용되는 경우에는 조동사들이 정형을 취하므로 본동사는 원형을 취한다. 정형동사는 단독으로 술어가 될 수 있으나 조동사의 도움을 받는 경우에는 원형을 취한다.

- George | *can't* **drive.**(1G41A)

(b) 비정형동사

시제(tense)를 가지지 못하는 형태인 -ing(실현형), -ed(수동/상태형), to~(미연형)/~(원형)을 비정형동사(non-finite verb)라고 한다. 비정형동사가 술어동사가 사용되려면 정형을 갖춘 be동사의 도움을 받아 본동사로 사용된다.

☆ 비정형동사 to~와 -ing의 차이는 미연(未然)과 실현(實現)이다. 전자는 행위의 미래(future), 미실현(unfulfilled), 잠재성(hypothetical)을 포함하며, 후자는 행위의 현실성(real, vivid) 실현성(fulfilled)을 포함한다.
부정사와 동명사의 특성비교:: 미래성과 동시성, 가능성과 실현성. 특별성과 일반성. 행위자성과 비행위자성

(i) -ed형 동사

- I | was **done**(or **had, taken**).(cheated)(LEG206,ECD970)

_ ... because an | annual sacrifice | is being **made** there for his whole clan.(1Sa20:6)

(ii) -ing형 동사

- She | 's **eating**. She | isn't **reading.**(1G3A)

- I | 'm **leaving.**－Please don't leave.(1G51A,1G34C)

(iii) to~ | ~형 동사

- He | is **to blame.**(=is to be blamed)(SBE14,OAD)

- All I did yesterday | was **sleep.**(ECD1065)

☆ 다음은 과거의 반대를 나타내는 가정법과거완료=비실현행위에 대한 유감/후회를 표현한다.

_ We | 'd like | [**to have gone** on vacation], but we didn't have enough money.(2G56C)

_ I | 'd love | [**to have gone** to the party], but it was impossible.(2G56C)

_ Poor Tom! I | would hate ‖ [**to have** been in his position].(2G56C)

(3) 타동사와 자동사

주어와 대격인 명사/명사상당어를 직접 취하는 동사를 타동사(transitive verb), 그렇지 않는 동사를 자동사(intransitive verb)라고 한다. 타동사의 대격은 동작의 대상으로 이를 주어로 하는 수동

태(passive voice)가 성립하며, 목적어(object)라고 한다. 다만, 자동사가 동작의 대상으로 전치사구를 취하는 경우에 전치사의 목적어를 주어로 하는 수동태가 성립하므로 이 전치사구도 목적어가 된다. 전치사구가 자동사의 동작의 장소/방법 등을 나타내는 경우는 협의의 부가어가 된다. 불완전자동사의 보격은 보어(complement)라고도 한다.

(a) 타동사(transitive verb)

☆ 내용상 의미가 확실한 경우 목적어를 생략하는 타동사: answer, ask, change, cook, dance, drink, drive, eat, fail, park, phone, read, sing, study, wash, wash up, wave, win, write ③ I | often **sing** (songs) | in the shower. ② She | **plays** (the saxophone) ‖ beautifully.

(i) 명사 목적어(수동태 성립)

② He | dropped ‖ **his pencil**.(REG14)(목적어)

→② **His pencil** | was dropped ‖ by him.(주어)

② A top chef | runs ‖ **its restaurant**.(YBM)(목적어)

→② **Its restaurant** | is run ‖ by a top chef.(주어)

② Korea and America | reached ‖ **an Agreement**.(DED)(목적어)

→② **An agreement** | was reached ‖ between Korea and America.(주어)

cf④ I | will sing ‖ **(to) Him** ‖ **a new song**.(Hym)(전명구 간목+직목)

(ii) 명사 부가어(수동태 불성립)

② This book | costs ‖ **ten dollars**.(CES42) Your mother | lacks ‖ **tact**.(PEU449)

④ They | didn't **reach** ‖ the border ‖ until after dark.(OED)

(b) 자동사(intransitive verb)

(i) '전치사+명사' 목적어(수동태 성립)

② The car | ran ‖ **over a child**.(OES39)(목적어)

→② **A child** | was run (‖) **over** ‖ by the car.(주어)

④ I | gave ‖ **the key** ‖ **to her**.(목적어)

→② **The key** | was given ‖ to her (‖ by me).(주어)

→② **She** | was given ‖ the key (‖ by me).(주어)

④ I | 'll take ‖ **care** ‖ **of the problem**.(SBE84)(목적어)

→② **Care** | will be taken ‖ of the problem (‖ by me).(주어)

→② **The problem** | will be taken ‖ care (‖) **of** (‖ by me).(주어)

(ii) '전치사+명사' 부가어(수동태 불성립)

② Why dost thou | call ‖ **to me**?(OW146,120,124)

② The apple | dropped ‖ **to the ground**.(REG14)

② My brothers | ran ‖ **to my house**.(YBM)

② He | reached ‖ **for his hat** and walked to the door.(2OH108)

cf② She | 's just run ‖ **five miles**.(2G109B)(명사구 부가어)

(c) 능격동사(ergative verb) ☞ 5.1.C.(5)(c)

능동형의 형태로 수동의 의미를 전하는 경우를 ergative verb(능격동사)라고 하는데. 이들은 타동사 용법 외에도 목적어를 주어로 삼아 자동사로 쓰이며 의미상 수동의 의미를 지니게 된다.

The same verb can be used transitively, followed by the object or intransitively, the original perfomer being mentioned.(CEG155)

☆ 이런 유형은은 주로 변화를 표현하는 것들이다. begin, bend, blame, boil, break, burn, burst, cease, close, change, continue, decrease, develop, drop, drown, end, fade, fall, finish, freeze, grow, handle, improve, increase, melt, move, open, play, retire, read, roll, run, sell, shake, shut, sink. slow, spread, stand, start, stop, tear, vary, wake, widen (CEG156)

② She | **closed** ‖ the door. v. ① The door | **closed**.(3G28A)

② They | opened ‖ the door v. ① The door | **opened**.(23NG13)
② I | **'ve ripped** ‖ my shirt. v. ① My shirt | **has ripped**.(3G28A)
이 밖에도 타동사 용법의 believe, trust류는 전치사구를 취하는 경우에 전치사의 목적어를 주어로 하는 수동태를 취할 수도 있고 주격술어를 취하는 불완전자동사의 용법도 가능하다. 반면 자동사 용법의 sleep. sit. live류는 동작의 대상으로 전치사구를 취하는 타동사 용법이 되기도 한다. keep의 경우는 -ing형을 취하는 경우 자동사, 타동사의 두 가지 용법도 가능하다
대부분의 동사는 자동사/타동사의 용법을 모두 가지지만 자동사 용법이 없는 동사도 있다. comprise, equip. master, mention, solve(동아사전 참조)

(4) 동작동사와 상태동사

동작을 묘사하는 동사를 동작동사(dynamic verb), 동작이 아닌 상태를 묘사하는 동사를 상태동사(state verb)라고 한다. 전자는 eat, leave, throw, walk 등, 후자는 believe, hate, hope, know, like, think, want 등이 그 예이다.
일반적으로 동작동사는 진행형을 취하고 상태동사는 진행형을 취하지 않는 것으로 알고 있으나 반드시 그런 것이 아님을 유의해야 한다.
동작동사도 평소의 습관, 반복/규칙적인 동작/상태 또는 진리, 일반적/계속적인 상태/상황을 나타내는 경우는 단순현재형을 취한다. 동작동사 중 수행동사는 단순현재형을 취한다.

(a) 동작동사(action verbs)

(i) 단순현재형을 취하는 경우

(일반적/반복적 사실. 동작)
We use the simple present to talk about things in general. We use it to say that something happens all the time or repeatedly, or that something is true in general:
② Water | **boils** ‖ at 100 degrees Celsius.(2G3A)(일반적 사실)
② Alex | **drives** ‖ a bus.(he is a bus driver)(2G3A)(일반적/반복적 사실)
② The coffee shop | **opens** ‖ at 7:30 in the morning.(2G3B)(“)
(평소의 습관 또는 반복/규칙적 사건이나 동작)
☆ 시간어: 부사:always, often, frequently, generally, normally, usually, sometimes, 명사/구; everyday, every+morning | three hours/other day, once/twice a month
We use the simple present to talk about habits or regular events or actions:
④ Tom | **takes** ‖ a shower ‖ every morning.(1G5C)(습관)
④ How often do you | **go** ‖ to the dentist.(2G2D)(반복 | 규칙적 동작)
④ I | usually **leave** ‖ for work ‖ at 8 a,m.(2G2B)(“)
(영구적/계속적 동작, 상태)
We use the simple for permanent situations(things that continues for a long time):
① Therefore the law is paralyzed, and justice | never **prevails**.(Hab1:4)
③ She | **comes** | <u>from</u> London.(OED)(출신)
(스케줄/프로그램; 학교, 기차, 버스 등)
We use the simple present (start, arrives, etc.) for schedules, programs, trains, buses, etc.
⑥ Our plane | **arrives** | in New York ‖ at 7:30 tomorrow morning.(1G24C)
② What time **does** the movie | **end** ‖ ∨ tonight?(1G24C)
(수행동사:performative)
표현에 나타난 행위가 실행되는 수행동사(performatives)는 단순현재형을 사용한다
We use the present simple with verbs which perform the action they describe.
☆ 수행동사: acknowledge, admit, advise, apologize, beg, confess, congratulate, declare, deny, forbid, guarantee, name, order, permit, predict, promise, refuse, remind, request, suggest, thank, warn.(3G1D) :
②[②] I | **admit** ‖ [I can't see as well as I used to].(3G1D)

②[①] I | **promise** ‖ [I won't be late].(2G2E)
②[④] We | **request** ‖ [that you read the terms and conditions carefully before signing].(3G1D)
④[③,②] I | **suggest** ‖ you ‖ [park outside the city and get the bus to the centre].(3G1D)
수행동사를 서법조동사와 함께 사용하여 주저(tentative) 또는 공손한 표현(polite)을 할 수 있다.
☆ Modals are often used with performatives to make what we say more tentative or polite:
⑤ We | **would advise** ‖ you | [to arrive two hours before the flight leaves].(3G1D)
⑤ I | **must beg** ‖ you | [to keep this a secret].(3G1D)

(ii) 현재진행형을 취하는 경우
(대화시 또는 바로 전후에 일어나는 사실)
We use the continuous for things happening at or around the time of speaking. The action is not complete.
① The water | **is boiling**? Can you turn it off?(2G3A)
③ Please don't make so much noise. I | 'm **trying** | to work.(*not* I try)(2G1B)
④ The company <I work for> | isn't **doing** ‖ so well ‖ this year.(2G1C)
☆현재진행형에 쓰이는 시간어: today, this week, this year, etc.(periods around now).(2G1C),
(일시적인 상황)
We use the continuous for temporary situations:
④ You | 're **working** ‖ hard ‖ today. Yes, I have a lot to do.(2G3A)
⑥ I | 'm **living** | with some friends ‖ [until I find a place of my own].(2G3A)
(현재 전후 일어나는 변화)
We use the continuous when we talk about changes happening around now.
☆ 변화 현재진행형 get, change, become, increase, rise, fall, grow, improve, begin, start(2G1C)
③ Is your English | **getting** | better? (*not* Does your English get better)(2G1C)
(특정시간에 일어나는 규칙적 사실)
We can use the continuous to describe something we regularly do at a certain time:
② At 8 o'clock I | 'm usually **driving** ‖ to work, so phone me on my mobile.(3G2E)
② 7 o'clock is a bit early. We | 're generally **eating** ‖ then.(")
(특정 반복행동의 강조)
We use the continuous with adverbs such as "always, constantly, continually or forever" to emphasize that something is done so often that it is characteristic of a person, group or thing:
② I've lost my key again, I | 'm always **losing** ‖ things.(2G3B,5NG8)
② I knew that he had lost something. Claude | was always losing ‖ things.(3NG8)
cf② I | **lose** things ‖ very often, perhaps too often, or more than usual.(2G3B)
(주선 또는 계획된 미래의 일).
We also use 'am/is/are + -ing' for the future (tomorrow/next week, etc.):
I am doing something tomorrow= I have arranged to do it; I have a plan to do it:
④ Andrew | is **playing** ‖ tennis ‖ tomorrow.(1G24A)
② I | 'm not **working** ‖ next week.(1G24A)
④ Sophie | is **going** ‖ to the dentist ‖ on Friday.(=has an appointment with)(1G24B)
④ We | 're **having** ‖ a party ‖ next weekend.(1G24B)
④ Are you | **meeting** ‖ your friend ‖ tonight?(1G24B)
④ What are you | **doing** ‖ ∨ ‖ tomorrow night?(1G24B)
(수행동사:performative)
apologize, deny, guarantee, promise, suggest 등의 수행동사는 긍정문에는 단순현재형을 사용하지만 부정문에는 단순현재형과 현재진행형을 사용할 수 있고 거의 같은 의미를 가진다.
Some verbs used as performatives in positive sentences have a similar meaning with either the simple or the continuous in negative sentences: 수행동사:apologize, deny, guarantee, promise, suggest(3G1D)

① I | don't **deny**.(3G1D)

② I | 'm not **denying** ‖ [taking the books], but Miguel said it would be okay.(")

(iii) 동작/상태 겸용 동사(action/state verbs)

상태(state)를 나타내는 경우와 동작(action)을 나타내는 경우에 따라 의미가 달라지는 동사: appear, cost, expect, feel, fit, have, imagine, measure, think, weigh 등 이런 동사는 상태의 의미인 경우 진행형을 사용하지 않고, 동작인 경우에는 그런 제한이 없이 내용에 따라 단순현재형과 현재진행형을 사용한다. Some verbs have different meanings when used to talk about states and when describing actions. With 'state' meanings, they usually take simple; with 'action' meanings, they may take simple or the continuous forms, depending on context: 겸용동사: appear, cost, expect, feel, fit, have, imagine, measure, think, weigh(3G1B)

(appear)

③ The app | doesn't **appear** | [to work on my phone].(seem)((3G1B)(상태)

③ She | often **appears** | in musicals.(appear: action take part)(3G1B)(동작)

③ Carley Robb | is currently **appearing** | in a musical on Broadway.(3G1B) (")

(have)

② I | **have** ‖ some sandwiches. Would you like one?(=have got)(2G16C)(소유)

② I | don't usually **have** ‖ a big breakfast.(eat)(2G16C)(동작)

④ We | 're **having** ‖ dinner ‖ now. Can I call you later.(=eating)(1G3B)(")

(b) 상태동사(state verbs)

☆ 상태동사:(state verb)의 분류

(a) 감정(emotions)/태도(attitudes)/선호(preferences;) *agree, appreciate, attract, *desire, *doubt, expect, hate, hope, like, love, *prefer, *regret, *want, (b) 정신상태(mental states); anticipate, assume, *believe, consider, expect, find, imagine, *know, mean*, realize, think, understand, (c) 감각(senses)/지각(perception); ache, feel, hear, look, *notice, see, *smell, sound, *taste, (d) 존재(being)/소유((having); *belong (to), "consist (of), constitute, *contain, have, *own, *possess, 측정; cost, measure, weigh. (e) 판단/의견; *differ (from), fit, *mean, *resemble, *seem. The verbs marked * are rarely used with continuous tenses (but can be if we mean actions rather than states).(3G222)

또는 다음의 분류 참조

(a) feeling(감정): hate, like, love, prefer, want, wish; (b) senses(감각): appear, feel, hear, see, seem, smell, sound, taste (c) communication(t소통): agree, deny, disagree, mean, promise, satisfy, surprise (c) thinking(사고): believe, imagine, know, mean, realize, recognize, remember, understand (d) other states (기타): be, belong, concern, depend, involve, matter, need, owe, own, possess(@ EnglishClub)

(i) 단순현재형을 취하는 경우

We use the simple with states or situations (thoughts, feelings) that exist at the present moment. Verbs generally used to talk about states are as follows:

(감정/태도/선호:motions, attitudes, and preferences)

③ I've been talking to her about the problem, and she | **agrees** | with me.(2G9A)

② Do you | **like** ‖ coffee?(=Do you think coffee is good?)(1G32C)

② I'm hungry. I | **want** ‖ something to eat?(*not* I'm wanting)(2G4A)

(인지상태: cognitive mental states)

④ I | **believe** ‖ you ‖ now. (*not* I'm believing)(3G1C)

② Do you | **understand** ‖ [what I | **mean**]?(*not* understanding and meaning)(2G4A)

(감각/지각:senses and perception)

③ I | usually **feel** | tired ‖ in the morning.(*not* I 'm usually feeling)(2G4E)

② Do you | **see** ‖ that man <over there>?(*not* are you seeing)(2G4D)

③ This cake | **tastes** | wonderful. Where did you buy it?(3G222)

(존재/소유 등: to do with 'being', 'having', etc.)

② Who does these book | **belong** ‖ to? – They're mine.(1G44A,59B)

③ Ann | doesn't **seem** | very happy.(2G4A)

(ii) 현재진행형을 취하는 경우

(감정/태도/선호:motions, attitudes, and preferences)

상황이 일시적이거나 현재를 중심으로 한 기간을 강조하는 경우 We can use the continuous with some state verbs when we want to emphasize that a situation is temporary or for a period of time around the present:

☆ 상태동사 중 일부: attract, like, look, love, sound(3G1A),

②[⑤] Ella stays with us quite often. The children | **love** ‖ [having her here].(3G1A)

②[⑤] Ella's with us at the moment. The children | are **loving** ‖[having her here].(")

(인지상태: cognitive mental state verbs)

어떤 것에 대해 최근 생각하기 시작한 것을 강조하거나 어떤 것에 대해 확신이 없는 경우 With some verbs describing mental states, we use the continuous to emphasize that we have recently started to think about something or that we are not sure about something: 4편

☆ 인지상태동사: find, realize, regret, think, understand.(3G1C)

③[④] I | **expect** | [to be paid promptly for the work].(2G82A)

⑤ I | wasn't **expecting** ‖ them | to come.(2G82A)

②① I | **regret** ‖ [that the company will have to be sold].(3G1C)

② I | 'm **regretting** ‖ my decision <to give her the job>.(I am increasingly aware that it was the wrong decision)(3G1C)

② Is my body weak? Why am I | **seeing** ‖ weird things?(VLIVE)

② She | 's **thinking** ‖ about a career in banking.(OED)

② I | 'm not **understanding** ‖ [what you mean by "need."](CRL126)

(5) 연결동사

☆ 이하 내용은 Advance Grammar in Use Unit 21의 내용을 정리한 것임: 불완전자동사라고도 함

appear, become, come, come out, continue, fall, feel, get, go, grow, hold, keep, lie, look, prove, run, remain, rest, seem, smell, sound, stand, stay, taste, turn, turn out

자동사 중에서 주격술어를 주어에 연결하는 동사를 연결동사(linking verb)라고도 하며 ⓐ 상태 유지의 의미: keep, prove, remain, stay, ⓑ 상태변화의 의미: become, come, end up, fall, get, go, grow, run, turn out, ⓒ 간주/판단/추측의 의미: appear, look, seem, sound, feel. smell로 분류할 수 있다.(3G21A) 이들은 be동사로 대체하더라도 문장이 성립한다.(OGB25)

☆ 연결동사는 불완전자동사), 상태동사는 완전자동사나 완전타동사이다.

(i) 연결동사의 대부분은 형용사/명사를 취할 수 있으나(e.g. sounds nice/a nice place). 동사에 따라서 그 사용이 제한되거나 이들 외에 전치사구/소사/분사/부정사/명사절이 사용되는 경우도 있다. 예컨대. keep는 명사를 취할 수 없으나 분사를 취할 수 있고(e.g. keep going), come, grow는 명사를 취할 수 없으나 형용사나 부정사를 취할 수 있다(e.g. come to know, grow thoughtful).

(ii) appear(=seems true), look(=seem), prove, seem, turn out 뒤의 to be는 생략 가능

③[②] The room | **appears** | [(to be) brighter than when I last saw it].

③[①] She | **proved** | (to be) an extremely enthusiastic teacher.

단, alive, alone, asleep, awake나 -ing형과 함께 사용하는 경우 to be 생략 불가

③ I didn't go in because she | **appeared** | to be asleep.(*not.* appeared asleep)

③[③] The roads | **seem** | [to be getting icy], so drive carefully. (*not* seem getting)

주격술어의 역할을 하는 명사 앞에 사용하는 to be는 생략하지 않지만, 사람/사물 주어에 대한 의견을 표현하는 경우 to be 를 생략하는 것이 일반적이다.

③ He walked into [what | **seemed** | to be a cave].(*not* seemed a cave)

③ She | **seems** | (to be) a very efficient salesperson.

(iii)변화의 과정을 표현: become, come, get, go, grow, turn (into)

become보다 get를 사용하는 경우; (a) 비격식체에서 difficult, ill, interested, pregnant,

suspicious, unhappy, worried과 함께 사용하는 경우 (b) 명령문의 경우, (c) get changed (clothes), get dressed, get married | divorced의 경우
③ I | first **got** | suspicious [when he looked into all the cars].(격식 became suspicious)
③[②] | Don't **get** | [upset about it]!
③ Where did you live before you | **got** | married?
adapted, apparent, aware, convinced, infected, irrelevant, obvious, recognised 등으로 묘사하는 추상적이거나 기술적인 과정에 대해서는 become 사용
③[③] He | **became** | [recognised as an expert].
③[②] Their bodies | have **become** | [adapted to high altitudes].
명사(구)가 술어인 경우 get 대신 become 사용
③ Dr Smith | **became** | an adviser <to the government>.
③ She | **became** | a good tennis player.
(iv) go, turn, run 등
색의 변화는 일반적으로 get, become 대신에 go, turn 을 사용한다.
③ The traffic lights | **turned**(or **went**) | green and I pulled away.
변화는, 특히 원하지 않는 변화는 주로 **go**, **run**로 표현한다. turn, get 대신에 go를 사용하는 경우: go deaf/blind/bald, go angry/mad/crazy/wild, go bad/off/mouldy/rotten, go bust, go dead; go, missing, go wrong 등. 예외) get ill/old/tired
③ The children | **went** | completely crazy (at the party).
③ My computer | 's **gone** | wrong (again).
⑥ The river | ran | **dry** ‖ during the drought.(OAD
become다음에는 to-infinitive를 사용하지 않고, come, get, grow 다음에 to-infinitive를 사용. 일반적으로 come, grow 를 사용해서 점진적인 변화를 표현한다.
③[②] I | eventually **came**(or **grew**) | [to appreciate his work].(*not* …became to appreciate his work)
③[②] I | soon **got** | [to know their names].(*not* …became to know their names)

4.3 형용사(adjective), 부사(adverb)

A. 형용사

사람이나 사물의 성질이나 상태 등을 나타내는 낱말을 말한다.

(1) 형용사의 형태

(a) 고유형태

busy, complete. different, diligent, equal, happy, kind, sad, etc.

(접미사) -able/-ible, -al, -ant/-ent, -ate, -ary/-ory, -ful. -ic, -ish,-ive, -less, -ous, -y

(접두사) in- (incomplete, indifferent), un- (unequal, unhappy, unkind)

(b) 파생형태

(분사의 전성: -ed형/-ing형)

진행형/수동태가 될 수 없는 감정유발타동사의 -ed/-ing형 형용사

☆ adore, amaze, amuse, annoy, bore, confuse, disappoint, embarrass, excite, exhaust, frighten, horrify, interest, please, satisfy, scare, shock, surprise, tire(CEG77) 및 왕래발착동사 come, go

- Nicole is **bored** because her job is **boring**.(2G96A,1G86B,58A)

능동사와 동일/유사 의미를 가지는 형용사

- We **agree** to meet on Thursday. v. I am **agreed** to accept the offer.
- Tom **delights** to put difficult questions to his teacher. v I'd be absolutely **delighted** to come.

☆ close, concern, contribute, determine, dress, fall, finish. go, hurt, incline, prepare, worry 등

(다른 품사의 전성)

fool→foolish, friend→friendly, rain→rainy, use→useful, useless, Korea→Korean

(2) 형용사의 비교변화(원급-비교급- 최상급)

(a) 규칙변화

단음절 및 2음절 일부는 보통 -er(비교급), -est(최상급) 어미를 취한다. 나머지 2음절 및 3음절 이상은 원급에 more(비교급)와 most(최상급)를 추가한다.(PEU113참조)

여기서 more와 most는 부정대명사의 부사적 용법에 해당한다.

(i) 단음절 형용사

대부분의 단음절 형용사는 원급에 **-er**, **-est** 를 붙인다.(old, tall, cheap 등)

cheap　　cheap**er**　　cheap**est**

-e로 끝나는 말은 원급에 **-r**, **-st** 를 붙인다.(late, nice 등)

lat**e**　　late**r**　　late**st**

단모음+단자음으로 끝나는 말은 그 어미의 자음을 겹쳐 붙인다.(big, fat, thin 등)

bi**g**　　big**ger**　　big**gest**

(ii) 2음절 형용사

y로 끝나는 2음절 형용사는 y를 i로 고쳐 **-er**, **-est** 를 붙인다.(easy, happy 등)

eas·**y**　　eas**ier**　　eas**iest**

/l/ 이나 /ə(r)/ 로 끝나는 2음절 형용사는 -er, -est를 취한다.(simple, clever 등)

sim·ple　　sim·pl**er**　　sim·pl**est**

cle·ver　　cle·ver**er**　　cle·ver**est**

polite, common 등은 more, most도 취할 수 있고, 어미 -ing, -ed, -ful, -less, -ish, -ous, -ive, -al, - able, -ant, -ent를 가진 2음절 형용사는 more, most 형태만을 취한다.

(iii) 3음절 이상의 형용사(difficult, interesting 등)

dif·fi·cult　　**more** dif·fi·cult　　**most** dif·fi·cult

(b) 불규칙변화

good/well, better, best; ill/bad, worse, worst

old, older/elder, oldest/eldest 나이/형제

late, later/latter, latest/last 시간/순서

far, farther/further, farthest/furthest: further는 정도의 의미로도 사용

☆ 한정어의 변화: little-less-least; much/many-more-most

(c) 비교표현

(i) 원급 비교

- Rome is not {as} **old** {as Athens}.(Athens is **older**)(1G90A)
- Let's walk. It's just {as} **quick** {as taking the bus}.(2G104B)

(ii) 비교급 비교

비교급 다음에 than이 오는 경우

☆ -or로 끝나는 형용사(superior, inferior)에는 than 대신 to를 사용한다. He think he is superior to others.(SBE196)

- Athens is **older** {than Rome}.(1G89A) He is **richer** {than David}.(2G104A)

선택의문문의 경우

- Which is **bigger** -Canada or Australia?(1G46B)
- Which is **worse** - a headache or a toothache?(1G88D)

the+비교급

- **The higher** we go up, **the colder** it becomes.

(iii) 최상급 비교

최상급의 형용사 앞에는 the를 붙인다. 최상급 다음에는 of나 in이 오는 경우가 많으며 '~(중)에서' 라는 뜻이다. 지역/단체에는 in, 같은 종류끼리 비교할 때에는 of를 쓴다.

- Mt. Everest is the **highest** mountain <in the world>.(SBE196)
- Mt. Everest is **highest** <of all (the) mountain in the world>.(SBE196)

☆ (참고) 원급과 비교급으로 최상급 나타내기

{} No (other) mountain in the world is {as(or so)} **high** {as Mt Everest}.(SBE196)

{} No (other) mountain in the world is **higher** {than Mt. Everest}.(SBE196)

{} Mt. Everest is **higher** {than any other mountain in the world}.(SBE196)

(3) 형용사의 용법

(a) 형용사의 서술용법

주어나 목적어를 서술하는 용법이다.

(i) 기본술어

주어 뒤에서 be와 결합하여 기본술어로 사용된다.

- The animal | is **alive**.(3G66B)
- "I | 'm **happy**." "I | 'm **happy**, too."(1G43A)
- Be here on time, | Don't be **late**.(1G37B)
- We saw [that the plan | was **unwise**].

(ii) 주격술어

술어 뒤에 오며 술어와 함께 주어를 서술한다

- He | was buried | **alive**.
- I feel | **happy**.(2G98B) You | sound | **happy**.(1G86C)
- The plan | was felt | to be **unwise**.

(iii) 목적격술어

술어와 함께 목적어를 서술한다. 후치서술이 원칙이나 전치서술의 예외도 있다.

- They | took ‖ him | **alive**.
- | Do not leave 「**alive** ‖ anything that breathes.(Dt20:16)
- I | want ‖ you | (to be) **happy**.(1G54B)
- They | felt ‖ the plan | to be **unwise**.(OED)(to be추측)

(b) 형용사의 수식용법

명사의 앞이나 뒤에서 명사를 직접 수식하는 용법이다.

☆ 형용사 중에는 서술용법에는 사용되지만 수식용법에 사용되지 않는 것들이 있다. (a) 명사나 동사 앞에 접두어 'a-'를 붙여 만든 형용사: afraid, alike, alive, alone, ashamed, asleep, available., awake, aware (b) 건강과 감정을 나타내는 일부 형용사: content, fine, glad, ill ('ill health'는 가능), sorry, (un)sure, upset ('an upset stomach'는 가능), (un)well ('He's not a well man'은 가능) 이들은 비교급,최상급을 사용하지 못하고 부사로 파생되지 않는다.

(i) 전치수식: 피수식어 앞

수식형용사는 한정어 뒤, 명사 앞에 온다.

<> Paris is a <beautiful> **city**.(1G1B) It was a <good> **game**.(1G87D)

<> Have you met any <famous> **people**?((1G87D)

<> I was asked for my <present> **address**.(3G66D)

<> I called at every <likely> **house**.(=suitable)(OED)

<> The church is very old. It's the <oldest> **building** in the town.(1G91C)

<> Do you like ø <Italian> **food**? Laura has ø <brown> **eyes**.(1G86A)

<> I don't like this town. It's a <boring> **place**.(2G82A)

(ii) 후치수식: 피수식어 뒤

'한정어+명사' 구조의 복합명사 뒤

<> He boasted that he was **someone** <great>],(Ac8:9)

<> But this man has done **nothing** <wrong>.(Lk23:41)

둘 이상의 한정어를 가진 명사의 뒤

<> This was *the most* difficult **decision** <imaginable>.(3G66D)

<> *All the* **people** <present> approved of the decision.(3G66D)

형용사 뒤에 다른 어구가 따르는 경우

<> Will a son be born to **a man** <a hundred years old>? (Ge17:17)

<> I know that you are a **woman** <beautiful *in appearance*>.(ESV12:11)(전치사구 수반)

<> A **student** <smart *but unmotivated*> doesn't study hard.(2개의 형용사:전치수식도 가능)

a로 시작하는 형용사 (alive, aware, alone, asleep, available)는 일시적 의미 표현

<> For **you** <alone> are holy.(Rev15:4)

<> **We** <alone> will build it for the LORD, the God of Israel,(Ezr4:3)

<> **students** <asleep> → 일시적으로 잠이든 학생들

☆ 일반형용사의 후치수식 'be+형용사' 의 형식을 취한다

<> But the LORD replied, "Have you **any right** <to be **angry**>?"(Jnh4:4)

(iii) 연관성 있는 형용사들이 함께 사용될 경우의 어순

둘 이상의 형용사가 서로 연관이 있는 경우에는 콤마를 사용하지 않는다.☞ 3.5D(1)(b)(i)

둘 이상의 형용사가 함께 사용될 경우의 어순

주관적(의견)→객관적(사실) (수치적:①가격→②크기→③신구→④온도; 비수치적:⑤질감→⑥모양→⑦색상)

둘 이상의 형용사가 함께 사용될 경우 의견형용사(nice 등)는 사실형용사 앞에 온다.

<> My brother lives a <*nice*><new> **house**.(2G97A)

<> There was a <*beautiful*><large round wooden> **table** in the kitchen.(2G97A)

사실형용사는. 피수식어에 대해 좁고 독특한 것은 가깝게, 넓고 일반적인 것은 멀리 둔다.

구체적으로 1. 크기(how big?) → 2. 나이(how old?) → 3. 색깔(what color?) → 4. 출처(where from?) → 5. 재료(what is it made of) → 명사의 순서에 따른다.((2G97A)

◇ a <tall><young> **man** (1→2), a <large><wooden> table (1→5)

◇ <big><blue> **eyes** (1→3). an <old><Russian> **song** (2→4)

◇ a <small><black><plastic> **bag**(1→3→5). an <old><white><cotton> **shirt** (2→3→5)

치수(size)/길이(length) 형용사(big/small/tall/short/long,etc.)는 모양(shape)/너비(width) 형용사(round/fat/thin/slim/wide, etc.)의 앞에 사용한다.

a <large> <round> **table**, a <tall> <thin> **girl**. a <long> <narrow> **street**

둘 이상의 색상(color)형용사는 and를 사용하나 다른 형용사 간은 그렇지 아니하다.

◇ a <black> and <white> **dress**, a <red>, <white>, and <green> **flag**

◇ a <long><black> **dress** (*not* a long and black dress)

(4) 형용사의 종류

(a) 본래형용사

(i) 강조형용사(emphasizing adjectives)

강조형용사는 어떤 일에 대한 감정을 강조할 때 사용

◇ I felt a fool. v. I felt a <complete> **fool.**(강조)(3G66C)

일부 강조 형용사들은 서술용법에는 거의 사용되지 않는다.

☆ absolute, complete, entire, mere, sheer, total, utter

◇ It was a <total> **failure.**(The failure was *total.*은 통상 사용 불가)

(ii) 분류형용사(classifying adjectives)

분류형용사는 어떤 것이 특정부류(a particular type)에 속한다고 말하기 위해 사용한다

따라서 비교급이나 최상급이 없다.

☆atomic, chemical, cubic, digital, environmental, medical, phonetic; annual, general, occasional, northern (etc), maximum, minimum, underlying

예컨대, democratic decisions이라고 말할 때, democratic은 해당 결정(decisions)을 다른 부류의 결정과 구별시켜 준다. 서술용법으로는 거의 사용되지 않는다.

◇ Fair enough, that is a <democratic> **decision.**(Hansard)

(iii) 성질형용사(qualitative adjectives)

성질형용사는 사람/사물의 특징을 나타내며 수식용법, 서술용법 모두 가능.

◇ a <beautiful> **sunset** v, The sunset was *beautiful.*

일부 분류형용사는 성질형용사로서 서술용법이 가능한데 이 경우에는 의미가 달라진다.

☆ academic, conscious, educational, (ill) legal, scientific

◇ The country's <economic> **reforms** v. The process isn't *economic.*(not profitable)

(b) 전성형용사

(i) 부사의 전성

◇ I think she got her <just> **deserts.**(OED)(바른/적절한, 당연한)

◇ She's their <only> **daughter**.(OED)(유일한, 오직/겨우 ~만의)

◇ She's the <only> **person** for the job.(OED)(가장 좋은, 단 하나의/유일한]

◇ That decision was taken by the <then> **president**.(OED)(그 당시의)

◇ Those were her <very> **words.**(OED)((바로)

◇ It happens at the <very> **beginning** of the book.(OED)(

◇ The <very> **thought** of drink made him feel sick.(OED)((단지, ~만으로도)

◇ Do not reap to the <very> **edges** of your field or gather the gleanings of your harvest.

(i) 동사의 전성 ☞4.4.A(1)(b) 파생형 참조k

<> The <*fallen*> **leaves** crunch under foot.(DED)
<> The hotel had a <*welcoming*> **atmosphere**.(3G69A)

B. 부사(adverb)

동사, 형용사, 다른 부사, 명사 등을 수식하거나 부가되는 낱말로 주로 부속부사어 역할을 한다. 부사어구는 삽입부사어 역할도 한다.,

(1) 부사의 형태와 비교변화

(a) 고유형태

(-ly형 부사)
-ly 어미를 가지는 부사를 말한다.
대부분의 형용사에 -ly를 붙여서 만들어지며 양태 표시의 부사가 이에 해당한다.
예) careful→ careful**ly**, gentle→gently, happy→happi**ly**, slow→slow**ly**
형용사가 -le로 끝나면 그냥 -ly로 예) simple → simp**ly**
형용사가 「자음 + y」로 끝나면 y를 i로 고치고 -ly 예) happy → happ**ily**
(비-ly형 부사)
시간표시: ago, still, yet; 빈도표시: again, often, once; 정도표시: too, well

(b) 양성형태

close(형) 가까운/(부)가깝게; far (형)먼/(부)멀리; fast (형)빠른/(부)빠르게; early(형)이른/(부)일찍; late (형)늦은/(부)늦게; hard (형)근면한/(부)열심히, but(접) 오직, 단지 since(접) 그후,
cf. lately(부) 최근에, hardly(부) 거의 ~않다
☆ close, early, far, fast, just, hard, high, late, long, low, near, pretty, quick, straight, cold, dead, bad, light, right,

(c) 부사의 형태: 비교변화

형용사와 같은 방법으로 원급/비교급/최상급을 만드나 부사 최상급 앞에는 the를 붙이지 않는다.

<원급>	<비교급>	<최상급>
early(1음절)	earl**ier**	earl**iest**
slow·ly(2음절)	**more** slow·ly	**most** slow·ly ('형용사+ly' 형태의 부사)

(2) 용법

(a) 전치수식 용법(pre-modifier)

어순은 피수식어의 앞에 오는 전치수식이 원칙이다.
{} Demetrius is {*well*}(전치) **spoken** of by everyone. We also **speak** {*well*}(후치) of him.(3Jn1:12)

(a) 전치수식 용법(pre-modifier)

어순은 피수식어의 앞에 오는 전치수식이 원칙이다.

(i) 동사 수식

{} They were {deeply} **disturbed** by the accident.(OED)
{} The people were {seriously} **injured** in the accident.(2G98C)
{} They are very rich. They {even} **have** their own private jet.(2G109A)
{} They are {obviously} **not coming**.(OED)
{} The children were {well} **looked after**.(PEG267)
{} Demetrius is {well}(전치) **spoken** of by everyone. We also **speak** {well}(후치) of him.(3Jn1:12)

(ii) 형용사 수식

{} She is {deeply} **religious**.(OED)
{} I am {well (or thoroughly)} **aware** of it.(CKE)
{} I sat up {even} **taller**.(13JB59)
{} This bag is {slightly} **heavier** than the other one.(2G103A)

(iii) 부사 수식

{} She drives {rather} **fast.**(BEG392)

{} She speaks French {very} **fluently.**(MBE328)

(iv) 명사 전치 수식

☆ 명사 수식 부사; almost, even, ever, exactly, just, not, often, only, rather, quiet, arguably, definitely, exactly, especially. essentially, fundamentally, increasingly. hardly, largely, mostly, notably, particularly, partly, scarcely, simply, specifically, understandably

{} They worship me in vain; their teachings are {but} **rules** <taught by men>.(Mk7:7)(=only)

{} Before the game we were {definitely} **the underdogs.**(OED)(확실히)

{} I didn't get up {early} **this morning.**(1G44B)

{} I hate doing housework, {especially} **cleaning.**(1G58C)

{} He was {essentially} **a man of the theatre.**(OED)

{} {Even} **Tom** knows that 2 and 2 makes 4.(LEG141)

{} Paul, {ever} **the optimist**, agreed to try again.(always;)

{} That was {exactly} **the wrong thing** to do.(MED)

{} This is {hardly} **the place** to talk about the problem.(YBM)

{} It was {largely} **a matter** of trial and error.(OED)

{} Security is {mostly} **a superstition.**(Helen Keller)

{} His office is {much} **a community center.**(거의, 대체로)

{} {Not} **a sound** came from the room.(3G49C) He has {not} **a bike.**(ZEG328)(영국식부정표현)

{} The house had many drawbacks, (most notably} **its price.**(OED)

{} That's {often} **the case**, but not always.(YBM)

{} We too are {only} **men**, human like you.(Ac14:15)

{} It is a {purely} **academic question.**(OED) .

{} We had {quite} **a party.**(=fairly, considerably((BEG393)

{} It was {rather} **a mess.**(BEG393)

(v) 부정대명사/한정어 수식

☆부정대명사 수식 부사; almost, approximately, hardly, nearly, quite, roughly, virtually, how

{} I'll eat {almost} **anything.**(OED) {Almost} **no one** believed him.(OED)

{} We counted {approximately} **the first thousand** votes.(BEG393)

{} The hourly charge is {currently} **£35.**(OED)(현재)

{} {Hardly} **anyone** passed the exam. She said {hardly} **anything.**(2G99C)

{} {Hardly} **anybody** in our class passed (the exam).(=very few students)(2G99C)

{} There are {hardly **any** new features in this software.(MED)

{} {Nearly} **everybody** came to our party.(BEG392)

{} My eyes are ever on the LORD, for {only} **he** will release my feet from the snare.(Ps25:15)

{} They have improved {roughly} **half** their equipment.(BEG392)

{} {Virtually} **all** the students participated in the discussion.(BEG393)

(vi) 전치사구 수식

{} His red clothes stood out {clearly} **against the snow.**(OED)

{} He retired {long} **before the war.**(OED)

{} I work best {early} **in the morning.**(NEI)

{} Its workers consisted {primarily} **of young children.**(2DB466)

{} We were {almost} **to my room** when my mother called after me.(23JB33)

{} He made his application {well} **within the time**(BEG392)
{} Her great eyes burned {close and firmly} **into mine.**(HH167)
{} He / had pulled his hood {well} **down over his eyes.**(Deca437)
(vii) 소사 수식
{} He arrived {shortly} **after.**(MED)
{} You miss each other when you're {far} **apart.**(ECD991)
{} Call me if you need me; I won't be {far} **away.**(2G41A)
{} That happened {long} **before.**(OED)
{} They left her {well} **behind.**(BEG392)
{} He knocked the man {well} **out.**(BEG392)
(iv) 'be+술어' 수식
{} We should {always} **be on time** at work.(DED)
{} This matter is {currently} **being discussed.**(OED)(지금)
{} Generating creative ideas {rarely} **is the final goal.**(모의)
(x) 절/문장 수식
{} Regular exercise strengthens the heart, {*thereby*} **reducing the risk of heart attack.**(OED)
{} He did {*exactly*} **[what he wanted to].**(2EH30)
{} I, Nate the Great, knew {*exactly*} **[how the mailman felt].**(18NG7)
{} Now tell me {*exactly*} **[where Hoot is].**(24NG47)
{} I looked at Hoot's cage. It was {*just*} **[where Willie had put it].**(24NG26)
{} {*Happily*} he did not die.(살다)(YBM) *Suddenly*, **the shelf fell down.**(1G87A,2G136A)
(b) 후치 수식용법(post-modifier)
(i) 삽입수식
{} His professor **cared** {deeply} **about the subjects.**(MJL275)
{} My companion **munched** {silently} **at his toast.**(1ACD15)
{} Paul **looked** {directly} **at him.**(Ac14:9)
{} She **cried** {aloud} **in protest.**(OED)
{} ... while they remain alive, they **were** {badly} **thought off.**(Plato51)
{} And all the people **listened** {attentively} **to the Book of the Law.**(Ne8:3, Rules205)
{} Mr. Trevor **stood** {slowly} **up.**(1ACD587) / {} We **chose** {instead} **to deal** in people.(CRL17)
{} You **have** {only} **to lay** the tiles on the floor.(SBE70)(하기만 하면 된다)
{} I **wondered** {aloud} [**that** perhaps I shouldn't take the pills anymore].(CRL284)
(ii) 문미수식
{} In fact, none of the seven left any children. Last of all, the woman **died** {*too*}.(Mk12:22)
{} These returned and reported it to the rest; but they **did not believe** them {*either*}.(Mk16:13)
(iii) 부가어 용법
[] He | did not die ‖ **happily.**(YBM)
[] The train | stopped ‖ **suddenly.**(1G87B)
[] I | understand ‖ you ‖ **perfectly.**(1G87B)
[] He | took ‖ my joke ‖ **seriously.**(EJD)
[] I | hollered ‖ the B part ‖ real **loud.**(1JB4)
[] You | 'll have to speak ‖ **louder** – I can't hear you.(OED)
[] He who laughs last, | laughs ‖ **loudest.**(SBE64)
[참고] perhaps 분리부사어

{} My brother {perhaps} will not bake a cake.(ESA123)(전치)

{} My brother will {perhaps} not bake a cake.(ESA123)(")

{} This is {perhaps} his best novel to date.(OED)(")

{} My brother will not bake a cake {perhaps}.(ESA123)(후치)

{} {Perhaps} my brother will not bake a cake.(ESA123)(외치)

(3) 부사의 종류

(a) 본래부사

(i) 빈도부사(frequency: how often?(3G75B): 일이 얼마나 자주 일어나는지를 나타낸다.

☆ always, ever, hardly, never, often, rarely, regularly, seldom, sometimes, usually

(always)

{} She's {always} **late**.(1G95A)

{} From now on you will {always} **be happy**.(Web)

{} I lost my key again, I'm {always} **losing** things.(2G3B)

{} He has {always} **had** a rebellious streak.(OED) I'll {always} **love** you..(OED)

(often)

{} People are {often} **afraid** of things they don't understand.(OED)

{} Barbara's husband is {often} **away**. She doesn't mind.(2G59A)

{} Do you {often} **go** to restaurant?(1G95A)

{} I've {often} **wondered** what happened to him.(OED)

{} Deaf dogs are {often} **not adopted** or **wanted** by breeders.(NEI)

(sometimes)

{} It is {sometimes} **difficult** to keep one's promise.(SBE27)

{} I {sometimes} **eat** too much.(1G95A,1G5C)

{} {Sometimes} I **eat** too much.(1G95A)

(usually)

{} It is {usually} **very cold** here.(1G95B)

{} He is {usually} **here** by ten.(3G74A)

{} What do you {usually} **do** on weekend?(1G24A)

(ii) 정도부사(degree: to what extent?) 3G75B,77C) 어떤 일의 정도나 수준을 나타낸다.

☆ almost, enormously, hardly, largely, nearly, quite, rather, really, scarcely, somewhat, too, tremendously very. virtually

(almost)

{} But as for me, my feet had {almost} **slipped**; I had {nearly} **lost** my foothold.(Ps73:2)

{} Dinner's {almost} **ready**.=(nearly)(OED)

{} He {almost} **always** arrived late.(3G77A)

{} {Almost} **all the people** came out.(OED)

{} Not yet, we're {almost} **there**. —{Almost} **where**?(")(Symbol480)

{} We were {almost} <u>to</u> **my room** when my mother called after me.(")(23JB33)

{} At the end of the afternoon, our costumes were {almost} **done**.(")(23JB62)

(ever/never)

{} Their debts grew {ever} **larger**.(more than;더욱)

{} And they all lived happily {ever} **after**.(always;항상)(OED)

{} This year's show will be **the best** {ever}.(until now;지금까지)

{} Do you {ever} **watch** television?(sometimes;가끔이라도)(SET211)

{} Do you {ever} **know** the answer to his question?(at all;도대체)(SSE574)

{} If you {ever} **trust** him, leave it all to him.(at all;조금이라도)(SSE574)
{} If you're {ever} **in Miami**, come and see us.(at any time;혹시라도)(SSE572)
{} Have you {ever} **played** Golf?(once;한번이라도, until now;지금까지)(1G16C)
{} Didn't you {ever} **see** my mother?(once;한번이라도, until now;지금까지)(JMV138)
{} My brother {never} **speaks** to me.(1G95A,2G142C)
{} I've {never} **done** it, and I never will.(2G107D)
{} They are {never} **at home** during the day.(1G95B)
{} Her cellular phone is {hardly ever} **on** when I call her.(2G107X)
{} Have you {ever} **been to Japan**?—No, I've {never} **been to Japan**.(1G16A)
(hardly)
{} It's {hardly} **surprising** that you're tired.(2G99C)
{} He fet that he was {hardly} **of the one blood** with them.(2JJ158)
{} Your writing is terrible. I can {hardly} **read** it.(2G99C)
(quite)
{} It's {quite} **good**, but it could be better.(fairly, rather; 등급)(PEU473)
{} It's {quite} **a nice day**.(fairly, considerably; (등급)(PEU473)
{} It's a {quite} **perfect day**.(fairly, considerably;비등급)(PEU473)
(rather)
{} It was a {rather} **difficult** question. The instructions were {rather} **complicated**.
{} I didn't fail the exam; in fact I did {rather} **well**!
{} He was conscious that he was talking {rather} **too much**.
{} He looks {rather} **like his father**.
(really)
{} Now I {really} **must** go.(OED)
{} I can't believe [I am {really} **going** to meet the princess].(OED)
{} I don't {really} **know**.(OED)(무엇에 대해 잘 모르겠다),
{} I {really} **don't know**.(OED)(모른다는 뜻을 강조) I'm {really} **sorry**.(OED)
{} They are not {really} **my aunt and uncle**.(OED)
{} I {really and truly} **am in love** this time.(OED)
{} {Really}, you could have told us before.(OED)
(so)
{} The hotel isn't very good. Why is it {so} **expensive**?(1G2B,33C)
{} Please don't make {so} **much** noise. I'm trying to work.(2G1B)
(too)
{} The radio is {too} **loud**. Can you turn it down, please?(1G93D)
{} Emily studies all the time. I think she studies {too} **much**.(1G93C)
{} There is {too} **much** sugar in my coffee.(more sugar than I want)(1G93D)
(very) (원급 형용사/부사수식) ☆ much는 원급 수식 불가
{} I am {very} **hungry**.(OED)(형용사수식)
{{ He was {very} **agitated**.(BEG253)(")
{} I was {very} **pleased** to get your letter.(OED)(")
{} The painting is {very} **pleasing** to the eye.(YBM)(")
{} You played {very} **well**.(OED)(부사수식)
(well/better/best)

{} ... some mysteries are {better} **left** unnsolved.(12NG42)

(iii) 초점부사(focus;3G77A,D)

말하는 내용 중에서 가장 중요한 부분에 초점을 두어 주의를 끌기 위해 사용한다.

☆ also, especially, even, exactly, mainly, merely, mostly, only, particularly, specifically, too

(also)

{} Richard is a good swimmer. He {also} **plays** tennis and volleyball.(1G95B)

{} We were feeling very tired, and we were {also} **hungry**.(2G107A)

{} I lost all my money, and I {also} **lost** my passport.(2G106A)

{} I sent Moses to lead you, {also} **Aaron and Miriam**.(Mic6:4)

(even) (=unusual, surprising)

{} The third card was {even} **bigger**.(18NG20)

{} I got up very early, but Jack got {even} **earlier**.(2G109B)

{} {Even} **Tom** knows that 2 and 2 makes 4.(although he is stupid)(LEG141)

{} This pictures are really awful. {Even} **I** could take better pictures <u>than</u> these.(2G109A)

{} He always wears a coat—{even} **<u>in</u> hot weather**.(2G109A)

{} That night I could hardly {even} **sleep**.(13JB48)

{} Aya can {even} **speak French**.(in addition to everything else she can do)(3G77D)

{} Jack can't cook. He can't {even} **boil an egg**.(2G109A)

(exactly)

{} "Yes," I said. That's {exactly} **it**.(21JB30)

{} I know {exactly} [**what** it feels like].(21NG81,22JB72)

{} And that's {exactly}[**where** they deserve].(21JB7,24NG47)

{} He thinks {exactly} [**as** I do on the subject].(1JA28, 3TC25)

(just)

{} The food was {just} **wonderful**!(=really)

{} This essay is {just} **not good enough**.(=exactly)

{} He is {just} **a boy**.(=only)(SET211)

{} It's {just} **two o'clock**.(=exactly)(SET211)

{} I'm {just} **finishing** my book.(=right now)

{} Is Tom here?—No, sorry, he('s) {just} **left**.(")(1G'20A)

{} Did the phone {just} **ring**?(=a short time ago)(1G93C)

{} I waited an hour {just} **to see** you.(=only)

{} This is {just} [**what** I wanted].(=exactly)(SET211)

(likely) (아마)

{} We will {likely} **see** him later.(OED)

{} We will {very likely} **stay** home this evening.)(OED)

(merely)

{} It is not {merely} **a job**, but a way of life.(OED)

{} He said nothing, {merely} **smiled** and watched her.(")

{} They agreed to go {merely}{**because** they were getting paid for it}.(")

(only)

{} {Only} **my mother** has brought some food.(my mother and nobody else)(3G77D)

{} My mother has {only} **brought some food**.(she hasn't brought anything else)(")

{} The house was {only} **built a year ago**, and it's already falling again.(2G107A)

{} Tom knows {only} **half** of it.(nothing else)(LEG141)
{} You have {only} **to ring** a bell.(=All you have to do is)(SBE23)
(too)
{} He is young, clever, and **rich** {too}.(DED)(also는 격식체, too는 비격식체)
{} 'He did apologize eventually.' 'I should think **so** {too}!'(OED)(")
(iv) 견해부사(comment;3G78A): 어떤 일에 대한 논평을 할 때 사용한다.
(obviously)
{} When he stood up it was {obviously} **painful.**(=clearly)(3G78A)
{} He was {obviously} **drunk.**(")(OED)
{} Others are {obviously} **from newer texts.**(")(4DB384)
{} You've had a major operation. Obviously, it will be very painful for a while.(")
(probably)
{} I {probably} **won't see** you. or I will {probably} **not see** you.(2G107B)
{} The concert will {probably} **be canceled.**(2G107A)
{others)
{} *Astonishingly*, he didn't heard me when I called her.(3G78A)
{} *Frankly*, I am not satisfied with your work.(LEG142)
{} *Honestly*, Tom didn't get the money.(truthfully)(PEG59)
{} *Presumably*, he didn't heard me when I called her.(3G78A)
(v) 시간부사(time)
(already) (이미)
{} What time is Joe coming?—He's {already} **here.**(1G96C)(단현)
{} The little girl with the curly black hair was {already} **in the bus.**(1JB12)(단과)
{} Don't forget to call Laura.—I've {already} **called** her.(1G95A)(현완;완료)
(still) (여전히) something is the same as before
{} I had a lot to eat, but I'm {still} **hungry.**(1G96A)
{} She is only 16. She's {still} **at school.**(2G122X)
{} An hour ago it was raining. It is {still} **raining.**(1G96A)
{} We searched everywhere but we {still} **couldn't** find it.(OED)
{} Yet two years later, the bill {still} **has not passed.**.(현완;계속)
(yet) (아직)
{} It is not {yet} **nine** (o'clock).
{} This | is **your biggest loss** {yet}.(5NG8)
{} The best(or worst) is {yet} **to come.**(아직 오지 않았다)
{} I have {yet} **to call** her because I was so busy.(YBM)(아직 전화하지 못했다.
{} Who'll be appointed?—It's {yet/still)} **to be decided.**(LEG130)(아직/여전히 미결정)
(vi) 부정부사(negative)
(일반부정)
{} {Not} **a sound** came from the room.(3G49C)
{} 'Some more?' '{Not} **for me**, thanks.' (OED)
{} I am sorry for(or about) {not} **calling** you yesterday.(1G113A)
{} We decided {not} **to go** to Paris after all.(3G31B)
{} Without me at his side, he might as well {not} **exist.**(NED)
{} We {rarely or seldom} **watch** television.(1G95B)

(부분부정) (전부가 ~인/한 것은 아니다)
{} {Not} **all** short **people** suffer from dwarfism.(NEI)
{} **All** that glitters is {not} **gold**.(Venice73,proverb)
{} I do {not} know **both** of them.(YBM)
{} {Not} **every man** is born with a silver spoon in his mouth.(proverb)
(vii) 양태부사(adverb of manner)
(badly)
{} He was {badly} **hurt** and had to go to the hospital.(=completely)(2G141C)
{} The conference was {badly} **organized**.(")(2G98C)
(slowly)
{} He {slowly} **turned** round.(3G74A
{} {Slowly} he **turned** round.(3G74A)
(otherwise)
[] Bismarck, {otherwise} **known** as 'the Iron Chancellor' (OED)(달리)
[] I wanted to see him but he was {otherwise} **engaged**.(OED)(달리)
[] He was slightly bruised but {otherwise} **unhurt**.(OED)(그 외는)
(others)
{} Lester **looked** {fearfully} at Jake.(12JG507, 5JG117)
{} She **smiled** {lovingly} at her sister.(Fr'n130)
{} That was pretty {quickly} **eroded** and was disappointing
[] The train **stopped** [suddenly].(1G87A)
(viii) 문장 부사(sentence adverb)
문장 전체를 수식하는 부사를 말한다(외치 수식) 주로 '형용사+ly' 형태를 취한다
{} {*Obviously*} she is not interested in the movie.(CES66)
→ [That she is not interested in the movie] is o*bvious*.
{} *Unfortunately*, she was out when I called.(CES66))
→[That she was out when I called] was *unfortunate*.
{} She won the first prize, *luckily*.(CES66)→{[That She won the first prize] was *luckly*.
{} She {certainly} works hard..(CES66)→{[That she works hard] is *certain*.
다만, 일부 문장부사는 양태부사에도 쓰일 수 있다.
[] Sally **smiled** [sadly].→[] Sally **smiled** [in a sad manner.(CES66)(양태부사)
{} *Sadly*, our plan failed.→ [That our plan failed] was *sad*.(CES66)(문장부사)
(iv) 소사형 부사(particle adverb) ago(전) ☞3.6.A.(3) else (그 밖의 다른)
{} **What** {else} did he say?(OED)(또 다른 무엇)
{} Ask **somebody** {else} to help you.(OED)(다른 누군가)
{} You had better go **somewhere** {else}.(DED)(다른 곳)
{} He must be joking, **or** {else} he is mad..(DED)([보통 or ~] 그렇지 않으면, …이 아니면)
☞ 전치사 형태의 파티클에 대하여는 소사 (1.4, 2.4. 4.5) 참조
(b) 전성부사
(i) 형용사의 전성
(close)
{} ... for the day of the LORD is coming. It is {close} **at hand**(Joel2:1)
{} Its rider was named Death, and Hades was following {close} **behind him**.(Rev6:8)
(deep) ☞3.6(C)(2)

{} She seems indifferent, but {deep} **down**, she's very pleased.(OED)

{} Buzzcut looked {deep} **into** **Komatsu's eyes.**(HaM987)

(hard)

{} A group of strong man were {hard} **at** **work.**(Fr'n3)

{} He looked {hard} **at** **those** present.(1UE469)

{} I squinted(or stared) {very hard} **at** **the little picture.**(2JB40,4DB63)

(others)

{} He is {bad} **scared.**(=badly)(5JG43) I was {dead} **scared.**(=very, exactly)(OAD,6JG156)

{} They live in an area }ill} **served** by public transport

{} Six hours ago he had been {sound} **asleep** in Cambridge.(1DB238)

{} She's feeling {no} **better** this morning.(OED)

{} I could care {less} [what they want].(5JG183)

(ii) 전치사/접속사의 전성

(as)

{} {As} **always**, he said little.(OED)(~듯이)

{} And for a long time I had not forgotten Franz Kromer {as} **completely.**(BB36)

{} You're {as} **tall** {as your father}.(OED). 앞 as는 상관접속사 as...as의 구성부분 역할

(but)

{} ... yet for us there is {*but*} **one God**, the Father,...(1Co8:6).(=only)

{} And these are {*but*} **the outer fringe of his works**;(Job26:1)(")

{} You will be {*but*} **a man**, not a god, in the hands of those who slay you.(Eze28:9)(")

{} My eyes have grown dim with grief; my whole frame is {*but*} **a shadow.**(Job17:7)(")

{} He | feels ‖ {*but*} **the pain of his own body** and mourns only for himself.(Job14:1)(")

{} By October 1940, the Battle of Britain all {but} **over.**(")(Hitler)(")

{} By that stage, the war is all {but} **lost.**(Hitler)(=almost)

{} It is they who are the fools, if they {but} **knew** it.(=except)(Kor11)(")

{} I can not {but} **obey** you.(=except)(OES181,PEU94)(...할 수 밖에 없다)(")

{} I do {but} **keep** the peace; put up thy sword.(1WS23)(=only)(다만...한다)

{} The Sovereign LORD has spoken—who can {but} **prophesy**?(Am3:8)(=only)(예언하지 않겠는가)

{} Hear, O my people, and I will warn you— if you would {but} **listen** to me, O Israel!(Ps81:8)

(since)

{} We were divorced two years ago and she has {since} **remarried.**(OED)(그 이후)

{} The original building has long {since} **been demolished.**(OED)(그 후 어느 시점)

{} He left home two weeks ago and we haven't heard from him {since}.(OED)(")

(though)

{} I wish you had told me, though.(YBM)

(iii) all(대명사)/no(감탄사)의 전성.

{} She was {all} **excited.**(=very much)(OED)

{} The children have {all} **finished** their homework.(completely)(1G92C)

{} She was dressed {all} **in** **white.**(")

{} She's feeling {no} **better** this morning.(OED) He is {no} **taller** than you.(=as sort as)(SBE196)

4.4 전치사(preposition), 소사(particle)

A. 형태

소사(particle)는 방향이나 위치 등을 나타내는 짧은 형태의 단어를 말한다. 모습이 단순하고 비교급 등의 변화를 하지 않는 불가변사를 말한다. 소사는 단독으로 사용되는 협의의 소사(particle adverb)와 목적어를 수반하는 소사 즉 전치사(preposition)로 나누어진다.

☆ 광의의 소사=협의의 소사(목적어 없음)+전치사(목적어 있음)

(i) 협의의 소사로만 쓰이는 것(7)

ahead, apart, aside, away, backward(s), forth, together

(ii) 전치사로만 쓰이는 것(10)

against, among, as, at, beside, for, from, into, of, with

(iii) 협의의 소사와 전치사 양쪽에 쓰이는 것(33)

about, above, after, across, along, (a)round, back, before, behind, below, beneath, between, beyond, by, down, forward(s), in, inside, like, off, on, out, outside, over, past, through, to, toward(s), under, up, upon, within, without

☆ 이밖에도 전치사용법의 concerning, despite, during, per, until(till). but, except, save, than, 전치사/소사 용법의 aboard, since, throughout, underneath, 소사 용법의 aboard, afterwards, onwards upwards 등이 있다.

We | went | aboard the ship, and they returned home.(Ac21:6)

Simon Peter | climbed | aboard and dragged the net ashore.(Jn21:11)

B. 전치사

(1) 전치사의 기능, 목적어, 위치, 생략

(a) 기능

전치사는 명사(대명사)나 명사상당어와 결합하여 구의 기능을 한다.

_ There is no royal road to **learning** (English).(DED,YBM)(명사상당어: 동명사)

(b) 목적어

(i) 전치사의 목적어인 대명사는 목적격이라야 한다.

_ She is looking at **him**.(1G61D) _ You're not listening to **me**.(1G3A)

_ I peered over and under, in back of, in front of, and inside of **the thing**.(16NG21)

(ii) 동명사에 해당하는 명사가 존재시에는 그 동명사는 사용 불가.

_ It looks like **rain**.(*not* raining)(ZEG224)

_ **After arrival**. he set out to work.(*not* arriving)(ZEG224)

(iii) 형용사, 부사, 전치사구, 분사, 부정사, 비정형절/정형절이 전치사의 목적어가 되는 경우도 있다. ☞1.1 C 참조

_ The cells are as **real**.(MEP214) This can't be for **real**.(4JG470)

_ He was like **mad**.(OAD1010) _ I know it from **old**.(BEG415)

_ ... their horsemen come | from **afar**(Hab1:8).

_ She is like the merchant ships, | bringing ‖her food | from **afar**.(Pr31:1)

_ **Until recently** they were living in York.(OED) It was very hot until **recently**.(DED)

_ I | regard the discovery as of **little value**.

_ Oil is a fossil fuel, and comes from **deep** in **the ground**.(YBM)

_ The work is about **finished**.(EPL30,GO180) He is about [**to leave** Seoul].(SED30)

_ I had no choice <but/except [**to turn** back]>.(=except)(SBE11)

_ He could *not* choose(or help) but [**love** her].(=only)(BEG313)

_ Can you give me a list of [**who**'s been invited]?(3G54C)

_ I did not find your beach bag **between** [**where** you left it] and **Rosamond's Retaurant.**(10NG24)

(c) 위치

전치사는 목적어의 앞에 두는 것이 원칙이나 목적어와 분리되는 경우도 있다.

(i) 단문

(의문문/감탄문)

_ This is a lovely vase? _ **Where** is it **from** ∨? – China.(LEG267)(의문문)
_ **What** could older Badger have been thinking **about** ∨ [to let him in for this]?(2AC30)(")
_ **Who** does he remind you **of** ∨?(1G128D)_ **Who** did you send it **to** ∨?(PEU603)
_ **What a lot of trouble** he put me **to** ∨!(LEG152)(감탄문)

(수동문)

_ **He** was known very little **about** ∨.(2G42D)
_ **He** is looked **after** ∨ by Kathy.(3G22D)

(강조문)

_ **Him** I depend **on** ∨. _ It was **Xerxes** he went **to** ∨.(P/G105)

(ii) 비정형절 형용어

_ It is **a shame** <to be thought **on** ∩>.(4WS314)
_ **The chair** isn't strong enough {to stand **on** ∩}.(2G101D)
_ They don't have **anybody** <to talk **to** ∩>.(1G79D)

☆ 피수식어가 일반적인 장소/위치를 나타내는 경우 분리전치사는 생략 가능

_ We have no **place** <to place the book (**in**)>.(ZEG311)
_ **The room** is not enough <for them to hold a meeting (**in**)>.(ZEG311)
_ Give me a piece of **paper** <to write a letter (**on**)>.(ZEG311)

(iii) 정형절

(명사절)

_ [**What** he ask me **about** ∨] is something I can't discuss.(LEG152)
_ [**Whatever** it had been aimed **at** ∨] had been lost in a rain shower.(5TC233)
_ Tell me [**where** you bought that (**from**)].(LEG152)

(형용절)

_ These are the books <**which/that** I told you **about** ∨>.(1G100B)
_ Maybe it was some danger <**that** he could not be protected **against** ∨>.(2ACD203)
_ The hotel <**which/that** we stayed **at** ∨> was near the station.(1G100B)
_ **Neither of the restaurant** <we went **to** ∨> was expensive.(2G87B)

(d) 생략

(i) 간주전치사

⑤ I | consider ‖ him | (as) **expert.**(BEG423)
⑤ They | elected ‖ him | (as) **chairman.**(=a particular function)(SED)
① It | 's (for) **a fact.**(=It's true)(Free Dictionary)
③ That | looks | (like) **an interesting book.**(OED)

(ii) 시간전치사

② He | arrived ‖ (at) **about ten.**(OED)(=approximately)
③ (At) **What time** did you. | arrive | home?(BEG424)
② They | waited ‖ (for) **about an hour.**(OED))(=approximately)
④ I | only slept ‖ (for) **four hours** ‖ that night.(OED)
② They | arrived ‖ (on) **Friday.**(=days | dates)((2G118A)
② She | works ‖ (on) **Saturday mornings.**(2G118D)

☆ 다음의 경우 for는 생략불가(ZEG309)

(i) 부정문의 경우: I haven't seen him tor three years.
(ii) 문두에 오는 경우: **For thousand of years**, people have gone whale hunting.
(iii) 현재완료진행의 경우: I have been studying English **for three years**.
☆ **last/next/this/every+시간명사** 앞에는 **at/on/in** 을 쓰지 않는다. days/dates 앞에는 보통 on을 생략한다. 다만, 복합명사의 경우는 그렇지 않다. I went to sea **in this summer vacation**.(2G118D)

(iii) 위치/방향전치사

③ Are you | staying | (at) **home**?(1G69A)
④ I | asked ‖ him ‖ (for) **a favor**.(LED)(for:AmR)'
⑤ He | sent ‖ (for) **him** |[to buy supplies].(2Givon34)
② The reception <| accorded ‖ (to) **the book**> was very gratifying.(BEG425)
② The great wrong | has been done ‖ (to) **him**.(ZEG98)
② A job | was offered ‖ (to) **him**.
② A letter | was sent ‖ (to) **me** (by her).(DBE66)

(iv) 방법/정도/소속전치사

② I want [| to go ‖ (by) **economy**,(BEG424)
② If you | argue (in) **that way**, no further discussion would be possible.(영작사전)
④ | Do ‖ it ‖ (in) **anyway** <you like>.(PEU606)
② I | walked ‖ (for) **ten miles**.(ZEG309)
② The forest | stretch ‖ (for) **hundreds of miles**.(ZEG309)
① We | are (of) **the same age**.(ZEG309)

(v) 비정형동사/비정형절 전치사

②[②] I | forgot ‖ (about) [**posting** the letters].(ZEG221)
[②]⑥ (After) [**having annoyed** everybody] he went home.(PEU384)
④[①] ...and [that (by) **believing**』 you | may have ‖ life in his name.(Jn20:31NASB)
④[②] We | can't forbid ‖ him ‖ (from) [**attending** the meeting].(EJD)
④[②] You | can't prevent ‖ him ‖ (from) [**spending** his own money].(PEG232)
④[②] Can you | stop ‖ him ‖ (from) [**troubling** me].(ZEG310)
②[②] They | are busy ‖ (in) [**packing** their things].(ZEG313)
④[②] We | had ‖ difficulty ‖ (in) [**finding** a parking place].(2G61B),1ACD13)
④[②] I | have ‖ some trouble ‖ (in) [**pronouncing** this sound].(ZEG310)
④[②] He | spends ‖ a lot of time ‖ (in) [**watching** TV].(ZEG311)
④[②] I | shall lose ‖ no time ‖ (in) [**beginning** the work].(ZEG311)
④[②] Our driver even let my younger sister [| take ‖ a turn ‖ (in) **steering** the boat].(NEI)
④[⑤] He | showed ‖ his appreciation <(in) [**helping** him practice English]>.(BEG424)
④[③] He | spent ‖ hours ‖ (on) [**trying** to repair the clock].(2G61C,129A)
{④}② (On) **entering** the room, he | was confronted ‖ by a policeman.(프렌딕)
②[②] I | 'm busy ‖ (with) [**arranging** the documents].(EPN183)
④{②} I | waked ‖ along the road, (with) [my dog **following** me].(OES198)

(vi) 정형절 전치사

④[③] | Tell ‖ me ‖ (about) [**where** you went].(PEU437)
②[②] | Look ‖ (at) [**what** I've got].(PEU454,493,4NG34,21JB73)
②[①] Are you going to buy it?—It | depends ‖ (on) [**how** much it is].(2G132D)
②[①] I | am doubtful ‖ (as to) [**whether** it is true].(DED,3G34F)

(2) 전치사의 종류

(a) 단순전치사

1. about~(~부근/~접근. ~종사. 대략~)

① Only his own people | were about him.(=in the vicinity, near 부근)
① The wild world | is all about you.(")(1LR93)
① Her arms | were about (or around) his neck.(MC829)(부근)
① They | were already about their business.(=begun work)(OPV14)
① My neighbor | is about your size.(2DB39)(대략)
① He | is about six feet tall.(EPH35)(약,대강)
① This | is about the best we can hope for.(=almost)(거의)
① That | 's about it.(KM94)(그쯤 된다) / ① It | was about the tenth hour.(Jn1:39)
2. above~(~위/~높음)
① The pictures | are above the shelves.(=a higher place than sth)(1G107E)
① Inflation | is above 6%.(")(OED)
① He | is above suspicion.(EPH159)(혐의 받을 대상이 아니다)
3. across~(~가로질러/~건너)
① She | was across the floor.(=from one side to the other side of sth)(MM787)
① Once she | was across the border, she knew she would be safe.(over)(3G88A)
① Something | was across her mouth.(")(1THr399)
① The general's quarters | are across the river.(")(EOS11)
4. after~(~뒤/~후, ~좇음)
① The police | are after him.(=behind in place, in pursuit of)(OED)
① The painting | is after Rembrandt.(=in imitation of)(EPL55)
5. against~(~거슬려/~반대/~불리. 적대적 지향)
① Everybody | was against him.(=opposing)(Catch-22,195)
① This judgment(or evidence) | is against you.(=unfavorable)(OED)
① I | 'm against violence.(=opposing or disagreeing with sb/sth)(Ben Hur31, ECD949)
6. along~(~따라/~연해)
① They | were along the street.(=from one end to the other end of sth)(MED)
① His office | is along the corridor.(=at a particular point on | beside sth long)(PEU36)
7. among~(~가운데/~중/~소속)
① They | are among the best hockey players in the world.)
8. around~(~주위/~둘러싸/가까이)
① His team-mates | were around him.(=surrounding sb)(Star Wars III)
① Snares | are all around you.(")(Job22:10)
① Her arm | was around his shoulder.(")(4JG196)
① Your normal body | temperature is around 37 degrees.(약)
① The cost | would be somewhere around £1,500.(OED)(정도)
① He | is still around here.(=near, in the vicinity)(ECD111)
① The bus stop | is just around the corner.(")(1G108)
① She | 's around your age.(CRL39)(대략)
9. as~ (~처럼)
① All flesh | is as grass.(1Pe1:24, Isa40:6)
① Cao Cao said, "Liu Bei | is as my brother."(RTK16:126)
10. at~(~접근/~공격, ~체류, ~근접; 일시성)
① | At them, lads!(=attack)(3PH315)
① Were Sue and Jim | at the party?(=the situation sb | sth is in)(1G10C)
① I | was at my ease.(JJR180)
① Is your mother | at home? No, she's out.(")(1G2A,28B)
① Where's your sister? Is she home? — No, she | 's at school.(")(1G105C)

① He | was at work (again).(1ACD240)
① The bus | is at the airport.=(close to the center of sth)(1G103)
① The meeting | is at 2.30.(LEG6, ECD207,827)

11. back~(~뒤/~돌아)

① There's smoke | back here.(DHV208)
① By the time we receive this postcard, I | 'll be back home.(2G117A)

12. before~(~앞/~전)

① He | was before the king.(=in front of)(The White Cat)
① Your case | is before him and you must wait for him.(Job35:14)

13 behind~(~뒤/~후)

① He | is behind us.(Ge32:18KJV, 7JG64)
① The door | was behind him.(CN261)

14. below~(~아래/~밑)

① The shelves | is below the pictures.(=a lower place than sth)(1G117E)
① When thermometer | is below zero, water will freeze.(")(DED)
① Such a lie | is below your dignity.(SSE829)(네 위신 아래다)

15. beneath~(~아래/~밑/~낮음)

① I | am beneath you.(1FD192)
① The boy | was beneath the window.(Book Thief 459)
① Such a lie | is beneath you.(SSE829)(네게 안 어울린다)
① His behaviour | is beneath criticism.(SSE829)(비난할 가치도 없다)

16. beside~(~옆쪽/~곁)

① Alice is next to Bob or Alice | is beside Bob.(or by)(1G107A)

17. between~(~둘 사이)

① Bob | is between Alice and Carla.(1G107A)
① This | is just between you and me.(OAD, HaM608)
① The cigarette | is between her lips.(10JG346)

18. beyond~(~너머)

① The town | is beyond the river.(EJD159)
① It | 's beyond(or above) me.(SSE829)(내 능력 | 이해력너머 있다)
① Just throw it away. It | 's beyond repair.(EPH166)(수리할 정도을 넘다)

19. by~(~옆/~근처, ~지나, ~에 의해)

① Gollum | was by him.(=near or beside sb | sth)(2LR267)
① She | was by the door.(")(CEG296)
① Our house | is by the ocean.(")(1G107C)
① Who's」 that book 「by?(OED)(행위자)

20. down~(~아래/~내려)

① Three years of sweat and torture | would be down the drain.(5JG4)(허사가 되다)
① The suit | will be down fifty percent.(EXD305)(감가)
① Our house | is down the street.(EPL153)(~아래)

21. for~(~위하여/대신, 호의적 지향, 용도/목적; 계속성, 이유/원인)

① I | am for you.(=in favor of~)(1WS22)
① I | 'm for the Red Skins.(")(5JG248)
① This letter | 's not for me. It | 's for you.(1G57C,36A)(~을 위하여)
① These flowers | are for you.(호의적 지향)
① Who | 's for a beer?)(EPH70,2JJ77)(목적/의도)
① Are you | for (or against) the plan?(EPH71)(찬성/반대)

① The promise | is **for you and your children and <u>for</u> all who are far off.**(Ac2:39)(호의적 지향)
① If it | weren't **<u>for</u> you**, I wouldn't be alive today.(But for/WIthout)OED)(이유: ~ 아니라면/없다면)
22. forward(s)~ (~앞서/~나서)
① The player | was **<u>forward</u> a few centimeters.**(A US Patent Application)
23. from~ (~으로부터/~에게서, ~출처/~출신)
① The letter | was **<u>from</u> my uncle.**(the source)
① Butter | is **<u>from</u> milk.**(과정/형체변화/화학적변화)
① This passage | is **<u>from</u> the Bible.**(EJD693)(인용출처)
① I'm American, I | 'm **<u>from</u> Chicago.**(=the origin of sb/sth)(1G1A)(출신)
24. in~ (~안에/~내부,~범위, ~착용, ~승차, ~종사, ~상태)
① He | is **<u>in</u> me.**(1LT1241)
① My hope | is **<u>in</u> you.**(Ps 39:7)
① My brother is a soldier. He | is **<u>in</u> the army.**(1G68C,OAD)
① My destiny | is **<u>in</u> your hands.**(Ps31:16NABRE)
① Everybody | was **<u>in</u> their pajamas.**(2HP339,5HP476,2UE452)
① Sarah | is **<u>in</u> her car**. She is on her way to work.(2G1A)
① What | 's **<u>in</u> that box**(or that bag, that closet)?(1G104A,1G76A)
① The election results | are **<u>in</u> the paper** (this morning).(ECD1196)
① His house | is **<u>in</u> (<u>on</u>) fire.**(이미 불타다 | 지금 붙붙다)(EPN43)
① The entire machine | was already **<u>in</u> motion.**(2TC360)(동작)
① I | am not **<u>in</u> a good mood.**(TEPS)
① I | am **<u>in</u> stress.**(Ps 31:9)(상태)
① "Prince Anna | is **<u>in</u> trouble!**" he cried.(=in a state of being troubled)(Fr'n95)
① Tom's father | is **<u>in</u> the hospital.** – Which hospital is he in?(1G44A)
① Does your sister have job?— No, she | 's **<u>in</u> school.**(1G105C)
① I | 'm just **<u>in</u> time.**(soon enough)(ECD240,770)
25. inside~ (~안쪽/~안)
① The shouts | had been **<u>inside</u> his head.**(1CP129)
① The car is | **<u>inside</u> a garage.**(TOEIC)
26. into~ (~안쪽 지향, ~몰두. ~진입)
① I | am so **<u>into</u> you.**.(PPV139)(푹빠짐)
① He | is **<u>into</u> sports.**(=interested in sth)(EJD917, 12JG11)(몰두)
① They | were **<u>into</u> the final five minutes of overtime.**(진입)
27. like~ (~같아/~같이)
① All men | are **<u>like</u> grass.**(")(1Pe1:24,Isa40:6;Ps52:8)
① He | isn't usually **<u>like</u> that.**(the same as sb/sth)(2G4C)(Fr'n81)
① It | 's not **<u>like</u> that.**(=not that way)(NEI)
28. of~ (~소유/소속. ~재료)
① You | are not **<u>of</u> me.**(4DB453)(소속,1Co3:23)
① The table | was **<u>of</u> wood.**((MC874)(재료/형체유지/물리적변화)
① The picture | was **<u>of</u> a palace.**(19NG2)(관함)
① The matter | is **<u>of</u> little importance.**(DED,ASEc9)(형용사적 용법)
29. off~(~떨어짐/단절, 배제, 탈의; 즉시성)
① Nobert | was **<u>off</u> them.**(1HP241)(노버트는 그들에게서 떠났다)
① He | is **<u>off</u> women** since she jilted him.(EPL259)(여자를 멀리한다)
① He | was **<u>off</u> the team.**(=out of the team)(Vinne's Head)(팀에서 배제되다)
① I | was **<u>off</u> my feet**, lifted, and tossed as though I was a child.(2DK420)(발이 떨어지다)

① That way it | 'll be <u>off</u> **my mind.**(AM246)(마음에서 지워지다)
① His eyes | weren't <u>off</u> **the king** (for a moment).(YHD)(떨어지다)
① | **<u>Off</u> the car!** (차에서 내려!)
① I | 'm <u>off</u> **alcohol** now.(PPV151)(술을 끊다)(
① I | 'm <u>off</u> **the case.**(EPL259)(사건에서 손 떼다
① Has your phone | been <u>off</u> **the hook?**(EXD485,ECD693))(내려져 있다)
① I took the plate off the table and now it | is <u>off</u> **the table.**(LEG148)(내려져있다)

30. on~(~붙음/~접촉/~집중/~공격, ~착용/~승차, ~소속/소지; 계속성)

① In a moment Gollum | was <u>on</u> **him.**(=attack)(Ho83, 7JG88)
① All eyes | were <u>on</u> **him.**(12JG314, 3HP345)
① I can't do anything while the dress | is <u>on</u> **you!**(입다)
① The drinks | are <u>on</u> **him.**(EPN146.33)(한턱 내다)
① The joke | was <u>on</u> **me.**(=applied to)(EJD)
① He | is <u>on</u> **the team.**(=belong to)(1HP153)
① How many are {there} | <u>on</u> **a soccer team?**(")(1G35A)
① He | was <u>on</u> **his feet.**(=stood)
① He | was <u>on</u> **his knees.**(=knelt)(TOEIC)
① Let me see. 'What | 's <u>on</u> **your mind?**(ECD804)
① Your keys | are <u>on</u> **the table.**(1G1B)
① Am I | <u>on</u> **the right bus** to City Hall?(ECD226)
① She | was <u>on</u> **the phone.**(talk on the phone)(<3G46C)
① The president's speech | is <u>on</u> **television** (tonight).(1G25X2,ECD1070)
① I' | ll be <u>on</u> **my best behavior.**(영작문사전)
① I | am <u>on</u> **a big case.**(1NG36)
① He | is <u>on</u> **the job.**(ECD1114)
① It | wasn't <u>on</u> **purpose.**(=purposeful)(NEI)
① The troops | are <u>on</u> **the march.**(ZEG312)
① Jane isn't at work this week. She | is <u>on</u> **vacation.**(1G109A,14B)
① My office | is <u>on</u> **the first floor.**(1G68A,ECD407)
① The clocks | are <u>on</u> **the wall.**(TOEIC)
① He | was <u>on</u> **his way.**(in progress)(NEI)
① Alice | is <u>on</u> **the left.** Carla | is <u>on</u> **the right.**(1G107A, ECD105)
① Am I late?—No, you | 're <u>on</u> **time.**(1G2B,109A,116A,ECD489)
① The bus | isn't always <u>on</u> **time.**(2G29A)

31. out~(~밖/~바깥)

① And she | was <u>out</u> **the door.**(25NG29)

32. outside~(~바깥쪽/~밖)

① Their car | isn't <u>outside</u> **the house.**(2G27A)

33. over~ (~위, ~건너, ~넘어, ~덮음)

① What | 's <u>over</u> **you?**(=what happened to you)(2JoS584)
① She | isn't <u>over</u> **my brother Allie** (yet).(JDS255)(아직 못 잊는다)
① And his hand | was <u>over</u> **his mouth.**(24JB32,8TC398)(~덮어)
① They had been <u>over</u> **this** (before).(=did rehearsal)(2SK143)
① At last we | were <u>over</u> **our difficulties.**(=out of)(LEG147, OAD)
① Junie B.! | **<u>Over</u> here,** honey. Daddy and I | are <u>over</u> **here**(2JB65).(~너머)
① They | were <u>over</u> **the bridge** and into Arkansas.(4JG462,3G88A)(~건너)
① Once she | was <u>over</u> **the border,** she knew she would be safe.(across)(3G88A)

① My house | is just **over** the hill.(EJD1247)(~위)
① Tom | was **over** the fence and gone.(1MT17,EPH19)(~건너)
① You | shall be **over** my house.(=in charge of~)(Ge41:40)
① The conversation | isn't **over** politics.(=about)
① She | is **over** thirty.(EPH17)(~넘어, 초과)
34. past~(~지남)
① She | was **past** them.(passed by)(Nanny)
① We | 're way **past** the roadblocks.(2SK282, 7JG23)
① It(=The library) | 's **past** the post office.(ECD103)
① She | is **past** her anger.(=anger is over).
① The flowers | are **past** their best.(=over)(OED)
35. through~(~통함/~통과)
① He | was **through** this (before).(=pass, experienced)(9JG4)
① We | all **through** the ranch?(=pass)(2JoS555)
① Wally | was **through** the door and gone.(4JC1373)
36. to~(~향해, ~중립적 지향, ~소속/~맞춤)
① His back | was **to** us.(향해)(HL238,3HP165,EJD)
① Canada | is **to** the north of the United States.(EJD)(향하여)
① The music | is **to** my taste.(맞다)(EPN121)
① Sue | hasn't been **to** Mexico.(1G44A)
37. toward(s)(~쪽을 향함)
① But my eyes | are **toward** you, O God, my Lord;(Ps141:8)(~향해)
① His back | was **toward** us.(HL238,3HP165;,EJD)(~향해)
① The tendency of the world affairs(or situation] | is **toward** war.(DED)
① ... it | was **toward** evening, the time the women go out to draw water.(Ge24:16)
38. under~(~아래/~낮음, ~보호/통제)
① The civilian air controllers | are all **under** guard.(=under protection)(5TC217)
① The cat | is **under** the table.(1G107D)
① The bridge | is **under** construction.(EPN127)
① The question | is still **under** discussion.(ZEG312)
① I started drinking when I | was just **under** 20.(EPN172)
39. up~(~위/~상부)
① She | is **up** the stairs.(2JA368)
① The village | is further **up** the valley.(OAD1428)
40. upon~ (~위에 붙음, ~다가감)
① The enemy | is **upon** you.(1LR240,Jdg16:14)
① These commandments | are to be **upon** your hearts.(Dt6:6)
41. with~(~함께/~동반/~수반)
① Was she | **with** her friends? No, she was by herself.(1G61B,4CD310)
① Are you | **with** me?— I | 'm **with** you.(agree, understand)(GO18,ECD943)
① What department is he | **with** ∨?(ECD644)
42. within~(~안/~범위)
① You'll have to listen within yourself, then you will notice [that I am **within** you],(HH170,HH91)
① I imagined [that this | was **within** my grasp],(5ST388)
① Is it | **within** walking distance?(OED)
43. without~(~없이, ~불동반/~불수반)

① We | have been without **an interpreter**.(SW156).

① Some | were without **shoes**.(2SK157) (O'B179,OHS213)

① If a war | is without **justice**, the soldier knows that the sacrifice of his life is demeaned.⌃

(b) 분리전치사

1. about~

① In my family, money | was never been **spoken** (‖) about.(PEU436)

① It | was **talked** (‖) about.(1MT212)

2. after~

① They | are being very well **looked** (‖) after.(=taken care of)(3TC22)

① In financial matters, Barney's opinion | is much **sought** (‖) after.

3. against~

① He said [that he | was never **discriminated** (‖) against].(MJL372)

① This child is destined to be a sign <that | will be **spoken** (‖) against>,(Lk2:34)

4. at~

① My life | is **aimed** (‖) at (by the conspirators).(1ATC728,724)

① We hope [that an agreement | will be **arrived** (‖) at].(BEG243,REG181,1ACD39)

① Let her keep the things as her own, or we | shall be **laughed** (‖) at.(Ge38:23)

① He | was **looked** (‖) at,(영작문대사전)

① That | is being **looked** (‖) at.(3TC76)

① He pointed at the secretary, who despised [| being **pointed** (‖) at].(6JG273)

① He and his comrade | were being **shot** (‖) at.(BP334)

① They were banished from their fellow men, | **shouted** (‖) at..(Job30:5)

① Both | was **smiled** (‖) at and liked (in Mrs. Vardeman's).(2OH112)

① They | were **stared** (‖) at.(1MT212)

① He | was often **talked** (‖) at.(2CD97)

① It | is not to be **wondered** (‖) at.(2ACD73)

5. for~

① Everything | was **accounted** (‖) for (by number and weight),(Ezr8:34)

① All these factors | must be **allowed** (‖) for.(OED)

① And the bloodshed | will be **atoned** (‖) for.(Dt21:8)

① An exhumation | was **applied** (‖) for and granted.(7AC62,2ACD344)

① As this | has all been **arranged** (‖) for, I had better go out,(RTK105:49)

① You | are **asked** (‖) for and **sought** (‖) for,(3WS39,BP51,JJR344)

① You | are **called** (‖) for.(4LR289, GB537,1WS39)

① The families | were well **cared** (‖) for.(RTK76:78,22:119)

① This is [what the ancients | were **commended** (‖) for].(Heb11:1)

① But it's delivery | had been already **contracted** (‖) for.(5JG479)

① I | am **done** (‖) for.(=finished)(ECD121,1JJ105,Hot47,BP113.1JWG101,2JJ252,ML4)

① Each road | had been **fought** (‖) for, each tiny village.(5TC352)

① Sun Qian saw [that no help | could be **hoped** (‖) for].(RTK24:46,CoD352)

① It | was **looked** (‖) for (again).(1CDd209,MBE114,1WS39)

① ... her sin | has been **paid** (‖) for,(Isa40:1)

① Each | should be **prayed** (‖) for (apart from the others).(2JJ214)

① .... so that your master's grandson | may be **provided** (‖) for.(2Sa9:10)

① The doctor(or The carriage) | was **sent** (‖) for.(7AC28;1ST287)

① What shall we do for our sister for the day <she | is **spoken** (‖) for>?(SS8:8)(=on behalf of her)

① I | am **waited** (‖) for (in Egypt).(OW12)

① The more | to be **wept** (‖) for, the less men wept for them.(Aug243)
① Death was {too} definite {to be **wished** (‖) for, or avoided}.(NH188)

6. from~
① Since walking out of the hospital, he | had not been **heard** (‖) from.(5JG478)
① It | was **reprinted, pirated, imitated, stolen** (‖) from.(JWG2)

7. in~
① He | was **believed** (‖) in (throughout the world).(1Ti3:16NLT)
① It | will never again be (inhabited or) **lived** (‖) in (from generation to generation).(Jer50:39)
① These seats | have ever been **sat** (‖) in.(2MiC78)
① This room | has never been **slept** (‖) in (for years).(SBE330,1ACD784,2ACD479)

8. into~
① Our house | was **broken** (‖) into (a few days ago).(2G133B)
① The matter | is being **gone** (‖) into.(OED)
① The matter | should certainly be **inquired** (‖) into.(2ACD550,6AC79)
① His disappearance | is being **looked** (‖) into (by the police).(OED)

9. of~
① His life | is **despaired** (‖) of.(DED,1ACD4,817)(그는 살아날 가망이 없다).
① The gate guard | was soon **disposed** (‖) of,(RTK58:36, JV87)
① Has anything like it | ever been **heard** (‖) of?(Dt4:32)
① Demetrius | is well **spoken**(‖) of (‖ by everyone)—and even by the truth itself.(3Jn1:12)
① Mr Perry | was **talked** (‖) of.(JA84,2JA145,7WS19)
① When supper was over, singing | was **talked** (‖) of.(2JA145,14)
① The expense | shall not be **thought** (‖) of.(JA122,2JA9,2ACD283)
① This | is **written** (‖) of, I am sensible, as it had lasted a year.(3DC339)

10. on~
① Yet characters and structures | may thus be **acted** (‖) on.(Darwin66)
① But at least one thing | can be **agreed** (‖) on.(NEI)
① The sick boy | was **attended** (‖) on.(SED)
① He | was **believed** (‖) on (in the world),(1Ti3:16).
① The strip of the land | had not been **built** (‖) on.(BP468)
① The man of action | is **called** (‖) on.(=asked, requested)(4WS380)
① I | had been **cheated** (‖) on and I had been lied to.(Trump)
① What letters?—Those <in which my death | was **decided** (‖) on>.(Lupin244)
① I am sure [he | may be **depended** (‖) on].(1JA82.REG181)
① Home schooling | was often **frowned** (‖) on (by politicians).(3CPV32)
① This | can hardly be **improved** (‖) on(or upon).(DED)
① We are {such} stuff {as dreams | are **made**(‖) on}.
① He | is not to be **relied** (‖) on.(SBE86,GB517)
① Their going farther | was **resolved** (‖) on.(1JA360)
① By this light, I | am well **spoken** (‖) on.(spoken highly of)(4WS332)
① They | have been **stepped** (‖) on.(10JG172)
① Though they | be not to be **talked** (‖) on, they are past compare.(3WS60)
① It | must be **thought** (‖) on.(5WS24)
① You | are well **thought** (‖) on.(4WS354)
① The moral motives behind the attempt | were scarcely **touched** (‖) on.(Hitler)
① It(=the seed) | was **trampled** (‖) on.(Lk8:5)
① Don't leave the hats on the floor, they | 'll be **trodden** (‖) on.(3ST209,4WS114)

① The new proposals | were to be **voted** (‖) on (in the Parliament).(3CPV110)
① Have you | been **waited** (‖) on(or upon)?(ECD423)
① That | 's being **worked** (‖) on.(5TC437)

11. over~

① They(=the offices) | were **fought** (‖) over (by the younger partners).(5JG22)(~을 두고 쟁취)
① The problem | can be **got** (‖) over (without too much difficulty).(OED)
① This was a defeat <which | could not be **glossed** (‖) over>.(Hitler)
① My opinion | was **passed** (‖) over.(=ignored | disregarded | neglected)(RTK2:34)
① The hole | is **patched**(or **plastered**) (‖) over.(SED)
① ... their eyes | are **plastered** (‖) over [so they cannot see],(Isa44:18)
① A dog | was **run** (‖) over (by the van).(=collided)(SBE84)
① ... the accounts | were **slurred** (‖) over (by bribed auditors).(2ACD256)
① Their treasures of silver | will be **taken** (‖) over (‖ by briers),(Hos9:6)
① You | are not to be **talked** (‖) over.(1ACD572)
① She saw two French policemen and she tried to escape, but | was **tripped** (‖) over.(Hansard)

12. through~

① The city wall | was **broken** (‖) through.(2Ki25:4,Jer39:2,52:7)
① Whoever is captured | will be **thrust** (‖) through;(Isa13:15)

13. to~

① So the plan | was **agreed** (‖) to.(RTK11:54,64:31,71:54)
① The problem itself | must be **admitted** (‖) to.(Rules279)
① The facts | are **alluded** (‖) to (in our fourth chapter).(Darwin197,REG181)
① Are you | being **attended** (‖) to, sir?(OED)
① I | won't be **dictated** (‖) to.(ECD523)
① ...; later this wish | was **expanded** (‖) to: by as many men as possible.(Freud372)
① The agreement | was not being **kept** (‖) to.(JJR520)
① Simon insisted [that work schedules | should be **kept** (‖) to].(3G39X)
① We | were **lied** (‖) to.(Vietnam,5JG18)
① No one is all happy [| being **lied** (‖) to].(Plato77)
① She | is never **listened** (‖) to.(PEU390, RTK96:59)
① His sisters | are not to be altogether **objected** (‖) to.(1JA24)
① In the previous chapter Colnett and Cuvier | have been **referred** (‖) to,(HeM223)
① He | had been **replied** (‖) to (in Spanish).(6TC8)
① The wireless calls | were soon **responded** (‖) to.(프렌딕.영작문사전)
① He | isn't **said** (‖) to (anyway).(Plato107)
① It | shall be **seen** (‖) to (without fail).(GB663)
① Always answer when you | 're **spoken** (‖) to!(LEG185,3HP361,8JG214)
① The children came and | was **talked** (‖) to (1JA165,HS12)
① When we have the damaged port side alee, then I | shall be **tended** (‖) to.(5TC204)
① He | was **turned** (‖) to (by the political parties in Parliament..) (PBS)
① She | was (or must be) **written** (‖) to.(7AC150,1JJ307,PRG267)

14. upon~

① Data | was handled, plotted, and **acted** (‖) upon (in seconds).(5TC218)
① The decree <issued to me some time ago> | has never been **acted** (‖) upon.(RTK14:9)
① We | were being **advanced** (‖) upon.(HL159)
① After long haggling, a price | was **agreed** (‖) upon.(사전연구사,JWG39)

① It(the act) | had been admired and **commented** (‖) upon.(3ST245,REG181)
① An attack | was **decided** (‖) upon(or on).(RTK101:63,18:5,2:6)
① Since then the law | has been **enlarged** (‖) upon.(1MiC272)
① If they | are **fired** (‖) upon, they would fire back to protect themselves.(JFK)
① Once the way | is **fixed** (‖) upon, everything will be done accordingly.(KED)
① The manner of Saint-Loup | would have been **frowned** (‖) upon.(3ST128)
① These terms | were **insisted** (‖) upon(or on)(REG182)
① 'Tis needful that the most immodest word | be **looked** (‖) upon.(4WS462)
① He | had been **played** (‖) upon, used, and then discarde.(OHS211)
① You | are rather **put** (‖) upon.(=being used)(CB60,EID708)
① The Vermissa men | were **relied** (‖) upon.(2ACD297)
① Something | msut be speedily **resolved** (‖) upon.(RLS19)
① I | was **smiled** (‖) upon and spoken to.(2ST79)
① He | was **trampled** (‖) upon and shoved forward.(2OH94)

15. with~

① The deposit contract | was **agreed** (‖) with (by parties).
① I | won't be **argued** (‖) with.(1ACD, RTK32:74,59:118,BP41)
① In some way the legal forms | have undoubtedly **complied** (‖) with.(2ACD458,1ACD114)
① These are very simple requirements, but they | must be **conformed** (‖) with.(OPV)
① I will consider it as soon as Yuan Shang | has been **dealt** (‖) with.(ROTK32:74)
① The problem | was seriously **dealt** (‖) with.(RTK32:74,59:118,BP41)
① His services | can be **dispensed** (‖) with.(TOEIC)
① They | 're all dead and **done** (‖) with.(=finished)(6AC125,7AC108, RTK49:77)
① Gloria | wasn't to be **fooled** (‖) with.(JMV153)
① And if she | 's **interfered** (‖) with, you'll have me to deal with.(3AC284,REG182)
① His position | had been irrelevantly **juggled** (‖) with.(OHS211)
① Smaug | was still to be **reckoned** (‖) with.(Ho217)
① The record | may have been **tampered** (‖) with.(2UE88,11JG455)
① You ought to know, that I | am not to be **trifled** (‖) with.(1JA452,Rules105)

(c) 복합전치사

복합전치사는 1.3.C. 복합전치사구 술어, 분리복합전치사는 1.5.A. -ed형 술어 각 참조

C. 소사

(1) 소사의 기능과 위치

그 자체 독립하여 주성분(주어, 술어, 목적어, 부가어)이나 부속성분(형용어, 부사어)에 사용되며 그 기능과 위치는 다른 품사와 같다. 이하에서는 1형 예문을 열거한다,

(2) 종류

1. about (근처/근접, 활동)

① Estella | was always **about**.(=near, close)(Exp95,3LR302,EPH35)
① Nasty things | were **about**.(=present here and there)(2LR254)
① | **About**. my brain!(Go to work!)(2WS72,8WS129)

2. above (위)

① Is it | **above**, or below?(=at or to higher place)(DED)

3. across (가로지름, 전달/이해)

① He | 'll soon be **across**.(from one side to the other side)(EJD,JS327)
① Their message | was **across** already.(전달 | 이해)

4. after (뒤/앞, 따름)
① It | is **after** but before.(Ro4:10)
① Hide fox, and | all **after**.(Hide and seek)(2WS104))
5. ahead (앞섬/먼저)
① They | were **ahead**.(=in a forward direction or position).(ES36)
① A lot of work | is **ahead**.(=in advance of)(OED)
6. along (이동/따름)
① I | 'll be **along** (in a few minutes).(I'll join you)(OAD.JMV151)
① My sister | was not **along**.(move from one place to another)(EJD,SED,MED)
① Will the bus for the airport | will be **along** (soon)?(=come)(EJD,EPH163)
7. apart (떨어짐/분리)
① We | will be never **apart**.(=separate)(HM1135, Flies237)
① Jesus | is **apart**.=(aside)(Stott36)
① Go but | **apart**.(=go aside)(2WS115)
8. (a)round(주위/근처, 돌기)
① Is your Mum | **around** (or **about**)?(=near sb | sth)(EPH171,LC'111)
① The car | will be **around**.(=near or return)
① **Round** and **round** and I never know why.(=turn)(Lyrics)
9. aside (옆, 비키기, 제쳐두기)
① | **Aside**: here comes the king.(=to or toward the side)(2WS130, MED)
① Money worries | **aside**, things are going well.(=out of the way)(OED)
10. away (떠남, 이동. 멀어짐/사라짐; 계속성)
① | **Away**!(=to a different place or in a different direction((SED)
① When the cat | is **away**, the mice will play.(=absent)(ECD1241)
11. back (뒤. 후진/되돌기)
① | **Back**!(away from the front; behind)(Godot36)(1JG314)
① Tim is away. He | 'll be **back** (on Monday).(=return)(1G112)
① The hammer | was **back** and the safety off.(=behind)
① The car | was **back** (all in one piece).(=return)
12. backward (뒤/후방, 쳐짐)
① He | was **backward**.=(behind).
13. before (앞/전)
① He called him <that | was **before**>.(Ro4:10)
① There are buildings | **before** and after.(EPL117)
14. behind (뒤/뒤쳐짐, 늦음)
① We | 're **behind**, Mitch.(=late, later than sth)(5JG225)
15. below (아래)
① The crew | is **below**, preparing the ship to sea.(3TC492)
16. beneath (밑/아래)
① The water | was **beneath**, blood-stained and turbulent.
17. between (사이)
① Don Quixote's chamber door only | was **between**.(MC323)
18. beyond (너머)
① I | should be still be **beyond**.(2DC43)
19. by (옆, (약간)지남)
① Nobody | was **by**.(=close at hand, near; beside)(SED,JA9)
① Is my pair of tens still high?— | **By me**.(=past me)(OED)

① Some six or seven years | are **by** and gone since then.(=pass)
20. down (아래, 내림, 저조, 기록, 실패, 고장/파괴)
① | **Down**! **down**!(=in a lower position)(2LR250)
① Mary | is not **down** (yet).(=in a lower place)(OAD,ECD763)
① He | was very **down** (after failing the test).(=in a lower condition)(EJD,JS606)
① Head | **down**.(1HP112)
① Ma's head | was **down**.(JS320,482,3TC476)
① He(or Your bags) | will be **down** (in a few minutes).(=in a lower place)(REG326)
① Plant noises | are **down** quite a bit, aren't they?(=lower)(5TC638)
① Our washing machine | is **down**.(=out of work)(ECD579)
① His name | 's been **down** ever since he was born.(=written)(1HP58)
① Mission performance | was **down**.(=fail)(5TC662)
① The house | was **down**.(=destroyed)
21. forth (앞섬, 바깥)
① They | are all **forth**.(=in front, outside)(1WS91)
① | Now **forth**, Lord Constable, and Princess all.(5WS68)(")
22. forward (전진/앞섬, 솔직)
① They | are **forward**.(=towards, in front)(3TC492,CPD5,2ST459)
23. in (안, 듦/들기, 제출)
① Nobody | was **in** when we called.(OED)
① Is Tim | **in**? No, he's out.(=inside, present)(LEG190)
① " | **In**!," he said.(2HP78)(=Come in)
① All | **in**!(2JJ96)
① Is the cat | **in**?(EPL219)
① Is the train | **in** (yet)?(EJD)
① The application | must be **in** (by April 30).(=submitted)(OED)
24. inside (안쪽, 들기)
① " | **Inside**, please."(3HP132)(=in)
① He | was **inside**.(5JG364,24NG18)(=in)
25. like (같음, 닮음)
① Why, they | are exactly **like**. And yet, they | are not **like**.(1CLS759)
① They're not twins, but they | 're very **like**.
26. off (떨어짐/떠남, 틀림, 화남, 무의식/몽환, 수면, 탈의 ,꺼짐, 중단,휴무)
① I | must be **off** (soon).(=leave, away)(OAD, 20NG33,EPN147)(떠나다)
① There she | was **off** (again).(KM71)((다시) 시작하다)
① They | are **off**.(=wrong)(2OH48)(틀리다)
① Both | would be **off** (in spasm of laughter).(VW141)(터뜨리다)
① Nino | is **off**, growling at some poor suckers.(=angry)(8JG99)(화나다)
① Dill | was **off** (again).(=in a trance)(HL192)(무의식, 몽환)
① He | 's **off**.(=asleep)(1EH178)(잠들어 있다)
① "Are their heads | **off**?," inquired the Queen.(=detached)(LC65)(목이 떨어지다)
① His jacket(or shirt) | was **off**.(=removed)(6JG34,7JG106)(탈의)
① The light(or switch, TV) | was **off**.(=disconnected)(3TC406,4JG286)(
① The meeting(or wedding) | was **off**.(=cancelled)(OED)(취소되다)
① Today is a travel day and then tomorrow | is **off**.(휴무)
① At least one full day in a week | is **off**.(")
27. on (붙음, 시작/계속, 동의, 주춰, 흥분/고조, 취업, 승차, 착용, 통화. 작동/켜짐)

① | **On**, on!(=Be close! Attack!)(공격) | **On**, lad! On!(=continue)(3LR311)(계속)
① There's a party tomorrow night. Are you | **on**?—I | 'm **on**!(=agree)(SED,EPN34)(동의)
① He | 's almost always **on** (Thursdays).(=in a great mood)(4SK71,SED)(고조)
① He | was now slightly **on**.(=drunk, excited)(SED,1ACD109)(주취, 흥분)
① He | 's been **on** (for five years here).(=on duty)(SED,OAD)(고용)
① He | 's **on** (the phone) now.(5TC873)
① Hurry up, Peter, you | 're **on** (stage).(OED)(등장)
① The bus driver waited until everybody | was **on** (the bus).(OED)(탑승)
① The rest of his clothing | was still **on**.(=being worn)(4JG227)(착용)
① The light(or radio, TV) | is **on**.(=operating)(2G137A,OAD,25NG12)(작동/켜짐)
① The war(or party, race) | was **on**.(GO151;SED)(시작/계속)
① What | 's **on**?(=What's happening?)(SED1578)(실행)
① My day off | is now **on**.(20NG40)(시작)

28. out (밖, 외출, 탈락/포기, 무의식/수면, 출간, 노출/탄로, 끄짐)

① Is your mother at home?—No. she | 's **out**.(=outside)(1G2A)(외출)
① I've always known I was gay, but I | 've only been **out** (for two years).(OED)(노출)
① He | is **out** because he is ill.(=quit)(SED)(포기)
① I | was all **out** (of it).(JDS166)(떨어 | 없어지다)
① Two drinks and he | 's usually **out**.(=unconscious)(SED)(무의식)
① My back | was **out**.(=dislocated)(EJD)
① My tooth | was **out**.(20JB27)(탈락)
① His pistol | was **out** (again).(2TC1239)(노출)
① The book | is now **out**.(=published)(EJD,ECD1076)(출판)
① The candle(or fire) | was most **out**.(2MT271,EJD)(끄짐)
① Word | was **out** — the new batch had arrived(7JG17)(탄로)
① She was so afraid [now that her secret | was **out**].(Fr'n42,EJD)(탄로)

29. outside (바깥쪽)

① And the air grew cold. I | 'm **outside**.(=on or to the outside)(2DB28)

30. over (건너, 위, 뒤집기/구르기, 가기/오기, 전달/이해, 끝남)

① I | 'll be right **over**.(=come/go, across an open space, etc)(DED,1NG11)
① Do you understand now?— | Not **over** well.(YBM)(전달/이해)
① Our ambulance | will be right **over**.(ECD630)
① The balloon | is directly **over** (his head).(YBM)(위)
① | **Over** (light), please.(DED)(가볍게 뒤집어라)
① The shoe | is **over**.(EPH14)(뒤집히다
① The party(or job, game) | was **over**.(ended, finished)(Fr'n40;1NG60,EPH11)
① My time | is almost **over**. Winter | is **over**.(=ended)

31. past (지남)

① The Bloody Baron | 's been **past** (twice already).(1HP157)
① The time for discussion | is **past**.
① Spring | is **past**.(=pass)(OED)

32. through (통과, 지남, 끝남)

① He | was **through** (the door).(통과하다).
① Are you | **through**?(=finished. pass)(EJD,ECD98)
① I | was **through**.(전화 연결되다/끝나다)
① Tom and I | are **through**.(관계가 끝이다).

① The bill | was **through**. (법안이 통과되다)
33. to (지향, 닫힘)
① Is the door | **to**?(=closed, 닫히다)(EPN122,YHD)
34. together (동반/합침, 온전)
① I don't know, but they | were **together**.(2DB287,Ac2:44,Fr'n14)
① His hands | were **together**.(=clasp, join hands)
① "Are you | **together** (again), Jean Louise? "(HL317)(정신 온전하기)
35. toward(s) (지향,시작)
① The feast | is **towards**.(=nearer in time/at hand))(YHD)
36. under (아래, 무너짐, 최면)
① "We | are **under**," the pilot said.(2Mic48)(아래)
① He knew [the bow | was **under**. and they were trapped].(무너짐)
① I am afraid [they will start cutting me before I | am properly **under**].(2CSL139)(마취)
37. up (오름, 접근, 출현, 고조, 깨어남, 일어남, 발생, 끝남)
① Everybody | **up**, please!.(=ascend, rise)(Die Hard164)
① My wife | is **up**.(=approach)(House of Cards)
① The citizens | are **up**.(")(1WS)
① Mark | isn't **up** yet. He's still in bed.(=awake, be out of bed)(2G121A)
① Sometimes I | am **up**, sometimes I am down.(=happier)(Hym,EPN78)
① His hand | was **up**.(=be raised)(5HP243)
① The sun | was already **up**.(=towards or in a higher position)(OED)
① Food prices | were **up**.(=rise, increase)
① Something | was **up**.(=happen)(JG321,1LT349,EPN80)
① It | 's all **up**.(=come to an end)(1LT358,EPN78)
① Time | is **up**.(=ended, over)(OPV26)
38. upon(시작, 계속)
① Darkness | was **upon**.(=on)
39. within(안, 내부)
① Where is my mother! why, she | is **within**.(=in, inside)(1WS61)
40. without(없음, 바깥)
① She | wasn't **without**.(=not lacking)(6ST312)
① No bathroom | should be **without**.(=denied or deprived of)
① He | was **without** (at that time of the night).(=out, outside)
[etc.]
① The meal | was **afterwards**.(BEG393)
① The underlying trend of inflation | is still **upwards**.(OED)
(b) 복합소사
복합소사에 관하여는 1.4.B. 복합소사 술어 참조

4.5 접속사(conjunction), 감탄사(interjection)

A. 접속사(conjunction)

(1) 접속사의 기능

접속사는 단어(word), 구(phrase), 절(clause)를 연결하는 기능을 가지는 연결어의 일종으로 등위접속사와 종속접속사가 있다. 한 문장에서 접속사는 하나 이상일 경우도 있다.

_ It was late hot and I was tired, so I went to bed.(1G95E)

_ I love New York, but I wouldn't to live there because it's too big.(1G95E)

(2) 등위접속사

등위접속사는 단어, 구, 절, 문장을 문법상 대등한 관계로 연결하는 접속사이다.

(a) 단어/구의 연결

1) and

_ Ann and I are good friends.(1G1B)(2개의 명사)

_ Slow and steady wins the race.(SBE120)(2개의 형용사)

_ He beat her black and white.(SBE87)(")

_ He shouted and shouted, until the security guard dragged him out.(SBE150)(동일어구 반복 강조)

_ He killed the fly wilfully and quite mercilessly.(ESA45)(부사와 부사구)

_ at West 39th Street and Seventh Avenue(DED)(2개의 구)(~과 ~의 교차점)

_ Joab saw that there were battle lines in front of him and behind him;(2Sa10:9)(2개의 전치사구)

2) but

_ I got it wrong. It wasn't the red one but the blue one.(OED)(2개의 명사구)

_ Heaven's vengeance is slow but sure.(SBE284)(2개의 형용사)

_ You will plant but not harvest;(Mic6:15)(2개의 동사)

_ You will eat but not be satisfied; your stomach will still be empty.(Mic6:14)(능동사와 수동사))

3) or

_ Which is bigger— Canada or Australia?(1G45B)(2개의 명사)

_ Which is worse— a headache or a toothache?(1G88D)(2개의 명사구)

_ Is it cheaper to go by car or by bus?(1G85B)(2개의 전치사구)

_ Have you come here by plane or on foot?(2G125B)(2개의 전치사구)

_ The president or his representatives are to attend the meeting.(3G41C)(명사와 명사구)

4) yet

_ This a strange yet true story.(DED)(~하지만)(2개의 형용사)

_ It is completely waterproof, yet light and comfortable.(OED)(2개의 형용사)

(b) 절/문장의 연결 (and, but, or, for, so, yet)

1) and

(i) 연계접속사: 첨가의 의미가 있는 등위접속사(그리고)

두 문장의 주어가 같으면 뒤의 주어 및 and 앞의 콤마는 생략한다.

_ Harry sang and (he)* danced.(CES68)(순서대로 말하기)

_ We stayed at home and (we)* watched television.(1G95A)(")

_ The whole world was astonished and followed the beast.(Rev13:3)

_ May the LORD be our judge and decide between us.(1Sa24:1))(be술어와 능동사)

_ Jim wanted [to leave London] and [to travel to Sicily].(ESA280)(2개의 to~절)

cf. Holy, holy, holy is the Lord God Almighty, who was, and is, and is [to come].(Rev4:8)

☆ and 뒤에 오는 정형절 중에는 부대상황을 나타내는 비정형절(분사구문)으로 바꿀 수 있는 것이 있다.
We stayed at home, watching television.

(ii) 두 문장의 주어가 다르면 and 앞에는 콤마는 붙이거나 생략한다.
_ The car stopped, and the driver got out.(1G958A)(주어 다름)
_ A car stopped and a man got out.(1G54D)(")
_ He starts at 7;30 and (he) finishes at 8:00 at night.(1G5B)(주어 같음)

(iii) 절과 절(유사 어구)의 조건 반사적 연결을 나타내는 경우
_ Hurry, and you will be in time.((YBM)(명령문의 뒤에서: ...하면)(If you hurry, you will...)
_ You give me your phone number, and I'll give you mine.(1G60A)(조건문의 뒤에서:...~하면)
_ He promised to come and didn't.(")(모순・대조적인 내용을 이끌어: 그러나; 그런데도, 그러면서도)
_ The well is empty, and when you let the bucket down, nothing comes up.(")(당연한 귀결・경과를 나타내어: …이므로, …인 까닭에)

2) but

반의접속사: 반대의 의미가 있는 등위접속사(그러나, ...지만)
뒷 문장의 주어는 앞 문장과 같더라도 생략하지 않는 것이 원칙이다.
_ I bought a newspaper, but I didn't read it.(1G95B)
_ It's a nice house, but it doesn't have a garage.(1G95B)
_ I never go to the theater, but I go the movies a lot.(1G69B)
_ It is true (that) he lied, but he had no choice.(SBE120)
_ We came in first but (we) didn't win the race.(PEG288)

3) for

앞 문장의 부가적 설명/이유 '왜냐하면 …이니까, 그 까닭은 …이므로' 뒤에 콤마나 세미콜론 오는 경우도 있다.
_ It is morning, for the birds are singing.(DED)
_ For if you forgive men when they sin against you, your heavenly Father will also forgive

4) or

(i) 둘 이상 중 하나를 선택하는 경우에 사용한다.(또는, 혹은)
_ Do you want to go out, or are you tired?(1G95B)
_ Is is raining or has it stopped? It is raining.(ZEG347)
_ She didn't write [when I was ill, or when I got married].(PEU500)

(ii) 명령문/조건문 상당어에 사용한다.(...하지 않으면)
_ Be careful, or you may hurt yourself.(SBE120)
⇒ If you are not careful(or Unless you are careful), you may hurt yourself.
_ Don't get lost, or I will have two cases to solve.(3NG)
_ We must be early or (else) we won't get a seat.(PEG289)

(iii) 앞서 말한 내용을 정정/보충하여 ...이라기보다는 차라리(오히려), 아니
_ He is enjoying himself, or at least he appears to be enjoying himself.(YBM)(아니)

5) so

원인-결과를 나타낼 때 사용한다.(그 결과로, 그래서, 그러므로)
_ It was very hot, so I opened the window.(1G95A)(등위접속사)
_ Joe plays a lot of sports, so he is very fit.(1G95A)(등위접속사)
cf Come quietly, so (that) she doesn't hear you.(PEU578)(목적:종속접속사

6) yet

반의/양보를 나타낼 때 사용한다. (그러나, 그렇지만, 그런데도)

_ It's a small car, yet it's surprisingly spacious.(=but)(OED)
_ I don't eat much, yet I am a size 15.(")(CED)
_ His voice was soft, yet laden with threat.(")(OED)
_ ..., and shoes <that gleamed like new yet looked like cast-offs> —...(BSA50)

(3) 종위(종속)접속사

주절과 그에 딸린 종속절을 연결시키는 접속사이다. 종속절은 홀로 나타날 수 없다.

☆ after, although/though, as./like, because/for, before, but, if, once, since, that, unless. until/till, when, where, whether/if, while, wh-+ever

1) after

어떤 일이 다른 일의 후에 일어날 때 사용한다.

_ Our talk was [after he suggested that the girl didn't find me attractive].(CRL73)
_ I call you [after I've spoken to them].(OED)
_ He never played football again [after he broke his leg].(1G93A)
_ After he broke his leg, he never played football again.(")

2) although(격식체)/though(비격식체))

(i) 주절과 종속절에 일어난 일이 대조를 보일 때

_ I couldn't sleep [although I was very tired].(2G110D)
_ Although it rained a lot, we enjoyed our vacation.(2G110A)
_ He says he'll pay, though I don't think he will.(PEG289)

(ii) 형용사 강조의 경우; although는 형용사 강조 불가

_ Hot though (or as) the night air was, they slept soundly.
_ Though(Although) the night air was hot, they slept soundly.

3) as/like(like는 비격식체로 제한적으로 as 대신 사용)

(i) 어떤 일이 다른 일이 일어나는 도중에 일어날 때(as/when/while)

_ As(When/While) Dave was eating, the doorbell rang.(3G79A)(during the time)
_ As he shaved, he thought about the coming interview.(while)(PEG292)

(ii) 어떤 상황에 대한 이유를 나타낼 때(as/because/seeing that/seeing as/since)

_ As it was getting late, I decided I should go home.(3G79A)
_ As he shaved with a blunt razor, he didn't make a very good job of it.

(iii) 한 가지 일이 변함에 따라 다른 일이 동시에 일어날 때

_ She was shaking with anger [as she left the hotel].(3G4C)
_ As the cheese matures, its flavor improves.(3G79A)

(iv) 양보의 의미를 나타낼 경우

_ Tired as he was, he offered to carry her.(=although)(PEG293)
_ Try as you may, you won't be able to persuade him.(")(ECD519)

(v) 같은 방법/양태/조건을 나타낼 경우(like는 구어체)

_ Do so, as he wishes it.(2CD340)
_ As we had expected, he did not show up in time.(DED)
_ As/like I said yesterday, I' m sure we can solve the problem.(2G114D)

(vi) 유사관계사 용법

_ She's very tall, as is her mother.(OED)

☆ say (like I said)를 제외하고는 like는 부가어로는 거의 사용되지 않는다.

_ I didn't move anything. I left everything [as/like it was].(2G114C)
_ You should have done it [as/like I showed you].(= the way)(2G114C)

4) because/for

because는 어떤 상황에 대한 이유를 나타낼 때 사용(as/seeing that(as)/since)
_ I opened the window [because it was very hot].(1G95D)
_ Because it was very hot, I opened the window.(1G95D)
_ We listened eagerly, for he brought news of our families.(OED)(후치만 가능)
for는 because의 격식체 대체어로도 사용. For is a formal alternative to 'because.'
_ We must begin planning now, for the future may bring unexpected changes.(3G80B)

5) before

(i) 어떤 일이 다른 일보다 전에 일어낼 때
_ Please close the window [before you go out].(1G96A,103B)
_ Before you cross the street, always look both ways.(1G96A)
(ii) 어떤 상황이 부사절이 나타내는 시점까지 계속되는 경우(until과 공용)
_ I had to wait six weeks [before/until the parcel arrived].(3G79B)

6) but

_ There is no doubt [but (that) you will achieve it].(DED)
_ I don't doubt [but (that) you will achieve it].(DED)
_ My master knows not [but I am gone hence].(that~not)(1WS106)
<> All <but he> are present.(except)(DED)(=him이면 전치사용법)

7) if

a) if 조건절
(i) 현실(직설법)조건절=어떤 일이 일어날 가능성은 있으나 확신이 없는 경우
_ If I | tell you, you | will not believe me, and if asked you, you would not answer.(Lk22:68)
(ii) 비현실(가정법)조건절=현실과 반대되거나 일어날 가능성이 없는 일을 가정하는 경우
_ If I tell you, you will not believe me, and if I | asked you, you | would not answer.(Lk22:68)
_ If he had money, he would buy a car.(1G97A)
(=He doesn't have money now, so he will not buy a car.(1G97A)
(iii) if와 when의 비교
If I go out, it is possible that I will go out, but I'm not sure(불확실한 상황)
_ "Are you going out later?" "Maybe. If I go out, I'll close the windows."(1G97B)
When I go out= I'm going out (for sure).(확실한 상황):
_ "Are you going out later?" "Yes, I am. When I go out, I'll close the windows."(")
iv) if 양보절
_ If we are not rich, we can still be happy.(SSE226,RLS20)
b) 명사절 접속사
_ She asked [if I had a driver's license].(2G48B)
_ I doubt [if you'll feel like kicking a ball with it Friday].(22JB29)

8) once

시간/조건을 나타낸다. '~하자마자; ~할 때'
_ We didn't know how we would cope [once the money had gone].(OED)
_ Once she was across(or over) the border, she knew she would be safe.(3G88A)
_ Once he hesitates, we have him.(DED)

9) since

(i) 시간(~이후)을 나타낼 때;이 경우는 부가어 사용만 가능
_ They've known each other [since they were in high school].(2G13B)
_ It's rained every day [since I arrived].(=from when I arrived until now)(2G13B)

_ Ten years have passed [since he died].(SBE238)
_ It's (or has been) ten years [since he died].(SBE238)
(ii) 어떤 상황에 대한 이유를 나타낼 때(as/because/seeing that/seeing as):부사어도 가능
_ Let's hitch horses together [since it will be so much easier then].(YBM)(부가어)
_ Since I am old enough, I have permission to get married.(YBM)(부사어)
_ Let's do our best, since we can expect no help from others.(DED)(")
_ We thought that, since we were in the area, we' d stop by and see them.(OED)(")

10) than

_ She is very different [than she used to be].(DED)(와는 다른/다르게)
<> He loves me more <than you do>.(OED)(유사목관대)

11) that

(a) 종류
(i) 명사절: 화자가 확신을 가지거나 다른 사람이 그것을 확인하도록 하는 절에 사용한다.
_ [That she wasn't hurt] is a miracle.(3G96A)(주어)
_ It may be [that the Lord will work for us].(1Sa14:6 ESV)(기본술어)
_ It seems [that she has lost her memory].(3G96B,PEU495,DED)(주격술어)
_ I take it [that you're fully acquainted with the facts].(OES596)(목적격술어))
_ Tom said [that he was feeling sick].(2G45A,1G48A)목적어)
(ii) 부가절: 감정의 원인, 목적/결과 등을 표시하는 절에 사용한다.
_ I was afraid [that I would be late].(3G70A)(부가절)
_ But these are written that you may believe that Jesus is the Christ],...(Jn20:31;1Co2:12)(")
(iii) 기타 동격절, 형용절, 강조구문절 ☞3.3.C.(3)
(b) that 생략이 가능한 경우
(가주어)
_ It is true [() their comments can be a bit biased and exaggerated].
_ It has been said [() there is nothing appertaining to life upon the broad plain.(1ACD64)
(술어)
_ The fact was [() I had seen something serious].(MiC303)
_ It seemed [() no one knew where the village was].(LEG197)
(목적어)
전달동사(agree, mention, notice, promise, say, suggest, tell, think 등) 뒤의 that는 생략 가능
_ I said [() he was enjoying his work].(3G33A)
_ I suggest [() we go out to eat.(OED)
_ Do you think [() that is wrong]?
_ He told me [() his life was in danger].(LEG288)
(예외): 생략불가한 경우(3G33.A):
(a) 덜 보편적 전달동사 complain, confide, deny, grumble, grunt, speculate, warn의 뒤
(b) 보편적 전달동사 answer, argue, reply의 뒤
(c) 공식적인 문서:
(d) 전달동사와 that절 사이에 전치사구가 오는 경우: She agreed {with her parents and brothers} [that it would be safer to buy a car than a motorbike].에서 that는 생략 불가
(부가어)
_ I'm afraid [() you have got the wrong number].
_ Are you sure [()) you are a detective]?1NG16)

☆ 수동태 부가어의 that는 생략 불가: I was taught [that it's impolite to speak with your mouth full].

_ I was {so} tired {() I fell asleep}.(2G100B)

(형용어) ☞3.3.C.(3)

<> It was <such> nice weather <() we spent the whole day on the beach>.(2G100B)(목관대)

단, 비전달동사의 목적어 wh-어를 선행사로 하는 형용어의 that는 생략 불가: You may invite who(m) <that you desire>.

(동격어) ☞3.3.C.(3)

_ The fact [() he left] caused a storm.(Doherty (1997))

_ We had no idea [() you were coming].(Visions of Jupiter 13)

☆ 단, There be 구문의 that 생략불가 There was no hope [that she would recover her health].(DED)

(강조구문)

_ Who is it [() said so]?(OES326)

_ It is your brother [() said so].(OES570)

_ It is your system [() makes such children]," said Miss Ophelia.(HS255)

_ What is it [() makes him so excited>?(OES326)

_ Who is it [() you want]?(Jn18:5) Who is it [() you are looking for]?(Jn20:15)

_ "What have you to say about him? It was your eyes [() he opened]."(Jn9:17)

12) unless

(i) 현실조건절

_ .You will not leave this place [unless your youngest brother comes here].(Ge42:15)

_ I tell you the truth, no one can see the kingdom of God [unless he is born again].(Jn3:5)

_ Unless you change and become like little children, you will never enter the kingdom of heaven.(Mt18:3)

(ii) 비현실조건절

_ She wouldn't have gone to university [unless her parents had insisted].(3G86B)

(iii) 나중에 생각한 것을 덧붙여 말할 때

_ We can leave now - unless you'd rather wait for Jack, of course.

13) until/till(후자는 비격식체)

(i) 어떤 상황이 종속절이 나타내는 시점까지 계속되는 경우

_ I'll wait here [until you come back].(1G96B,2G3A)

_ Until she spoke, I hadn't realized she wasn't English.(OED)

(ii) 특정시간까지 계속되다가 종료된 행동에 관하여 말할 때;이 경우는 부가어 사용만 가능

_ Wait here [until(or till) I come back].(1G102B)(시점개방, 종점고정=기간) (3G79B)

_ They sat on the beach [until the sun sank below the horizon], and then they went home.↗

(iii) 종속절이 주절의 행동의 결과임을 나타낼 때

_ He cleaned his shoes [until they shone].('shining'은 'cleaning'의 결과)(3G79B)

14) what/which

_ Reading is to the mind [what (or as) food is to body].(SSE318)
(A:B=C:D: A의 B에 대한 관계는 C의 D에 대한 관계와 같다)

_ Be the matter what it may, do your best.(=whatever)(OES52)

_ The book is interesting and, what is more, very instructive.(DED)((게다가, 더욱이 …한 것은)

_ John is a gentleman [which his brother is not].(OES313,SSE317)

15) when

(i) 주절의 일이 일어나는 중에 다른 일이 일어날 때

_ They were playing in the garden [when they heard a scream].(3G79A)

_ When I was learning/learned to drive, I was living with my parents.(3G4A)(진행/완료)

(ii) 주절이 일어나게 되는 상황/조건에 대해 말할 때

_ It was raining [when I went out]. When I went out, it was raining.(1G96A)

_ Lisa will be in Mexico [when Sarah is in New York].(1G96B)

_ Leave children alone [when they are skateboarding].(Rules332)

_ I can't talk to you now. I'll talk to you later [when I have more time].(1G96B)

_ {When they are fully grown} these snakes can be over two metres long.(3G79A)

_ When you are tired, don't drive.(1G99A)

(iii) '~할 때마다'(every time)의 뜻일 때

_ I still feel tired [when I wake up in the morning].(3G79A)

_ The telephone always rings [when you are having a bath].(PEU67)

(iv) 인생에서 지난 과거의 어떤 일에 대해 말하는 경우

_ I loved history [when I was at school].(OED)

_ His mother called him Robbie [when he was a baby].(3G79A)

_ When their first child was born, they had been married for three years.(2G23D)

(v) 어떤 일이 다른 일 바로 뒤에 일어났음을 강조할 때, 특히 원인되는 일의 앞(순차동작)

_ You'll see my house on the right [when you cross the bridge].

_ They will have shipped the goods [when your telegrams arrives].(REG148)

_ Call me [when you've finished].(OED)

_ She got up [when the alarm clock went off].(3G4A)

_ When I get home tonight, I'm going to take a shower.(1G96B)

_ When the lights went out, I lit some candles.(3G79A)

_ When they had gone, he began to work.(REG148)

(vi) 양보; '~인데도, ~에도 불구하고'

_ He serves us coffee [when we ordered tea].(SSE218B)

_ How can you succeed [when you don't study hard]?(SSE218B)

_ She claimed to be 18, when I know she' s only 16.(OED)

16) where

_ He is always complaining [where there is no reason to do so].(SSE218B)(양보)

_ They are submissive [where they used to be openly hostile].(DED)(대조)

_ Where there are no democratic institutions, people may resort to direct action.(상황)

_ Where there's a will, there's a way.(조건)(MBE18)

_ {Everywhere Jenny goes} she's mistaken for Prince Diana.(LEG25)

17) whereas

_ Some of the studies show positive results, whereas others do not.(OED)(대조/비교)

_ Juan gets lots of homework from school, while/whereas Mia gets very little.(3G82C)(")

_ Whereas I wanted to eat a chicken burrito, he insisted something else.(NED)(")

18) whether/if

(i) 두 가지 가능성에 대해 생각하거나 말할 때, 또는 확신을 갖지 못하는 경우에 사용

(주어)

_ [Whether we can stay with my mother] is another matter.(PEU611)

_ [If he will come here again] / is uncertain.(OES246)

(술어)

_ He seemed undecided [whether to go or stay].(OAD)

_ The question is [whether/if the man can be trusted].(PEU611,LEG15)
(목적어)
_ Do you know [whether/if they've got a car]?(1G47C,2G48A,3G86C)
_ She asked me [whether/if I wanted anything].(LEG288)
_ Do(or Would) you mind [if I use(or used) your phone]?(2G35C,36C)
_ The question arises as to [whether or not he knew of the situation].(OAD)
(부가어/부사어)
_ You are entitled to a free gift [whether you accept our offer or not].(OAD)
_ Whether or not we're successful, we can be sure that we did our best.(OAD)
_ No matter whether we'll take the project or not, you will be gone to Mexico.(YBM)
_ No matter whether for or against the EU: we should not be lead by a handful of nationalists.(NED)
_ No matter whether right or left— have the attitude of government directing economy.(NED)
(ii) 주어나 술어에는 비교적 if 보다는 whether를 선호한다.
_ [Whether the minister will quit over the issue] remains to be seen.
_ The first issue is [whether he knew he was committing a crime].(3G86C)

19) while/whilst

(i) 종속절의 행동이 지속되는 기간 중 주절의 행동이 일어나거나 지속되는 경우:동안/동시
_ We didn't speak [while we were eating].(during the meal)(1G103B)
_ It began to rain [while I was waiting for the bus].(1G96A)
_ You can go swimming [while I'm having lunch].(OED)
_ Chris read a book [while I watched TV].(2G116B)
_ While I was waiting for the bus, it began to rain.(1G96A)
(ii) 문두에 놓여 양보의 종속절을 이끌어: ~할지라도/라고는 해도/하지만(although)
_ While the trail was hot. I hate the cool trails.(1NG16)
_ While I admit that the problems are difficult, I don't agree that they cannot be solved.(DED)
_ While/Although Sophie's father is from Spain, she doesn't speak Spanish.(3G82C)
_ While/Whilst there is no evidence that Peter cheated, we were all astonished that he passed the exam.(3G82C)
(iii) 주절 뒤에서 반대/비교/대조를 나타내어: 그런데/한편(으로는)/동시에
_ I've read fifty pages, while he's read only twenty.(DED)

20) yet

_ Though she seems happy, yet she is worried.(OAD)(대조)
_ He has a good job, and yet he never seems to have any money.(OAD)(대조)

(참고) 'wh-' +ever

who(m)/whose/which/what+ever는 양보 의미(anyone who(m)/that, anything which/that, anything whose, anyone whose; no matter what/which/who/whom/whose)를 나타내며, 주어/술어/목적어/부가어절을 이끄는 역할과 아울러 접속사의 역할을 겸한다. when/where/how+ever는 양보적 의미(any time when, any place where, in any way that; no matter when/where/how)를 나타내며, 부사어절을 이끄는 역할과 아울러 접속사의 역할을 겸한다. 이들은 품사는 대명사이지만 편의상 여기서 다룬다..
[주어]
_ [Whatever I have] is yours.(=anything that)(OES323)(O)
_ [Whichever of us gets home first] starts cooking.(PEG90)(S)

_ [Whichever one of you broke the window] will have to pay for it.(3G54C)(D)
_ [Whoever(=any one who) wins] will go on to play Barcelona in the final.(3G54C)(S)
_ [Whoever(=any one who) says that] is a liar.(OED)(S)
_ [Whosever(=no matter whose) it was] doesn't matter.(P)
_ [Whosever car comes in first] wins the prize.(DBE264)(D)
[술어]
_ Galuni is [whatever you want it to be].(NED)(P)
_ We will go [wherever you say].(HaM1094)(O)
_ We went [wherever there was a need].(CRL17)(A)
_ You may sit [wherever you like].(MBE224)(O)
_ My dog follows me 「[wherever I go].(OES475,CRL34)(A)
[목적어]
_ I'll do [whatever you say(or like)].(LSW583,Jn2:5)(O)
_ I'm sure I'll enjoy eating [whatever you cook].(3G54C)(O)
_ Please take [whatever you like].(OES96)(O)
_ He read [whatever books I bought for her].(DBE264)(D)
_ You can go at [whatever time you wish].(Hemingway)(D)
_ Take [whichever you like].(OES323,329)(O)
_ He helps [whoever is in need of help].(OES323)(S)
_ Bring [who(m)ever(=any one who(m)) you like].(DEG, LEG272)(O)
_ I just don't know [wherever could it be].(NED)(P)
_ Take [however much you want] and whenever you want to.(YBM)(O)
[부가어]
_ I won't let you in [whoever you may be].(ZEG168)(P)
_ You can go [whenever you wish].(NED)(O)
_ My roof leaks [whenever it rains].(PEG90)(A)
_ Take a seat [wherever you like].(=in any place that)(O).
_ You can do it [however you like].(DED)(A))(=in any way that)(어떤 식으로든;네 좋을 대로)
_ Wear your hair [however you want].(CED)(A)(=in any way that)(어떤 식으로든)
[부사어] ☞3.5B(1)(c)
_ Whatever(=No matter what) the work (is), he does it so well.(NED)(P)(be생략)
_ Whatever((=No matter what) the result may be, he has done his best.OES520)(P)
_ He is always cheerful, whatever(=no matter what) the circumstance may be.(OES324)(P)
_ Whatever he may say, I'll stand my ground.(ZEG168)(O)
_ Don't trust him, whatever(=no matter what) he says or does.(ZEG168)(O)
_ Whatever the matter be(or you may do), do your best.(OES393)(P/O)
_ Be not dismayed what-e'er be tide, God will take care of you;! (Hym432)(P)
_ Whatever decision he made, I would support it.(OED)(D)
_ Whichever(=anything which/that) you may take, I will not object to it.(OES324)(O)
_ Whichever side wins, I shall be satisfied.(DBE264,DED)(S)
_ Whoever(=No matter who) says so, he is a liar.(SSE239C)(S)
_ Whoever((=No matter who) may say so, it is not true.(OES324)(S)
_ Whosever(or whose-ever) may be, I meant to have it.(OES324)(P)
_ {Whosever fault this is} it is not the neighbours and not the Munday's.(D)

_ <u>Whenever</u> Tony was angry, he used to walk out of rhe room.(2G34C)(A)
_ <u>Whenever</u>(=No matter when) you may come, you will be welcome.(SSE239C)(A)
_ <u>Wherever</u> (=No matter where) he may go, he will not be welcomed.(OES331)(A)
_ And {<u>wherever</u> you go} there's such an ordeal.(LSW818)
_ I'll find him, <u>wherever</u> he has gone.(PEG90)(A)
_ <u>However</u> she held the mirror, she couldn't see the back of her neck.(3G87C)(A)
_ <u>However</u> hard you may work, you cannot finish it in a day.(OES120)(A)
_ You musn't be proud, {<u>however</u>} much you may have achieved.(ZEG168)(A)

B. 감탄사(exclamation)

(1) 감탄사(긴투사)의 기능

감탄사(exclamation) 또는 간투사((interjection)는 주로 '기쁨, 놀람, 슬픔' 등의 여러 가지 감정을 나타내는 말이다. 감탄사는 단독으로 사용될 수 있는 독립어로 형식은 0형이다.
강한 감탄사는 감탄부호(!) 가 뒤따르고 약한 감탄사는 콤마(,)가 따르기도 한다.

☆ An interjection is a word or phrase that is grammatically independent from the words around it, and mainly expresses feeling rather than meaning.(MED)

(2) 감탄사의 종류

감탄사로만 사용되는 본래감탄사와 다른 품사로 사용 가능한 전성감탄사가 있다.

(a) 본래감탄사

⓪ ‖ **Ouch!** Did you step on my toe?(OGB34)
⓪ I can't believe I lost the key! ‖ **Ugh!**(MED)
⓪ ‖ **Oh**, what a beautiful house!(MED) ‖ **Uh-oh**, this looks bad.(MED)
⓪ Actually, ‖ **um**, it's not my dog.(MED)
⓪ ‖ **Bye**! I'll see you in a few days.(1G101E)
⓪ ‖ **Hey**, what's going on?(OGB34)
⓪ "Brian, this is Chris." "Hello Chris. Nice to meet you]."" ‖ **Hi**."(1G72D)

(b) 전성감탄사

⓪ '‖ **Fire**!(CES56)(불이야!)
① I'll give you £800 for it. ' | **Done**!' (OED)(좋아)
⓪ "‖ **No**," Annie said.(1NG24) ☆ No의 품사는 감탄사, 역할은 독립어
⓪ Would you like some coffee?" "‖ **Yes**, ‖ **please**."(1G74B)(청컨대)
⓪ ‖ **Oh**, ‖ **please**! You cannot be serious.(OED)(설마; 상대방의 말이 바보 같다는 생각으로 하는 대꾸)
⓪ ‖ **Say**, that's a nice haircut! (OED)(야 | 와;. 놀람기쁨을 나타내어)
⓪ ‖ **Say**, how about going to a movie tonight?(OED)(저; 말을 처음 꺼낼 때:저)
⓪ 'She's had an accident.' 'Oh, ‖ **no**!' (OED)(안 돼.[저런/설마.; 남의 말에 충격놀람을 나타내어)
⓪ ‖ **Shoot**. I thought I'd fixed that.(MED)
② | Just say ‖ **yes** or **no**.(OED)
④ But Mr. Scary | just shook ‖ his head ‖ **no**.(18JB44,6JB70)
⓪ ‖ **Well**, what's going on?(OGB34)(자, 그래)
⓪ ‖ **Good grief**! What a mess!(OED)(.맙소사;. 놀라움 · 충격을 나타내는 소리)

5편 문체
Writing Style

5.1 문장의 종류, 화법, 태(Kinds of Sentences, Narrative, Voice)

A. 구조상 문장의 종류(Kinds of Sentences by Structure)

(1) 단문(Simple Sentence)

절(정형절과 비정형절)을 포함하지 않는 문장, 즉 한 개의 주부와 한 개의 술부로 이루어진 문장을 말한다.

① In spring the weather | is warm.(SME40)

(2) 중문(Compound Sentence)

두 개 이상의 단문이 등위접속사로 대등하게 연결된 문장이다. 이때의 단문을 등위절이라고도 한다.

②,③ Tom and Mary | went ‖ to the park and | played | there.(SME40)

①,③ It | was raining and the game | was called | off.(SME40)

①,① Summer | has come, but (or yet) very hot.(OES131

①,① Heaven's vengeance | is slow but sure.(SBE284)(2개의 형용사슬어)

(3) 복문(Complex Sentence)

주절과 종속절로 이루어진 문장, 즉 '주부+술부'의 관계가 두 개 이상 있고, 그것이 종속접속사, 관계사, 의문사 등으로 결합되어 있는 문장을 말한다.

②[①] Everybody | knows ‖ [that he is honest].(SME40)

③[②] We | will go | there ‖ [if it is fine tomorrow].(SME40)

①<①> A thief is a person <who steals>.(1G99B)

①<②> The watch <that I lost> was found>.(OES133)

(4) 혼합문(Mixed Sentence)

등위절이 종속절을 포함하여 중문과 복문이 혼합된 문장이다.

③,②[②] I | shall stay | home, but Johns | will go ‖ [if he has time].(OES134)

②[①],②[①] I | think ‖ [that she is right, but she | says ‖ [that she is wrong].(SME40)

①<②>,②[②] He | is not poor <that has little>, but he | (is poor) <that desires much>.(OES134)

(5) 중첩문(Cumulative Sentence)

중문이나 복문 등의 절이 중첩구조를 이루는 문장을 말한다. 여기서 절은 정형절과 비정형절을 포함한다.

②<③[②]> This is the girl <who wants [to see you]>.(SME40)

①<②<②>> It is a situation <that many working people worry ∩ <they are in now>>.(고교모의)

②[①[①]] I | thought ‖ [(**that**) it | was [**what** I hoped it was]].(3NG)

③[②[④]] I | want | [**to know** [**who** is taking the garbage every night]]."(2NG11)

③[④[②]] "Annie and Rosamond | came | [**to tell** me [**that** Rosamond was going to have a yard sale]].(15NG18)

B. 용법상 문장의 종류(Kinds of Sentences by Use)

(1) 평서문(Declarative Sentence)

사실을 그대로 진술하는 글을 말하며 설명문이라고도 한다. 마침표(period)로 끝맺는다.

술어는 동사술어와 비동사술어(형용사, 명사, 전치사구, 소사, 비정형절, 정형절)로 나누어진다. 비동사술어는 be의 도움을 받으며, 동사술어의 진행형/수동태도 be의 도움을 받는다. be의 도움이 필요 없는 경우는 단순시제와 완료시제의 동사술어뿐이다

(a) 동사술어(verb predicative)

① My head | **aches.** Everything | **counts.** He | **has gone.** (정형)
① The food | is **cooked.** **The door** | is **being painted.**(-ed형)
① He | is **reading.**(서술) Seeing | is **believing.**(-ing형)(동격)
① He | is to **read.**(서술) To see | is **to believe.**(to~형)(동격)

(b) 비동사술어(non-verb predicative)

① He | is **alone.** She | is **happy.**(형용사)
① This | is **my book.** It | 's **me.**(명사/대명사)
① The watch | is <u>on</u> **the desk.** I'm <u>out of</u> **a job.**(전치사구)
① Is John | in?—He | is **out.**(소사y)
① I | am [**to meet him here**].(비정형절)
① This | is [**where I work**].(정형절)

(c) 긍정형(affirmative form)과 부정형(negative form)

긍정문을 부정문으로 바꿀 때는 be의 도움을 받는 술어는 'be+not'의 형식, be의 도움이 불필요한 경우에는 '조동사(do/have 등)+not+동사원형'의 형식을 취한다.

② He | **has** gone ‖ *already.*→ He | **has not** gone ‖ *yet.*
① He | **must** be <u>in</u> the library.→ He | **can't** be <u>in</u> the library(ZEG331) .
② You | **had better** write ‖ to him,→ You | **had better not** write ‖ to him,.(ZEG331)
③ I | **would rather** stay | at home.→ I | **would rather not** stay | at home.(ZEG331)
③[①] She | seemed | [**to have been** here].→ She | seemed | [**not to have** been here]. (or **didn't** seem).(G331)
②[①] I | hope ‖ [he **will** come].→ I | hope ‖ [he **won't** come].(=*not* **don't** hope)(ZEG331)
☆ 고어체나 영국영어에서는 조동사(do/have)+not' 대신 '일반동사+not '의 형식을 취한 경우가 있다.(
He **has** a car. → He **doesn't have** a car.[미] He **has** {not} a car(or any).[영](OES409)
③[①] I | happened | [**to be** there].→I | happened | [**not to be** there].(=or **didn't** happen)(ZEG331)

☆ so/neither의 용법

① A: **I'm happy.** B: I | **'m happy,** *too.* or **So am**」 I.(1G40A)
① A: **I'm not happy.** B: I | **'m not happy,** *either.* or **Neither am**」 I.(1G40A,B)

☆ 부분 부정(all/both/every etc.+not)

① **All** <that glitters> | **is not** gold.(OES305)(다 금인 것은 아니다)
① **Every man** | can **not be** a poet.(OES305)(다 시인이 될 수는 없다)
① **Both** | are **not** dead.(=Only one is dead)(OES305)(부분부정, 경우에 따라 완전부정)
② I | **do not** know ‖ **everything.**(OES305)(다 아는 것은 아니다)
cf. I | **do not** know ‖ **anything** about it.(=know nothing((OES305)(아무 것도 모른다)
② I | **do not** know ‖ **both** of them.(OES305)(둘 다 아는 것은 아니다. 예외로 둘 다 모른다)
cf. The player | enjoys ‖ **not only** skating **but also** skiing.
→ The player | enjoys ‖ **neither** skating **nor** skiing.(ZEG331)

☆ all, both, every, totally 등이 부정어와 같이 쓰이면 부분부정이 된다.

(2) 의문문(Interrogative Sentence)

(a) Yes-No 의문문(Yes-No questions)

Yes나 No로 답할 수 있는 의문문으로, 끝은 올려 읽는다. 평서문을 의문문으로 바꿀 때, be의 도움을 받는 술어는 be를, be의 도움이 불필요한 경우에는 조동사를 문두에 낸다.

① **Am** I | late?— No, you are <u>on</u> time.(1G2A) **Was** the train | late? No, it was <u>on</u> time.(1G112A)
① **Is** your mother | <u>at</u> home? — No, she is out.(1G2A)
② **Do** your parents | speak ‖ English? —Yes, they do.(1G7D)

② **Do** I | know ‖ you?(저 아세요? 제가 아는 분인가요?)
② **Does** he | have ‖ the books? **Has** he | the books?(AES31)(BrE)
⑤ **Did** you | see ‖ the accident | happen?(2G65C)
② **Have** you | been working ‖ hard?(2G47A)
② **Will** you | be home ‖ tomorrow morning?(1G26B)
② **Could** you | change ‖ a 50 bill?(EXD266)
(b) wh-어 의문문(wh-word question)
wh-어로 시작하고, Yes나 No로 답할 수 없는 의문문으로 대개 끝을 내려 읽는다. 의문사는 문장 앞에 오므로 의문사가 주어인 경우를 제외하고는 조동사가 주어 앞에 온다. ☞ 4.2.B(3)
① **What** | 's wrong?(뭐가 문제야?)(의문사주어)
① **What**'s」 the capital of Argentina?(1G38B)(포괄적 범위)
① **What** is」 he? (그의 직업이 뭐니?) **What**'s」 the catch? (조건이 뭔데?)
① **What** | happened?(=Something happened — what?)(1G43B)
① Tell me, **what** | was on the list?"(3NG9)
② **What**』 do you | do? (직업을 물을 때; 무슨 일 하세요?)
③ But **what** are」 you getting | **at** ∨?(Plato363)(하지만 무슨 말을 하고 있는 거야?
② In **what** way』 did the author or artist | fail? (OGB153)
③ **What** street」 did you | walk | **on**?".(3NG10)
① **What department** is he | **with** ∨?(ECD644)
① **Which** is」 your brother? The one near to Ken.(3G26A)(제한적 범위; 여럿 중 하나)
① **Who** are」 your friends?(5NG10) / ① **Who** was」 her father?(3G26A)(술어)
② **Who** | owns ‖ that car?(주어)
② "Well, **who** | took ‖ it?" Oliver asked.(2NG21)
② **Who(m)**』 did you | meet ?(목적어)
⑤ **Who** | taught ‖ you | to drive?(2G53B)(주어)
④ **When**』 will your vacation | be over?""At lunch"(3NG9)
⑥ **When**』 can you | come | over?(1NG11)(부가어)
① (Now) **where** is」 your brother Harry?(1NG461(술어)
② **Where**』 do you | have to go?)(JDS192)
② Now **where**』 would a picture | go?(1NG16) / ② **Where**』 's it | going ‖ **to**?(1JB5)
② **Why**』 are you | angry?(부사어) ② **Why**』 is it | so expensive?(1G2B)
① **How much** is」 this camera?(1G44A)(술어)
② **How long** have they | been married ‖∨?" "Ten years."(1G48D,17B)(부사어)
③ **How long** has she | lived | in Brasilia ‖ ∨?" "She has lived all her life.(1G17B)(주격술어)
④ **How**』 could you | lose ‖ it?(5NG8)
④ **How** (did it) **come**』 you | did ‖ it ‖ ∨?(=Why)(YBM)(부사어)
(c) 선택의문문(alternative question)
둘 중에서 선택을 구하는 의문문으로 일반적으로 or 앞은 올려 읽고 그 뒤는 내려 읽는다.
① **Is** this | his camera **or** hers?—It | 's his.(1G59B)
① **Is** this book | mine **or** yours?(=my book or your book)(1G62B)
③ **Do** you | want | [to go out], **or** are you | tired?(1G95B)
② **Would** you | like ‖ tea **or** coffee?—Either. It doesn't matter.(1G79C)
① **Who** | is taller — Joe or David?(1G45B)
① **Which** | is bigger — Canada or Australia?(1G45B)

② **Which**』 do you | prefer, Italian food or French food?(YBM)
① **Which** is」 the longest river — the Mississippi, the Amazon, or the Nile?(1G45C)

(d) 부가의문문(tag question)

평서문 뒤에 짧게 덧붙인 의문문으로 질문·진술 내용 확인의 기능을 한다. 일반적으로 긍정문 뒤에는 부정의문문, 부정의문문 뒤에는 긍정의문문을 덧붙인다.

You can use "isn't it? won't it is it? etc., at the end of a sentence.

(단문)

① I | 'm right. **aren't I**?(*not* am I not?)(2G50D)
① That | 's isn't our car, **is it**? —No, it | 's my mother's.(1G36B)
① Those shoes | are nice, **aren't they**?(1G2B)
① Everybody | is afraid, **aren't they**?(BEG135)
① I | am very thirsty, **aren't you**?(=how about you)(ZEG357)
① He | can't be a doctor, **is he**?(ZEG354)
① You | closed the window, **didn't you**? —Yes, probably.(1G36B)
⑥ Emily | doesn't go | out ‖ much, **does she**?—No, she doesn't.(1G36B)
④ You | haven't met ‖ my mother, **have you**?—No, I haven't.(1G36B)
② Liz | had ‖ long hair, **didn't she**?(2G16B)
② You | can ride ‖ a bicycle, **can't you**?(MBE30)
④ You | couldn't lend ‖ me ‖ some money, **could** you?(2G50C)
② You | must know ‖ this, **mustn't you**?
① Tom | will be here soon, **won't he**?—Yes, probably.(1G36B)
② | Listen ‖ to me, **will** you?(2G50D)

(비정형절)

③[⑥] I | wish | [to go home now], **may** I?(ZEG355)
⑤[③] | Let'‖s | [go <u>for</u> a walk], **shall** we?(2G50D)

(정형절)

☆ 주절의 주어가 I 나 we가 아닐 때는 부가의문문의 주어는 주절에 맞춰야 함

②[①] I | suppose ‖ [you're hungry], **aren't you**?(PEU472)
②[①] I | think ‖ [he is Norwegian], **isn't he**?(PEU472)
②[①] I | don't think ‖ [it will rain], **will it**?(PEU472)
②[②] I | am sure ‖ [you'll help her], **won't you**?(ZE352)
②[①] You | think ‖ [I'm wrong], **don't you**?(ZEG353)
②[②] He | thinks ‖ [you two have met before], **doesn't he**?(ZEG353)

(e) 반향의문문(echo question)

관심이나 놀람을 나타내기 상대방이 한 말의 전부 또는 일부를 되풀이 하는 의문문이다. 상대방이 한 말을 그대로 받아서 물음표를 붙이고 끝을 올려 말한다.

You can say "It is? She isn't? She did? etc," to show that you are interested or surprised.

① "You | 're late." "**I** | **am**? I | 'm sorry.(1G36A)
① "Sue | isn't at work ‖ today." "**She** | **isn't**? Is she | sick?(1G36A)
① "Jim and Karen | are getting | married." "**They** | **are**? Really?(2G49B)
① "It | 's raining again." "**It** | **is**?" It was sunny 10 minutes ago.(1G36A)
① "There | is a letter for you." "**There** | **is**? Where is it?(1G39A)
① "I | speak ‖ four languages." "**You** | **do**? Which ones?"(1G18B)
① "I | don't like ‖ George." "**You** | **don't**? Why not?"(1G42A)
① "Nicole | got | married ‖ last week." "**She** | **did**? Really?(1G36A)

① "I | 've just seen ‖ David." "**You** | **have**? How is」 he?(2G49B) (ZEG360)↴
② "Did you | do ‖ your homework?" "No, I didn't." "**You** | **didn't do** ‖ your homework?"
② "We | paid ‖ £3,000 | <u>for</u> the painting" "You ‖ **what**? You | paid ‖ **how much**?"(3G27E)
② "The ground | is covered ‖ <u>with</u> fallen leaves." "The ground | is covered ‖ <u>with</u> **what**?"

(f) 수사의문문(rhetorical question)

형식은 의문문이지만 내용은 평서문, 명령문과 같은 반어적 표현으로, 음조는 하강조이다.
① Who | knows?(=Nobody knows).(MBE34)(평서문)
② Who | can do ‖ such a thing?(=Nobody can do such a thing.)(MBE34)(평서문)
④ How can I | jump ‖ so high?(=I can't jump so high)(MBE34)(")
②[②] I | wonder ‖ [if you've got any books on linguistics]?(CEG331)(")
① Can you | be quiet?(=Be quiet)(ESA59)(명령문)
②[②] "Don't you | care ‖ [what I do]?" he asked, but it was a rhetorical question.(OED)(")
⑩[②] How many times do I | have to tell ‖ you | [not to lick your plates]?(ESA59)(")

(g) 부정의문문(negative question)

(특히 놀람을 표시할 때)
② **Didn't you** | hear ‖ the door bell? I rang it twice.(2G47C)
⑥ **Why wasn't Mary** | <u>at</u> work ‖ yesterday?(")
(상대방의 동의를 기대할 때)
⑥ **Haven't we** | met | somewhere ‖ before? — Yes, I think we have.(2G47C)
⑫ **Why don't we** | go | out ‖ <u>for</u> a meal ‖ tonight?
(부정의문문의 답변에 대한 주의)
③[②] **Don't you** | want | [to go to the party]?(긍정이면yes, 부정이면 no)(2G47C)
Yes. I | want | to go."(긍정대답). or **No.** I | don't want | to go.(부정대답)

(h) 간접의문문(indirect question)

의문문이 독립적으로 쓰이지 않고 <u>다른 문장의 일부</u>로 쓰인 것을 말한다(2G48B). 이러한 종속절은 주어와 조동사의 도치가 없을 뿐 wh-어 의문문과 같은 구조를 가지고 있다.(CES135)
(i) wh-어가 문장 안에 있는 의문문
②[②] I | asked ‖ [**what** he was].(OES94).
②[③] He | asked ‖ [**where** I was going].(CEG323).
②[③] Can you | guess ‖ [**where** he lives]?
②[③] She | inquired ‖ [**how** Ibrahim was getting on].(CEG322).
④[⑤] | Please explain ‖ [**what** you mean].(2G48A)
②[⑤] I | don't know ‖ [**what** Jane wants].(←What does Jane want?)(1G47B).
②[①] Do you | know ‖ [**who** those people are]?(1G47A)
②[①] Do you | know ‖ [**where** Paula is]? I | (don't) know‖ [**where** Paula is].(1G47A)
②[②] I | don't know ‖ [**how** much this camera is]?(←How much is this camera?)(1G47A)
②[④] I want [| to know ‖ [**when** and **why** you did it]].(OES95)
②[⑥] I | don't remember ‖ [**why** he went home].(1G470A).
④[①] Can you | tell ‖ me ‖ [**what** time it is]?(←What time is it?)(1G470A)
④[①] | Tell ‖ me ‖ [**which** watch you prefer].(←Which watch you prefer?)(DED)
②[①] I | wonder ‖ [**what** will happen to them].(2G21B)
'의문사 be 주어?' 직접의문문이 간접의문문으로 되는 경우는 '의문사 be 주어' 와 '의문사 주어 be' 두 가지 구조가 가능하다.(PEU278.7)
(ii) wh-어가 문장 첫머리에 나오는 의문문

Yes나 No의 답변이 아니라 wh-어의 내용에 대한 답변을 요구하는 형식인 경우 wh-어는 문장 맨 앞에 놓인다.
(동사술어)
②[④] [**What**] do you | believe ‖ [they are doing now]?(ZEG361)
②[①] [**Which** sentence] do you | consider ‖ [is true]?(ZEG361)
②[③] [**Where**] do you | guess ‖ [he lives]?(ZEG361)
②[⑤] [**What**] do you | imagine ‖ [made him angry]?(ZEG361)
②[①] "But what about you?" he asked. "[**Who**] do you | say ‖ [I am]?"(Lk9:20)
②[②] [**When**] do you | say ‖ [the train will arrive]?(ZEG361)
②[⑥] [**When**] do you | suppose ‖ [Jen and Mike will get married]?(2G21B)
②[④] [**What**] do you | think ‖ [you'll wear on]?
②[①] [**Who**] do you | think ‖ [you are]?(Ex2:14)
②[④] [**Which** novel] do you | think ‖ [he likes best]?(ZEG361)
②[①] [**When**] do you | think ‖ [you'll finish work]?(3G9B)☞2.7A2형(a)
②[①] [**Why**] do you | think ‖ [that was]?(3AC62)
②[④] [**How**] do you | think ‖ [this will affect us]?(YBM)
☆ 동사술어:assume, believe, consider, guess, imagine, presume, say. suppose, think 등
(형용사술어)
②[④] [**What**] was she | afraid ‖ [would cause her failure]?(ZEG361)
②[②] [**When**] are you | certain ‖ [he will return]?(ZEG361)
②[①] [**Who**] are you | sure ‖ [will win the game]?(ZEG361)
[참고] 비정형절을 내포한 의문문
③[④] [**What**] do you | want | [to do ∨ tonight]?(1G50A)
⑤[②] [**What**] do you | advise ‖ me | [to do ∨]?(1G51B
⑤[④] [**What**] do you | expect ‖ me | [to learn ∨ from that]?(1AC46)
③[②] [To **whom**] do you | wish | [to speak ∨]?(2G47C,PEG29)
⑥[②] [**How**] did you | come | [to buy the car ∨]?(=become to)(3G101)
(iii) wh-직접의문문+삽입절
②,② **When** will Jack be back from abroad, do you | think?(ZEG361)
→②[②] [**When**] do you | think ‖ [Jack will be back from abroad]?
②,② **How** long did John live in that village, do you | guess?(ZEG361)
→②[②] [**How** long] do you | guess ‖ [John lived in that village]?
(iv) if/whether절 의문문
☆ whether/if절은 화자가 확신이 부족하거나 타인에게 진실여부를 확인하거나, 둘 이상 가능성 사이 선택을 하는 경우에 사용한다: ask(질문), choose, consider, decide, debate, determine, discuss, know, think, wonder. I *doubt* whether/if the new one will be any better.:
②[②] She | asked ‖ [**if/whether** I was willing to travel].(2G48B).
②[②] Do you | know ‖ [**if/whether** they've got a car]?(1G47C)

(3) 명령문(Imperative Sentence)

명령, 금지, 의뢰를 나타내는 문장으로, 종지부로 끝맺는 것이 보통이지만, 강한 명령일 때는 감탄부호도 쓴다.

(a) 직접명령문(direct imperative)

(i) 상대방에게 직접 명령하는 것이므로, 일반적으로 You는 생략된다.
주로 동사 원형이나 be로 시작하거나 비동사술어인 경우에는 술어가 직접 오기도 한다.
② | Pass ‖ the **salt**, please.(CES103) ☆ 이 문장에 나타난 사건이 일어나기를 원함

② | Don't **ask** ‖ for trouble.(괜한 짓 하지마)

① | Please, **be quiet**. I'm working.(1G34A, 83B)

① " | **In**!," he said.(2HP78,RLS25)

③ | **Come** | on, everybody.

③ | **Get** | moving!(EXD519, 5JG168)

③ | **Stay** | with me.(1G34B).

(ii) 상대방을 지적해서 명령할 때는 you, everyone, somebody 등을 사용할 수 있다.

② You | **mind** ‖ your own business.(LEG186)

② *Don't* you | **forget** ‖ this lesson.(ZEG364)

② Somebody | **answer** ‖ the phone please.(LEG186)

① Everyone | **sit**.(1DB145)

③ Everyone | **keep** | quiet!(LEG186,1DB145)

③ Tom | **come** | along with me,(ZEG364)

(b) 간접명령문(indirect imperative)

(i) 1인칭과 3인칭의 명령문으로 Let를 쓴다. 생략된 주어는 You이다.

⑤[③] | Let ‖ me | [**go** there].(1인칭)

⑤[③] | Let ‖ us | [**go** there].(1인칭)

⑤[③] | Let ‖ him | [**go** there].(3인칭)

⑤[③] | *Don't* let ‖ him | [**go** there].(3인칭)

(ii) 명령의 대상이 3인칭인 경우(무동사 명령문)

① Shoes | **on**. ① Hats | **off**.(ZEG365)

① | **To hell with him**^!(=he to hell)(2FD610)

① | **Down with the tyrant**^!(=the tyrant be down)(ECD150)

(c) 청유/제안문(request sentence)

말하는 사람이 듣는 사람에게 어떤 것을 같이 하자고 요청하는 문장. 생략 주어는 We.

A sentence that requests someone to do something together.

Let us~(~하자) 형식을 사용하며 stress 없이 읽으며, "Let's" 로 쓸 때가 많다. Let를 세게 읽으면 Lét us~.는 '~하게 해줘' 라는 뜻의 간접명령문이 된다.

⑤[③] | Let‖'s | [**go** there].(MBE36)(권유/제안: a suggestion)

⑤[②] | Let‖'s | [*not* **say** anything].(PEG283)(")

(4) 기원문(Optative Sentence)

기도를 올리거나 소원을 말할 때 쓰는 문장; 문장에 나타난 상황이 일어나기를 희망함을 의미

② God | *bless* ‖ you! God | *damn* ‖ it!(BEG370)

② Long」 *live*」 the Queen!(=May the Queen live long)(CES103))

③ *May*」 he | *live* | in peace!(OES139)(현재/미래의 소원)

② | *Would* ‖ [that I | *were* a bird]!(=I *wish* I...)(OES139)(현재 반대를 소원)

② *If only* the rain | would stop ‖ pouring!(=I *wish* the rain...)(DBE90)(")

② *Oh*, that I | *could have seen* ‖ him!=(I *wish* I...) (")(과거의 반대를 소원)

(5) 감탄문(Exclamatory Sentence)

강한 감정을 나타내는 문장으로(expresses strong emotion) 감탄부호 (!)로 끝맺는다.

What, How등 의문사를 가지고 쓰는 것이 보통이다.

(a) What 감탄문

what이 명사구를 한정하는 경우

① It | is a very nice picture. (그것은 매우 훌륭한 그림이다.)

→① **What** a nice picture it ∣ is ∨!(what+명사)(정말 훌륭한 그림이구나!)
⓪ **What** a beautiful house!(what+명사)(2G114A, 2G69A,1JA34)
① **What** a slow train this ∣ is ∨!(what+명사)(LEG2)(=This is a very slow trains
① **What** kind girls they ∣ are ∨!(what+복수명사)(MBE38)(=They are very kind girls)

(b) How 감탄문

(i) how가 형용사/부사(강조부사 very, much 등은 제외)를 수식하는 경우
① Mary is very beautiful.(Mary는 대단히 아름답다.)
→① **How** beautiful Mary ∣ is ∨!(how+형용사(Mary는 정말 아름답구나!)
① **How** brave you ∣ are ∨!(how+형용사)(LSW909)
② **How** fast he ∣ walks ‖ ∨! (how+부사)
② **How** beloved an entertainer he ∣ is ∨!(how+형용사+명사) ☞ 5.3.B.(2)(a) 형용어도치 참조
(ii) how가 형용사/부사를 수식하지 않고 문장 전체를 수식하는 경우
② **How** ‖ it ∣ rains!(정말 비가 억수로 쏟아지는구나!)
② **How** ‖ you have ∣ grown!(PEU195)(너참 많이 컸구나!)
④ **How** ‖ I ∣ envy ‖ you!(나는 네가 정말 부럽다).
④ **How** ‖ do you ∣ like ‖ that! (그걸 꽤 좋아하는군!)
③[④] **How** I ∣ wish ∣ [to go to Paris ...]! (아, 파리에 가고 싶다!)
☆ 감탄문과 의문문의 어순차이
① How old」you ∣ *are*! [감탄문] / ① How old *are*」 you? [의문문]

(c) 의문사 없는 감탄문

① ∣ **Wonderful**!(ZEG7)
③ So you ∣ are here ‖ **at last**!(ZEG7)
② ∣ **To come** ‖ [to sneaking things like that]! A gentleman ∣ **to come** ‖ to that!(OES178)
② ∣ **To think** ‖ [that my mother wrote all those books and I never knew]!(OED)
① Have**n't** you ∣ grown!
③ Does**n't** she ∣ look ∣ lovely!(3G28D)(부정의문문 형태)

C. 화법(Narratives)

(1) 화법의 의의

직접화법(direct narrative/speech)은 남이 말한 것을 그대로 전달하는 화법, 간접화법(indirect narrative/reported speech)는 남이 말한 것을 전하는 사람의 입장에서 간접적으로 전달하는 화법을 말한다. 직접화법을 간접화법으로 전환시에는 다음과 같이 시제와 어구의 변화에 주의해야 한다.

(a) 시제의 변화

전달동사가 현재/현재완료인 경우에는 시제 변화가 없으나 과거/과거완료인 경우에는 현재→과거, 과거/현재완료→과거완료로 변한다. 이에 따라 조동사는 과거형으로 변하지만 must만은 그대로 유지된다.

(b) 어구의 변화

yesterday→the previous day or the day before; last night→previous night or the night before; tomorrow→the following(or next day); today→that day; next week→the following (or next) week; ago→before; now→then; here→there; this→that

(2) 문장의 종류별 화법의 전환

(a) 평서문

피전달문을 that절로 바꾼다.
②[②] Diane ∣ said, ‖ "I ∣ *'m* enjoying ‖ my new job."(1G48A)

→②[②] Diane | said ‖ [**that** she | *was* enjoying ‖ her new job].
②[①] Tom | said, "My new job | *is* interesting].(2G46A)
→②[①] Tom | said ‖ [**that** his new job | *is* interesting].(2G46A)(상황불변)
②[②] Steve | said, ‖ "I | *'ll* call ‖ you."(1G48A)→②[②] Steve | said ‖ [**that** he *would* call me].
④[①] He | said ‖ to me, "I *am* tired."(1G48A)→④[①] He | told ‖ me ‖ [**that** he *was* tired].

(b) 의문문

(i) 전달동사는 보통 ask로 바꾸고, 의문사 있는 의문문은 '의문사+평서문', 의문사 없는 의문문은 'if/whether/that+평서문' 으로 바꾼다. (간접의문문 참조)
④[③] The police officer | said ‖ to us, "Where *are* you going?"(2G48B)
→④[②] The police officer | asked ‖ us ‖ [**where** we *were* going].
②[②] She | said(or asked), "*Do* you *have* a driver's license?"(2G48B)
→②[②] She | asked ‖ [**if** (or **whether**) I *had* a driver's license].
④[②] He | said ‖ to me, "*Can* I use your mobile phone?"(SBE112)
→④[②] He | asked ‖ me ‖ [**if** he *could* use my mobile phone].
(ii) 의문문 형식의 권유문의 전달동사는 권유동사로 바꾸고 'that+평서문' 으로 바꾼다.
④[④] Lisa | said ‖ to Mary, "**Why** don't you buy some nice clothes?"
→④[②] Lisa | suggested ‖ [**that** Mary buy some nice clothes].(2G32A)

(c) 명령문

(i) 전달동사는 tell, ask(for orders and requests 등)으로 바꾸고 '목적어+to~절'로 한다
④[⑥] "*Stay* in bed for a few days," the doctor | said ‖ to me.(2G46D)
→⑤[⑥] The doctor | told ‖ me | [**to stay** in bed for a few days].
④[④] "Please *don't tell* anyone what happened," Jackie | said ‖ to me.(2G46D)
→⑤[④] Jackie | asked ‖ me | [**not to tell** anyone what (had happened].
(ii) 피전달문이 "Let's..." 제안명령문인 경우는 'suggest (to+피전달자) + that+원형' 또는 'propose + to~절'로 전환한다.
④[⑤] He | said ‖ to us, "Let's start at once."(SBE112)
→②[②] He | suggested ‖ [**that** we (should) *start* at once].
→③[②] He | proposed | [**to start** at once].

(d) 감탄문

전달동사는 cry (out), exclaim, shout 등으로 바꾸고, (i) 감탄문을 유지하거나, (ii) very를 보충한 that절로 하거나, (iii) 부사어를 보충한 that절'로 하는 방법 등이 있다.
②[①] He | said, "**How** delighted I am!"(SBE112)
→②[①] He | exclaimed ‖ [**how** delighted he was].
→②[①] He | exclaimed(or said) ‖ [**that** he was *very* delighted].
②[⓪,②] He | said, "*Hurray*! I've won the first prize!"(SBE112)
→④[②] He | shouted ‖ *with joy* ‖ [**that** he had won the first prize].)

(e) 가정법 문장

피전달문의 가정법 시제는 변화하지 않는다.
②[②] He | said, "If I *were* a bird, I *could fly* to you."
→②[②] He | said ‖ [**that** if he *were* a bird, he *could fly* to you].
②[②] He | said, "I wish I *could fly* into the sky."
→②[②] He | said ‖ [**that** he wished *he could fly* into the sky]..
②[②] He | said, "I *would rather* she *came* tomorrow."
→②[②] He | said ‖ [**that** he *would rather* she *came* tomorrow].

(3) 중문, 복문, 혼합문의 화법의 전환

(a) 중문

②[①,②] She | said, "I am too tired and I can't walk anymore."(SBE112)
→②[①,②] She | said ‖ [**that** she was too tired and **that** she couldn't walk anymore].
④[②,①] He | said ‖ to me, "Hurry up, or you will be late."(DBE178)
→④[②,①] He | told ‖ me ‖ [**that** if I didn't hurry up I should be late].

(b) 복문

②[①,②] Tom | said, "If I were rich, I would buy a new car."(MBE153)
→②[①,②] Tom | said ‖ [**that** if he were rich he would buy a new car].

(c) 혼합문

②[②,②] He | said, "I like this shirt. Can I borrow it?"(SBE112)
→②[①,②] She | said ‖ [**that** he liked that shirt] and [asked **if** he could borrow it].
④[②,①] He | said ‖ to me, "Study hard. Are you tired?"(SBE112)
→⑤[②],④[①] He | told ‖ me | [to study hard], and | asked ‖ me ‖ [**if** I was tired].

D. 태(Voice)

주어가 동작을 행하는 표현을 능동태(Active Voice), 주어가 동작을 당하는 표현을 수동태(Passive Voice)라고 한다. 홀수형은 홀수형끼리(5형→3형), 짝수형은 짝수형끼리(4형→2형)으로 전환된다. 2형은 1형으로 전환된다.

(1) 명사목적어의 수동태 전환

[2형]

능동태의 목적어는 수동태의 주어가 된다.
② These lorries | produce ‖ **filthy fumes**.(ESA145)
→① **Filthy fumes** | are produced (by these lorries).
② The storm | damaged ‖ **the roof**.(3G-RD) →① **The roof** | was damaged (by the storm).
② Somebody | is painting ‖ **the door**.(1G21A) →① **The door** | is being painted.
② Somebody | should have cleaned ‖ **this room**.(2G41B)
→① **This room** | should have been cleaned.
② His carelessness | caused ‖ **the accident**.(SBE85)
→② **The accident** | was caused ‖ by his carelessness.
②[①] Everybody | believed ‖ [(**that**) the plan would fail].(3G24D)
→[②]② ‖ [**That** the plan would fail] | was believed ‖ by everybody.
→①[②] It | was believed [**that** the plan would fail].(more natural)

[4형]

능동태의 간접목적어나 직접목적어는 수동태의 주어가 될 수 있다.
이 때 주어가 되지 않고 남아 있는 목적어를 보류(수동)목적어라고 하나 그 성격은 부가어이다.
④ Somebody | gave ‖ **the police** ‖ **the information**.(2G42A)
→② **The police** | were given ‖ **the information**.(보류목적어=부가어)
→② **The information**. | was given ‖ (to) **the police**.(부가어)
④ Mr. Smith | taught ‖ **us** ‖ **English**.
→④ **We** | are taught ‖ **English** ‖ by Mr. Smith.
→④ **English** | is taught ‖ (to) **us** ‖ by Mr. Smith.
④ She | made ‖ me ‖ **a doll**.(BSE85) →② **A doll** | was made | for me.
☆ 'make, write, sing, send, pass' 등의 4형은 직접목적어를 수동태로 함이 자연스럽다.

④[⑤] Steve | hates ‖ people ‖ [**keeping** him waiting].(2G42B)
→②[③] Steve | hates ‖ [**being kept** waiting].
④[④] I | don't like ‖ people ‖ [**telling** me what to do].(2G42B)
→②[②] I | don't like ‖ [**being told** what to do].
④[④] I | remember ‖ somebody ‖ [**taking** me to the zoo].(2G42B)
→②[②] I | remember ‖ [**being taken** to the zoo].
[5형]
5형의 능동태의 수동태는 3형(by~ 포함시는 6형)이 된다.
⑤ I | painted ‖ **the gate** | green.(BSE85)→③ **The gate** | was painted | green (by me).
⑤ They | elected ‖ **her** ‖ president.(3G22B)→③ **She** | was elected | president (by them).
⑤ Somebody | wants ‖ **you** | on the phone.(KM131)→③ **You** | 're wanted | on the phone.
⑤ They | put ‖ **the accident** | down to bad luck.(3G22D)
→③ **The accident** | was put | down to bad luck.
⑤ They | put ‖ **the fire** | out.(3G22D) →③ **The fire** | was put | out (by them).
⑤ Unemployment | brought ┌down ‖ **the last Government.**(OPV)
→③ **The last Government** | was brought | down (by unemployment).
⑤ Mr Wang | has taught ‖ **Peter** | to sing (for years).(3G23D)
→③ **Peter** | has been taught | to sing (by Mr Wang)(for years).)
⑤[③] They | saw ‖ **the monkey** | [climbing over the fence].(3G23A)
→③[③] **The monkey** | was seen | [climbing over the fence].
⑤[⑤] They | asked ‖ **us** | [to show our passports at the border].(3G23X)
→③[⑤] **We** | were asked | [to show our passports at the border].
(2) 전치사구 목적어의 수동태 전환
전치사구 목적어가 수동태의 주어가 되면 전치사는 목적어와 분리되어 동사 뒤에 잔류한다.
[2형]
② Ella | looks ‖ **after him.**(3G22D)→① **He** | is looked (‖) **after** (‖ by Ella).
② She | laughed ‖ **at him.**(SBE85)→① **He** | was laughed (‖) **at** (‖ by her).
② Nobody | has slept ‖ **in this room** (for years).(SBE87)
→① **This room** | has never been slept (‖) **in** (for years).(SBE330)
② He | glanced ‖ **through the article.**(quickly).(OPV cover)
→① **The article** | was glanced (‖) **through** (quickly).
② They | have long done ‖ **away with this practice.**(=abolish)(SBE87)
→① **This practice** | has long been done (‖) **away with** (‖ by them).(SBE330)
[4형]
④ I | 'll take ‖ **care** ‖ **of the problem.**(SBE84)
→② **The problem** | will be taken ‖ **care** (‖) **of** (‖ by me).
→② **Care** | will be taken ‖ **of the problem** (‖ by me).
④ The boys | made ‖ **fun** ‖ **of her funny dress.**(SBE87)
→② **Her funny dress** | was made ‖ **fun** (‖) **of** (‖) (by the boys).(SBE330)
④ They | paid ‖ no attention ‖ **to my words.**(SBE87)☞2.3.A
→② My words | were paid ‖ no attention (‖) **to** (‖ by them).(SBE330)☞2.3.B
→② No attention | was paid ‖ **to my words** (‖ by them).(SBE330)☞2.3.B
④ We | will provide ‖ **all attendees** ‖ **with some food.**
→② **All attendees** | will be provided ‖ **with some food.**

→② **Some food.** | will be provides (‖) **with** ‖ to **all attendees.**

[5형]

⑤ I | am waiting ‖ **for him** | to come.→③ **He** | is being waited (‖) **for** | to come (by me).

⑤ They | let 「go ‖ **of a final, soaking farewell.**(MZ24)

→③ **A final, soaking farewell** | was let | go (‖) **of.**

(3) 문장의 종류에 따른 수동태

(a) 부정문의 수동태

② Bill | **did not write** ‖ the letter.(MBE118) →② The letter | **was not written** ‖ by Bill.

② Mary | **will not play** ‖ the piano.(MBE118)→② The piano | **will not be played** ‖ by Mary.

(b) 의문문의 수동태

④ **Does** somebody | **clean** ‖ this room ‖ everyday?(2G40B)

→② **Is** this room | **cleaned** ‖ everyday?

② Who | **broke** ‖ this glasses?(SBE84)→② By whom **were** ‖ this glasses | **broken**?

(c) 명령문의 수동태

② | **Do** ‖ it.→⑤ | Let ‖ it | **be done.**(SBS85)

② | **Don't do** ‖ it.→⑤ | Don't let ‖ it | **be done.** or | Let ‖ it | **not be done.**(SBS85)

(4) 주의할 수동태

(a) 조동사: 조동사는 그대로 유지된다

② I | **will** pay ‖ the bill.(SBE84) →② The bill | **will** be paid ‖ by me.

(b) 지각동사/사역동사의 수동태

(i) 사역/지각동사의 능동태의 ~형이 수동태에서는 to~형이 된다.

⑤[②] They | have made ‖ him | [**return** the money].(3G22C)

→③[②] He | has been made | [**to return** the money].(by them).

(ii) 지각동사의 경우에는 to~형 대신에 -ing형을 사용하는 경향이 있다.

⑤[③] I | saw ‖ him | [**come** in].(SBE84)→③[③] He | was seen | [**to come** (or coming) in].

(c) 목적어가 명사절인 경우

②[①] People | say ‖ [**that** he is 108 years old].(2G43A)

→①[①] It | is said [**that** he is 108 years old]

→②[①] He | is said ‖ [**to be** 108 years old].

④[①] They | told ‖ him ‖ [**that** she had checked out of the hospital].(LSW662

→②[①] He | was told ‖ [**that** she had checked out of the hospital].

(d) 동작수동태와 상태수동태

동작수동태는 능동태의 현재, 상태수동태는 능동태의 현재완료를 나타낸다.

② Our house | **is painted** ‖ every year.(동작)(SBE84)

→④ We | **paint** ‖ our house ‖ every year.

③ Our house | **is painted** | green.(상태)(SBE84)

→⑤ We | **have painted** ‖ our house | green.

(e) 수동태의 행위자(agent)

행위자(agent)는 의도적인 동작의 개시자(the will ful initiator of the action)를 말한다.(LSW123).

(i) 능동문의 주어가 실제로 동작을 받는 자가 되는 경우는 'by 행위자'는 성립하지 않는다.

lost, received, known, satisfied, surprised, believed (‖) in, heard (‖) of, slept (‖) in 등

② He | lost ‖ **his wallet.**→① **His wallet** | was lost. (O). His wallet was lost by him.(X)

(ii) 행위자가 막연한 일반인(somebody, they, people)일 경우에는 생략한다.

④ **They** | speak ‖ English ‖ in both Australia and New Zealand.(SBE84)

→② English | is spoken ‖ <u>in</u> both Australia and New Zealand.
(iii) 행위자가 by 외의 전치사 뒤에 오는 경우
② **The new of his death** | surprised ‖ them.(MBE120)
→② They | were surprised ‖ **<u>at</u> the new of his death.**
② Your efforts | resulted ‖ **<u>in</u> this.**(WordReference Forums)
→② This | was resulted ‖ **<u>from</u> your efforts.**
② **This novel** | interests ‖ me.(MBE120) → ② I | am interested ‖ **<u>in</u> this book.**
② **Everybody** | knows ‖ him.(SBE84) → ② He | is known ‖ **<u>to</u> everybody.**
② **Her answer** | satisfied ‖ me.(MBE120)→② I | was satisfied ‖ **<u>with</u> her answer.**
② **Snow** | covered ‖ the mountain.(MBE120) →② The mountain | was covered ‖ **<u>with</u> snow.**
☆ get -ed는 형식은 능동태이나 의미는 수동태인 경우이다.
⑥ The boy | **got** | **injured** ‖ <u>in</u> a car accident.
⑥ He | **got** | **acquainted** ‖ <u>with</u> her.(SBE84)

(5) 동사의 종류와 태

(a) 능동태만 허용되는 동사(cost, have, equal, lack, measure, resemble, weigh)
② This coat | **cost** ‖ a great deal of money.(CES104)
② This package | **weighs** ‖ twenty-seven ounces.(CES104)

(b) 수동태만 허용되는 동사(alleged, said, reported, rumored, reputed)
② Charlie | **is reputed** ‖ [(to be a good athlete].(CES104)
② It | **is rumored** ‖ [that the president is resigning].(CES104)

5.2 일치, 조건문, 공통/병렬/중첩, 비교
(agreement, conditional, common/parallel/cumulative relation, comparison)

A. 일치(Agreement)

(1) 주어와 동사의 일치(agreement between subject and verb)

(a) 단어/구 주어

(추상/보통=단수/복수)

| **Politics** | *is* a popular at this university.(=academic subject)(3G42A)

| Her **politics** | *are* bordering on the fascist.=(political belief)(3G42A)

| Truly, **love** and **need** | *are* the best matters.(JWG169)(불가산+불가산=복수)

(집합/군집=단수/복수)

| My **family** | *is* large in comparison with yours.)(SBE108)(집합

| All my **family** | *are* fond of classical music.(SBE108)(군집)

| The **committee** | usually *raise* their hands to vote 'Yes.'(3G40C)(군집)

| The **council** | *has*(or *have*) postponed a decision on the new road[(3G40C)(집합/군집)

| The **school** | *is* to close next year.(3G40C)(집합)

(하나의 단위=단수)

| **Six miles**(=it) | *is* a long way to walk every day.(2G77E)(거리)

| **Twenty thousand dollars**(=it) | *was* stolen in the robbery.(2G77E,3G42D)(돈)

| **Three years**(=it) | *is* a long time to be without a job.(2G77E,3G42D)(기간)

| **Two months**(=it) | *isn't* long enough to know him.(기간)

(분수/백분율: 가산-복수, 불가산-단수)

| <Three-fourths of> the earth's **surface** | *is* water.(SBE103)

| <Two-thirds of> the **apples** | *are* rotten.(SBE103)

| I would say <about 50 percent of> the **houses** | *need* major repairs.(3G42D)

| <Some 80 percent of> the **electorate** | *is* (or *are*) expected to vote.((3G42D)

(도치문)

」 Among the people invited *was*」 the **mayor**.(3G40A)

」 Displayed on the board *were*」 the exam **results**.(3G40A)

(등위접속사)

| **Meat pie** and **peas** | *is* Tom's favorite at the moment.(=a single item)(3G41B)

| **Loneliness** and **solitude** | *are* two different things.(=two different items)(Elif Şafak)

| **He** as well as you | *is* safe.(SBE108)(앞의 것에 일치

| The president or his **representatives** | *are* to attend the meeting,(3G41C)(뒤의 것에 일치)

(상관접속사)

| Not only you but also **he** | *is* safe.(SBE108)(뒤의 것에 일치)

| Either the teachers or the **principal** | *is* (or *are*) to blame for the accident.(3G41C)(")

☆ 둘 또는 그 이상의 명사가 (either) …or… 또는 (neither) …nor… 로 연결된 경우, 뒤의 것에 일치한다.(후자 일치).
다만, 후자가 단수인 경우에도 비격식체에서는 복수 동사를 사용하기도 한다.

(부정문)

| I don't think **any** <of them> | *knows* (or *know*) where the money is hidden].(3G41A)

| **Neither** <of the French athletes> | *has* (or *have*) won this year.(3G41A)

| **None** <of the stores> | *was* (or *were*) open.(2G84A)

☆ With '**any of, each of, either of, neither of, or none of**' and '**a plural noun/pronoun**, we use a singular or plural verb. (We use a singular verb for careful written English)(3G41A)
(there be 구문)
be 뒤의 명사의 수에 따라 단수명사/불가산명사에는 단수동사, 복수명사에는 복수동사를 사용
| [**There**] | **is** [a very good **reason**] for my decision.(3G95B)
| [**There**] | ***was*** <a large amount of> **information**.(YBM)
| [**There**] | **were** [too many **people**] trying to get into the football stadium.(3G95B)
| [**There**] | **are** <an estimated> **90,000 gangsters** in the country.(CED)
be 뒤에 명사구가 오면, 첫째 명사가 단수/불가산명사이면 단수동사, 복수명사이면 복수동사.
| When I opened the fridge [**there**] **was** [only **a bottle** of milk, **some eggs**, and **butter**].(3G95B)
| When I opened the fridge [**there**] **were** [only **some eggs**, a bottle of milk, and butter.(3G95B)
there+be/have의 경우, 단수/불가산 명사는 단수동사를, 복수명사는 복수동사를 사용.
| Over the last few years there | **have** been **many improvements** in car safety.(3G41D)
| There | *needs* [to be **some warning signs**]→**Some warning signs** | *need* [to be there].(3G41D)
☆ 축약형: 비격식체의 경우 복수명사 앞에 there's, how/here/where's의 's 축약형도 사용된다.
| 'Anything to eat?' 'Well, [**there**] | 's [some **apples**] on the table.'(3G95B)
| [**There**] | 's been **lots of good films** on lately. (or There've been…)
how/here/where + be/have 의 경우도 위와 마찬가지로 사용하는 경우가 많다.
| How's」 **your mum and dad** these days? (or How are…?)(3G41D)
(그 밖의 것들)
| **Every** boy and girl | *takes* part in the activity.(3G41A)
| **Each** child | *has* drawn a picture.(3G41A).
| **Each** <of them> | *has* their own models of what a man ought to be.(Hidden Cards)
| **Much** <of his words> | *was* unreliable.(DED)
| More <than **one person**> | *is* upset about the outcome of the election.(OGB48)
| <Many> **a little** | *makes* a mickle.(속담사전) 티끌 모아 태산
| <Many> **a hand** | *makes* light work.(속담사전) 백짓장도 맞들면 낫다.
| **The number** <of books> in the library | *has* risen to over five million.(3G41A)
| <A number of> **refugees** | *have* been turned back at the border.(3G41A)
| Often, <a large amount of> **the students** | *do* not want to learn.

(b) 비정형절 주어

| [**Having** overall responsibility for the course] | *means* [that I have a lot of meetings].(3G40B)
| [**To** [**keep** this young people in prison]] | *is* inhuman.(3G40B)
| [**To say**] and [**to do**] | *are* two different things.

(c) 정형절 주어

| [**What** worries us] | *is* the poor selection process.
| [**Whoever** took them | *is* a mystery.(3G40B)
| [**That** Rangers won both matches] | *was* a great achievement.(3G40B)
| [**What** I believe] and [**what** I can prove] *are* two different things.(2개의 정형절
| [**What** is needed] | *are* additional resources.(구어체는…needed is…)(3G40A)
☆ 주어가 절인 경우 통상 단수동사를 취한다. 다만, what절 뒤에 오는 명사가 복수이면 격식체에서는 복수동사, 비격식체는 단수동사를 취한다.(3G40B)

(2) 시제의 일치(sequence of tenses)

(a) 비정형절

(-ing절)

-ing절의 시제는 주절동사와 같고 완료 -ing절의 시제는 주절동사보다 하나 앞선다. 다만, 동사의 성질상 단순 -ing의 시제가 주절동사의 의미보다 앞서는 경우도 있다.

| I **remember** somebody [| *taking* me to the zoo].(2G42B)

| I **remembered** the horse [| *winning* the race].(2G30A)

| They **admitted** [| *having stolen* the money].(2G51D)

(to~절)

(i) 단순 to~절의 시제는 주절동사와 같고 완료 to~절의 시제는 주절동사보다 하나 앞선다.

| He **seems** [| *to be sick*].(It seems that he is sick.)(SBE26)

| He **seemed** [| *to be sick*].(It seemed that he was sick).(")

| He **seems** [| *to have been sick*].(It seems that he was | has been sick).(SBE26)

| He **seemed** [| *to have been sick*].(It seemed that he had been sick).(")

| You **seems** [| *to have lost* weight].(It seems that you have lost...)(2G52B)

| Mark **is supposed** [| *to have hit* a police officer], but I don't believe it.(2G43B)

| He **considered** them [| *to have been* satisfactorily *dealt* with].(LSW199)

(ii) be 및 소망의 동사의 과거형 뒤에 완료부정사가 오면 이루지 못한 사실을 나타낸다.

☆ 소망의 동사 과거형; desired. expected, hoped, intended, tried, wanted(would like),wished,(SBE26)

| I **was** [| *to have seen* Mr Kay].(didn't see;unrealized event)(LEG184)

| He **was** [| *to have married* her last year].(didn't marry)(SBE26)

| The boat, which **was** [| *to have taken* them to the island], failed to arrive.(3G14B)

| I **hoped** [| *to have seen* him yesterday].(didn't see)(SBE26)

| I'**d like** [| *to have gone* on vacation], but we didn't have enough money.(2G56B)

(b) 정형절

주절 동사가 현재완료/현재/미래이면 종속절 동사는 12시제 어느 것이나 가능하고, 주절 동사의 시제가 과거에 속하면 종속절 동사도 과거에 속하는 것이 원칙이지만, (i) 종속절의 상황이 영구적/습관적 사실인 경우, (ii) 전달 당시에도 아직 존재하거나 연관되는 경우, (iii) 종속절 시제가 주절 시제와 무관한 경우에는 예외 인정(3G35B)

(원칙)

| Are you **suggesting** [(that) I | '*m* lazy]?(OED)

| All the evidence **suggests** [(that) he | *stole* the money].(OED)

| These **are** books <I | *told* you about>.(1G100B)

| What **is** she **going** to do with the money <(that) she | *won*>?(1G100A)

| I **met** someone <whose brother | I *went* to school with>.(2G92A)

| <u>As</u> I *was* tired, I | soon **fell** asleep.(DED)

| It **looks** <u>as</u> [<u>if</u> | <u>though</u> she | *isn't coming*].(2G115B)

(예외)

(i) 종속절의 상황이 영구적/습관적 사실의 경우

| They **did not know** [that the earth | *goes* around the sun].(SBE108,1G2B)(진리)

| Photos from the Voyager missions **showed** [that Jupiter | *has* a ring system].(사실)

| He **says** [that World War II | *broke* out in 1939],(SBE108)(역사적 사실)

(ii) 전달(대화) 당시에도 아직 존재하거나 연관되는 경우(불변의 상황/사실)

☆ 현재의 사실/습관: 주절의 동사가 say, tell. report, show, forget, discover. regret 이 경우, 전달하는 시점에도 내용이 사실인 경우 시제를 일치시키지 않을 수 있음. 단, think, know, believe, hoe, wish 는 반드시 시제일치를 해야 함. Jim said that he loved(or loves) Jane. I thought that she enjoyed(~~enjoys~~) reading that author's books.

| Tom **said** [that his new job | *is* interesting].(2G46A)(불변상황)

| Ann **told** me [that she | *wants* to go to South America next year].(2G46A)(")

| Sarah **told** me [that she | *has* two houses].(3G35B)(“)
| She **argued** [that Carl | *is* (or *was*) the best person for the job].(3G35B)(불변/가변)
| They **noted** [that the rate of inflation | *has*(or *had*) *slowed* down].(3G35B)(“)
| I **heard** [(that) it *will*(or *would*) *rain* tomorrow].(VLIVE)
| I **met** a man <who | *knows* you>.(=the situation hasn't changed)(2G92B)(불변상황)
| I **met** a man <whose sister | *knows* you>.(“)(2G92B)(“)
| I **met** a woman <who | *can speak* six languages>.(“)(1G99A)(“)
| He **played** it [as you | *do* it now].OES621)(비교)
| She **had** more money {than you | *have*}.(SBE108)(“)

(iii) 종속절 시제가 주절 시제와 무관한 경우(조건문/가정법 등): 또한 이하 (c) 참조

| He **told** me [that if I | *don't* come back today, they're going to fire me].(조건문)
| I **insisted** [that he | (should) *have* dinner with us].(2G32B)(“)
| He **talks**(or **talked**) as [if he | *were* a great scholar].(OES621)(“)
| He **talks** as [if he | *knew* everything].(2G115D)(“)
| He **acts**(or **acted**) as [if he | *had been* her love].(SBE250)(“)
| Magnus **walked** in as [if nothing | *had happened*].(3G84D)(“)
| What **should** we do [if it | rains]?(1G97)(혼합조건문)

(c) 시제의 불일치

☆ 문장 내용에 대한 화자의 심적 태도를 나타내는 동사의 범주를 서법이라고 한다.(a) 직설법(indicative mood):현실적인 사실을 그대로 서술, 정형동사 (b) 명령법(imperative mood): 요구, 명령. 기원을 서술하며, 원형동사 (c) 가정법(subjunctive mood):비현실적인 사실 또는 상념을 서술, 동사 원형(가정법 현재)이거나 사용된 동사의 시제가 표현하려는 내용보다 앞선 경우(가정법 과거, 가정법 과거완료) Unit 32-33 및 37-39 및 OGB64 참조

1) 원형(the present subjunctive) ☞3.3B(5) 참조

[동사술어+목적어]: 당위성 동사

제안, 명령/지시, 주장, 요구, 의도/계획. 필요, 중요, 소망 등 의향을 나타내는 당위성 동사의 that절 내의 동사는 원형을 취한다. 원형 앞에 보조어 should를 추가할 수도 있다.

☆ 당위성 동사; advise, arrange, ask, beg, command, demand: direct, insist, instruct, intend, move, order, prefer, propose, recommend. request, require, stipulate, suggest, urge, warn 등. 이중 would rather를 제외한 나머지 동사는 5형 목적격술어로 to~를 취할 수 있다.(3G39B,DED).☞ 2.7.A.(2)(b)

| I've **arranged** [that she | *come* to the first part of the meeting].(3G39F)
| She **asked** [that she | *be kept* informed of developments].(OED,GGM129)
| She **begged** ‖ [that she | *be allowed* to go].(OED)
| John **demanded** [that Lisa | *apologize* to him].(2G32B)
| They **directed** [that the building | *be pulled* down].(3G39B)
| I **insist** [that you | *come* with us].(2G32B)
| Mary Alice **moved** [that the minutes | *be accepted*].(OGB64)
| The boss **ordered** [that the work | *be started* at once].(ZEG161)
| We **prefer** [that the plan | *be fully discussed*].(ZEG161)☞5.2.D(6)
| They have **proposed** [that Felix | *move* to their Munich office].(3G39B)
| The doctor strongly **recommend** [that I | *not go* to work for a few days].(2G32B)
| They **requested** [that we | *send* them to work there].(ZEG161)
| It is **requested** [that she | *sing* an English song].(ZEG161)
| The situation **required** [that he | *be* present].(OED)
| It was **resolved** [that the matter | *be referred* to a higher authority].(OED)
| It is **suggested** [that he | *take* her with him].(ZEG161)
| I **suggested** [that he | *give* up golf].(3G39B,2G32B)

cf. There were cheers when he | **suggested** ‖ [that we | *went* home early].(3G36C)

| I'd **rather** [he | *go* (or *goes*) home now].(PEU492)☞5.2.D(6)

☆ 당위성 동사가 의향이 아니라 객관적인 사실을 주장/제시하는 경우는 should+원형 불가

He **insisted** [that he | *wasn't* anywhere near the school at the time of the break-in].[(3G32)(=사실주장)

They **suggested** [that the papers | *are* fake].(NED) (=시사/암시)

[it+형용사술어+진주어]:: 당위성 형용사 등

(당위성 형용사)

☆ 당위성 형용사 advisable, appalling, (in)appropriate, (in)conceivable, crucial, desirable, essential, imperative, important, natural, necessary, obligatory, (un)necessary, urgent, vital, not surprising(3G39)

| It is **desirable** [that everybody | *be* <u>*at*</u> *work* by 9:00 tomorrow morning].(2G32B)

| It is **essential** [that the agreement | *be signed* before May].(REG210)

| It is **imperative** [that the government | *do* something about health car].(2G32B)

| It's very **important** [that you | *not miss* this appointment with your eye doctor].(2G32C,3G39F)

| We believe [it is **important** [that she | {should} *take* the exam next year]].(3G39F)

| It is **necessary** [that he | *be sent* there at once].(ZEG162)

| It is **proper** [that you | *warn* him not to do it.(ZEG162)

| It is **vital** [that we | *be present*].(LEG239,2G32X2)

| It's not **surprising** [that they | {should} *be seen* together]—they are brothers.(3G39F)

(비당위성 형용사)

☆ 비당위성 형용사 concerned, curious, fortunate; strange, surprising, unusual; inappropriate,wrong(3G39):

| It is **inappropriate** [that he | (should) *receive* the award again. (or hat he *receives*)(3G39D)

| It is **strange** [that she | *refuse* to come to the party].(ZEG162)

| It is **surprising** [that you | *catch* up with him].(ZEG162)

| It is **unusual** [that he | *go* to school so early].(ZEG162)

cf. I | am **concerned** [that she | {should} *think* I stole the money].(or..that she *thinks*..)(3G39E)

[당위성 동격 명사어]

☆ 당위성 동격명사 advice, condition, demand, desire, order, proposal, suggestion, warning

| My **advice** to you is [that you | *treat* her well].(ZEG162)

| They agreed on **condition** [that he | *sit* in for the father in a trial.(web)

| My **demand** is [that he | *come* to see me once a week].(ZEG162)

| It is a legal **requirement** [that you | *have* insurance for your car.(YBM)

| My **suggestion** is [that you | *pursue* it no further].(NED)

| The police issued an **order** [that all weapons | *be handed* in immediately.(3G39C)

| The weather forecast gave a **warning** [that people | *prepare* for heavy snow].(3G39C)

[전치사구동격어]

| But the men will consent to live with us as one people only **on the condition** [that our males | *be circumcised*, as they themselves are].(Ge34:22)

[lest절 안의 원형]

| Hide it [**lest** he | (should) *see* it].(DED)(않도록) I fear [**lest** he | (should) *die*].(DED)(않을까)

| He gripped his brother's arm [**lest** he | *be trampled* by the mob].(않도록)(OED)

2) 과거/과거완료형(the past/past perfect subjunctive)

[동사술어+목적어]

(would)☞5.2.D(6)

| I **would** (or wish) [I | *were* a weaver].(4WS92)(베 짜는[길쌈하는] 사람)

| Is it OK if Ben stays here?—I'd **rather** [he | *came* with us].(2'G57D)

| I'd **rather** [he | *didn't tell* anyone what I said].(2'G57D)☞5.2.D(6)
| Shall I tell them, **would** you **rather** [they | *didn't know*]?(2'G57D)
| I'd **rather** [he | *had not learned* so early in life].(web)
| I'd **sooner** [it | *were* earlier], if possible.(3G85B)
| **I'd sooner** [she | *left* the heavy end of the work to someone else].(BEG367)
| I'd **pray** to God [he | *kept* his promise].(4DB425)
| I'd **prefer** [they | *didn't* call].(12JG109)
(wish)
| I **wish** [Sara | *was* (or *were*) here now].(2G39D)(현재사실의 반대가정)
| I **wish** [I | *knew* Paul's phone number].(2G37B)
| Do you ever **wish** [you | *could fly*]?(2G37B)
| I **wish** [I | *have known* about the party].(2G39B)
| I feel sick. I **wish** [I | *hadn't eaten* so much cake].(2G38C)
| I **wish** [I | *could have been* with you].(LEG225)
| Do you **wish** [you | *had studied* science instead of language]?(2G38C)
| I **wished** [I | *had* someone to talk to].(NEI) / I **wished** [I | *had* time to go home].(8NG30)
| I **wished** [he | *had been* nicer to my children].(NEI)
| I **wish** [I | *would die*]. or Shall I rather die at once?(DED)
| I **wish** [he | *would get* to the point].(OED)(바람)
(imagine/suppose/supposing)
| **Imagine** [you | *were* to inherit million dollars]. How would it change your life?(OED)
| **Imagine** [we | *could* all fly]. Wouldn't that be fun!(PEU263) [(3G85B)↵
| **Suppose** [I | *were* to lower the price by £100]. Would you consider buying the car then?
| **Supposing** [we | *were* to miss the last train]. How would we get home?(3G85X)
| **Supposing** [you | *'d missed* the train]. What would you have done?(PEU240)
[it+명사술어+진주어]
| It's **time** [we | *went* home].(=It's time [(for us) to go home])(2G33C)
| It's **time** [we | *went* to bed].(=It's time [that we (should) go to bed]).(ZEG164)
| It's (high) **time** [he | *was* (or *were*) *taught* a lesson].(LEG226)
| It's (high) **time** [you | *went*(or *were going*].(=It's time [that we should go]).(ZEG164)
| It's high **time** [you | *had done* with it].(KM79)
cf. It's **high time** [you | (should) *start* paying rent on time.(NEI)
[it+전치사구 술어+진주어]
| It's **about time** [he | *did* something instead of just talking].(2G33C)
| Isn't it **about time** [our baby | *could walk*].(LEG226)
[If only 절]
| **If only** I | *knew* his name!(ZEG157)
| **If only** we | *had listened* to their advice!(ZEG157)
| **If only** our parents | *could live* together with us!(ZEG157)
| **If only** it | *would live* stop raining!(ZEG157)

[참고] 공손/겸양 표현(polite backshift 후퇴변환)
공손/겸양의 표현의 경우에는 실제 시제보다 앞선 시제(가정법시제)를 사용할 수 있다.
We can use 'would/could' instead of 'will/can', if we want to be more polite:
| *Could* you | *open* the door, please?(1G28D)

| We | '*d like* you [to come to our house].(1G106A)
| *Would* you | *tell* her [that Adrian phoned]?(CEG229,MBE100)
| *Would* you | *mind* [if I *used* your phone]?(2G35C)
| I | *was just wondering* [if you *were* free for lunch today].(

(d) 시제와 시간어 ☞ 5.2. B.(1)(c) 혼합조건문

| January, six years ago... but it | still feels like *yesterday*.(2DB377)
| I can remember that spring day as [if it | were *yesterday*].(Jack)
| If Dante | were baptized *today*, it would be in this basin right here.(2DB317)

B. 조건문(conditionals)

(1) If conditionals(If 조건문)

☆ real conditionals은 직설법(indicative mood), unreal conditionals는 가정법(subjunctive mood)이라고도 한다. unreal conditionals 중 1은 가정법원형, 2는 가정법과거, 3은 가정법과거완료라고도 부른다.

(a) 현실조건문(직설법 indicative mood): 현실성 또는 가능성이 있는 진술

Real conditionals: Statements that are actual or quite possible.

(현재조건문)

{} If I | have time, I will go today.(1G98C)[RC0) | R1](= Maybe I'll have time, so maybe I'll go.)
{} If I | perish I perish.(Est3:16)[RC0) | R0]
{} If you | 're hungry, have something to eat.(1G97A)[RC0 | R0]
{} If you | see him, ask him to ring ,me up.(REG440)[RC0 | R0]
{} If he | is here, he is probably working in the library.(REG440)[RC0 | R0]
{} ... if I | 'm to be honest, it's the impression I had.(BSa39)[RC0 | R0]
[] Let me know [if you | need anything](2G83C)[R0 | RC0]
{} Are you going to the concert?－Yes, if I | can get a ticket.(1G97A)[RC0]

☆ 대화체에서는 주절을 생략하고 if절 부분만 단독으로 사용할 수 있다.

(과거조건문)

{} If he | sinned, she tortured him.(DHL74,NH85,Rev20:15)[RC-1 | R-1]
{} If he | called on them yesterday, they gave him your letter.(REG440)[RC-1 | R-1]
{} If John | didn't come to work yesterday, he was probably ill.(PEU234)["]
{} But then if you | 've ever seen the show, you already knew that.[RC-1 | R-1]

(미래조건문

☆ 조건절에는 통상 will을 쓰지 않지만. 주절의 어떤 것의 결과에 대해 이야기할 경우나 요청이나 '할 의사가 있다는 '('if you are willing to') 의미인 경우에는 will도 사용 가능하다.(3G84B)

[] I'll tell you my story [if it | will interest you].(ZEG116)[R1 | RC1](결과)
{} If you | will take your seats, we can begin the meeting.(3G84B)[RC1 | R0](요청)
[] I'll give you part of my apple [if you | 'll let me paint].(ZEG116)[R1 | RC1](~할 의사)

(혼합조건문)

{} If you | take the bus, it will be cheaper.(1G97A)[RC0 | R1](조단현)
{} If I | made the wrong decision, then I apologize.(3G-RM12)[RC-1 | R0](조단과)
{} If we | broke our glasses, we must write home for a new pair.(2JJ108) [RC-1 | R1](")
{} If he | missed the bus, he won't be here on time.(LEG274) [RC-1 | R1](") [RC-1 | R-2](조과미)↴
{} If [reading it] | would be painful to her, [writing it] had sometimes been unbearable to him.
{} If you | 've ever seen the movie 'Titanic', think of a ship like that.[RC-1 | R0](조현완)
[] Open a window [if it | will help you to sleep].(3G84B)[R0 | RC1](조단미)
{} If Linda | will be here tomorrow, there is no need to call her now.(ZEG117) [RC1 | R0].(조단미)

{} <u>If</u> they | will come to check up our work tomorrow, what should we do now?[(ZEG117)¬
[] I'm sorry(or I apologize) [<u>if</u> I | have caused any trouble].(2G83C)[R0 | RC-1](조현완) [(RC1 | R-1](")
[] The law needs to be revised [<u>if</u> justice | is to be done].(3G12B)[R0 | RC1](조미대)

(b) 비현실조건문(가정법 subjunctive mood)

비현실조건문 0: 현재 가능성이 없거나 의심스러운 진술(원형)

Unreal conditionals 0: Statements that are improbable or doubtful

{} <u>If</u> it | be right, do it boldly; <u>if</u> it | be wrong, leave it undone.(EH)[RC0 | R0]
{} This, <u>if</u> the news | be true, is a very serious matter.(BEG369)[RC0 | R0]
{} <u>If</u> it | be fine tomorrow, I will go.(OES393)[RC0 | R1]
{} <u>If</u> need(s) | be, I'll stay up all night.(=<u>If</u> it is necessary)(CED,OAD,12JG507)[RC0 | R1]

비현실조건문 1: 현재 사실과 반대이거나 가능성이 없거나 의심스러운 진술(과거시제)

Unreal conditionals 1: Statements that are contrary to fact, improbable, or doubtful now.

{} <u>If</u> I | had time, I would go today.(1G98C)[UC-1 | U-1]
→ I don't have time today, so I will not go.
{} <u>If</u> I | were hungry, I would eat something.(=I 'm not hungry)(1G98C)["]
{} <u>If</u> I | were you, I wouldn't buy that coat.(2G37C)["]
{} <u>If</u> I | were you, I should take his advicet.(BEG357)["]
{} <u>If</u> you | were <u>in</u> my position, what would you do?(2G37A["]
{} <u>If</u> it | wasn't (weren't) <u>for</u> Nina, the conference wouldn't be going ahead.(3G83D)["]
{} If I | knew, I | could find ‖ it.3NG10)
{} <u>If</u> I | knew the answer, I'd tell you.(= don't know the answer)(1G98B)["]
{} If I | could remember, I | wouldn't need ‖ the list.(3NG9)
{} <u>If</u> it | should rain, I would put off my departure.(SBE94)["](불확실)(과거미래조건문:현재미래아님)
{} <u>If</u> I | should see him tomorrow, I should ask him about it.(REG442)["](불확실)(")
{} <u>If</u> it | would please God to spare my life, I would go directly home to my Father.(DD9)["](")
{} <u>If</u> she | was to tell her boss the secret, what would he say?(SBE94)["](불확실)(")
{} <u>If</u> I | were to see him tomorrow, I should ask him about it.(REG442)["](불확실)(")
[] I | would like ‖ Annie [<u>if</u> I liked girls].(1NG13)[U-1 | UC-1]
[] I'd help you [<u>if</u> I | could], but I can't.(1G98C)[U-1 | UC-1]
[] I'd buy that jacket [<u>if</u> it | wasn't so expensive].(")["](")
A:[] What would you do [<u>if</u> you | lost your job]?[U-1 | UC-1](주절은 가정법과거미래; 불확실)
B:{} If I | lost my job, I would go abroad.(LEG273)[UC-1 | U-1](")(")
[] I | would appreciate it [<u>if</u> you | paid in cash].(OED)[U-1 | UC-)(주절은 가정법과거미래;공손)
[] Would it be too early for you [<u>if</u> we | were to meet at 5.30]?(3G83D)["](공손)(")

비현실조건문 2: 과거 사실과 반대이거나 가능성이 없거나 의심스러운 진술(과거완료시제)

Unreal conditionals 2: Statements that are contrary to fact, improbable, or doubtful then.

{} <u>If</u> I | 'd had a camera, I would have taken some pictures.(2G38A)[UC-2 | U-2]
→ I didn't have a camera, so I didn't take any pictures.
{} <u>If</u> I | had been hungry, I would have eaten something.(I wasn't hungry)(2G38A)["]
{} <u>If</u> the weather | hadn't been so bad, I would(could/might) have gone out.(2G38C)["]
{} <u>If</u> I | had seen you, I would have said hello.(= didn't see you)(2G38B)["]
{} <u>If</u> it | hadn't been for Dad, I wouldn't have gone to college.(3G83D)["]
{} If | I | could have pulled myself up, I'd have done it by now.(YBM)["]
[] I would have gone out [<u>if</u> I | hadn't been so tired].(2G38A)[U-2 | UC-2)

A:[] What would you have done [if you | had lost your job]? [U-2 | UC-2](불확실)

B:{} If I | had lost my job, I would have gone abroad.(LEG273)[UC-2 | U-2](반대)

(c) 혼합조건문: 의미/문맥상 허용되는 경우 조건절, 주절 시제의 혼합 가능

☆ **Mixed tense sequences in conditional sentences**: Sense and context permitting, any tense sequence is possible(LEG274):

(현실조건절/비현실주절)

[] What should we do [if it | rains]?(1G97B)[U-1 | R0]

{} If woodpecker-inspired technology | worked so well to protect black boxes, it | would probably also work well in the improvement of helmet design.)[RC-1 | U-1)]

{} If Bruno | wasn't lazy, he would have passed the exam easily.(3G239)[RC-1 | U-2)]

(비현실조건절/현실주절)

{} If he | were to come, say that I am absent.(OES406)[UC-1/R0]

{} If he | should come, show her this letter.(REG440)[UC-1/R0]

{} If ever I | loved Thee, my Jesus 'tis now.(Hym512)[UC-1/R0]

{} If you | should happen to be in our area, drop in and see us.(3G84C)[UC-1/R0]

{} If it | should rain, I will put off my departure.(SBE94)[UC-1 | R1] (BEG357)[UC-2/R1]

{} If the steamer | should have left port at noon, it will be passing through the canal *now*.⤴

(비현실조건절/비현실주절)

{} If I | had gone to the party last night, I would be tired *now*.(2G38D)[UC-2 | U-1]

{} If you | had worked hard, you would know English well *now*.(REG444)["]

{} If the doctor | had been called earlier, she would be still alive *today*.(3G239)["]

{} if Fleming | had not discovered penicillin, there would be far more fatalities *every year* {than there actually are.[UC-2 | U-1] (Jn18:30)[UC-1/U-2]

{} If he were not a criminal," they replied, "we would not have handed him over to you."⤴

{} If you | knew me better, he wouldn't have said that.(LEG274)[UC-1/U-] [(3G239)["]⤵

{} If he | knew English well, he would have translated the article without difficulty *yesterday*.

☆ 혼합시제는 종속절이 주절에 내포된 복문에도 적용될 수 있다.

I *wish* [Sarah would come].(2G37D).(R1[U-1])

I *insist* [that you (should) come with us].(2G32B) (R1[U-1])

I *insisted* [that he (should) have dinner with us].(2G32B)(R-1[U-1])

(참고) 시제코드

1	미래	will/shall ~, will/shall be+'-ed | nvp(non-verb predicative)'
		will | shall have -ed, will/shall have been+'-ed | nvp'
0	원형	(to)~;can/may/must ~, can/may/must be+'-ed | nvp':불확정
	현재	-/-(e)s; am/are/is+'-ed/-ing/nvp':확정
-1	과거	-ed, was/were +'-ed/nvp,' have pp
		would/should/could/might~, would/should/could/might be+'-ed/nvp
-2	과거완료	had -ed, had been +'-ed | nvp'
		would/should/could/might+have -ed or have been+'-ed/nvp'

(2) Other conditionals(그 밖의 조건문)

Real conditionals:

[] You can borrow my car as/so long as you | promise not to drive too fast].(")

{} Inasmuch as ye | have done it unto one of the least of these my brethren, ye | have done it unto me. (Mt25:4 KJV)

{} Provided he | confess his fault, we will pardon him.(OES393)

{} Provided/Providing the room | is clean, I don't care which hotel we stay at.(2G112B)

{} Unless we | leave now, we'll be late.(or if we don't leave now).(2G112B)
[] With enough practice, you can become a skilled pianist.
[] | Tell us what to do and we'll get on with it.(LEG276)
[] | Start at once, or/otherwise/else you will be late.(DED)

Unreal conditionals

☆ In unreal conditional sentences we can use 'were' after any subject in the (if clause, including singular first and third person subjects (e.g. I | she | he | it). This use of 'were' is sometimes called the past subjunctive, and is generally preferred only in formal contexts.(3G85A)

{} Should any of this | cost you anything, send me the bill.(If any...should)(3G84A)
{} Had they | not rushed Jo to hospital, he would have died.(If they hadn't)(3G84A)
{} It would be embarrassing, were she | to find out the truth.(if she were)(3G84A)
{} Were the whole realm of nature | mine, That were a present far too small.(Hym147)
[] He would have finished it earlier with you help.(=if he had had your help)(SBE100)
{} Without/But for) your help, I would have failed.(SBE101,MBE134)
{} I'm sure he is not hungry — *otherwise*, he would eat something.(2G27C)(가정법과거)
{} My parents lent me the money. {Otherwise}, I couldn't have afforded the trip.(OED)(가정법과완)
[] She wouldn't have gone to university unless her parents | had insisted.(3G86B)(")

C. 공통/병렬/중첩(common/parallel/cumulative relation)

(1) 공통관계

문장을 간결하게 하기 위하여 그 일부가 공통으로 연결되는 것으로 생략구문과 통한다.
☆ 술어에 관한 더 많은 예문은 A. 일치 (1) 주어와 동사의 일치 (a) 단어/구 주어 (등위접속사) 참조

(a) 주성분

(주어) X(A+B)=XA+XB
‖ **My brother**, not **my cousin**, *went there*.(DBE386)
→ My brother went there.+ My cousin did not go there.
‖ **We** *stayed* at home and (we) *watched* television.(1G95A)
‖ Strait is *the gate,* and narrow is *the way*, **which** leadeth unto life.(Mt7:14)
(술어)
| She *is* or *may well be*, **grateful** for his help.(SBE150) He *is* and *will be*, **a great artist**.(DBE386)
| He *agreed and seemed* [**to think** he would get some fun out of it, too].
| We *can*, and indeed *must* **help** the poor.(SBE150)
| A man's best fortune or his worst *is* **his wife**.(OES557)
(목적어/부가어)
‖ He always *blames* and *never praises* **his students**.(SBE150)
‖ I saw **Tom** *get into his car* and *drive away*.(2G65A,65C)
‖ *Work with and not against* **nature**.(SBE150)
‖ A good lecturer is thus *talking with* and not *at* or even *to* **his** or **her** **listeners**.(Rules251)
‖ good lecturer *speaks* directly *to* and *watches* **the response of people**.(Rules251)
Put *your best thought, your best work, your best energy* into **everything** you do.(OES557)

(b) 부속성분

(한정어/형용어/피형용어)
<> **The** *secretary* and *typist* is Miss Lee.(OES456) (Ge10:20)
<> These are the sons of Ham by their clans and languages, in **their** *territories* and *nations*.
<> Grace and peace to you from **him** <*who is, and who was, and who is to come,...*>(Rev1:4)
<> **That** <*which was from the beginning, which we have heard, which we have seen with our*

eyes, which we have looked at and our hands have touched>—this we proclaim concerning the Word of life.(1Jn1:1)

<> Bulldogs gave *wrinkled, flattened* **face**.

(보조어/부사어)

{} I **am** *excited* and *happy*. He **is** *their help* and *gold*.(Ps115:9)

{} He **can** *speak* and *write* French. I **was being** *touched* and *philosophical*.

{} I saw **only** *trouble* and *sorrow*.(Ps116:3)

(연결어)

_ Can you send me the bill either to *Mrs Petrov* or *myself*?(3G60E).(전치사)

_ Johnson made it back alive, **although** *sick* and *tired*.(접속사)

_ **What with** *policy and entreaties*, he finally accomplished his purpose.(SBE240)

(c) 기타

, I want [to *go* home and *stay* in there].(to~절j) (1JWG160)

, When I was in high school, I learned [*how to play* the violin and *to play* the piano].(wh-to~절)

, But *who* am I, and *who* are my people, that we should be able to give as generously as this?(wh-어)(1Ch29:14)

(2) 병렬관계

☆ 병렬재료에 관한 예문 4편 1장 D.. 등위접속사 병렬은 3편 5, 연결어, 4편 6. 접속사 참조,

(a) 콤마 있는 경우

, **Mr Bob Timms**, [*leader* of the Democratic Party, *MP* for Threeoaks], has announced his resignation.(3G57B)(동격어)

, She didn't **write** [*when* I was ill], or [*when* I got married[.(PEU500)

, **A man** <of virtue>, <not of wealth> deserves out respect.(SBE150)

, **A person** <*who* is rich>, but <*who* is not healthy>, can never be happy.(OES558)

, There is **nothing** <(*that*) I wished>, <*which* I did not get>.(OES558)

, For God {so} **loved the world**, {*that* He gave His only begotten Son}, {*that* whoever believes in Him shall not perish, but have eternal life}.(Jn3:16) (DCMA) ↴

, **Couldn't stay** all my life down at heel, {*looking* out of the window}, {*staying* out of the sun}.

, To the faithful you show yourself faithful, to **the blameless** you show yourself blameless, to **the pure** you show <yourself> pure, but to **the crooked** you show yourself shrewd.(2Sa22:26)

(b) 콤마 없는 경우 ☞4.1D(3)

° Heaven's vengeance | **is** [*slow*] but [*sure*].(SBE284)(형용사술어)

° I **prefer** [*having* a partner] to [*being* alone].(1ACD5)(-ing 목적어)

° [*Protecting* and *respecting* your own privacy] is a **statement** <to yourself and others>(전치사구 형용어)[*that* you value yourself and your own peace of mind](동격절 형용어).

° There is **no vice** <*so* simple><*but* ∩(=vice) assumes>.(9WS3:2)

° Think about all the **people** <*around you*><*who* really love you>.

° Thus **any words or conduct** <*by one or both parties*><*that* communicate a legally enforceable promise> will constitute a contract.(2NS1)

° **Which** <*of* us><*that* knows something about physics does not know this>.(ZEG395)

° I'll give USB memories to **any** <*of the members*><*who* has a computer>.

° John is the only **one** <*of the boys*><*who* as you know is not eligible>.

° There is **more** <*to* this detective business><*than* I thought ∩(=much)>.(22NG39)

° Doctors are contacting **patients** <*with* diabetes><*who* have taken the drug in the last 6 months>.(3G57B)

° The waxwing is the only **bird** <*found* in Britain><*with* yellow and red tail feathers>(3G57B)

° There was not a **soul** <*within* the fort><*but* was prepared for the worst>.(SBE230)

° It's the only **building** <(*which*) I've never seen>(형1)<*which* is entirely made of glass>(형2). (LEG24) (=The first *which* would normally be omitted)

° He is the only **man** <*that* I know of>(형1)<*whom* you can trust>(형2).(SBE135)(이중한정)

° it's **the way** <*that* corporate American has developed...>(형1) <*that* has increased our stress to levels <{so} high {(that) we're literally making ourselves sick because of it}>(형2).

° 'I'm afraid I'm early,' she said, {*blushing* and *shy*}.(KM69)(부사어)

(3) 중첩관계

(a) 주성분

° But the real question [**who** decide [**that** a law is repugnant to the Constitution]].(1NS5)(2중)

° I wish [(**that**) they had done [**what** they said they would do]].(")

° And if we know that he hears us—whatever we ask —we know [**that** we have [**what** we asked of him]].(1Jn5:15)(")

° But all <you have to do> is [(to) **look** at me to know [**that** every word is true]].(DCMA)(")

° She is sitting there [**wondering** [**what**'s going on]].(LSW689,SBE34)(")

° He gave me [**to believe** (or **understand**) [**that** he would help me]].(DED,OES72)(")

° "No doubt," said Holmes, "**he** | was [**as** you say]."(2ACD352)(")

(b) 부속성분

° There's **nothing** <*more* <(*that*) I can think of to say to you>>.(DCMA)

° There is **nothing** <*fun* {*to play* with in this old park}>. I had **nothing** <*special* {*to say*}>.

° LORD, there is **no one** <*like* you {*to help* the powerless against the mighty}>.(2Ch14:11)

° Find **something** <*special* about each **day** <*that* you can be thankful>>.(형용사구내의 관계절)

° The **people** <*who* selected the **man** <*who* occupied that room>> did so above all for their protection.(CPD5)(2중관계절)

° The **wages** <you failed to pay the **workmen** <*who* mowed your fields>> are crying out against you. you.(Jas5:4)

° Cooper is a private-security detective, **one** <of **many** <*who* patrol once prosperous enclaves like Palmer Woods>>.(공시)전치사구내의 관계절)

° The average **temperature** <at the top of **Mount Everest** <*when* people climb ∨ in May>> is minus four degrees Fahrenheit.(전치사구내의 관계절)

° Write down **three things** <*that* they are thankful for ∩ <*that* happened during the day>>.

° It is **a situation** <*that* many working people worry ∩ <(*that*) they are in now>>.(모의고사)

° Acid rain is **a term** <*applied* to any mixture of **deposited material** <*originating* from **the atmosphere** <*that* contains excessive amounts of nitric and acids>>>.(3중형용어)

° {**If** I had worked harder [**when** I was young]}, I would probably be better off now.(Quizlet.com)

° So I chose freedom, {**running** around {**trying** everything new}}.(DCMA)(2중부사어)

cf. The **food** <*that* you ate yesterday at **the restaurant** <*which* your friend recommend>> was really tasty. ☆ 병렬구조도 가능한 중의성 문장

(c) 주/부속성분 혼합 중첩

° Ask about [**what** she is doing <*that* has allowed her to be successful>].(목적어내의 형용어)

° When you concentrate on the one task of your priorities, you will find [you have **energy** <*that* you didn't even know ∩ <(*that*) you had>>].(공시)(부가어내의 2중형용어)

- It won't be easy, you'll think it strange [**when** I try [to **explain** [**how** I feel [**that** I still need your love after **all** <*that* I've done>]]]].(DCMA=Don't Cry for Me Argentina)(4중)
- This is **the girl** <*who* wants [*to see* you]>.(SME40)(관계절내의 비정형절 술어)
- The other **thing** <*that* you can do><*that*'s a nice built in function for **Google Docs** <*that* can save you a lot of time>> is [to insert page numbers]. (중첩과 병렬의 혼합구조)

D. 비교(Comparison)

(1) 원급비교☞3.4.A.(6)

☆ not as ...as 는 형식상 원급 비교이지만 실질상으로는 비교급 비교와 같다.

(1A) as...as

(a) 수식구

{} Rome | is not {as/so} **old** {as Athens}.(=Athens is older)(1G87A)
{} She | 's not {as} **old** ‖ {as him}.(*or* She's not as old as he is)(1G87D)
{} Was the film | {as} **funny** {as his last one}?(3G73A)
{} Your guess | is {as} **good** {as ours}.(4HP128)
{} Cold pancakes | are almost {as} **good** {as hot pancakes}.(1NG32)
{} No (other) mountain in the world is {as(or so)} **high** {as Mt Everest}.(SBE196)(최상급대용)
{} His clothes | became {as} **white** {as the light}.(Mt16:2)
{} You | don't work ‖ {as} **hard** {as me}.(1G87D)
{} Can you | send ‖ me ‖ the money ‖ {as} **soon** {as possible}?(2G104A)
<> He | doesn't earn ‖ <as> **much** <as me>.(OED)
<> It | will do ‖ you ‖ <just as> **much good** <as a lesson>.(KM73)(마찬가지)

(b) 수식절

{} Richard | isn't {as} **old** {as he looks}.(2G104A)
{} Let's walk. It | 's just {as} **quick** {as [taking the bus]}(2G104B)
{} I can't run {as} **fast** {as she can}.(2G104C)
{} You | don't work ‖ {as} **hard** {as I do}.(1G87D)
{} I | came | round ‖ {as} **quickly** {as I could}.(3G73A)
<> I | don't know ‖ <as> **many people** <as you>.(1G87B)
<> I | don't have ‖ <as> **much money** <as you>.(1G87B)
<> You | can have ‖ <as> **much** <as you want>.(2G104B)
<> How much was it? Was it expensive?—No, ‖ not <as> **much** <as I expected>.(2G104A)
<> I have {*three times*} <as> **many books** {as he}.(NED)
cf I | get {just about} as much} **done** {as I did previously in a twelve-hour marathon day}.

(c) 동일대상의 성질비교

{} The weather | isn't {as} **good** {as last year}.(PEU157)
{} My case is as **good** {as solved}.(14NG37) ☆ 상관부사어: 비교
{} It(the weather) | isn't {as} **cold** {as it was yesterday}.(1G87A)
{} The shopping mall | wasn't {as} **crowded** {as usual}.(2G104B)
{} Surveillance cameras | are not {as} **effective** in preventing crime {as have been believed}].
{} I | am {as} **sure** of that {as that my name is Sherlock Holmes}.(2ACD459) (2015경찰직)
{} I | got | here ‖ {as} **fast** {as I could}.(2G104B)
{} People | do not make ‖ my acquaintance | {as} **easily** {as that}.(3ST285)
{} We | 'd like ‖ it ‖ {as} **soon** {as} (it is) possible.(OED)

{} Can you | send me ‖ the money {as} **soon** {as possible}?(2G104A)

(1B) the same...as

(a) 수식구

<> Stephanie's salary | is <the> **same** <as mine>.(2G104C)

<> My hair | is <the same> **color** <as yours>.(1G87E)

<> Stephanie | makes ‖ <the same> **salary** <as me>.(2G104C)

(b) 수식절

<> Sara hasn't changed. She | still looks | <the> **same** <as she did ten years ago>.(2G104C)

(2) 비교급비교

☆ 비교대상이 없거나 생략된 경우. than~ 이 없는 경우는 비교급 비교가 아니다. ☞3.4.A.(6)

[] Sludge and I | walked ‖ **faster**. Oliver | walked ‖ **faster**.(2NG9)

(2A) -er than/-er...than

(a) 수식구

{} Athens | is **older** {than Rome}.((1G86A)

{} You | 're **taller** {than me}.*(not* usually you're taller than I)(2G104D)

{} You | know ‖ **better** {than that}.(Little Man Tate)

{} I | know ‖ him ‖ **better** {than you}.(LEG119)

☆ This could mean {} I | know ‖ him ‖ **better** {than (I know) you}.(than=preposition) or
{} I | know ‖ him ‖ **better** {than you (know him)}.(than=conjunction)

{} This hotel | is **cheaper** {than all the others in town}.(2G105A)(최상급대용)

{} I | can run ‖ **faster** {than him}.(1G86B)

{} You | go | out ‖ **more** {than me}.(1G86D,89C,90C)

{} The material | felt | **softer** {than anything <she had ever touched before>}.(3G48E)(최상급대용)

<> You | are a <better> **singer** <than me>.(or I am)((1G86B)

<> Even I | could take ‖ <better> **pictures** <than these>.(2G109A)

(b) 수식절

{} Richard | looks | **older** {than he is}.(2G104A)

{} You | 're **taller** {than I am}.(2G104D)

{} You | know ‖ that ‖ **better** ‖ {than I do}.(3TC339)

{} [To have meaning in your life] | is **better** {than [to take what you wants}.(Rules200)

{} The food <(that is) here> | is **better** {than at home}.(MJL52)

{} I | know ‖ **better** {than [to do such a mean thing]}.(SBE11,7NG30)

{} The room | appears | (to be) **brighter** {than [when I last saw it]}.(3G21B)

{} Anna | felt | even **colder** {than [when she was out in the storm]}.(Fr'n112)

{} It | 's **easier** [to take a taxi] {than [to take the bus]}.(1G86A)

{} Last night I | went ‖ to bed 「**easier**} {than I expected}.(2G102B)

{} I | can run ‖ **faster** {than he can}.(1G86B)

(c) 동일대상의 성질비교

{} I'd say [Claire | was **happier** today {than she was a month ago}].(14JG352)

{} Rosamond | was even **stranger** in Scandinavia {than she was at home}.(19NG4)

{} This kindness | is **greater** {than that <which you showed earlier>}.(Ru3:10)

{} It | 's much **harder** {than [what I expected]}.(다락원)

<> You | are a <better> **singer** <than I am>.(1G86B)

<> City dwellers | have ‖ a <higher> **death rate** <than do country people>.(PEU280)

<> This turkey | is having ‖ a <worse> **day** <than I am having>.(25NG24)

<> I knew | no <greater> **bliss** <than [to converse with you]>.(1JWG112)
<> K. | talked ‖ about Frieda ‖ at <greater> **length** <than he would have done otherwise>.(FK150)
[참고] 술어/부가어에 대한 부사어: 형용사/부사 + than 절
{} The film | was **different** {than(or from) [what I'd expected]}.(2G128C)
{} He | solved ‖ the problem ‖ **differently** {than I did}.(DED)

(2B) more/less...than

(a) 수식구

{} Are oranges | {more} **expensive** {than bananas}?(1G86A)
{} She | was {far more} **intelligent** {than her sister}.(OED)
{} Queen Seliana | is twice {more} **beautiful** {than Berenice}.(Jowett)
{} Qualities considered masculine | are {more} **valued** {than those considered feminine}.(YNH171)
{} Mike | is {less} **strong** {than Tom}.(=Tom is stronger than Mike)(BME314)
{} He | looked | {less} **like a human being** {than some kind of creature}.(HaM802)
{} Their eyes | filled ‖ {less} **with curiosity** {than suspicion}.(HaM1149)
<> Doctors | are paid ‖ **more** <than teachers (are paid)>.(2'G73A)
<> Ted | talks ‖ **less** <than his brothers>}.(2G'104A)
cf. God | is {no} **fonder** of intellectual slackers {than of any other slackers}.(Lewis78)

(b) 수식절

{} It(=living in the country) | 's {more} **peaceful** {than [living in a city]}.(2G102X)
{} Pedro | sings ‖ {more} **beautifully** {than I do}.(6Guess What 40)
<> They | have ‖ <more> **money** <than we do>.(or than us)(2G104D)(O)
<> I | found ‖ <more> **blackberries** <than you found>.(PEU157
☆ 부정 비교구문에 대하여는 제3편 5장 B.(1)(b) 상관접속사 참조

(c) 동일대상의 성질비교

{} She | 's {more} **wise** {than clever}.(NEI)
{} She | is {more} **shy** {than (she is) unsociable}.(SBE196)
{} The restaurant | is {more} **crowded** {than usual}.(1G89A)
{} The shopping mall | is {less} **crowded** {than usual}.(2G104B)
{} The curio | was {more} **valuable** {than (it) was necessary}.(SED)
{} The hotel | was {much more} **expensive** {than I expected (it)}.(1G86D)
{} Her illness | is {far more} **serious** {than we thought at first}.(2G103A)
{} In the past month, Sunja | had been {more} **tired** {than she'd ever been}.(MJL70)
{} Her services | have been {more} **valuable** {than were supposed}.(OES317,YMH101)
{} It | might be {more} **crowded** {than you are used to}.(MJL16)
{} At least, they | explained ‖ it ‖ {less} **clearly** {than was fitting}.(Calvin247) (3ST152)↴
{} Never had het | spoken ‖ to me ‖ {more} **lovingly** of his mistress {than during this journey}.
{} | Do not think ‖ of yourself ‖ {more} **highly** {than you ought},...(Heb12:3)
<> It | had ‖ <more> **the appearance of a deliberate crime** <than of an accident>.(OED)
<> And I | 've never had ‖ <more> **fun** <than [when I was in that hospital]>.(MK105)
<> People show some signs [when they | suffer ‖ from <more> **stress** <than are healthy>].
<> They | got ‖ <more> **money** <than they need>.(1G86C, 2G104D)
<> I | play ‖ tennis ‖ **less** <than I used to>.(I don't paly <as> much <as I used to>.)(2G104A)
<> | Don't bite 「off ‖ **more** <than you can chew>.)(SBE282)
cf. The film | was **different** {than(or from) [what I'd expected]}.(2G128C)

(2C) better and better/more and more, etc

비교급의 반복으로 (better and better, etc.) 계속 변하는 것을 표현한다.
[] Your English is improving. It | 's getting | **better and better.**(2G103C)
{} Cathy | got | {**more and more**} bored in her job. In the end, she quit.(2G103C,3G68B))
{} As the movie went on, it | became | {**more and more**} boring.(1G'97C)
<> These days <**more and more**> **people** are learning English.(2G103C)

(2D) the 비교급 등

(i) the 비교급,~ the 비교급 하나의 사실이 다른 사실에 의존 3.1,B.(1)
[] **The sooner** we | leave, **the sooner** we | will arrive.(2C103D)
(=If we | leave ‖ sooner, we | 'll arrive ‖ earlier)
[] **The younger** you | are, **the easier** it | is to learn.(2C103D)
[] **The more, the merrier.**(DED2449)(...하면 할수록 (그만큼 더)
[] **The more expensive** the hotel, **the better** the service.(2C103D)
[] **The more** I | thought about the plan, **the less** I | liked it.(2C103D)
[] "What time should we leave?" "**The sooner the better.**" (=as soon as possible)
[] When you're traveling, **the less** luggage you have **the better.**(2C103D) [(2C103D)
(ii) all/none the 비교급+because/for/as ~=~ 때문에 더욱 더하다 | ~에도 더 하지 않다,
[] He | worked **all the harder**, because his owner praised him
[] I | like ‖ him ‖ **all the better** for his fault.(SBE196,(OES471)(도리어 더)
[] But they | shouted ‖ all **the louder**, "Crucify him!"(Mk15:14)
[] His achievement | is remarkable; **(all) the more** so because he had no help at all.(OED)
[] He | is **none the happier** for his wealth.(DED)
[] His health | is **none the better** for his exercise.(2CD353)
[] I | love ‖ her ‖ **none the less** for her faults.(nonetheless)(OES471)
(iii) (the) 비교급+of A and B/of the two= 등의 구가 있을 때
[] Sometimes the course of action | is **the lessor** of the two evils.(2DB181)
[] It | is **(the) more expensive** of the two.(SBE196)
[] Do people | think ‖ **the better** of you on account of your fine dress?(OES471)(그만큼)

(3) 최상급비교 ☞3.4.A.(6), 3.1.B.(1), 5.4.C.(2).

(a) 수식어

<> The church is very old. It | 's <the oldest> **building** <in the town>.(1G88C)
<> Money | isn't <the most important> **thing** <in life>.(1G88C)
<> She | had <the most> **money** <of all of them>.
<> Yesterday | was <the hottest> **day** <of the year>.(2G105E)
<> Ken | isn't <the best> **player** <on the team>.(1G88D)
{} This | is <the {most frequently} **mentioned**> reason.(OED)

(b) 수식절

<> It | is <the worst> **movie** <I've ever seen>.(1G88E)
<> What | is <the most unusual> **thing** <you've ever done>?(1G88E)
[참고 1] 피수식어 생략
<> Who | is <the> **greatest** | in the kingdom of heaven?(Mt18:1) (Mt18:4)
<> [whoever humbles himself like this child] | is <the> **greatest** in the kingdom of heaven.
<> At some point, even <the> **most voracious** <of readers> | needs to pull the plug and stop the constant drip of facts, figures, and meaningless Internet fights.(Devon Price)
[참고 2] the 생략

☆ 부사 최상급 앞에 'the'는 보통 생략한다. 부사가 동사, 형용사, 다른 부사, 혹은 문장 전체를 수식하기 때문이다. 반면, 최상급 형용사가 명사를 수식할 때는 'the'를 생략하지 않는 것이 원칙이다

.[] She | is **happiest** ‖ [when she is alone].(SBE196)(동일인물 술어)

[] This lake | is **deepest** ‖ at this point.(MBE318)(동일장소 술어)

[] This reason | is mentioned ‖ {most} **frequently**.(OED)(부사어)

[] What did you | enjoy ‖ (the) **most**?(OED)(부사어)

(4) enough

☆ to the necessary/a satisfactory degree, to a degree that you do not wish to get any greater(OED)

(a) 수식구

{} The sweater | isn't **big** {enough} {for me}.(1G89D)

{} Can you hear the radio? Is it | **loud/louldy** {enough for you}?(1G89C)

{} Is Joe | **experienced** {enough} {for the job}?(2G101C)

{} The day | began ‖ **quietly** {enough} {for the First Lady of New York}.(YBM)

<> I | don't have ‖ <enough> **money** <for a new car>.(1G89D,2G101C)

(b) 수식절

{} I | 'm not **tall** {enough} {to reach}.(3G73D)

{} He | 's almost **old** {enough} {to be your father}.(MJL26)

{} They | 're not **old** {enough} {to get married}.(2G101C)

{} Is you English | **good** {enough} {to have a conversation}?(1G89D)

{} He | is **strong** {enough} {to lift it}.(=I can lift it)(LEG311)

{} The chair | isn't **strong** {enough to stand on}.(2G101D)

{} It | was **big** {enough} {for us to crawl into].(12NG27)

{} The pear | is **ripe** {enough} {(for me) to eat}.(LEG311)

{} The bridge | is just **wide** {enough} {for two cars to pass each other}(2G101C)

{} He | didn't speak ‖ **loudly** {enough} {to be heard}.(3G73D)

{} I | don't know ‖ **well** {enough} {to ask him for help}.(REG249)

{} Someday, it | will be **cheap** {enough} {that the average person will be able to afford it}.(NED)

}} It | 's **small** {enough} {that he knows everyone of them}.(3TC224)

<> I | don't have ‖ <enough> **money** <to buy a new car>.(1G89D)

<> There | aren't <enough> **chairs** <for everybody to sit down>.(1G89D)

(5) too

(a) 수식구

}] The coffee | is (a bit) {too} **hot**.(OED)

{} The shirt | is {too} **small** {for me}. You need a larger size.(2G101C)

{} This helping | is {too} **large** {for me}.(=This is too large a helping for me}.(OED)

(b) 수식절

{} I | 'm {too} **tired** {to go out}.(1G89E)(")

{} He is {too} **clever** {*not* to know it}.(SBE18)(너무~해서~안할 수 없다)

{} It | 's {too} **cold** {to sit outside].(1G90E)(너무~해서~할 수 없다)

{} It | was {too} **cold** ‖ this winter {*not* have coal}.(MJL19)(")

{} It | moved ‖ {too} **fast** {to see}.(NED)(너무~해서~할 수 없다)

{} It | moves ‖ {too} **fast** {to see it clearly}.(3G73E)(")

{} She | speaks ‖ {too} **fast** {for me to understand}.(1G89E)(")

{} "You're {too} **healthy** {to be in bed},".the pharmacist said..(MJL52)(~하기에는 너무 ~하다)

{} The food | is {too} **hot** {to eat}.)(2G10D)(")

{} This river | is {too} **shallow** {to swim in}.

{} The grass | was {too} **wet** {for us to sit on}.(PEG223)(“)

{} It's {not too} **late** {to try and undo some of the damage}.(OED)((~하기에 너무 ~하지는 않다)

{} You | cannot be {too} **careful** {in [driving a car]}.(SBE70)(아무리 ~해도~ 하지 않다)

{} This | makes ‖ the world | [{too} **complicated** {to be managed}.(Rules282)(“)

<> Such examples | are {too} **many** <to enumerate>.(DEDI)(~할 수 없을 만큼 ~하다)

<> That(or It) | is {too} **much** <to ask of me>.(NEI | DED)(~하기는 무리다 | 과하다).

<> It | is not {too} **much** <to suppose that her father is still alive>.(1ACD137)(“)

<> The baby | 's {too} **much** <for her to cope with>.(LEG16.32)(“)

<> It | is not {too} **much** <to say> ;It is no exaggeration to say.(DED)(~해도 과언이 아니다)

<> The sacred edifice | was {too} **much thronged** {to admit another auditors}.(NH242)(너무...하다)

(6) rather...than/rather than ☞5.2A(2(c)

(a) 수식구

{} I | 'd {rather} have ‖ **a dog** {than (I'd have) **a cat**}.(1G33C)

{} I | 'd {rather} be **at home** ‖ right now {than (I'd be) **here**}.(1G33C)

{} I think I | 'll have ‖ **a cold drink** {rather than **coffee**}.(OED)

{}. The emphasis | was on **teaching** {rather than **learning**}.(CEG23)

(b) 수식절

(a)· rather than

{} We | must **obey** ‖ God {rather than men}!(Ac5:29) (Hos6:6)

{} For I | **desire** ‖ mercy, not sacrifice, and acknowledgment of God {rather than burnt offerings}.

{} You | **love** evil {rather than good}, falsehood {rather than speaking the truth}. Selah(Ps52:3)

{} I | **prefer** | [to stay] {rather than (to) go}.

{} I | **prefer** | [to drive] {rather than [travel by train]}.(2G57A)

{} I | **prefer** | [to stay at home] tonight {rather than [go to the movies]}.(2G57B)

{} I | 'd **prefer** | [to go in August {rather than in July}.(PEU474)

(b) rather ... than

{} I | would {rather} **starve** {than **steal**}.(SBE22)

{} I | 'd {rather} **go** | out {than [**stay** home]}.(1G33C)

{} I | 'd {rather} **stay** | at home tonight {than [**go** to the movies]}.(2G57C)

{} She | 'd {rather} **die** {than [**give** a speech]}.(OED)

{} I | 'd {rather} **be told** ‖ the truth {than [be **lied** to}.(LEG300)

{} I | 'd {rather} **lose** ‖ a dozen cherry trees {than [that you **should tell** one falsehood]}.(JB50)

cf She | 'd {sooner} **share** ‖ a house with other students {than [**live** at home with her parents]}·

5.3. 강조, 도치, 대용, 생략(Emphasis, Inversion, Substitution, Ellipsis)

A. 강조(Emphasis)

(1) It be X that절(격식제/**비that절**(비격식체) **분열문에 의한 X 강조**(이탤릭체 생략시 단문)

(a) It be X that절(격식체) **분열문에 의한 X 강조**(이텔릭체 생략시 단문)

(명사)

John | broke ‖ the window ‖ <u>with</u> a stone ‖ yesterday.(OES567)(강조전 단문)

[] *It was* **John** [*that*(or *who*) broke the window with a stone yesterday].

[] *It was* **the window** [*that*(or *which*) John broke with a stone yesterday].

[] *It was* **yesterday** [*that*(or *when*) John broke the window with a stone]..(강조구문/관계절)

(전치사구)

[] *It is* **<u>by</u> our words** [*that* we disclose what is in our minds.(Stott14)

[] *It was* **<u>with</u> a stone** [*that* John broke the window yesterday].(OES567)

[] *It was* **not <u>until</u> evening** [*that* we got the news].(SBE152)

(부사)

[] *It was* **only recently** [*that* he had been made an inmate].(LC'216)

[] *It is* **not often** [*that* you get such an opportunity].(OED)

(wh-어) 관계사 결합

[] **What** *was it* [*that* made her so lovely]?(BP367) / [] **Who** *is it* [*that* knocks the door]?(OES570)

[] **Which** *is it* [*that* you really need]?(Welblio) / [] **When** *is it* [*that* you need me]?(OES570)

[] **Where** *is it* [*that* he works]?(NED) / [] **Why** *is it* [*that* you are cashed up]?(YBM,KM77)

[] **How** *is it* [*that* [you missed the appointment]?(YBM)

(-ing절)

[] *It was* [**meeting Peter**] [*that* really started me off on this new line of work].

[] *It was* **<u>by</u>** [**improving distribution**] [*that* he made it possible].(3G98A)

(to~절)

[] *It was* [**to show her how much I cared for her**] [*that* I bought her the necklace].

[] *It was* [**in order to meet him**] [*that* she wanted to go the Verdurins].(5ST691) [(3G98A)

(정형절)

[] *It was* [**after he had returned from Moscow**] [*that* I told him the news].(REG464)

[] *It was* [**because she was sick**] [*that* she was absent].(DBE385)

[] *It's* [**how she does it**] [*that* I object to].(3G98A)

[] *It was* [**when I was a mere lad**] [*that* I first met her].(OES369)(VW41)

[] *It was* [**while I was standing there**] [*that* I heard the fisherman's voice].(7AC84)

[] It was [**not until we returned home**] [*that* she learned the truth]..(REG464)

(b) It be X 비that절(비격식체) **분열문에 의한 X 강조**(이태릭체 생략시 단문)

(명사)

[] *It was* **Wilson** [*who/that*) told it to me].(SBE135) *it be that 강조구문이고 관계절은 아님)

[] *It was* **Jack** [*who*(m)(or *that*) Freda phoned last night].(LEG79)

[] *It is* only **education** [*which*(or *that*) will conquer prejudice].(OES568)

[] *It was* **only last Sunday** [*when*(or *that*) I was playing tennis with her].(3G98A)

[] *It was* **Dorgo's weight** [*as*(or *that*) sunk the boat].(1LR23)

(전치사구)

[] *It was* **<u>to</u> him** [*who*(or *that*) she now turned for support].(3G98A)

[] *It was* in **Warsaw** [*where*(or *that*) the film was made].(3G98A)
[] *It is* in **Tokyo** [*where* (or *that*/*which*) I met him].(YHD)

(2) what절 be X 분열문에 의한 X 강조 (이태릭체 생략시 단문)

We | gave ‖ them ‖ some home-made cake.(3G98B)(강조전 단문)
→ [*What* we gave them] *was* **some home-made cake.**
[] [*What* I'd like you to work on] *is* **the revision excercise on the website.**(3G98B)
[] [*What* I was looking for] *was* **something much bigger and stronger.**(3G98B)
[] [*What* he was trying to say] *is* [**we withdraw the request**].(Irwin46)
[] [*What* upset me most] *was* **his rudeness.** or **His rudeness** *was what* upset me most.(3G98B)

(3) 명사+wh-절 형용어에 의한 강조

<> **The time** <(*when/that*) I work best> is early morning.(3G98C)
<> **The place** <*(where/that)* you should play> *is* **the playground**, not the classroom,(")
<> **Somebody** <*(who/that)* I enjoy reading> *is* **Peter Carely.**(3G98C)
<> **The only reason** <*(why/that)* I left the party> was [**that** I was feeling unwell].(")

(4) 비정형 삽입절 부사어에 의한 강조

As I live in a remote village, I rarely have visitors.(as=양태접속사)
→ **Living** {*as I do*} **so remote from the town**, I rarely have visitors.(do=live 대동사)
{} I feel it as a rare occasion, **occurring** {*as it does*} **only once in many years.**
{} **Written** {*as it is*} **in easy style**, this book has many reader.(SBE38)
{} **Being** {*as I am*} **the class president**, I must attend to this.
{} **Standing**, *as it does*, **on a hill**, the church commands a very fine view.(SBE153)

(5) 기타

(강조조동사)
{} He knows the secret.→He {does} **know** the secret.(MBE356)(강조조동사)
{} To be sure, Elijah {does} **come** first, and restores all things.(Mk9:12) (정말, 꼭으로 해석)(")
_ He **shouted** and **shouted**, until the security guard dragged him out.(SBE150)(동일어구 반복)
(강조부사어)
{} He is {the very] **man** that I want.(SBE151)(부사) / I will do it {myself}.(SBE151)(재귀대명사)
{} There can be no doubt {whatsoever=at all} about **it**.(SBE150)(복합관계대명사)
{} I **don't know** her {at all}.(SBE151)(전치사구) What {in the world} **happened**,(SBE151)(전치사구)

B. 도치(Inversion)

도치(inversion)에는 대칭도치(동사도치)와 비대칭도치(조동사도치가 있다.
완전도치는 문장을 왼쪽에서 오른쪽으로 읽는 어순과는 완전히 반대로 오른쪽에서 왼쪽으로 읽는 어순을 말하며 부분도치는 문장 속의 일부 말의 어순이 반대로 되는 경우를 말한다.

☆ When adverbial expression of place or direction comes at the beginning of a clause, intransitive verbs are often put before their subjects. If the subject is a pronoun, it goes before the verb.(PEU281)

☆ 도치에 사용되는 기호는 」또는 「 은 본래 있어야 할 곳의 방향을 나타내고 ∨는 도치된 말의 본래 위치를 나타낸다. 대용으로 홀수형은 완전도치, 짝수형은 부분도치에 친하다.일반적으로 3형에서 주어가 명사인 경우에는 완전도치, 대명사인 경우에는 부분도치가 된다. 5형에서 명사 목적어가 긴 경우 부분도치가 가능하나 대명사 목적어는 불가하다. so/neither의 도치는래 C. 대용/생략(Substitution/Ellipsis)를 참조

(1) 문형별 도치

(a) 대칭 도치

[1형] (advancing predicative)
(형용사)

① **Happy** are」 the pure in heart; they will see God!(Mt5:15)
① Well, **nice and easy** was」 what he'd promised her.(Easy Lovin'134)
① **Next** was」 the theater operated by Mr. and Mrs. Curry.(Todd 20)
① **Blessed** are」 the pure in heart: for they shall see God.s.(Mt5:8)
(명사/대명사)
① Look! **There**'s」 Chris.(1G1C) / ① **Here/There** is」 your coat.(LEG4,1G1C)
① **There** is」 the book <I was looking for>.(PEU587) /① Is **there**」 anything <the matter>.(PEU587)
① **There** has never been」 anybody <like you>.(PEU580) / ① **Now** is」 your turn.(Vlive)
① **What**'s」 your phone number?(1G2B) ① **Who** is」 that man?(=That man | is who?)(1G2B,60C)
① **Where**'s」 Lucy?(1G2A,10A,108B) ① **Which** is」 your brother?(Your brother | is which?)(3G26A)
① **Why** is」 that?(OAD,HaM62) ① **How**」 is your father?(1G2B)
① Paper was invented in China, **as** was」 the process of painting.(3G99D)(격식체)
(전치사구)
① **Among them**」 will be the blind and the lame, expectant mothers and women in labor;(Jer31:8)
① **Before us** is」 the Salesman's house.(AM6) / ① **Beside the pot** was」 a big book.(9NG17)
① **In him** was」 life, and that life was the light of men.(jn1:4)
① **Inside the parcel** was」 a letter.(LEG4)
① **Under the stairs**」 was」 a safe area <to be during the war>.
① **With him** was」 a large crowd armed with swords and clubs,(Mt26:47)
① For **from him** and **through him** and **to him**」 are all things.(Ro11:36)
① **Next to the bookshelf** was」 a fireplace.(3G76A)
(소사)
① **Across** is」 Drumond and only three assistants.(10JG35)
① (Now) **forth**」 Lord Constable, and Princess all.(5WS68)
① **In between** was」 a pond.(SED254)
(비정형절)
①[③] ...and [**clasped** in his arms] was」 the body of little mermaid.(OW200)
①[③] [**Standing** next to him] was」 his friend Sven, a baby reindeer.(Fr'n4)
①[③] [**Walking** with them] was」 a woman.(2DB450)
(인용어)
①[②] "I know of no way," was」 the answer.(JB324,EUREKA)
[2형] (advancing adjunct)
(부사)
② But the more they sink, the more **fervently**』 glow」 their eyes.(Zara94)
② Your Majesty! **Long**』 live」 the queen! Queen Elsa!(Fr'n42,PEG253,CEG285)
② **Carefully/Gently/Slowly**』 does」 it.(=be careful, calm, etc)(OED)(BEG436)
(명사/대명사)
② I believed, **as**』 did」 my colleagues, that the plan would work,)(3G99D)(격식체도치
② Research shows that parents watch more television **than**』 do」 their children,(3G99D)(")
② At first there was silence. **Then**』 came」 a voice<that I knew>.(3G76B)
(전치사구)
② **To man**』 belong」 the plans of the heart...(Pr16:1)
② **To the right of the glass door**』 hung」 my father's hat and my mother's parasol.(HH20
② **To them**』 were given」 seven trumpets.(Rev8:2)
(소사)

② **Westward**』 were drifting」 Camels.(=towards the west)
(인용어)
②[②] "What do you mean?"』 asked」 Henry.(or Henry asked)(PEU281)
②[②] "He mentioned that she could become a "national hero," 』 reported」 the newspaper.
②[①] "Listen!"』 said」 he.(DED2096, LSW922) [(WP)(강조)
②[②] "I love you,"』 whispered」 Jan.(PEU281)
[3형] (advancing predicative)
(형용사)
③ **Easy**」 does」 it.(=be careful, calm down, take it easy, etc,)
③ **Nice** and **easy**」 does」 the trick.(4HP313)
③ **Next**」 came」 the student from France.
(명사/대명사)
③ **Here**」 comes」 your husband.(ZEG444) **Here**」 comes」 the bus.(3G99B,OAD608)
③ **Here**」 is provided」 a patchwork of attractive breeding sites, which <...>..(LSW914)
③ **There**」 goes」 Per Alvin, the conductor.(3G99B, PEU18,281)
③ **There**」 goes」 your bus.(PEG54) / ③ **Now**」 comes」 your turn.(ZEG444)
(전치사구)
③ **After the snowstorm**」 came」 thick fog.(SAT)
③ **Among these**」 is heating」 a solution of formaldehyde in a <...>.(LSW913)
③ **Among the sports**」 will be」 athletics, badminton, basketball <...>..(LSW913)
③ **At the end of the garden**」 stood」 a very tall tree.(PEU18)
③ **Before him**」 lay」 Palancar Valley.(1CP14) / ③ **Beside Zella**」 sat」 Arnie himself.(LSW955)
③ **Beyond the houses**」 lay」 open fields.(3G76A)
③ **From Judah**」 will come」 the cornerstone,,,,.(Zec10:4,Jer30:19,Pr16:1)
③ **In the door ways**」 stood」 her father.(3G99A)
③ **In the middle of the crowd**」 was sitting」 the wise old man, looking calmly at the boy.
③ **On the grass**」 sat」 an enormous frog.(PEU18)
③ **Through the town**」 marched」 the band.(3G76A)
③ **Ahead of us**」 lay」 ten days of intensive training.(OED)
③ **Out of you**」 will come {for me}」 one <who will be ruler over Israel>,(Mic5:2)
(소사)
③ Just when I thought I 'd have to walk home, **along**」 came」 Miguel.(3G99B)
③ **Away**」 went」 the runners.(PEG55) / ③ **Back**」 came」 the answer — No!(LEG4)
③ **Down**」 came」 the rain and **up**」 went」 umbrellas.(LEG143,3G99B)
③ The door opened and **in**」 came」 the doctor.(=less formally ...came **in**)(3G99B,LSW915)
③ **In**」 leapt」 Hillary.(LGSW915) ③ **On**」 went」 her old brown jacket.(OHS67, The Gift of Magi)
③ **Out**」 sprang」 the cuckoo.(PEG55) / ③ **Over**」 went」 the table by the window.(5AC99)
(인용어)
③[⓪] Do you like her? —"Yes,"」 came」 the slow answer.(DHL197)
(b)비대칭 도치
[1형]
(명사/대명사)
① I can't find my keys. Oh, **here**」 they are. / ① **Here**」 we are.(OED)
① **There**」 it | is.(=It | is there.)(LEG4, PEG56, PEU18)

① **Some diet**」 that | is!(=That | is some diet!)(LSW909)
(전치사구)
① God is light; **in him**」(there) is no darkness at all.(1Jn1:5))
① **In love**」 (there) is no measure of time.(Woman in love)
① **On our street** (there) was a time of everything.(JMV116)
[2형]
(부사)
② **Freely**』 you | have received, freely give.(Mt10:8)
② **Immediately**』 her bleeding | stopped.(Mk5:29)
② And **instantly**』 the leprosy | disappeared.(Lk5:14)
② **Later**』 the others also | came.(Mt25:11)
② Yes, sir, you『dam **well** | do.(= you | do ‖ dam well.)(PEG514)
(명사/대명사)
② Just as it is written: "**Jacob**』 I loved, but **Esau**』 I hated."(Ro9:13)
② No wet beds. **That**』I | won't stand.(=I | won't stand ‖ that.)((LSW910)
② Sandy moves ahead. **This**』I | do not understand.(LSW900,JJR171)
② Such **a blunder**』I | had now blundered.(LSW900,LEG4)
② **Last year**』Rachel | was 22, so she | is 23 now.(1G10B)
② **Every morning**』 Tom | walks ‖ to work.(2G106B)
(전치사구)
② **After this**』I looked, and there before me was a door standing open in heaven,(Rev4:1)
② **By all this**』we | are encouraged.(2Co7:13)
② **During those days**』another large crowd | gathered.(Mk8:1)
② **For this reason** Christ | is the mediator of a new covenant,(Heb9:15)
② **In You**』 our fathers | trusted; / ② For **of this**』you can be sure:(Eph5:5)
② **On Monday**』 I | 'm going ‖ to Paris.(2G106B)
② **To Caesar**』you | will go!(Ac25:12) **Towards dawn**』he | awoke.!(2JJ297)
② **With man**』 this | is impossible, but with God all things are possible.(Mt 19:26,Heb10:6)
(소사)
② **Outside**』it | was snowing.(BP418)
(정형절)
②[①] [**What** it was that changed this conclusion]』I | don't remember.(LSW900,Joel1:4)
②[②] [**Why** he came this way]』I | will probably never know.(LSW900)
②[①] [**Whose** fault it was]』 he | could not say.(VW45)
②[②] [**Towards what** end they are working], we | do not know.(5AC106)
(인용어)
②[②] "No, I can't. I don't know how,"』she | admitted.(Fr'n83)
②[⓪] "Which part?"』 he | asked.(2NG20) / ②[②] "What do you mean?"』he | asked.(PEU281)
②[①] "Listen!"』 he | said.(=She said, "Listen!")(DED)
②[④] "Oh,"』said」 Arriety, ‖ "can't I see the rest of the borrowings?"(LSW372)
[3형]
(형용사)
③ Naked I came from my mother's womb, and **naked**」I | will depart.(Job1:21)
(명사/대명사)
③ **Here**」it | comes.(=It | comes | here)(PEG56)

(전치사구)
③ <u>Beyond</u> **the houses**」 they | lay.(3G76A)
③ <u>By</u> **the rivers of Babylon**」 we | sat and wept when we remembered Zion.((Ps137)
③ "This is my Son, whom I love; <u>with</u> **him**」 I | am well pleased. Listen to him!"(Mt17:5)
(소사)
③ **Away**」 he | went.(He | went | away.)(DHL236,PEG55,14JG70.)
③ **Down**」 you | come.(You | come | down.)(PEU504)
③ **In**」 he | came.(=He | came | in.) **Off**」 you | go(or run)!(OAD878, Hot29, PEU281)
③ **Out**」 you | go!!(=You | go | out!).(OAD,EJD1241) / ③ **Up, up**」 we | climbed.(11NG35)
③ **Together**」 they | will be like mighty men...(Zec10:5)
(정형절)
③[③] [**Where** you go] I | will go, and [**where** you stay] I | will stay.(Ru1:16)
[4형]
(부사)
④ **Greedily**』 Andre | ate ‖ all the biscuits.(ESA20)
④ We | considered 『**briefly** ‖ the long-term solution to the problem.(3G74B)[
④ Please, | read 『**carefully** ‖ all the sections in book that deal with adverbs.(BEG395)
④ **Immediately**』 the rooster | crowed ‖ the second time.(Mk14:72)
(명사/대명사)
④ Why didn't you tell me? **Such things**』 you | must tell ‖ me.(LSW900)
④ **Last summer**』 we | went ‖ to Europe.(1G103D)
④ **Another time**』 he | went ‖ into the synagogue,..(Mk3:1)
④ **Tonight**』 all of you | will desert ‖ me.(Mt26:31)
(전치사구)
④ <u>By</u> **faith** he | left ‖ Egypt, ...(Heb11:27,Hos12:23)
④ <u>For</u> **months**』 he | was prostrated ‖ with grief.(OED)
④ <u>From</u> **here**』 the path | climbs steeply ‖ to the summit.(OED)(위치/입장:~에서 보면)
④ <u>From</u> **there**』 you | could look ‖ over the yard.(KsS20)(")
④ <u>In</u> **the beginning**』 God | created ‖ the heavens and the earth.(Ge1:1) (Mt27:51)↴
④ <u>In</u> **the same way**』 the chief priests, the teachers of the law and the elders | mocked ‖ him.
④ I | have delivered 『<u>into</u> **your hands** ‖ the king of Ai, his people.(Josh8:1.Ge6:19)
④ He | could have made 『<u>of</u> **the act** ‖ a scene, a function or piece of comedy.(OH219)
④ <u>On</u> **that day**』 every prophet | will be ashamed ‖ of his prophetic vision.(Zec13:4)
④ | Just picture 『<u>to</u> **yourself** ‖ the war and its terror.
④ I | am sending 『<u>to</u> **you** ‖ Timothy, my son whom I love, who is faithful in the Lord.(1Co4:17)
④ And <u>with</u> **those words**』 he | breathed ‖ his last.(Lk23:46)
④ <u>With</u> **these few extra people**』 you | can cope ‖ easily.(OPV cover)
(소사)
④ Children under 16 | make 『**up** ‖ half the population of the city.(구성)(2G141D)
④ I want [| to use 『**up** ‖ the vegetables I have].(다 써버리다)(2G140E)
④ I love [how you | 've fixed 『**up** ‖ this room.(수리 | 개선하다)(2G141D)
(정형절)
④[②] [**What** he did]』 we | don't understand ‖ ∨ ‖ at all.(SBE150)
(인용어)

④[①] "Who are you?"』 he ｜ asked ‖ of the old man.(JB18, King Alfred)
④[⓪] "Anything else?"』 Filch ｜ demanded ‖ of Jankle.(13JG)
④[②] "Tom's coming to lunch,"』 she ｜ told ‖ him.(OED)
④[①] "Don't shout,"』 I ｜ said ‖ to Jim.(2G46D,CEG335)
④[⓪] "Margaret,"』 I ｜ said ‖ to her, ‖"I'm so glad you came."(CEG334)
④[②] "I was never this stiff before,"』 he ｜ admitted ‖ to himself.(2TC)
④[⓪] "Hmm,"』 he ｜ said ‖ to himself.(8TC563)
④[②] "Goddamn it,"』 he ｜ swore ‖ to himself.(6TC523)
④[②] The video was shot by Pelosi's daughter, 'Alexandria Peslosia'』 a source familiar ｜ tells ‖ NBC News. ☆ 뉴스에서는 직접인용문의 부호를 종종 생략함(LSW921)

[5형]

(형용사)

⑤ I ｜ cut 「**short** ‖ my discourse.(2FD06)
⑤ You ｜ bring 「**near** ‖ a reign of terror.(Am6:3)
⑤ ｜ Do not leave 「**alive** ‖ anything that breathes.(Dt20:16,Isa7:21)
⑤ He ｜ pulled(or pulled 「**open** ‖ the door.(3HP21,2HP253, DHL169)
⑤ It is intended [｜ to make 「**clearer** ‖ the targets <which pupils need to aim for>].(LGSW931)

(명사/대명사)

⑤ God called the light day, and **the darkness** He ｜ called ‖ ∨ ｜ night.(Gen1:5)
⑤ **These** he ｜ carried ‖ ∨ ｜ off to the temple of his god in Babylonia.(Dan1:2)
⑤ He ｜ would find 「**there** ‖ a familiar face, that bearded gentleman.(2UE459)
⑤ **The best thing** <you possess> will I ｜ have ‖ ∨ ｜ in return for my precious drink!(HA95)

(전치사구)

⑤ He ｜ gathered 「**about him** ‖ a group of dedicated friends.(6HP361)
⑤ **Above his head**」 they ｜ placed ‖ the written charge against him:(Mt27:37)
⑤ ｜ Bring 「**as your offering** ‖ an animal from either the herd or the flock.(Lev1:2)
⑤ ｜ Take 「**as your king** ‖ the youngest of these three knights.(KA32)
⑤ The knight ｜ had 「**at his side** ‖ the scabbard.(KA9)
⑤ I ｜ set 「**before you** ‖ life and prosperity, death and destruction.(Dt30:15)
⑤ I heard 「**behind me** ‖ a loud voice like a trumpet,(Rev1:10)
⑤ King Solomon ｜ made 「**for himself** ‖ the carriage;(SS3:9)
⑤ He ｜ was holding 「**in his hands** ‖ a large notebook and a pen.
⑤ **In your light**」 do we ｜ see ‖ light.(Ps36:9)(do는 강조조동사)
⑤ **Like a lion**」 I ｜ will devour ‖ them; a wild animal will tear them apart.(Hos13:8)
⑤ He ｜ put 「**on Bilbo** ‖ a small coat of mail.(4LR240)
⑤ It is the first time <you ｜ make 「**upon the Nile** ‖ this so agreeable voyage>?(4AC14)
⑤ I ｜ had 「**with me** ‖ neither mechanic nor any passengers(ASEc2,.4LR240,Ge7:14)
⑤ We ｜ always carry 「**around in our body** ‖ the death of Jesus,(2Co4:1)
⑤ When Israel was a child, I loved him, and **out of Egypt**」 I ｜ called ‖ my son.(Hos11:1)
⑤ Shouldn't you rather ｜ have put 「**out of your fellowship** ‖ the man who did this?(1Co5:2))
⑤ We ｜ should get 「**across to them** ‖ the importance of our project.(ECD519)
⑤ The speaker ｜ handed 「**out** ‖ information sheets **to the audience**.(=give)(2G136C).
⑤ Mrs Kaul ｜ handed 「**over** ‖ the flowers **to Judy**.(CEG167)
⑤ I ｜ carried 「**about with me** ‖ my eternal hell.(Frankenstein252)
⑤ And we ｜ are sending **along with him** ‖ the brother who is praised by all ...(2Co8:18)

⑤ I | will bring ⌜**along** ‖ the tools **with me**.(")
⑤ Bill | loaded ⌜**down** ‖ his wife **with all the shopping**.(EPV266)(")
(소사)
⑤ I tried [| to put ⌜**across** ‖ my point of view].(EPL49)
⑤ Can you | pass ⌜**along** ‖ a message?(Truman Show 78)
⑤ You | couldn't pretend ⌜**away** ‖ the relief.(O'B251)
⑤ The police searched the house and | took ⌜**away** ‖ a computer.
⑤ | Don't throw ⌜**away** ‖ this postcard.(2G134C,142A)
⑤ | Please bring ⌜**back** ‖ the book tomorrow.(OED)
⑤ For Christian shame, | put ⌜**by** ‖ this barbarous brawl.(6WS102)
⑤ Eurypylus | brought ⌜**down** ‖ Hypsenor.(1Hom75)
⑤ They | are going to tear ⌜**down** ‖ the school and build a new one.(1G204)
⑤ I | wrote ⌜**down** ‖ lots of important facts we found out.(23JB36)
⑤ He | called ⌜**in** ‖ each one of his master's debtors.(Lk16:5)
⑤ He | took ⌜**in** ‖ the robes.(He | took ‖ the robes | in)(2HP112)
⑤ If the Queen discovers it, she | 'll cut ⌜**off** ‖ our heads.(LC88)
⑤ Tom | flung ⌜**off** ‖ his jacket and trousers.(1MT59)
⑤ You | can | turn ⌜**off** ‖ the television. I'm not watching it.(1G3B)
⑤ She began [| to drag ⌜**on** ‖ her clothes].(wear)(KM81)
⑤ | Flinging ⌜**on** ‖ some clothes, Merry looked outside.(")(3LR62)
⑤ I | hurried ⌜**on** ‖ my clothes.(| hurried ‖my clothes | on)(1CD646)
⑤ It was cold, so I | put ⌜**on** ‖ my coat.(| put ‖ my coat | on)(1G113A)
⑤ Jack | had thrown ⌜**on** ‖ some casual clothes (with haste).(2TC274)
⑤ I | thrust ⌜**on** ‖ my shirt before he came here.(YBM)
⑤ I | put ⌜**on** ‖a lot of weight. I'll have to go on a diet.(2G124D)
⑤ When Sally was sick, a friend | took ⌜**on** ‖ her work at the office.(2G138B)
⑤ He | could not bring ⌜**out** ‖ one word.(2Hom119)
⑤ Soldiers are expected [| t o carry ⌜**out** ‖ orders].(2G136C,LGSW933)
⑤ The man with a beard | is giving(or handing) ⌜**out** ‖ leaflets.(2G136X)
⑤ Mrs. | held ⌜**out** ‖ her hand.(| held ‖ her hand | out.)(6JB45)
⑤ In the sentence "She said that she was sick, you | can leave ⌜**out** ‖ the word"that."(2G135C)
⑤ Crybaby | put ⌜**out** ‖ his hand.(| put ‖his hand | out)((6JB46)
⑤ Marth | 's put ⌜**out** ‖ her hip again.(=dislocated)(LEG153)
⑤ We | put ⌜**out** ‖ a request for volunteers.(issued)(LEG153)
⑤ He | took ⌜**out** ‖ the book.(=place out or publish)(EJD)
⑤ The company | is trying ⌜**out** ‖ a new computer system.(2G136C)
⑤ The two sides in the conflict are trying [| to work ⌜**out** ‖ a peace plan].(2G135B)
⑤ He | handed ⌜**over** ‖ the box.(| handed ‖the box | over.)(TOEIC)
⑤ He | kicked ⌜**over** ‖ a wastebasket.(MiC3)
⑤ I | pushed ⌜**past** ‖ a couple of cows.(JLC95)
⑤ They | will break ⌜**through** ‖ the gate and go out.(Am2:5)
⑤ He | called ⌜**together** ‖ his relatives and close friends.(Ac10:24)
⑤ When I | 've saved ⌜**up** ‖ enough money, I'm going to buy a digital camera.(3G9D)
⑤ I'll call her and | set ⌜**up** ‖ a time for you to meet.(=schedule)(TOEIC)

⑤ Laura | took ｢up ‖ photography (a few years ago).(start doing it)(2G140B)
⑤ This job | will take ｢up ‖ a lot of my time.(=away)(EID873)
⑤ **Up ahead**｣ I | saw ‖ something <in the sand>.(10NG41)
⑤ His right index finger | pushed ｢**back on** ‖ the trigger.(2TC915)
(비정형동사)
⑤ We | consider ｢**blessed** ‖ those <who have persevered>.(Ja5:11, HH118)
⑤ | Never make ｢**known** ‖ [what you have seen tonight].(NED)
⑤ He | let ｢**go** ‖ (of) my hand.(CB) | Let ｢**go** ‖ of me.(Let me go)(1SK183)
⑤ He | let ｢**slip** ‖ the secret.(=let the secret go)(OES589)
⑤ Put away those video games and | get ｢**started** (‖) on ‖ your homework.
⑤ **Enclosed**｣ you | will find ‖ the tickets for your April 18 flight to Brazil.
(비정형절)
⑤[②] | Make ｢[**plain to everyone**]‖the administration of this mystery,(Eph3:9)
⑤[③] Herod | let ｢[**loose upon them**] ‖ his entire army.(Mel Gibson's Bible)
⑤[②] They | could not make ｢[**known to the king**]‖ its interpretation.(Dan5:8NKJV)
⑤[②] They | could not make ｢[**known**] ‖its interpretation [**to the king**].(Dan5:8NASB)
⑤[②] She | noticed ｢[**coming towards her**] ‖a group of the queerest people.(FB17)
⑤[③] I | saw ｢[**sitting before me**]‖ a small and wrinkled man.(Lost Horizon)
(정형절)
⑤[①] But he | made ｢**clear** ‖ [it was a sacking offense].(LSW932)
⑤[③] ... the evil one comes and | snatches ｢**away** [what was sown in his heart].(Mt13:19)
⑤[⑤] Therefore [what God has joined together], | let ‖ man | [not **separate**.∨].(Mt:19:6)

[6형]
(부사)
⑥ **Immediately**｣ the girl | stood | up and walked around.(Mk5:42)
⑥ **Once more**｣ he | went | away and prayed the same thing.(Mk14:36)
(명사/대명사)
⑥ **One day**｣ Jesus | was praying | in a certain place..(Lk11:1)
⑥ **One Sabbath**｣ Jesus | was going | through the grainfields,..
⑥ John lived in New York for 10 years. **Now**｣ he | lives | in Los Angeles.
⑥ **Now**｣ Peter | was sitting | out in the courtyard, and a servant girl came to him.(Mt26:69)
⑥ I thought it was going to rain, but **then**｣ the sun | came | out.(2G19D)
(전치사구)
⑥,⑤[⑦] **About the third hour**｣ he | went | out and | saw ‖ others [standing in the marketplace doing nothing].(Mt20:3)
⑥ **At that time**｣ many | will turn | away from the faith and will betray and hate each other. (Mt24:10)
⑥ **Back then**｣ the nation | was falling | apart.(NEI)
⑥ **Beside your earlier work**｣ this piece | seems | rather disappointing.
⑥ **By my God**｣ I | can leap | over a wall.(Ps18:21)
⑥ **To this very hour**｣ we | go | hungry and thirsty, we are in rags,...(1Co4:11)
⑥ He | seems 『**to me** | to be rather impatient.(LEG196)
⑥ Jim | seems 『**to me** | a surprisingly joyous person.(JH6)
⑥ She | behaves 『**towards me** | more like a friend than a mother.
(인용어)
⑥[⓪] "Oh, no, Colonel,"｣ Major Danby | blurted | out.(JH327)

⑥[②] "Glad you're here, Cathy," 』 he | said | on the way past.(2TC1035)

[7형]

(형용사)

⑦ **Naked**」 I | came | from my mother's womb, and naked I will depart.(Job1:21)

(전치사구)

⑦ They climb into the houses; **like thieves**」 they enter through the windows..(Joel2:9)

(2) 개별 도치

(a) 형용어 도치 :형용어의 한정어 앞 도치

형용어는 한정어 뒤(전치수식) 또는 피수식어(후치수식) 뒤에 오는 것이 원칙이지만 as, so, too, that, ever, how, however. more/less 등 강조부사 뒤에 오는 형용어는 한정어 앞으로 도치

☆ The structure is not possible without a/an.(PEU10) ex) I like your country- it's so beautiful, (NOT ~~I like your so beautiful country~~.) Those girls are too kind to refuse. (NOT ~~They are too kind girls to refuse~~.){} I have {as **good**} *a voice* {as you}.(PEU14)

{} She has {as **good**} *a chance* {as anybody of winning the race}.(3G48E)

{} It's not {as **quiet**} *a place* {as it used to be}.(=such a quiet place),(3G73B)

{} I have never before met {so **gentle**} *a person*.(=such a gentle person)(PEU530)

{} I gave him {so **great**} *a shock* {that he turned pale}.(=such a great shock)(OES118)

{} It's not {quite so **straightforward**} *a problem* {as it might at first seem}.(3G73B)

☆ :He never heard *a sound* <{so} **sweet** and **dear** as the sound of her compassionate voice>;(3CD124)

} She is {too **polite**} *a person* {to refuse}.(PEU14, 1JA61,CRL240)

{} He was {too **shrewd**} *a business man* {to accept the first offer}.(PEG224)

{} I hope you haven't had {too **tiring**} *a day*.(3G73E)

{} I couldn't afford {that **big**} *a car*.(PEU14, 3AC312)

{} {How **big**} *a piece* do you want?(3G73B) {How **foolish**} *a boy* (you are)!(DED)

{} {However **good**} *a concert film* is, it s not the same thing as being there.

{} In Scala's heydey, this may have been {more **important**} *a factor*.

(b) 부정부사어/부가어 :조동사의 주어 앞 도치

부정 부사어(절 포함)가 문두에 오는 경우 조동사가 주어 앞으로 나온다.

」{**Little**} *do*」 they | know how lucky they are to live in such a wonderful house].(3G100A)

」{**Never**} *did*」 I | tell you.(=I never told you.)(MBE92)

」I vowed [that {**never**} *would*」 I kiss those lips].(JWG97)

」{**Never** in all my life} *have*」 I | seen such a horrible thing.

」{At **no** time} *would*」 he | admit that his team played badly.(3G76B,3G100A.Rev21:25)

」{On **no** account} *must*」 this switch | be touched.(PEG63)

」{Under **no** circumstances} *are*」 passengers | permitted to open the door themselves.(3G100A)

」{**Neither**}」 *can* a salt | spring produce fresh water.(Ja3:12)

」For some time after the explosion Jack couldn't hear, and {**neither**} *could*」 he | see.(3G100B)

」{**Nor**} *is*」 the phrase in any sense literal.(에듀타임즈)

」He had no money, {**nor**} *did*」 he | know anyone he could borrow from.(PEG63)

」{**Not** once} *was*」 she | at home when I phoned.(3G76B)

」{**Not** only} *do*」 they | rob you, (but) they smash everything.(PEG63)

」{**Not** until August} *did*」 the government | order an inquiry into the accident.(3G100A)

」{**Not** until he got home} *did*」 he | realize that he had lost it.(PEG63) [(3G100A)(부사절)

」{**No sooner**} *had*」 I | lit the barbecue than | when it started to rain.(3G79C)

」{**Hardly**} *had*」 anybody | taken their seats when Dr Lee began her lecture.(3G100A)

」{**Rarely**} *had*」 he | seen such a view.(3G99A)

」{**Scarcely/Hardly**} had」 we | sat down at the table, when the phone rang.(NED)

」{**Seldom**} *do*」we | have goods returned to us because they are faulty.(3G100A)

(c) 강조부사어 :조동사의 주어 앞 도치

」{**Only** later} *did*」she | realize how much damage had been caused.(3G76B)

」{**Only** by shouting} *was*」he | able to make himself heard.(PEG63,3G100A)

」{**Only** with him} *should*」 I | find real repose and lasting happiness?(JJR604)

」{**Only** when she apologizes} *will*」I | speak to her again.(3G100A)

(d) 목적어: 조동사의 주어 앞 도치

」**Not** a word』 *had*」she | written... since the exam had started.(3G100A)(부정 목적어)

」**No** good thing』 *will*」he | withhold ...from them that walk uprightly.(Ps84:11) (")

(e) if 생략 조건문 도치

」**Be**」it | ever so humble, there's no place like home.(1형)

」It would be a serious setback, **were**」the talks | to fail (**if** the talks | **were**)(3G99C)(1형)

」**Had**」Alex | asked, I would have been able to help you.(**If** Alex |**had** asked,)(3G99C)(1형)

」**Should**」you | need more information, please telephone our main office.(3G99C)(2형)

(f) 양보구문 도치(fronting with as/though/wh-words)

」**Young**」as I | was, I realized what was happening.(=though I was young)(PEU504)(1형)

」**Hot**」 as/though the night air | was, they slept soundly.(3G82A)(1형)

」**Tired**」though she | was, she went on working.(=though she was)(PEU504)(1형)

」**Woman**」as she | was, she was brave.(=though she was a woman)(DED)(1형) (Heb5:8)

」**Son** though he was, he learned obedience from what he suffered.(Although he was a son) ↗

』**Fast**』though she | drove, she could not catch them.(PEU504)(2형)

』**Much**』as I | respect his work, I cannot agree with him.(=though)PEU504)(4형)

」**Try**」as you | may, you cannot do it in a week.(=though you may)(SBE95)(1형)

」**Come**」what | may, I will follow you.(DED,1RB13)(=Whatever may come)(1형)

」**Cost**」what it | may, I | will buy the painting.(=Whatever it may cost)(SBE95)(2형)

」**Go**」where you | will, I | will follow you as long as I live.(=Wherever...)SBE252)(3혈)

」**Be** that」 as it | may, I have not been a burden to you.(=though it may...)(2Co12:16)(1형)

」I will go, **be** the weather」 what | may.(OES120)(=Whatever the weather may be)((1형)

」Let's take a walk, **be** it」 long or short.(Be it here or there. anywhere is fine.)(A든지 B든지)(1형)

(g) as/than 뒤 동사의 도치(선택도치)

as/than뒤에 대동사가 사용되는 경우(통상 문어체에서 이루어짐)

」The cake was excellent, **as** *was*」 the coffee,(or ...as the coffee was.)(3G99D)

』I believed, **as**』 *did*」 my colleagues, that the plan would work,(or...as my colleagues did)(3G99D)

』He traveled widely **as**』 *did*」 most of his friends.(공시)

』Research shows that parents watch more television **than**』 *do*」 their children,(or...than their children do)(3G99D)

』Noise pollution generally receives less attention **than**』 *does*」air pollution.(공시)

☆ 주어가 대명사이면 도치되지 않는다 We now know a lot more about the Universe **than**』*we* | did ten years ago.(not ..than did we ten years ago)(3G99D)

(h) such/so 뒤 동사의 도치

」 **Such** is」 the popularity of the play that the theatre is likely to be full every night,

→ The play | is **so** popular that the theatre is likely to be full every night.(3G100B)

」 **So** sudden *was*」 the attack {(that) we had no time to escape}.(LEG143)

」 **So** successful *was*」 her business, that Lans was able to retire at the age of 50.(3G100B)

」 **So** *was fulfilled*」 what was spoken through the prophet:...(Mt13:35)

」 **So** dangerous *did*」 weather conditions become, that all mountain roads were closed.(3G100B)

(i) 'with +비정형절ˆ 구성부분의 도치

ˆ | **Off/On with your hat**ˆ.(=With your hat off/on)(모자 벗어/써)

ˆ | Get / **off/on with your hat**ˆ.(=Get with your hat off/on)

ˆ The ladies | were helped | **on with their coats**ˆ.(=wear)(OPV179)

ˆ She | helped ‖ him | **off/on with his coat**ˆ.(DHL228,1JJ249,ACv10,12,EJD,3G94F)

ˆ ‖ **To hell with you**ˆ! | Go ‖ **to hell with you**ˆ!

ˆ I | placed ‖ the box | in a room ‖ **by itself with candles either side**ˆ.(1JWG203)

C. 대용(Substitution)

(1) 대용(Substitution)

대명사(pronoun), 대형용사(pro-adjective) 대전치사구(pro-prepositional phrase), 대동사(pro-verb), 대용절(pro-clause)등 대용형(pro-form)이 선행사(antecedent)를 대신하는 경우를 대용(substitution)이라 한다.

(대명사)

[] [The old ladies] stopped because **they** were tired.(CES27)(주어)

[] My father was a soldier, and **so** am I.(DED(술어)

(대형용사)

[] Joan is [really obese] but she really didn't become **so** until after she inherited all that money. (CES27)(주격술어)

[] We insure against all damage, [accidental] or **otherwise**.(OED)(부사어)

(대전치사구)

[] We put the cat [in the jar] and left it **there** overnight.(CES27)(목적격술어)

(대동사)

[] Fang [had] <more> clothes <than I **did**>.(15NG22) ☆ 비교, 대동사

(대비정형절]

[] Whoever wants [to play baseball] can **do so**.(DED)(술어+목적어)

[] Harry asked Sally [to eat it] before he could **do so**.(CES27)(술어+목적어)

[] For what the law was powerless [to do ∨] in that it was weakened by the sinful nature, God **did** by sending his own Son in the likeness of sinful man to be a sin offering.(Ro8:3)(")

[] Sue knows [how to operate computers]. and **it** doesn't surprised me at all.(CES27)(주어)

(대정형절)

[] Charile asked [if it would rain], and I said I didn't think **so**.(목적어)

[] You know [that you are recalled to life]. They tell me **so**.(3CD18)(직목)

[] You know [what this is about]. Why pretend **otherwise**?(OED)(목적어)

[] We usually think [that caffeine is useful when we are sleepy]. However, the research proved **otherwise**.(목적어)

(a) so/not

(i) 형용사, 부사, 명사. 전치사구, 절을 반복하는 대신 so를 사용할 수 있다.

We can use 'so' instead of repeating an adjective, adverb, or a whole clause:

☆ so는 단어/구/절을 대신하는 대용어의 자격(대형용사. 대소사, 대전치사구. 대비정형절 등)으로 사용 가능 이 경우 품사는 목적어 역할이면 대명사, 술어용법이면 대용하는 술어에 따라 대명사, 형용사, 부사이다.

☆ We often use so instead of a clause after verbs concerned with thinking, such as be afraid (expressing regret), appear/seem (after 'it'), assume, believe, expect, guess, hope, imagine, presume, suppose, suspect, think; and also after say and after tell (with an indirect object). Notice that we don't use so after certain other verbs, including accept, admit, agree, be certain, doubt, hear, know, promise, suggest, be sure.(3G62B)

[] You said it was [good], and **so** it *is*. (=good)(OED)

[] "You look [very happy]." **So** I *am*." (=very happy)(OED)

[] The workers were [angry] and they had every right to *be* **so**.(=angry)(3G62A)

[] John took the work [seriously] and Petra perhaps even more **so**.(=seriously)(")

[] "Your little brother paints [well].." **So** he *does*."(=well)(OED)

[] Her eyes were dancing and daring [to say yes], **So** I *did*.(=said yes)(14JC328)

[] He became [my close friend] and *remained* **so**.(=my close friend)(OED)

[] My father was [a soldier], and **so** *am* I.(=a soldier)(OED)

[] "I was [in Paris last summer]." " **So** *was* I." (in Paris)(=good)(OED)

[] "I didn't [touch it]." You *did* **so**!" (=touch it)OED)

[] Tom can [speak French], and **so** *can* his brother.(=speak French)(OED)

[] [Tom is giving us a lift]. At least I *presume* **so**.(=he's giving us a lift)(3G62A)

[] [I found it ridiculous], and *said* (or *told* them) **so**.(=I found it ridiculous)(3G62B)

[] "Do you think [it will rain]?" "I *hope* **so**."(=that it will rain)(2G98D)

[] "Can you find the list before lunch?" ""I *hope* **so**."(3NG32)

[] "Do you think [Kate has been invited to the party]?" I *suppose* **so**.(2G98D)

[] "Will you be home tomorrow morning?" I *guess* **so**.(=I'll be home)(2G98D)

[] "Are those people Australian?" I *think* **so**.(=that they are Australian)(2G98D)

[] "But now you are going to cry!" said the little prince. "Yes, that *is* **so**," said the fox..(ASEc21).

(ii) 부정문에서는 'not' 나 'not...so'를 사용한다. In negative sentences, we use 'not' or 'not...so':

☆ We prefer 'not... so' with believe, expect, imagine, think. With these verbs, 'not' is rather formal.

[] Is the party offering anything new in its statement? It would *appear* **not**.(3G62C)

[] "You'd better do it yourself. [Brian won't help]." "No, I *guess* **not**."(3G62C)

☆ We use 'not' with be afraid (expressing regret), assume, guess (in the phrase 'I guess.', 'I think'), hope, presume, suspect.

[] "Do you think [it will rain]?" I *hope* **not**.(2G98D)

[] "I don't suppose [there'll be any seats left]." "No, I do**n't** *suppose* **so**."(or No, I *suppose* ⤴ **not**).(3G62C)

[] They want to buy the house, although they did**n't** *say* **so** directly.(3G62C)

[] "Is that woman French?" I do**n't** *think* **so**.(=that the woman is French)(2G98D)

(b) so, neither/nor

(i) 상대방의 말에 동의하는 경우에는 조동사를 so와 함께 사용한다.

[] "I'm [working]." "**So** am」I."(=I'm working, too)(1G40B)

[] "I was [late] for work today." "**So** was」Sam."(=Sam was late, too).(1G40B)

[] "I [work] in a bank." "**So** do」I."(=I work, too)(1G40B)

[] "We [went] to the movies last night." "You did? **So** did」 we.(1G40B)

[] "I [would like] to go to Australia." "**So** would」I."(=I would, too)(1G40B)

☆ so의 대명사 용법: do, call, say, tell, think, speak, hope, expect, suppose, imagine, hear 따위의 목적어 또는 보어 대신으로 그렇게, 그처럼. I think **so**.(DED)

(ii) 짧게 답할 때 Yes,.."대신 사용하면, 들은 사실에 대해 '이제 알겠다' 는 의미

[] "Jack and Marta are [here]." "**So** they are".(=Yes, they are.)(3G62D)

[] "Your bike's been moved." "'**So** it has.(=Yes, it has.) I wonder who did it.(3G62D)

(iii) 부정문의 경우에는 조동사를 neither(nor)나 not...either와 함께 사용한다.

[] "I [haven't been] in China." "**Neither** have」I".(I have**n't either**.).(1G40B)

[] "I [never go] to the movies." **Neither**(or **Nor**) do」I."(I do**n't, either**)(1G40B)

[] "Kate [can't cook]." "**Neither**(or **Nor**) can」 Tom."(Tom ca**n't**, **either**)(1G40B)

[] Ruth [didn't turn] up, and **neither**(or **nor**) did」 Kate.(Kate did**n't**, **either**)(PEU350)

[] I [haven't got] a copy of club rules. **Nor**』 have」 I.(LGSW915)

(c) do so, do it, do that, do

(i) 문맥상 뜻이 분명할 때, 이미 사용할 동사구를 반복하는 대신 do so 등을 사용한다.
We use do so (or does so, did so, doing so, etc.) instead of repeating a verb phrase (a verb and what follows it to complete its meaning) when it is clear from the context what we are talking about:

[] She [won] in 2012 and seems likely to **do so** (=win) again this year.(3G63A)

[] He said, "[Sit down]." Katia **did so** (sat down), and explained her problem.(3G63A)

[] "You [promised to buy me a football]!" "**So** I **did**!"

(ii) do so는 격식체와 문어체에 주로 쓰이고 구어체에서는 do it나 do that를 쓴다. Do so is most often used in formal spoken and written English. In informal English we can use do it or do that instead:

[] Mrs Chen [waved] as she walked past. She **does so/it/that** every morning.(3G63A)

(iii) 비격식체, 특히 조동사나 완료시제 뒤에서는 do so보다 do만 사용할 수 있다.
We can also use do alone rather than do so in less formal English, especially after modals or perfect tenses):

[] "Will this programme [work] on your computer?" "It *should* **do**."(3G63A)

[] I told you that I'd [finish] the work by today, and I *have* **done**.(3G63A)

(iv) do so는 행동을 나타내는 동사 대신 사용하나 상태/습관적 행동에는 사용 못함
We can use 'do so' instead of verbs that describe actions but we avoid 'do so' with verbs that describe states and habitual actions. Compare:

[] I [gave] her the medicine, and I take full responsibility for **doing so**.(3G63B)

[] Lars doesn't [like] Facebook but Emma **does**.(3G63B)

[] I don't [have] time to go swimming every day, but I usually **do**.(3G63B)

(2) 대동사(pro-verb)와 대부정사(pro-infinitive)에 의한 생략

(a) 조동사를 제외한 본동사술부 생략(대동사: pro-verb)

(i) 앞에서 언급된 절이나 문장 일부분의 반복을 피하기 위해 조동사 외의 것은 생략
To avoid repeating words from a previous clause or sentence we use an auxiliary verb (be, have, will, would, may, can, etc.) instead of a whole verb group and what follows it:

[] "It['s raining again]." "It **is** (*raining*)?" It was sunny 10 minutes ago.(1G39A)

[] George [wasn't working], but Janet **was** (*working*).(2G49A)

[] "[Do] you [like onions]?" Yes, I **do** (*like onions*)(2G49A)

[] "[Did] it rain yesterday?" "No, it **didn't** (*rain yesterday*).(1G38C)

[] She said she['s finished], but I don't think she **has** (finished).(3G64A)

[] I [haven't seen the movies], but my sister **has** (*seen the movies*)(1G38A)

[] My sister [has seen the movies], but I **haven't** (*seen the movies*)(1G38A)

[] She [could lend] me the money, but she **won't** (*lend me*)(2G49A)

[] "[Would] any of you [like to go to Paris]?" "I **would** (*like to...*)".(3G64A)

[] "Do you think Jane [will call tonight]?" "She **might** (*call tonight*.)(1G'41A)

[] "They [could have been delayed] by the snow." "Yes, they **could** (*have...*)(3G64A)

(ii) 앞 문장에 조동사가 없을 경우에는 본동사 대신 do를 사용한다.
If there is no auxiliary verb in the previous clause or sentence, or if the auxiliary is a form of 'do', we can use a form of 'do' instead of repeating the main verb:

[] You [get] up earlier than she **did**.(1G86C)

[] Mona [plays] golf on Saturdays, and I **do** too.(and so do I)(3G64B)

[] He [cooks] a lot does Alex. = He cooks a lot, **does** Alex.(right dislocation)(구어체)

(iii) 본동사로 have나 have got가 사용될 경우에는 have나 do 어느 것이나 사용 가능

If have or have got is the main verb in the previous clause or sentence, we can usually use a form of either do or have:

[] Do you think I have a chance of winning?-Yes, I think you **have**(or **do**).(3G64B)

[] Even if he hasn't got a map himself, he may know someone who **has**(or **does**).(")

다만, have가 동작을 나타내는 경우에는 do를 선호한다.

However, if we use 'have + noun' in the previous clause or sentence to talk about actions (have a shower, have a shave, have a good time, etc.) we prefer do:

[] "I [had a good time]". "I **did**, too."(1G'41C)

[] I wasn't expecting [to have a good time at the party], but I **did**.(3G64B)

(iv) 구어체에서는 조동사 뒤에 do나 be를 사용할 수도 있다.

After a modal auxiliary verb (can, could, may, might, must, ought to, shall, should, will, would} we can use do, particularly in spoken English:

[] "Will you be [see-ing [David today]?" "I **might** (**do**)".(see David today)(3G64C)

[] "Will you [be seeing David today]?" "1 **might** (**be**)."('be seeing David today)(")

[] "Is Ella staying for lunch?" "Yes, I think she **will** (**be/do**)."(3G64D)

(b) infinitive clause 생략(대부정사: pro-infinitive)

(i) 문맥상 의미가 통할 경우 to부정사로 시작하는 어구를 반복하는 대신 to만 사용가능

We can use 'to' instead of a clause beginning with 'to-infinitive' when it is clear from the context what we are talking about:

[] I wanted [to come with you], but I won't be able **to**.(3G65A)

앞 문장/절에서 be 동사가 사용된 경우는 다음 문장/절에 to부정사의 be를 반복

[] Leon [was frightened] - or maybe he just pretended **to be**.(*not* just pretended to)(3G65A)

(ii) 뒤에 to부정사가 따르는 명사/형용사 뒤나 일부 동사 뒤의 to도 생략 가능

After most nouns and adjectives or some verbs, we can leave out to-infinitive.

[] I'm not going [to write another book]-at least I don't have **any plans** (**to**).(3G65B)

[] Robert [will call us by 10 o'clock]. He **promised** (**to**).(to call...)(")

(iii) 보어(동사의 의미를 확실하게 하는 단어/구)를 필요로 하는 동사는 to 생략 불가

After verb which must have a complement, we can't leave out to-infinitive.

[] I admit that I [took her watch], but I didn't **mean to**.(3G65B)

[] It [worked] just as it **was intended to** (work).(2AC226)

[] But nothing [impressed me] at all I never **expected** it **to** (impress me).(DCMA)

[] I [did it] because he **told** me **to** (do it).

(iv) if절이나 wh-절의 want 와 would like 뒤의 to는 생략 가능

[] You're welcome [to dance] if you'**d like** (**to**).(3G65C)

[] You can [do whatever] you **would like** (**to**).(3G65C)

[] [Come and see us] when you **want** (**to**).(") / [Call me Fred] if you **want** (**to**).(3G65C)

(v) if- 절이나 wh- 절이 아닌 다른 절에서는 to 생략 불가

[] I was planning [to see you tomorrow], and I **would** still **like to**.(3G65C)

(vi) if절이나 wh- 절의 like 다음에는 일반적으로 to 생략:

[] [Leave] whenever you **like**. v. [Leave] whenever you'**d like** (**to**).(3G65C)

[] You can [have one] if you **like**. v. You can have one if you'**d like** (**to**).(3G65C)

(vii) 그러나 부정문의 want, would like, like 다음에는 to 생략 불가

[] "Shall we [go and visit Julio]?" "I **don't** really **want to**."(3G65C,HH170)

[] "He won't [mind you asking him for a loan]" "Oh, no, **I wouldn't like to.**"(3G65C)

D. 생략(Ellipsis)

이상에서 본 것 외에 생략되는 경우를 더 보면 다음과 같다.

(1) 주어 등 생략

(a) 주어 생략

() (*I*) Thank you. It's very kind of you.(1G1C)
() "Is there a bus to the airport?" "Yes, there is (*a bus to the airport*).(1G38B)
() The next war will be {more} cruel {than (*it*) can be imagined}.

(b) '주어+be' 생략

(형용사/부사 앞)
() (*Are you*) Happy? How do you feel this morning""(*I'm*) Fine. And you?"(14JG315)
() "How big is the house? "(*It is*) Not very big."(1G2B)
() "Those shoes are nice, aren't they?" "Yes, (*they are*) very nice."(1G39B)
() (*Everything/It is*) So far, so good.(19NG2)
(명사/전치사구 앞)
() "What's your name?" "(*My name is*) David."(1G2A)
() "How old are you?" "(*I'm*) 25."(1G'2A)
() "How far is it to the station?" "(*Is it*) A mile?"(1G85A)
() "How far is it to the station?" "(*It's*) About two miles."(1G85B)
() "Where were you yesterday?" "(*I was*) At my sister's.(1G105B)"
() "Where's the light switch?" "(*It's*) By the door."(2G125D)
() "Where is David?" "(*He is*) In the kitchen."(1G'107A)
() "Did you go to Hawaii by yourself?" "No, (*I was*) with a friend."(2G81D)
(비정형절/정형절 앞)
() "Are you changing job?" "(*I am*) Thinking about it."(14JG68)
() (*It is*) Not that I don't want to go to the concert.(SBE232)
() (*It is*) Not that you are wrong.(SBE232)
() "Why were you absent from class again?" (*That was*) Because I was sick in bed." (DED)

(c) be 생략

() Whatever the work (*is*), he does it so well.(NEI)(복합관계대명사)
() Whatever his promise (*are*), he has no right to behave like that.(PEU614)(")
() Nobleman taught their children to protect their good name whatever the cost (*was*).(YNH128)
() The more expensive the hotel (*is*), the better the service (*is*).(2C103D)(대칭관계)
() To err is human, to forgive (*is*) divine.(SBE151)(")
() Your people will be my people and your God (*will be*) mine.(Ru1:16)(")
() What a beautiful house (*is*)!(2G114A, 2G69A,1JA34)(감탄문)

(2) 술어 등 생략

(a) 술어 생략

(형용사술어)
() She isn't tired, but he is (*tired*).(1G38A)
() "Are you tired? "Yes, I am (*tired*). No, I'm not (*tired*).(1G2C,38B)
(명사/전치사구술어)
() "Are these your keys?" "Yes, they are (*my keys*)."(1G2C)

() You are a better singer than I am (*a good singer*).(1G86B)
() "Will Bill be here tomorrow?" "Yes, he will (*be here tomorow*).(1G38B)
() "Have you been to France?" "No, I haven't (*been to France*).(1G16B)
(동사술어)
() No smoking (*is allowed*).(SBE150)
() Tom became a doctor and his brother (*became*) teacher.(SBE150)
(b) 'be+술어' 생략
() And you are clean, <u>though</u> not every one of you (*are clean*).(Jn13:10)
() Doctors are paid more <<u>than</u> teachers *(are paid much)*>.(2G73A)
(c) '주어+술어' 생략
() Oh.*(I wish)* that you would keep me from evil!(Wilkin'62.1Ch4:10)
() "Where were you born?" "(*I was born*) <u>In</u> Cairo."(1G20)
() He is no happier {than (*he was happy*) before}.(DED)
() "Kate is going on vacation." "Who (*is she going*) <u>with</u>?"(1G44A))
(3) 부가어 생략
(a) 목적어 생략
() But he made (*it*) clear [it was a sacking offense].(LSW932)
() I think *(it)* fit [to refuse his offer to help].(SED)
() Heaven saw *(it)* fit [to send a great general].(Hong Gildong58,.52)
() I have (*it*) <u>in</u> mind [to cancel this contract].(NEI)
() Dan is saving (*it*) <u>up for</u> a trip around the world.)(2G141B)
() By the time I picked up the phone, they had rung (*it*)/ off.(3G8B)
() Turn (*the page*) over and look at the next page.(1G'114)
() I hear *(them)* [say that there will be an election soon].(OES588)
() Don't let (*it/them*) go!(3G30F). Live and let (*them/us*) live.(PG220)
() She tried [not to let (*it*) slip [what she knew]].(OAD1213)
() You have to make (*us*) do.(LSW427)
() My family made (*me*) [believe that they enjoyed my singing].(3G65X)
cf. This | makes ‖ us | [believe that you came from God].(Jn16:30)
(b) 협의의 부가어와 부사어의 생략
() That would seem strange (*if you do not know the truth*).(DBE86)
() I should like to make a tour around the world (*if I could*).(DBE86)
() (*Whether you like it or not,*) you have to finish your homework.
(4) 연결어 생략
(a) 전치사 생략 ☞ 4.5.B.(1)(d) 참조 / **(b) 접속사 생략** ☞ 4.6.A.(3)(11) 참조
(5) 그 밖의 것들
() I was at Sue's (*house*) last night.(2G122C)(피한정어)
() Sophie's hair is longer than Kate's *(hair)*.(1G62A)(피한정어)
() I('*ve*) been away a long time.(KK281)(조동사)
() What do you do in your free time? (*Do you*) Read? Play sports?(1G55B)(조동사+주어)
() *(If we)* Suppose flights are fully booked on that day—which other day could we go?(OED)(접+주)
() *(If you take)* No pains *(you will get)* no gains.(DBE286)(접속사+주어+술어)(주어+술어)

5.4 주어(Subject), 목적어(Object)

A. 주어(Subject)

(1) 형용사/부사 주어

a. [**Restless**] | is [what I would call hm].(ESA71)
a. [**Long** and **boring**] | was fine by her.(HaM1153)
a. [**Smart** and **dogged**] | could only help you so much.(2JP158)
a. [The **wise**] | do not need counsel, and fools will not take it.(OES534
a. [Being **alone**] | was easier, too.(Fr'n47,2DK411)(being과 결합)
a. [To be **early**] | is better.(usual form→It is better to be early)(PEG78)(to be와 결합)
ad. [**Cautiously**] | is [how I suggest you do it].(AES71)
ad. [**Shortly**] | was something of an understatement.(LB667)

(2) 대명사 주어

• **비인칭 주어 it** (impersonal "it")
주어 자리를 채우기 위해 의미는 없지만 형식적으로 쓰이는 it
We use 'it' for time/day/season/distance/weather/condition/circumstance etc:
n. What time is」 **it**? **It** | 's 10:30.(=half past 10)(1G37A)
n. What day is」 **it**? **It** | 's Thursday. **It** | 's March 16th.(1G37A)(날짜)
n. **It** | wasn't long ‖ [before he was appointed Professor of Chemistry].(3G79X)(")
n. **It** | 's two miles ‖ [from our house to down town].(1G37A)(거리)
n. **It** | rains(or snows) a ‖ lot ‖ here. **It** | 's raining(or snowing).(1G370A)(기후)
n. **It** | 's warm(hot/cold/nice/cloudy/windy/clear/dry/humid/foggy/dark).(1G37A)(")
n. Morning came early. **It** | was still dark ‖ outside.(10JB64)(명암)
n. If **it** | weren't for your help, I would still be homeless.(LEG278)(조건)
n. As soon as there was a crisis, **it** | was every man ‖ for himself.(MED)(各自圖生)(사정)
n. How』 is **it** | with you?(SSE702)(") / n. How』 did **it** | go?(Ru3:16)(")
n. **It** | is all over ‖ with him.(상황) n. **It** | felt | strange ‖ [to be back in my old school].(")
n. **It** | was [that winter was coming even it was only May].(4SK60)(")
n. If that is true, **it** | follows | [that he must be innocent].(DED)(")
n. **It** | happened | [that he met my friend].(SSE386)(")
n. **It** | seems | [that she has lost her memory].(3G96B,PEU495,OES594)(")

• **wh-어 주어**
wh **What** | 's new? / wh **What** | 's up? (=What's the matter?)
wh **What** | happened?(1G43B) **What** | happened ‖ to you last night?(2G47B)
wh **What** | 's happening?(OAD,DED) **What** | 's for lunch?(ECD424)
wh **What** | prevented ‖ you ‖ (from) **coming**?(YBM)
wh **What** | can wash 「away ‖ my sin? Nothing but the blood of Jesus;(Hymn)
wh **Which** of us | is going to do ‖ the washing up?(PEU611)
wh **Who** | is in the room?(1G76A) **Who** | owns ‖ that car?(3G26A)
wh **Who** | lives | in this house?(1G46A) wh **Who** | taught ‖ you | to drive?(2G53B)
wh **Whose** photo card | is in here?(VLIVE)

• **기타 대명사/명사 주어**
n. [**Enough**] | is enough.(=Enough of it! That's enough.)(ECD153))(부정대명사)

n. [Very **few** of his books] | are worth reading.(OAL)(")
n. He was a mystery man. [Very **little**] | was known about him.(2G42D,)(")
n. [**Much**] | had been written about Chandler's trial and acquittal.(JP68)(")
n. [Not **much**] | had changed in three hundred years.(CH536)(")
n. [**Many**] | have argued that she is the finest poet of our generation.(3G50A)(")
n.. **How much** money | is in it?(11NG9) / n. [**Such**] | is life.(BEG107)(")
n. [**Here**] | 's to Betty!(=Drink to celebrate)(PEU536)(장소대명사)
n. [**Here**] | 's looking at you, kid.(=Good luck to you.)(Casablanca)(")
n. It was gone. [**Here**] | is [where I left it].(=the place I left it)(2JB52)(")
n. And [**here**] | seems to be the place.(5TC381)(")
n. [Being **here**] | annoys meg.(ESA236)(being+장소대명사)
n. [**Now**] | is a good time.(DED [**Now**] | will be the time.(OES534)(시간대명사)
n. [**A Lot**] | went | wrong ‖ during our vacation.(2G98X4)
n. Sometimes, [being **a great detective**] is not great.(7NG41)(being+명사)
n. [To be a good **teacher**] | is more difficult than a teacher.(ESA72)(to be+명사)

(3) 전치사구 주어

• **단순전치사구 주어**

pr~ **About/Around 2,000 people** can be on the boat.(EPN38,LSW943)
pr~ How」 **about another drink**?
pr~ How」 **about** [**going** away this weekend]?(2G58C)
pr~ How」 **about** [**we** go out and find out a cafe]?(BSA135)
pr~ What」 (do you like | think) ‖ **about it**?(ECD78) / pr~ What」 **about** [**coming** with us]?
pr~ **After Saturday** | would be a good time to go way for a few days.(ESA70)
pr~ **After you** | is good manners.(vdict.pro)
pr~ Sir, **after lookout** | reports ‖ a submarine surfacing!(LB626)
pr~ Where can I park in this neighborhood? **Along the street** | is fine.
pr~ He is the guest of honor, and **as such** | must be treated.(SED.2ACD626.14JG375)(그같은 것)
pr~ **Between eleven and midnight** | suit ‖ me | alright.(ESA70)
pr~ **By whom** | was anyone's guess.(4TC103)
Pr~ t was built about 4,500 years ago, but **by whom** and **for what purpose** | remains | a mystery.
pr~ **Inside the passages** | were lit ‖ with red torch-light.(4LR172,OW164)
pr~ **Of kerns and gallow glasses** | is supplied.(3WS169)
pr~ Of course. How foolish (is)」 **of me**!(YBM)
pr~ What (is)」 **of that**(or **it**)?(2CD356,OHS108) /~ What (will be)」 **of him**?(2WS88.3CD111)
pr~ What」 will become」 **of him**?(1JA32) / What」 will come」 **of that**?
pr~ **On foot** | is good enough, Kev.(LB590)
pr~ **Outside the fridge** | is not a good place to keep milk.(ESA70)
pr~ **Over a hundred pictures** | illustrate the book.
pr~ There were **over seventy people** | at the party.(LEG92)
pr~ **Through** the Defense Attache | would probably best, he noted.
pr~ **Under the bridge people** | was a safe place during the war.(ESA70))
pr~ **Under three thousand people** | climbed the mountain.(SSE833)
pr~ [Being **in love**] | is good thing, but it is not the best thing.(Lowis108)
pr~ [Being **in a home**] | excited him.(1THr296))

pr~ [Being inside FBI building] | had a salutary effect on Launds's manner.(1THr196))
pr~ [Being with her] made the memory sharp and mean.(MJL456)to being과 결합)
pr~ [To be once in doubt] | is to be resolved.(6WS144)(to be와 결합)
pr~ It | 's one comfort [to be off my feet].(KM89)(긴장풀기)(진주어)(")

• **복합전치사구 주어**

pr~ From Wibbleton to Wobbleton | is fifteen miles.(Nursery Song, JLC103)
pr~ From democracy to dictatorship | can be a day.
pr~ From dictatorship to democracy | is very much longer.(Nordland; NW April 1990)
pr~ Up to five people | can sleep in this room.

• **분리전치사구 주어**

pr~ It | was scary 「inside.(Inside it is was scary)(HL139)
pr~ It | was eerie 「underneath. / pr~ That | 's so right 「on.
pr~ The window | had frosted 「over.(OED)
pr~ I hope [it | is over 「with].(=ended)(DED) / pr~ It | is gotten | over 「with.(=finished)

(4) 소사 주어

p. [Down] | is out in Venice.(AugNW) / p. [Down] | was way down.(11NG37).
p. [*On*] | is only one place <to look>, [*In*] | is another.(14NG18)(")
p. Wall Street: How High is」 [Up].(Sep1982NW)
p. [Next up] | was to meet with three men.(4TC557)
p It | 's good [to be back.(10JB69(to be+소사)
p. Dad, [being inside] | is boring — let's get outta here.(being+소사)
p. This time, [Being outside] | Is In.(Sep19,1991NW)(being+소사)

(5) 비정형동사/비정형절 주어

• **단순비정형동사 주어**

[] [Being lost] | can be a terrifying experience.(LEG314)(-ed)
[] [Being laughed at] | was a horrible indignity.(YNH128)(")
[] [Well begun] | is half done.(SBE289)(")
[] *[Last seen]* | was always important.(9NG32)(")
[] [Dancing] | is fun. I love it.(LEG313)(-ing)
[] [To err] | is human, [to forgive] | divine.(Alexander Pope,3G40B)(to~)
[] [To see her] | is [to love her].(EJD,SBE10)(~하면, ~하게 된다)

• **단순비정형절 주어**

(-ed절)
[] [Rooted as fundamentalism] | was in a fear of annihilation.(The Case for God274)
[] [Being turned over a parent's knee] | might be required.(Rules141)
[] [Wheedled a crazy man with] | come all over me.(2THr34))
(-ing절)
[] [Running away from your problems] | never solves anything.(6JB36)
[] [Walking quickly (or in steps)] | is difficult.(LEG313)
[] [Having overall responsibility for the course] | means [that I have a lot of meeting].(3G40B)
[] [Helen's coming early] | surprised me very much.(REG382)(")
[] [One enemy ship doing that] | might be coincidence.(LB615)(")
[] [George buying all those books] | will cost his fatthe a fortune.(ESA73)
(to~절)

[] [**To read** this book] | is very interesting.(3G96A,3G40B)(미래동작)
[] [**To drive** without a license] | is illegal.(3G96A,3G40B)(잠재동작)
[] [**To see** her] | is to love her.(ESA72)(“)
[] [I **to bear** this] | is some burden.(BEG305)(“)
(for ~to~절)
[] [**For man to tell** how human life began] | is hard.(Milton194,2ACD118)
[] [**For Janet to go** to Collegee] | would be a good idea.(ESA72)
[] [**For usd to understand** the issues] | requires a major mental effort.(ESA72)
[] [**For Judith to buy** that house] | would spell disaster.(ESA72)
(wh- to~절)
[] [**What to read** during the holiday] | is the question all the students are asking.(ESA72)
[] [**Who to ask** for permission] | seems quite clear.(ESA72)
[] [**Where to sleep** in this town] | will not be an easy problem to solve.(ESA72)
[] [**How to do** it] | is the question.(DBE104)
[] [**Whether to teach** grammar or not to schoolchildren] | is a hotly debated issue.(ESA72)
(비동사비정형절)
[] [The kitchen **free** of cockroaches] | is a welcome project.(ESA73)(“)
[] [The plane's being **late**] | annoyed him.(의미상주어 소유격=무생물의 의인화)

• 분리비정형절 주어

☆ Some adjective can be used with infinitives in a special structure, in which the subject of the clause is really the subject or object of the infinitive. Example are 'bad, easy, good. difficult, hard, impossible, interesting, likely, ready, unlikely' and adjectives after 'enough' and 'too.'(PEU260) (
(subject-to-subject raising)
(확실성의 정도를 나타내는 형용사 술어 to~구문의 잠재적 주어가 주절의 주어로 상승하기
[] [He] | is likely | [**to do well**].(LSW717)→ [**For him to do well**] | is likely.
[] [**The government**] | is unlikely ‖ [**to meet** the full cost].(LSW716)
→ [**For the government to meet the full cost**] | is unlikely.
→ [**That the government to meet the full cost**] | is unlikely.
→ [It] | is unlikely [**that the government to meet the full cost**].
(object-to-subject raising)
난이형용사 등 to~구문의 동사/전치사의 잠재적 목적어가 주절의 주어로 상승하기
[] [He] | is hard ‖ [**to understand** ∩].(2G63A,3G70B,EJD)
→ [**To understand him**] | is hard. → [It] | is hard [**to understand him**].
[] [It] | was a hard thing ‖ [**to do** ∩].(1NG46)
→ [**To do it**] | is hard. → [It] | is hard [**to do it**].
[] I had to go back to Oliver's house. [It] was hard [**to do** ∩].(9NG35).
[] [**Jobs**] | were hard ‖ [**to come by** ∩].(LSW717)→ [It] | was hard [**to come by jobs**].
[] [**Dog parties** | are very easy ‖ [**not to like** ∩].(6NG18)
→ [**Not to like dog parties**] | is very easy.→ [It] | is very easy [**not to like dog parties**].
[] [I] | 'm easy [**to find** ∩].(19NG35) → [It] | is easy [**to find me**].
[] Am [I] | that easy [**to forget** ∩].(Pop)→ Is [it] | that easy [**to forget me**]?
[] [**She**] | is easy ‖ [**to get on with** ∩].(PEU260)→ [It] | 's easy [**to get on with her**].
[] [**The fire works**] | was amazing ‖ [**to watch** ∩]].(3G70B)(감정유발동사의 전성형용사)
→ [It] | was amazing [**to watch the fireworks**]].
[] [**Nicole**] | is interesting ‖ [**to talk to** ∩].(2G63A)→ [It] | 's interesting [**to talk to her**].(“)

[] [**The room**] | is ready ‖ [**for us to move** <u>**into**</u> ∩].(DED)
→ [**It**] | is ready [**for us to move** <u>**into**</u> **the room**].
[] [**A big house**] | costs ‖ a lot ‖ [**to maintain** ∩].
→ [**It**] | costs ‖ a lot [**to maintain a big house**]
[] [**The doors**] | had taken ‖ him ‖ twenty years ‖ [**to complete** ∩].(2DB306)
→ [**It**] | had taken ‖ him ‖ twenty years [**to complete the doors**].
[] [**The decision**] | was not theirs ‖ [**to make** ∩].(2DB407)
→ [**It**] | was not theirs [**to make the decision**].
[] [**A family dog**] | is a joy [**to have** ∩ **in the home**].
→ [**It**] | is a joy [**to have a family dog in the home**].

(6) 정형절 주어

• **wh-절 주어**

[] [**What** happened] | was my fault.(2G90C,OES318)
[] [**What** you says] | is quite true.(OES318)
[] [**What** worries us] | is the poor selection process.(3G40B)
[] [**What** few visitors we have] | are always made welcome.(3G52B)
[] [**Which** of them will win the game] | is hard to say.(ZEG371)
[] [**Which** room I shall hire] | is not decided.(ZEG371)
[] [**Who** never climbs] | will never fall.(OES321)
[] [**Whom** your daughter loves] | is clear enough.(ZEG371)
[] [**Whose** house is of glass] | must not throw ‖ stones ‖ at another.(OES323)
[] [**When** he did it] | is a mystery.(LEG16)
[] [**Where** you are] | doesn't define [who you are].(Mike Stewart)
[] [**Why** you went there alone] | must be explained to us.(ZEG373)
[] [**How** we will solve the problem] | should be discussed again.(ZEG373)
[] [**Whatever** I have] | is yours.(=anything that)(OES323)
[] [**Whichever** of us gets home first] | starts cooking.(PEG90)
[] [**Whichever** one of you broke the window] | will have to pay for it.(3G54C)
[] [**Whichever** direction it goes] | will show us the way <the wind is blowing>.(3NG)
[] [**Whoever** wins] | will go on to play Barcelona in the final.(3G54C)
[] [**Whosever** car comes in first] | wins the prize.(DBE264)

• **비wh-절 주어**

[] [**That** Rangers won both matches] | was a great achievement.(3G40B)
[] [**That** Ken adores Nadia] | annoys Jenny.(ESA132)
[] [**Whether** we can stay with my mother] | is another matter.(PEU611,LEG15)
[] [**Whether or not** she will go] | is up to her decide.(ZEG373)
[] [**Because** he is generous] | doesn't mean [that he is rich].(ESA71)
[] What was」 [**this** "You ought to get a good night's rest" **business**]?(HaM355)(인용문)
[] At the top of the paper」 was written」, "**Very original.**"(Tart, 2DB253)(")

(7) 형식주어

• **가주어 it** (preparatory/introductory "it")

(-ed)
[] **It** | is easier [**said** than done].(American Proverbs699)
(-ing)

[] **It** | was amazing [**watching** the fireworks].(3G70B)
[] **It** | is easy [**understanding** her].(3G70B)
[] **It** | is useless [**asking** Shophie to help].(3G96A)
[] **It** | is no good [**getting** angry]. That won't help solve the problem.(3G97D)
[] **It** | 's no use [**crying**].(BEG317) **It** | 's no use [**crying** over milk].(Cassel 116)
[] **It** | 's no use [(you/your) **trying** to explain] — I'm not interested.(PEU423,2ML162)
[] **It** | 's hard [being **a woman** during *kimjang* season].(NW12.1990)
[] **It** | 's hard work [being **a detective**].(21NG39)
☆ to~ 대신 -ing 가능 형용사: 1. 감정/태도 amazing, annoying, awkward, good, interesting, lovely, nice, terrific, wonderful; 2. 기타 easy, simple (3G70B)
(to~)
[] **It** | wasn't easy [**to find** your house].(1G37B)
[] **It** | is hard [**to find** something that small].(5NG8)
[] **It** | 's impossible [**to understand** her].(1G37B)
[] **It** | 's good [**to touch** the green, green grass of home].(Pop)
[] **It** | 's nice [**to see** you again]].(1G37B)
[] Is **it** | too much [**to ask** for a little quiet]?(OED)
[] **It** | is <u>of</u> no use [**to tell** him].(NEI)
[] **It** | 's foolish ‖ <u>of</u> Mary [**to quit** her job when she needs the money].(2G63B)
[] **It** | is good ‖ <u>of</u> you [**to invite** me].(DED,2G63B)
[] **It** | was kind ‖ <u>of</u> you [**to help** us].=You were kind to help us.(1G110A)
[] **It** | was nice ‖ <u>of</u> you [**to take** me to the airport].(2G63B)
[] **It** | 's typical ‖ <u>of</u> him [**to keep** everybody waiting].(2G128B)
[] **It** | was wrong ‖ <u>of</u> you [**to come**]. You will suffer.(ASEc26)
☆ of 성품 형용사 clever, intelligent, right, smart. wise, foolish; considerate, generous. friendly, nice, kind; cruel, polite; mean, impolite, rude. unfair, ridiculous, silly, stupid; careful, careless, diligent, thoughtful, thoughtless, typical
[] **It** | is more natural ‖ <u>to</u> us [**to talk** than to listen, **to argue** than to submit].(Stott79)
[] **It** | costs ‖ a fortune [**to go** to the opera].(3G96B)
[] **It** | helps [**to discuss** your problems] but I find it hard to open up.(OAD,3G96B)
[] **It** | shocked ‖ him [**to see** her looking so ill].(3G96B)
[] Would **it** | surprise ‖ you [**to know** that I'm thinking of leaving]?(OED)
[] **It** | takes ‖ a lot of effort [**to play** the flute],(To play the flute takes a lot of effort)(3G96B)
[] **It** | takes ‖ ordinary people [**to do** extraordinary things].(Canfield339)
[] **It** | won't take ‖ long [**to fix** the computer].(1G46B)
[] **It** | took ‖ me ‖ three days [**to read** it].(1G46C)
(for~ to~)
[] **It** | 's easy [<u>**for**</u> you **to say** that].(REG250)
[] **It** | is hard [<u>**for**</u> me **to read** this English poem].(OES172)
[] **It** | 's essential [<u>**for**</u> everyone **to be at work** by 9:00 tomorrow morning].(2G32B)
[] **It** | is necessary [<u>**for**</u> there **to be a change**].(OES606)
(wh-절)
[] **It** | doesn't interest me [**what** you think].(PEU423)
[] **It** | is confusing [**which** house is whose].(KsS167)
[] **It** | was not clear [**who** was in the cars].(Chicago Tribune)
[] What {the hell} is⌋ **It** ‖ <u>to</u> you [**who** are my friends]?(2ACD243)

[] **It** | 's exciting [**when** a baby starts talking].(PEU423)
[] **It** | doesn't matter [**where**, with **whom**, or **when** one volunteers].(타임스코어)
[] So **it** | doesn't matter [**where** you are].(HM535)
[] **It** | is clear [**why** Don decided to leave Spain].(3G96A,3G70B)
[] **It** | suddenly struck me [**how** we could improve the situation].(OED)
[] **It** | 's surprising [**how** many unhappy marriages there are].(PEU423)
(비wh-절) ☞ 2.7.B
[] **It** | is likely [**that** they will come soon].(REG259)
[] **It** | is odd [**that** she left so suddenly].(3G70D,3G39F)
[] **It** | is possible [**that** this dispute might erupt into a civil war].(NEI)
[] **It** | is strange [**that** he should behave so].(REG211)
[] **It** | is surprising [**that** he should think(or thinks) so].(REG211)
[] **It** | is no secret [**that** he wants a new job].(3G97D)
[] **It** | is a (great) pity [(**that**) he couldn't swim].(EJD,OAD)
[] **It** | now looks | certain [**that** the fire was caused by a cigarette end].(LEG78)
[] **It** | seems | very likely [**that** he will be forced to resign].(OED)
[] **It** | is said [**that** she runs ten miles a day].(2G43A)(전달동사 수동태)
[] **It** | remains | a question [**if/whether** it is true].(ZEG373)
[] **It** | doesn't matter [**whether** or not he finds a job].(EJD,1UE577)
[] **It** | would be nice [**if** they lived in different-looking houses.(KsS167)
[] When I hold onto Paro, it | doesn't matter [**if** there's a typhoon outside].(Timescore)
[참고: 뒤의 명사 지칭: 강조용법]
[] **It** | tastes | really good, **this new ice cream,**(3G96B)
[] **It** | 's ridiculous, **all the bureaucracy** involved in running a school these days.(3G96B)
- **가주어 there** (preparatory "there")

☆ 여기서 there는 형식적으로 가주어(형식주어) 역할을 하지만 실질적으로 술어(진주어 뒤에 술어 가 없을 경우)나 삽입부사어(진주어 뒤에 술어가 없을 경우) 역할을 한다.
[] Look! [There] | 's been [**an accident**].(1G35B)(가주어가 술어 역할)
[] [There] | were [**no stores**] open.(=There weren't any stores open.)(2G84A))(형용사술어)
[] [There] | 's [**something**] wrong.(PEU580)(")
[] The restaurant is very quiet. [There] | aren't [**many people**] here.(1G35A))(대명사술어)
[] [There] | are [**pictures**] everywhere.(1NG18))(대명사술어)
[] [There] | is [**somebody**] at the door.(1G80A,2G120D)(전치사구술어)
[] Are [there] | [**any phone messages**] for me this morning?(1G36A)전치사구술어)
[] [There] | is [**nobody/somebody**] in the room.(1G76A | 2G120A)(")
[] [There] | is [**a very wonderful tie**] on him.(EPN37)(")
[] [There] | are [**11 players**] on a soccer team.(1G35A)(")
[] [There] | are [**no trains**] on Sundays.(LGSW947)(")
[] Excuse me, is [there] | [**a hotel**] near here?(1G38A)(")
[] Now [there] | was [**a rush of water**] between.(KM167)(소사술어)
[] [There] | was [**a light**] on. [There] must have been [**somebody**] at home.(2G81B)(")
[] [There] | was [**some people**] outside.(PEU580)(")
[] [There] | was [**no gunfire**] from above.(4DB1146)(")
[] [There] | 's [**a vacant parking space**] up ahead.(ECD263)(")

[] Is [there] | [**an accident**] | up ahead?(TOEIC)(")
[] The house is empty. [There] | is [**no one**] living there.(2G84B)(")
[] [There] | is [**a man**] waiting to see you.(=A man is waiting to see you)(AES840)(")
[] [There] | are [**two men**] waiting to see you.(=Two men are waiting to see you)(AES840)(")
[] [There] | was [**somebody**] walking behind us.(2G41D,2G120A)(")
[] [There] was [**a girl**] | water-skiing on the lake.(=A girl was water-skiing).(PEU580)(")
[] [There] | were [**no footsteps**] to be seen.(PEU580))(")
[] [There] | are [**many advantages**] in/to [living alone].(2G126B,2G61A)(")
[] [There] | is [**some truth**] in [what he says].(OES320)(")
[] During the 1990s [there] | arose [**a demand for organic food**].(3G95A)(동사술어)
[] [There] | appears | [to be [**a major disagreement** between the two presidents].(3G95A)(")
[] [There] | exists | within this city [**an ancient portal**].(4DB139))(")
[] [There] | remains [**one matter**] | [still to be discussed].(LEG195)(")
[] [There] | stood [**a tall man**] | [in the doorway].(=A tall man stood in the doorway)(1JoS34)(")
cf. [**How many players**] | are [there] on a soccer team?(1G35A)(삽입부사어 생략 불가)
cf. [**What possible point**] | could [there] be in punishing an innocent person instead?(2CLS56)(")

• **강조주어 it** (emphatic "it")

[] [It] | tastes really good, [this new **ice cream**].(3G96C)
[] [It] | ridiculous, [all the **bureaucracy** involved in running a school these days].(3G96C)

B. 목적어(Object)

(1) 형용사/부사 목적어

a. Practice | makes ‖ [**perfect**].(a cliche) / a. How far can you see? I | can't see ‖ [**far**].(PEG50)
a. I | shall do ‖ [my **possible**].(BEG444)(형용사의 명사화)
a. "Jack | 's saying ‖ [**different**]," I told him.(CRL44)(")
a. She | can't bear ‖ [being (*or* to be) **alone**].(2G55A)(being | to be와 결합)
a. Can you | imagine ‖ me(or my) | [being so **stupid**]?(being과 결합)
a. He | accused ‖ me ‖ for [being **selfish**].(2G132A)(")

(2) 대명사 목적어

• **비인칭 목적어 it(impersonal "it")**

대상은 불분명하지만 반드시 목적어를 써야할 경우, 형식적으로 타동사 뒤에 쓰이는 it

n.. The prime minister | allowed ‖ **it** | [**to become** too hot in the room].(ESA282)
n. You | will catch ‖ **it** ‖ [if you do so].(SSE702B)(혼나다)
n. We | must fight | **it** | out.(OES292)(이겨내어야 한다)
n. He | footed | **it** ‖ all the way.(OES292)(걷다)
n. | Give ‖ **it** ‖ a shot(or a run).!(YBM)(시도해보다)
n. I | 've got to hand ‖ **it** ‖ to you.(can't beat you)(ECD51)(너를 이길 수 없다)
n. I didn't know [he | had ‖ **it** | in him].(ECD1118)(감정이 있다)
n. The white | lord ‖ **it** | over the natives.(OES292)(군림하다)
n He | made ‖ **it**.(SET249)(=해내다)
n. She | made ‖ **it** ‖ to the door, but was now too weak to stand.(Fr'n120)(문으로 향하다)
n. I | am waiting ‖ for **it** | [to be time to sleep].(JPS76)(전치사의 목적어)(잘 시간을 기다리다)
n. You | had ‖ good time | of **it**.(OES292)(")(즐거운 시간을 보내다)
n. I | 'm feeling | out of **it** ‖ today(ECD121)(복합전치사의 목적어)(기분이 나쁘다)

n. They | hit ‖ **it** ‖ off with each other.(ECD1133)(서로 죽이 맞다)
- **wh-어 목적어**

wh **Who**』 did you | meet ‖ ∨ yesterday?(1G43B)
wh Have they taken him to prison yet?— | Taken ‖ **who** ‖ to prison?(5AC61)
wh **What** did you | learn ‖ ∨ 「at school?(1G69A) /
wh **What** do you | got ‖ ∨ | in your bag?(1G9C)
wh **What** did she | say ‖ ∨ ‖ to you?(1G48B)
- **기타 대명사/명사 목적어**

n. She | still has ‖ [an awful **lot**].
n. Dan is very thin [because he | eats ‖ [very **little**]].(1G82C)(부정대명사)
n. That | would cost ‖ me ‖ [very **little**].(2JJ328)(")
n. We | asked ‖ [too **much**] ‖ of you.(HaM84,640)
n. Doctors | are paid ‖ [**more**] {than teachers}.(2G73A)
n. | Take 『from the drawer ‖ **such** <as you need>.(BEG107)(")
n Just before Christmas they | wanted ‖ help <with trees and **such**>.(BEG107)(")
n. Do you | like ‖ [being **here**] | interesting?(") / n. I | don't like ‖ [his being **here**].
n He is there, because he | can't help ‖ being **there**.(ML37)
n | Enjoy ‖ being **a bookworm**.(26NG14)
n, Do you | like ‖ [being **a student**]?(2G56A)(you are a student.—do you like it?)
n. She | didn't like ‖ him ‖ being a **stunt man**.(NED)
n, I | was tired ‖ **of** [being **Rosamond's moving man**]. (11NG22)

(3) 전치사구 목적어

(a) 동사의 목적어
- **단순전치사구 목적어**

pr~ It | takes ‖ **about 11 hours** [to fly from Seoul to Los Angles].(1G46X2)
pr~ How」 do you ‖ think ‖ **about it**?(HaM72) / pr~ What」 do you ‖ like/think ‖ **about it**?(ECD78)
pr~ Are you going on holiday, before or after Easter?—I | prefer ‖ **before Easter**.(ESA74)
pr~ Where will the new discotheque be built?—I don't know, but the council | rejected ‖ **behind the church**.(ESA74)
pr~ It | did not say ‖ how or **by whom**?((LSW214)
pr~ I ran and | showed ‖ her ‖ **inside it**.(14JB24)
pr~ | Let 「go ‖ **of me**,(OED) / pr~ | Let 「go ‖ **of that rope**.(OES589)(=Let that rope go)
pr~ What」 do you ‖ think ‖ **of that**?(OHS108) / pr~ He | made 「good ‖ **on his promise**.(SV186)
pr~ You | only have ‖ **until four o'clock**.(13NG30) / pr~ I | wil give ‖you ‖**until tomorrow**.(BEG417)
pr~ He | let 「go ‖ **with a sudden yell**.
- **복합전치사구 목적어**

pr~ | Look ‖ **from stem to stem**.(EID260) / pr~ We | saw ‖ **from ten to twenty yachts**.
- **분리전치사구 목적어**

pr~ I | might as well get ‖ **this** | over **with**.(2JP180,EPV381)(=ended)

(b) 전치사의 목적어

pr~ The eight thieves served a sentence of [**between 2 and 7 years**].(BEG418)

(4) 소사 목적어

p. Do you | like ‖ [being **inside**]?(being과 결합)

(5) 비정형동사/비정형절 목적어

• **단순비정형동사 목적어**

[] The pain in my neck | made ‖ [**speaking**] | difficult.(BEG317)(-ing)

[] | Never say ‖ [**die**].(KM247,OAD,.(6JG161)(=do not stop hoping)(~)(인용어)

• **단순비정형절 목적어**

(-ing절)

[] What good』 does [**feeling** sorry for them] | do?(NED)

[] They | found ‖ [**remaining** objective during war] | difficult.(TEPS)

[] I | gave ┌up ‖ [**talking** to them]; they don't listen.(2G51B)

[] E-memory | makes ‖ [**writing** papers] | faster, easier and stronger.(")

[] | Don't let ‖ [**eating** pancake] | [worry you].(1FD974) (23고모)

[] Hence, we are prone to becoming the blind leading the blind [because our overemphasis on competition in nearly everything | makes ‖ [**looking** good] | more important {than being good}.

[] We | can't put ┌off ‖ [**making** a decision]. We have to deicide now.(2G137B)

(to~절)☞ 2.5-6

☆ to~절은 수동문의 주어가 될 수 없으므로 목적어는 불가, 부가어는 가능

[] The radio | said ‖ [**to expect** 1 meter waves today].(NED)(2형부가어)

(for~ to~절) ☞ 2.6.D

[] I | am hoping ‖ [<u>**for**</u> Helen **to arrive** today].(ESA46)

[] I'm not going out yet. I | 'm waiting ‖ [<u>**for**</u> the rain **to stop**].(2G130C)

(wh-to~절) ☞ 2.6.E

[] He | forgot ‖ [**what to say** to the examiners].(ESA75)

[] The dentist | couldn't decide ‖ [**who to see** next].(ESA75)

[] They | told ‖ their family ‖ [**when to come** over].(ESA75)

[] Do you | find ┌out ‖ [**where to go**].(3G34A)

[] Lisa is trying [| to figure ┌out ‖ [**how to use** the camera].(2G136X)(")

• **분리비정형절 목적어**

(object-to-object raising)

보어절의 형용사를 수식하는 to부정사의 잠재적 목적어가 주절의 목적어로 상승하기

[] Solon | found ‖ [**the humiliation**] | [hard **to bear**].(P/G51)

→ Solon | found ‖ [**it**] | hard [**to bear the humiliation**].

[] Oliver always wears a boa made of fathers. That | makes ‖ **it** | easy [**to find**].(22NG7)

→ That | makes ‖ **her** | easy [**to find** (it)]

(6) 정형절 목적어

(a) 직접목적어

• **wh-절 목적어**

[] | Do not allow ‖ [**what** you consider good] | [to be spoken of as evil].(Ro14:16)

[] Members of the Foster City Historical Society are petitioning [| to have ‖ [**what** remains of the courthouse's original architectural elements] | preserved].(SAT)

[] Justice — do not injure others, | Do not leave ┌undone ‖ [**what** you must do for others].

[] I | saw ┌<u>before</u> me ‖ [**what** seemed to be a glass sea mixed with fire].(Re15:2)

[] I tried [| to put ┌<u>out of</u> my mind ‖ [**what** I'd seen].

[] Did you | get(or take) ┌down ‖ [**what** I said]?

[] I | wrote ┌down ‖ [**what** I wanted to do in the next ten years]?(KsS108)

[] I | didn't take ┌in ‖ [**what** she was saying].(=notice)(2CPV29)

[] The pilots | put ┌on ‖ [**whatever** clothing was at hand].
[] You | will be left {in no doubt} ‖ [**which** of us is stronger].
[] He | took ┌up ‖ [**where** he left off].(Pa'143)

• 비what절 목적어

[] He | knew ┌for a fact ‖ [**that** he'd been named in one will].(11JG240)
[] | Don't let 『on to her ‖ [**that** we are going to the movies].
[] I | did not say ‖ ["**see you**"] | back.(18JB48)(인용절)

(b) 간접목적어

[] You | might give ‖ [**what** was said today] ‖ some thought.(KK229)
[] He | didn't give 『a goddamm ‖ [**who** Cutter was].(7TC2)
[] | Give ‖ [**whoever** has it] ‖ your old club.(LSW193)
[] He | told ‖ [**whoever** want to hear it] ‖ his story.(ESA77)

(c) 전치사의 목적어

• what절 목적어

[] [**Whatever** happens] you | must be prepared ‖ **for**.(RTK101:116)
[] Can you give me a list of [**who**'s been invited]?(3G54C)

• 비what절 목적어

[] So I | 'm **like**, "**Give me a break.**"(MED) She | was **like** "**get lost!**" (YBM)(~듯이 말하다)
[] He | was **like**, "**No way am I going to do that.**(DED)(")
[] It | 's **like**, "**Who cares what he thinks?**"(MED)(")
[] There was another whine, and again a shout **of**:"**Don't let it go!**"(ACv6)(")
[] There I saw him, lying on his back, with his legs extending **to** [I don't know **where**]((1CD318)

(7) 형식목적어

• 가목적어 it (preparatory "it")

(전치사구/소사)

[] I | found ‖ **it** | strange [being **in her house**].(PEU425)
[] I | should think ‖ **it** | no harm [to be **off**].

(-ing절)

[] You | will find ‖ **it** | pleasant [**talking** with her].
[] You | must find ‖ **it** | rather dull [**living** here all by yourself].

(to~절)

[] I | never considered ‖ **it** | my right [**to expect** approval or sanction].(CRL160)
[] She | felt ‖ **it** | [(to be) her duty [**to tell** the police].(OED)
[] He | found ‖ **it** | impossible [**to study** at home].(PEG42)
[] They | judged ‖ **it** | wise [**to say** nothing].(OED)
[] He | likes ‖ **it** ‖ very much [**to read** fictions].(SET290)
[] I | leave ‖ **it** ‖ to you [**to decide**].(PEU425, 3G97B)
[] He | made ‖ **it** | a rule [never **to tell** a lie].
[] She | owed ‖ **it** ‖ to her parents [**to do** well at college].(3G97B,PEU425)
[] We | see ‖ **it** | as an insult [**to have received** no reply to our letter].(3G97C)
[] I | thought ‖ **it** | a waste of money [**to throw** away so much food].(3G97B)

(for to~절)

[] I | find ‖ **it** | hateful [**for** the man **to talk** to her].
[] He | made ‖ **it** | impossible [**for** her **to do** anything].(LSW932,CRL166)

(wh-절)

[] George | made ‖ **it** | clear [**what** he wanted.(PEU424)

[] I | take ‖ **it** | as encouraging [**when** students attends all my lectures].(3G97C)

(비wh-절) (3G97B)

[] They | believed ‖ **it** | unlikely [**that** any lasting damage to the environment has been done]

[] I | would esteem ‖ **it** | a great success [**if** you would favor me with your opinions].(1ACD22)

[] She | gives ‖ **it** | out [**that** you shall marry her].(6WS200)

[] I | heard ‖ **it** | said [**that** he had won the fisrt prize].(ZEG380)

[] I | put ‖ **it** | to you [**that** you have committed it].(OES596)

[] She | made ‖ **it** | clear [**that** she was not interested].(PEU577)

[] You | must make ‖ **it** | [plain to them] [**that** they have not gained anything by the war].(JB234)

[] I | took ‖ **it** | for granted [(**that**) you were good friends].

[] The doctors | didn't think ‖ **it** | likely [**that** she would ever heal completely].(OED)

[] We all | thought ‖ it | natural [**that** he should get so excited].

[] I | thought ‖ **it** | strange [**that** she hadn't written].(PEU424)

• **가목적어 there** (preparatory "there")

여기서 there는 형식적으로는 가목적어/형식목적어, 실질적으로는 술어/삽입부사어 역할을 한다

[] | Let ‖ [there] | be [**light**].([light] be [there](Ge1:3)(술어)

[] I | don't want ‖ [there] | to be [**any misunderstanding**].(CES165)(술어)

[] I | expect ‖ [there] | to be [**a big response**] to our advertisement.(LEG307)(")

[] I | had not imagined ‖ [there] | to have been [**anything unusual, or even sentimental**] in the Baron's offers.(4ST45)(삽입부사어)

• **강조목적어** (emphatic "it")

[] They | 've eaten ‖ [it] ‖ **all**.(=all of it)(OAD,1JB62) /

[] I | like ‖ [it] ‖ **here**.(CEG412,2MiC217) / [] He | liked ‖ [it] ‖ **there**.(7NG41,9NG29)

[] He | loves(or likes) ‖ [it] ‖ **there**.(LSW552) / He | hated ‖ [it] ‖ in **France**.(OAD,1JB17)

[] I | don't like ‖ [it] ‖ **out here**.(2MiC201,CEG412,KsS175)

[] We | always enjoy ‖ [it] ‖ [**when** they stay with us].(3G97A)

[] I | love ‖ [it] ‖ [**when** you sing].(PEU424)

[] I | don't like ‖ [it] ‖ [**when** you shout at me].(LEG79,2G134X3,23JB31)

[] I | hate ‖ [it] ‖ [**that** you can swim so well and I can't].(3G97A)

[] He | doesn't like ‖ [it] ‖ [**that** she poses as a Catholic].(1EG295)

[] I | would appreciate ‖ [it] ‖ [**if** you paid in cash].(OAD,PEU425)

[] I | would prefer ‖ [it] ‖ [**if** you didn't tell anyone].(OED)

• **동격목적어 it** ☞ 1.7A 5형술어 (1)(b)

[] You | 've just got to accept ‖ [it] ‖ [**that** Jim's gone and won't coming back].(3G97A)

[] She | could not bear ‖ [it] ‖ [**that** Gerald gave her away—even to Birkin].(OES597)

[] Legend | has ‖ [it] | [[**that** he was a king]. *전해지는 말에 따르면 그는 왕이었다.

[] Ill luck | would have ‖ [it] | [**that** she had rung while Françoise was out].(5ST124)

[] Rumor | has ‖ [it] | [**that** he was one of the best pilots in the South].(MM132)

[] I | can't stand ‖ [it] ‖ [**that** you should suffer,and that fellow got scot-free].(OES598)

[] I | take ‖ [it] | [**that** you are fully acquainted with the facts of the case].(OES597)

[] | See ‖ to [it] | [**that** children get up early in the morning].(OES597)

예문출처: References

[주요문헌]

Murphy; Grammar in Use: Basic(**1G**), Intermediate(**2G**), Hewings, Advanced(**3G**)
예) 1G1A=Unit 1 Section A
Marjorie W. Sharmat, Nate the Great(**NG**) 1~26 예) 1NG2=1권 2쪽
Barbara Park, Junie B. Jones(**JB**) 1~27 예) 1JB2=1권 2쪽
J.K. Rowling: Harry Potter(**HP**)1~7 예) 1HP3=1권 3쪽
J.R.R. Tolkien: The Lord of the Rings (**LR**) 1~3 예) 1LR3=1권 3쪽 및 The Hobbit(**Ho**)
Marcel Proust; In Search of Lost Time(**ST**) 1~6 예) 2ST458=2권 458쪽
아가페, NIV Explanation Bible : 약어표 참조 (예) **Ge**1:3=Genesis Chapter 1 Verse 3

[아동문학서]

Hans Anderson(**HA**); Fairly Tales: Frank Baum(**FB**); The Wizard of Oz: James Baldwin(**JB**); Fifty Famous Stories: Lincoln Collier(**JLC**); My Brother Sam is Dead:: Daniel Defoe(**DD**); Robinson Crusoe: Lewis Carol(**LC**); Alice in Wonderland: Anne Frank(**AnF**); The Diary of Anne Frank: William Golding(**WG**); Lord of Flies: Harper Lee(**HL**); To Kill a Mocking Bird: Antoine de Saint-Exupery(**ASE**); The Little Prince: James Patterson(**JP**); Middle School: Harriet Stowe(**HS**); Uncle Tom's Cabin: Robert Louis Stevenson(**RLS**): Treasure Island: Mark Twain(**MT**); 1. The Adventures of Tom Sawyer, 2. The Adventures of Huckleberry Finn, 3. The Prince and the Pauper: Jules Verne(**JV**); Around the World in Eighty Days: Hose Mauto de Vascocelos(**JMV**); My Sweet Orange Tree: Oscar Wilde(**OW**); The Happy Prince and Other Stories: Jeff Kinney, Diary of a Wimpy Kid(**WK**): Longman Classics; King Arthur:(**KA**): Disney; Frozen(**Fr'n**): C.H. Lewis; The Chronicles of Narnia(**CN**)

[일반문학서]

Austen(**JA**); 1. Emma, 2. Pride and Prejudice: Charlotte Bronte(**CB**); Jane Eyre: Dan Brown(**DB**); 1. Angels and Demons, 2. Inferno, 3. The Da Vinci Code, 4. The Lost Symbol: Emily Bronte(**EB**); Wuthering Height: iovanni: Boccaccio(**GB**); The Decameron: Tim O'Brien(**O'B**);Going After Cacciato: Larry Bond(**LB**); Red Phoenix: Pearl Buck(**PB**) 1. Good Earth. 2. Letter from Peking; Richard Burton(**RB**); Arabian Nights 1,2: Samuel Beckett(**SB**); Waiting for Godot: Agatha Christie(**AC**); 1. The Mouse Trap, 2. And Then There Were None, 3. Murder on the Orient Express, 4. Murder on the Nile, 5. The Mysterious Affair at Styles, 6. Postern of Fate, 7. Short Stories: Abert Camus(**ACa**); The Stranger: Anton Chehov(**ACv**); Short Stories: Le Carr'e(**LC'**); Tinker, Tailor, Soldier, Spy: Miguel de Cervantes(**MC**); Don Quixote: James: Michael Crichton(**MiC**); 1. A Case of Need, 2 Sphere: Tom Clancy(**TC**); 1. Bear and Dragon, 2. Executive Orders, 3. Patriot Games, 4. The Sum of All Fears, 5. Red Storm Rising, 6. Rainbow Six 7. Clear and Present Danger, 8 Without Remorse 9. The Cardinal of Kremlin: Alexander Duma(**AD**); 1. The Count of Monte Cristo 2. Three Musketeers: Charles Dickens(**CD**); 1. David Copperfield, 2. The Great Expectations, 3. A Tale of Two Cities, 4. Oliver Twist: Conan Doyle(**ACD**); 1.2. Sherlock Homes: Fyodor Dostoevsky(**FD**); 1.Crime and Punishment, 2 The Karamazov Brothers: George Eliot(**GE**); Silas Marner: Umberto Eco(**UE**); 1. The Name of the Rose, 2.Foucault's Pendulum: André Gide(**A'G**) Straight is the Gate: John Grisham(**JG**); 1. The Chamber, 2. The Brethren, 3. The Appeal, 4. The Client, 5. The Firm, 6. The Pelican Brief, 7. A Painted House, 8. Playing for Pizza, 9. The Partner, 10. The Rainmaker, 11. The Testament, 12. A Time to Kill, 13. Runaway Jury 14. Street Lawyers, 15. The King of Torts, 16. The Innocent Man, 17. The Summons : Johann Wolfgang von Goethe(**JWG**); The Sorrows of Young Werther: Kahlil Gibran(**KG**); The Prophet: Chad Harbach(**CH**); The Art of Fielding: Ernest Hemingway(**EH**) 1. The Old Man and the Sea, 2. The snow of Kilimanjaro: Herman Hesse(**HH**); Demian: Joshep Heller(**JH**); Catch-22: O. Henry(**OH**); 1. 41 Stories, 2. Short Stories: Nathaniel Hawthorne(**NH**); The Scarlet Letter: Thomas Hardy(**TH**); Tess of the D'Urbervile: Thomas Harris(**THr**); 1. Red Dragon. 2. The Silence of the Lambs : Victor Hugo(**VH**); LesMiserables: James Joyce(**JJ**); 1. Dubliners, 2. A Portrait of the Artist as a Young Man, 3. Ulysses: ; Dean Koontz(**DK**); 1. Strange Highways, 2. Fear Nothing: Franz Kafka(**FK**); 1. The Castle, 2 The Trial: Han Kang(**HK**); The Vegetarian: Ken Kesey(**KK**); One Flew Over the Chckoo's Net: Milan Kundera(**MK**); The Unbearable Lightness of Being: Stephen King(**SK**); 1. Carrie, 2. Cell, 3. The Mist, 4. The Tommyknockers, 5. Insomnia: Chang-Rae, Lee(**CRL**); Native Speaker: D.H. Lawrence(**DHL**); Sons and Lovers: Leblanc(**ML**); 1. Arsene Lupin. 2. The Hollow Needle; Min Jin, Lee(**MJL**); Pachinko: Arther Miller(**AM**); Death of a Salesman: Colleen McCullough(**CMc**); The Thorn Birds: Gabriel Garcia Marquea(**GGM**); One Hundreds Years of Solitude: Haruki Murakami(**HaM**); 1Q84: Herman Melville(**HeM**); Moby Dick: Katherine Mansfield(**KM**); Short Stories: Margaret Mitchell(**MM**); Gone with the Wind: Richard Matheson(**RM**); I AM LEGEND: Somerset Maugham(**WSM**); The Moon and Sixpence: George Orwell(**GO**); 1984: Tim O'Brien(**TO**); Going After Caciato: Boris Pasternak(**BP**); Doctor Zhivago: Christopher Paolini(**CP**); 1. Eragon, 2. Eldest, 3. Brsinger: Edga Allan Po(**EAP**); Short Stories; Alexander I. Solzhenitsyn(**AIS**); One day in the Life of Iivan Denisovich: Bae Suah(**BSa**); Untold Night and Day: Eric Segal(**ErS**); Love Story: J.D.Sallinger(**JDS**); The Catcher in the Rye: John Steinbeck(**JoS**); 1. Of Mice and Men 2. The Grapes of Wrath: Jonathan Swift(**JtS**); Gulliver's Travels: Jean Paul Sartre(**JPS**); Nausea: Kyung-sook Shin(**KsS**); Look after Mom: William Shakespeare(**WS**); 1. Romeo and Juliet, 2. Hamlet, 3. Macbeth, 4. Henry IV, 5. Henry V, 6. Othelo, 7. Antony and Cleopatra, 8. Julius Caesar 9. The Merchant of Venice, 10. The Taming of the Shrew : Leo Tolstoi(**LT**); 1 War and Peace, 2. Resurrrection: Marcel Proust; In Search of Lost Time(**ST**) Tennessee Wiliams(**TW**); A Street Named Deisre: Virgina Woolf(**VW**); To the Lighthouse: Markus Zusak(**MZ**); The Book Thief: Luo Guanzhong/Brewitt; Romance of Three Kingdom(**RTK**)

[영문법서]

Collins Cobuild English Grammar(**CEG**): Alexander, Longman English Grammar(**LEG**): Thomson, A Practical English Grammar(**PEG**): Swan, Practical English Usage(**PEU**), Longman, Grammar of Spoken and Written English(**LSW**): Ann Eljenholm Nichols, English Syntax(**AES**): Bas Aarts, English Syntax and Argumentation(**ESA**): Strunk Jr. Elements of Style(**EOS**): Susan Thurman, The Only Grammar Book You'll Ever Need(**OGB**): The Oxford Dictionary of English Grammar(**ODEG**), 유진, 영어구문론(**OES**), 조성식, 영문법연구 1~6(**SEG**): 조석종, 영어통사론(**CES**): 대법영어(**DBE**): 맨투맨기초영어(**MBE**): 성문기본영어(**SBE**): 이기동, 전치사연구(**EPL**): 한민근, Study English This Way(**SET**): 장덕흠, Self Self English(**SSE**): **薄冰**, English Grammar(**BEG**): **钟邦清**, English Grammar(**ZEG**): **轻松学韩语英语**(**CKE**): КАЧАЛОВА, English Grammar(**REG**): Cambridge, English Phrasal Verbs in Use(**CPV**): Nishmura, 영어는 전치사(**EPN**): Hiroto Onshi, 술술 전치사(**EPH**): Joice K Gahng, 영어교사를 위한 영어학(**Joice**)

[영어사전]

NTC's Dictionary of Phrasal Verbs(**NPV**), Oxford Dictionary of Phrasal Verbs(**OPV**), C. Barnard, English Phrasal Verb Dictionary(**EPV**), Tom Cho, English Idiom Dictionary(**EID**), McCarty, English Phrasal Verb in Use((**PVU**), Merriam-Webster English Dictionary (**MED**), 옥스퍼드영한사전(**OED**),두산동아영한사전(**DED**), 교학사영한사전(**KED**), 슈프림영한사전(**PED**), 시사영한사전(**SED**), Friendict Level English-Korean Dictionary(**FED**), 日本研究社사전(**EJD**), 박양우, Practical English Conversation Dictionary(**ECD**)

[교양학술서]

Augustine; Confessions: **Bruce** Wilkinson: The Prayer of Jabez: **Calvin**; Institute of Christian Religion: **Dante**; The Divine Comedy: Charles **Darwin**; On the Origin of Species: **Freud**; The Interpretation of Dreams: **Homer**; 1. The Iliad, 2.The Odyssey: C.S. **Lewis**; Mere Christianity: **Plato**; Republic: John **Stott**:The Basic Christianity: Yuval Noah Harari(**YNH**); Sapiens: Jean-Jacques Rousseau(**JJR**); Confessions: Jack Canfield; Chicken Soup for the Soul(**CSS**): Plutarch Greek/Roman Lives(**P/G, P/R**) Jordan B. Peterson; 12 Rules for Life(**Rules**)

저자소개:Biography

[약력]

학력: 의령농고, 육사(BS), 서울대 상대 경제학과(BA), The Catholic University of America Gradate School, Economics(MA), The Catholic University of America Law School(JD)

자격: 군법무관임용시험, 사법연수원 수료: 변호사, 변리사

경력: 공병장교, 육사교관, 각군 법무참모, 국방부 송무과장, 육군법무감, 국방부 법무관리관

강사: 한양대 상경대, 고려대 공학대학원

자문위원 등: 조달청, 국방부조달본부, 국방과학연구소, 군인공제회, 대한상사중재원 중재인

(현) 변호사, 변리사로 재직

[저서]

2진법영어사: 저절로 외워지는 영어 I, II,(절판) 영어코드의 비밀 증보판(2007). 50키워드영어 I 증보판(2008), II(2008), III(2008), ON(2007), IN(2007), 기본동사 Get(2007),Come(2007), 영어문형코드(2012), 저절로 외워지는 영어(2023), 영어구문론 5판(2024), 우리말과 영어의 만남(2024) 성경으로 배우는 영어 I, II (2025)

영림출판사: 국제계약(1987), 법률영한사전(2002)

가림출판사: 2진법영어(2002), 계약작성 생활법률의 기본지식(2000), 지적재산 생활법률의 기본지식(2000)

법정사: 실무체계 계약법(1994)

군인공제회 제일문화사업소: 우리말과 영어의 만남(1996)

일본三修社: 英語のコードを解く(2008), Inがわかれば英語が見える(2009)

It is for freedom that Christ has set us free. Stand firm, then, and do not let yourselves be burdened again by a yoke of slavery. (Galatians 5:1)